KB071374

국토연구원 총서 3

# 세계화와 지역발전

이정식 · 김용웅 엮음

한울
아카데미

# 발간사

    21세기 급변하는 국내외 사회·경제적 여건변화에 대응하기 위한 국가 발전전략의 모색이 우리의 핵심과제로 등장하고 있다. 이와 같은 국가발전전략의 수행과정에서 다양한 주체와 활동을 유기적으로 연계하고 통합하는 지역의 중요성이 점차 커지고 있다. 국가발전의 핵심단위로서 지역이라는 공간단위의 부상은 최근에 진전되고 있는 사회·경제구조 변화와 밀접하게 관련되어 있다.

    첫 번째는 경제의 세계화와 지역중심 발전체제의 등장이다. 세계는 하나의 시장과 생산체제로 기능적인 통합현상을 보이면서 지구촌화되고 있다. 세계화의 진전은 국제금융자본과 다국적기업의 역할증대와 함께 국제조직과 규범의 지배력이 강화되면서 국경의 의미와 국가통제력을 약화시키고 있다. 한편, 국제금융·업무 및 생산기능을 수행하는 세계도시로서 지역의 역할이 점차 증대되고 있고, 한 국가 내에서도 지역간에 새로운 경쟁과 격차가 유발되고 있다. 이는 국가를 하나의 공간단위로 이해하고 접근하는 부문정책만으로는 다양하고도 종합적인 양상을 띠는 사회·경제문제의 해결이 어려워짐을 시사하는 것이다. 이에 적절히 대응하기 위해서는 지역중심의 발전체제 구축이 주요 국가발전전략이 되고 있다.

두 번째는 지방화와 지방의 자율성 증진이다. 지방화는 정치의 민주화와 주민참여 욕구의 증대라는 내부적 변화와 함께 세계화라는 외부적 충격에 의하여 자율적이고 경쟁적인 조직경영을 요구하고 있다. 세계화로 인한 국가통제력의 약화와 세계도시의 등장, 다국적기업의 토착화 (embeddedness) 확대 등이 지방화를 촉진하고 있다. 세계화와 지방화의 동시적 현상을 마이어(Andrew Meir)는 세방화(世方化, glocalization)로 부르고 있다. 지방화의 핵심적인 요소는 지역발전에 있어 지역의 자율적인 의사결정, 지역자원과 잠재력의 활용, 그리고 지역발전에 필요한 지역사회 구성요소 및 경제주체간의 협력적 활동증진이다. 여기서 가장 중시되는 것은 자치적 의사결정과 집행주체로서 지역의 핵심역량을 구축하는 것이다.

세 번째는 기술혁신·정보화와 지역혁신체제의 등장이다. 기술혁신과 정보화는 산업구조뿐만 아니라 생산양식, 사회규범과 제도 등 사회·경제적 구조와 체제를 변화시키고 있다. 기술혁신과 정보화는 새로운 부가가치와 고용창출원으로서 국가발전의 원동력이 되고 있다. 그러나 이는 사회조직과 기능의 분절화를 초래함으로써 사회적 목표달성과 문제해결을 어렵게 하는 장애요소가 되기도 한다. 다양한 산업생산주체와 지역사회 조직 간의 연계와 협력을 통한 지역단위의 산업군집, 혁신체제 및 집단적 학습과정이 경제성장의 동인이 되고 있다.

네 번째는 환경과 삶의 질에 대한 관심의 증대이다. 그동안 국가발전의 사회적 목표는 생산력의 확대를 통한 경제수준의 향상에 치중해왔다. 그러나 소득과 교육수준의 향상, 환경오염 증대 등 가치관의 변화로 환경, 문화 등 삶의 질에 대한 관심이 높아지고 있다. 특히 환경에 대한 관심은 단순히 환경오염의 방지나 자원이용의 효율화 차원을 넘어 세대간의 형평과 인류의 생존을 보장하는 발전의 지속가능성 개념으로 확대되고 있다. 이와 같은 다양한 변화는 국가발전의 목표와 전략뿐만 아니라 지역의 기능과 역할에 대한 새로운 인식의 변화를 요구하고 있다.

이 총서는 사회·경제구조의 변화가 가져올 메가트랜드(megatrends)와 지역발전에 미치는 영향, 그리고 대응전략을 모색하고자 기획되었다. 제

1부의 세계화와 지역경쟁력 강화에서는 경제의 지구화에 대응하기 위한 지역의 경쟁력 강화방안, 동북아경제권의 형성과 지역발전을 위한 국제적 협력방안, 세계도시로서 수도권의 위상과 개발전략, 그리고 외국인투자기업의 유치와 지역발전 연계화 방안을 담고 있다. 제2부의 지방화와 지역중심발전체제 구축에서는 지역균형발전, 광역화와 대도시권 관리, 그리고 지방재정 확충방안을 다루고 있다. 제3부의 기술변화·정보화와 지역혁신체제 구축에서는 지역발전의 새로운 요인으로 대두되고 있는 IT산업의 발전전략, 산업군집의 형성, 지역혁신체제 및 정보화에 따른 지역발전전략을 다루고 있다. 제4부의 지속가능성과 새로운 지역발전 패러다임에서는 지방중소도시의 기능변화와 발전전략, 친환경적인 토지이용방안과 지역발전을 위한 장소판촉전략을 다루고 있다. 제5부의 21세기 바람직한 지역경영체제 구축에서는 지방자치단체의 참여와 협력에 의한 지역거버넌스체제, 지역간 기능적 연계와 협력강화 방안, 지역중심의 경제발전체제 구축, 그리고 21세기의 지역발전을 위한 경영과제를 다루고 있다.

이 총서의 발간을 위해 지역발전 현안에 대한 진단과 전망에 대하여 전문가로서 옥고(玉稿)를 실을 수 있도록 허락해주신 집필진, 실무를 담당해준 차미숙 박사와 도서출판 한울 출판편집진의 노고에 감사한다.


2001년 12월
국토연구원장  이 정 식

# 차 례

제 **1** 부

세계화와 지역경쟁력 강화

# 제1장

# 경제의 세계화와 지역경쟁력 강화

박  승 (중앙대학교 명예교수)

## 1. 세계화의 의미

인류의 긴 역사는 보호주의와 지역주의의 역사였다. 지구상 지역간의 세계적인 교류가 시작된 것은 수백 년 전으로 거슬러 올라가지만 그것은 침략을 위한 제국주의적 필요에 의한 것이었다. 국가간의 협력을 위한 개방화가 본격적으로 이루어진 것은 제2차세계대전이 끝난 이후라 하겠는데, 이때의 개방화는 무역장벽을 낮추기 위한 매우 제한적인 것이었다. 그런데 1990년대에 들어서면서부터 상품뿐 아니라 서비스와 자본의 국제적 개방이 이루어지는 이른바 세계화시대가 열리게 된 것이다.

1990년대에 세계화시대를 맞이한 것은 동구(東歐) 사회주의권의 붕괴와 디지털 정보혁명이 결정적인 계기가 되었다. 1990년을 전후하여 소비에트연방의 해체, 주변 동구 사회주의국가의 체제붕괴, 독일의 통일 등 일련의 사태는 세계경제를 시장경제로 통합시키는 계기가 된 것이다. 그리고 디지털 혁명은 정보의 세계화를 촉진함으로써 더 이상 어떤 나라도 고립해서는 살 수 없게 되었다.

세계화는 세계가 하나임을 뜻한다. 세계가 하나라는 것은 이 지구가 한 마을이고, 60억 인구는 한 가족이라는 뜻이다. 그러한 질서를 만들기 위해서 지역과 지역, 그리고 사람과 사람 사이의 모든 장벽을 무너뜨리고 모든 나라, 모든 사람들이 대등한 규율에 의해서 자유로이 경쟁하도록 하자는 것이다.

이것을 잘 두는 사람과 못 두는 사람 간의 바둑시합에 비유한다면, 못 두는 사람이 미리 몇 점을 놓고 두는 아마추어 게임은 보호질서라 할 수 있다. 여기에 비유한다면 세계화 질서는 동일한 조건에서 두어 승부를 가르는 프로의 세계라 할 수 있다. 그렇기 때문에 오늘날의 생존환경에 있어서 이러한 세계화 질서가 주는 의미는 다음 몇 가지로 요약할 수 있다.

첫째로, 지연(地緣)·혈연·학연 등을 차별해서는 안되고, 오직 능력만을 차별해야 한다는 점이다. 이것은 최대 효율을 지향하는 원칙이다. 이 원칙이 지켜지지 않으면 경쟁력을 상실한다.

둘째로, 경쟁력이 없으면 퇴출(退出)을 받아들여야 한다는 것이다. 보호질서는 지역 내의 비교우위원리에 서 있는 질서이며, 세계화의 개방질서는 세계적인 절대우위원리에 서 있는 질서이다. 그렇기 때문에 보호질서에서는 경쟁력이 없더라도 폐쇄된 지역 내에서의 비교우위만 있으면 살아남을 수 있었지만, 세계화 질서에서는 세계라는 경쟁시장에서의 절대우위가 있는 자만이 생존할 수 있다. 개방화시대에는 세계 제일만 살아남을 수 있다고 하는 것은 바로 이것을 뜻한다. 따라서 그러한 세계적인 절대우위의 경쟁력이 없으면 당연히 시장에서 퇴출될 수밖에 없으며 이 질서를 받아들여야 하는 것이다.

끝으로 세계화 질서는 사회체제를 집중화보다는 분권화와 지방화를, 획일화보다는 다양화를, 그리고 집단화보다는 개별화를 촉진하는 질서이다. 모든 장벽이 제거되면 집단에 의한 규제는 약화되고 개체 중심의 자유경쟁이 촉진되기 때문이다.


## 2. 세계화와 한국의 경쟁력 위기

경제발전사에서 한국은 압축성장방식에 의하여 공업화를 가장 성공적으로 성취한 사례에 속한다. 1960년 1인당 국민총생산이 80달러였던 후진국이 연평균 8~9%의 경제성장을 이룩하여 1995년에는 1인당 국민총생산 1만 달러의 중진국이 된 것이다. 이처럼 불과 한 세대 사이에 절대빈곤문제를 해결한 사례는 역사적으로 찾아보기 어려운 일이다. 한국은 이러한 발전을 저임금과 차입(借入)경영의 힘에 의해, 그리고 보호체제와 정부 주도 아래서의 수출견인에 의해 이루어낸 것이다. 그런데 1990년대 세계화시대에 들어서면서 한국은 국가경쟁력의 위기에 당면하고 있으며, 그러한 위기는 1997년의 IMF사태로 노출되기 시작하였다. 그러면 세계화시대에 당면하여 한국의 국가경쟁력은 왜 위기를 맞게 된 것인가.

첫째로, 갑작스러운 개방으로 인한 산업의 위기이다. 세계화시대에는 상품뿐 아니라 서비스와 자본까지도 개방된다는 데 문제가 있다. 산업을 수출산업과 내수산업으로 나누어 본다면 거의 모든 내수산업은 보호의 힘에 의해 성장해왔던 것인데, 이들 산업은 개방으로 인하여 대부분 경쟁력을 상실할 수밖에 없게 된 것이다. 그런데 개방의 충격은 상품보다는 서비스, 서비스보다는 자본 쪽이 더 컸다.

특히 자본의 자유화는 IMF사태를 유발한 직접적인 원인이었음을 유의할 필요가 있다. 그 당시 우리나라의 외환보유고는 200억 달러였는데, 보호질서하에서는 이 정도의 외환보유로 충분했던 것이다. 그러나 자본시장의 개방에 노출되어 단기적인 국제자본이 제한 없이 들어오고 나가는 상황에서는 그 정도의 외환보유로는 국제적인 유동성 위기를 당해낼 수 없었던 것이며, 그리하여 우리는 대외채무의 상환불능사태를 맞게 되었던 것이다.

다음으로 한국인의 이른바 아시아적 가치관이 세계화와 충돌함으로써 생기는 의식구조상의 위기이다. 세계화시대의 생존질서는 혈연·지연·학연 등을 차별하지 말고 철저히 능력만을 차별해야 한다는 것을 앞서 지적한 바 있다. 그런데 한국인들은 이와 반대로 사람과 지역을 차별하고 능력은 제대로 차별하지 않는 이른바 연고주의(緣故主義)의 아시아적 가치관에서 벗어나지 못하고 있다. 예컨대 각종 선거에서 지역연고나 학교연고에 의해 선택이 이루어지고 있는데, 이것은 능력에 의한 선택이 이루어지지 않고 있음을 의미한다. 이러한 의식구조하에서는 올바른 국가 경쟁력을 기대할 수 없으며, 따라서 이러한 나라는 세계화시대에 적응하지 못하는 데서 오는 위기를 맞게 되는 것이다. IMF사태의 국제금융위기에서 미국이나 유럽 지역은 오히려 호황을 누리고 아시아만 침몰했던 이유 중의 으뜸은 아시아적 가치관이 세계화 질서를 수용할 수 없었기 때문이었다.

끝으로 세계화 개방이 성숙단계로의 우리나라 발전단계 이행(移行)과 맞물리는 데서 오는 경제 내부적인 위기요인이다. 세계화의 급류를 맞이한 1990년대는 발전단계 면에서 한국 경제가 중진국단계를 넘어 선진경제단계로 넘어가는 변곡점(變曲點)에 해당하는 시기이다. 이 변곡점은 인력과잉단계에서 인력부족단계로의 이행을 의미한다. 이러한 발전단계적인 변화는 한국 경제의 경쟁력을 약화시키는 계기가 되었는 바, 그 요인은 다음과 같이 부연하여 설명할 수 있다.

우선 고임금시대로의 진입에 따른 저임금 경쟁력의 상실이다. 이런 변화가 급진적으로 진행되면서 한국 경제는 새 환경에 적응할 수 없었으며, 이로 인한 경쟁력의 상실은 개방과 맞물리면서 위기를 증폭시키게 되었다. 또 다른 요인은 차입성장이 불가능하게 되었다는 점이다. 그동안의 한국 경제는 차입자본에 의해 성장이 주도되었던 것인데 이것이 가능했던 것은 시설능력 부족으로 인한 투자의 고수익성과 인플레로 인한 부채의 상각(償却)작용이었다. 그러나 이제는 차입성장이 불가능하게 되었다. 그래서 낡은 토양에서 잘 성장하던 기업들이 줄줄이 도산하게 되었던 바, 도산 기업들은 대체로 저임금에 의존하거나 빚이 많은 기업들이었다.

위에서 언급한 바와 같이 한국 경제는 세계화시대를 맞이하면서 시장 개방의 충격에 의해, 의식구조의 충돌에 의해, 그리고 발전단계적인 변화에 의해 경쟁력의 위기를 맞고 있다. 그리고 이 위기는 산업의 부실화와 이로 인한 금융의 부실화가 상호 인과관계를 형성하고 있는 부실악순환의 형태로 전개되고 있다. 그래서 이 위기는 우리 경제의 내부 구조적인 요인과 국제환경적인 요인이 연계된 것이며, 따라서 그 치유에 있어서도 이 양면에서의 동시적인 타개가 필요하다 할 것이다.

## 3. 지역균형발전과 국가경쟁력

오늘의 위기는 국가경쟁력의 위기이고 국가경쟁력의 위기는 세계화의 새 질서에 적응하지 못하기 때문이라는 것을 앞에서 지적하였다. 그리고 세계화의 새 질서는 분권화와 지방화 그리고 개별화와 다양화를 지향한다는 것도 언급하였다. 그러므로 세계화의 새 질서에 적응하기 위해서는 중앙집중주의와 집단주의 그리고 획일주의에서 벗어나야 한다. 이런 점을 감안할 때 지방화와 지역의 균형발전은 세계화시대에 국가경쟁력을 확보하는 기본과제가 되는 것이다.

오늘날 한국의 경쟁력 위기에 있어서 이 문제는 매우 중요한 의미가 있다. 다시 말하면 지역적 불균형, 특히 수도권으로의 과대집중현상이 사회적 비용을 상승시켜 국가경쟁력을 약화시키는 큰 이유로 작용하고 있다는 사실이다. 우리나라의 지역적 불균형발전은 인구와 산업이 서울과 부산을 잇는 경부축(京釜軸)을 중심으로 과밀집중되고, 나머지 지역이 과소(過疎)되어 사회적 효율을 떨어뜨리는 형태로 전개되고 있으며, 그 가운데 핵심적 문제는 수도권으로의 과잉집중이다.

지금 서울과 인천·수원·안양 등은 이미 하나의 도시가 되어버렸다. 그런데 안산·평택·양주·고양·김포 등 그 외곽지역도 끊임없이 도시화가 진행되고 있어 서울과 한 덩어리가 되어가고 있다. 이대로 간다면 그 결과가 어떻게 될 것인가 하는 우려를 금할 수 없다.

서울·인천·경기 지방을 합한 이른바 수도권이 우리나라 전체에서 차지하는 비율을 보면, 2000년 현재 인구의 46.3%와 총예금의 68.0% 그리고 1999년 현재 국내총생산의 46.7%와 국민총소비의 48.6%를 차지하고 있다. 전체 인구에서 수도권 인구가 점하는 비율의 추세를 보면, 1960년 20.8%, 1970년 28.3%, 1980년 35.5%, 1990년 42.8%, 그리고 2000년에는 46.3%에 이르게 되었다.

1970년부터 2000년까지의 30년 동안 우리나라 전체 인구에서 점하는 지역별 점유비율의 변동을 보면, 수도권은 28.3%에서 46.3%로 급증하고, 제주도는 1.1%로 변동이 없으며, 영남권은 30.4%에서 28.0%로 약간 감소한 반면 호남권은 20.5%에서 11.3%, 충청권은 13.8%에서 10.1%, 강원 지역은 5.9%에서 3.2%로 각각 크게 감소하여 수도권으로의 인구집중이 주로 호남·충청·강원 지역의 인구이동 때문임을 알 수 있다.

이러한 인구와 산업의 지역별 불균형발전은 경제·사회개발에 있어서 개발효율을 떨어뜨리고 사회적 비용을 상승시켜 국가경쟁력의 약화를 초래하는 큰 요인으로 작용하고 있다. 우선 수도권의 지가상승을 유발하여 모든 사회간접자본 개발의 고비용을 유발한다. 수도권으로의 과잉집중은 교통난·주택난·환경난·교육난·의료난의 주요 요인이 되고 있다. 지방에서는 학교들이 계속 폐교되어 시설이 텅 비어 있는데, 수도권에서는 학교가 모자라 엄청난 예산을 투입하여 학교를 계속 지어야 하고, 그렇게 하고도 콩나물 교실의 열악한 교육환경을 극복하지 못하고 있다. 주택부족문제도 수도권 인구집중 때문이다. 수도권을 제외한 나머지 지역은 이미 주택보급률이 100%를 넘어섰으며, 주택가격도 매우 저렴하다. 심각한 주택부족과 비싼 주택가격에서 오는 문제는 수도권에 국한된 문제이다. 심각한 교통난이나 환경난도 수도권 인구집중이 가장 큰 원인이 되고 있는 것이다.

그런데 중진국 수준을 넘어 선진국을 지향하고 있는 우리나라는 이제 국민생활이 양(量)의 시대에서 질(質)의 시대로 이행하는 단계에 있으며, 이것은 곧 의식주(衣食住)시대에서 교통·교육·환경·의료·주거·휴식공간과 같은 공공재(公共財)시대로 옮겨간다는 것을 뜻한다. 다시 말하면 물질을 중심으로 하는 사회에서 서비스를 중심으로 하는 사회로 이동하는 것이다. 그렇기 때문에 산업화 초기단계에서는 수도권으로의 과대집중이나 지역적 불균형발전이 전체적 경제·사회발전을 적극적으로 저해하는 것이 아니었지만, 선진화를 추구하는 현 단계에서는 이것들이 발전을 저해하는 적극적 요인으로 작용하고 있는 것이며, 따라서 이 문제의 해결은 선진화 발전의 대전제가 되는 중요성이 있는 것이다. 이러한 시각에서 더욱 중요한 것은 이러한 애로요인들, 즉 교통 혼잡, 교육시설 부족, 환경파괴, 주택부족 등의 문제를 해결하려면 수도권의 밀집과 고지가(高地價) 때문에 엄청난 사회적 비용이 들어가게 되고 이것이 문제해결을 가로막고 있다는 사실이다.

그러면 왜 수도권에 밀집하게 되는가. 여기에는 세 가지 원인이 있다. 그 하나는 산업시설이 특정 지역에 집중되어 수도권에 소득기회(또는 고용기회)가 집중되어 있기 때문이다. 인구집중이 경부축을 중심으로 하여 일어나고 있는 것도 이 때문이라 할 수 있다. 다른 하나는 교육기회의 불평등이다. 지방에서는 좋은 자녀교육을 시킬 수 없고 서울에 와야만 자녀교육을 잘 시킬 수 있다는 것이 오늘의 현실이다. 이러한 교육질서가 지속되는 한 유달리 자녀교육열이 높은 우리나라에서 수도권 집중은 막을 도리가 없는 것이다. 그래서 지방에 일터가 있는 사람도 집은 서울에 두고 있다. 그 반대가 되어야 옳지 않은가. 또 다른 하나는 정치·문화·경제 등 모든 제도가 중앙집중화되어 있어서 서울에 있어야 이들에 대한 참여 기회가 보장되고, 지방에 있으면 그만큼 소외될 수밖에 없다는 사실이다. 그래서 모두들 참여욕구를 충족시키기 위해 서울로 모여드는 것이다.


## 4. 맺음말

세계화의 질서에서는 국가경쟁력이 없이는 생존할 수 없다는 점, 그런데 지금 우리나라는 국가경쟁력이 위기를 맞고 있다는 점, 그리고 선진화를 추구하는 현 단계에서 국가경쟁력을 약화시키는 결정적 요인은 인구의 수도권 집중과 지역불균형 발전이라는 점을 앞에서 지적하였다. 그렇다면 인구의 수도권 집중과 지역불균형 문제는 어떻게 해결해야 할 것인가.

이 문제를 해결하기 위해 1960년대부터 역대 정권들은 적지 않은 노력을 기울여왔다. 예컨대 대도시에 대한 개발제한구역의 설정, 수도권의 공장 건설과 고층건물 건설 규제, 수도권의 대학정원 동결 등 여러 가지 대책을 시행한 바 있다. 이러한 대책들은 나름대로 수도권 집중을 어느 정도 지체시키는 데는 기여하였지만 이 문제를 해결하는 데는 실패하고 말았다. 그리고 1990년대 이후의 정권은 아예 이 문제를 해결하려는 노력조차도 기울이지 않았다. 이렇게 된 것은 민주화 이후의 정부들이 긴 역사적 안목에서 정책을 입안하지 못하고 5년이라는 정권임기의 제약 속에서 단기적인 효율과 인기에만 집착하였기 때문이라고 여겨진다. 이런 점에서 수도권 집중을 막고 국토의 균형발전을 위한 합리적이고 개혁적인 대책을 나라의 백년대계를 위해 시급히 마련해야 할 것이다. 그러면 구체적으로 어떻게 해야 할 것인가.

첫째로, 소득과 고용의 기회균등을 위해 산업투자의 지역적 균형을 정책적으로 실행해야 한다. 이것은 투자의 양적인 지역균형을 뜻하는 것이 아니라 지역적 특성과 국가적 효율을 감안하여 고용기회와 투자를 지역적으로 균형있게 배분해야 한다는 것을 의미하는 것이다.

둘째로, 소득과 고용기회가 수도권에 집중되지 않고 지방으로 분산되도록 하기 위하여 시장기능을 통한 정책적 유인(誘因)을 제공할 필요가 있다. 예컨대 소득세·법인세·부가가치세 등 모든 세금의 세율을 이원화(二元化)하여 수도권과 광역시 이상의 대도시에는 현행 세율을 그대로 두고, 나머지 지역에는 세율을 20~30% 인하하는 것이다. 이럴 경우 산업시설과 고용기회는 시장기능에 의해 지방으로 이전하게 될 것이다.

셋째로, 교육의 지역적 기회균등을 위한 획기적인 대안을 마련해야 할 것이다. 지방에 산다는 이유만으로 자녀교육에 차별을 받는다는 것은 부당한 일이다. 이를 시정하기 위해서는 예컨대 대학입시제도를 개혁하여 학교차별을 두지 않고 고등학교의 내신성적 석차에 의한 점수를 일정비율 이상 의무적으로 반영하도록 하는 방법을 검토해볼 필요가 있다. 이럴 경우 고등학교의 학교별 성적차를 인정하지 않는 것이 모순이라고 생각할 수 있지만, 그 성적차는 유전자의 우열에 의한 잠재력의 차이에서 오는 것이 아니라 후천적인 환경의 차이에 기인한다고 보는 것이 옳은 것이다. 교육대상자의 선발에 있어서는 이미 얼마나 개발되었는가보다도 개발할 잠재력이 어떤가 하는 것이 더 중요하기 때문이다. 이러한 사실은 여러 대학에서 실시한 조사에서도 잘 뒷받침되고 있다. 여러 대학에서 대학입학 후의 성적에 대해 조사한 결과, 대학성적과 수능성적은 거의 상관관계가 없으며, 대학성적과 고등학교 내신성적 사이에는 밀접한 상관관계가 있는 것으로 밝혀진 것이다.

끝으로 정치·경제·문화·사회 등 모든 면에서의 참여기회가 서울에 집중되어 있고, 지방에서는 소외되어 있는 문제를 시정해야 한다. 이를 시정하기 위해서는 이들 모든 분야에서 중앙집권체제를 지방분권체제로 제도를 개혁해야 한다. 이것이 바로 세계화가 추구하는 다양화와 분권화로의 새로운 가치질서에 부합하는 것이라 할 수 있다.

# 제2장
# 동북아경제권의 대두와 지방의 세계화 전략

안충영 (중앙대학교 교수)

## 1. 머리말

경제권의 개념은 지리적 근접성과 부존자원의 보완성을 기초로 시장
의 가격기구에 의하여 재화, 용역, 투자 등이 자연적으로 일어나는 지리
적 공간으로 정의한다.[1] 이렇게 형성되는 경제범역은 스칼라피노(Scala-
pino, 1991) 교수가 제기한 자연경제권(natural economic territory)과 유사한
개념으로 정의될 수도 있다(Ahn, 1993). 그러나 자연경제권이 자유무역협
정이나 관세동맹과 같이 인위적 통합과정을 거쳐 경제적 국경이 철폐되
는 지역적 경제공간으로 변모될 때, 이러한 지역을 본 장에서는 경제통
합지역으로 정의한다.

경제통합지역은 발래사(Balassa, 1969)의 일반적 경제통합의 유형과 수
순에 따르면 자유무역지대(FTA), 관세동맹(custom union), 경제공동체
(economic community), 경제연합(economic union), 완전통합 등으로 분류될
수 있다. 동북아에서 전개되고 있는 경제통합운동은 현재 자연경제권의
수준을 크게 벗어나고 있지 못하지만, 앞으로 인위적 통합 노력에 따라

---

[1] 본 장에서는 동북아경제권을 한국, 북한, 중국, 일본, 극동러시아 그리고 몽골을 포함한
육지와 영해지역으로 정의한다.

공식적 통합지역으로 발전될 수 있다. 공식적 경제통합지역은 무역과 투자의 증대, 자유무역협정, 관세동맹, 통화동맹, 단일경제권 형성 등 다양한 형태를 띨 수 있다. 경제권의 통합과정에서 국가와 지역 간 무역의 장애요인을 부분적으로 축소하는 저층적 통합(shallow integration)에서부터 국제무역, 자본, 노동의 이동에 장애가 되는 모든 국내요인을 제거하는 심층적 통합(deep integration)으로 단계화할 수 있다.

1995년 WTO체제가 출범하면서 다자간 무역자유화의 진전과 함께 세계경제 통합이 추진되는 가운데 일단의 국가들은 지역단위에서 새로운 경제블록화 운동을 전개하고 있다. 세계경제에서 대표적 지역통합조직은 EU(유럽연합)와 NAFTA(북미자유무역협정)로서 현재 세계경제에서 양극적 경제블록을 형성하고 있으며, 역외국가에 대하여 때로는 배타적 조치를 행사하고 있다.

동북아지역은 세계에서도 대표적인 자연경제권에 속하고 있다. 1980년대부터 자연발생적으로 일어난 경제교류 확대는 1997년에 발생한 아시아 금융위기를 계기로 새로운 전기를 맞고 있다. 동북아에서도 지리적 근접성, 급속한 정보화와 교통기술의 발달로 생산공정을 다단계화한 후 가장 경쟁력 있는 국외기업에 아웃소싱을 하는 지역적 생산분화(production fragmentation) 현상도 새로운 양상으로 전개되고 있다.[2]

오랜 시간 동안 체제와 이념을 달리하였던 동북아 역내국가들도 동아시아 금융위기를 계기로 지역통합에 대한 공감대를 형성하고 있는 첫 번째 요인으로, 동북아 역내국가들의 국제관계가 냉전시대의 이데올로기 대결을 청산하였다는 점을 들 수 있다. 그 단적인 예는 탈냉전시대로 접어들면서 중국과 러시아가 개방체제로 전환하고 글로벌체제에 적극적으로 편입을 시도하고 있다는 점에서 찾을 수 있다. 두 번째 요인으로는, 지구상에서 아직까지 유일하게 이데올로기의 대결장으로 남아 있는 한반도에도 김대중 정부가 추진한 햇볕정책과 2000년 역사적 남북정상회담의 결과 남북한 사이에도 경제교류가 과거와는 다른 양상으로 전개되

---

2) Ronald W. Jones & Kierzkowski(1999), "Horizontal Aspects of Vertical Fragmentation" 참조.

고 있다는 점을 들 수 있다.

동북아에서 일어났던 역사적 식민 지배·피지배관계, 그리고 연이어 전개된 전후 냉전체제는 그동안 동북아에서 조직화된 경제통합운동의 결정적 장애요인으로 작용하였다. 그럼에도 불구하고 한·중·일 사이에는 아직도 국가적 차원에서 역사적 유산을 완전히 해결하지 못하고 있다. 그 결과 역내국가간 정부 차원에서 포괄적 경제협력에 관한 합의를 도출하기가 어려운 것이 현실이다.

그러나 최근 몇 년 동안 지리적 근접성과 자원의 보완성을 기초로 하는 동북아 국가 내 지방단위간의 경제협력 노력이 훨씬 가시화되고, 더욱 큰 탄력을 얻고 있다. 환황해경제권이나 환동해경제권의 개념 등이 그 대표적 예이다.

물론 지방 혹은 지역 경제의 발전문제는 주어진 국가의 법과 제도의 테두리를 벗어나기 힘들다. 그러나 1990년대 WTO체제 출범 이후, 세계경제의 글로벌화는 국가간의 공식적 협약의 틀이 없이도 세계 속의 각 지방과의 교류를 열어놓고 있다.

그 결과, 세계 속의 지방화 혹은 지방의 세계화가 세방화(glocalization) 전략의 현실적 대안으로 자리매김하고 있다. 이런 관점에서 세방화 현상은 세계경제의 통합과정에서 하나의 학문적 패러다임으로 등장하고 있다.[3]

1978년에 선언된 중국의 4대 근대화(四大 近代化)운동을 계기로 시작된 중국의 개방화 전략은 동북아경제권을 열린 경제 범역으로 급속히 변모시키고 있다. 중국의 대외개방정책은 기존의 한국과 일본의 대(對)동북아 역내무역을 획기적으로 제고시키고, 대외무역 패턴 또한 결정적으로 변화시키면서 동북아에도 경제통합의 장기적 가능성을 열어놓았다. 동시에 동북아의 한·중·일은 우선 지리적 근접성에 따라 지방단위에서 세방화의 경제협력을 시작하고 있다.

그러나 동북아 역내국가들은 발전단계의 상이성과 정치·경제체제상의 다양성을 지니고 있다. 예컨대 중국은 개방화 이후 지난 20여 년 동안

---

3) 도시와 지방의 세계화 현상, 즉 glocalization에 대한 개념적 틀은 Swyngedouw(1992) 참조.

세계에서 가장 높은 초고속성장을 지속하면서 시장경제화를 가속화하고 있다. 한편 일본은 지난 50여 년 동안 서구를 뒤쫓아 세계 제2의 경제대국의 위치를 굳혔으나 지난 10여 년 동안 장기 저성장의 늪에 빠져 있다. 한국은 수출주도형 공업화 전략으로 신흥공업국의 대표적 국가로 발전한 이후, 1997년 아시아 금융위기를 계기로 새로운 발전 패러다임을 탐색하고 있다. 한편 극동러시아는 세계 굴지의 산림자원 및 광물자원을 배경으로 동북아로의 진출을 시도하고 있다.

EU와 NAFTA의 심층적 통합에 비교하여 동북아는 아세아·태평양 역내국가를 모두 포괄하는 APEC의 느슨한 협의기구 이외에 조직화된 통합 노력을 전개하지 못하고 있다. 다만 탈냉전시대로 접어들면서 동북아의 한·중·일, 그리고 극동러시아는 발전단계의 다양성과 지정학적 근접성의 기초 위에 시장의 힘에 의하여 자연스럽게 상호의존적 경제교류를 증대시켜가고 있다.

본 장의 목적은 첫째, 동북아에서 고도경제성장, 체제전환과 세계 굴지의 경제대국으로 세계적 주목을 받고 있는 한·중·일과 체제전환국이면서 자원보유지역인 극동러시아 간의 자생적 경제협력체계의 현주소를 분석하고, 둘째, 현재 구상되고 있는 동북아의 국가별 지방단위에서 경제협력과 소지역경제권의 태동을 논의하며, 셋째, 한국의 지방단위에서 전개해야 할 개방화 및 세계화 전략을 제시하는 데 있다.

제2절에서 동북아에서 자연경제권으로 경제교류의 확대과정을 논의하며, 제3절에서는 동북아에서 지방과 지방의 협력체제를 지역경제권의 관점에서 서술한다. 또한 제4절에서 한국의 지방경제단위가 동북아 경제권 형성에 대한 지향성과 세방화의 전략을 각기 논의한다. 그리고 마지막 절에서 정책적 함의와 결론을 내린다.

## 2. 동북아경제권의 태동

현재 지구상에는 다양한 형태의 지역경제통합체가 160여 개에 이르고 있다. 이 가운데 절반 이상이 1990년 이후에 창설되었고, 1/3 정도가 WTO체제 출범(1995년 1월) 이후 창설되었다. 오늘날 본격적인 지역경제통합체는 유럽, 북미와 남미에만 존재한다. 아시아에서는 AFTA(아세안자유무역지대)가 있으나 아직도 역내경제 결속력은 느슨한 수준에 머무르고 있다.

현존하는 대부분의 군소 지역경제협정들은 느슨한 조직체로서 기존의 다른 지역경제협정과의 통합에 대비하여 협상력을 제고할 목적으로 태동된 정치적 결합체의 성격을 지니고 있기도 하다. EU와 NAFTA와 같은 대규모 경제블록은 회원국의 확대에 계속 소극적인 태도를 보이고도 있다. 최근 계속해서 확산되고 있는 새로운 지역협정은 EU나 NAFTA의 강력한 영향력에 대응하고 기존 지역협정체들과 전략적 제휴를 위한 협상력을 제고할 목적으로 태동되고 있는 경우도 많다(안충영, 2000).

〈표 2-1〉은 동북아 지역통합운동의 현주소를 상대적으로 보여주고 있다. 단일통화의 사용에까지 이른 EU, NAFTA에 의한 달러경제권 논의, 브라질·아르헨티나 등이 참여하는 MERCOSUR(남미공동시장)⁴⁾ 등 심층적 경제블록이 태동되었다. 나아가서 EU와 MERCOSUR는 1999년 6월 자유무역협정을 추진키로 합의하였다. 그러나 동아시아 국가들은 동남아시아 국가들의 AFTA와 아직도 협의기구에 불과한 APEC 이외에는 구체적 지역통합운동을 전개하지 못하였다. 과거사 문제와 체제의 다양성 때문에 조직화된 동아시아 협력체제 구축을 지금까지 외면해왔다. 다만 최근에 아시아 금융위기를 계기로 지역통합운동의 필요성에 대한 공감대가 형성되어가고 있을 뿐이다.

그럼에도 불구하고 순수한 시장의 힘에 의하여 동북아에서 역내무역과 투자가 급증하고 있다는 점은 동북아에서 지역통합의 가능성을 암시하는 것이다. 세계경제의 지역경제 블록화가 심화되면서 각 블록의 역내 교역비중이 급속도로 확대되고 있다(〈표 2-2〉). 1990년과 1997년 동안 주요 역내 수출비중을 비교해보면, NAFTA의 경우 41.4%에서 48.9%로

---

4) MERCOSUR는 남미의 남부경제통합기구로 브라질, 아르헨티나. 파라과이, 우루과이 등이 정회원국으로 가입하고 있으며, 칠레는 준회원국으로 가입하고 있다.

〈표 2-1〉 주요 지역경제블럭 현황

| 블록명 | 창설연도 | 형태 | 비 고 |
|---|---|---|---|
| EU (유럽연합) | 1993.11 | (준)경제동맹 | 유럽동맹조약(마스트리히트조약, 1993. 11)에 의해 설립<br><EEC(58. 1) → EC(67. 7) → EU (93. 11)><br>* 참가국 : 독일, 영국, 프랑스, 이탈리아, 벨기에, 룩셈부르크, 스페인, 네덜란드, 포르투갈, 스웨덴, 아일랜드, 그리스, 오스트리아, 핀란드, 덴마크 15개국 |
| NAFTA (북미자유무역지대) | 1994.1 | 자유무역지역 | 미국과 캐나다가 1990년 자유무역협정을 체결하고 94년 1월 멕시코가 참가하여 설립 |
| MERCOSUR (남미공동시장) | 1995.1 | 공동시장 | 중남미 최대의 지역블록으로 1991년 3월 아순시온 협정체결에 근거<br>* 참가국 : 브라질, 아르헨티나, 파라과이, 우루과이 |
| AFTA (아세안자유무역지대) | ASEAN (1967.5) AFTA (2003년) | 자유무역지역 | 1967년 지역안보협력체로 발족된 ASEAN (동남아국가연합)이 1994년부터 역내국간 관세장벽 등을 점차 낮추어 2003년까지 AFTA를 창설하기로 결정(94. 9)<br>* 참가국 : 인도네시아, 말레이시아, 싱가포르, 태국, 필리핀, 브루나이, 베트남, 미얀마, 라오스 9개국 |
| APEC (아시아·태평양 경제협력) | 1989.11 | 지역경제협력체 | 한국, 미국, 일본, 중국, ASEAN 및 태평양 연안국가 등 21개국으로 구성되어 있으나 각 회원국간 이해관계로 강력한 지역블록으로의 발전가능성은 희박 |

출처: 이재열, 「세계무역의 구조변화와 우리의 대응과제」, 한국은행 연구자료 1999, 26면에서 발췌.

〈표 2-2〉 주요 경제블럭의 역내외 수출비중 추이

(구성비, %)

| 구분 | EU[1] | | | NAFTA[2] | | | ASEAN[3] | | | MERCOSUR[4] | | |
|---|---|---|---|---|---|---|---|---|---|---|---|---|
| | 1970 | 1990 | 1997 | 1970 | 1990 | 1997 | 1970 | 1990 | 1997 | 1970 | 1990 | 1997 |
| 역내 | 59.5 | 66.0 | 60.8 | 36.0 | 41.4 | 48.9 | - | 18.9 | 23.6 | 9.4 | 8.9 | 24.4 |
| 역외 | 40.5 | 34.0 | 39.2 | 64.0 | 58.6 | 51.1 | - | 81.1 | 76.4 | 90.6 | 91.1 | 75.6 |

주: 1) 서유럽 15개국
   2) 미국, 캐나다, 멕시코
   3) 9개국(인도네시아, 말레이시아, 싱가포르, 필리핀, 브루나이, 베트남, 미얀마, 라오스)
   4) 4개국(브라질, 아르헨티나, 우루과이, 파라과이)
출처: WTO, *International Trade Statistics*, 각년도 IMF, Direction of Trade 각호

신장되었으며 MERCOSUR는 8.9%에서 무려 24.4%로 대폭 신장되었다. 그러나 ASEAN의 경우는 같은 기간 동안 18.9%에서 23.6%로의 미세한

제2장 동북아경제권의 대두와 지방의 세계화 전략 **27**

증가에 그쳤다. 다만 EU는 역내 경제침체와 동유럽국가에 대한 수출비중 증가로 같은 기간 역내 수출비중이 감소하였으나 동유럽국가가 EU에 가입할 경우 역내 수출비중은 다시 크게 늘어날 것이다. EU의 경우 가장 주목을 요하는 점은 역내 수출비중이 세계의 주요 경제블록 중 가장 높은 60%를 유지하고 있다는 점이다.

지난 30여 년 간 동북아시아 국가의 고속성장은 대외적으로 주로 대미수출의 확대에서 지속성장의 기틀을 마련하였고, 근래에는 역내국가간의 상호수요 확대와 자본교류 증대에 힘입어 크게 신장되었다. 다시 말하여 동북아에는 조직화된 경제협정이 없는데도 불구하고 시장의 힘에 의하여 자생적으로 경제적 상호의존도가 더욱 심화되어가고 있다(안충영, 2000). 금융의 범세계적 동시화 현상과 함께 최근에 발생한 동아시아 금융위기의 지역적 동조화(synchronization) 현상 때문에 동아시아에서 유기적 상호협력체제의 구축은 구호로 끝날 것이 아니라 더욱 구체화되어야 한다는 공감대가 형성되어가고 있다. 최근에는 역내 환경체계에 의하여서도 동아시아 국가들은 상호의존성을 더욱 실감하고 있다.

1989년에 창설된 APEC은 개방적 지역주의(open regionalism)를 표방하고 있다. 동아시아 국가간의 상호의존도는 1997~1998년의 금융위기를 계기로 확인되었으나 APEC은 동아시아 경제위기를 수습하는 데 너무나 무기력하였다. 동아시아 금융위기를 계기로 무역자유화보다 동아시아에 또다시 발생할 수 있는 파괴적 금융불안에 먼저 조직적으로 대응하자는 논의가 활발하게 전개되고 있다(안충영, 1999).

조직적 경제협정이 없는데도 불구하고 〈표 2-3〉에서 보는 바와 같이 1985~1995년 사이 동아시아(일본, 중국, 대만, 홍콩 및 ASEAN 회원국

〈표 2-3〉 동아시아 국가의 대 EU, NAFTA 및 동아시아의 교역비중

| 구분 | 1985년 | | 1990년 | | 1995년 | |
|---|---|---|---|---|---|---|
| 교역상대 경제권 | 금액 | 비율(%) | 금액 | 비율(%) | 금액 | 비율(%) |
| EU | 79,967 | 11.6 | 219,699 | 15.0 | 369,287 | 14.3 |
| NAFTA | 195,568 | 28.5 | 349,990 | 24.0 | 551,507 | 21.4 |
| 동아시아 | 256,406 | 37.3 | 588,477 | 40.3 | 1,320,876 | 51.2 |
| 세계 | 687,129 | 100.0 | 1,460,969 | 100.0 | 2,577,935 | 100.0 |

출처: IMF, *Direction of Trade Statistics Yearbook*, 1996.

〈표 2-4〉 세계무역에서 주요 경제권역별 비중

(단위: %)

| 지 역 ＼ 연 도 | 1986년 | 1996년 | 2010년 |
|---|---|---|---|
| EU | 44.3 | 39.2 | 36.8 |
| APEC | 43.4 | 50.6 | 53.5 |
| NAFTA | 22.2 | 19.8 | 19.2 |
| United States | 16.2 | 14.2 | 12.6 |
| East Asia | 19.1 | 28.6 | 32.4 |
| AFTA | 2.4 | 4.6 | 6.1 |
| Northeast Asia | 16.7 | 24.0 | 26.3 |

출처: DRI, *World Economic Outlook*, 1997.

포함) 국가들의 역내 교역비중은 시장의 힘에 의한 자연발생적 현상으로 EU와 NAFTA에 대비하여 급속도로 증대되고 있다. 동아시아의 역내 교역량은 1985년에는 37.3%에 불과했으나 1995년에는 무려 51.2%로 늘어났다. 같은 기간 동안 동아시아 국가와 NAFTA 사이의 교역비중은 28.5%에서 21.4%로 오히려 축소되었다. 동아시아와 EU 사이의 교역비중도 1985~1990년 동안 상승세를 보이다가 1995년에는 14.3%로 축소되었다.

앞으로 동아시아에서 역내분업은 수직적 구조에서 수평적 구조로 크게 개편해갈 수 있다. 예컨대 일본과 한국, 일본과 중국 간에는 직물, 철강, 금속, 기계 제품에서, 일본과 한국 간에는 철강·금속 제품, 자동차, 특수기계, 전자기기에서, 한국과 중국 사이에는 석유화학, 섬유, 철강, 전기기계, 통신장비 분야에서 산업 내 교역이 증가하고 있다(김원배 외, 1998: 23).

〈표 2-4〉에서 동북아의 경우 1986~1996년 기간 동안 세계무역에서 차지하는 비중은 16.7%에서 24.0%로 증가하였다. 만약 동북아가 조직화된 경제협력체제를 구축한다면 2010년에 이르러 DRI의 예측치인 26.3%보다 더욱 높은 비중을 지닐 수 있을 것이다.

동북아경제의 상호의존성 증대는 역내 투자증가에서도 찾을 수 있다. 동북아 역내 직접투자의 성격은 주로 생산비 절감과 내수시장 확보를 위한 해외생산기지 구축에서 찾을 수 있다. 중국을 포함한 동북아 개발도상국들은 지속적인 경제성장을 위하여 심각한 사회간접자본 부족현상을 보이고 있다. 따라서 이들 국가에서 투자위험도가 줄어들 때 역내 직접투자는 크게 활성화될 것이다. 특히 중국이 2001년 WTO 가입을 계기로 최근 사회간접자본시장을 본격적으로 개방하고, 극동러시아가 자원개발을 본격화하고, 북한이 경제개혁을 추진할 경우 동북아에서 역내 직접투자는 크게 신장해 동북아국가들의 상호의존도는 더욱 증대될 전망이다.[5]

동아시아 역내 국가간 상호의존은 동아시아 역내 국가간의 자본교류 확대에서 더욱 잘 나타나고 있다. 1985년 프라자 합의 이후 엔고(円高)가 진행되면서 동아시아는 세계에서 가장 자본투자수익률이 높은 유망시장(Emerging Market)으로 등장하였다. 1980년대 이후 ASEAN 국가들의 적극적 FDI 유치전략과 중국의 개방화 이후 외국인직접투자(FDI) 유치전략에 일본, 한국, 대만이 적극 참여하면서 동아시아 국가간의 직접투자가 크게 신장되고 있다. 1990년대 후반부터 동아시아는 물론 동북아 경제에서 지각변동을 일으키는 결정적 요인은 중국경제의 세계적 부상 때문이다. 중국경제의 달러환산 GDP는 2000년에 약 9,300억 달러로 세계 7위를 차지하였으며 2020년에는 약 3조 6,000억 달러로 세계 3위에 도달할 것으로 보고 있다. 그러나 구매력을 기준으로 할 경우, 2000년 중국의 GDP 수준은 약 3조 6,000억 달러로 세계 2위가 되며 2020년에는 약 13조 9,400억 달러로 미국 수준을 넘어 세계 제1위 경제대국이 될 것으로 예측하고 있다.[6] 그리고 세계은행은 2020년까지 연평균 6.6% 성장을 가정하고 2020년에는 미국 다음의 2대 수출국에 이르고 1인당 GDP는 포르투갈, 아르헨티나 수준에 이를 것으로 전망하고 있다(World Bank, 1997).

중국은 OECD(1999)의 지적에서 나타난 것처럼 과잉생산시설, 은행의 부실대출 누적, 국유 및 집단 기업에 대한 취약한 기업지배구조 등의 문제점을 노정하고 있다. 이러한 관점에서 안충영(2001)[7]은 중국이 구미 선진국과 일본은 물론 동아시아 선발 신흥공업국으로부터 시장경제제도 아래 공업화의 약진을 달성한 발전 경험 가운데서 금융산업과 산업조직

---

5) 동북아의 역내 직접투자 현황과 성격은 김원배 외(1998) 제2장 참조.
6) 李京文,「二十一世紀中國經濟展望」,『國民經濟管理與計劃』, 中國人民大學報資料中心, 1997. 3.
7) 안충영,『현대 한국·동아시아 경제론』, 박영사, 2001.

의 변천에 관한 경험사례로부터 의미있는 상호학습과 교훈을 받을 수 있다고 지적하고 있다.[8]

중국의 서부 연해지구에 경제특구건설로 경제개발을 점화시킨 전략은 크게 주효하였으나 중국 내부에는 엄청난 지역격차를 유발하였다. 1995년 중국의 GDP는 5조 8,000억 위엔을 상회하였다. 연해경제특구가 있는 동부지역에서 중국의 중부지역 그리고 가장 배후지역인 서부지역의 소득구성비는 58%, 27%, 14%의 비율을 유지하여 연해지역과 내륙지방 사이에는 심각한 발전격차가 존재하고 있다.[9] 21세기 중국이 역점을 두고 추진하는 경제전략은 내륙지방으로 성장축을 이전하는 데 있다.

중국은 2002년 1월 1일, WTO에 공식 가입하였다. 이미 중국은 IMF와 세계은행 등 WTO를 제외한 거의 모든 주요 국제금융 및 무역기구에 가입한 상태이다. 따라서 세계 10대 교역국인 중국의 WTO 가입은 경제적 실익은 물론 중국의 정치·경제적 위상을 높여 대외신인도 제고와 외국인 투자유치에도 기여할 것이다. 또한 중국은 WTO 가입을 통해 모든 회원국으로부터 무차별적인 최혜국대우(MFN)를 안정적으로 확보하여 수출증대를 도모할 수 있을 것이다. 특히 주요 교역상대국인 미국 및 EU와의 매년 조건부 최혜국대우(MFN) 연장과정이 불필요하게 되어 직접적인 수출증대는 물론 통상외교적 입지를 강화하게 되었다. 아울러 중국의 대미, 대EU 무역불균형이 점차 확대되는 상황에서 WTO 가입을 통해 선진국에 의한 직접적인 통상압력을 회피하고, 이를 WTO의 분쟁해결절차로 수렴함으로써 쌍무적 협상보다 유리한 입장에서 분쟁을 해결할 수 있는 길을 확보하게 되었다.

국제공준에 맞도록 중국경제가 세계경제체제에 편입됨으로써 시장개방의 폭을 더욱 확대하고, 지적재산권의 보장과 함께 중국 내 제도의 공정성과 투명성은 증대될 것이다. WTO 가입을 통한 중국의 명실상부한

---

8) 동아시아 국가간에 존재할수 있는 경제발전을 위한 상호학습효과에 관해서는 안충영, 『現代東アジア經濟論』, 東京: 岩波書店, 2000.

9) 劉吉·許明 外, 김태만·원동욱·강승호 옮김, 『장쩌민과 신중국건설의 청사진』, 동방미디어, 1997, 195쪽.

세계경제 시스템의 편입은 동북아에서 심층적 통합을 위한 결정적인 기반구축에 기여하게 될 것이다. 미국 주도의 세계무역질서 개편에 후진국의 목소리를 대변하는 역할을 중국은 자임할 수도 있다. 국제적 기준에 더욱 근접한 중국의 국내시장 개방과 투자보장 노력은 동아시아의 발전도상국가에 중국시장 진출의 확대라는 측면에서 새로운 경제협력의 기회를 제공하지만 해외시장에서 중국과 본격적 경쟁을 해야 된다는 도전을 동아시아 주변국가에 제기하고 있다.

## 3. 동북아에서 지방경제권의 등장과 상호의존10)

한·중·일을 포함한 동북아 국가들은 그동안 정치체제의 다양성, 지배와 피지배의 과거사, 사회경제 시스템의 차이 때문에 무역블록이나 여타 경제통합을 전개하지 못했음을 이미 지적하고 있다. 맥기(McGee, 1999) 등은 이런 이유 때문에 동북아에서 국가주도에 의한 지역경제권의 창설 가능성을 낮게 보았다. 반면, 그들은 시민주도의 자발적 상호교류 및 지역활동에 기초한 소지역 경제협력의 가능성을 강조했다.11) 그런 관점에서 세계경제의 글로벌화와 함께 동아시아에도 SIJORI와 SCGT(홍콩, 광둥, 후지안, 타이완으로 구성되는 남중국 성장 삼각) 등과 같이 지역단위의 지역통합운동이 성공적으로 태동되었다는 점에 주목할 필요가 있다.

국가간 무역블록협정이 영토 전반에 걸친 구속력과는 달리 하위지역 경제권을 형성하려는 노력은 제도적·행정적 측면에서 국가차원의 제약으로부터 상당히 벗어날 수 있다. 한국의 경우 지방자치제가 실시된 이후 지방도시들의 대외지향성은 더욱 강화되고 있다. 일반적으로 지리적 근접성과 자원의 보완성을 기초로 하는 하위통합경제지역은 공식적인 무역블록보다 더 낮은 비용과 적은 시간으로 구축될 수 있는 장점을 지니고 있다.

---

10) 본 절은 김원배 외(2000)에 크게 의존하였다.
11) 자세한 내용은 맥기(McGee) 외(1999) 참조.

지방단위에 의한 소지역 경제통합운동은 중앙정부의 배제[12]를 의미하지는 않으며, 지방당국, 기업, 도시, 지역주민 등 기본적으로 지방과 국가 하위주체들에 의하여 전개되는 방식이다. 지역단위에서 개방화 노력이 관세자유지역이나 보세가공지역으로 지정될 경우 특히 대기업 및 다국적기업은 하위지역이 포함된 소지역 경제통합운동에 결정적인 역할을 할 수 있다. SIJORI와 SCGT에서 관찰되듯이 민간 및 지방정부의 발의와 선제적 조치는 하위경제지역통합에 중요한 촉매제 역할을 할 수 있다.

동북아에는 지금 지방주도의 자생적인 두 개의 지역경제권이 태동중이다. 하나는 황해를 중심으로 하는 환황해경제권이고, 다른 하나는 동해를 중심으로 하고 있는 환동해경제권의 개념이다. 한반도는 양 권역의 중심에 위치해 있다. 환황해지역은 두 가지 측면에서 환동해지역보다 소지역 통합경제권으로 발전가능성이 높다. 하나는, 권역 내에 대도시가 존재한다는 점이고, 다른 하나는, 인프라 수준이 더 양호하다는 점이다. 1억의 인구를 지니고 있는 환동해권에 비교하여 약 3억 인구를 가진 환황해권은 EU, NAFTA 등과 경쟁할 수 있는 잠재력을 갖고 있다(Friedmann, 2000). 실제로 환황해권은 경쟁력 있는 산업기반을 가지고 있고, 향후 세계 제조업의 선도지역이 될 잠재력을 지니고 있다.

## 1) 환황해경제권의 태동

환황해권의 지리적 범역은 논자에 따라 다양하게 정의되고 있다. 일부 연구자들은 중국의 상하이, 장수, 산동, 허베이, 랴오닝, 베이징, 톈진, 일본의 남서부, 한반도 전역을 포함하는 광범위한 경계를 환황해권으로 정의하고 있다(Kyushu Bureau of MITI, 2000). 혹자는 황해 연안지역에 초점을 맞추어 랴오닝, 허베이, 톈진, 산동, 큐슈북서부, 한반도의 서부를 포함하는 더욱 좁은 하위지역으로도 정의할 수 있다.[13] 김원배 외(2001)는

---

12) 싱가포르, 말레이시아, 인도네시아 정부의 정치적 의지는 SIJORI 형성에 중요한 역할을 담당하였다.
13) 항만도시에 초점을 맞추어본다면, 한반도 동부지역을 제외시킬 수 있다. 그러나 무역 및 투자의 관점에서 본다면, 아마도 강원도와 경상북도를 포함한 한반도 전체가 YSSR과

<표 2-5> 환황해권의 주요 지표

| 지 역 | 면적 (천km²) | 인구 (백만 명) | | GDP (십억 달러) | | 수출 (십억 달러) | | 누적 해외직접투자 (십억 달러) | |
|---|---|---|---|---|---|---|---|---|---|
| | | 1991 | 1998 | 1991 | 1998 | 1991 | 1998 | 1991 | 1998 |
| 중 국 | 9,600 | 1,158 | 1,248 | 406.3 | 958.9 | 62.1 | 183.8 | 43.7 | 454.6 |
| 랴오닝 | 147.5 | 39.9 | 41.6 | 20.2 | 46.9 | 5.6* | 8.1 | 3.5 | 21.9 |
| 허베이 | 187.9 | 62.2 | 65.7 | 18.1 | 51.4 | 1.7* | 3.1 | 0.4 | 14.3 |
| 산둥 | 157.2 | 85.7 | 88.4 | 29.5 | 86.5 | 3.5* | 10.4 | 1.8 | 22.0 |
| 베이징 | 16.4 | 10.9 | 12.5 | 10.5 | 24.3 | 1.3* | 10.5 | 2.4 | 21.7 |
| 톈진 | 11.9 | 9.1 | 9.6 | 6.3 | 16.1 | 1.8* | 5.5 | 1.3 | 21.1 |
| 소 계 | 520.9 | 207.8 | 217.8 | 84.6 | 225.2 | 13.9 | 37.6 | 9.4 | 101.0 |
| 일 본 | 377.8 | 124 | 126 | 3,478.6 | 4,672.7** | 314.5 | 386.9 | - | - |
| 큐슈7현+ 야마구치현 | 48.3 | 14.9 | 15.0 | 331.6 | 458.7** | 14.6 | 23.9 | - | - |
| 한 국 | 99.3 | 43.3 | 46.9 | 295.1 | 321.3 | 71.9 | 132.3 | - | 32.5*** |
| 환황해권 계 | 668.5 | 266.0 | 279.7 | 711.3 | 1,005.2 | 100.4 | 193.8 | - | - |

주: *는 1990년 자료, **는 1996년 자료, ***는 2000년 1월까지 누적된 해외 직접투자액수, '-'는 '데이터 없음'을 의미. ISPRE, KERC에 의해 제공된 자료 중 일부 채택.
출처: 김원배 외(2001)에서 재인용.

약간 더 넓은 지역을 범위로 정하여 랴오닝, 허베이, 톈진, 베이징, 큐슈의 7현,[14] 야마구치현, 한반도를 포함한 지역을 환황해권으로 정의하고 있다. 환황해권의 범주 설정에서 중요한 고려사항은 역내 주요 항만도시들의 배후지 규모이다.

김원배 외(2001)의 정의에 따르면, 환황해지역의 인구는 <표 2-5>에 나타난 바와 같이 총 2억 8천만 명으로 동북아 총인구의 19%를 차지하고 있다. GDP 측면에서 동북아지역에서 환황해지역의 비중은 약 18%이며, 동북아의 총수출의 약 20%를 담당하고 있는 중요한 하위지역이다. 현재로서는 환황해지역의 세계적 위상이 상대적으로 낮지만 가까운 장래에는 고부가가치 지식컨텐츠를 가진 제조업 지역이 될 전망이 높다. 1998년 현재 환황해지역은 세계인구의 4.7%, 세계 GDP의 3.6%를 차지하고 있다. 선박, 철강 및 자동차 산업은 세계총생산에서 중국, 한국, 큐슈의

관련이 있을 것이다. 본 연구에서 독자적으로 한국 서부지역을 분리하려고 시도하지 않는 것은 이러한 이유 때문이다.
14) 7현에는 후쿠오카, 사가, 나가사키, 구마모토, 오이타, 미야자키, 가고시마가 포함된다.

생산량은 각각 46.5%, 20.3%, 8.2%에 이른다.

산업생산력과 인구 100만 명 이상의 많은 도시들이 환황해권의 배후지에 집적해 있음을 고려해볼 때, 환황해지역은 세계적인 생산기지로서 잠재력을 지니고 있다. 환황해지역의 이러한 잠재력은 한·중·일의 해당 지역내 기술이전 및 물류네트워크 등이 확립되면 세계적 생산거점기지가 될 수 있다.

환황해지역에서 경제협력의 잠재력은 다음의 경제여건에서도 자명하다. 예를 들면, 환황해지역 총인구의 78%를 차지하는 중국은 1998년 환황해지역 GDP의 22%, 환황해지역 수출의 19%만을 차지한 반면, 큐슈지역의 경우 인구는 5.4%에 불과하지만 환황해지역 GDP의 45.6%를 담당했다. 한국은 환황해지역에서 차지하는 인구비중보다 생산 및 수출에 있어 훨씬 높은 비중을 차지하고 있다.

환황해지역에서 중국은 많은 인구와 광대한 토지면적을 기초로 일단 토지집약적인 경제활동에 특화하고 있으며, 한국과 일본은 중국의 환황해 경제지역에 대하여 자본과 기술의 공급원 역할을 현재하고 있다. 비록 환황해지역 내 중국의 절대적 경제비중이 큐슈와 한국을 추월할 것이라고 예상되긴 하지만, 거시적인 차원에서의 현재의 역내 격차가 바로 환황해권 내 경제협력의 필요성을 높이고 있는 것이다.

환황해권 내 랴오닝, 허베이, 산둥, 베이징, 톈진을 포함하는 중국지역은 상하이지역, 주강 델타지역과 함께 중국 3대 경제지역 중의 하나인 보하이(발해) 경제지역이다(Kim and Kwon, 1998). 보하이지역은 인구가 많고 산업기반이 양호하지만 경제성장과 외부개방 측면에서는 상하이와 주강 델타지역에 비교하여 낙후되어 있다. 보하이지역의 랴오닝성은 중공업에 특화하고 있다. 보하이지역의 미래는 국영기업들의 개혁 성공여부에 달려 있다. 그러나 2억이 넘는 인구와 양호한 산업기반은 거대한 시장 및 생산잠재력을 제공한다. 수출과 외국인 투자실적이 시사하듯이 보하이지역은 한국, 일본과의 활발한 경제협력을 통하여 중국 남부지역을 뒤쫓고 있다.

환황해경제권 내의 일본지역은 일본 경제 및 인구비중에서 대략 10%

를 차지하는 큐슈지역을 의미한다. 큐슈지역은 철강·화학산업 등 일본 중공업의 기반지역이었다. 최근 이 지역은 많은 자동차 및 IC관련 기업들을 유치하여, 일본의 중요한 자동차조립 기반지역의 하나가 되고 있다. 대체로 1995년 회계년도 기준 지역총생산액(Gross Regional Product: GRP)의 72.4%를 차지한다. 인프라와 첨단기술에서 기반을 잘 갖춘 큐슈지역은 환황해권 내 산업협력에 있어 선도적인 역할을 할 것으로 예상되고 있다(Kyushu Bureau of MITI, 2000).

환황해경제권에서 한·중·일 3국간 무역패턴은 역내국가간의 경제적 보완성이 높음을 단적으로 보여주고 있다. 기술발전단계에서 볼 때, 일반적으로 일본이 가장 앞서 있고, 한국이 중간에 위치하며 중국이 가장 낮은 단계에 있다고 볼 수 있다. 따라서 경제적 보완성의 정도는 한·일, 한·중 간은 상대적으로 낮고, 중·일 간에는 매우 높다. 장기적인 관점에서 볼 때, 한국의 입장은 중국, 일본과 경쟁에서 중복되는 분야가 더욱 많기 때문에 중국, 일본보다 역내 소지역 통합을 구축하는 데 더 많은 노력을 기울여야 할 것이다.

## 2) 환동해권의 특성

환동해권은 방대한 부존자원을 개발할 수 있는 잠재력이 존재함에도 불구하고 하나의 경제권역으로 발전하기에는 환황해경제권에 비교해 상당 시간이 소요될 것으로 예상된다. 환동해권을 구성하는 소지역들은 상대적으로 저개발 상태에 있고 인구도 상대적으로 저밀한 상태에 있다.

일본의 동해 해안에 입지하고 있는 서부지역은 동부와 비교해볼 때 저개발되었고, 한반도의 강원도, 경북의 북부지역, 그리고 북한의 함북과 함남[15]은 역시 서부지역과 비교해볼 때 저개발지역이며, 극동러시아는 낙후되어 있고 인구도 과소하다. 강원(한국), 훈춘(중국), 니가타(일본)의 지방단위의 경제협력 노력은 상호 지역연계에 긍정적 영향을 미쳤으나,

---

15) 함북, 함남, 강원, 경북은 한반도 동부를 포함하며, 합산인구는 약 500만 명이다.

초국경적 지역권 태동을 도출하지 못하였다. 한·중·일 3국이 극동러시아의 에너지 개발에 적극 참여하고 남·북한 관계개선 및 주요 결절지역에 대한 사회간접자본 투자를 확대할 경우 환동해권의 하위지역간 경제협력을 촉진할 수 있을 것이다.[16]

이상과 같이 환황해권과 환동해권을 비교해볼 때 동북아경제에 있어 환황해권이 현재로서는 더욱 중요함을 알 수 있다. 그러나 앞으로 환동해권은 에너지 공급체계에서 중요한 역할을 담당할 수 있다. 에너지는 동북아국가들의 지속적인 경제발전에 있어 중요한 요소이기 때문에, 러시아 천연가스의 공동개발과 이용은 동북아경제권 전체에 중요한 발전적 전기를 제공할 수 있다(NIRA, 2001b).

## 4. 한국의 세방화 전략

한국의 21세기 국가발전전략의 초점은 해양세력과 대륙세력이 만나는 한반도의 지정학적 강점을 전략적으로 활용하는 데서 찾아야 할 것이다. 한국정부가 21세기 첫 20년에 걸쳐 적용할 제4차 국토종합계획(2000~2020)의 골격은 동북아경제권에서 세계경제의 글로벌화에 적극적으로 대응하고, 무역대국으로서 국토경쟁력을 높이며, 통일에 대비하는 장기포석과 국토의 균형개발의 의지를 '개방형 통합국토축'에서 담고 있다. 개방화 통합국토축은 지방도시 및 지방경제권의 향후 발전방향에 대하여 중요한 정책점 함의를 내포하고 있다. 우리는 개방형 통합국토축의 관점에서 한국 지역경제의 세방화 전략을 탐색해야 한다.

### 1) 공간적 측면에서 세방화 전략

제4차 국토종합계획이 제시하는 21세기 국토공간관리의 기본방향은

---

16) 동북아에서 에너지 공동체 형성전략이 구체화되면 환동해권의 경제적 위상은 크게 제고될 것이다. 자세한 내용은 NIRA(2001b) 참조

개방형 관리체제 아래 환황해경제권, 환동해경제권, 환태평양권을 연계한 발전전략이라고 볼 수 있다. 특히 북으로는 중국, 러시아, 유럽 등 대륙으로, 국토 3면으로 해양을 지향하는 전략적 관문특성을 살려 동북아지역 진출의 교두보 역할을 수행할 필요가 있다. 한국의 입장에서 중국의 상하이 이북, 일본, 극동러시아, 몽골, 남북한으로 구성되는 7억 인구, 총 GNP 6조 달러의 거대한 동북아시장을 효율적으로 활용하는 것이 21세기 발전전략의 기초가 될 수 있다. 국제허브공항, 국제항만, 대륙연계철도망 등 육·해·공의 동북아 물류기반을 갖춘 개방형 국토여건의 창출은 동북아 경제통합운동으로 직결될 수 있다.

한국의 환황해경제권과 환동해권에 입지하고 있는 지방거점도시들의 세방화 전략은 국토의 동서간을 연계하여 발전의 기회와 성과를 내륙으로 확산시켜 내륙과 연안 지역의 상호보완을 도모하고, 성장의 시너지 효과를 극대화하자는 것이다. 이러한 목표를 위하여 지방중심도시와 인근지역, 신산업지대 등을 중심으로 지방도시의 세계화를 추진해야 한다.

### (1) 개방형 통합국토축의 결성전략

제4차 국토종합계획에서 구상하고 있는 연안국토축과 동서내륙축은 〈표 2-6〉와 〈표 2-7〉과 같다.

이들 국토축을 중심으로 한국은 세방화 전략을 전방위적으로 가다듬어야 한다. 우선 환동해축은 극동러시아와 중국의 동북3성과 연계하여 환동해권의 국제관광 및 기간산업의 고도화를 달성하는 데 우선순위를 둘 필요가 있다. 특히 설악산~금강산을 국제관광 등 동해안지역의 관광루트로 활성화해야 한다. 그리고 포항(제철), 울산(자동차·중공업), 동해(자원가공) 등의 산업기지는 기간산업의 고도화를 추구해야 한다.

환남해축은 국제물류·관광·산업특화지대로 육성될 수 있다. 일본 및 태평양 제국과 연계하여 부산항·광양항을 더욱 확대 개발·육성하고, 남해안 관광벨트 조성에도 역점을 두어야 한다. 마산·창원·진주·사천·광양·순천·목포 등 남해안 거점도시들은 산업특화지대로 개발될 수 있다.

환황해축은 환황해경제권의 중국 지방의 성장에 대응하는 신산업지대

<표 2-6> 연안국토축

| 국토축<br>구분 | 환동해축 | 환남해축 | 환황해축 |
|---|---|---|---|
| 포괄<br>도시 | 부산·울산~포항~강<br>릉·속초~(나진·선봉) | 부산~광양·진주~<br>목포~제주 | 목포·광주~군산·전주<br>~인천~(신의주) |
| 기능 | 환동해경제권 발전의<br>중심적 역할 | 환동해경제권,환황해<br>경제권을 남쪽에서<br>연계 | 환황해경제권 발전의<br>중심적 역할 |
| 대외<br>지향성 | 북으로는 극동 러시아·<br>중국·유럽대륙을 향하고<br>남으로는 일본으로 향<br>하는 축 | 중국, 동남아시아, 일<br>본, 나아가 환태평양으<br>로 향하는 축 | 북으로는 중국, 유럽<br>대륙을 향하고 남으로<br>는 중국과 동남아시아<br>로 향하는 축 |

<표 2-7> 동서내륙축

| 축 | 포괄도시 |
|---|---|
| 남부내륙축 | 군산·전주~대구~포항 |
| 중부내륙축 | 인천~원주~강릉·속초 |
| 북부내륙축 | 평양~원산(통일 이후 장기적으로 고려) |

망으로 조성될 필요가 있다. 이를 위하여 인천~아산만~군산·장항~목
포지역으로 이어지는 신산업지대망을 육성하여 중국의 황해 연해도시와
상호보완적 발전을 추구할 수 있다. 황해 연안의 생태적 가치를 감안하
여 환경친화적 개발을 적극 유도할 필요가 있다.

환황해경제권과 환동해경제권의 개발은 동서내륙축의 개발과 동시에
연계되어야 한다. 남부내륙축은 영호남의 균형개발을 위한 연계기능을
수행해야 한다. 이를 위하여 군산·전주와 무주~김천~대구~포항을 잇
는 고속도로망을 구축하고 지역간 공동의 문화관광사업을 추진해야 한
다. 이를 위하여 환동해권과 환황해권과의 연계교류도 동시에 실현되어
야 한다.

(2) 내륙균형개발형 동서내륙축의 결성

중부내륙축은 수도권 기능을 분산수용하고 산악·연안연계 관광 활성
화에 활용한다. 수도권 남부지역으로의 기능분산 및 수도권과 강원도를
잇는 산악·연안 관광지역으로 특성화하는 전략을 담고 있다. 서울·부산
축은 산업구조 개편을 시행하는 한편, 지역경쟁력을 제고하기 위해 인구

와 산업의 분산을 도모하고 산업의 고부가가치화를 추구해야 한다.

제4차 국토종합계획의 초점은 개방형 국토공간관리에 두고 있다. 즉, 동북아경제공동체를 겨냥한 국제적 생산·교류기반의 구축의지를 담고 있다. 구체적 전략으로는 '신산업지대망', '신개방전략거점' 그리고 지역 경제 활성화를 위한 10대 광역권 개발추진에 있다. 이상에서 논의된 개방형 통합국토축을 도식화하면 〈그림 2-1〉과 같다. 개방형 통합국토축의 근본적 기능은 환황해경제권과 환동해경제권의 중간에 입지한 한반도의 지리적 입지의 이점을 극대화하는 데 있는 것이다.

우선 신산업의 육성을 위한 '신산업지대망' 구축은 인천~아산만~군

〈그림 2-1〉 개방형 통합 국토축

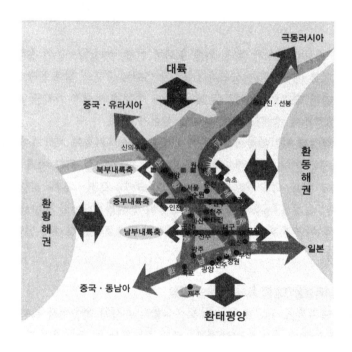

출처: 대한민국 정부, 제4차 국토종합계획(2000-2020)

산·장항~목포~광양만~진주 등 환황해축과 환남해축을 연계하는 데 있다. 이를 위하여 복합기능의 단지조성, 배후지역 연관산업의 활성화와 산업도시간 연계강화가 필요하다. 국제공항, 항만, 고속도로 등의 기반시설과 배후도시를 연계하는 복합개발과 물류·유통·생산자서비스, 전문인력 등 산업지원기능 강화와 친환경적 산업단지(eco-industrial park)의 조성이 포함되고 있다.

동북아 관문역할 수행을 위한 물적 교통인프라 확충은 인천국제공항, 부산항·광양항을 동북아의 중심허브공항 및 중심항만으로 육성에서 가능하다. 그리고 남북한 통일에 대비할 뿐만 아니라 대륙경제권과의 연계를 위하여 고속철도를 장기적으로 남북간, 시베리아 횡단철도(TSR), 중국 횡단철도(TCR) 등 대륙교통망이 결성되어야 한다.

한편, 신개방 전략거점의 구축은 무관세 자유항 지역의 지정을 통하여 가능하다. 특별법 제정으로 추진되고 있는 제주국제자유도시는 한국의 개방화 전략에 중요한 시금석이 될 것이다. 인천국제공항과 부산항이 관세자유지역으로 지정됨에 따라 지방단위의 국제통상 및 투자 교류가 크게 일어날 전망이다.

물류, 중계무역, 가공생산 등 자유로운 교역활동을 무관세로 보장하고, 관세·소득세·법인세 등 세제혜택, SOC·첨단정보통신망의 구비, 문화·의료·여가시설 등을 확충하여 기업하기 편리한 기반여건을 조성해야 지방의 세방화 전략이 탄력을 받을 수 있다. 한편, 외국인 투자유치 활성화를 위한 외국인 투자지역을 지정하여 외국기업의 지방유치가 필요하며 일정규모 이상 투자의 경우, 기반시설 등 지원조건에 대한 정부-기업간 투자협약을 체결하며, 중앙정부 지원은 지방에 집중하여 균형발전을 도모할 필요가 있다.

지역발전의 선도역할을 수행할 10대 광역권 개발추진도 지방의 세방화 전략과 연계되어 추진되어야 한다. 제4차 국토종합계획은 〈표 2-8〉과 같이 10대 광역권 개발을 계획하고 있다. 지역발전을 선도하는 지역균형개발의 거점형성을 도모하기 위함이다. 규모의 경제를 지닌 지역경제 집적기반 구축을 통해 수도권에 대응하는 지역발전 선도지역으로 육성하

<표 2-8> 지방광역권별 개발방향

| 권역명 | 주요 개발 방향 |
|---|---|
| 아산만권 | • 대중국 교류증대에 대비한 물류기능 분담거점<br>• 수도권의 산업분산과 서해안개발의 교두보 확보 |
| 전주·군장권 | • 환황해경제권의 국제적 생산거점 형성<br>• 복합산업지대 조성과 영상산업의 육성 |
| 광주·목포권 | • 중국 및 동남아경제권과의 국제교류거점 육성<br>• 광소자, 레이저, 광통신 등 첨단 광산업 및 지식산업 유치 |
| 광양만·진주권 | • 동북아 중추항만도시 및 항공산업도시 육성<br>• 영호남 협력개발의 시범지역으로 발전 |
| 부산·울산·경남권 | • 동북아 항만, 물류 및 국제교역중추도시 육성<br>• 기존 산업의 지식기반화 및 고도화를 통한 활성화 |
| 대구·포항권 | • 환동해경제권의 국제교류거점 강화<br>• 섬유산업의 고부가가치화 및 지식기반산업 육성 |
| 강원 동해안권 | • 국제적 휴양·관광거점으로 육성<br>• 통일에 대비한 대북 경제·문화 교류거점 조성 |
| 중부내륙권 | • 관광문화자원을 활용한 내륙낙후지역의 새로운 활로 개척<br>• 내륙물류기반 구축 및 친환경적 첨단지식산업 발전거점 육성 |
| 대전·청주권 | • 국가행정중추기능 분담 및 내륙국제교류거점 기능<br>• 과학기술·첨단산업이 특화된 지역으로 육성 |
| 제주도 | • 국제자유도시 기반조성으로 아·태지역<br>  관광·물류·금융·교역중심화<br>• 친환경적 농축산업 및 첨단 생명공학산업 육성 |

출처: 대한민국 정부, 제4차 국토종합계획(2000-2020), 2000.

고 도로, 철도 등 광역적 교통체계 형성과 용수공급 등 광역서비스가 제공되어야 한다. 이들 광역권은 글로벌화 시대에 부응하여 지역의 세계화 전진기지 역할을 할 수 있는 것이다. 이들 광역권이 소기의 기능을 수행하기 위하여서는 국제공항·항만 및 고속정보 통신망 확보 등 국제 직교류기반이 조성되어야 한다.

## 2) 제도 및 정책 차원에서 세방화 전략

동북아경제권을 활성화하기 위하여 한국의 지방단위에서 전개할 세방화 전략은 제도와 국제관계 차원에서도 구상되어야 한다. 동북아에서 21세기의 경제공동체형 발전모델은 ① 동북아국가들이 지금까지 추구한 발전이데올로기의 개조와 수렴 ② 동북아 지방군의 시민적 연대에 의한 상향적 접근법 ③ 경제적 협력수단의 작동과 합의도출 ④ 남북한 경제협력의 가시화 등으로 나누어 고찰할 수 있다.

### (1) 지방주도 발전이데올로기의 선도적 개조

동북아시아 국가들은 탈냉전시대 이후 EU와 NAFTA의 본격적 블록화 추이를 볼 때 국가중심 발전전략에서 벗어나 초국가적 발전패러다임을 모색해야 할 시점에 이르렀다. 지금까지 북미와 유럽에서 전개된 경제통합은 지리적 근접성과 문화적 등질성을 기초로 전개되어왔다. 그렇게 볼 때 동북아시아에 존재하는 상이한 발전단계와 체제의 다양성 때문에 국가주도의 초국가적 발전패러다임의 정립은 어려울 수밖에 없었다. 따라서 동북아지역에서는 문화적 '등질화' 작업을 우선 지방단위에서부터 시작해야 한다. 자매도시간, 자매지역간 지방적 문화교류행사가 축적되면 국가단위에서 협력기반이 축적되는 것이다. 이러한 관점에서 우리는 동북아 국가간의 공통언어인 한자교육을 지금보다 훨씬 강화해야 한다.

21세기에는 국가 혹은 사회의 경쟁력은 세계적 규범과 투명성이 보장된 공정한 절차에 따라 신뢰할 수 있는 정보와 지식의 창출능력에 따라 크게 결정될 것이다.

정보화사회와 초국가적 경제실체의 등장으로부터 우리는 동아시아 국가들은 이제 군사력에 바탕을 둔 경성국가(hard state)가 아니라 개인의 창의적 아이디어와 문화 또는 사회제도에 기초한 유연한 국가(soft state)를 만들어갈 때 동북아지역 전체의 경제효율은 증대될 것이라는 명제를 쉽게 도출할 수 있는 것이다.[17] 유연한 국가 창출에 동북아의 역내 지방과 지역단위는 바로 그 지방적 특색을 바탕으로 국제교류의 첨병역할을 수행해야 한다.

### (2) 시민연대에 의한 상향적 접근

영국의 공업화와 자본주의 발전사는 시민혁명이 일어난 후 시민적 질서 위에서 중소기업 중심의 공업화가 이루어지고 공업화의 결과로 선진

---

17) 안충영, 앞의 책, 제8장 1절 참조.

자본주의를 형성할 수 있었다. 동북아에는 냉전체제의 오랜 유산이 도처에 잔류하고 있고, 21세기 동북아에서 지역헤게모니를 염두에 둔 중국, 일본, 그리고 미국의 각축이 예상되고 있다. 따라서 중국의 중화사상에 입각한 대국주의나 일본의 극우세력이 표방하는 신제국주의에 기초한 정부주도의 접근방식으로는 동북아에 의미 있는 경제협력 구도를 구축할 수 없다.

상호이해를 근간으로 민간부문, 특히 기업인, 지식인, 시민연대 세력, 그리고 환황해경제권과 환동해경제권의 지역과 지방 주체들이 상호이해 폭을 넓혀가는 데 한국은 중국과 일본의 중간자로서 주도적 역할을 해야 한다. 시장의 힘에 의한 자생적 경제통합 개념에서 보듯이 상호간의 필요에 입각하여 지방자치단위에 의한 경제협력 노력이 병행되면 상향적 접근방식은 훨씬 큰 효과를 발휘할 수 있다.

### (3) 지역단위 자유지역 확산

동아시아의 금융위기를 계기로 동북아시아의 자유무역협정 논의도 활발히 제기되고 있다. ASEAN이 점차 지역안보, 정치협력을 떠나 경제협력의 강도를 높여가는 것처럼, 동북아시아에서도 한·중·일이 APEC의 기본원칙 속에서 APEC 무역·투자 자유화 일정보다 진일보하여 국제규범에 합당하는 자유무역협정을 추진한다면 세계경제의 안정화에도 기여할 수 있을 것이다.

한국은 한·중·일·ASEAN 4자간의 자유무역협정에 대한 전략을 "언제, 그리고 누구와 먼저"의 전략을 짜야 한다. 한국은 지금까지 일종의 경제특구적 성격으로 마산수출자유지역만을 운영해온 경험밖에 없다. 우리나라도 제주도의 국제자유도시, 인천국제공항 배후지역의 관세자유지역, 부산항의 보세가공지역 지정 등 거점별로 정도의 차이는 있으나 자유무역지대를 설정하였고 부분적으로 이미 추진하고 있다. 제주도와 부산항의 경우는 지방이 선도하는 본격적 자유지역의 유형이 된다. 그렇게 볼 때, 국제화의 오리엔테이션이 서울에 비교하여 지극히 낮은 한국의 지방 거점도시 주민들은 개방화와 자유화에 대한 마인드 세트를 지금부터 가꾸어가야 한다. 특히, 2002년 월드컵과 같은 국제행사가 10개의 지방도시에서 개최된다. 한국의 지역시민들이 국제화의 살아 있는 현장체험을 할 수 있는 훌륭한 기회이다. 본 행사를 계기로 열려진 마음으로 우리의 자존심을 지키면서 세계인과 함께 교류하는 훈련을 일상화해야 한다.

### (4) 지방단위에서 국제환경협력 참여

동북아시아 각국은 무역과 투자의 상호의존 이외에 고도성장과 함께 동일한 생태계 영향권으로 더욱 깊숙이 통합되어가고 있다. 특히 환황해 경제권은 긴밀한 환경영향권으로 편입되고 있다. 예컨대 날로 악화일로를 걷고 있는 '황해의 사해화'와 국경을 초월한 대기오염을 더 이상 방치할 수 없다는 인식을 환황해의 거점도시들이 공유하면서 지방이 선도하는 다자간 환경협력을 더욱 구체화시켜가야 할 것이다.[18]

동경대학 첨단과학기술연구센터는 중국이 현재 석유 등 1차에너지 사용효율 상태에서 중국 1인당 소득이 오늘날 세계의 중위 소득국가 수준에 이르게 될 때 중국 한 나라의 에너지 수요가 세계 전체의 80%를 점하는 것으로 추계하였다.[19] 이미 The World Watch 보고에 의하면 세계에서 두 번째와 세 번째로 오염된 바다가 황해와 남중국해이다. 세계에서 최악으로 오염된 공기는 중국 요령성 내 공업도시에 나타나고 있다. 중국의 황사와 산업공해는 장거리 월경(越境) 대기오염으로 동북아시아 지역을 급속히 악화시키고 있다. 특히 발해만지역은 이 지구상 가장 높은 인구밀집지역답게 가장 많은 대도시 밀집지역으로, 가장 급속한 도시화문재군의 발생집적지역으로 변모되고 있다. 따라서 역내 환경문제에 대한 공동인식과 공동대응은 자연스럽게 환황해경제권 형성을 촉진시킬 것이다.

### (5) 지방주도 경제특구형 남북한 경제협력

동북아에서 형성되는 상호협력의 분위기가 성숙함에도 불구하고 한반

---

18) 김진현, 「21세기 한국의 선진화: 장기비전과 황해·동해문제군」, 1995년도 한국국제경제학회 하계정책세미나 논문집, 1995, 1-20쪽.
19) 明日香壽川, 「中國の環境、地球的問題に」, ≪日本經濟新聞≫, 1995. 5. 1.

도는 아직도 존재하고 있는 냉전적 잔재 때문에 동북아에서 조직화된 지역통합의 최대 장애요인으로 남아 있다. 남·북한이 이데올로기의 대립구도에서 상호 경제협력의 관계로 전환하는 것은 동북아 통합에서 필요충분조건이 되고 있다. 남·북한은 상호신뢰를 축적하고 경제교류를 본격화할 수 있는 장치를 이미 합의한 바 있다. 1991년 9월 남·북한이 동시 UN 가입을 하였으며, 동년 12월 제5차 고위급회담에서 남북 사이의 화해와 불가침 및 교류·협력에 관한 합의서에 서명하였고 2000년에 김대중 대통령의 방북으로 역사적 남북정상회담이 개최되었다.

남·북한간의 경제교류확대는 정부차원에서 구체적 합의에 도달하는데는 상당히 오랜 시일이 소요될지 모른다. 따라서 지방단위의 경제교류를 기능별 혹은 영역별로도 시도할 필요가 있다. 금강산 관광사업이 바로 좋은 예증이다. 금강산과 고성을 육로로 연결하는 노력을 계속하고 국제관광객 유치전략을 세워야 한다. 한편, 북한이 이미 자유경제무역지대로 지정 대내외에 걸쳐 선언한 두만강지역의 나진·선봉지역에 남·북한을 포함한 다국적 경제교류의 성공사례를 만들어가는 일도 구체적 실천방안이 될 수 있다.

UNDP가 주관했던 두만강지역개발사업(Tuman River Area Development Program: TRADP)은 1995년 12월에 뉴욕에서 동 계획과 관련한 2건의 국제협정과 1건의 양해각서가 참여국들에 의하여 서명됨으로써 획기적 진전을 이룩했다. 이로써 동북아시아에 최초의 정부간 기구(inter-government body)가 이룩되어 동 개발사업을 주관하게 되었다.[20] 그러나 두만강지역은 지역의 특정상 한 나라의 독자개발로는 성장축으로 기능하기가 힘들며 두만강지역과 배후지역과의 연계시스템 구축과 배후지역의 지원이 선행되지 않으면 성공가능성이 높지 않다. 따라서 모든 참여국의 개발의지가 적극적으로 표현, 구체화되어야 한다.

TRADP는 '점진적 조화(progressive harmonization)' 방식에 입각하여 각 접경국이 독자적 개발을 추진하되 관련국가간 긴밀한 협력을 통하여 점

---

20) 참여국가는 한국, 북한, 중국, 러시아, 일본, 몽골 등이다.

진적으로 제도 및 경제활동을 일치시켜나가고 상호연계된 인프라망을 건설, 이른바 선형자유무역지대(Linear Free Trade Zone) 전략을 구사할 필요가 있다.[21] 두만강 개발지역은 접경지역들간의 경제적 보완성을 활용하고 경제교류를 확대하는 과정에서 국경 및 행정적 구분을 초월하여 경제적 상호의존을 심화시켜가는 자연적 경제권으로 발전될 수 있다(Ahn, 1994). 다국간 소지역 개발사업이 성공적 결실을 보게 되면 이는 발해만 경제협력이 신기원을 세우게 될 것이며, 역내 여타지역으로도 확산될 수 있을 것이다.

남·북한을 연결하는 컨테이너 정기항로가 개설되고 TRADP가 다자간 협력체계로 구체화되면 남·북한은 지금까지 간접교역방식으로 진행된 상품교류를 직교역으로 전환할 수 있다. 이를 위하여 남북의 주요 항만간에 직항노선을 개설하고 은행간 직접적 거래망 형성을 이룩해야 할 것이다. 현재 추진되고 있는 남·북한간의 위탁가공거래도 점차 직접투자형태로 발전시킬 수 있는 여건을 조성해가야 할 것이다.

최근 남·북한 경제교류의 활성화 가능성은 금강산이 상당한 실적을 올리면서 진행되었으나 누적되는 적자로 현재 위기에 처해 있다. 현재는 해상루트를 통한 관광과 함께 육로 관광루트를 구상중에 있다. 정부가 고려중인 금강산행 경로는 동해안 7번 국도(속초~고성~금강산), 춘천~양구~금강산, 경원선(철원~원산) 복원 등이다. 어느 경로가 되든 판문점 이외 남북한을 육로로 연결하는 금강산 접근도 이룩된다는 중요한 경제 협력의 의미를 지니고 있다(현대경제연구원, 1999).

환동해경제권에서 일어나고 있는 지방도시의 세방화 기운은 북한에도 상당한 영향을 미칠 수 있을 것이다. 이러한 관점에서 인천, 평택, 군산, 목포 등의 지방거점도시들이 중국의 황해연안 거점도시들과 물류, 금류, 인류, 투자, 과학 등의 분야에서 교류와 협력의 성공사례를 지속적으로 만들어가야 한다. 한·중 간의 거점도시별 교류의 누적은 북한의 선택적 개방화 전략에 결정적 촉진제 역할을 할 수 있을 것이다. 북한이 한·중

---

21) 선형자유무역지대 개발방식에는 손병해(1992) 참조.

지방간 협력모델에 자극을 받아 서해 특정 지역을 관세가 없는 경제특구로 지정하고 수출가공단지로 조성한다면 남북한 경제협력의 방식은 상당한 폭발성을 지닐 수 있다.

## 5. 맺음말

동아시아 국가들은 지난 4반세기 동안 미국시장 의존의 수출주도형 고도성장을 유지해왔다. 그러나 1990년대 후반부터 미국경제의 만성적 무역적자와 세계경제에서 상대적 위상약화로 인하여 동아시아는 미국시장에 대한 일방적 의존에서 탈피하여 동아시아 스스로 자체 수요를 대내적으로 창출하지 않으면 안되는 상황에 처하게 되었다. 21세기로 접어들면서 동아시아 국가들은 역내에 존재하는 관세와 비관세 장벽을 철폐하여 상호수요 창출형의 지역경제통합운동의 당위성에 직면하게 되었다.

동북아경제 공동체운동은 이제 역사적 우연이 아니라 필연으로 등장하고 있다. EU와 NAFTA의 심층적 경제통합운동과 아시아 금융위기는 동아시아 국가들로 하여금 자구적 대응의식을 절감케 하여 ASEAN+한·중·일 정상회의를 1999년부터 출범시켰다. 동아시아 경제통합운동의 진전 여부는 ASEAN이 이미 공식기구화되어 있기 때문에 역내 GDP의 90% 이상을 점유하고 있는 동북아의 한국·중국·일본의 경제통합의지와 실천 여부에 달려 있다.

ASEAN+3 정상회동에서 한·중·일 3국간 동북아 정상회동이 자연스럽게 실현되고 이들 3국 정상이 동아시아의 자유무역협정(FTA)을 경쟁적으로 제안하고 있는 사실에서도 동북아 경제통합운동은 이미 시작되고 있다. EU가 완전통합에 이르기까지는 반세기의 시간을 필요하였던 것처럼 동아시아의 통합운동 역시 역내국가의 발전격차, 복잡한 과거사, 중국과 일본의 역내 헤게모니 쟁탈전 등 때문에 순탄한 길을 걸어갈 것으로 예상되지는 않는다.

따라서 동북아 국가들은 우선 가능한 소지역 경제권 태동을 시작하여 소분야 기능적 측면에서부터 심층적 경제교류와 함께 상호신뢰를 축적하는 과정이 필요하다. 따라서 지방과 지역이 세계화를 추진하는 세방화(glocalization) 전략이 훨씬 더 실현가능한 전략이 될 수 있다. 이러한 관점에서 한국은 대륙경제권과 해양경제권의 가교역할을 할 수 있는 전략적 요충지로 거점도시별로 혹은 산업단지별로 기능별 세계화 전략을 인접 국가의 상대지역을 상대로 전개할 필요가 있다.

전후 50여 년 간 동아시아 주변국에 성장과 다이나미즘의 이웃효과를 주었던 일본과 21세기 세계적 경제대국으로 부상하고 있는 중국의 지역 헤게모니 장악을 위한 경합과 갈등관계의 향후 어떻게 진전될 것인가와 그 중간에서 조정자 역할을 할 수 있는 한국의 능력에 따라 동북아의 지역통합 실체가 결정될 것이다. 따라서 환황해경제권이나 환동해경제권의 인접한 한국의 지역도시들이 국가적 차원에서 법제적·제도적 통합의 멍에를 벗어나 자매도시 협정, 문화교류협정, 투자 및 지역별 통상협정들을 전개하는 것이 동북아 경제통합의 실질적 지름길 역할을 할 수 있을 것이다. 예를 들어 서울과 북경, 인천과 중국 청도, 부산과 후쿠오카 등의 문화교류는 동북아 지역주민들의 상호이해를 결정적으로 촉진시킬 수 있을 것이다.

한·중·일 3국은 전후 반세기 동안에 걸쳐 진전된 유럽통합 운동으로부터 상호협력의 지혜를 배워야 한다. 오늘의 동아시아는 유기적 협력을 통하여 얻을 수 있는 공통의 이익, 지역단위에서 창출할 수 있는 이익을 한·중·일의 공식협력 체계의 부재 때문에 포기해서는 안된다. 국가간 공식협력체계의 부재 속에서도 지역 내에서 상품, 자본, 기술, 그리고 지식의 교류를 조직화하는 노력부터 가시화해야 한다.

동북아의 소지역 경제권에서 출발하는 상향적 접근(bottom-up approach)은 국가적 차원에서 하향적 접근과 병행될 때 동북아 전체의 지역통합운동은 더욱 탄력을 받을 수 있다. 이를 위하여 우선 3국의 각료급 포럼이 정례화되어 야마자와(山澤逸平, 1998) 교수가 제안하는 국제수지적자, 재정적자, 외환보유고, 물가수준 등 거시지표의 악화에 대한 최대허용수준의 상호감시와 조기경보체제를 구축할 필요가 있다(Yamazawa,

Ippei, 1998: 348-350). 동북아 경제통합운동에서 상향적 접근의 주체는 동북아 3국의 지식인, 경제인 그리고 시민세력이 주도하는 것이 더욱 효과적이고 이를 실천하기 위하여 3국 합동으로 정부차원의 정례적 대화포럼이 병행된다면 동북아 경제통합은 더욱 가속을 받을 수 있을 것이다.

지방단위에서 자발적으로 일어나는 소지역 통합운동은 동북아의 시민들인 한자문화권에서 오랜 세월을 통하여 터득한 '有朋自遠方來 不亦樂乎'의 가치관을 지니고 있다는 점에서도 가능한 것이다. 한국은 중국과 일본에 비교하여 국토와 인구 면에서 모두 소국이지만 천혜의 지경학적 위치를 충분히 활용할 수 있도록 한국의 지방경제권들이 기술력과 국제적 행동양식을 선제적으로 함양해야 한다.

■ 참고문헌

김원배·권영섭·이영아. 1998, 「동북아경제와 한반도 구조개편 전략」, 국토개발연구원.

김원배·김경석. 2001, 「환황해권 자유지역 연계망 구축의 전략과 방안」, 국토연구원.

김원배·김경석·권영섭. 2000, 「환황해권 주요 항만도시간 연계망 구축전략」, 국토연구원.

김재철. 1999, 『매력있는 대한민국』, 《월간조선》 별책 단행본, 11월.

김진현. 1995, 「21세기 한국의 선진국화: 장기 생존비젼과 황해·동해 문제군」, 1995년도 한국국제경제학회 하계세미나 논문집.

김창남 외 8인. 1998, 『동북아지역의 경제협력 구도와 전망』, 도서출판 삶과꿈.

대한민국정부. 2000, 「제4차 국토종합계획(2000~2020)」.

박영철. 1996, 「지역경제협정은 세계경제통합에 기여할 것인가」, 《계간 사상》, 가을호.

부즈 앨런·해밀턴. 1997, 『한국보고서』, 매일경제신문사.

손병해. 1992, 「동북아 경제협력권 형성을 위한 선형자유무역지대 구상과 그 기대효과」, 대외경제정책연구원 정책연구자료.

안충영. 1994, 「신태평양 공동체 구상과 NAFTA」, 『신태평양 공동체 구상과 한국』, 세종연구소(편) 연구총서.

_____. 1996, 「발해만 역내 국가의 경제협력: 남북한 경제교류의 탐색」, 《경제논문집》 제11호, 중앙대학교 경제연구소.

_____. 1999, 「동북아 지역통합을 위한 전략」, 『21세기 한반도 경영전략: 지경학적 접근』, 국토연구원.

_____. 2000a, 「자유무역협정·동북아경제공동체 구상의 시작과 한국의 전략」, 《국제통상연구》 제5권 제2호, 한국국제통상학회.

_____. 2000b, 『現代東アジア經濟論』, 東京: 岩波書店.

오용석. 1999, 「남북한 경제교류와 환동해 경제협력」, 《동북아경제연구》 제11권 제1호, 한국동북아경제학회.

원용걸. 1999, 「'동아시아 경제협의회(EAEC)' 논의와 한국의 선택」, 《동북아경제연구》 제11권 제1호, 한국동북아경제학회.

劉吉·許明 外, 김태만·원동욱·강승호 옮김. 1997, 『장쩌민과 신중국건설의 청사진』, 동방미디어.

李京文. 1997, 「二十一世紀中國經濟展望」, 『國民經濟管理與計劃』, 中國人民大學報資料中心, 1997. 3.

이재열. 1999, 「세계무역의 구조변화와 우리의 대응과제」, 한국은행 연구자료 99-14.

한국경제연구원. 1998, 「한·중·일 자유무역협정에 대한 기초자료」(mimeo).

_____. 1999, 「금강산관광사업 1주년 평가와 전망」.


佐和隆光. 1997, 『日本の難問』, 日本經濟新聞社.

_____. 1999, 『漂流する資本主義: 危機の政治經濟論』, ダイヤモンド社.

明日香壽川. 1995, 「中國の環境、地球的問題に」, 日本經濟新聞, 5月 1日.

環日本海經濟研究所. 2001, *ERINA REPORT*.

NIRA. 2001a, 『東アジア回廊の形成』, 日本經濟評論社.

_____. 2001b, 『北京アジア エネルギー·環境共同体への挑戰』.


Ahn Choong Yong. 1993, "Economic Cooperation in North-east Asia," *Journal of Economic Development*, Vol. 18, No. 1.

_____. 1996, "Korea-Japan Partnership in a Dynamic but Turbulent East Asian Economy," 《國際經濟》 제47권 2호, 日本國際經濟學會.

Balassa, B. 1969, *The Theory of Economic Integration*, London, George Allen and Unwin, Ltd.

Friedman, John. 2000, "Intercity Networks in a Globalizing Era," in Allen Scott(ed.), *Global City-Regions*, Cambridge University Press.

Krueger, A. 1995, "Problem with Overlapping Free Trade Areas: The 6th Annual Asian Seminar on Economics," *NBER*, June.

McGee, Terry, Pang, Xiaomin, and Shin Dong Ho. 1999, "From Corridor to Intercity Networks: The Role of the Emerging Urban System in Building Regional Networks in Northeast Asia," *Korea Journal of Regional Science* 15, pp.5-20.

Posen, Adams S. 1998, "Resorting Japan's Economic Growth," Institute for International Economics, Washington D.C.

Ronald W. Jones & Kierzkowski. 1999, "Horizontal Aspects of Vertical Fragmentation," a paper presented at the International Conference on "Global Production: Specialization and Trade," organized by Center for Asian Pacific Studies(Lingnan University), Center for Economic Development(Hong Kong University of Science & Technology), Graduate Institute of International Studies(Geneva), Hong Kong Trade Development Council.

Scalapino, R. A. 1991, "Northeast Asia: The Risks and Opportunities," in J. S. Suh(ed.), *Northeast Asian Economic Cooperation*, Korea Institute for International Economic Policy.

Swyngedouw, E. 1992, "The Mammon Quest: 'Glocalization', Interspatial Competition and the Monetary Order: the Construction of New Scales," in M. Dunford & G. Kafkalas(eds.), *Cities and Regions in New European*, London: Bellhaven Press.

Yamazawa, Ippei. 1998, "The Asian Economic Crisis and Japan," *The Developing Economies*, Vol. 36, No. 3.

Yoo Jang Hee. 1998, "The Future Role of Regional Trade Blocs and APEC: The East Asian Perspective," Real Success, Financial Fall: A Reassessment of the Korea.

# 제3장
# 수도권의 세계도시화와 국토발전전략

이기석 (서울대학교 교수)

수도권은 우리나라에서 가장 중요한 정치·경제·문화의 중심지로서 대내외 변화를 수용할 뿐만 아니라 국가경쟁력을 주도하고 있는 세계적인 거대도시권의 하나이다. 1980년대 후반 이후 전세계를 휩쓸고 있는 세계화가 미친 영향은 수도권도 예외는 아니었으며, 서울은 이미 세계도시 체계상에 주요 결절지로 중요한 위치를 점하고 있다. 수도권의 인천을 비롯한 수원, 성남, 부천, 고양, 이천 등의 도시들은 이미 세계도시 기능의 일부를 수용하고 있으며, 그 위상은 훨씬 제고될 것으로 본다.

이 글은 세계화시대에 세계도시 개념의 등장과 주요 기능을 파악하고, 이를 바탕으로 수도권의 세계도시화 현주소와 적용 가능한 개발전략을 살펴보고자 한다. 아울러 수도권의 세계도시화 전략이 어떻게 국토균형발전 전략과 조화를 이룰 수 있는가를 논의하고자 한다.

## 1. 세계도시의 등장과 추이

### 1) 세계도시 개념의 등장과 계층화 연구

1990년대 우리들에게 다가온 것은 1980년대에는 상상할 수 없었던 것으로 모든 변화가 국경을 초월하여 이루어지고 있다는 것과 많은 분야에서 새로운 세계질서가 확립되어가고 있다는 것이다. 특히 경제분야에서는 정보통신기술의 발달과 함께 거대한 범국가적인 기업체나 다국적기업들에 의해 새로운 세계적 경제기반이 구축되고 있다. 즉 세계경제화 현상이 지구를 하나로 묶어가고 있으며, 모든 나라들은 이 흐름에 직접적으로 영향을 받고 있다. 이 현상은 소위 '세계도시(world city or global city)'라고 하는 거대도시를 기반으로 구축되고 있으며, 이 도시간 네트워크는 자본과 정보가 교환되는 고속도로와 같은 역할을 하고 있다. 그리고 세계경제화의 중심축은 다국적기업의 경제활동과 그들의 직접투자에 의해 결정되어왔다. 그리고 세계도시는 전세계의 경제를 통제하고 지배하는 중요한 결절로 등장하고 있다.

학술적으로 세계도시의 개념을 사용한 것은 오랜 역사를 갖고 있다. 1915년 게드즈(Patrick Geddes)에 의해 처음 사용되었는데, 이는 세계에서 가장 중요한 업무를 수행하는 일부 대도시를 일컬었다. 그후 이 개념은 크게 발전하지 못하다가 영국의 지리학자 헐(Peter Hall)이 새롭게 경제적·정치적 중심지로서 8개 대도시를 세계도시로 인식한 바 있다. 세계도시에 대한 개념화와 구체적인 연구는 1980년대에 들어서 비로소 시작되어 1990년대에는 많은 연구가 진행되었다. 체계적인 세계도시 개념에 대한 전개는 1986년 프리드만(Friedmann)에 의해 자본주의 세계경제의 범주 내에서 세계도시들이 주요 핵심을 이루고 있다는 프레임워크를 제시함으로써 본격적인 연구가 진행되었다(Johnson and Others, 2000: 900). 프리드만은 세계경제와 통합되는 과정에서 세계도시의 형태와 기능이 좌우되며 공간적으로는 복잡한 계층에 의해 연계되고 국제자본과 노동분화, 국제인구이동과 같은 요소들의 축적과 집중에 의해 형성된다고 보았다.

개념화 과정에서 세계도시를 규정하는 속성으로는 국제금융중심지, 범국가기업의 본사, 국제기구, 국제상업서비스, 제조업 중심지, 교통 중심지, 인구규모 등을 고려하였다. 이 기준에 의해 확인된 세계도시들은 모두 속성의 비중을 통하여 세계도시의 주요순위와 계층을 구분하여 세계경제의 통제 포인트(economic control point)를 인식하는 데 중요한 역할을

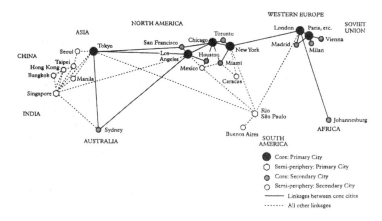

〈그림 3-1〉 프리드만의 세계도시와 도시계층

하였다. 특히, 세계도시를 〈그림 3-1〉과 같이 핵심 주요 세계도시(Core: Primary City — 런던, 파리, 로테르담, 프랑크푸르트, 취리히, 뉴욕, 시카고, 로스앤젤레스, 동경), 반주변 주요도시(Semi-periphery: Primary City — 상파 울로, 싱가포르), 핵심 2차도시(Core: Secondary City — 브뤼셀, 밀라노, 비엔 나, 마드리드, 토론토, 마이애미, 휴스톤, 샌프란시스코, 시드니), 반주변 2차도시군(Semi-periphery: Secondary City — 요하네스버그, 부에노스아이레 스, 리오데자네이로, 카르카스, 멕시코시티, 홍콩, 타이페이, 마닐라, 방 콕, 서울)으로 분류하여 계층화 작업을 시도하였다.

세계도시 연구는 계속하여 세계도시 기능을 갖추고 있는 도시들의 비 교분석을 통하여 계층연계구조를 확인하는 작업에 집중되었다. 녹스와 애그뉴(Knox and Agnew, 1989)는 주요 금융센터, 주요 기업체의 본사, 국 제기구, 통신결절, 그리고 사업서비스의 입지를 기초로 모두 30개의 세계 도시를 탁월한 세계도시(dominant world city), 주요세계도시(major world city), 2차 세계도시(secondary world city) 등의 3계층으로 나누었다(〈그림 3-2〉). 이 분류에서 싱가포르와 상파울로를 제외한 모든 주요 세계도시는 핵심국가에 집중하고 있다. 그리고 2차 세계도시로 분류된 도시들은 사 실상 세계도시 기능에 의해 주도되기보다는 개별 국가경제의 활력에 달 에 달려 있다고 분석한 바 있다.

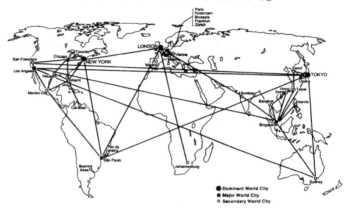

〈그림 3-2〉 녹스와 애그뉴의 세계도시 계층

프리드만의 세계도시 가설은 이후 세계도시 계층연구에 많은 영향을 미쳤다. 스리프트(Thrift, 1989)는 세계도시를 국제업무를 수행하는 대기업과 은행의 본사가 많은 뉴욕, 런던, 동경과 같은 글로벌 센터(global centers), 둘째는 파리, 싱가포르, 홍콩, 로스앤젤레스와 같이 세계적인 스케일보다 특별한 지역(zone)에 영향을 미치는 지역 센터(zonal centers), 그리고 세 번째로 시드니, 시카고, 달라스, 마이애미, 호놀룰루, 샌프란시스코와 같은 지역중심지(regional centers) 등 세 개의 계층으로 분류하였다. 디킨(Dicken)은 많은 변수를 적용하기보다는 세계도시는 세계경제의 지리적 '통제 포인트(geographical control point)'라는 입장에서 다국적기업 본사(TNCs)의 집중도를 중심으로 런던, 뉴욕, 동경 등 세 개의 세계도시를 확인하였다(Dicken, 1992: 197-198). 그러나 세계도시간의 계층체계에 대한 연구는 상당한 부분이 도시간에 상호관계를 나타내는 흐름(flows)의 정도를 측정하는 일과 개별 도시의 특화현상으로 인하여 이를 일반화하는 데 많은 한계를 지니고 있다.

## 2) 세계도시의 기능과 네트워크화

세계화 현상이 급속히 확산되면서 세계도시의 기능과 역할에 대한 연구도 여러 시각에서 진행되었다. 세계도시는 새로이 만들어진 것이 아니며, 단지 기존 대도시 내지 각국의 수도에 특정한 기능이 집중하여 세계 네트워크상에서 중추적 결절 내지 허브로 등장하였다는 것이다. 프리드만 이후 많은 연구에서 세계도시의 지위를 인정받기 위해서는 경제기능으로부터 시작하여 사회적, 문화적, 정치적 기능까지도 검토되어야 한다고 주장하고 있다. 사센(Sassen, 1991)은 정보통신 발달에 따른 세계적 통합이 세계도시(global city)와 같은 새로운 중앙집중 형태의 도시 성장을 촉진하였다고 전제하였다. 그리고 이 새로운 세계도시로 뉴욕, 런던, 동경을 예로 들면서 네 가지 주요 기능을 열거하였다. 세계도시는 ① 다국적기업 본사의 집중에 따른 글로벌 경제조직의 지휘포인트(command points)가 집중되어 있으며 ② 금융과 특화된 서비스 회사들의 주요 입지이며 ③ 이들을 주도하는 산업에서 혁신의 생산지이며 ④ 생산된 혁신에 대한 주도적인 시장기능을 갖고 있다고 하였다.

그동안 세계도시에 대한 정의와 개념에 대해서는 많은 비판이 있었다. 특히, 기능상 문화적·사회적 측면의 역할도 동시에 평가되어야 한다는 것이다. 녹스(Knox, 1996)는 세계도시의 계층화가 비정부기구(NGOs)나 정부간기구(IGOs)의 기능을 추가하여 다국적기업의 수와 비교하여 분석할 때 기존 계층구조를 만족시키지 못하는 현상을 관찰하였다. 그러므로 세계도시의 성격을 어떻게 규정짓느냐에 따라 추이와 전망을 할 수 있다. 녹스와 마스톤(Knox and Marston, 2001)은 세계도시의 역할이 다국적기업, 국제금융, 초국가정부, 그리고 국제기구의 일과 관련되고 있다고 전제하고, 지금은 경제와 문화의 세계화를 받쳐주는 정보의 흐름, 문화상품, 그리고 금융에 대한 통제센터가 되었다고 하였다. 아울러 세계도시는 다음과 같이 7개의 기능적 특성을 지니고 있다고 하였다.

- 세계도시는 상품과 미래 상품, 자본 투자, 외환, 주식, 채권 등 대부분의 주요 세계시장(global market)의 장소이다.
- 세계도시는 국제적인 범위를 갖는 금융, 회계, 광고, 특허개발(property development) 등과 관련된 전문화된 고차사업서비스의 클러스터 장소이다.

- 세계도시는 초국적기업뿐만 아니라 주요 국가기업과 외국 대기업의 본사들이 집중하는 장소이다.
- 세계도시는 무역과 전문적 기관들의 국내·외 본부가 집중하는 장소이다.
- 세계도시는 국제적 범위를 갖는, 예를 들면 WHO나 UNESCO, 국제노동기구(ILO) 등 주요 비정부기구(NGOs)와 정부간 기구(IGOs)의 장소이다.
- 세계도시는 가장 강력하고 국제적으로 영향력을 갖는 미디어 조직(신문, 잡지, 출판, 위성텔레비전 등) 및 뉴스와 정보서비스(뉴스 전송, 온라인 정보서비스 등), 문화산업(예술과 디자인, 패션, 영화, 텔레비전 등)의 장소이다.

  세계도시를 결정하는 가장 중요한 기능은 세계경제를 지휘하고 통제할 수 있는 다국적기업과 금융기관, 그리고 전문화된 국제서비스, 생산자서비스, 정보통신, 첨단산업과 기술혁신을 주도하는 기능이 집적하여 형성된다. 좀더 구체적으로 1984년 자료에 따르면 세계 10개 도시에 세계 500대 다국적기업 중 절반에 가까운 242개가 집중하고 있으며, 특히 뉴욕, 런던, 동경, 파리에 모두 146개가 집중하고 있었다. 서울은 3개가 있었으며 이는 제3세계 도시 중 유일한 도시였다. 본사 입지에 따라 세계도시를 결정하는 요소는 도시의 인구규모에 의존하지 않고 있음을 알 수 있다. 그리고 금융기관이나 증권시장, 생산자서비스의 집중도 흡사한 형태를 띠고 있었다(Clark, 1966: 147-152).

  세계도시의 형성에는 새로운 기능 그 자체도 중요하지만 세계적 경제활동을 할 수 있는 입지조건을 갖추고 있어야만 한다. 그 중 하나가 교통과 정보통신의 허브로서 접근성의 이점을 갖추어야 한다는 것이다. 다국적기업간에 업무정보를 획득하고 이를 기초로 새로운 결정을 내리고, 국제노동시장에 접근하기 가장 유리한 지리적 이점을 가진 대도시가 세계도시 기능을 수행할 수 있기 때문이다. 이 분야의 전문가인 사센(Sassen, 1991, 1996, 2001)은 세계도시 기능이 도시 내 어떤 지역에 계속해서 집중화 현상을 나타내고 있다고 예고하면서 도심지역에 대한 연구의 필요성을 강조하고 있다.

다국적기업에 의해 국경 없는 세계경제체제가 계속해서 유지되고 현재와 같은 정보통신 인프라가 확산될 경우 세계도시의 발달은 자본이 축적된 시장이나 국제적인 고급 노동시장에서 세계도시 상위계층 위계를 따라 그 기능이 하향할 가능성이 대단히 높다. 즉 항공교통에 의한 접근성이 높은 시장지역의 100만 이상 도시로 그 기능이 대폭적으로 전이될 가능성이 있으며, 세계경제화 진전에 따라 새로운 세계 네트워크의 형성이 계속될 것이다.

다국적기업을 통한 해외직접투자는 선진국(OECD)을 중심으로 이뤄지고 있다. 1969년 14개 선진공업국에서 출발한 다국적기업이 불과 7,000개였으나 1990년 초 2만 4,000개로 증가하였으며 최근에는 3만 7,000개로 추정하고 있다. 이들이 전세계 1/3에 해당하는 민간부문 자본을 통제하고 있으며, 1993년에는 미국 전체의 판매액(sale value)에 해당하는 가치를 기록하였다. 이들은 금융과 보험, 유통업, 자동차, 자원개발, 정보산업 등 다양한 업종에 투자하고 있으며, 최근 투자영역이 제조업 분야에서 서비스 업종으로 전환되는 경향을 띠고 있다. 그리고 기업경영과 투자에서 고도의 자율성을 유지하고 있으며, 그 조직에서 계층적(hierarchical) 특성을 벗어나 세계 어느 지역상황에도 적응할 수 있게 네트워킹화되어 있는 체계를 유지하고 있는 점이 특징이다.

〈그림 3-3〉은 다국적기업의 상호거래를 기준으로 하여 상호의존 연계망을 구성한 것으로, 이 연계망의 특성은 도시체계의 계층적 특성을 나타내기보다는 상호 네트워크의 특성을 강하게 나타내고 있다. 이러한 현상은 세계경제화 현상이 국경을 초월하여 상호의존체계하에서 이루어지는 지역화 과정 때문으로 보인다.

그러나 실제로 이들 도시간에 네트워크가 어떻게 연계되는가에 대하여 실증적인 자료를 제시하지 않고 있어 세계도시간에 연계관계를 기능적으로 파악하기가 어렵다. 사실상 도시간 상호의존적 네트워크의 특성을 파악하기 위해서는 속성에 따른 분석보다는 도시간에 다양한 흐름을 측정하는 것이 중요하다. 도시간 네트워크는 규모에 따라 일차적으로 한계와 범위가 결정되기 때문에 지구적 규모(global scale)에서 파악하기는

〈그림 3-3〉 디킨의 세계도시 네트워크

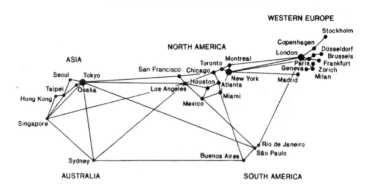

십지 않다. 하지만 현재 진행되고 있는 세계경제화는 네트워크에 의해
구조화되고 있으며 분산효과를 극대화하고 있다. 이는 최근에 중소규모
다국적기업의 기업간-기업 내 네트워크 패러다임에 의해 경제적 효과를
극대화하고 있는 경향과 일치하고 있다(Morgan, 1993; Park, 1996). 즉 다
국적기업의 네트워크는 시장경제에서 경쟁력을 갖춘 우월한 조직형태로
인정받고 있다. 또한 최근 복합체계(complex system)에서 축적이 점차 커
짐에 따라 사회조직과 인류문화가 네트워크에 의해 지배되고 있다는 이
론과 그 맥을 같이하고 있다(Bar-Yam, 1996). 이 시각에서 볼 때 21세기의
세계경제화는 공간적으로 다국적기업의 주요 활동무대가 되는 거대도시
(mega cities)를 연결하는 네트워크에 의해 지배될 것이며, 지역발전도 이
에 준하여 유도될 것으로 전망할 수 있다. 동시에 이 네트워크에 따라
지역 내 통합도 이루어지고 있다.[1]

세계도시 네트워크의 강화는 전세계적인 현상으로 전망할 수도 있지
만 경제블록 단위 내에서도 강화될 것으로 예상된다. 특히, EU국가 내에
서 세계도시 기능이 더욱 축적될 가능성도 있다. 세계도시간의 네트워크
화가 어떻게 형성되고 강화될 것인가에 대한 의문은 앞으로 세계경제화
와 세계도시연구의 주요한 과제가 될 것이다.

---

1) EU나 NAFTA와 같은 지역통합체는 모두 지역 내 네트워크를 통하여 지역통합을 성취하려
는 사례로 볼 수 있다.

## 2. 수도권의 위상과 세계도시화 전략

### 1) 수도권의 현황과 위상

세계도시화를 향한 수도권의 위상 정립을 위해서는 서울을 포함한 수도권의 경제력 현황과 함께 외국인투자, 그리고 세계도시 체계상의 위상을 통하여 개략적인 특성을 파악할 수 있다.

#### (1) 수도권의 경제력 현황

수도권의 위상을 파악하기 위해서는 전국을 대비하여 인구, 면적, 경제력에 대한 비중을 통하여 개관할 수 있다.[2] 최근 수도권과 지방간 총량경제력에 대한 분석에 따르면, 수도권과 지방 간의 경쟁력 격차가 확대되고 있으며, 지역경제의 새로운 구조가 출현하고 있음을 예고하고 있다(박양호, 2001).

1997년 이후 수도권과 지방간의 총량경제력 추이에서 수도권의 경제력은 증가되었으며, 지방의 경제력은 약화되어 수도권 중심의 구조로 전

〈표 3-1〉 총량경제력의 수도권과 지방 간 비교 : 2000*

| 구 분 | 인구 집중도 (A) | 총 량 경 제 력 | | | | | | | | | B/A |
|---|---|---|---|---|---|---|---|---|---|---|---|
| | | 지역내 총생산 | 제조업 고용 | 도소 매업 고용 | 금융 거래 | 경제 활동 인구 | 수출 | 조세 수입 | 합계 | 평균 (B) | |
| 전 국 | 100.0 | 100.0 | 100.0 | 100.0 | 100.0 | 100.0 | 100.0 | 100.0 | 700.0 | 100.0 | 1.00 |
| 수도권 | 46.3 | 46.3 | 45.3 | 47.5 | 66.8 | 46.4 | 45.0 | 70.9 | 368.2 | 52.6 | 1.14 |
| 지 방 | 53.7 | 53.7 | 54.7 | 52.5 | 33.2 | 53.6 | 55.0 | 29.1 | 331.8 | 47.4 | 0.88 |

주: 1) 인구는 주민등록인구 기준, 제조업고용·기회는 광공업통계조사보고서 기준, 도소매업 고용에는 음식숙박업이 포함되어 있으며, 금융거래규모는 예금은행 예금액과 대출액의 합계 기준이며, 조세 수입은 국세(직접세)와 지방세의 합계 기준임.
　　2) 지역 내 총생산, 제조업고용, 도소매업고용은 1999년 말 기준임.
출처: 통계청, 지역경제동향, 2002.5.; 통계청, 지역통계연보, 각 연도; 통계청 홈페이지(www.nso.go.kr)
* 박양호, 2001, 「지방경제의 진단과 활성화 방안」, 4쪽의 표를 전재하였음.

---

2) 이밖에 정보, 교통, 문화, 교육 등 수많은 관련 변수들이 수도권의 전반적인 위상을 평가하기 위해 필수적으로 고려해야 하지만 경제력 중심의 개관을 위하여 이들에 대한 논의를 생략한다.

〈표 3-2〉 수도권 제조업의 장기추이*

| 구 분 | 단위 | 1970 | | 1985 | | 1999 | |
|---|---|---|---|---|---|---|---|
| | | 전국 | 수도권 | 전국 | 수도권 | 전국 | 수도권 |
| 사업체수 | 개소 | 24,114 | 7,916 (32.8) | 44,037 | 24,142 (54.8) | 91,156 | 50,689 (55.6) |
| 종업원수 | 천 명 | 861.0 | 396.0 (46.0) | 2,438.0 | 1,153.3 (47.3) | 2,507.7 | 1,136.0 (45.3) |
| 부가가치 | 십억 원 | 6,177 | 2,744 (44.4) | 47,071 | 20,414 (43.4) | 169.137 | 65,089 (38.5) |
| 사업체당 종업원수 | 명 | 35.7 | 50.0 (140.1) | 55.4 | 47.8 (86.3) | 27.5 | 22.4 (81.5) |
| 사업체당 부가가치 | 백만 원 | 256.2 | 346.7 (135.3) | 1,068.9 | 845.6 (79.1) | 1,855.5 | 1,284.1 (69.2) |
| 종업원당 부가가치 | 백만 원 | 7.2 | 6.9 (96.6) | 19.3 | 17.7 (91.7) | 67.4 | 57.3 (85.0) |

주: 부가가치는 소비자물가지수로 환산한 1995년 불변가격이며, 괄호 안은 전국 대비 비중(%).
출처: Andersen 보고서 〈표 3-11〉에서 전재하였음.

환되고 있음을 볼 수 있다. 〈표 3-1〉과 같이 7개 지표 중 수도권 집중도에서 인구에 비례하여 상회하는 것이 4개 항목이며, 나머지 3개 항목은 동일하거나 비슷한 수준이다. 즉 금융거래와 조세수입이 월등히 상회하고 나머지는 인구집중률에 비례하고 있다. 그리고 7개 지표의 평균으로 볼 때는 수도권이 52.6%로 국가 경제력의 절반 이상이 수도권에 집중하고 있다. 이러한 현상은 연구자가 시사하였듯이 '고소득 기회, 금융기능 등 생산지원서비스의 고차적 경제활동이 수도권 편중'에 기인한다고 본다. 따라서 이 결과만으로는 단정적으로 평가하기는 어렵지만, 국가 총량경제력의 수도권 집중경향이 앞으로도 계속될 것으로 전망할 수 있다.

그러나 수도권의 제조업 분야는 집중력이 완화되었으며 1985년에 비해 종업원이나 부가가치에서는 그 비중이 감소하고 있음을 볼 수 있다(〈표 3-2〉 참조). 이는 1980년대 후반에 시작된 제조업에서 노동집약적 분야에 대한 구조조정 결과라 할 수 있다. 비록 일부 제조업 분야는 수도권 집중력이 완화되었지만 총량경제력의 수도권 집중은 계속되고 있다. 지난 30여 년 간 정부가 주도한 수도권 집중억제정책에 반하여 총량경제력의 집중은 수도권 경제활동의 유리한 조건이 상존하고 있으며, 아직도 수도권 집적을 통하여 경제적 이익을 극대화할 수 있기 때문에 나타나는 현상이라고 볼 수밖에 없다. 비록 수도권의 집중현상으로 인하여 과밀화를 초래하고 지역간 불균형을 심화하였지만, 한편으로는 지속적인 국가경쟁력을 확보하기 위해서는 부족한 국제기능을 보완해야 하는 것도 사실이다.

### (2) 외국인직접투자 현황

우리나라에 대한 외국인투자 동향과 실적은 서울, 인천을 포함한 수도권의 국제적 위상을 검토하는 데 중요한 지표가 된다. 산업자원부 자료에 따르면 1962~2001년 9월까지 전체 외국인 투자금액은 760억 달러이며, 이 가운데 56%에 해당하는 417억 달러가 수도권에 집중되어 있다. 경기도의 경우, 총투자유치액의 77%가 1998년 이후에 집중하고 있어 세계경제화 흐름에 빠르게 적응하고 있음을 예상할 수 있다. 이 수치는 수도권의 국제적 기능 수용능력의 잠재력을 평가하는데 충분한 기준이 된다.

국내 외국인직접투자현황을 보면 2001년 10월말 외국인의 연간 직접투자액은 246건 110.3억 달러였으며, 1962~2001년 10월까지 누적건수는 21,566건에 757.67억 달러였다. 주요 투자국은 미주지역이 총투자금액비중의 39.6%, 유럽국가(독일, 네덜란드, 아일랜드 등)들이 29.1%, 일본이 14.7%, 그리고 기타 국가들이 19.3%를 차지하고 있다. 투자업종으로는 제조업 분야가 47.8%, 서비스가 51.6%, 기타 분야가 0.6%로 처음으로 제조업 분야의 투자가 감소하고 서비스분야가 과반수를 점하게 되었다. 그리고 최근 한국은행 자료(1998. 8. 19)에 의하면, 1992~1997년 기간동안 국내총생산(GDP) 대비 외국인직접투자비율은 한국이 0.3%로 아시아 경쟁국인 싱가포르 8.8%, 말레이시아 6.9%, 중국 4.6% 인도네시아 1.5%와 비교하여 외자유치 경쟁력이 훨씬 뒤떨어지고 있는 것으로 나타났다. 그러나 1997년 외국인 지분이 50% 이상인 투자기업이 국내 제조업에서 차지하는 비중은 매출액의 6.1%, 부가가치의 5.2%, 종업원의 4.2%로 확인되고 있으며, 이들은 내국인 기업에 비해 수익성 및 생산성이 양호하고 재무구조도 건실하여 고용창출과 세수증대 면에서 국내경제에 기여하고 있는 것으로 조사되었다(한국은행 보도자료, 1998. 7. 9). 또한 재경부(1999. 1. 31), 1998년 시도별 외국인투자유치실적(본사 소재지 기준)에 따르면, 외국인직접투자 88억 5,200만 달러의 42.6%인 37억 7,800만 달러가 서울과 경기도에 집중하였다. 즉, 국내 외국인투자기업 분포가 서울, 부산, 대구, 인천, 광주, 대전 등 대도시에 투자건수의 59.3%가 집중하고 있으며 이 중 서울의 비중은 전체에 49.2%를 점유했다. 외국인투자의 지역적 패턴은 우리나라 산업의 공간구조를 반영하고 있다.

그동안 국내에서 활동하고 있는 외국인투자업체의 본사 입지를 보면, 전체 917개 업체 중 866개에 해당되는 94.4%가 서울에 집중하고 있다. 이 중 서울시내에서 강남구, 중구, 종로구가 주요 집중지로 외국기업체들의 도심지향성을 확인할 수 있다. 부산, 인천, 대구가 모두 15개 미만의 외국기업체가 입지하고 있는 현황은 바로 외국기업체들의 지역적 선호지역이 세계도시의 특성을 갖춘 지역에 집중하고 있음을 알 수 있다. 즉 세계적인 다국적기업들이 대도시에 근거를 두고 투자지역을 물색한다는 점을 간과해서는 안될 것이다.

### (3) 세계도시 체계에서 수도권의 위상

수도권의 경쟁력에 대한 연구는 그동안 다방면에서 수행되었다. 아시아지역 주요 대도시 경쟁력 비교(삼성경제연구소, 1997)에 따르면, 경제수준, 경영환경, 국제화, 도시기반여건을 기준으로 세계 30개 주요도시와 비교한 바, 서울은 종합 19위로 중하위권에 속하였다. 한편, 국가경쟁력, 도시여건, 기업경쟁력, 국제무역 협정준수조건 이행정도를 기준으로 연구한 서울시정개발연구원 연구에 따르면(1995) 세계 11개 주요도시 가운데 8위를 차지하였다.

세계 속에서 서울과 수도권의 위상 평가는 그리 쉬운 일이 아니다. 평가의 적용기준과 자료 확보 등에 따라 상당한 변이가 나타나고 있어 해석상 문제를 안고 있다. 그러나 대체로 현재 대부분의 세계도시분석에서 서울의 지위는 위계상 제3계층으로 지역중심도시로 분류하고 있다. 서울은 아시아 지역에서 동경 차하위의 역할을 맡는 지역중심도시로 평가되고 있다.

〈표 3-3〉 글로벌 지휘 센터의 순위(Global command centers)

| 도시명 | 기업체수 (1997) | 은행수 (1996) | 주식시장수 (1996) | 광고업체수 (1997) |
|---|---|---|---|---|
| Tokyo | 1 | 1 | 3 | 2 |
| New York | 2 | 6 | 2 | 1 |
| London | 6 | 4 | 1 | 3 |
| Paris | 3 | 2 | 5 | 5 |
| Frankfurt | 11 | 3 | 4 | 11 |
| Osaka | 4 | 7 | | |
| Chicago | 7 | 38 | | 4 |
| Detroit | 5 | 62 | | 7 |
| Munich | 8 | 9 | | |
| Amsterdam | 9 | 12 | | 17 |
| Zürich | 12 | 13 | | |
| San Francisco | 13 | 18 | | 8 |
| Rome | 14 | 14 | | |
| Düsseldorf | 15 | 22 | | 15 |
| Stuttgart | 20 | 21 | | |
| Seoul | 10 | 66 | | 16 |
| Milan | 36 | 11 | | 13 |
| Madrid | 33 | 17 | | |
| Los Angeles | 34 | 42 | | 6 |
| Beijing | | 5 | | |
| Brussels | | 8 | | |
| Toronto | | 10 | | |
| Boston | 40 | 40 | | 12 |
| Montreal | | 15 | | |
| Charlotte | | 16 | | |
| The Hague | 19 | | | |
| Melbourne | | 19 | | |
| Minneapolis | 107 | 39 | | 9 |
| São Paulo | | 58 | | 10 |
| Sydney | | 37 | | 14 |

출처: Short and Kim, 1999, p.36의 Table 3.10에서 전재

쇼트와 김(Short and Kim, 1999)의 세계 주요 100대 기업의 본사 입지분석에서 서울은 1997년 세계 10대 도시에 속하고 있으며, 아시아에서 동경과 오사카 다음가는 도시이다. 그리고 세계적 기업체 본사, 은행, 증권시장, 광고업 등을 종합하여 정리한 글로벌 지휘센터(Global Command

Centers)의 중심지로서 서울의 위상은 구체적으로 평가하기 힘들다(〈표 3-3〉 참조). 특히 중요한 금융기능의 부재로 세계적 비교가 어려운 실정이지만 서울이 세계도시로 등장하기 위해서는 갖추어야 할 기능이 아직 많음을 암시하고 있다고 할 수 있다.

최근 중국, 싱가포르, 홍콩 등 아시아·태평양 주요 국가들이 자국의 경제적 지위를 높이기 위해 '글로벌 500대 기업' 중 상위 100대 기업을 대상으로 아·태지역본부 유치와 관련된 조사결과가 보도된 바 있다(≪조선일보≫, 2001. 7. 30: 1, 3면). 이에 따르면 100대 기업 중 아·태지역에 지역본부를 두고 있는 다국적기업은 50개이고, 이 중 일본에 본사를 두고 있는 기업체를 제외한 나머지 업체 가운데 24개가 홍콩에, 20개 업체가 싱가포르, 그리고 중국과 호주에 각각 2개 기업이 있는 것으로 확인되었다. 서울에 있는 다국적기업의 지역본부는 포드자동차의 부품부문 본부단 한 곳으로 나타났다. 다국적기업을 기반으로 한 수도권과 우리나라 경제의 세계적 위상이 어디에 있는가 확인할 수 있는 좋은 조사자료이다. 이 조사에서 지적했듯이 우리나라는 아직 다국적기업이 사업하기 힘들고 다국적기업을 위한 별다른 투자유인책이 없어서 이를 극복하기 위한 방안을 범국가적으로 모색해야 할 때가 왔다고 본다.

## 2) 수도권의 세계도시화 전략

수도권의 세계도시화 전략은 일차적으로 급변하는 세계적 변화를 수용하여 경쟁력을 유지하는 데 목적이 있다. 경쟁력 확보는 세계도시 기능을 지리적으로나 사회적 인프라가 준비된 유리한 장소에 집중적으로 유치하여 지속적인 고용창출과 생산부가가치를 높여야만 성취될 수 있다. 그리고 이를 위해 새로운 아이디어와 고도의 기술을 밑바탕으로 한 지식산업이나 벤처산업을 육성해야 할 것이다. 또한 일회성이거나 이벤트성 문화활동 중심의 도시마케팅과 같은 세계기능의 유치보다는 지속적으로 고용을 창출할 수 있는 분야를 집중적으로 발전시켜야 할 것이다. 그러나 서울을 비롯한 수도권 도시들은 대부분 경쟁력을 갖추기 위한 충

분한 여건을 갖추지 못하고 있다.[3]

세계도시군의 가장 중요한 기능 중에서 다국적기업의 유치를 통한 고
용창출과 외화획득을 경쟁력 성취의 주안점으로 한다면 수도권의 경쟁
력 확보는 대내·외로 나누어 검토할 수 있다. 내적으로는 수도권 내에서
의 효율성을 제고할 수 있도록 지역통합정책을 강력히 추진하고, 경쟁력
을 향상시키기 위하여 지역특화에 전념해야 할 것이다. 그리고 외국인투
자와 다국적기업의 자유로운 경제활동을 권장하기 위하여 비록 작은 규
모지만 다수의 투자자유지역 등 대외개방지역을 적극 설정해야 할 것이
다. 그리고 대외적으로는 수도권이 동북아지역 내에서 경제협력의 거점
중심지역으로 발전할 수 있도록 연계망 인프라를 구축해야 할 것이다.

### (1) 대내적 지역통합과 지역특화 촉진

먼저 내적으로는 현재 수도권 내에서 서울 중심 의존도를 탈피하여 주
변 대도시로 기능을 이전하도록 해야 할 것이다. 특히 국제기능을 이전
내지 분산시키기 위해서는 도시간 업무협력을 비롯하여 다양한 기능을
공유할 수 있는 연계망을 갖추도록 해야 한다. 수도권의 모든 도시들이
기업규모에 관계없이 국제기능을 수용할 수 있는 상호협력 연계망을 이
룰 수 있도록 해야 한다. 아울러 도시간 특화기능을 확보하도록 해야 한
다. 구체적으로 경쟁력을 갖출 수 있는 프로젝트를 기존 도시간 산업축
을 따라 전개할 필요가 있다. 정보기술관련 벤처업체가 고도의 인력노동
시장을 찾아 형성되듯이, 중소규모의 자유무역지구의 설정도 이와 같은
범주에서 발전시킬 필요가 있다. 인천공항과 영종도에 자유무역지구, 판
교와 과천에 벤처단지 건설과 같은 프로젝트는 수도권의 기존 산업 연계
와 용이하게 관련지울 수 있는 유리한 조건을 갖추고 있다.

둘째로, 수도권의 세계도시화를 추진하기 위해서는 경기만 중심의 기
능통합과 지역특화를 촉진해야 한다. 그동안 수도권 내 도시들은 서울을
중심으로 형성된 교통망을 따라 성장하여 거대한 도시권을 이루고 있다.

---

3) 서울시정개발연구원 연구(1999)에 의하면, 외국인투자분포가 서울 중심, 그것도 서울 내에
서 활동입지가 가장 유리한 일부 중심지역에 집중 분포하고 있는 것으로 나타났다.

21세기에는 경기만 중심으로 재편성하는 전략을 수립해야 할 것이다. 서울 중심의 수도권 발달은 오랜 역사적 배경에서 그러했지만 1970～1980년대의 산업화 과정에서 서울-부산축 중심으로 배치된 산업구조에서도 많은 영향을 받았다. 그러나 21세기는 환황해권 중심의 발전방향에서 볼 때, 경기만은 지리적으로 가장 중요한 중심지임에 틀림이 없다. 그럼에도 경기만의 해안지역 개발이 기능적으로 통합되지 못하고 있을 뿐 아니라 지역별로 특화되지 못한 채로 중국과 경쟁하게 되는 시대에 들어서게 되었다.

경기만 지역의 공간적 구조를 구체적으로 보면, 인천부두와 배후지역은 한국을 산업사회로 선도한 대표적인 공업지역으로 발전하였다. 최근 인천국제공항의 개항과 아울러 이 지역을 자유무역지구로 설정하여 국제업무지구로 발전시키려는 프로젝트는 지역발전에 새로운 면모를 이루게 될 것이다. 아울러 송도간척지를 신도시로 개발하여 21세기 정보신도시로 만드는 작업은 인천의 총체적 기능을 전환하는 계기가 될 것이다. 인천 남쪽의 시흥과 안산은 대표적인 중소기업 중심의 공단도시로 발전하였다. 시화호 남쪽의 화성시는 대표적인 수도권 농업지역으로 남쪽 아산만 신흥공업지역과 점이지대를 이루고 있으며 해안을 따라 염전이 부분적으로 행해지고 있다. 아산만은 남양방조제를 필두로 아산, 삽교, 석문, 대호방조제 등을 구축하여 간척은 물론 담수확보를 통하여 전천후 농업기반을 구축한 지역이다. 최근 해안을 따라 자동차조립공장, 철강, 석유화학 등 중화학공업이 집중적으로 입지하여 수도권 최대의 중화학기지로 변모하였다. 아울러 평택항이 개발됨에 따라 외부와의 화물과 인적 수송연계기능이 부여되었다. 즉 경기만을 중심으로 중공업지역, 경공업지역, 정보산업, 중화학공업지역이 모두 한 자리에 입지하고 있으나 상호통합된 연계기능과 관리효과를 성취하지 못하고 있다. 즉 경기만에 공존하면서 유리한 천혜의 입지적 특혜를 누리지 못하고 있는 것이다.

또 다른 경기만의 새로운 지역은 북한의 부분적 개방과 남북 철도개통 계획으로 최근 휴전선을 따라 논의되고 있는 해주와 개성 지역의 개발프로젝트이다. 아직 구체적으로나 기능적으로 경기만 연안에서 어떤 역할을 수행하게 될지 예측하기는 힘들지만 그동안 분단과 차단으로 지역기능이 활성화되지 못했던 이 지역에 새로운 전기가 마련될 것이다. 특히 개성단지나 해주단지에 기술집약적인 첨단산업이건 노동집약적인 산업이 입지하건 간에 이 지역 전체에 새로운 질서체계에 많은 영향을 줄 것으로 기대된다. 만일 경기만 북부지역이 기존 지역과 하나로 통합하게 된다면 이 지역은 환황해권에서 가장 위력 있는 복합산업지구로서 경쟁력을 갖추게 될 것이다.

수도권의 대내적 통합을 기하고 국제경쟁력을 제고하기 위해서는 일차적으로 수도권정비법상의 규제를 모두 완화하고 개방체제를 갖추어야 할 것이다.

## (2) 국제기능 수용을 위한 인프라 확충

수도권이 세계적 위상을 갖추고 세계화 경제시대에 경쟁력을 갖추기 위해서는 대외개방정책은 물론 이에 상응하는 전략 개발을 서둘러야 한다. 우선 중요한 것은 외국기업이 국제업무를 자유롭게 할 수 있도록 국제기능을 점진적으로 수용해야 할 것이다.

이미 정부에서는 서해안 일대를 제한적으로 동북아 물류기지, 즉 인천공항과 평택, 아산, 군산, 목포로 이어지는 서해안 벨트를 중국을 겨냥한 서비스 물류기지화할 수 있는 자유지역으로 개방할 방안을 수립하고 있어 다행이다. 이러한 정책은 제4차 국토종합계획(2000~2020년)상의 수도권 기능 지방분산, 체계적 정비계획과도 일치한다. 수도권 서부지역을 국제교류지역으로 하여 인천국제공항을 중심으로 국제업무도시를 건설하고 신도시 송도를 중심으로 정보화 신도시 미디어밸리를, 인천항만을 중심으로 복합수송, 국제교역 및 중계·업무 기능을 보충한다면 수도권의 국제적 위상은 물론 경쟁력을 강화하는 전략으로 손색이 없으리라고 본다.

최근 서울시와 경기도는 세계화시대에 지역 경쟁력을 확보하기 위한 도시기능 보완방안(서울시정개발연구원, 1998)과 지식산업 육성전략 및 수도권정책 전환방안(Andersen et al., 2001)을 내놓았다. 특히, 서울시의 연구는 국제화를 위한 주요 전략시설로 외국기업, 국제교류시설, 숙박시

설의 현황분석을 통하여 국제업무기능의 수용기반 구축 필요성, 인천국
제공항과 국제업무 중심지간 접근성 제고, 국제교류시설 및 숙박시설 확
충방안을 제시하였다. 그리고 이 분석에서 서울은 세계도시 체계상 가장
낮은 위계에 있으나 동북아권의 지정학적 중심에 있어 지역개발 및 협력
에 유리하여 중심도시로 부상할 잠재력을 가지고 있다고 평가하였다. 반
면, 경기도에서 발간한 앤더슨 보고서는 수도권의 잠재력을 개발하고 대
외 경쟁력을 극대화하기 위하여 세계화 경제에서 강조하고 있는 지식기
반산업을 전략적으로 육성하기 위한 방안을 제시하고 있다. 수도 서울과
의 인접성, 동북아의 허브공항, 대기업 및 연구시설의 집중, 완비된 인프
라, 고급인력 및 교육환경과 같은 조건들이 수도권에서 지식기반산업을
선도하는 데 유리한 이점을 갖고 있다고 분석하였다. 특히, 지식기반산업
의 핵심부분으로 첨단산업, 외국인직접투자, 벤처기업 등 세 분야가 가장
잠재력이 높은 것으로 평가하였다. 이와 같이 잠재력 있는 국제기능을
수용하기 위해서는 이에 준하는 개방과 동시에 인프라 확충이 뒤따라야
한다. 인천과 서울, 그리고 수도권에 중국과 같은 개발구 형태나 소규모
단지를 지정하여 외국인투자를 유치할 수 있도록, 혹은 수요자 요구에
응할 수 있게 인프라를 확충해야 할 것이다. 가능하다면 중국인을 위한
단지를 조성하여 사용하도록 하는 방안도 구상할 만하다.

(3) 대외개방과 다양한 투자자유지역의 설치

수도권에 세계도시 기능을 유치하고 경쟁력을 제고하기 위해서는 다
양한 투자자유지역을 설치하고 대대적인 개방정책을 수용하여 다국적기
업과 외국자본을 유치해야 할 것이다. 최근 제주도를 자유지역으로 개방
하였듯이 수도권의 상당 부분을 투자자유지역과 자유무역지구로 발전시
켜야 할 것이다. 이 두 지역은 최근 동북아시아 혹은 동아시아 국가간에
설치하려는 자유무역지대와 비교하여 규모, 면적, 성격에서 제한적이다.
이러한 전략 구상은 국가간에 논의되는 자유무역지대 설치에 앞서 경쟁
력을 확보하는 수단으로도 필요하다.

수도권에서 중소규모의 투자자유지역을 설치해야 하는 당위성은 일차

적으로 다국적기업에 의하여 급진전되고 있는 세계경제화 추세에 맞춰 다국적기업의 활동의 장으로서 새로운 기능을 갖춘 투자자유지역의 지정이 시급하다. 세계경제화를 유도하고 있는 대부분의 다국적기업들이 세계도시(global city or world city)에 집중하여 대도시간의 네트워크 패러다임을 구성하고 있는 바, 이들을 적극적으로 유치하는 매체로서 투자자유지역의 설치가 요망된다. 현재 외국인직접투자의 국내총생산(GDP) 기여율은 2%밖에 되지 않고 있다. 이를 선진국 수준인 10% 이상으로 끌어올리려면 투자자유지역과 같은 적극적인 전략이 필요하다. 더군다나 수도권이 점하고 있는 동북아경제권의 지리적 중심 혹은 중앙적 위치의 이점을 극대화하여 지역경협의 장으로 이끌기 위해서는 필수적이다. 아울러 황해경제권 내에서 중국과의 경쟁력을 극대화하고, 국내 산업구조조정에 대한 보완적 역할을 하면서 첨단정보화시대에 대응할 수 있으며 기존 노동 및 기술 집약적인 투자자유지역의 기능과 상충되지 않는 종합적인 첨단정보 및 국제서비스 기능을 갖춘 제3세대 투자자유지역이 필요하다. 그리고 다양한 투자자유지역의 설치를 위해서는 투자자유지역의 유형과 특성, 그리고 바람직한 규모와 형태에 대하여 논의할 필요가 있다고 본다.

① 투자자유지역의 유형과 특성

세계 여러 나라에서 설치·운영되어온 일종의 '자유무역지구'는 그 기원과 목적, 운영형태, 그리고 목적에 따라 규모나 입지에서 다양성을 띠고 있다. 그러나 외국자본과 선진기술을 유치하여 국내 고용창출과 공업화를 증진하고 국제시장 확보하기 위하여 설치 내지 건설된 것으로는 1950년대를 전후하여 일부 빈민국가에서 시작한 수출가공지구/자유무역지구(Export Processing Zones: EPZ/ Free Trade Zones: FTZ)가 가장 탁월한 형태이다.

이 EPZ/FTZ는 이후 전세계적으로 많은 영향을 미치게 되어 현재 전세계에 841개가 있다. 1997년 세계수출자유지역 명부에 따르면, 국가별로 미국 211개를 필두로 중국 124개, 멕시코 107개, 도미니카 27개 등 10개

### 〈표 3-4〉 주요 수출자유지역 국가(10개 이상)와 운영 유형*

| Country | Zone Number | Ware-housing | Active warehousing | Manu-facturing | Data-processing | Services |
|---|---|---|---|---|---|---|
| U. S. | 211 | 64 | 57 | 29 | 26 | 34 |
| China (mainland) | 124 | 16 | 17 | 29 | 14 | 22 |
| Mexico | 107 | 7 | 7 | 107 | 6 | 8 |
| Dominican Republic | 28 | 2 | 2 | 27 | | 1 |
| Indonesia | 26 | 25 | 25 | 25 | 1 | 23 |
| Philippines | 18 | 3 | 2 | 16 | 1 | 3 |
| Honduras | 15 | 5 | 6 | 8 | 2 | 4 |
| Kenya | 14 | 4 | 3 | 13 | 2 | 2 |
| Malaysia | 13 | 2 | 1 | 11 | 1 | |
| Columbia | 11 | 5 | 4 | 9 | 2 | 1 |
| Turkey | 11 | 8 | 7 | 5 | 2 | 1 |
| Thailand | 10 | 10 | 10 | 10 | | |
| Yugoslavia | 10 | 2 | 2 | 2 | 1 | 2 |
| 기타국(89개) | 243 | 128 | 115 | 139 | 38 | 63 |
| 총계 | 841 | 281 | 258 | 430 | 96 | 164 |

* 1997년 WEPZA International Directory of Export Processing Zone & Free Trade Zones에서 구성하였음.

이상을 갖고 있는 나라가 13개이며, 한국은 마산 수출자유지역 1개소이다(〈표 3-4 참조〉). 수출자유지역은 생산적인 것만이 아니라 포괄적으로 투자자유지역에 해당되는 특성을 모두 목록화하고 있다. 즉 보세 기능과 보세창고 기능, 제조업 기능, 자료처리, 그리고 서비스 기능을 갖춘 모든 자유지역을 포함하고 있어 세계적 현황을 파악하는 데 도움이 된다.

자유지역은 지역마다 그 특성과 유치조건이 다르지만 그간 미국과 중국이 외국자본유치를 위해서 얼마나 노력했는가를 미루어 짐작할 수 있다. 미국의 경우 실제로 외국무역지구(The US Foreign Trade Zone: FTZ) 프로그램이 1934년 의회를 통과한 후 각주에 FTZ를 설치하였으며, 1997년 통계에 따르면 미국 FTZ에서 취급한 물동량의 가격이 2,000억 달러에 달하였다고 한다.

미국의 FTZ는 대부분 1980년대를 거치면서 대도시에 설치된 것으로, 위치는 해안으로부터 국제공항이 있는 내륙지역까지 건설되었으며, 규모는 비행장에 면하거나 기존 공업지역을 이용하는 등 다양하다. 미국의 FTZ는 합법적으로 미국 세관영역 밖에 연방정부에 의해서 디자인된 산업단지(industrial parks)나 건물과 같은 장소이다. FTZ를 이용하는 업종으로는 자동차 제조업자로부터 화학, 의류제조, 컴퓨터, 식품, 의약, 의료장비, 그리고 정유업까지 다양하다. 이 지역 내에 수입되는 외국상품에 대한 관세와 수출되는 상품에 대한 관세정책이 미국의 FTZ가 급성장해왔던 관건이다.

비록 규모나 성격에서 다소 다르지만 외국자본을 유치하기 위하여 중국은 1979년 이후 남부해안에 4개 경제특구(深圳, 廈門, 汕頭, 珠海)를 필두로 하여 경제기술개발구, 고신기술개발구, 국가여유도가구, 보세구, 변경경제합작구 등 다양한 개발구를 발전시켰다.

② 투자자유지역의 기능과 유치업종

외국자본 유치와 고용창출, 그리고 주변국가와의 경쟁력을 제고하고자 하는 것이 당면 과제라고 한다면, 투자자유지역의 기능과 유치하고자 하는 업종을 크게 제한할 필요가 없다. 최근에는 외국자본 투자가 대부분 단일국가의 기업보다는 다국적기업에 의해 주도되고 있기 때문에 이들에 의해 선도되고 있는 기업들이 입주할 수 있도록 종합적이고 다양한 기능을 수용케 조정할 필요가 있다. 그러나 기본적으로 투자자유지역은 장기적으로 외국자본을 유치하면서 고용창출 기능을 수행해야 하며, 선진 첨단기술과 국제서비스 업무기술의 용이한 도입 및 관련 시장을 확보할 수 있어야 한다. 또한 세계경제화의 근간을 이루고 있는 다국적기업의 네트워크 패러다임에 적응하고 이를 수용할 수 있는 기능을 갖추어야 할 것이다.

대부분의 전통적 그리고 기존 투자자유지역이 제한된 지역 내에서 인큐베이터(incubator) 역할에 국한되었던 것을 과감히 벗어나 국제기능을 수행하고 부가가치를 양산할 수 있는 기능을 부여해야 할 것이다. 이를 위해서는 처음부터 종합적인 기능을 수행할 수 있도록 개방적인 성격을 부여하는 것이 바람직하다. 그러나 지역간 관계와 지역특성을 고려하여 진행중인 송도지역을 미디어 투자자유지역으로 특화시킬 필요가 있다. 바람직한 기능으로는 국내의 첨단기술, 고급노동력, 완벽한 인프라, 유리한 중국의 배후시장 등을 결합한 조건하에 외국자본을 유치하여 운영할 수 있는 자유지역 기능을 창출하는 것이 바람직하다. 투자자유지역의 기능을 활성화하기 위해서는 유치업종에 대한 면밀한 검토가 필요하다. 특히, 우리나라가 중국이나 동남아 지역 내의 기존 외국인투자자유지역과 경쟁관계에 있는 관계로 상충되는 기능이나 업종은 되도록 기피하고 지역경제협력이라는 점을 고려하여 보완성을 극대화할 필요가 있다.

새로이 설치하려는 투자자유지역는 우선 유치대상이 제조업의 생산적 기능보다 복합적인 기능을 가진 서비스, 금융 그리고 정보산업기능을 수행하는 모든 기업체를 상정해야 할 것이다. 현재 중국이 개방한 이래 만든 특구, 개발구에 유치대상이 되고 있는 모든 기업체를 포함하면서 이들을 관리하는 기능까지도 포함하여 확대하는 것이 유리할 것이다. 중국의 경우, 개발구 단지 내의 개별 기업들 사이에서 형성될 수 있는 생산적·유기적 관계를 장려하지 않고 있으며, 더군다나 마산에서 처음 시도된 역외가공 형태에 의한 산업협력관계를 크게 인정하고 있지 않아 고용이나 기술확산에서 제한적 발전에 그치고 있다. 그리고 각 개발구가 기존 도시의 서비스를 필요로 하지 않은 독립된 형태로 발전하고 있어 사실상 마산의 성장속도에 미치지 못하고 있다.

마산은 수출자유지역으로서 규모는 비록 작지만 노동집약적 구조에서 시작하여 1980년대 후반 구조조정을 거쳐 현재는 제2세대 수출자유지역으로 훌륭한 역할을 수행하고 있다. 즉 마산수출자유지역은 노동력 구성에서 초기에 노동집약적 기업체가 집중하였으나 1987년 3만 6,000명을 정점으로 이후 구조조정을 거쳐 지금은 1만 3,000명으로 줄었으나 수출액은 구조조정 이후 5년간 조정기를 거쳐서 1997년에는 년간 22억 달러의 기록을 내었다. 생산품 역시 구조적으로 90% 이상이 전자·전기 그리고 정밀기기제품으로 전환되어 자본과 기술 중심의 생산체제로 바뀌었다. 마산수출자유지역이 몇 단계 구조조정과정을 거쳐 현재와 같이 제2세대 자유지역으로 탈바꿈한 것을 참작하여 앞으로. 국내에 개발하고자 하는 투자자유지역은 제3세대로 발전시키는 것이 바람직하다. 그리고 현재 미국의 자유무역지구(FTZs)의 기능을 수용한다면, 기능이나 형태 면에서 지역적인 제한을 최대한 극복할 수 있는 제3세대 투자자유지역을 구상할 수 있지 않을까 생각한다.

제3세대형 투자자유지역은 기능적으로는 첨단산업을 위시하여 정보산업, 국제서비스, 금융, 보험, 부동산, 그리고 기술집약형 사업이 유치된 종합적인 성격을 유지할 수 있어야만 할 것이다. 그렇지만 투자자유지역으로 지정되는 범위 내에서는 자본과 상품, 그리고 노동력의 이동이 자유로워야만 할 것이다.

제3세대 자유무역지구는 동북아지역의 국제 상업서비스(international business service)를 반드시 수용하여 이 지역 내에서 주도적인 지리적 센터의 역할을 할 수 있어야 할 것이다. 이와 같은 사례는 프랑스의 지중해연안을 따라 발달한 코트다주르(Cote d'Azur) 지역에 다양한 다국적기업을 유치함과 동시에 첨단산업, 정보산업, 생명과학, R&D, 고등교육기관, 그리고 국제업무센터를 구축하여 이 지역 구조를 일신하는 데 성공한 경우를 표본으로 고려할 수 있다. 동북아의 황해연안은 지리적으로 연속되어 있으며 연계망 구축이 미국의 오대호 연안보다 훨씬 유리한 조건을 갖추고 있어 수도권을 중심으로 국제업무센터를 발전시키는 데 어려움이 없을 것으로 본다.

③ 바람직한 투자자유지역의 규모와 형태

투자자유지역의 규모와 형태는 기능과 목적에 따라 지역간에 상당한 차이가 있다. 중국의 경제특구나 상해 포동신구는 300㎢ 넘으며 일반 개발구는 15~50㎢가 되는 것이 있다. 마산은 1㎢ 미만으로 아주 소규모의 형태를 갖고 있다. 도시 중심이나 지역 중심에 설치할 때는 구역(district 혹은 zone)이나 몇 개의 건물을 지정하여 운영할 수 있기 때문에 규모나 형태에 크게 영향을 받을 필요가 없다. 이 경우 대도시 내에서는 수많은 지역이 이에 해당될 수 있어 산재형 패턴을 유지하게 될 것이다. 기존 단지를 전환하여 사용할 때는 규모나 형태를 현 상태로 유지하는 것이 좋다.

새로운 단지를 개발할 때는 개방형으로 유도하는 것이 바람직하다. 특히, 기존 도시와 노동시장 때문에 형태에 규제받지 않는 것이 유리하다.

입지적으로는 기존 인프라가 정비되어 있고, 자유지역에 필요한 각종 서비스를 최대한 수용할 수 있으며, 고도의 노동시장에 근접해야만 한다. 이 지역은 기존 1~2세대 투자자유지역이 좁고 제한된 구역 내에 한정되어 있던 형태를 벗어나 좀더 개방적인 방향이 바람직하다고 본다. 필요에 따라 개방식으로 기존 공업단지나 도시 내에 기업구(Enterprise Zone)와 같은 형태로 수요자의 요구에 따라 어느 정도 입지를 유연하게 설정할 필요가 있다고 본다. 그러나 국토의 광범위한 지역을 전부 개방하기보다는 유리한 조건을 갖춘 지역을 지정하는 방안이 적당하다.

이밖에 황해안의 중국측 연안에 배치된 산업시설과의 연계를 강화하면서도 보완적 협력체계를 유지하고 도시간 네트워크를 구성할 수 있는 범주에서 지역범위를 설정하는 것이 좋으리라 본다. 특히 중국의 연안 개방지역에 상응하는 경쟁력을 갖추기 위해서는 이에 준하는 투자자유지역의 설정이 필요하며, 지역 내에 다양한 특성을 지닌 투자자유지역을 수도권에 건설하는 것이 바람직하다고 본다.

다국적기업이 가진 생산입지의 유연성과 고부가가치 생산품의 집중생산을 고려한다면, 입지는 당연히 국제시장까지의 제품 수송을 고려하여 인천국제공항 부근이나 인천항, 평택항과 같이 국제노선이 개항된 항에 입지시키는 것이 보편적이다. 입지의 기본조건은 국제시장과의 연계성을 고려하여 최우선 인프라로 국제비행장, 국제정기항로, 유연한 노동시장, 그리고 투자자유지역의 역외가공과 서비스가 제공될 수 있는 지역이어야 한다. 종합적인 기능을 수행하거나 수요자 중심의 자유입지형 투자지역으로는 세계도시 기능을 수행하는 서울과 인천이 유리하다.

수도권 내에서 투자자유지역의 입지 선정과 개발은 통일을 대비하여 지역통합을 위한 국토개편 작업의 일환으로 계획되어야 한다. 수요자가 입지를 선택하고 해당 지방자치단체가 이를 인정하여 투자자유지역으로 지정하는 방향이 바람직하다. 이 경우 규모나 위치에 대하여 가능한 개방적인 조치가 뒤따라야 할 것이다. 새로운 단지형 투자자유지역의 개발은 극소화하고 기존 도시 내 단지의 기능을 전환하는 방안이 효율적이다. 다국적기업을 우선순위로 유치하는 것이 바람직하다. 황해권의 산업구조를 고려하여 상호의존 체계에 도움이 되고 보완적 연계가 수립될 수 있는 방향으로 개발해야 한다.

### (4) 환황해권 도시네트워크 구축을 통한 거점화 전략

수도권의 세계도시화 전략의 수행과 경쟁력을 확보하기 위해서는 현실적으로 동북아지역 내 지휘나 통제에서 중심거점이 되도록 해야 할 것이다. 즉 동북아지역에서 북경, 상해, 동경, 홍콩이 갖추지 못한 지리적 이점을 극대화하면서 수도권을 중심으로 한 환황해권의 항공, 해운, 정보 네트워크의 허브를 구성할 수 있는 전략을 수립해야 할 것이다. 그리고 세계도시 기능의 집중화 및 클러스터화 경향을 고려하여 분산보다는 수도권으로 거점화할 수 있도록 전략을 수립할 필요가 있다.

동북아지역의 특수성으로 상호간의 경제협력을 추진하고 있으나 아직도 지역간 연계가 만족할 만한 수준을 이루지 못하고 있다. 수도권이 동북아지역에서 세계경제화의 중추적 역할을 맡기 위해서는 우선 육상, 해운, 항공의 네트워크를 확충해야 한다. 2001년 12월 현재, 인천국제공항과 중국은 모두 17개 도시와 정기적인 항공연계망을 구축하고 있다. 인천국제공항이 동북아지역에서 항공교통의 십자로와 같은 허브역할을 할 수 있는 잠재력은 이미 많은 분야에서 검토된 바 있다. 그리고 인천항과 중국과의 항로는 천진, 대련, 연타이, 상하이, 칭타오, 위하이, 단동 등 모두 7개 항로와 평택에서 1항로 등 모두 8개 항로가 있으며 대부분 주 2~3회 왕복하고 있다. 아직 육상교통은 연계가 되지 않았지만 앞으로 어떤 형태로 연계되든지 수도권은 물류와 교류의 중심센터가 될 것이다. 이러한 환황해권의 연계망 확충은 수도권 중심의 새로운 한-중 도시 체계를 구축하는 데 손색없는 지리적 구심점이 될 것이다.

좀더 시각을 넓혀보면, 다국적기업의 분포와 연계망에 따라 확인되는 아시아권역의 세계도시 네트워크는 지리적 범위와 도시의 규모, 상호의존 체계에 따라 몇 개의 소지역 네트워크로 형성되고 있음을 인식할 수 있다. 즉 아시아의 백만도시(The Million Cities) 규모분포로 볼 때, 하나의 인구집중력 중심은 서울, 북경, 상해, 동경을 묶는 좁은 지역에 집중되어 있는 세계적 도시군이 있으며, 그 외곽에 자카르타, 방콕, 마닐라, 홍콩 등이 광범위한 지역에 분포하고 있다.[4]

최근 아시아에서 세계도시들간에 교통과 통신망의 공간적 상호의존관계 연구를 보면, 동경을 중심으로 서울, 타이페이, 홍콩, 싱가포르가 탁월하게 네트워크화하고 있음을 알 수 있다(Rimmer, 1996). 이에 따르면 세계도시간을 연계하는 메커니즘으로서 인구이동, 정보교환, 상품거래 면에서 동북아경제권의 인식을 어렵게 하고 있다. 다시 말하면, 현행 도시간의 흐름을 보아 동북아경제권을 네트워크화할 수 있는 도시간의 관계가 정립되지 못하고 있다는 점을 시사하고 있다. 이는 현재 중국에 투자하고 있는 외국기업의 총투자액 분포가 화남지방에 집중하고 있는 지리적 특성에서도 볼 수 있다.

동북아 도시 네트워크가 출현할 수 있는 잠재력은 많은 분야에서 관찰되고 있다. 이러한 도시 네트워크화의 잠재력은 50만 이상의 대도시들간의 지리적인 접근성과 급속한 성장, 유사한 역사·문화적 배경의 공유, 외국자본 유치를 위한 다양한 산업시설의 집중, 자원·노동력·기술·자본 등에서 상호의존성이 대단히 높은 점 등을 지적할 수 있다. 지리적 접근성으로 볼 때, 이 지역 내 50만 이상의 도시분포는 미국의 대서양 연안에서 오대호 연안에 이르는 지역에 도시군이나 EU국가군에 분포하는 도시군과 비교할 때 그 접근성이나 밀도에서 비슷한 구조적 특성을 갖고 있으며, 개발잠재력에서는 앞으로 가장 기대되는 지역으로 평가된다. 또 하나의 잠재력은 한국의 대중국 투자가 1988년이래 동북지역에 집중되고 있는 점이다. 중국관련 잠재력을 일차적으로 지리적 입지가 유리한 수도권의 100만 도시들과 네트워크화할 수 있다면 어렵지 않게 목표를 달성하리라고 본다.

---

4) 지난 몇 년간 국내에서 논의된 베이징-서울-동경을 연계하는 BESETO 개념도 이 시각에서 볼 때, 세계도시군의 근접된 네트워크를 구축하여 수도권을 거점화할 수 있는 전략으로 볼 수 있다.

현상적으로 보아 동북아지역에는 세계적인 도시 네트워크화의 가능성과 잠재성이 표출되고 있으나 이를 통합하고 지휘하는 글로벌 센터가 결여되어 있다. 수도권을 중심으로 세계도시 기능을 확충하여 새로 출현하는 동북아경제권의 거점 역할을 분담하도록 도시 네트워크화를 서둘러야 할 것이다. 만일 동북아지역 내의 대도시 네트워크화를 통하여 상호의존적인 협력체제를 구축할 수 있다면, 이 지역은 21세기 세계에서 가장 중요하며 생산적인 핵심경제권을 이룩하는 데 손색이 없는 조건들을 갖추고 있다고 본다.


## 3. 수도권의 세계도시화에 대응한 국토균형발전 방안

　　1980년대 후반부터 전세계에 영향을 미치고 있는 세계경제화 현상은 선별된 일부 도시를 중심으로 세계경제를 지배하고 통제하는 중심지로 발전하였다. 21세기에도 동일한 현상이 진행될 것인지에 대한 정확한 예측은 힘들지만 한동안 유사한 흐름에 따라 세계도시들은 도시계층 체계상에서 상위 지위를 차지할 것이 확실하다. 이에 따라 국가가 국제경쟁력을 확충하기 위해서는 이에 준하는 전략적 조정이 필요하다. 특히 수도권을 세계도시로 발전시켜 국가경쟁력을 확보하는 동시에, 국토의 균형발전을 도모하기 위한 방안을 모색하는 일은 쉬운 일이 아니다.
　　지난 40년간 산업화 과정에서 국토의 균형발전을 위한 수많은 수단을 동원하였지만 지역간 불균형을 극복할 수가 없었다. 대부분의 산업시설과 국민총생산은 수도권과 남동해안 지역에 집중하였으며, 인구는 수도권과 광역도시를 중심으로 성장하였다. 이러한 현상은 산업화 자체가 공간적 집적을 통한 상호관련하에 이루어지기 때문이다. 결코 바람직한 것은 아니었지만 피할 수 없는 속성에 따라 이루어진 결과였다. 현재 정보통신사회에서 다국적기업과 자본에 의해 주도되고 있는 세계도시 중심의 이 현상은 산업사회에서 일부 공간에 수렴하던 경향보다 훨씬 선별적인 특성을 지니고 있다. 상호기업간에 집적이익을 극대화하기 위해 입지의 유연성을 지니고 있을 뿐만 아니라 특정지역에 높은 클러스터(cluster) 현상을 나타내고 있는 실정이다. 즉 세계도시화를 추진한다는 것은 산업사회에서 경험한 것과 비교하여 더욱 공간적 집적을 요구하게 된다.

공간적으로 유리한 장소에 집적하는 세계도시 기능의 특성을 감안한다면 국토균형발전에 대한 우리의 사고를 시정할 필요가 있다. 먼저 우리와 같이 좁은 국토에서 균형발전을 위한 논의가 더 계속되어야 하는지 검토할 필요가 있다. 한 지역 발전의 영향력이 여러 통로를 통하여 즉각 전국으로 확산되고 있는 이 시점에서 중요한 국제기능을 분산시킬 필요가 없다고 본다. 만일 수도권의 발전과 경쟁력 획득이 바로 지방경쟁력 보완과 양립될 수 있다면, 사실상 국토균형발전을 위한 전략이 따로 필요치 않다고 믿는다. 단지 국방보안상에 문제가 없다면 지역간의 입지규제를 철폐하는 것이 바람직하고, 지리적으로 기업활동에 유리한 지역을 수요자 중심으로 개방하는 것이 균형발전의 첩경이라고 생각된다. 동시에 지방은 지역사회에 경쟁력 있는 기능특화 혹은 전문화를 서둘러야 할 것이다.

현재 세계도시계층에서 상위그룹의 도시들이 지난 10여 년 간 세계도시 기능을 확충하면서 인구의 집중을 동반하지 않았다는 보고는 세계도시화 현상이 나타내는 새로운 성장 형태임에 틀림없다. 이 점은 외자유치를 위한 다국적기업의 활동이 산업사회에서 인구이동을 유발하여 대도시의 성장을 유도하였던 것과 같은 현상을 되풀이하지 않는다는 것이다. 수도권 지역의 대도시들이 세계도시 기능을 수용할 때 결코 산업사회에서와 같은 일이 일어나지 않으며 지방 광역대도시의 쇠퇴를 가져오지 않을 것이라 생각된다.

수도권이 세계도시 기능을 수용하면서 발생하게 될 새로운 불균형 현상은 어떤 것이 될지 아직 예측이 어렵다. 그러나 세계경제화의 거점은 일부 대도시를 중심으로 진행되었으며, 다국적기업의 투자집중, 고용창출, 국제시장 확보, 금융중심지, 국제서비스 성장 등 선별적인 특성을 지니고 있으며 개별 국가가 창출을 주도하기 힘든 변화이다. 현상적으로 활동의 무대가 대도시 중심이며 집적과 집중의 특성을 지니고 있어 지역발전이 특정 지역 혹은 거점을 중심으로 이루어지기 때문에 실제적으로 세계도시 기능의 수용과 국토균형발전의 연계가 어렵다. 그러므로 현재 제4차 국토종합계획에 국민통합을 위한 국토균형발전을 지향하는 신국토축과 수도권 세계도시 기능의 집중적 수용과는 부분적으로 상충하는 면이 있다. 상기 계획에서 국토축은 국토발전을 선도하는 일련의 중심지역을 연결한 지대를 지칭하고 있다. 그러나 국토축이 성립하려면 연결된 중심지역이 어느 정도 균일한 발전을 전제로 할 때 가능하다. 현실적으로 수도권의 지위는 황해안 연안축을 구성하는 데 만족스럽지 않다. 오히려 수도권을 국가 중심핵으로 고려하여 동북아의 거점지역으로서 역할을 담당할 수 있도록 전략을 일부 수정하는 것이 바람직하다. 아울러 수도권이 균형발전에 일익을 하기 위해서는 수도권 내에서 균형된 지역개발이 이루어지도록 서두르고 지역 내 기능적 연계와 효율성을 높이도록 해야 할 것이다.

수도권 도시의 주어진 여건으로 보아 세계도시화 추세를 역행하기 힘들다. 인간거주지로서, 그리고 경제활동의 장으로서 지역공간이 갖고 있는 자원과 입지적 특성은 시대에 따라서 적응해왔다. 이제 수도권은 세계경제화 시대를 맞아 주어진 잠재력과 입지적 이점을 극대화할 수 있도록 해야 할 것이다. 그리고 세계경제가 세계도시라는 거대도시 중심으로 이루어지고 있는 점을 감안할 때, 우리도 국가발전전략을 과감히 바꾸어야 할 것이다. 수도권을 인구 2,200만의 거대도시로 볼 때 우리나라는 이미 도시국가임에 틀림없다. 수도권과 지방간의 불균형 문제를 논할 필요가 없지 않은가 생각한다. 때문에 국토발전계획이나 전략이 이상적인 균형발전 개념에 집착하기보다는 전체 국민의 균형된 생활이 유지되도록 하는 방안이 마련되어야 할 것이다. 이는 지역별 고용창출의 균형을 위하여 산업단지를 안배하여 건설하거나 특정 지역의 경제활동을 규제하는 정책보다는 국민생활 전반을 균형화하는 정책적 방안이 마련되어야 할 것이다. 지역간 불균형 해소방안은 고차적이며 유연한 집중정책을 통하여 마련되어야 할 것이다. 그리고 세계수준의 정보통신 발달, 그리고 동서-남북의 고속도로망 완성에 따라 우리나라의 경제공간구조가 수도권 중심의 거대도시 구조로 전환되고 있음을 새삼 인식해야 할 것이다. 아울러 나라마다 국토의 균형발전을 보는 시각이 각기 다른 점도 이제 받아들여야 할 것이다.


■ 참고문헌

경기개발연구원. 1999, 「수도권 정책의 전환」.

경기개발연구원 외. 2001. 11, 「서해안시대의 전개와 개발방향」, 제1회 서해안 포럼.

經濟企劃廳總合計劃局 編. 平成元年, 『東京の世界都市化と地域の活性化』, 東京: 大藏省印刷局.

국토개발연구원. 1998, 「외국인투자촉진을 위한 투자자유지역 조성방안에 관한 연구」.

국토연구원. 1999. 7, 「제4차 국토종합개발계획」(안).

김원배. 1996, 「국가경쟁력과 지방경제의 역할」, 지방의 경쟁력강화 전략에 관한 세미나, 한국지역학회, 1-29쪽.

김원배·김영봉. 1996, 「동북아 산업협력과 지역개발 전략구상」, 국토연 96-15, 국토개발연구원.

김원배·김경석. 2001, 「환황해권 자유지역 연계망 구축의 전략과 방안」, 국토 연 2001-3, 국토연구원.

김인. 1993, 「범세계화와 세계도시」, 서울대 사회과학대학부설 국토문제연구 소.

남영우 외. 2000, 『경제·금융도시의 세계화』, 다락방.

박양호. 2001, 「지방경제의 진단과 활성화 방안」, 지방경제 활성화 심포지엄, 국토연구원, 1-28쪽.

박헌주. 1998, 「국제투자자유지역 설치구상」, 외국인투자촉진을 위한 투자자 유지역 조성방안에 관한 세미나 발표자료, 국토개발연구원, 4월 20일.

박헌주·조규영. 2000, 「수도권과 비수도권 지역의 투자효율성 비교연구」, 경 기개발원 위탁연구 2000. 4.

삼성경제연구원. 1997, 「세계도시경쟁력 비교」.

서울시정개발연구원. 1995, 「서울의 경쟁력 진단 및 제고 방안」.

이기석. 1996, 「지방화시대의 수도권 공간구조 개편과 토지이용 효율화 방안」, 세계화·지방화와 수도권정책의 재정립 과제, 전국경제인연합회, 69-93쪽.

이기석·양개충·이옥희 외. 1997, 「중국황해안의 개발구에 관한 지역특성연구」, ≪지리·환경교육≫ 제5권 제2호, 89-122쪽.

임정덕. 2001, 「수도권 집중의 현실과 국토균형발전을 위한 정책방안」, '국가 발전전략과 국토균형발전-분권·분산형 국가 발전을 위한 제안-' 국토균형을 위한 정책심포지엄, 70-86쪽.

임창호. 1998, 「세계화시대의 도시경쟁력」, '세계화시대의 도시발전전략', 한국도시지리학회, 1998년 하계정기학술대회, 1-20쪽.

산업자원부. 1998. 5. 31, 「마산수출자유지역현황」, 마산수출자유지역관리사무소.

재정경제부 경제협력국. 1998, 「국제투자 및 기술도입 동향」, 5월 31일자.

정희윤, 1998. 「서울의 도시기능 보완 방안-국제화에 따른 도시기능 및 지원시설을 중심으로」, 서울시정개발연구원.

최재헌. 1998, 「세계화시대의 도시지리연구를 위한 글로벌 패러다임의 쟁점과 연구동향」, ≪한국도시지리학회지≫ 1, 31-46쪽.

홍 철. 1995, 「세계화·지방화를 향한 국토개발 방향」, '95 국토개발포럼, 국토개발연구원, 145-163쪽.


Andersen, Jones Lang. 2001, 「지식기반산업 육성전략 및 수도권정책 전환 방안」.

Berry, Brian J. L., Edgar C. Conkling, and D. M. Ray. 1997, *The Global Economy in Transition,* second edition, New Jersey: Prentice Hall.

Choe, Sang-Chuel. 1996, "The Evolving Urban System in North-East Asia," in Lo, Fu-chen and Yue-man Yeung(eds.), *Emerging World Cities in Pacific Asia,* New York: United Nations University Press, pp.498-519.

Clark, David. 1996, *Urban World/Global City,* New York: Routledge.

Clegg, Jeremy. 1996, "The Development of Multinational Enterprises," in P. W. Daniels and W. F. Lever, *The Global Economy in Transition,* Edinburgh Gate, Halow: Longman, pp.103-134.

Cooke, P. and K. Morgan. 1993, "The Network Paradigm: New Departures in Corporate and Regional Development," *Environment and Planning D: Society and Space,* Vol. 11, pp.543-564.

Dicken, Peter. 1998, *Global Shift: Transforming the World Economy,* Third Edition, New York: The Guilford Press.

Economic Cooperation Bureau. 1998, "Trends in International Investment and Technology Inducement," As of May 31, Ministry of Finance and Economy.

Friedmann, J. 1986, "The World City Hypothesis," *Development and Change,* 17, pp.69-83.

_____. 1995, "Where We Stand: A Decade of World City Research," in Knox and Taylor(eds.), *World Cities in a World-System,* Cambridge: Cambridge University Press, pp.21-47.

_____. 2001, "Inter-City Networks in a Globalizing Era," in Scott(ed.), *Global City-Regions: Trends, Theory, Policy,* Oxford: Oxford University Press, pp.119-136.

Hall, Peter. 1966, *The World Cities,* New York: McGraw-Hill Book Co.

Hirst, Paul and Grajame Thompson. 1999, *Globalization in Question: The International Economy and the Possibilities of Governance,* Oxford, Oxford University Press.

Johnston, R. J. and Others. 2000, *The Dictionary of Human Geography,* 4th Edition, Oxford: Blackwell Publishers Ltd.

Kim, Won Bae(ed.). 1994, "Regional Development in Northeast China: An International Perspective," East-West Center in Collaboration with Korea Research Institute for Human Settlements and State Science and Technology, Commission of China, Hawaii.

_____. 1996, "Industrial Cooperation and Regional Development in North-East Asia: Toward a Cooperative Development Strategy," Conference Proceeding for Industrial Cooperation and Regional Development in North-East Asia, Organized by KRIHS, pp.3-82.

_____.(ed.) 2000, "Inter-City Networking Strategy in the Yellow Sea Sub-Region," *KRIHS* Research Monograph 2000-1.

Kim, Won Bae and Young Sub Kwon. 1998, "Prospects for Sino-Korean Economic Cooperation and Collaborative Development of the Coastal Area of Shangdong and West Korea," *KRIHS* 98-10, Korea Research Institute for Human Settlements.

King, Anthony D. 1990, *Global Cities,* New York: Routledge.

Knox, Paul L. 1996, "World Cities and the Organization of Global Space," in R. J. Johnston, Peter J. Taylor, and M. J. Watts(eds.), *Geographies of Global Change: Remapping the World in the Late Twentieth Century,* Oxford: Blackwell, pp.232-247.

Knox, Paul L. and John Agnew. 1989, *The Geography of the World Economy,* London: Edward Arnold.

Knox, Paul L. and Peter J. Taylor(eds.) 1995, *World Cities in a World-System,* Cambridge: Cambridge University Press.

Knox, Paul L. and Sallie A. Marston. 2001, *Places and Regions in Global Context: Human Geography,* second edition, New Jersey: Prentice Hall.

Lee, Gun Young and Yong Woong Kim(eds.). 1995, *Globalization and Regional Development in Southeast Asia and Pacific Rim,* Seoul: Korea Research Institute for Human Settlements.

Lee, Ki-Suk. 1998, "Building a World-Class Urban Network and Free Trade Zones," in Kim, Won Bae(ed.), *Restructuring the Korean Peninsula for the Twenty-First Century,* Korea Research Institute for Human Settlements, pp.175-194.

_____. 2000, "New Emerging of the Korean Capital Region in the Rim of Yellow Sea," in Inchon Development Institute and Others(eds.), *Economic Region of the Yellow Sea Rim: The Present and The Future,* IDI Conference 2000-04, pp.55-68.

Lipnack, Jessica and Jeffery Stamps. 1996, *The Age of the Network: Organizing Principles for the 21st Century,* John Wiley and Sons.

Lo, Fu-chen and Yue-man Yeung(eds.). 1996, *Emerging world cities in Pacific Asia,* New York: United Nations University Press.

_____(eds.). 1998, *Globalization and the World of Large Cities,* New York: United Nations University Press.

Park, Sam Ock. 1996, "Networks and Embeddedness in the Dynamic Types of New Industrial Districts," *Progress in Human Geography* 20, 4, pp.476-493.

Rimmer, Peter. 1996, "International Transport and Communications Interactions between Pacific Asia's Emerging World Cities," in Lo, Fu-chen and Yue-man Yeung(eds.), *Emerging world cities in Pacific Asia,* New York: United Nations University Press, pp.48-97.

Sassen, Saskia. 1991, *The Global City: New York, London, Tokyo,* Princeton: Princeton University Press.

_____. 1994, *Cities in a World Economy,* New York: Pine Forge Press.

_____. 2001, "Global Cities and Global City-Regions A Comparison," in Scott(ed.), *Global City-Regions: Trends, Theory, Policy,* Oxford: Oxford University Press, pp.78-95.

Scott, Allen(ed.). 2001, *Global City-Regions: Trends, Theory, Policy,* Oxford: Oxford University Press.

Short, John Rennie and Yeong-Hyun Kim. 1999, *Globalization and the City,* New York: Longman.

The Flagstaff Institute. 1997, *WEPZA International Directory of Export Processing Zones & Free Trade Zones,* Third Edition.

_____. 1998, *The Global Network of Free Zones in the 21st Century.*

Thrift, N. J., 1989. "The Geography of International Economic Disorder," in Johnston, R. J. and Taylor, P. J.(eds.), *A World in Crisis,* Oxford: Blackwell, pp.16-79.

# 제4장
# 외국인직접투자와 지역발전전략

홍성웅 (전 한국건설산업연구원 원장)

## 1. 머리말

외국인 자본의 투자유치경쟁은 이미 세계적으로 확산되어 있다. 선진
국들은 1980년대에 이미 다국적기업을 중심으로 해외투자가 활발히 진
행되었고, 아시아 신흥공업국도 1990년대 초부터 자본유치경쟁에 참여
하였다. 외환위기 이후 우리나라 정부와 지방자치단체들도 지역의 투자
재원 확보의 일환으로서 외국인투자에 대한 관심이 커지고 있다. 특히
외국인직접투자(foreign direct investment: FDI)는 현지기업의 경영을 통하
여 배태된 기술의 이전, 새로운 시장과 정보망의 접근성, 경영문화의 학
습효과 등 투자의 부가성(additionality)을 갖고 있다. 외국인직접투자는 이
러한 투자의 부가성 때문에 지역발전에 유용한 수단으로 인식되고 있다.

최근까지 우리나라의 외환관리와 외국인투자제도는 투자업종 제한 등
외국인투자를 제한함으로써 외국인들이 투자하기에 유리한 제도적 여건
을 갖추지 못하였다. 한편 우리 기업들은 1980년대의 노사갈등과 임금상
승으로 동남아와 동구권 등의 해외에서 생산기지를 확보하여 해외투자
(outbound FDI)를 활발히 추진하였다. 그러나 1990년대 중반부터 금융,
부동산 등 각종 제도의 개방화에 따라 외국인투자가 점진적으로 증가하

기 시작하였고 외환위기 이후에 급증하였다.

세계자본은 높은 자본수익률을 약속하는 지역을 찾아간다. 외국인직접 투자는 투자지역의 여건을 활용하여 자본수익을 극대화하려는 세계자본의 흐름이다. 이러한 자본의 흐름은 우선 국가의 대외신인도, 금융제도, 산업 및 시장구조와 시장의 투명성과 같은 국가차원의 투자 여건이 중요한 변수가 된다. 그러나 대부분의 외국인투자, 특히 외국인직접투자는 궁극적으로는 공간과 지역을 차지하는 경제활동으로 귀착되므로 지역의 경영여건이 투자결정에 중요한 요인으로 고려된다. 특히 외국인의 직접 투자는 장기적인 기업경영을 목표로 하는 투자유형으로 생산기지나 기타 기업활동이 이루어지는 지역의 입지여건들이 투자의 중요한 변수가 된다.

외국인투자는 자본 수익극대화라는 목표에서 출발한다. 그러나 유치지역(host region)의 입장에서는 고용증대, 생산성 제고 등 자국의 정책수단으로 활용하려는 의도가 있는 것이다. 외국인투자의 유입은 지역 내 생산, 고용의 양적 증대라는 일차적인 효과가 있다. 그러나 외국인투자의 보다 중요한 의미는 현지기업 생산체계와 주민행태의 변화를 통하여 생산성 증대와 산업구조 개선을 유도함으로써 지역의 경쟁기반을 강화하는 데 있다. 그러므로 외국인투자유치의 성패는 투자자원 확보라는 양적 성장효과를 넘어서 유치지역의 경쟁력을 구조적으로 개선하는 기여도에 따라 평가되는 것이다. 외국인투자는 그것이 갖는 강점을 지역의 기업과 인적 자원이 내부화하여 지역의 내생적 성장(endogenous growth) 기반을 강화하는 데 중요한 의미가 있다. 이와 같은 외국인투자에 대한 이해의 바탕에서 지역경제발전에 유효한 외국인투자유치 전략을 모색할 수 있을 것이다.

이를 위해서 본 장에서는 외국인투자의 이론적 배경과 특성을 살펴보고 외국인직접투자의 다양한 속성을 분석하여 지역발전에 기여할 수 있는 영역을 검토한다. 또한 외국인투자가 지역 산업과 경제에 미치는 효과를 분석하고 지역발전의 장기적 틀과 부합되는 선별적인 유치전략의 기준을 제시하려 한다. 이를 위해서 외국인투자의 지역적 산업적 투자추세, 그리고 외국자본의 거시경제적 기여도, 외국인기업의 애로사항 등을 살펴보겠다.


## 2. 해외투자의 이론과 동향

### 1) 해외투자이론과 실증연구

외국인투자는 크게 세 가지 형태로 구분할 수 있다. 즉 기업경영에 지속적인 참여를 통해 이윤추구를 목적으로 하는 주식 또는 지분을 소유하는 외국인직접투자, 투자수익이나 위험분산을 위해 내국기업이 발행한 주식 및 채권을 취득하는 증권투자, 그리고 내국인에 대해 자금을 대여하는 기타 투자로 구분된다. 특히 본 장에서 중점적으로 논의할 외국인직접투자의 경우 외국인투자촉진법에 의하면, 첫째 우리나라의 법인이나 국민이 영위하는 기업경영활동에 지속적인 관계를 목적으로 주식이나 지분을 소유하는 방법과, 둘째, 기업에 해외 모기업이 또는 모기업이 출자한 기업에서 받은 장기차관(외국인투자촉진법 2조 1항)으로 구분된다.

신고전학파의 전통적인 교역이론에서는 국가간 생산요소와 요소가격의 차이는 제품의 교역을 통하여 균형을 이룬다. 한편 한 국가 내의 지역 간에 존재하는 생산요소 또는 요소가격의 격차는 제품의 교역뿐만 아니라 생산요소의 이동을 통하여 제거되거나 축소된다(Hong, 1972). 이러한 요소의 기동성은 근래에 와서 국제교역과 투자이론의 주류가 되고 있다(Krugman, 1991). 이와 같이 지역이론과 국제경제이론 간에 벽이 사라지고 있는 현상은 교통 및 정보기술의 급속한 발전이라는 기술적 요인과 탈냉전 이후의 국제자본의 확산, 그리고 다양한 각국의 제도가 규제완화를 통하여 하나의 국제기준(global standard)으로 수렴하고 있는 것도 중요한 역할을 하고 있다.

실질금리격차이론(real interest parity theory)은 신고전적 이론의 틀에서 출발한 해외투자이론이다. 여기서는 해외투자를 생산요소의 국가, 지역간의 격차에 의하여 발생하는 균형지향적인 생산요소의 이동으로 파악한다. 즉 외국인투자도 지역간 실질금리의 격차에 따라 자본이 고금리지역으로 유입된다는 것이다. 그러나 현실세계에서 국가간 금리의 완벽한 평준화는 이루어질 수 없다. 현실세계에서는 '국적 없는' 자본도 이동에 따르는 광의의 거래비용이 수반되고 유치지역의 금융제도, 경제 및 경영 여건에 따라 위험부담과 거래비용이 발생하고 또 지역에 따라 거래비용의 차이가 있기 때문이다. 자산선택이론(portfolio theory)은 해외투자가 투자수익과 위험을 국내외 투자를 통합하여 최적 포트폴리오를 선택하는 과정으로 본다. 즉 해외투자는 투자위험도를 감안하여 수익극대화를 위한 자산구성(portfolio) 최적화의 과정으로 보는 것이다(Rugman, 1976).

이러한 일반적인 해외투자이론과 달리 해외직접투자(FDI)는 생산비 절감, 현지시장의 규모, 수출거점으로서의 우수성 등 현지의 산업, 제도 등의 입지여건들이 투자의 중요한 결정요인으로 알려져 있다. 듀닝(Dunning)에 의하면, 직접투자의 결정요인으로 ① 기업이 특허권 등 고유의 경쟁우위(ownership specific advantage)를 갖고 있는 경우, ② 투자지역이 고유한 입지우위(location-specific advantage)를 소유한 경우, ③ 투자기업이 현지생산을 통하여 내부화이익(internalization advantage)을 취할 수 있는 경우 등을 들고 있다(Dunning, 1979). 다시 말하면 해외직접투자는 금리 격차뿐 아니라 유치지역의 임금, 지가, 세제, 현지산업과의 구조적 연계성, 시장의 투명성, 사회적 인프라 등 유치지역이 가지고 있는 입지요인의 중요성을 강조하고 있다. 이와 같은 입지여건의 중요성은 해외투자이론뿐만 아니라 지식정보의 이동이나 교역 이론에도 적용되고 있다.

이러한 이론적 추세는 실제로 서비스와 정보 그리고 요소 이동에서 보다 미세한 유치지역의 제반여건 격차가 고려되어야 할 만큼 금융시장의 개방과 시장기능의 활성화가 세계적으로 진전되어 "국경 없는 세계"의 현실 추세가 국제경제이론에 반영된 것으로 이해할 수 있다.

외국인투자 결정요인에 관한 실증적인 연구에 의하면, 외국인투자 결정요인은 투자유치국의 경제상황과 투자유형에 따라 상이하다는 것을 보여준다. 외국인 자본투자와 증권투자에 한정한 실증분석의 결과는 대

체로 내외금리 저축, 투자 등의 격차, 자본시장의 개방성, 해외금리, 투자
수익률, 국가신뢰도 등이 의미 있는 투자변수, 분석서점, 투자유형에 따
라 통계적 유의도(有意度)는 상이한 것으로 나타난다(Taylor & Sarno,
1997; Kwack, 1999; Kim, 2000). 최근의 실증연구 결과에 따르면, 금융위
기 이후 전체 외국인투자와 외국인증권투자의 결정변수로서 투자수익률,
환율, 국내금리, 주가, 대외신인도 등이 대체적으로 높은 유의도를 보여
주고 있다.

한편 외국인직접투자의 실증분석에서는 국내금리와 환율 등 변수의
설명력이 없는 데 비하여 노동비용과 투자유치제도의 개선, 시장규모 등
변수의 설명력이 높은 것으로 나타났다(김진용·전광명, 2001; 박종돈,
1998; 허영도, 1998; 김현지, 2000).

## 2) 해외투자 동향

종속이론(dependency theory)이 풍미하던 1970년대와 1980년대 초까지
만 해도 중남미국가를 위시한 많은 개발도상국들은 내국산업의 경제적
종속화를 우려하여 외국자본의 국내 유입을 기피하는 경향이 팽배하였
다. 그러나 1980년대 남미제국의 경제가 외채로 붕괴에 직면하게 되고,
구 사회주의국가의 재건에 투입된 해외직접투자의 효력을 지켜보면서
그동안 선진국을 중심으로 활발히 진행되었던 해외직접투자에 개발도상
국의 참여가 확대되기 시작했다.

특히 중국과 싱가포르를 비롯한 동남아 제국은 1980년대 중반부터 선
진국자본의 직접투자유치에 경쟁적으로 참여하여 1990년대 해외투자의
세계적 증가에 발화점이 되었다.

1960~1970년대 우리나라의 해외직접투자는 공공차관을 중심으로 정
부 주도로 활발히 추진되었다. 이러한 해외차관은 국가의 산업기반을 건
설하고 사회간접자본을 확충하는 데 커다란 밑바탕이 되었다. 그러나 해
외민간기업의 직접투자는 외환관리제도의 틀 속에서 엄격히 제한되었다.
선진국간에 해외투자에 대한 열기가 한창이던 1970년대 외국인직접투자

에 대한 우리 사회의 시각은 지극히 방어적이었다. 이러한 외국인투자에 대한 우리 시각은 1980년대 중반까지 이어졌다. 1960년대 이후 개발 초기단계에는 수입대체와 수출지향적 산업정책기조 위에서, 외국자본의 유치는 직접투자보다는 공공차관에 역점을 두었다. 이것은 외국인의 경영권 행사에 대한 부정적 시각과 함께 외화의 흐름을 통제하기 위한 수단으로도 용이하였기 때문이었다. 우리나라의 외국인투자는 1980년대 말부터 WTO와 OECD 등의 국제협약을 이행하는 과정에서 실시된 규제완화와 금융자율화 등의 제도개혁 진전과 병행하여 미세하게 증가하였다.

1990년대 들어와서 외국인투자는 경제규모의 확대와 금융시장의 개방, 그리고 외환 자율화가 구체적으로 추진되면서 증가를 지속하였다. 특히 1990년 중반부터 설비투자와 교역규모의 증가로 뱅크론 등 채권투자를 중심으로 크게 증가하였다. 이러한 과정 중에 1990년 말에 닥친 아시아의 외환위기는 우리나라와 아시아 제국의 금융시장 개방과 외자유치경쟁에 박차를 가하게 하였고, 외국인직접투자를 중심으로 급격하게 증가하였다. 따라서 우리나라도 아시아의 신산업국들보다 한 발 늦게 해외투자유치 경쟁에 본격적으로 참여하게 되었다. 물론 아시아 외환위기에 대하여 금융시장의 개방과정에서 무분별한 단기외채의 유입을 초래한 관리체계 부재와 개방화 속도 및 선진국의 성급한 개방압력을 비판하는 시각이 있는 것은 사실이다. 그러나 이러한 배경은 본 장에서는 논외로 한다. 다만 오늘의 세계적인 추세는 선·후진국을 막론하고 해외투자 유치 경쟁에 경제구조 개선과 경제발전의 성패를 걸고 있는 양상은 부인할 수 없다.

## 3. 외국인직접투자의 추세분석

### 1) 우리나라의 해외투자 추세

우리나라는 경상수지가 높은 흑자를 냈던 1980년대 말에는 외국인투자에 있어서 순유출이 있었다. 특히 1980년대 중반 노사분쟁과 임금상승으로 국내산업의 국제경쟁력이 약화되면서 우리 경제의 산업화를 이끌어왔던 섬유와 신발 등을 비롯한 노동집약적인 산업들은 생산비 절감과 시장확보를 목적으로 생산기지를 동남아시아로 이전하는 기업들이 속출하였다(Hong, 1997: 240-244). 전자 및 자동차 산업 등도 기술이전과 시장확보를 위하여 구미로 투자를 확대하였다. 1990년대 외환위기가 오기까지는 자본시장 개방과 경제 및 교역 규모의 확대에 따라 외국인투자 유입도 확대되었다. 이 기간중 외국인투자는 증권투자와 기타 투자가 주도하였다. 같은 기간 동안 직접투자도 순유입(純流入)을 보였으나, 1980년대 말부터 임금상승과 노사분규 등으로 유입외국인투자액(inbound FDI)은 연 20억 달러에 미치지 못하였다. 1990년대 전반기에 외국인투자에서 직접투자(inward FDI)가 차지하는 비중은 10% 미만으로 90% 이상의 외국인투자가 금융기관의 차입과 내국기업의 채권발행으로 구성되었다. 1997년 말에는 1,208억 달러로 외채가 늘어났다. 이러한 외채급증과 이에 따른 대외신용도의 추락, 그리고 금융개방 과정에서의 부실한 준비가 외환위기를 초래하였다.

1990년대 중반 이후 외국인직접투자액은 정부의 해외금융 자율화 시책과 함께 증가하기 시작하여 1996년 32억 달러, 1997년 70억 달러로 증가하였다. 특히 외환위기로 IMF관리체제에 들어간 1998년에는 88억 달러, 1999년에는 155억 달러, 2000년에는 약 157억 달러로 폭등하였다. 한국은행의 추계에 의하면, 외국인투자 중 직접투자의 비중은 1998년 24%에서 1999년 27%로, 그리고 2000년에는 36%로 증가하였다. 이러한 외국인투자의 급속한 증가는 외환위기 이후 외환부족을 메우기 위한 정부나 기업의 적극적인 유치활동과 제도개선에 의한 것이었다. 그러나 이러한 투자의 급증에는 자산 디플레이션(홍성웅, 1998)의 상황에서 저평가된 자산을 값싸게 취득하려는 '화이어 세일(fire sale)'의 현상도 일조하였다.

〈그림 4-1〉은 1991년 이후의 외국인 대한(對韓)직접투자(inbound FDI)와 우리 기업의 해외직접투자(outbound FDI)를 대비한 것이다. 유입액과 유출액은 1990년대 초에 균형을 이루었다가 외환위기 전까지 지속적으

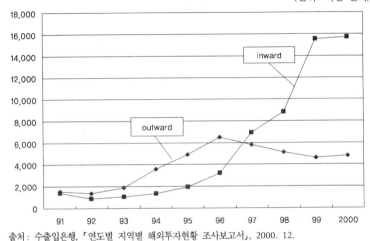

〈그림 4-1〉 해외직접투자 유입액 및 유출액

(단위: 백만 달러)

출처 : 수출입은행, 「연도별 지역별 해외투자현황 조사보고서」, 2000. 12.

〈표 4-1〉 유입액 및 유출액

(단위: 천 달러)

| 연 도 | outward | inward |
|---|---|---|
| 1991 | 1,533 | 1,396 |
| 1992 | 1,349 | 894 |
| 1993 | 1,877 | 1,044 |
| 1994 | 3,582 | 1,317 |
| 1995 | 4,950 | 1,947 |
| 1996 | 6,510 | 3,203 |
| 1997 | 5,830 | 6,971 |
| 1998 | 5,134 | 8,853 |
| 1999 | 4,626 | 15,542 |
| 2000 | 4,824 | 15,690 |

출처 : 수출입은행, 「연도별 지역별 해외투자현황 조사보고서」, 2000. 12.

로 국내기업의 유출액이 유입액을 초과했다. 외환위기 이후에는 우리 기업
의 해외투자액은 약간 감소한 반면, 외국인의 우리나라 투자는 급등했다.

## 2) 국가별 투자 추이

1980년대 하반기의 해외투자는 주로 선진국간에 한정되어 이뤄졌다.

그 비중은 1985년 72%에서 1990년에는 79%로 성장했다. 이와 달리 1990년대 초반 이후의 해외직접투자 증대는 동아시아 국가들 사이에서 경쟁적으로 외국인투자를 유치한 결과이다. 세계의 직접투자 중 개발도상국이 차지하는 비중은 1990년 전후(1988∼1993년) 6년 평균 약 21%에서 1995년에는 28%로 급격한 성장을 하였고, 1997년에는 37%를 넘어섰다.

UNCTAD의 보고에 따르면 중국에 유입된 외국인직접투자액은 1999년 누계 2,913억 달러로 아시아 총외국인투자액의 43%를 차지한다. 2위인 홍콩은 958억 달러, 싱가포르는 692억, 말레이시아 503억 달러로, 이들 4개국이 아시아 직접투자 총액의 3/4을 차지하고 있다. 한국은 6위로 최근 수년 동안 많은 진전을 보여주고 있다(〈표 4-2〉 참조).

1960년대부터 현재까지 우리나라에 대한 외국인투자 누계를 투자국가별로 보면 미국, 일본, 네덜란드의 순이다. 미국은 1960년대 우리나라의 최대 직접투자국이었다. 그러나 1970년대와 1980년대는 일본의 직접투자가 증가해 미국의 투자규모를 능가하였다. 우리나라에 대한 미국의 직

〈표 4-2〉 아시아 외국인투자유치 상위 10개국

(단위 : 천 달러)

| 투자국 | 1988∼1993 (연평균) | 1994 | 1995 | 1996 | 1997 | 1998 | 1999 | 합 계 |
|---|---|---|---|---|---|---|---|---|
| 세 계 | 190,629 | 255,988 | 331,844 | 377,516 | 473,052 | 680,082 | 865,487 | 4,127,743 |
| 선진국 | 140,088 | 145,135 | 205,693 | 219,789 | 275,229 | 480,638 | 636,449 | 2,803,461 |
| 개도국 | 46,919 | 104,920 | 111,884 | 145,030 | 178,789 | 179,481 | 207,619 | 1,209,237 |
| 남동, 동, 동남아시아 | 27,113 | 65,954 | 71,654 | 87,952 | 93,518 | 87,158 | 96,148 | 665,062 |
| 중국 | 8,852 | 33,787 | 35,849 | 40,180 | 44,236 | 43,751 | 40,400 | 291,315 |
| 홍콩 | 3,689 | 7,828 | 6,213 | 10,460 | 11,368 | 14,776 | 23,068 | 95,847 |
| 싱가포르 | 3,982 | 8,550 | 7,206 | 8,984 | 8,085 | 5,493 | 6,984 | 69,194 |
| 말레이시아 | 3,320 | 4,581 | 5,816 | 7,296 | 6,513 | 2,700 | 3,532 | 50,358 |
| 태국 | 1,899 | 1,343 | 2,000 | 2,405 | 3,732 | 7,449 | 6,078 | 34,401 |
| 한국 | 956 | 991 | 1,357 | 2,308 | 3,088 | 5,215 | 10,340 | 29,035 |
| 인도네시아 | 1,269 | 2,109 | 4,346 | 6,194 | 4,677 | -356 | -3,270 | 21,314 |
| 대만 | 1,160 | 1,375 | 1,559 | 1,864 | 2,248 | 222 | 2,926 | 17,154 |
| 베트남 | 319 | 1,936 | 2,349 | 2,455 | 2,745 | 1,972 | 1,609 | 14,980 |
| 필리핀 | 770 | 1,591 | 1,459 | 1,520 | 1,249 | 1,752 | 737 | 12,928 |

주: 잔존액 기준.
출처 : UNCTAD, 2000, p.286.

〈표 4-3〉 대한(對韓) 국가별 투자

(단위: 천 달러)

| 연 도 | 미국 | EU | 일본 | 기타 | 합 계 |
|---|---|---|---|---|---|
| 1962~1990 | 2,243,380 | 984,215 | 3,797,903 | 848,334 | 7,873,832 |
| 1991 | 296,620 | 749,195 | 225,918 | 124,263 | 1,395,996 |
| 1992 | 379,182 | 242,445 | 155,161 | 117,688 | 894,476 |
| 1993 | 340,669 | 299,404 | 286,006 | 118,195 | 1,044,274 |
| 1994 | 310,940 | 392,667 | 428,407 | 184,491 | 1,316,505 |
| 1995 | 644,934 | 461,184 | 424,094 | 417,017 | 1,947,229 |
| 1996 | 875,995 | 892,272 | 254,676 | 1,179,637 | 3,202,580 |
| 1997 | 3,189,523 | 2,305,631 | 265,380 | 1,210,381 | 6,970,915 |
| 1998 | 2,972,894 | 2,884,996 | 504,158 | 2,490,479 | 8,852,527 |
| 1999 | 3,739,395 | 6,260,626 | 1,749,716 | 3,791,810 | 15,541,547 |
| 2000 | 2,915,494 | 4,391,778 | 2,448,222 | 5,934,363 | 15,689,857 |
| 1962~2001.2 | 18,242,716 | 19,999,248 | 10,655,268 | 19,538,067 | 68,435,299 |

출처: 산업자원부, 「국별 투자액」, 2001.

접투자는 1997년 이후 급격히 증가하여 최근 4년간의 투자액이 지난 40년간의 투자액을 능가하였다. 2001년 현재 우리나라에 대한 미국의 투자액은 182.4억 달러로 외국인직접투자 총액의 27%를 점하고 있다.

일본은 1980년대 중국과 동남아에 대한 투자를 확대하였으나, 1990년대에는 일본 국내경제의 침체와 금융불안 속에서 해외투자가 전반적으로 위축되었다. 우리나라에 대한 일본의 직접투자도 1990년대 전반에는 저조하였으며, 외환위기 이후 미국을 중심으로 외국인투자가 급증한 이후에도 큰 변화가 없었으나 1999년에 17억 달러, 그리고 2000년에는 25억 달러로 다소 증가하였다. 2001년 일본의 직접투자는 106.5억 달러로 총투자 누계의 15.5%이다. 한편, 말레이시아와 싱가포르를 비롯한 아시아 국가로부터 우리나라에 대한 투자는 외환위기 직전인 1996년부터 급증하여 2001년 누계액(累計額)은 203.6억 달러로 직접투자 누계의 약 30%에 이르고 있다.

아시아국가의 투자에서 유의할 점은 이들 국가의 우리나라에 대한 투자는 현지에 설립된 구미기업의 우회투자가 대부분이라는 점이다. 특히 말레이시아와 싱가포르 등으로부터의 대한(對韓)직접투자의 경우가 그러하다. 예를 들어 한솔제지와 신호제지를 인수한 팝코 전주와 팝코 창원은 캐나다의 아비티비 콘솔리데이티드, 노르웨이의 노르스케스코그, 그리고 한솔제지와 합작하여 싱가포르에 설립한 델피니움(Delphinium Enterprise)이 이에 해당한다. 그리고 한솔 PCS에 대한 벨 캐나다 인터내셔널(Bell Canada International)의 투자도 말레이시아의 자회사를 경유한 우회투자였다(박시룡, 2000: 23). 대체로 많은 미국기업의 투자가 실제로 버뮤다, 케이만 군도 등 제3국에 소재하는 자회사를 경유하여 이루어지는 경우가 많은 점을 고려하면, 통계에 나타난 미국의 대한(對韓)투자는 실제보다 저평가된 것으로 추정된다(산업자원부, 2001).

한편 구주지역의 대한 투자는 1990년대 중반부터 급증하여 외환위기 중에 지속적 성장을 하다가 외환위기 이후 급격히 증가하여 2001년 투자누적액이 200억 달러로 직접투자액 누계액의 31%를 점하고 있다. 개별국가의 투자규모는 누계액으로 네덜란드(87.5억 달러)에 이어 독일(44.6억 달러), 프랑스(26.3억 달러), 영국(14.2억 달러)의 순이다.

## 3) 산업별 투자 현황

1980년대까지 외국인투자는 제조업을 중심으로 이루어졌으며, 1991년 제조업 투자 누계액이 62.2억 달러로 서비스업의 30.1억 달러에 비해 두 배에 달했다. 그러나 우루과이라운드(Uruguay Round)와 WTO협약으로 서비스업의 개방이 추진되면서 1990년 초부터 서비스투자가 급성장하였다. 이에 따라 2001년 현재 제조업에 대한 외국인투자는 330.8억 달러로 총 외국인직접투자 684.3억 달러의 48.3%를, 서비스업은 300억 달러로 51.1%를 점한다.

제조업에 대한 외국인투자는 1990년 이전부터 다소 안정적인 추세를 유지하였으나, 1990년대에는 외환위기로 인한 구조조정 여파로 외국인직접투자가 증가하였고, 금융업을 중심으로 한 서비스산업의 구조조정을 위한 직접투자는 더욱 크게 증가하였다. 외국인직접투자는 1990년 이후 제조업에서 서비스업종으로 중심이 옮겨가는 추세를 보이는데, 이러한 추세는 선진국 해외투자의 일반적인 투자경향으로 볼 수 있다.

<표 4-4> 산업별 외국인투자

(단위: 천 달러)

| 연 도 | 제조업 | 서비스업 | 기타 | 계 |
|---|---|---|---|---|
| 1962~1990 | 5,150,259 | 2,685,205 | 38,368 | 7,873,832 |
| 1991 | 1,069,186 | 325,638 | 1,172 | 1,395,996 |
| 1992 | 648,012 | 244,267 | 2,197 | 894,476 |
| 1993 | 526,817 | 517,330 | 127 | 1,044,274 |
| 1994 | 401,693 | 914,541 | 270 | 1,316,505 |
| 1995 | 889,352 | 1,057,487 | 390 | 1,947,229 |
| 1996 | 1,930,158 | 1,254,198 | 18,224 | 3,202,580 |
| 1997 | 2,347,937 | 4,567,751 | 55,227 | 6,970,915 |
| 1998 | 5,735,324 | 2,938,170 | 179,033 | 8,852,527 |
| 1999 | 7,129,445 | 8,358,516 | 53,586 | 15,541,547 |
| 2000 | 7,121,416 | 8,565,756 | 2,685 | 15,689,857 |
| 1962~2001.2 | 33,084,936 | 34,999,044 | 351,319 | 68,435,299 |

출처: 산업자원부, 「산업별 외국인투자」, 2001.

외국인투자의 제조업 업종별 투자현황을 보면, 제지, 전기 및 전자가 93.2억 달러로 가장 비중이 높고, 그 다음으로 화공, 기계, 운송용기기의 순이다(산업자원부, 2001). 이들 업종에 대한 외국인투자는 앞서 언급한 바와 같이 신설투자(greenfield investment)보다는 M&A투자를 통한 경향이 높다. 최근 제지업의 외국인투자도 두드러져 1997년 P&G가 쌍용제지를 인수하고, 보워터, 노르스케스코크, 아미티마 등 세계 유수의 제지업체가 국내에 진출했다. 1998년에는 화공, 전기, 전자업의 투자도 확대되었다. 특히 카본블랙사업의 투자가 두드러져 데구사(독일)의 LG화학 카본블랙 인수, 콜롬비아 케미칼(Colombia Chemical)의 금호석유화학 카본블랙사업 인수 등을 통하여 현재 카본블랙사업에서 외국인투자의 시장점유비율이 70%까지 확대된 것으로 추정하고 있다(박시룡, 2000: 25).

한편, 서비스업에 대한 외국인투자는 금융업, 통신업, 기타 서비스업, 보험업, 정보, 통신업종의 비중이 확대되고 있다. 1990년 중반부터 투자액이 증가하여 1999년과 2000년에는 83.5억 달러와 85.7억 달러로 제조업 투자액을 10억 달러 이상이나 상회하고 있다. 서비스업에 대한 외국인투자에서 주목할 점은 고부가가치산업의 투자가 집중적으로 이루어진 점이다. 정보통신사업은 외국인투자지분 제한으로 주로 소지분 증자참여의 방식을 선택했다. 특히 종묘사업은 세계적인 종묘 생명공학업체들이 흥농, 서울, 청원, 중앙 등 국내 유수의 종묘기업들을 인수하여 국내업계를 석권하였다.

## 4. 외국인직접투자의 지역개발 효과

### 1) 지역별 투자현황

외국인직접투자가 세계적인 관심사가 된 중요한 이유는 여러 가지를 들 수 있다. 특히 우리나라의 지역정책과 관련해서 다음과 같은 특성이 중요한 의미를 갖는다. 외국인직접투자는 첫째, 산업자본의 확보수단으로서 다른 유형의 외국인투자보다 안정적이며, 둘째, 제휴기업간의 공동 시장 구축이 가능하고, 셋째, 공동화되고 있는 우리 제조업부문을 보완하여 우리 산업의 구조안정에 기여할 수 있고, 넷째, 국내 독점산업과의 경쟁을 통한 산업구조의 효율화 및 구조조정 노력의 수단이 되고, 다섯째, 기술이전을 통하여 산업의 선진화를 도모할 수 있다는 것이다.

지역경제와 관련하여 특기할 점은 외국인직접투자의 안정성과 이에 수반된 지연성(地緣性)이다. 특히 외국인직접투자 중 신설투자는 설비확장을 통하여 지연적인(place rooted) 경제활동을 확대하여 지역경제의 활성화와 토착적 지역성장(indigenous regional growth)의 기회를 확대할 수 있는 가능성이 상대적으로 높은 것으로 인식되고 있다. 직접투자의 안정성과 지연성은 외국인투자 중에서 해외직접투자가 지역경제 활성화의 수단으로 특별한 관심의 대상이 된 중요한 이유다. 뿐만 아니라 이러한 직접투자의 지역연고성은 지역개발 주체에게 투자여건을 마련할 수 있는 수단을 제공하는 근거가 된다. 실증연구에 의하면, 외국인직접투자의 효과는 투자자본의 유입과정을 통하여 지역의 민간산업활동뿐만 아니라 공공사업과 사회간접자본시설 투자에 영향을 줌으로써 도시구조 개선, 신도시 개발 등 지역 및 공간 구조에도 영향을 미치고 있다(Bahl, 1992;

Wu, 2000; Sun, 2001).

여기서 1997년과 1998년의 지역별 투자액1)을 비교하면, 서울의 투자유입액 비중이 20%에서 29%로 확대된 것을 알 수 있다. 같은 기간 수도권투자 비중은 27.6%에서 47.5%로 증가하였다. 부산 등 6대도시와 도단위 지역의 외국인직접투자는 그 규모가 극히 미세하고 도시간에 변화추세가 판이하여 안정적인 추세를 판단하기는 어렵다. 다만, 대도시 중 광주, 인천의 성장세가 두드러지고 대전과 부산은 투자액이 감소하였으며, 강원도와 전북이 도지역 중에서 높은 성장을 보였다.

지역별 외국인직접투자액 누계로 보면, 1999년 6월 현재 총투자 누계액 305억 달러 중 서울의 투자액은 104억 달러로 비중이 총투자누계의 34.0%를 차지하고, 기업수는 2,938로 51.7%를 차지한다(〈표 4-5〉 참조). 경기도와 인천을 포함하여 수도권의 외국인투자 누계액은 151억 달러로 49.6%이며, 업체수는 3,947억 달러로 전국의 69.5%를 차지하며, 부산을 비롯한 6개 대도시의 총 투자 누계액은 투자액의 15%에도 미치지 못한다.

업종별로 보면 제조업의 경우 산업 전체 투자액은 누적 기준으로 서울이 전국의 6.8%, 기업수는 22.8%로 제조업 투자가 왜소하고 기업의 평균투자액도 상당히 적은 것으로 나타났다. 이것은 제조업 입지규제가 중요한 원인으로 보인다. 또한 입지요인으로서 서울의 지가가 이미 요코하마와 홍콩을 이어 아시아에서 3위로 경쟁력이 낮기 때문인 것으로 분석된다. 6대도시 제조업부문의 외국인투자 누계 비중은 액수로 전국의 23.4%, 기업수는 18.0%이다. 대도시 중 인천과 울산의 비중이 상대적으로 큰 편으로 투자누계 기준으로 각각 전국대비 5.8%와 8.5%로 나타났다. 그러므로 제조업의 외국인투자는 69.9%가 지방중소도시 및 기타 지역에 투자된 것으로 내국자본에 비하여 지방투자비중이 높은 것을 알 수 있다.

수도권 내 제조업에 투자된 외국인자본 비중은 31.8%로 경기가 19.2%,

---

1) 외국인투자의 지역분포에 관한 자료는 지금까지 개별년도 통계로 공식발표된 것이 없다. 이 글에서는 국토연구원의 최근 보고서(박영철, 2000)에 수록된 1997년과 1998년 두 해의 자료와 1962년부터 1999년까지의 누계를 근거로 하여 분석하였다.

〈표 4-5〉 산업별·시도별 외국인투자 현황

(단위: 개, 백만 달러, %)

| 구분 | 산업별 | 전산업 | 비중 | 농축산업 | 비중 | 광 업 | 비중 | 제 조 업 | 비중 | 서비스업 | 비중 |
|---|---|---|---|---|---|---|---|---|---|---|---|
| 서울 | 업체수 | 2,938 | 51.7 | 5 | 20.0 | 5 | 25.0 | 559 | 22.8 | 2,369 | 74.4 |
| | 금 액 | 10,402 | 34.0 | 150 | 70.1 | 39 | 58.2 | 1,071 | 6.8 | 9,142 | 62.4 |
| 부산 | 업체수 | 224 | 3.9 | 2 | 8.0 | 0 | 0.0 | 100 | 4.1 | 122 | 3.8 |
| | 금 액 | 1,003 | 3.3 | 0 | 0.0 | 0 | 0.0 | 432 | 2.8 | 571 | 3.9 |
| 대구 | 업체수 | 75 | 1.3 | 0 | 0.0 | 0 | 0.0 | 61 | 2.5 | 14 | 0.4 |
| | 금 액 | 259 | 0.8 | 0 | 0.0 | 0 | 0.0 | 238 | 1.5 | 21 | 0.1 |
| 인천 | 업체수 | 234 | 4.1 | 0 | 0.0 | 1 | 5.0 | 189 | 7.7 | 44 | 1.4 |
| | 금 액 | 1,237 | 4.0 | 0 | 0.0 | 0 | 0.0 | 905 | 5.8 | 332 | 2.3 |
| 광주 | 업체수 | 34 | 0.6 | 1 | 4.0 | 0 | 0.0 | 24 | 1.0 | 9 | 0.3 |
| | 금 액 | 430 | 1.4 | 0 | 0.0 | 0 | 0.0 | 390 | 2.5 | 40 | 0.3 |
| 대전 | 업체수 | 35 | 0.6 | 0 | 0.0 | 0 | 0.0 | 18 | 0.7 | 17 | 0.5 |
| | 금 액 | 1,316 | 4.3 | 0 | 0.0 | 0 | 0.0 | 357 | 2.3 | 960 | 6.6 |
| 울산 | 업체수 | 54 | 1.0 | 0 | 0.0 | 0 | 0.0 | 48 | 2.0 | 6 | 0.2 |
| | 금 액 | 1,330 | 4.3 | 0 | 0.0 | 0 | 0.0 | 1,323 | 8.5 | 7 | 0.0 |
| 경기 | 업체수 | 777 | 13.7 | 3 | 12.0 | 2 | 10.0 | 628 | 25.6 | 144 | 4.5 |
| | 금 액 | 3,538 | 11.6 | 37 | 17.3 | 0 | 0.0 | 3,003 | 19.2 | 497 | 3.4 |
| 강원 | 업체수 | 29 | 0.5 | 0 | 0.0 | 2 | 10.0 | 17 | 0.7 | 10 | 0.3 |
| | 금 액 | 269 | 0.9 | 0 | 0.0 | 16 | 23.9 | 94 | 0.6 | 160 | 1.1 |
| 충북 | 업체수 | 134 | 2.4 | 0 | 0.0 | 2 | 10.0 | 116 | 4.7 | 16 | 0.5 |
| | 금 액 | 1,061 | 3.5 | 0 | 0.0 | 0 | 0.0 | 987 | 6.3 | 73 | 0.5 |
| 충남 | 업체수 | 171 | 3.0 | 3 | 12.0 | 1 | 5.0 | 148 | 6.0 | 19 | 0.6 |
| | 금 액 | 1,405 | 4.6 | 19 | 8.9 | 0 | 0.0 | 1,238 | 7.9 | 149 | 1.0 |
| 전북 | 업체수 | 68 | 1.2 | 2 | 8.0 | 2 | 10.0 | 52 | 2.1 | 12 | 0.4 |
| | 금 액 | 1,545 | 5.1 | 6 | 2.8 | 1 | 1.5 | 1,321 | 8.4 | 217 | 1.5 |
| 전남 | 업체수 | 49 | 0.9 | 2 | 8.0 | 0 | 0.0 | 37 | 1.5 | 10 | 0.3 |
| | 금 액 | 1,160 | 3.8 | 1 | 0.5 | 0 | 0.0 | 1,134 | 7.2 | 25 | 0.2 |
| 경북 | 업체수 | 133 | 2.3 | 1 | 4.0 | 4 | 20.0 | 117 | 4.8 | 11 | 0.3 |
| | 금 액 | 1,554 | 5.1 | 1 | 0.5 | 10 | 14.9 | 1,115 | 7.1 | 429 | 2.9 |
| 경남 | 업체수 | 222 | 3.9 | 3 | 12.0 | 0 | 0.0 | 200 | 8.2 | 19 | 0.6 |
| | 금 액 | 1,955 | 6.4 | 0 | 0.0 | 0 | 0.0 | 1,815 | 11.6 | 139 | 0.9 |
| 제주 | 업체수 | 31 | 0.5 | 0 | 0.0 | 0 | 0.0 | 4 | 0.2 | 27 | 0.8 |
| | 금 액 | 1,155 | 3.8 | 0 | 0.0 | 0 | 0.0 | 1 | 0.0 | 1,154 | 7.9 |
| 미정 | 업체수 | 473 | 8.3 | 3 | 12.0 | 1 | 5.0 | 135 | 5.5 | 334 | 10.5 |
| | 금 액 | 956 | 3.1 | 0 | 0.0 | 0 | 0.0 | 229 | 1.5 | 727 | 5.0 |
| 합계 | 업체수 | 5,681 | 100.0 | 25 | 100.0 | 20 | 100.0 | 2,453 | 100.0 | 3,183 | 100.0 |
| | 금 액 | 30,577 | 100.0 | 214 | 100.0 | 67 | 100.0 | 15,653 | 100.0 | 14,643 | 100.0 |

주: 1) 1999년 6월 30일 기준(1962년부터의 누계)
　　2) 신고기준
출처: 박영철, 「외국인투자의 효율적인 유치를 위한 산업입지 공급방안 연구」, 국토연구원, 2000.

인천 5.8%을 점한다. 그 다음이 경남(11.6%), 전북(8.4%), 충남(7.9%), 전남
(7.2%), 경북(7.1%)이며, 대도시 중에서는 울산이 8.5%로 가장 높고, 다음
이 인천(5.8%), 부산(2.8%), 광주(2.5%), 대전(2.3%)의 순이다.

서비스업에서는 외국인투자의 서울지역 집중도가 지극히 높게 나타나고 있다. 특히, 서울의 외국인투자(누계)는 9억 달러로 전국대비 62.4%이며, 서울로 유입된 제조업 외국인투자의 9배에 달한다. 또 서비스분야의 외국인투자기업체수도 전국의 74.4%를 점한다. 한 조사에 의하면, 서울시의 서비스분야에 대한 투자동기 중 가장 중요한 요인으로 도시기반시설과 협력업체의 집중을 꼽고 있다(이세구, 1997: 146).

서비스산업에 대한 투자의 입지패턴에서 주목할 것은 제조업의 경중은 투자액의 3.4%, 기업수의 4.5%에 불과하다는 점이다. 인천도 투자액의 2.3%, 사업체수의 1.4%에 불과하여 수도권이라는 입지우위의 통념을 벗어나고 있다. 특히 인천은 서비스 비중이 제조업의 경우보다 상대적으로 월등히 낮으며, 지방의 대도시와 비교해도 낮다. 이것은 수도권에서도 외국인투자가 입지여건에 민감하게 반응한다는 것을 보여준다. 또한 서울과 기타 수도권지역의 외국화비용(cost of foreignness)의 격차가 외국인에게 특히 현격하게 인식되는 것으로 볼 수 있다.

또한 주목해야 할 점은 6대 지방대도시 일반에 대한 서비스산업의 외국인투자가 예상보다 낮다는 것이다. 6대 대도시의 경우 대전을 제외하고는 제조업의 유입비중과 비슷하거나 낮다. 이것은 서비스업의 경우 공간적 제약성이 낮을 뿐만 아니라 지방 대도시가 다국적 서비스산업이 필요로 하는 지역산업과의 연계성이 약하고, 다국적기업 활동을 지원할 고급 인적자원 부족과 척박한 도시환경에 기인한 것으로 추정된다.

〈표 4-6〉 제조업과 서비스업의 중점 투자지역

(단위: %)

| 순 위 | 제조업 | | 서비스업 | |
|---|---|---|---|---|
| | 지역간 | 지역 내 비중 | 지역간 | 지역 내 비중 |
| 1 | 경 기 (19.2) | 울 산 (99.5) | 서 울 (62.4) | 제 주 (99.9) |
| 2 | 경 남 (11.6) | 전 남 (97.8) | 제 주 (7.9) | 서 울 (87.9) |
| 3 | 울 산 (8.5) | 경 남 (92.8) | 대 전 (6.5) | 대 전 (72.9) |
| 4 | 전 북 (8.4) | 대 구 (91.7) | 부 산 (4.0) | 강 원 (59.4) |
| 5 | 전 남 (7.2) | 광 주 (90.7) | 경 기 (3.4) | 부 산 (56.9) |
| 합 계 | 54.9 | | 84.2 | |

주: 1999. 6. 20 현재 금액 기준
출처: 박영철, 전게서.

<표 4-7> 외국인직접투자와 고정자본투자의 구성비

| 구 분 | FDI | | 고정자본 | |
|---|---|---|---|---|
| | (십만 달러) | ( % ) | (십만 달러) | ( % ) |
| 서 울 | 10,708 | 6.9 | 77,243 | 3.9 |
| 부 산 | 4,318 | 2.8 | 82,423 | 4.2 |
| 대 구 | 2,375 | 1.5 | 56,861 | 2.9 |
| 인 천 | 9,053 | 5.9 | 139,373 | 7.1 |
| 광 주 | 3,905 | 2.5 | 32,238 | 1.6 |
| 대 전 | 3,569 | 2.3 | 25,638 | 1.3 |
| 울 산 | 13,231 | 8.6 | 243,250 | 12.3 |
| 경 기 | 30,029 | 19.5 | 431,977 | 21.9 |
| 강 원 | 937 | 0.6 | 41,748 | 2.1 |
| 충 북 | 9,874 | 6.4 | 105,237 | 5.3 |
| 충 남 | 12,378 | 8.0 | 171,389 | 8.7 |
| 전 북 | 13,209 | 8.6 | 78,017 | 4.0 |
| 전 남 | 11,343 | 7.4 | 120,336 | 6.1 |
| 경 북 | 11,152 | 7.2 | 198,480 | 10.1 |
| 경 남 | 18,147 | 11.8 | 167,893 | 8.5 |
| 제 주 | 10 | 0.0 | 1,834 | 0.1 |
| 합 계 | 154,238 | 100.0 | 1,973,937 | 100.0 |

출처: 박영철, 「외국인투자현황」, 2000; 통계청, 「광공업 통계」, 1999.

외국인투자 업종을 지역별로 요약하면 〈표 4-6〉과 같다. 여기서는 제
조업과 서비스업의 외국인투자액의 대 전국 비중과 외국인투자액의 지
역산업 비중의 투자액이 높은 5개 지역을 순서대로 보여주고 있다. 제조
업의 경우에는 경기도가 다소 큰 비중을 점하나 다른 지역들의 제조업
비중은 큰 차이를 보이지 않는다. 반면, 앞에서 본 바와 같이 서비스업은
서울의 비중이 압도적으로 크다. 주목할 점은 한 지역 내 외국인투자의
집중정도이다. 제조업의 경우 5개 지역 전부 제조업 집중도가 90%를 넘
고 있다. 서비스업도 제주, 서울, 대전 등 압도적인 투자집중을 보여준다.
이러한 투자의 집중경향의 원인을 규명하는 것이 외국인투자유치 측면
에서는 물론 지역정책의 새로운 방향 설정을 위하여 핵심적 과제이다.

〈표 4-7〉는 7개의 대도시와 9개 도지역의 제조업 분야 외국인직접투자
와 고정자본투자의 구성비를 보여준다. 누적액으로 볼 때, 외국인투자액
이 가장 높은 지역은 경기(19.5%), 다음은 경남(11.8%)이며, 전북(8.6%),
울산(8.6%) 순이다. 한편, 제조업의 고정자산 비중이 가장 높은 지역은

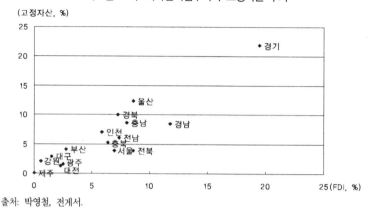

〈그림 4-2〉 외국인직접투자와 고정자본 투자

(고정자산, %)

출처: 박영철, 전게서.

경기(21.9%), 그 다음으로 울산(12.3%), 경북(10.1%)이며, 충남(8.7%)과 경남(8.5%)이 비슷한 수준이다.

고정자산과 외국인투자의 두 비중간에 〈그림 4-2〉를 보면 상당한 상관관계가 있는 것으로 보여진다. 실제로 두 비중간의 상관계수는 0.90으로 높게 나타났다. 그러나 개별 산업부문의 고정자본투자액과 외국인투자액 비중 간의 상관계수는 석유화학(0.79)을 제외하고는 유의성이 낮다. 이는 제조업의 외국인투자가 종합적 산업기반, 즉 집적(agglomeration)의 효과가 동종 업종의 산업집중효과보다 의미가 있는 것으로 해석할 수도 있다. 또는 외국인투자가 지역단위로 국내 업종과 대체적이 아니라 보완적인 투자를 하는 것으로 볼 수 있다. 이러한 관계에 대해서는 앞으로 실증적인 연구가 필요한 부분이다.

이러한 외국인직접투자의 요인으로는 ① 지역인력 등 생산요소 및 요소시장의 접근성, ② 지역의 연관산업 구조와 사회적 인프라 등 지역 차별적 경쟁우위(location specific advantage)의 인식, ③ 기존 외국인투자를 따르는 경로의존적(path dependent)인 투자경향, ④ 지방자치단체의 투자유치전략 수행에서의 적극성 등을 들 수 있다.

이와 같은 외국인투자 경향은 앞으로 외자유치뿐만 아니라 지역개발정책의 새로운 방향을 정립하는 데 시사점을 제공한다. 외국인투자 경향에서 앞으로 전개될 수 있는 국내 민간기업 투자의 지역간 흐름을 예측할 수도 있기 때문이다. 이는 외국기업의 입지선정 추세에 국내기업의 투자가 동조현상을 보일 가능성이 있을 뿐만 아니라 새로운 시장화추세 속에서 납세주권과 시민참여가 활성화되면서 정부 공공투자의 지역적 배분에도 영향을 미칠 수 있기 때문이다.

이러한 외국인투자의 추세는 지역정책의 방향 설정에서 과거의 획일적인 개발논리를 전향적으로 극복하여 지역 고유의 여건에 맞는 경쟁분야를 중점적으로 육성하는 데 초점을 맞추어야 하는 여건이 조성되고 있는 조짐으로 보인다. 이러한 상황에 대비한 지역정책은 발전인자들의 내생화를 위하여 주민과 민관단체가 자발적인 참여를 제고시킬 수 있는 제도의 정비와 교육 등 지역의 사회적 인프라를 구축하여 자생력 있는 지역성장의 틀을 마련하는 노력이 긴요한 것이다.

이와 같은 맥락에서 보면 지역개발 방향은 외국자본의 유치전략과도 일치한다. 지역 고유의 여건을 최대한 활용하여 다양한 투자자에게 창의적인 패키지(package)를 제시하는 것은 바로 지역발전의 전략에서 도출될 수 있다. 타지역과 차별화된 발전전략은 바로 외국인투자를 유치하는 현실적 방안이 될 수 있다는 인식이 필요하다. 이를 위해서는 제도와 규제 개선 등 비교적 적은 비용과 짧은 부문의 개혁을 신속하게 추진하는 것은 당연하다. 그러나 소위 인기업종을 유치하기 위한 여러 지역의 재정지출이나 공공투자가 무분별하게 경쟁적으로 이루어지는 상황은 바람직하지 않다. 국지적 유치경쟁에서 초래된 손실의 누적은 장기적으로 정부와 납세자에게 감당하기 어려운 부담이 될 것이다.

## 2) 외국인직접투자와 지역경제 파급효과

외국인직접투자가 지역경제에 미치는 효과는 지역특화도, 성장기여도, 그리고 수익률 측면에서 살펴볼 수 있다. 우선 지역특화도 측면에서 외국인투자기업은 국내기업에 비하여 현저히 특화되어 있다. 산업연관표의 부가가치 비중을 비교해보면, 석유정제는 외국인투자기업의 부가가치 비중이 국내기업의 3.4배, 화공과 기계가 1.6배, 전기 및 전자는 1.4배로 이들 분야에 중점적인 활동을 경주하는 것으로 보인다. 이와 같은 외국인투자기업의 선별적 투자경향은 산업부문에서뿐만 아니라 지역적 투자추세에서도 극명하게 나타난다. 예를 들면 음식료품은 경남과 충북, 섬유·의복은 서울, 제지·목재는 전북, 석유화학은 울산에 집중적으로 투자된 것을 알 수 있다(〈표 4-8〉참조).

조사된 바에 의하면, 외국인투자의 부가가치생산액은 1994년 6.3조원으로 국내 총생산 306조의 2.07%를 점하였고, 1996년에는 8.2조로 점유율은 2.11%이었다. 한국은행 조사에 따르면, 1998년 외국인 지분 50%이상인 외국인기업이 국내 제조업에서 차지하는 비중은 고용의 5.8%, 부가가치의 9.6%를 점하였다. 그러나 우리 제조업의 생산액 중 외국인투자기업의 생산이 차지하는 비중은 영국(31.04%), 프랑스(23.92%), 독일(16.45%)이나 미국(12.21%), 멕시코(17.96%)에 훨씬 미치지 못한다(박시룡, 2000).

둘째, 외국인투자기업의 지역경제성장 기여도를 살펴보면 다음과 같다. 즉 1984~1986년과 1994~1996년 기간중에 제조업은 4.70%에서 6.55%, 서비스업은 0.47%에서 1.40%로 상승한 것으로 나타났다(박시룡, 2000). 이러한 외국인투자기업의 기여도가 증가한 것은 기존 외국인기업의 생산이 국내기업에 비하여 증가하였거나 신규투자기업의 생산액이 증가한 결과이다. 제조업 중에서 특히 기여도가 높은 부문은 화학섬유, 기계 및 전기전자, 운송장비, 음식료품 및 담배 등이었다. 서비스업에서는 금융, 보험과 유통, 음식, 숙박업의 기여도가 비교적 높은 것으로 나타났다.

셋째, 외국인투자기업의 수출성향과 수익률 차원에서 지역경제 파급효과를 살펴보면 다음과 같다. 즉 외국인기업들의 실태분석 결과에 따르면, 다수 지분소유의 제조업은 수출 비율이 20%이며, 수입 비율이 30%이다(〈표 4-9〉참조). 이는 국내 제조업의 수출 비율 24%, 수입비율 23%에 비해 수입성향이 현저하게 높고 수출성향은 낮다. 다시 말하면, 국내기업은 1%의 수출초과를 보이는 반면, 외국인기업은 1% 수입초과를 하였다.

## 〈표 4-8〉 지역별·제조업 세부업종별 외국인투자 현황

(단위: 개, 십만 달러, %)

| 구분 | | 제조업(계) | 식품 | 섬유 및 의류 | 제지 및 목재 | 석유화학 | | | | 요업 | 금속 | 기계 | 전기 및 전자 | 운송용 기기 | 기타 제조업 |
|---|---|---|---|---|---|---|---|---|---|---|---|---|---|---|---|
| | | | | | | 화공 | 비료 | 의약 | 석유 | | | | | | |
| 수도권 | 업체수 | 1,376 | 76 | 101 | 29 | 151 | 2 | 51 | 4 | 22 | 68 | 350 | 351 | 52 | 119 |
| | | (100.0) | (5.5) | (7.3) | (2.1) | (11.0) | (0.1) | (3.7) | (0.3) | (1.6) | (4.9) | (25.4) | (25.5) | (3.8) | (8.6) |
| | 금액 | 49790 | 6326 | 2072 | 1014 | 6196 | 46 | 4666 | 81 | 1360 | 809 | 5053 | 14238 | 6950 | 980 |
| | | (100.0) | (12.7) | (4.2) | (2.0) | (12.4) | (0.1) | (9.4) | (0.2) | (2.7) | (1.6) | (10.1) | (28.6) | (14.0) | (2.0) |
| 부산경남권 | 업체수 | 348 | 21 | 14 | 2 | 70 | 0 | 2 | 4 | 12 | 25 | 83 | 45 | 38 | 32 |
| | | (100.0) | (6.0) | (4.0) | (0.6) | (20.1) | (0.0) | (0.6) | (1.1) | (3.4) | (7.2) | (23.9) | (12.9) | (10.9) | (9.2) |
| | 금액 | 35,696 | 7,947 | 122 | 375 | 7,723 | 0 | 1 | 4,877 | 535 | 333 | 5,871 | 2,335 | 5,488 | 87 |
| | | (100.0) | (22.3) | (0.3) | (1.1) | (21.6) | (0.0) | (0.0) | (13.7) | (1.5) | (0.9) | (16.4) | (6.5) | (15.4) | (0.2) |
| 대구경북권 | 업체수 | 178 | 10 | 10 | 4 | 28 | 0 | 3 | 3 | 7 | 13 | 37 | 29 | 17 | 17 |
| | | (100.0) | (5.6) | (5.6) | (2.2) | (15.7) | (0.0) | (1.7) | (1.7) | (3.9) | (7.3) | (20.8) | (16.3) | (9.6) | (9.6) |
| | 금액 | 13,527 | 164 | 720 | 2,152 | 2,733 | 0 | 205 | 51 | 692 | 262 | 1,686 | 1,722 | 2,892 | 249 |
| | | (100.0) | (1.2) | (5.3) | (15.9) | (20.2) | (0.0) | (1.5) | (0.4) | (5.1) | (1.9) | (12.5) | (12.7) | (21.4) | (1.8) |
| 광주전라권 | 업체수 | 113 | 15 | 9 | 4 | 28 | 0 | 0 | 1 | 4 | 2 | 14 | 17 | 0 | 19 |
| | | (100.0) | (13.3) | (8.0) | (3.5) | (24.8) | (0.0) | (0.0) | (0.9) | (3.5) | (1.8) | (12.4) | (15.0) | (0.0) | (16.8) |
| | 금액 | 28,457 | 544 | 91 | 12,203 | 6,746 | 0 | 0 | 1,842 | 2,937 | 1 | 82 | 3,965 | 0 | 45 |
| | | (100.0) | (1.9) | (0.3) | (42.9) | (23.7) | (0.0) | (0.0) | (6.5) | (10.3) | (0.0) | (0.3) | (13.9) | (0.0) | (0.2) |
| 충청권 | 업체수 | 282 | 25 | 8 | 5 | 66 | 1 | 10 | 1 | 6 | 16 | 54 | 48 | 24 | 18 |
| | | (100.0) | (8.9) | (2.8) | (1.8) | (23.4) | (0.4) | (3.5) | (0.4) | (2.1) | (5.7) | (19.1) | (17.0) | (8.5) | (6.4) |
| | 금액 | 25,822 | 2,959 | 264 | 3,017 | 4,917 | 2 | 522 | 2,595 | 70 | 816 | 4,011 | 4,637 | 1,815 | 197 |
| | | (100.0) | (11.5) | (1.0) | (11.7) | (19.0) | (0.0) | (2.0) | (10.0) | (0.3) | (3.2) | (15.5) | (18.0) | (7.0) | (0.8) |
| 강원권 | 업체수 | 17 · | 2 | 1 | 0 | 1 | 0 | 3 | 0 | 0 | 2 | 3 | 2 | 1 | 2 |
| | | (100.0) | (11.8) | (5.9) | (0.0) | (5.9) | (0.0) | (17.6) | (0.0) | (0.0) | (11.8) | (17.6) | (11.8) | (5.9) | (11.8) |
| | 금액 | 937 | 100 | 0 | 0 | 38 | 0 | 205 | 0 | 0 | 115 | 6 | 47 | 418 | 9 |
| | | (100.0) | (10.7) | (0.1) | (0.0) | (4.1) | (0.0) | (21.9) | (0.0) | (0.0) | (12.2) | (0.6) | (5.0) | (44.5) | (0.9) |
| 제주권 | 업체수 | 4 | 1 | 1 | 0 | 0 | 1 | 0 | 0 | 0 | 0 | 0 | 1 | 0 | 0 |
| | | (100.0) | (25.0) | (25.0) | (0.0) | (0.0) | (25.0) | (0.0) | (0.0) | (0.0) | (0.0) | (0.0) | (25.0) | (0.0) | (0.0) |
| | 금액 | 11 | 1 | 0 | 0 | 0 | 2 | 0 | 0 | 0 | 0 | 0 | 7 | 0 | 0⁻ |
| | | (100.0) | (10.2) | (3.7) | (0.0) | (0.0) | (21.3) | (0.0) | (0.0) | (0.0) | (0.0) | (0.0) | (64.8) | (0.0) | (0.0) |
| 미정 | 업체수 | 135 | 12 | 6 | 5 | 26 | 0 | 3 | 0 | 3 | 7 | 40 | 21 | 3 | 9 |
| | | (100.0) | (8.9) | (4.4) | (3.7) | (19.3) | (0.0) | (2.2) | (0.0) | (2.2) | (5.2) | (29.6) | (15.6) | (2.2) | (6.7) |
| | 금액 | 2,286 | 63 | 36 | 327 | 954 | 0 | 38 | 0 | 81 | 30 | 463 | 209 | 73 | 13 |
| | | (100.0) | (2.7) | (1.6) | (14.3) | (41.7) | (0.0) | (1.7) | (0.0) | (3.5) | (1.3) | (20.3) | (9.1) | (3.2) | (0.6) |
| 합계 | 업체수 | 2453 | 162 | 150 | 49 | 370 | 4 | 72 | 13 | 54 | 133 | 581 | 514 | 135 | 216 |
| | | (100.0) | (6.6) | (6.1) | (2.0) | (15.1) | (0.2) | (2.9) | (0.5) | (2.2) | (5.4) | (23.7) | (21.0) | (5.5) | (8.8) |
| | 금액 | 156,527 | 18,104 | 3,306 | 19,088 | 29,307 | 50 | 5,637 | 9,446 | 5,675 | 2,367 | 17,172 | 27,160 | 17,635 | 1,580 |
| | | (100.0) | (11.6) | (2.1) | (12.2) | (18.7) | (0.0) | (3.6) | (6.0) | (3.6) | (1.5) | (11.0) | (17.4) | (11.3) | (1.0) |

주: 1) 1999년 6월 30일 기준(1962년부터의 누계)
   2) ( ) 안은 비중
출처: 박영철, 외국인투자의 효율적인 유치를 위한 산업입지 공급방안 연구, 2000.

<표 4-9> 외국인투자기업과 국내기업의 수출입 성향 비교

(단위 : %)

| 구 분 | 수출비율 | | 수입비율 | |
|---|---|---|---|---|
| | 외국인투자기업[2] | 국내산업[2] | 외국인투자기업[2] | 국내산업[2] |
| 식 품 | 1.3 | 4.4 | 20.5 | 12.4 |
| 섬유 및 의류 | 30.0 | 47.0 | 10.2 | 17.4 |
| 제지 및 목재 | 2.5 | 7.4 | 10.9 | 27.4 |
| 화 공 | 7.3 | 18.8 | 28.9 | 23.2 |
| 요 업 | 19.0 | 3.0 | 43.3 | 8.3 |
| 금 속 | 11.3 | 13.6 | 11.9 | 20.9 |
| 기 계 | 3.1 | 15.2 | 26.5 | 61.6 |
| 전기 및 전자 | 39.0 | 47.5 | 35.7 | 26.7 |
| 운송용 기기 | 15.4 | 25.8 | 24.5 | 12.9 |
| 제 조 업[1] | 19.9 | 23.8 | 29.5 | 22.9 |

주: 수출비율=수출액/생산액, 수입비율=수입액/생산액
  1) 석유정제 및 기타제조업 제외
  2) 외국인투자기업은 1996년 실태조사 실적, 국내산업은 한국은행 발간 95년 산업연관표 통계
     활용
출처: 박시룡, 외국인직접투자 패턴변화와 유치촉진방안, 2001.

이러한 교역성향이 지속되면 외국인투자기업의 비중이 증가할수록 우리
나라의 수출성장이 둔화되고 무역수지도 악화될 수 있다. 그러나 이것은
일반적인 기준에서는 크게 낮은 것이라고 볼 수 없다. 왜냐하면 우리나
라 제조업의 수출 비중이 높기 때문에 나타난 결과로도 볼 수 있기 때문
이다.

업종별로 국내업체와 외국인투자기업의 수출비중을 보면, 국내산업의
수출비율이 높은 산업에서는 외국인기업의 수출 비율이 높은 것으로 나
타났다. 예를 들면 국내산업 중 수출비중이 높은 섬유 및 의류, 금속, 전
기 및 전자산업 등은 외국인투자기업에서도 역시 높은 수출성향을 보였
다. 이와는 달리 요업의 경우는 국내기업에 비하여 외국인투자기업의 수
출비중이 현저히 높은 것은 외국인투자기업이 고유의 제품판로와 노하
우(know-how)를 보유한 때문으로 해석된다.

한편, 외국인투자기업의 수익성에 관한 연구들은 상이한 결과를 보여
준다(이재유, 2000; 산업은행, 1993). 그러나 이러한 상반되는 연구 결과
를 미루어보면, 외국인투자기업이 국내기업에 비하여 높은 수익성을 낸

다는 결론을 내리기는 어려운 실정이다. 반대로 외국인투자기업의 수익성의 차이가 의미있게 판정될 수 없다는 것으로 보아야 한다.

### 3) 기술이전효과

외국인투자기업 활동의 지역효과는 승수효과(multiplier effect)에 의한 소득창출뿐만 아니라 투자의 부가성(additionality)이라고 할 수 있는 외국인기업과 현지기업의 협조관계에서 발생할 수 있는 기술이전과 생산성 향상이 중요한 측면이다. 선진국에 대한 개발도상국의 투자는 선진기술을 습득할 기회를 확보하려는 의도도 포함되어 있다. 우리 전자산업들이 남캘리포니아나 보스턴 근교에 시도하는 R&D 노력이나 우리나라에 입지한 신흥 아시아국가의 투자동기도 선진기술 이전의 가능성을 기대한 것으로 볼 수 있다. 앞에서도 언급한 바와 같이 다국적기업의 해외입지는 가치사슬이라는 세분화된 생산공정의 이전이 전형적인 형태일 뿐만 아니라 해외투자를 추구하는 다국적기업은 전통적인 기업 고유의 기술우위를 근거로 하는 경우가 많다.

이러한 기업 고유의 경쟁력은 신상품 창출이나 생산제조기술뿐 아니라 자재구매나 경영의 노하우를 포함한 기술적 경쟁력에 바탕을 두고 있다. 이러한 기술개발은 모국에 위치한 본사나 R&D개발에서 수행되는 예가 많다. 모국중심이론(母國中心理論)은 선진국과 개발도상국 간의 해외투자에서만 이루어지는 것이 아니라 선진국간의 해외투자에서도 흡사한 경향을 띤다. 예를 들면 도브슨(Dobson)은 캐나다에 투자한 미국기업의 R&D 투자 외 기타 주요 결정사항이 미국의 모기업(母企業)에 의해 이루어진다는 점을 지적한 바 있다(Dobson, 1997). 산업기술진흥협회의 실태조사에 의하면, 1999년 현재 외국기업인이 전액 투자한 외국인투자기업 중 연구소를 설립 운영하고 있는 기업은 41개사로서, 우리나라 총기업 부설연구소의 1.13%를 차지하고 있다. 이들 연구소는 현지 생산과 연관된 현안문제의 해결에 연구의 초점을 맞추고 있는 것으로 조사되었다. 이러한 사례를 통하여 볼 때 외국인투자기업은 우리나라를 제조업 생산이나 R&D의 핵심기지로 투자하기보다는 아시아 진출의 전초기지 또는 국내 시장 자체에서의 수익 확보를 위한 투자동기가 강하다고 볼 수 있다. 이와 같은 경향은 모기업이 보는 한국 내 R&D 역할에 대하여 한국 시장에서의 성과제고(40%)를 가장 중요한 기능으로 조사된 것과 일관성이 있다. 그러나 외국인투자기업의 활동은 국내기업의 R&D와 경영 개선에 자극제가 될 수 있다는 점은 간과할 수 없다. 산업은행의 조사에 따르면, 우리나라에 투자한 외국인기업 중 31% 정도가 신기술을 국내에 도입하였으며, 도입된 기술 중 65%가 약 3년내에 국내기업들에 의해 모방된 것으로 나타났다(박시룡, 2000: 87).

이와 같이 개발도상국에 대한 선진국의 해외투자는 중·저급의 보편화된 기술을 저노임지역에서 생산하거나 모국의 환경 등 입지 규제를 피하여 가격경쟁력을 확보하려는 의도를 가지고 있다. 산업화 초기에 마산수출자유지역 등 우리나라의 특정 공단에 노동집약적이며 환경오염의 위험이 높은 산업들이 입지하였다. 이러한 산업들의 제품은 이미 보편화된 기술에 의존하고 있었다. 이러한 상황에서 외국인투자로 조성된 생산기지는 제품의 포괄적인 전과정을 이전하는 사례도 많았고, 이에 따라 제품생산 전공정의 기술이 이전되는 경우가 많았다. 그러나 지금은 한국에서 저가 양질의 노동력을 기대하기는 어렵게 되었고, 환경오염에 대한 우리 사회의 관심이 증대되어 오염산업을 입주시키는 것도 어렵게 되었다. 더구나 우리의 기술수준이 선진국에 비하여 상당히 뒤진 것은 사실이나 분야에 따라서는 선진국과 기술 경쟁을 할 수 있는 수준에 와 있다. 이러한 상황에서 외국인투자는 고부가가치의 고급기술을 토대로 상대적으로 저렴한 우리의 전문기술인력을 활용한 생산공정에 초점을 맞추려는 것이 타당한 투자전략이 되는 것이다. 결국 신제품이나 신기술의 고부가가치 제품 개발을 위한 R&D는 자국에 의존하는 것이 일반적인 선진국 투자의 추세이며, 우리 기업과 지역이 취할 전략도 이와 다를 수 없는 것이다.

## 4) 신설 투자와 M&A

외국인직접투자의 유형과 관련하여 주목할 점은 지난 10여 년 간 해외
직접투자의 추세가 신설투자(greenfield investment)에서 M&A투자로 변하
고 있다는 것이다. 특히 최근 수년 동안 M&A는 아시아 개발도상국의 외
국인투자에서 큰 비중을 차지하였다. 1997년부터 1999년 기간 동안 동남
아를 비롯한 동남아시아 지역의 M&A는 연평균 200억 달러에 달하여 아
시아 외환위기 이전 1994~1996년의 기간에 비하여 세 배나 증가하였다.
금융위기를 맞았던 아시아 5개국에 대한 M&A가 아시아 개발도상국에서
차지하는 비중은 1996년의 19%에서 1998년에는 68%로 증가하였다
(UNCTAD, 2000).

투자유치지역의 관점에서 신설투자는 지역 내 생산능력을 안정적으로
증대시킨다는 데서 M&A보다 선호하는 경향이 있다. 그러나 두 투자유형
은 대체성이 있는 것으로 생각하기 어렵다. 예를 들면 투자자의 입장에
서는 제품생산이 신속히 이루어져야 하는 전자산업의 경우나 주식투자
가 제한된 정보통신, 발전 산업 등에는 M&A투자를 선택할 수 있다. 또
한편으로 M&A는 개발도상국에 비해 어느 정도의 산업발전단계에 있는
국가에 투자할 경우 널리 활용될 수 있다. 경제의 성숙단계에 따라 새로
운 시설과 설비에 투자하기보다는 기존 기업의 활동과 설비를 기반으로
경영과 새로운 활동영역을 개척하는 것이 유리한 전략이기 때문이다. 우
리나라의 요업과 종묘산업에 대한 M&A투자가 이러한 예라고 하겠다.

우리나라의 외국인직접투자의 또 하나의 특징은 일반적으로 M&A가
주식취득의 형식을 취하는 것과 달리 자산인수방식이 주를 이룬다는 것
이다. 우리나라에서 M&A가 구주취득이 아닌 자산인수방법이 주가 된 이
유는 우리 기업의 투명성 부족에서 연유된 것으로 볼 수 있다. 정부 추정
에 따르면 1998년 1,000만 달러 이상의 외국인투자 중 M&A는 약 1/2에
달하며 대부분 자산인수에 의한 것이다.

특히 외환위기 동안의 M&A는 통화가치가 하락된 이들 국가기업의 주
식을 구매하여 장기적인 이익을 취하는 유형과 협력기업이 재정위기로

구조조정 또는 계열사 분리 등을 시행할 경우 경영손실을 감수하고 협력체의 자산을 인수하는 경우이다. 우리나라는 2001년 GM의 대우자동차 인수를 비롯하여 많은 M&A가 후자의 유형에 속한다.[2]

외환위기 중 우리나라 자산의 가치하락에 따른 M&A 유형의 외국인투자는 일과성일 수도 있다. 그러나 자산가치의 하락이 아니더라도 상업화가 상당히 진행된 우리나라의 경우 M&A가 상당한 비중을 유지할 것으로 보인다. 이러한 경향은 산업화 초기에 신규 입지투자가 지역개발의 주종을 이루었던 과거와는 다른 새로운 추세로 받아들여야 할 것이다. 주목할 점은 이러한 추세가 비단 외국인투자에 국한하여 나타나는 추세로만 생각할 수 없다는 점이다. 앞으로 시장기능이 활성화되고 금융과 개발사업이 유기적으로 발전하여 민간투자 비중이 증대될수록 국내 개발투자도 외국인투자와 유사한 추세를 따를 수 있다는 예측도 어렵지 않기 때문이다. 이러한 새로운 투자동향은 지역개발전략에 시사하는 바가 크다. 예를 들면 이러한 외국인투자 경향으로 볼 때 앞으로 지역투자 사업추진에서 제조업 낙후지역에서, 특히 낙후지역의 개발전략으로 제조업 신설투자에 큰 기대를 하기 어렵게 될 수도 있다.


## 5. 외국인투자유치를 위한 지역정책과제

### 1) 외국기업의 투자동기와 애로사항

외국인자본투자는 투자기업의 능동적인 의사결정과정의 결과이다. 외국기업은 수많은 후보지를 대상으로 투자여건을 검토하는 능동적 역할을 담당하는 반면, 유치지역은 상대적으로 수동적인 것으로 파악된다. 특히 1980년대 이후 대부분의 국가들이 해외자본유치에 치열하게 경쟁하는 시점에서 투자자는 폭 넓은 선택을 할 수 있게 되었으며, 우리나라는

---

2) UNCTAD에 따르면 1998년에 우리나라에서 실행된 39%의 M&A가 후자에 해당하는 것으로 보고되었다(UNCTAD, 2000: 52).

외국인자본유치 경쟁에서 아시아의 신 산업국 중에서도 후발자로서 상황을 낙관하기는 어렵다. 그러나 유치국의 입장에서는 외국자본의 유치를 통하여 여러 가지의 경제적 편익을 얻고자 최대의 노력을 경주해야 한다. 여기서는 외국인투자기업의 투자동기와 애로점을 검토한다.

국토연구원(2000)의 조사에 의하면, 국내에 투자한 외국인기업의 투자동기로 한국 내 시장 확보가 44.4%로 가장 높고, 중국 및 동북아 진출의 거점구축이 25.0%, 양질의 노동력 확보가 11.1%로 나타났다. 특히 한국을 미래의 투자대상국으로 삼는 외국기업의 83.3%가 한국 내 시장 확보를 투자동기로 꼽았다(박영철, 2000: 99, 107). 이러한 외국인투자기업의 투자동기는 외환위기 이전의 조사결과들과 다소 차이를 보인다. 외환위기 이전의 조사결과를 요약하면, 새로운 주변 수출시장의 확보, 한국 경제의 성장성 등을 가장 중요한 동기로 들고 있으며, 그 다음으로 타국에 비하여 높은 수익률로 나타났다(이세구, 1997: 59). 이에 비해 외환위기 이후 조사에서는 국내시장의 확보가 주변 수출시장의 진출 확대보다 더 중요한 요인으로 나타났다. 이는 지난 5, 6년간 외국기업의 동아시아와 중국 진출이 안정적으로 확보됨에 따라 동아시아 진출의 교두보로서 의미가 약화된 것으로 해석될 수도 있다.

또한 조사결과에 의하면, 외국인기업의 투자기피 사유로 정치적인 불안정(20.8%), 행정적 비효율(16.7%), 노사관계 불안(12.5%)을 들고 있고, 이미 투자한 외국기업의 16.7%가 우리나라의 지원 수준이 다른 국가의 지원에 비하여 낮은 것으로 판단하고 있다. 미국 기업은 정치적인 불안요소(16.7%), 유럽계는 행정 비효율(50.0%), 동아시아 투자 기업은 높은 임금(35.0%)을 중요한 기피요인으로 들고 있다.

외국기업의 국내 입지수요를 보면, 73.3%의 기존 외국기업이 추가 투자를 고려하며, 대부분은 현 위치에서의 확장을 원하고 있다. 그리고 수도권을 선호하는 외국기업은 57.2%이다. 현지적응의 문제점으로 지적되는 가장 큰 불편은 생활편익시설의 불편(63.7%)을 들고 있는 점을 감안하면, 외국인투자의 경우 수도권의 외국화비용이 상대적으로 적기 때문으로 해석된다. 건설교통부 조사(2001)에 의하면, 1998년 외국인 토지소유관련법 개정 이후 1999년 3월 현재 외국인 토지취득액 15억 달러 중 54%인 약 8억 달러는 합작법인이 취득하였고, 국적별로는 미국이 38%를 차지한 것으로 나타났다(건설교통부, 2001).

## 2) 투자유치 기준의 재평가

외국인직접투자는 시세차익을 노리는 핫머니와는 달리 기업의 장기적인 경영을 통해서 이익을 추구하는 것이다. 이 때문에 외국인투자 중에서 직접투자 형태의 투자가 지역개발이나 국가의 산업경쟁력 제고라는 차원에서 특별한 관심의 대상이 되는 것이다.

외환위기 속에서 외국자본의 유치는 자원이전(resources transfer)과 외환확보 효과만으로도 바람직한 것이었으며, 중앙정부 지원 아래에서 기업과 지방자치단체들이 외자유치에 경쟁적으로 참여하였다. 그 결과 외국인자본투자는 급격히 증가하였고, 비교적 짧은 기간에 외환위기를 극복하게 된 것도 사실이다. 1998년 이후 외국인직접투자는 과거 40년간의 누적액을 능가할 정도로 증가하였다. 그러나 현 시점에서 지역발전의 장기적인 비전하에서 외국인투자가 갖는 의미에 대한 균형적인 평가가 필요하다.

지역발전 측면에서 외국인투자는 장기적으로 지역경쟁력의 구조적 개선이라는 안목으로 평가해야 하며, 자원의 단순한 이전뿐만 아니라 기술이전과 생산성 향상 등 부가성(additionality)의 기준에 따라 선별적으로 추진되어야 한다. 이를 위해서는 외국인투자의 단발성인 생산 및 고용효과뿐만 아니라 지역산업과의 보완성, 제품의 수출성향, 지역노동력의 활용, 기술훈련과 R&D에 대한 기여 등 지역 고유의 평가기준이 설정되어야 한다. 이러한 평가기준에 따라서 지역여건에 합당한 유치 업종이나 투자방법, 규모 등이 결정되어야 하며, 이를 토대로 외국투자기업에게 매력있는 투자 패키지가 마련되어야 한다.

## 3) 입지여건의 상품화

외국인투자자에게 우리나라의 중앙정부가 추진하는 제도개선과 자유화는 대부분의 투자대상국(host country)에서 공통적으로 제시하는 조건인 경우가 많다. 그러므로 지역에 필요로 하는 외국인투자와 지역이 지닌 입지매력을 가장 민감하게 가늠할 수 있는 지방자치단체가 유치 패키지를 구성하는 것이 효과적일 수밖에 없다.

무엇보다 외국인투자의 유치를 위해서는 지역이 갖추고 있는 경쟁력요소를 철저히 파악하고 이를 토대로 투자자의 수요를 감안한 다양한 투자 패키지를 만들어내는 것이다. 특히 다국적기업들은 투자조건을 분석하는 능력이 탁월하며, 여러 투자대상국의 조건을 손쉽게 보고, 비교분석할 수 있는 유리한 입장에 있기 때문에 투자유치를 위한 지역입지를 투명하고 치밀한 분석을 갖추어 제시해야 할 것이다. 특히 외국인투자자들이 필요로 하는 입지여건을 사전에 명쾌하게 제시할 수 있다면 투자위험이 축소가 되는 것이므로 가능한 한 다양한 조건들을 사전에 명백히 밝혀줄 필요가 있다.

최근에 도입된 조세감면 사전확인제도는 수혜대상에 포함되는지 여부를 투자결정 전에 알려줌으로써 의사결정에 불확실성을 축소시켰다는 점에서 적극적인 투자유치전략으로 긍정적으로 평가할 수 있는 사례이다. 이와 같은 투자 패키지와 선별적인 투자유치를 위하여는 지방자치단체가 상당한 수준의 재량권을 가지고 있어야 한다.

## 4) 중앙정부와 지방정부의 역할분담

앞서 언급한 바와 같이 이러한 지방자치단체의 재량권을 통하여 구성되는 유치 패키지는 국지적인 효과에 한정되기 쉽고, 국가 전체로 보면 중복투자의 비효율을 초래하기 쉽다. 그러므로 지방자치단체의 외국인투자유치계획을 조정하는 중앙정부의 역할은 매우 중요하다. 중앙정부의 조정기능이 아니더라도 지방자치단체의 유치전략은 중앙정부의 외국자본유치정책의 기반 안에서 구성되는 것이 효율적이다. 정부의 재경정 책 중 거시경제정책, 중소기업정책, 관광 및 환경 정책들은 지방자치단체 의 유치정책의 지침이 될 뿐 아니라 지역유치정책의 실현성을 제고하는 수단이 된다. 중앙정부를 비롯한 KOTRA, 투자지원센터 등 외국인투자 유치 조직들은 이러한 정부부서간의 정책에 대한 종합적인 평가를 통하 여 지자체의 유치정책에 실현성 높은 방안을 제시하고 홍보해야 할 것이 다.

이러한 종합적인 분석의 결과를 외국 투자자들에게 명료하게 제시함 은 시행착오를 축소시켜 투자자와 투자유치지역의 손실을 막을 수 있는 방법이며, 또한 외국투자자에게 투자대상지역의 매력을 제고시키는 방 안도 되는 것이다.

### 5) 유치조건과 공정경쟁

우리 정부는 외국기업의 가장 큰 걸림돌이 되어 있던 금융과 외환제도 를 자유화하며, 외환체계를 포지티브 시스템(positive system)에서 네거티 브 시스템(negative system)으로 전환하고 1999년 4월부터 기업과 금융기 관의 대외 영업활동관련 외환규제를 철폐하였다.

또한 토지시장을 전면 개방하여 외국인의 토지취득 절차시 내국인과 같은 내국인 대우를 하고 있으며, M&A투자 활성화를 위해 적대적 M&A 를 포함한 모든 M&A를 허용하고 있다. 특히 1998년에는 외국인투자촉 진법을 제정하여 외국기업의 조세감면대상을 확대하고 임대료 분양가 감면, 원스톱(one stop) 서비스를 도입하는 등 외국인투자지역 지원을 위 한 제도를 실시하였다. 외국인기업과 국내기업과의 극명한 차별제도는 없는 것으로 보이나, 실제로 이러한 조치들이 국내기업에 대한 역차별이 되고 있다. 그러나 장기적으로 보면 외자유치가 우리 경제에 뿌리를 내 려 지역과 국가 경제에 기여를 하는 데는 공정한 게임의 원칙 아래서 외 국인기업과 국내기업이 경쟁을 하도록 해야 한다. 공정한 시장원칙에서 벗어난 유치전략은 단기적으로 외자유치의 양적 확대는 기대할 수 있으나, 국가나 지역산업에 장기적으로는 경쟁력 제고에 장애가 될 수 있다. 다시 말하면 외국화비용을 보상하는 외국기업에 대한 특혜는 외국기업이 가져올 수 있는 국가경쟁력 향상에 상응하도록 해야 한다. 그러므로 앞서 기술한 바와 같이 외국인투자의 효과에 대한 엄밀한 평가와 선별적 유치가 절실하다.

### 6) 아시아지역 거점투자 유도

1998년 이후 외국인기업의 국내 투자규모는 증가하는 추세를 보이고 있다. 특히 세계적 기업들은 M&A투자를 통해서 과거와는 달리 투자규모가 커지고 있으며, 또한 외국기업들이 독과점시장 진입을 추진하는 추세이다. 1997년 세계적 기업인 P&G가 쌍용제지를 인수한 이후, 1999년 필립스(Philips)가 LG전자 LDC 사업부문 인수 등을 비롯하여 2001년 GM이 대우자동차를 인수하였고, 금융부문에도 골드만 삭스(Goldman Sachs)가 국민은행, 콤메르츠방크(Commerzbank)가 외환은행에 상당한 규모의 투자를 했고, 유통업에서도 월마트(Wal-Mart)를 비롯한 구미 유수업체의 투자가 진행되고 있다. 통신분야에서도 한국통신프리텔, LG텔레콤, 한솔PCS 등에 대규모 투자가 이루어졌다.

이러한 추세는 국내 대기업의 구조조정과 맞물려 앞으로 지속될 전망이다. 이들 다국적기업이 경쟁적인 경영을 할 수 있도록 하는 정책적인 조치가 필요할 뿐 아니라 이러한 다국적기업의 대형투자들을 아시아 시장의 거점기지(regional center)로서 발전할 수 있도록 지역여건을 마련하는 지원책도 필요하다. 볼보(Volvo)와 BASF는 당초부터 우리 지역을 아시아 지역거점으로 출발한 경우지만, 내수시장을 겨냥한 외국투자기업들을 유도하여 지역거점기지로 활성화시킬 수 있다면, 외국인투자기업의 고용 및 수출 효과를 증가시킬 수 있을 뿐 아니라 국내 연관산업으로의 기술이전효과도 기대할 수 있다.

기존에 투자된 외국인투자의 증액투자는 신규투자와 비슷한 규모이다. 외국인투자기업이 아시아 거점으로 증액투자를 확대하도록 유도하는 것

은 외국기업의 수출성향을 높이고 외국인투자의 규모를 확대하는 결과
뿐만 아니라 우리 지역의 투자 매력을 자연스럽게 세계에 알리는 강력한
홍보수단이 될 수 있다.

## 7) 지역산업과 연계성 강화

한마디로 외국인투자는 유치지역이 지니고 있는 능력으로 유치지역이
확보하는 것이다. 앞서 본 바와 같이 외국인투자기업의 수출 성향은 국
내산업의 경쟁력이 높은 부문에서 큰 것으로 나타난다. 그러므로 외국인
투자와 지역발전 전략은 같은 맥락에서 파악할 수 있다. 외국인투자유치
전략도 기본적으로 지역의 경쟁력을 제고하는 데 있으며, 이는 지역자원
을 재구성함으로써 효율을 증대시키는 것과 지역생산요소의 생산성을
증진시키는 것으로 압축된다. 이것은 개별 생산요소의 절대적인 우위가
미흡한 우리 지역의 입장에서 유일한 선택이 될 수밖에 없다. 외국인투
자는 투자지역이 제공할 수 있는 생산비 절감이나 시장확보가 중요한 투
자동기이다.

그러므로 장기적으로는 생산성의 제고와 원숙한 노사관계, 그리고
R&D투자를 통하여 국가 및 지역의 경쟁력을 제고하는 것만이 확고한
외국인투자유치전략이 된다.

그러나 개별 요소가격이나 기술수준으로써 유치경쟁력이 미흡한 현실
에서 가능한 돌파구는 지역여건들을 묘미 있게 조합함으로써 생성되는
시너지(synergy)효과를 체계적으로 유도하는 방안으로 귀착된다. 범용기
술, 중위기술을 활용하고, 상대적으로 가격경쟁력이 있는 전문기술인력
의 조합을 통하여 새로운 시너지효과를 창출하는 것이다. 핵심기업을 연
계한 핵심 기업단지, 국가별 외국투자가들이 선호하는 투자유치단지 등
은 소위 이와 같은 국내기업과 외국인투자기업의 계열화를 조성하는 방
안을 모색하는 방향으로 추진되어야 될 것이다. 이를 위해서는 기획, 조
정, 관리, 전략에 있어서 숙련된 고급관리기능이 전제가 된다.

## 6. 맺음말

냉전 이후의 세계는 두 가지 흐름 속에서 급변하고 있다. 하나는 시장 경제와 자본주의적 구조의 세계적인 확산이며, 또 다른 하나는 IT(Information Technology)의 급속한 발전과 확산이다. 이 두 흐름은 상승적으로 작동하면서 생산 및 유통 공간을 압축해가고 있다. GATT가 추진해왔던 교역의 자유화에 이어서 우루과이라운드(Uruguay Round)와 WTO는 금융과 서비스 산업 개방에 박차를 가하였다. 또 정보화와 신자유주의의 조류가 확산되면서 생산요소의 이동은 세계적으로 증가되었다. 특히 해외직접투자는 1980년대부터 다국적기업이 생산기지를 세계적으로 확산하면서 활발히 진행되어 왔으며 금융시장 개방과 함께 세계화 과정의 원심력에서 주도적인 역할을 하고 있다.

본 장에서 중점적으로 살펴본 외국인직접투자는 안정적인 외자조달 수단으로서 지역산업과 긴밀한 연관성을 지니고 있어 외국인투자유형 가운데 가장 효과적인 지역정책수단으로 인식되고 있다. 원활한 외국인 투자의 유입은 지역의 경제발전에 필요한 투자재원을 확보할 수 있는 방안이며, 현지기업이 외국투자기업과의 협력관계를 통하여 산업 경쟁력 제고를 위하여 요긴하기 때문이다. 외환위기를 거치면서 우리나라의 외국인투자는 직접투자를 중심으로 크게 증가하였으며 위기를 극복하는데 기여한 바 있다. 최근 우리 산업은 세계시장에서 중국과 아시아 신산업국과의 가격경쟁에서 열악한 위치에 있고, 기술경쟁에서도 어려움을 겪고 있다. 외환위기 이후에 급성장세를 보였던 외국인투자가 2001년 후반기부터 다시 침체되는 기미를 보이고 있다. 국내 자산가치가 회복되면서 외국인투자가 격감하고 있다. 이러한 상황에서 외국인투자의 중요성은 우리 기업의 구조조정과 생산 및 경영기술의 개선을 위해서 더욱 부각되고 있다. 직접투자는 다른 유형의 외국인투자와 달리 투자유치를 위해서 중앙정부뿐만 아니라 지방자치단체가 외자유치에 주도적인 역할을 할 수 있다는 점이 지역개발 차원의 관심을 끌고 있다.

외국인투자가 지속적인 지역경제 발전의 요소로 내생화될 수 있도록 하기 위해서는 지역발전방향, 지역의 입지여건과 부합하는 투자를 선별하여 유치하는 것이 중요하다. 그러므로 단기적으로 가능한 제도개선과 현지산업과의 공정한 경쟁환경을 저해하지 않는 한계 안에서 매력적인 유치조건을 패키지화하는 노력은 지속해야 하지만, 이와 함께 고급인력의 개발과 유치를 통해서 기술개발이 내생화될 수 있는 사회적 인프라 구축을 추진해나가는 장기적인 안목이 더욱 중요한 것이다.

발전과 복지에 대한 기준은 시대의 가치관과 경제상황에 따라 기준이 변할 수 있는 것이다. 6·25전쟁을 겪고 폐허에 선 한국은 미국의 경제적 지원 없이는 힘겨운 상황이었다. 우리나라의 산업화 초기인 1960~1970년대에 수입대체와 수출신장을 통하여 경제자립을 지상의 목표로 삼았으며, GDP의 성장이 발전의 척도가 된 것은 당연한 것이었다.

그러나 오늘날 지역의 발전은 GDP의 성장으로서만 가늠하기 어려운 복잡성을 가지고 있다. 뿐만 아니라 세계화시대의 지역경제 발전은 제조업 생산증대를 위한 생산시설을 확장하는 것으로 미흡하다. 중앙정부의 정책적 배려에 의존한 공단시설이나 사회간접시설의 확충 같은 획일적인 방법으로는 지역경제의 지속적인 발전을 기대하기 어렵다. 지역경제의 발전은 고유의 경쟁력 있는 산업구조와 인적 자원의 바탕에서 확보될 수 있는 것이다. 이를 위해서 지방자치단체와 민간단체들의 역할은 지역의 기업활동을 외부 시장과 연계를 긴밀하게 유지할 수 있는 정보와 유통체계를 확보하는 것과 지역의 경쟁적 니치(niche)를 발견하여 육성할 능력 있는 기업가의 발굴 및 지역여건을 특화할 수 있도록 주민의 협력을 이끌어낼 수 있는 환경을 마련해주는 것이다.

본 장에서는 외국인투자기업과 지역경제의 연계를 검토하였다. 그러나 외국인투자유치를 위한 또 다른 차원의 기반은 사회적 인프라다. 주민의 개방성, 성실성, 가치관은 지역산업의 운영과 경영 관행에 영향을 준다. 외국인기업 조사에서 지적되는 장애요인 가운데 지역의 외국인 학교나 외국인 집단주거 등이 꼽힌다. 이는 지역의 정부, 기업 그리고 주민의 가치관과 사회학적 행태에 대한 외국화비용이 중요한 투자기회인자가 될 수 있음을 지적하는 것이다. 정부제도의 개선, 지역의 유치전략 등이 현실적으로 적절히 활용되기 위한 기반은 주민, 기업, 정부의 사고와 행태의 합리성과 유연성 및 신뢰성에 뿌리가 있을 수밖에 없는 것이기 때문이다.

지역발전과 외자유치는 지역 스스로의 능력으로 확보하는 것이다. 외국인투자유치와 지역발전은 지역 고유의 경쟁 니치에서 출발하는 것이며, 이와 같은 지역고유의 경쟁력 배양에 초점을 맞춘 전략을 추진한다는 점에서는 일치한다. 노동력과 자본투자의 확대가 지역발전을 약속하던 시대는 이미 지났다. 또한 이제는 영감(inspiration) 없이 노동자의 땀(perspiration)으로만 경제발전을 기약하기는 어렵다. 세계화시대의 우리 기업과 지역은 세계로 확대된 시장에서 상품화된다. 지역산업은 다양하고 규모가 큰 세계의 수요를 대상으로 지역 고유의 경쟁력을 찾을 수밖에 없는 것이다. 뿐만 아니라 지역 주민의 가치관, 신뢰성, 개방성 그리고 기업의 활동을 촉진시킬 수 있는 교육제도나 합리적인 노사관계와 이를 뒷받침하는 사회적 인프라의 중요성이 더해가고 있다. 지역사회의 안정과 주민의 교육과 건강한 환경, 전통과 역사적 유산의 보존 등 포괄적인 사회·문화적 가치가 경제적 수준의 향상과 함께 조화를 이루어가는 것이 지역발전의 진정한 척도가 되고 있다.

■ 참고문헌

건설교통부. 2001, 「외국인 토지취득현황」.
김진용·전광명. 2001, 「외국인투자의 변동요인 분석」, ≪한국은행 조사월보≫, 4월
김현지. 2000, 「한국의 외국인직접투자 결정요인에 관한 분석」, ≪산업연구≫ 11집. 449-462쪽
박시룡. 2000, 「외국인직접투자 패턴변화와 유치촉진방안」, 대한상공회의소. 경제연구센터.
박영철. 2000, 「외국인투자의 효율적인 유치를 위한 산업입지 공급방안 연구」, 건설교통부.
박종돈. 1998, 「한국에 진출한 외국기업의 투자결정요인 분석」, ≪생산성 논

집≫ 12권 4호, 12월, 397-424쪽.

산업자원부. 2001, 『외국인투자통계』.

이세구. 1997, 「서울시 외국인직접투자 유치방안」, 서울시정개발연구원.

이재유. 2000, 「한국 제조업체의 해외기술 소싱전략」, ≪연구총서≫ 73호, 국제무역경영연구원.

허영도. 1998, 「해외직접투자 기업의 진입전략 선택과 성과에 관한 연구」, ≪국제경영연구≫ 9권 1호, 155-181쪽.

홍성웅. 1998, 『자산 디플레이션과 부동산 증권화』(편). 한국건설산업연구원.

Bahl Roy W. Johannes F. Linn. 1992, *Urban Public Finance in Developing Countries*, Oxford University Press(World Bank).

Dobson. Wendy. 1997, 「다국적기업과 동아시아 경제 통합」, 세계경제연구원.

Dunning, J. H. 1979, "Explaining Changing Pattern of International Production: In Defense of the Eclectic Theory," *Oxford Bulletin of Economics and Statistics*, Vol. 41. pp.269-297.

Flong Wu. 2000, "Modelling Intrametropolitan Location of Foreign Direct Investment in Chinese City," *Urban Studies*, Vol. 37, No. 13, pp.2441-2464.

Hong, Sung Woong. 1972. 4, Ph. D. dissertation, "Regional Interactions in the Theory of Multiregional Growth," The University of Pennsylvania.

_____. November 1997, "Building A Power House: Korean Experiences of Regional Development and Infrastructure," Korea Research Institute for Human Settlements.

_____. 1998, "FDI for All Seasons: in Boom and Bust," Paper presented at United Nations University Conference on 'Globalization and Sustainability of Cities in Asian Pacific Region' June 24-26, Vancouver, Canada

Haishun Sun, Ashok Parikh. 2001, "Exports, Inward Foreign Direct Investment and Regional Economic Growth in China," *Regional Studies*, Vol.35: 3, pp.187-196.

Kim, Yoon bai. 2000, "Causes of Capital Flows in Developing Countries," *Journal of International Money and Finance* Vol. 19, pp.235-253.

Krugman, Paul. 1991, *Trade and Geography*, Leuven: Leuven Univ. Press.

Kwack, Sung Yeung. December 1999, *Capital Flow Volatility and Liberalization: A Case of Korea, 1987-1997*, Mimeo.

Meric S. Gertler. 1996, *Capital, Technological Change, and Regional Growth in Canada and Global Economy*, ed. by John N. H. Britton, pp.273-298.

Rugman, A. September 1976, "Risk Reduction by International Diversification," *Journal of International Business Studies.*

Taylor, M. P. and L. Sarno. 1997, "Capital Flows to Developing Countries: Long-Term and Short-Term Determinants," *The World Bank Economic Review,* Vol. 11, No. 3, pp.451-470.

United Nations/UNCTAD. 2000, *World Investment Report: Cross-Border Mergers and Acquisitions and Development,* Geneva.

# 제5장
# 지역불균형 실태와 새로운 균형발전전략

박양호 (국토연구원 국토계획·환경연구실장)

## 1. 머리말

지역균형발전은 21세기 선진국으로의 진입을 위한 필수적인 국가과제이다. 국민적 결속, 국민 대통합, 국가경쟁력도 결국은 지역마다의 특성과 잠재력을 활용함으로써 발휘되는 지역경쟁력이 토대가 될 때 강화될 수 있는 것이다. 국제적 개방화에 따른 무한경쟁시대가 전개되고 있으나, 이 과정에서 우위를 지키기 위해서는 국토의 일부가 아닌 모든 지역이 특징을 가지고 활발하게 경쟁에 참여하여 지역별 경쟁우위를 재발견하고 강화하는 노력이 요구된다. 또한 우리나라와 같이 국토면적이 협소한 국가에서는 좁은 국토를 넓게 활용하여 국토의 효율성을 높이는 것이 중요한 과제인데, 이러한 과제의 해결도 결국은 지역간 균형발전을 이룩함으로써 비로소 가능해진다.

지역균형발전은 지방자치제가 정착되기 위해서도 필수적으로 요구된다. 지방자치제가 뿌리내리기 위해서는 지방분권, 지방분산과 함께 지역분업이 필수적이다. 이른바 지방분권 - 지방분산 - 지방분업이라는 3각 패키지는 건전한 지방자치가 한국 사회에 뿌리내리기 위한 기본조건이 된다. 지방자치단체가 스스로 선택하여 잠재력을 발휘할 수 있는 자율권을 지닐 수 있도록 중앙정부의 권한을 지방자치단체로 분산하는 지방분권화는 지역의 자립을 촉진한다. 또한 수도권에 집중되어 있는 각종 중추관리기능을 지방으로 분산시켜나가는 지방분산화는 지방에 발전할 수 있는 중심력을 키우는 기초가 된다. 나아가 지역별로 고유한 특성과 전문성을 키워 다른 지역에 없는 정체성을 더 높이는 지역간 분업은 바로 지역간 특성화, 전문화를 통한 지역경쟁력의 토대를 만든다.

지역간 갈등이 해소되어 국민적 대화합을 이루고 국민적 결속과 연대감을 높이기 위해서도 지역균형발전은 반드시 이루어져야 할 국가적 과제이다. 국토의 불균형발전은 지역갈등·대립·분열을 가져온 주요한 원인이 되었기 때문이다.

그동안 정부에서는 지역균형발전을 유도하기 위한 많은 대책과 계획을 추진해왔다. 일련의 국토종합계획과 수많은 지역개발계획의 입안 및 집행, 그리고 그때 그때의 다양한 지역균형발전방안이 제시되고 추진되었다. 그러나 불행하게도 그 효과는 미흡한 실정이다. 여기에는 많은 원인이 있으나, 먼저 지역균형발전을 위해 국가적으로 일관된 의지와 노력이 부족하였다는 점을 들 수 있다. 그리고 여러 정부부처에서 시행한 정책이 제대로 조정·통합되지 않은 채 서로 모순된 시책도 추진되어 효과를 크게 거둘 수 없었다. 더욱이 민원과 정치논리에 너무 민감하여 수도권의 계속적인 비대화를 부추기는 수도권의 규제완화시책도 지방의 적극적 육성시책이 없는 채로 추진되어 수도권의 집중문제를 계속 국가적 과제로 남아 있게 하고 있다. 그리고 주요한 정책들이 용두사미식으로 집행되어왔다는 점도 들 수 있다. 새로운 지역균형시책이 요구된다고 할 수 있다.

이와 같은 사실을 염두에 두고 제4차 국토종합계획(2000~2020)에서는 제1의 목표로서 균형국토를 제시하고 있다. 이는 국토의 균형개발을 통해 지역간의 통합을 도모하고 각 지역이 저마다의 개성과 특성을 살린 발전기반을 확보함으로써 더불어 잘사는 균형국토를 이룩하려는 의도에서이다.

## 2. 지역불균형 실태와 기존의 균형발전시책 평가

### 1) 지역불균형의 실태와 전망

#### (1) 중추관리기능의 수도권 집중

우리나라의 수도권 집중현상은 세계에서도 유례가 드물 정도로 과도한 것이 특징이다. 수도권에는 국가공공기관을 비롯한 민간 각 부문의 중추기능과 취업기회가 집중되어 수도권과 지방 간에 기회격차를 일으키는 가장 중요한 요인이 되고 있다. 우리나라에서 지역불균형 현상은 곧 수도권의 과밀현상과 일치한다. 지역간 불균형이 수도권과 지방 간의 문제로 직결되기 때문이다. 인구 및 산업기능의 경우 영남지역과 기타 지역의 상대적 격차문제가 제기되기도 하나, 이는 전반적인 수도권 집중에 비하면 그 정도가 매우 낮다고 할 수 있다.

1999년 말 자료를 기준으로 할 때, 우리나라 국토면적의 11.8%를 차지하고 있는 수도권에 전국인구의 46.3%가 집중되어 있다. 국가공공기관의 84.3%, 30대 대기업집단의 주력기업 본사의 88.5%가 수도권에 집중되어 있다. 또한 벤처기업 77.1%, 기업부설연구소 72.6%와 10대 명문대학의 80%가 수도권에 모여 있으며, 우리나라에 진출하고 있는 외국인투자기업의 72.9%, 금융대출의 62.2%, 예금액의 67.9%가 수도권에 집중되어 있다.

서울, 인천, 경기를 포함하는 수도권의 인구는 지속적으로 증가하여 현재 우리나라 인구의 절반정도가 수도권에 거주하고 있다. 전국의 인구증가분 중에서 수도권에서 늘어난 인구의 비중이 1960년대에 59.2%, 1970

〈표 5-1〉 수도권 집중도: 전국대비 분담률(1999)

| 면적 | 11.8% | 인구 | 46.3% |
|---|---|---|---|
| 10대 명문대 | 80.0% | 30대 대기업 주력기업본사 | 88.5% |
| 외국인투자기업 | 72.9% | 벤처기업 | 77.1% |
| 기업부설연구소 | 72.6% | 국가공공기관 | 84.3% |

출처: 산업자원부, 「외국인투자기업현황」, 2000; 중소기업청, 「벤처기업 현황」, 2000; 중앙일보, 2000. 9. 25~29, 「2000 대학평가」; 통계청, 「인구주택총조사 잠정집계결과」, 2000; 통계청, 「지역통계연보」, 2000; 행정자치부, 「행정자치부 통계연보」, 2000.

년대에는 69.4%, 1980년대 88.5%로 급격히 증가하였으며, 1990년대에 들어와서는 101.7%로 전국 인구증가분을 초과함으로써 지방에서는 절대 인구가 감소하고 있다. 인구센서스 기준으로 보면, 1960년과 2000년 사이에 우리나라 인구는 2,100만 명 정도가 늘어났는데, 그 중 1,600만 명 정도를 수도권이 흡수하였다. 이러한 수도권으로의 인구유입으로 전국에 대한 수도권의 인구 비중은 지속적으로 증가하여 1960년의 20.8%에서 1980년에는 35.5%가 되었으며, 1995년에는 45.3%에 이르렀고, 2000년에는 46.3%를 차지하고 있다. 수도권 집중 문제를 안고 있는 일본의 경우, 동경 수도권의 인구 비중은 32.3%이며, 프랑스의 파리 수도권은 18.2%로서 우리나라 수도권의 인구집중도가 매우 높은 편임을 알 수 있다.

(2) 수도권과 지방의 기초적 기회격차

수도권은 양적, 질적 측면 모두에서 지방보다 훨씬 풍부한 기회를 제공하여 인력과 경제활동을 끌어들이는 힘을 갖고 있는 반면, 지방은 이와 반대로 인구와 경제가 수도권으로 유출되는 어려움을 겪고 있다. 수도권과 지방 간의 기회격차는 수도권억제시책이나 국토계획의 추진과 같은 정책적 노력에도 불구하고 좀처럼 해소되지 않고 있는 실정이다. 기회는

〈표 5-2〉 지역간 기초적 기회격차 추이(전국대비 분담률기준)

(단위 : %)

| 연도<br>지역 | 1975 | 1980 | 1985 | 1990 | 1999 |
|---|---|---|---|---|---|
| 수도권 | 51.8 | 53.2 | 53.9 | 51.8 | 51.4 |
| 충북 | 2.3 | 2.3 | 2.3 | 2.5 | 3.1 |
| 대전·충남 | 4.7 | 4.6 | 4.6 | 5.1 | 5.7 |
| 전북 | 3.7 | 3.5 | 3.4 | 3.5 | 3.5 |
| 광주·전남 | 6.5 | 5.5 | 5.5 | 6.1 | 6.1 |
| 대구·경북 | 10.9 | 10.4 | 9.9 | 10.3 | 10.3 |
| 부산·경남 | 15.7 | 16.2 | 16.5 | 16.8 | 16.2 |
| 강원·제주 | 4.3 | 4.2 | 3.9 | 4.0 | 3.7 |
| 전 국 | 100.0 | 100.0 | 100.0 | 100.0 | 100.0 |

주: 전국대비 연도별 제조업체수, 제조업 고용자수, 도로연장거리, 의사수, 은행예금, 은행대출, 지역총생산, 대졸 이상 학력인구 비중의 평균치임(지역총생산은 1985년부터 적용)
출처: 통계청, 각년도, 지역통계연보 및 각종 통계보고서.

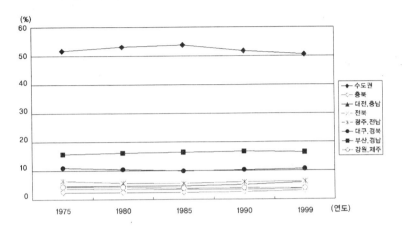

〈그림 5-1〉 지역간 기회격차 추이: 전국대비 분담률(1975~1999)

출처: 통계청, 각년도, 지역통계연보 및 각종 통계보고서.

취업기회, SOC 수혜기회, 삶의 질 기회, 소득기회 등이 중요하다. 이러한 기초적인 기회를 살펴보기 위해 제조업체 및 고용자수, 도로연장, 의사수, 은행 예금 및 대출금, 지역 총생산규모, 고학력 인구 등 8개 지표를 종합하여·산출한 우리나라의 지역간 기초적 기회격차의 추이는 1975~1999년 동안 좀처럼 변화를 보이지 않고 있다. 기회지수의 지역간 분포 변화를 보면, 1975~1999년 기간중 충청지역과 부산·경남지역을 제외한 전 지역에서 기초적 기회지수가 감소하였다. 특히 동 기간중 비록 수도권의 기초적 기회지수는 0.4%의 감소를 보였으나 거의 변화가 없다. 호남지역과 강원도 및 제주도, 그리고 대구·경북지역의 기초적 기회지수가 다소 감소하고 있으나 미미한 변화에 그쳐 수도권과 비수도권 간의 지역 불균형은 거의 해소되지 않고 있음을 알 수 있다.

(3) 우리나라와 외국의 수도권 집중 비교: 프랑스, 일본과의 비교

우리나라 수도권의 지속적인 인구팽창은 유사한 수도권 과밀문제를 안고 있는 프랑스나 일본에 비해서도 매우 심각한 수준이다. 1998년 말 현재 프랑스 파리 수도권의 인구분담률은 18.2%, 일본의 동경 수도권의

<표 5-3> 수도권 인구집중 추이의 국제비교: 프랑스, 일본, 한국

(단위 : 만 인, %)

| 구 분 | 1970 | 1980 | 1990 | 1998 | 증 가 1970-1998 |
|---|---|---|---|---|---|
| 프랑스 (파리 수도권) | 925 (18.6) | 1,007 (18.5) | 1,066 (18.4) | 1,095 (18.2) | 170 (-0.4) |
| 일 본 (동경 수도권) | 3,026 (28.9) | 3,570 (30.5) | 3,940 (31.9) | 4,073 (32.3) | 1,047 (3.4) |
| 한 국 (서울 수도권) | 889 (28.3) | 1,330 (35.5) | 1,859 (42.8) | 2,153 (45.6) | 1,264 (17.3) |

주: 파리 수도권-일드프랑스 지역; 동경 수도권-동경, 사이타마, 치바, 카나가와, 이바라키, 토치
키, 군마, 야마나시; 서울 수도권-서울, 인천, 경기도
출처: 한국(인구주택총조사보고서 및 행정자치부 자료), 일본(일본의 통계), 프랑스(World Popula-
tion Statistics).

<그림 5-2> 수도권 인구집중도의 국제비교

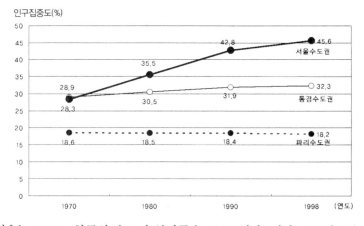

경우는 32.3%, 한국의 수도권 분담률은 45.6%이다. 지난 1970년도부터
인구집중 변화추이를 살펴보면, 우리나라의 수도권 집중 속도가 일본이
나 프랑스에 비해 매우 빠르다는 사실을 알 수 있다. 지난 30년간 프랑스
의 수도권 인구 비중은 0.4%가 감소하였으며, 일본은 3.4%가 증가하는
데 그쳤다. 프랑스의 경우는 수도권 인구분담률이 거의 정체되거나 오히
려 다소 감소추세에 있음을 알 수 있고, 일본의 경우는 수도권 인구분담
률이 느린 속도로 증가하고 있다는 사실을 알 수 있다. 반면, 우리나라의
경우 1970년에서 1998년 사이 수도권 인구가 절대치로는 2.4배, 전국 비

중은 28.3%에서 45.6%로 무려 17.3%포인트나 증가하였다. 여기서 1970
~1998년중 일본의 수도권 인구분담률의 증가속도보다 5배 정도의 빠른
속도가 한국의 수도권에서 나타나고 있음을 알 수 있다.

### (4) 지역불균형 현상으로 야기되는 문제점

앞에서 살펴보았듯이 수도권과 지방 간에는 중추기능과 기회 측면에
서 매우 큰 격차가 존재하고 있다. 이 같은 지역불균형 현상으로 야기되
는 주요 문제는 크게 3가지로 압축할 수 있다. 첫째, 우리나라에서는 오
랫동안 지속되어 온 중앙집권주의체제하에서 제반 기능의 수도권 집중
정도가 OECD국가를 포함하여 세계적으로 유례가 드물고 폐해가 심각하
다는 점이다. 수도권의 과도한 집중은 난개발, 교통, 환경, 주택, 에너지
등의 과밀비용을 증가시켜 국토이용의 비효율을 야기하고 있다. 반대로 지
방은 첨단산업과 고급인력으로부터 외면당하여 상대적인 침체를 면치 못
하고 있으며, 수도권과 비교할 때 성장에너지가 제대로 발휘되지 못함으로
써 국가 전체적으로는 국가경쟁력을 약화시키는 요인으로 작용하고 있다.

둘째, 수도권으로의 과도한 집중은 지방의 침체문제를 불러일으킨다는
점이다. 지방에서는 지속적 인구유출과 취업기회의 부족, 그리고 각종 산
업기반의 약화로 자생적 발전역량이 크게 저하되고 상대적 침체현상도
심화되고 있다. 특히 고급인력 취업기회의 수도권 집중은 대기업의 국내
대학 출신자 중 지방대 출신 비율로 보았을 때 1999년 삼성전자 신입사
원의 22.1%, SK그룹 신입사원의 15.9%, 대우상사 재직자의 15.6%에 불
과한 데서 잘 나타난다. 전국의 대학졸업자 중 지방대 출신비율이 62.8%
에나 달하고 있음을 고려하면 대기업에서의 지방대학 졸업자의 취업문
이 극히 좁다는 사실을 알 수 있다.

셋째, 지역간 기회불균등은 결국 지역간 갈등심화로 이어지고, 이에 따
른 지역감정의 야기로 국가응집력이 크게 저하되고 있다. 지방은 수도권
집중으로 인한 상대적 불이익에 따른 좌절의식이 팽배하고 최근에는 중
앙과 지방의 갈등, 즉 경향(京鄕) 갈등의 확대로 변화되는 추세를 보여주
고 있다. 2000년 5월에는 지방행정을 책임지고 있는 영·호남의 8개 시·

도지사가 수도권 집중을 규탄하고 국토균형발전을 촉구한 바 있다. 특히 외환위기 이후 가중되고 있는 지방경제의 전반적인 쇠퇴는 수도권과 비수도권 간의 대립·갈등을 새로이 유발하여 21세기에 필수적인 국력결집에 저해요인이 되고 있다.

현재와 같은 추세가 지속될 경우 수도권으로의 인구 및 산업의 집중은 미래에도 지속될 것으로 전망된다. 현재의 추세를 연장하면 향후 10년간 수도권에서 약 160만 명의 인구가 추가로 증가(자연증가 78만 명, 사회적 증가 82만 명)하여 전국인구의 약 48%인 2,300만 명이 수도권에 거주할 것으로 예상된다. 수도권으로의 집중이 계속될 경우 인구와 산업을 지원해야 할 주택, 사회간접자본 등의 투자소요도 기하급수적으로 증가할 것이다. 이 같은 상황이 발생하면 국토문제는 극히 심각한 양상으로 변모될 것으로 예상된다. 수도권에서는 토지 및 주택 가격 상승, 교통난 및 환경문제의 심화로 사회비용의 증대와 국가경쟁력 약화가 야기되고, 지방에서는 전반적으로 산업의 상대적 침체정도가 심해질 우려가 있다. 이같이 수도권에서의 각종 투자소요 증대에 따라 수도권 투자비율을 현재보다 5% 증가시키는 반면 지방의 투자비율을 5% 감소시킨다면, 중장기적으로 지역간 소득격차 및 수도권 인구집중은 더욱 급격하게 높아지고 국민 1인당 GNP 상승률도 둔화될 것으로 추정되고 있다(김의준, 1992).

그리고 수도권에 인구와 산업이 집중되어 있는 지금과 같은 1극(極) 형태의 국토구조를 유지한 채로 세계경제의 자유화 물결을 맞이하면 지역불균형 문제를 가중시킬 우려가 크다. 국제적 개방화에 따라 급격히 성장할 것으로 보이는 서비스산업은 수요가 상대적으로 많은 수도권에 집중될 가능성이 높으며, 자유무역의 확대에 따라 성장이 예상되는 제조업도 수도권에 재집중될 우려가 크다. 특히 IMF 구조조정에 따라 발생한 실업자가 일자리를 찾아 수도권으로 지속적으로 이주하면 수도권 집중문제를 가중시킬 우려가 있다. IMF 구조조정 이후 지방경제의 침체에 따라 지방에서 수도권으로의 인구집중이 가속화되고 있는 것으로 나타나고 있다. 수도권으로의 지역별 순전출은 전남, 부산, 전북, 경북 등에서 특히 높았다. 또한 일본의 사례에서 볼 수 있듯이 지방도시의 흡인력이 낮은 상태에서 고속철도가 개통되면 수도권으로 인구·산업이 몰리는 블랙홀 효과가 발생할 것으로 우려된다.

사회적으로는 수도권과 지방 간에 개발격차가 더욱 심화될 경우 지역갈등, 지역감정은 더욱 악화되고 총체적인 사회적 경쟁력도 훼손될 우려가 매우 크다. 지역간 불균형 현상에 따라 지역간 개발경쟁이 심화되고, 이에 따른 지역이기주의가 기승을 부릴 경우, 그리고 지방자치에 따른 지방정치의 일부 부작용이 나타나면, 타지역과 협력하는 분위기는 크게 저하될 것으로 우려된다. 이렇듯 수도권과 지방의 갈등, 그리고 지역간의 대립이 심화되면 국가적 연대감이 약화되어 지방자치 정착과정에서 심각한 애로가 발생할 뿐만 아니라 무한의 국제 경제전쟁시대에 대처할 여력이 크게 잠식될 것으로 예상된다.

나아가 만일 지방이 침체된 상태에서 통일이 된다면 남쪽으로 이동할 북한 주민의 상당부분은 수도권으로 집중할 우려가 있다. 통일 이후 10년간 북한 인구 약 200만 명 이상이 수도권으로 순유입될 것으로 전망됨에 따라 지금과 같은 수도권 집중문제를 그대로 둔 채 통일이 될 경우 수도권의 과밀문제는 더욱 복잡한 양상을 띠게 될 것으로 예상된다.

## 2) 기존 시책의 평가: 수도권 집중억제와 지역균형발전시책

1960년대 중반 이후 수도권 집중억제와 지역발전을 위한 많은 시책이 추진되어 왔으나 수도권 집중현상은 더욱 심화되고 있다. 그동안의 정책은 지방을 중점적으로 육성하는 적극적인 시책보다는 수도권 집중을 억제하는 소극적 시책 위주로 추진되어 왔다. 설상가상으로 수도권 억제시책도 경제현안문제에 밀려 계속 후퇴하는 모습을 보였다. 영국, 프랑스 등에서 수도권 혼잡 해소와 지방의 정주기반 강화 차원에서 공공기관의 지방이전을 강력히 추진하였던 사례와는 대조가 된다고 할 수 있다.

특히 우리나라의 지역정책은 범정부적으로 체계화되고 종합적인 지역균형개발전략의 추진보다는 사회간접시설 확충 등 하드웨어적인 정책수단 위주로 추진되었다. 이에 따라 금융·세제·교육·정보 등 소프트웨어적인 정책수단들이 뒷받침되지 못하였으며, 결과적으로 정치·경제·문화 등 모든 분야에서 고착화된 '서울제일주의'를 타파하는 데 정책이 크게 기여하지 못하였다. 부처이기주의와 부처간에 서로 달리 설정된 정책목표로 인해 지역균형발전이 제대로 실현되지 못하고 구호로 그치는 경우도 허다하였는데, 경제적 효율성을 지나치게 강조하여 낙후지역의 투자에는 소홀한 점은 장기적인 정책효과를 염두에 두지 않았음을 반증한다.

그나마 마련된 지역균형발전시책을 효과적으로 집행하기 위해서는 추진기구 및 투자재원이 안정적으로 확보되는 것이 필수적이었으나 우리나라의 경우 이 부문에서 미흡한 정책으로 일관하였다. 정책을 지속적·체계적으로 추진하기 위한 전담부서와 정책수단이 미흡하여 실효성 있는 정책효과를 거두는 데는 한계가 발생하였다.

1960년대 이후 추진되어온 지역균형발전정책은 건설부, 청와대, 경제기획원, 서울시, 무임소장관실 등 소관업무가 다른 부처들에 의하여 추진되어 정책의 일관성을 유지하기가 힘들었다. 1989년부터 1990년 초반까지 청와대에 지역균형발전기획단이 설치되어 종합적인 대책을 마련하였으나 동 기구가 폐지됨으로써 범정부적 총괄기능이 상실되었다. 또한 지역균형발전정책을 시행하기 위한 충분한 정책수단 없이 당위론적 차원의 목표와 수단만을 제시함으로써 현실적인 실천력을 갖추지 못하였다. 그리고 안정된 투자재원의 뒷받침 없이 추진된 지역균형발전시책은 부처이기주의와 정치논리에 계속 흔들리게 되었다. 이 결과 계획과 집행의 괴리가 항상 크게 존재하게 되었다.

## 3. 21세기 지역균형발전의 새로운 방향과 중점전략

### 1) 새로운 방향

지역간 불균형 문제를 완화하기 위한 정책적 시도에 대한 수요가 매우 높다. 이에 부응하기 위해서는 수도권 집중문제를 해소하고 지방을 육성하기 위한 새로운 접근이 필요하다.

첫째, 수도권에서 지방으로 중추기능을 과감히 분산하고 지방을 전략적으로 육성하기 위한 선도정책(先導政策)을 중시하고자 한다. 중추기능의 지방분산은 수도권 집중의 구심적 소용돌이를 극복하고 지방으로의 유인을 위한 새로운 물꼬를 만드는 것이다. 지방으로 중추기능을 분산하는 선도적인 역할에 초점을 맞춘 정책이 선도정책이다. 중추기능 중에서 국가공공기관을 대상으로, 이의 지방분산에 중점을 두는 전략이 필요하다.

둘째, 지방의 육성과 관련해서는 지방의 거점도시를 중심으로 지방도시 활성화 프로젝트의 추진을 중시하고자 한다. 이는 새로운 지역균형발전전략은 제도적 개혁 외에 프로젝트 지향적(project-wise)인 접근이 필요함을 의미하는 동시에 지방육성의 새로운 기반을 형성하는 전략이 주효할 것이란 의미를 내포한다. 이와 함께 지역특성을 중시하여 지역별 전략산업의 육성 및 관련 인력 양성기반을 마련하고 지역간의 낙후도를 반영하여 범정부적 차원에서 차등적 지원을 강구하는 등 지역경쟁력을 집중적으로 강화하는 전략이 필요하다. 이는 향후의 지역균형발전전략은 지역산업의 전략적 전문화와 지역간 차등적 지원이 중요함을 의미한다.

셋째, 지역균형발전을 지원하기 위한 재원의 확충을 중시하고자 한다. 국토의 균형발전을 위한 재원은 지방의 발전을 촉진하고 수도권에 입지한 중추관리기능 등의 지방분산을 효과적으로 유인 및 지원할 수 있어야 한다. 이는 수도권의 과밀을 초래하는 주체들에 대해 경제적 부담을 부과하고 여기서 조성된 재원을 수도권에서 지방으로 이전하는 기관에 지원하는 등 수도권의 과밀해소와 지방육성이라는 이중의 목적을 위해 사용해야 한다는 의미이다.

넷째, 새로운 지역균형발전시책을 추진하기 위한 범정부 차원의 추진체제 정립을 중시하고자 한다. 대부분의 지역균형발전정책은 범정부적인 차원에서 추진되어야 하는 정책들이기 때문에 범정부 차원의 조정·통합장치는 절대적으로 필요하다. 그리고 지역균형발전정책은 단기간에 걸쳐 효과가 발생하기 어려우므로 중장기적으로 추진되어야 한다. 정책의 지속성과 일관성을 확보하기 위해서는 범정부적 차원의 체계적이고 특수한 장치가 요구된다. 이에는 추진조직뿐만 아니라 법적인 근거가 포함된다.

## 2) 국가공공기관의 지방이전

우리나라 수도권 집중의 근본원인은 행정, 기업 등 중추관리기능이 수도권에 편재되어 있는 데서 비롯된 것이라 볼 수 있다. 즉 지방자치제가 시행되고 있으나 강력한 중앙집권적 요소가 존재하는 현실에서는 행정기관, 특히 부(部) 단위 18개 중앙행정부처 모두가 서울과 과천의 양 정부종합청사에 모여 있는 수도권 집중구조가 국토불균형 문제의 핵심이라 할 수 있을 것이다.

1970년대 후반 대전 인근지역으로 수도를 옮기는 신 수도구상이 있었으나 실천의 기회를 놓쳐버렸으며, 남북한 교류·협력의 신시대가 전개되고 있음을 감안하고 통일을 염두에 둘 경우 신수도 건설을 이 시점에서 계획·추진하는 것은 적절하지 못하다.

따라서 국토균형발전의 선도기관으로서 국가공공기관을 주목하고 이들의 지방이전을 적극 추진할 필요가 있다. 국가공공기관이 지방으로 솔선하여 이전해야만 민간기업, 대학 등도 지방으로 분산될 수 있을 것이다. 솔선 이전의 원칙이 매우 중요한 철칙이다.

국가공공기관의 지방이전과 관련하여 전략의 기본방향을 설정할 수 있을 것이다. 이는 국가공공기관의 지방이전을 통해 민간기업의 지방이전을 유도함으로써 국가공공기관이 지방분산과 지방육성의 선도적 기능을 수행토록 해야 한다는 것이다. 이러한 전략은 결국 민간기업을 뒤에서 지방으로 미는 방식이 아니라 국가공공기관이 지방으로 솔선 이전하여 끌어당겨오는 방식을 의미한다.

수도권 소재 공공기관의 지방이전사업은 범정부적인 차원에서 강력하게 수행되어야 할 것이다. 국무총리실에 '공공기관 지방이전추진위원회(가칭)'를 설치하여 운영하는 것이 필요하다. 동 위원회는 행정자치부장관, 건설교통부장관 등 관련장관과 민간전문가 등이 참여하여 공공기관 지방이전추진계획을 수립·추진토록 하며, 추진위원장은 국무총리가 맡도록 하는 것이 바람직할 것이다. 이와 함께 관련 자방도시의 지방자치단체에서도 관련 추진위원회를 구성하여 중앙행정부처 및 공공기관, 기업, 대학 등의 유치를 위한 지자체 차원에서의 특별대책을 마련하여 시행해야 할 것이다.

국가공공기관이 지방으로 분산 배치되면 수도권 집중의 흐름을 지방으로 트는 새로운 물꼬가 형성되고, 지방 활성화를 위한 전혀 새로운 선도적 활동이 일어나 과거에는 볼 수 없었던 인구, 경제, 문화 등 연속적인 지방분산이 발생할 것이다. 그리고 국가공공기관이 지방으로 이전됨으로써 관련단체, 민간기업 및 대학의 추가이전을 선도·촉발시킬 수 있을 것이다.

또한 지역간 직접교류가 가시화되어 서울을 통한 간접적 교류가 갖는 한계성을 극복할 수 있을 것이나, 지역간의 갈등도 지역간 교류·혁신시스템이 새로이 만들어져 근원적으로 극복하는 계기가 될 수 있어 국민대통합을 위한 기반형성이 촉진될 것이다.

국가공공기관의 지방이전은 전국적인 정보화를 앞당기는 계기가 될 수 있을 것이며, 국가 중요정보의 발신과 수신이 수도권이 아닌 지방에서도 이뤄져 정보의 중추기지가 지방으로 분산되는 효과를 낳을 수 있을 것이다. 아울러 지방분권화도 촉진되면서 국정개혁의 분위기가 새로이 형성되는 효과를 유발할 수 있을 것이다.

### 3) 균형선도도시 프로젝트의 추진

국가공공기관을 지방으로 이전시키는 전략이 성공하자면 지방의 거점도시가 국가공공기관을 수용할 수 있는 기반을 형성해야 한다. 즉 이전하는 국가공공기관을 담는 '공간적 그릇'을 만들어야 한다는 것이다. 균형선도도시 프로젝트란 지방 거점도시가 그러한 기반을 형성하기 위한 프로젝트의 성격을 지닌다. 균형선도도시란, 국토균형발전을 선도해나가는 강력한 기능을 갖는 지방의 거점도시를 의미한다. 또한 균형선도도시 프로젝트란, 균형선도도시를 육성하는 데 초점을 맞춘 프로젝트를 의미한다.

균형선도도시 프로젝트를 추진하기 위한 기본방향은 세 가지이다. 첫째는 국토균형발전을 선도하는 지방 거점도시를 중점적으로 개발·육성하기 위해 지역전략산업과 연계하여 연관시설과 기능을 패키지 형태로 입지시켜 시너지 효과를 증대시킬 수 있도록 하는 것이다. 둘째는 국가공공기관이 솔선하여 지방으로 이전하여 균형선도도시의 육성을 촉진하도록 한다는 것이다. 셋째는 항만, 공항, 고속철도 등 주요 교통망 시설의 배치와 지식정보화 전략과 결합시킬 수 있도록 균형선도도시 프로젝트를 추진하도록 하는 것이다.

균형선도도시는 그 기능상 여러 유형으로 나누어질 수 있다. 예를 들면, 교육문화기능에 집중된 교육·연구도시 유형, 무관세자유항 성격을 지니는 자유항(自由港)도시 유형, 새로운 지식기반산업에 집중된 신산업도시 유형, 주력 대기업과 연관 중소기업 등의 집합도시인 기업도시 유형, 그리고 관광문화기능에 집중된 관광문화도시 유형 등이다. 이들 유형 중에 산·학·관 복합도시 유형이 있을 수 있다. 산·학·관 복합도시란, 균형선도도시의 하나의 유형을 규정한 것으로서 국가공공기관, 관련민간기업, 관련연구소 또는 대학기능이 함께 입지하여 상호 연계활동하는 기능을 갖는 복합도시이다. 특히 국가공공기관이 연계와 집적을 선도하여 산업기능과 연구학술기능 등을 끌어들이는 역할을 담당하는 도시이다.

산·학·관 복합도시적 성격을 지니는 균형선도도시의 선정방안으로는 지방의 기존 거점도시에 조성하는 방안과 복합신도시로 조성하는 방안을 검토할 수 있다. 지방의 기존 거점도시의 경우는 산업과 문화, 행정의 중심지가 대상이 될 수 있을 것이다. 복합신도시의 경우는 교육, 공원, 스포츠·레저시설 등을 충분히 확보하여 쾌적한 주거환경과 여가활동이 보장될 수 있는 '국제수준의 미래형 도시공간'의 조성이 전제되어야 할 것이다.

이러한 산·학·관 기능을 갖는 균형선도도시의 복합개발을 활성화하기 위해서는 일종의 특구(特區)를 지정하는 방식의 동원이 필요할 것이다. 즉 균형선도도시 특구를 지정해야 할 것이다. 균형선도도시 특구란, 균형선도도시를 육성하기 위해 행·재정·금융·기술적 지원 등 매우 다양한 지원이 부여되는 특별한 구역이다. 구체적인 지원방안으로서는 초저리 융자지원방안, 민간기업이 사업자인 경우에 도시개발권 부여 및 개발부담금을 환급하는 방안, 협약대로 개발 완료시에 개발부담금의 일부를 환급하는 방안을 강구할 수 있다. 또한 SOC·상하수도 등 기반시설 지원, 법인세, 소득세, 갑근세, 지방세 등의 파격적인 조세지원(법인 및 이전 직원에 대한 지원)방안이 포함될 수 있을 것이다.

## 4) 지역별 전략산업의 육성

지방의 산업여건이 제대로 확보되지 않은 상태에서 수도권 집중억제시책을 추진한 결과, 기업의 지방이전 및 지역경제의 활성화 효과가 크지 못하다. 지방의 전반적인 산업여건 및 기술인프라 부족으로 기업의 지방이전과 창업이 활성화되지 못하고 있다. 또한 지방에서 창업한 벤처기업이 벤처 인프라 및 기술인력 부족으로 인해 수도권으로 역류하는 현상이 발생하고 있다.

더욱이 기존의 주력산업이 수도권과 경부축을 중심으로 형성되어 있는데다, 정보통신 등 지식기반산업 또한 수도권을 중심으로 형성되고 있어 앞으로 지역간 불균형을 심화시킬 가능성이 상존하고 있다. 1999년 말 현재 기업부설연구소의 72.6%가 수도권에 집중되어 있으며, 기술기반 조성자금의 54.2%가 수도권에 집중되고 있다. 이러한 문제점을 해결하면서 미래의 산업구조 변화에 능동적으로 대응하기 위해서는 새로운 전략이 요구된다. 지역별로 발전가능성이 가장 높은 몇몇 전략산업을 중심으로 산업발전을 추구하여 자생적인 산업발전 기반을 확충하고, 이를 통해 지방에서도 아무런 불편 없이 기업활동을 수행할 수 있도록 그 기반을 형성함으로써 수도권 집중문제를 근원적으로 해결할 수 있는 길을 모색해야 하는 것이다.

무엇보다도 지역산업의 전략산업화를 위해서는 첫째로, 지역경제에서 큰 비중을 차지하는 기존 주력산업의 경쟁력을 제고하는 한편, 미래유망산업의 발전기반을 조기에 구축할 필요성이 크게 제기되고 있다. 이에 따라 선택과 집중(selection & concentration)을 통해 지역별로 전략산업 발전을 추진할 수 있도록 중장기 지역전략산업발전계획을 수립하도록 해야 할 것이다. 둘째로, 종전의 공단조성 등 하드웨어적 지역개발전략에서 탈피하여 기술의 개발과 사업화 등 기업의 혁신활동을 체계적으로 지원할 수 있도록 지역혁신시스템(Regional Innovation System: RIS)도 구축해나가야 한다. 특히 지역경제의 핵심주체인 지방 중소·벤처기업의 창업 촉진과 지원 강화를 통해 지역경제 활성화를 도모해야 할 것이다. 이렇게 함으로써 지역별로 전략산업의 발전이 이뤄지고 수도권 집중억제시책의 효율성을 높일 수 있으며, 수도권과 지방이 함께 발전하는 상생전략(win-win)이 실질적으로 가능할 것이다.

### 5) 농어촌지역의 소도읍 육성

농어촌지역의 새로운 발전전략으로서 소규모의 거점전략이 요구된다. 농어촌의 지역중심도시인 소도읍의 육성이 요구된다. 소도읍이란, 사회경제적 또는 행정적 관점에서 도시와 농촌 사이의 중간지위를 갖는 행정단위로서 읍급 지역중심지를 의미한다. 독일 등 선진국은 1,000~5,000명 정도의 취락을 소도읍으로 정의하고 있는 반면, 우리나라는 읍지역 및 면의 중심지역을 소도읍으로 정의해왔으나, 도농통합추세와 규모의 경제를 반영하여 읍급 중심지만을 소도읍으로 규정하는 협의의 정의를 채택함으로써 전략적인 정책을 강구할 수 있을 것이다.

소도읍은 읍급 행정중심지로서 읍사무소, 지서, 우체국, 농협 등 공공기관이 필요한 서비스를 제공하고 도시와 배후 농어촌경제의 중간매개 역할을 한다. 또한 농어촌지역으로부터 1차 생산품을 받아 도시지역에 연결하고, 도시지역으로부터 제품이나 기술 정보를 입수하여 농어촌지역에 전달하는 등의 역할도 수행하고 있다. 또한 주변 농어촌지역에 대한 개발거점기능을 하고 있어 주변지역의 개발을 선도하고 새로운 기술 정보의 촉매 역할을 갖고 있으며 농어촌지역의 생활관습을 현대화하고 주민의식 계발을 수행하는 역할도 담당하고 있다.

소도읍을 농어촌발전의 중심지로 육성하기 위해서는 무엇보다도 소도읍의 발전잠재력을 발굴하고, 도시 수준의 생활환경시설을 제공하고 자체 생산능력을 갖춘 지역사회의 경제적 거점지역으로 육성해야 할 것이다. 이를 위해서는 소도읍의 입지유형 규모별 특성을 살린 지역별 특성화 개발전략을 추진해야 할 것이다.

이를 위해 안정적 개발사업을 뒷받침할 수 있는 근거법령이 필요하다. 소도읍 개발사업 촉진을 위한 가칭 「소도읍개발촉진법」을 제정하도록 해야 할 것이다. 이 경우 개발사업의 절차, 대상지역, 소요재원 확보방안 등을 법제화하여 안정적이고 체계적인 사업추진을 제도적으로 뒷받침하도록 하는 방안을 강구해야 할 것이다.

이와 함께 전국 196개 읍지역을 배후 농어촌지역의 경제·교육·문화·사회적 중심거점지역으로 육성하기 위한 소도읍 활성화 10개년계획을 수립·추진해야 한다. 이를 통해 전국에 산재한 소도읍의 계획적 개발로 국토의 난개발을 예방하고 도시적 생활환경을 제공해 수도권 인구유입을 완화하도록 유도할 수 있을 것이다. 구체적으로 지방 소도읍 중심지의 재개발 및 공간정비, 상가 근대화 등을 추진하고 도로, 주차장, 상하수도, 도시 소공원 등 기초적 도시기반시설을 확충하며, 주민문화, 여가 시설 및 특산품 가공시설 설치 등 생산적 소도읍을 육성하도록 해야 할 것이다. 이 경우 농촌중심형, 대도시주변형, 특수기능형(관광·탄광·대학촌·유적지 등) 등 특성별 유형화를 통하여 소도읍의 입지별·기능별로 잠재되어 있는 특성을 발굴하고 성장시킬 수 있는 특화개발시책을 추진하는 것이 요망된다. 그리고 소도읍 활성화를 위한 사업추진을 위해 소요재원 확보방안을 강구해야 한다. 사업대상지역을 종래의 읍·면지역에서 읍지역으로 전환하면 향후 10년간 196개 읍에 약 4조 원의 투자가 소요될 것으로 전망되는데, 소요재원의 80%를 국비로 지원하는 방안을 강구하여 사업추진의 효율화를 도모할 필요가 있다.

나아가 소도읍이 대도시 과밀화 및 환경문제를 해소할 수 있는 살고싶은 전원도시로 탈바꿈시켜 나가기 위해 '전원도시화' 지침을 마련해야 할 것이다. 이를 통해 단순한 기초생활기반시설 설치 위주의 미시적 사업추진방식을 지양하고 소득원 창출과 교통·문화 등의 지역정주기반 조성, 도시 수준의 생활기반시설이 조화된 쾌적한 전원 소도읍으로 개발해 나가도록 해야 할 것이다.

### 6) 국토균형발전기금의 조성과 지역간 차등 지원

국토균형발전을 위해서는 수도권의 집중 완화와 지방의 정주여건 개선 등을 통한 지방육성책이 필요하고 물리적 규제를 통한 수도권 과밀해소는 한계가 있으므로 지방의 경쟁력 제고방안이 적극 강구되어야 할 것이다. 이러한 지방발전을 지원하고 수도권에 입지한 공공기관 등 중추기능의 지방분산을 촉진하기 위해서는 재원확보가 필수적인 바, 현재의 토지관리 및 지역균형개발 특별회계를 통한 지역개발사업은 사업비가 연간 1,600억 원 수준에 불과하고, 재정운용도 도로사업에 국한되어 있어 한계가 있는 실정이다. 따라서 효율적인 재원을 확보하고 실천력 있는 지역균형개발사업 추진을 위하여 동 특별회계를 흡수, 국토균형발전기금으로 확대 개편하는 방안의 추진이 가능할 것이다.

현재 부처별로 지역균형개발사업의 일환으로 개발촉진지구사업, 오지·도서개발사업, 농어촌 정주권사업 등 상대적으로 낙후된 지역에 대한 지원사업을 시행하고 있으나 여러 가지 문제점을 노정하고 있다. 기존 지원사업은 전국 대부분의 지역을 대상으로 하고 있어 체계적인 지역개발보다는 나눠먹기식 사업시행의 성격이 농후하고, 지원대상도 대부분이 도로 등 SOC사업에 한정되어 있는 실정이다.

따라서 지방발전을 '전략적'으로 촉진하고 수도권에 입지한 공공기관 등 중추기능의 지방분산시책을 효율적으로 지원하기 위한 새로운 재원으로서 국토균형발전기금을 마련하여 운용해야 할 것이다. 이를 위해 수도권 입지에는 불이익을, 지방입지에는 지원을 강구하는 방향을 원칙으로 하여 수도권 과밀원인에는 경제적 부담을 부과하고, 이를 통해 조성된 재원은 수도권으로부터 지방으로 이전하는 기관에 지원하는 등 수도권의 과밀해소사업과 지방육성사업에 사용케 한다는 기본방향을 설정할 수 있을 것이다.

지역균형발전은 지역간 소득격차를 유발하는 지역간 경제적·사회적 기회격차를 축소함으로써 달성이 가능하다. 이를 위해서는 우선 지역의 경제적·사회적 기회창출의 선도적(catalytic) 역할을 담당하는 SOC·교육·정보화 여건이 지역간에 균등해야 한다는 점에서 낙후지역의 경우 비낙후지역에 비해 차등지원할 필요가 있다.

지역간 차등지원시에는 지방자치단체가 객관적으로 수긍할 수 있는 낙후도 지표개발이 선행되어야 지방자치단체의 반발을 예방할 수 있다. 또한 재정여건상 낙후지역에 추가지원할 재원 마련도 쉽지 않다는 점도 감안할 필요가 있다. 그리고 상대적으로 재정자립도가 높은 수도권·대도시 지방자치단체의 반발 가능성도 있으므로 객관적이고 투명한 방식이 요구된다.

### 7) 범정부 차원의 지역균형발전추진체제 구축

지역균형발전시책은 여러 부처와 지방자치단체 간의 긴밀한 협력체계가 필요하고 부처이기주의, 정치적 압력을 뛰어넘어야 성공할 수 있다. 1989년에 청와대 소속의 '지역균형발전기획단'을 구성하여 종합대책을 마련하였으나 1990년 3월에 기획단이 해체되면서 후속 추진체제의 결여로 정책추진효과는 미흡하였다. 따라서 지역균형발전종합대책을 범정부적으로 강력히 추진하는 것이 성공의 열쇠라고 할 수 있다.

이를 위해서는 범정부 차원의 지역균형발전대책을 성공적으로 추진한 프랑스의 국토정책기획단(DATAR)을 벤치마킹할 수 있을 것이다. 프랑스의 DATAR는 부처간, 지방간 지역발전정책을 조정·통합하는 총리직속의 상설기구로서 1963년에 드골 대통령에 의해 설립되었다. DATAR는 지역별 투자재원의 배분, 공공기관(프랑스 국립행정학교를 포함한 정부기관)의 지방이전, 프랑스 남쪽 지중해의 관광지대 개발 및 첨단산업도시인 소피아 앙티폴리스 건설 등과 관련하여 범정부 차원의 종합시책을 성공적으로 추진한 바 있다.

또한 지역균형발전시책은 일시적인 효과를 유발하는 것이 아니기 때문에 장기적이며 지속성을 유지해야 한다. 그러자면 법적인 장치에 근거한 시책의 추진이 필요하다.

국토균형발전을 위해 범정부차원의 총괄추진체제는 필수적이다. 이를 위해 정부상설기구로서 대통령직속의 '국토균형발전기획단'을 설치하는 것이 바람직하다. 그 주요 업무는 ① 국토균형발전관련 주요시책의 범정부·범지자체 차원의 총괄·조정 ② 국토균형발전 방향설정 및 범정부차원의 전략프로젝트 발굴 ③ 국토균형발전시책 추진의 범정부·범지자체적 평가 및 보완이 주된 업무가 될 것이다.

지역균형발전의 범정부적인 특성과 지속적인 성격을 동시에 반영하기 위해서는 추진조직뿐만 아니라 법적 기반의 마련이 요구된다. 이를 위해 「국토균형발전 촉진을 위한 특별법」의 제정이 필요하다. 이 특별법에서 국토균형발전의 이념과 정책수립·집행의 기본원칙의 법규화, 국가와 지자체의 책무 등 규정을 포함해야 한다. 그리고 지금까지 제시된 주요 전략, 즉 국가공공기관의 지방이전, 균형선도도시 특구 지정·지원, 지역전략산업 육성·지원, 지방교육의 개선, 낙후지역의 차등적 지원, 농어촌발전, 국토균형발전기금 운영, 상설추진기구 등에 관한 종합적이고 체계적인 규정이 포함되어야 할 것이다.


## 4. 맺음말

우리나라에서 지역간 균형발전을 가시화하기 위해서는 특단의 정책이 필요하다. 조그마한 제도를 몇 개 고친다고 해서, 정부부처별 소관업무에 따라 펼치는 부분적인 시책을 갖고는 지역균형발전시책의 효과가 나타나지 않을 것이다. OECD 국가에서 유례를 볼 수 없는 수도권 과밀문제를 해결하기 위해서는 한국형 특단의 전략이 제시되고 추진되어야 한다. 그 전략의 중심축을 차지하는 전략은 국가공공기관의 과감한 지방이전전략이 될 수 있을 것이다. 국가공공기관이 지방으로 솔선 이전하지 않고는 수도권의 많은 민간기업이 지방으로 가는 데는 매우 장기간의 시간이 요구될 것이며, 어쩌면 거의 불가능할지도 모른다. 접근의 새로운 패러다임이 필요하다. 이는 국가공공기관이 지방으로 솔선 이전하여 민간기업을 불러오는 방식으로 전환되어야 한다. 이를 위해서는 균형선도 도시를 선정하여 국가공공기관의 이전기반을 만들어 지방육성의 전략적 거점으로 삼는 프로젝트가 뒤따라야 할 것이다. 그리고 지역별 특성화, 교육제도개선, 재원조달, 농어촌 활성화를 위한 전략도 단계적으로 추진해야 한다. 이들 시책을 통합적 구도 속에서 제대로 추진하자면, 특히 범정부적 추진조직이 대통령 직속으로 상설화되어 적어도 지금부터 10년 동안은 지역균형발전시책을 종합적이고도 일관되게, 그리고 강력하게 추진해나가야 할 것이다.

■ 참고문헌

국토개발연구원. 1989, 「외국의 지역균형발전정책」, 국토개발연구원.
_____. 1992a, 「프랑스의 국토 및 지역개발제도 연구」, 국토개발연구원.
_____. 1992b, 「프랑스의 국토개발: 진단과 정책과제」, 국토개발연구원.
_____. 1993, 「지역발전 5개년 계획제도의 기본구상」, 국토개발연구원.
_____. 1995, 「고속철도와 지역균형개발에 관한 연구」, 국토개발연구원.
국토연구원. 1999, 「제4차 국토종합계획 시안 보고서」, 국토연구원.
김의준. 1992, 「지역투자의 변화가 국가경제의 효율성과 지역간 경제적 격차에 미치는 영향」, 국토개발연구원.
박상우·권혁진. 1997, 「지역균형발전시책의 평가와 발전방향」, 국토개발연구원.
박양호 외. 1998, 「21세기의 국토비전과 전략」, 국토연구원.
박헌주·김광익. 1997, 「수도권정책의 현안과제와 개선방안: 수도권 공공청사의 지방이전방안」, 국토개발연구원.
서종혁. 2000. 7, 「21세기 농어촌의 비전과 정책과제」(미발간자료).
지역균형발전기획단. 1990, 「지방화시대의 지역균형발전을 위한 기본구상」, 국토개발연구원.
한국개발연구원. 1998, 「지역균형개발의 기본방향」(미발간자료).
허재완. 1998, 「수도권 집중억제정책의 효과에 관한 연구」, 《국토계획》 33권, 6호, 255-268쪽.

# 제6장
# 광역화와 21세기 대도시권 성장관리방안

김  인 (서울대학교 교수)

## 1. 머리말: 대도시권의 지리적 함의

현대적 도시화 과정의 두드러진 특징은 인구 100만 이상 대도시 또는 그에 버금가는 지역중심도시들의 광역도시화 현상이다. 이는 기존 도시들의 '점적(點的)'인 도시성장이 차츰 배후지와의 사람·물자·정보 등의 원활한 흐름을 통해서 중심 모도시와 그 주변부의 지리공간이 경제적·사회적·정치적으로 밀접한 관련을 지니며, 질적 변화와 함께 유기적으로 통합되는 '면적(面的)' 도시화를 의미한다. 이러한 면적 차원의 도시화는 대도시 기능이 인접지역과 연계의 비중을 강화함으로써 지리공간상에서 대도시 영향 지역의 실체를 더욱 확대·발전시켜 나가는 현상이다.

일반적으로 이러한 지역을 일컬어서 대도시권(metropolitan region)이라 한다. 대도시권은 하나의 개방체계이며, 대도시 중심의 유기적 공간단위로 이해되는 지리적 실체이다. 이렇게 인식되는 대도시권은 시정(市政)권역과 같은 제도적 도시권역과는 본질적으로 다른 것이다. 앞으로는 다수의 소도시보다는 소수의 대도시권역을 중심으로 거대도시지역(large urbanized region) 안에서 많은 사람들이 일상생활을 영위하게 될 가능성이 크다. 또한 광역대도시권의 형성은 주거·상업·공업 등의 도시개발수요를 유발하여 많은 토지가 비농업적으로 전용되고, 국토공간의 토지이용 패턴에도 커다란 변화가 초래될 것이다. 이렇게 되면 대도시권을 하나의 공간단위로 하는 국토의 영역으로 새로운 관리체계에 기초한 국가정책과 대응전략이 필요하게 된다. 따라서 대도시권은 과거 어느 때보다도 물리적·사회적 실체로서 적절한 대응조치를 취해야 할 계획공간으로 부각되고 있다.

우리나라는 인구의 절대다수가 재도(在都)이건 재촌(在村)이건 또는 영농을 하건 안하건 대도시권역 안에서 삶을 추구하게 될 것이다. 이것은 확실히 우리의 국토공간상에서 도시행정구역보다는 다소 느슨한 체제의 지역단위이지만, 한 단위의 일체화된 일상생활공간이 대도시권을 중심으로 새롭게 창출되고 있음을 의미하는 것이다. 이 점을 직시하며 본 장에서는 광역도시화로 국토공간이 대도시권 중심으로 재편되고 있는 실상과 전망을 토대로 대도시권화에 따른 문제점과 대응과제, 그리고 대도시권 성장관리방안에 대한 추진전략 등의 견해를 개진해보고자 한다.

## 2. 대도시권의 형성 배경과 공간특성

### 1) 대도시권의 형성 배경

대도시권이 형성되는 가장 주된 요인은 도시의 경제성장과 인구집중에 기반한다. 일반적으로 도시는 사람과 재화가 모이는 장소로서 장소간의 상호 시장기능을 통해서 차별성장을 하게 되며, 시장으로서의 입지우위에 있는 도시가 먼저 성장을 하면서 도시 영향력을 주변지역으로 확대해나간다. 모름지기 모든 도시는 인구규모에 관계없이 일정한 영향지역을 배후권으로 가진다. 그러나 모든 도시가 인구 100만 이상의 대도시 또는 지역중심도시로 발전하지 않으며, 그에 상응하는 대도시적 영향권을 형성하지도 않는다. 그러나 대도시권 형성의 관건은 역시 중심도시의 절대인구 확보이며 성장이다. 중심도시의 인구성장은 도시경제 자체의 유효수요 창출뿐만 아니라 중심대도시의 인구집중과 과밀화에 의한 외연적 도시팽창을 조장한다. 이때 파생되는 문제가 중심대도시에서의 주택 부족 및 지가 상승이며, 이를 극복하기 위하여 도시 외곽지역에서의 대량 주택건설과 주거지 확산, 그리고 거리극복을 위한 광역교통망체계 도입 등 도시개발 여건의 필요성이 증대된다. 이것이 결국 대도시권 형성 초기단계에서 중심도시로부터 가까운 거리에 교외지역이 발달하는 일차적 이유이다. 이때 중심도시로부터 확산되는 각종 도시기능의 요소들이 배후 농촌지역으로 충전되면서 순수 농촌을 도회(都會)적 공간으로 변용시키는 이차적 도시개발요건이 발생한다. 이와 같이 시차적 과정을 통해서 도시근교지역이 형성되는가 하면 그 바깥지역에서 원교지역이 형성되고 중심거대도시의 영향권 안에서 하나의 유기적 공간단위 형태의 대도시권역이 성숙되는 것이다.

이와 같이 여러 다양한 변수의 다층적 투입과 여건에 따라서 지역특성에 기초한 대도시권이 형성된다. 교통수단의 발달과 기동성의 증대, 공장 등 생산활동기반의 입지분산과 취업기회의 공간확대, 쾌적한 환경과 주거권의 공간확산, 인구분산정책과 같은 정부시책은 여러 변수 중에서도 대도시 중심의 거대광역도시권의 발달을 유도하는 기본요소라 할 수 있다.

## 2) 대도시권의 공간범위와 지역특성

대도시권의 지역범위에 대해서 다양한 의견들이 있지만 일반적으로는 첫째, 중심대도시의 기능들이 주변지역에 영향을 미치는 공간적 범위로 정의할 수 있고, 둘째, 중심대도시와 기능적으로 연계관계를 맺고 있는 도시화수준이 높은 종속지역으로 정의할 수 있고, 셋째, 보다 포괄적 의미의 중심도시와 경제·사회·문화·정치가 복합적으로 긴밀하게 통합된 권역이라고 정의내릴 수 있다. 그러나 대도시권은 하나의 개방시스템으로 간주되는 개념이란 점에서 권역의 범위는 어떤 전제된 기준에서 설정이 가능하며 중심도시의 인구규모, 기능 및 지역간의 접근성, 주민의 기동성 그리고 지역의 전반적인 도시화 수준과 밀접한 관계가 있으므로 대도시권의 공간적 범역은 매우 가변적인 것으로 파악된다. 따라서 대도시권의 경계를 설정하는 데에는 아직 특별히 통일된 기준은 없다.

그러나 하루를 사는 일상생활권의 개념에 비추어 대도시권을 정의할 경우 중심대도시를 기점으로 한 최대한의 통근한계거리, 즉 통근권을 대도시권과 일치하는 권역으로 간주하기도 한다. 일찍이 자동차문화가 보편화된 구미국가의 통근한계거리에 대한 경험적 분석에 의하면, 대체로 인구 100만 명 이상의 대도시일 경우 중심도시로부터 반경 80~100km의 거리가 통근한계권역으로 나타난다. 우리나라의 경우 현재로서는 서울로부터 반경 50km를 전후해서 통근권이 형성되고 있으며, 이 범역이 이른바 수도권으로 간주되는 서울의 광역도시권에 해당된다. 자동차교통이 압도적인 로스앤젤레스의 경우는 서울에서 대전 간 거리에 해당하는 100마일 반경권에서 거대한 대도시권 지역을 형성하고 있다.

일반적으로 대도시권의 공간특성은 통근한계권역에서 전개되는 지역분화의 공간화 과정을 통해서 더욱 명확히 드러난다. 〈그림 6-1〉에서 보듯이 중심도시에 연속하여 처음에는 이른바 도시와 농촌의 점이지대(漸移地帶)인 교외지역이 형성된다. 이는 교외화의 진전도에 따라 다시 내측(內側) 교외지역과 외측(外側) 교외지역으로 구분된다. 내측 교외지역은 주변지역 중에서 도시적 토지이용이 가장 현저한 지역으로 거주지 교외화를 비롯한 도시지향적 경관요소가 탁월하며, 조만간 도시경관으로의 변화가 기대되는 지역이다. 외측교외지역은 경관상 농촌적 토지이용의 양상이 나타나지만, 도시지향적 여러 요소들의 침입충전현상이 뚜렷하게 확인되는 지역이다. 이러한 교외지역에는 대체로 도시지역에 적합하지 않고 넓은 공간을 필요로 하는 물류창고, 야외극장, 폐차장, 대단위 축사와 같은 기능들이 존재하며, 특히 경관상으로 직접 나타나지는 않지만 앞으로의 개발수요 기대로 인해 도시인들이 매입하여 소유하는 토지가 상당부분 있다는 것도 중요한 특징이다. 이런 교외지역에 외접해서 밖으로는 도시음영(urban shadow)지역이 전개된다. 이 지역은 경관상 도시기반의 하부구조시설이 희박하지만 토지소유관계, 비농가 및 주민의 통행패턴에 있어서 중심도시와 밀접하게 관련되어 있다. 끝으로 도시음

〈그림 6-1〉 일상 대도시생활권의 내부공간 구조

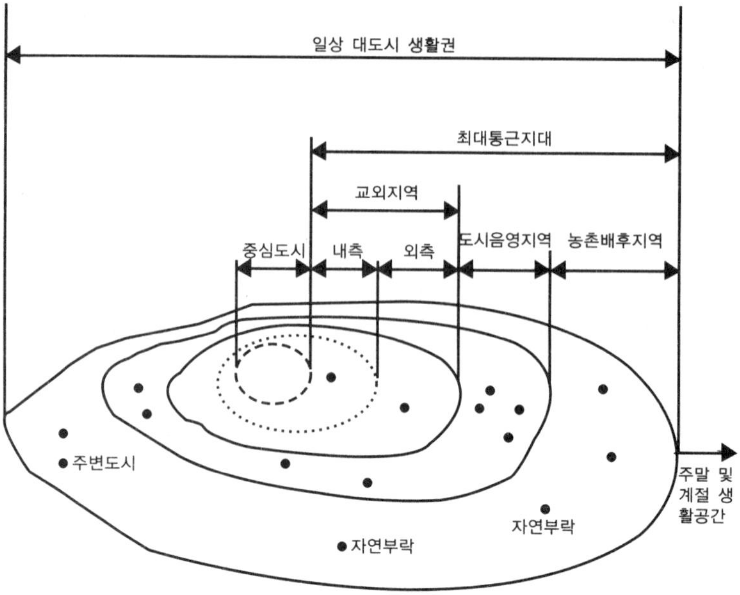

출처: Bryant, E. R. et al., 1982, *The City's Countryside*, p.12.

영지역은 배후 농촌지역으로 이어진다. 여기에도 중심도시의 영향이 미치고 있어서 도시민들은 주말에 이용하는 별장이나 농장 등을 소유하고 있으며, 농촌주민들도 도시민과의 접촉이 많고 도시적 생활여건 및 기회가 많다는 점에서 다분히 도시화된 시골사람들인 것이다. 이와 같은 광역도시화 현상은 인구 100만 이상 대도시의 배후지에서 탁월하게 나타나는 현상이다.


## 3. 대도시권화의 추세와 전망

### 1) 대도시권의 외연적 팽창과 재도시화

우리나라의 도시화율이 80%를 넘고 있는 점과 국토공간의 어디서나 도시화의 성숙여건이 상당한 수준에 이르렀음을 감안할 때, 향후 대도시 중심의 광역도시화는 중심대도시 밖으로 지향하는 도시팽창(urban sprawl)과 중심대도시 안으로 지향하려는 재도시화(gentrification)라는 쌍방향의 도시화 힘에 의해 전개될 전망이다. 특히 도시화 과정에서 중심대도시의 인구성장이 지속되는 경우 중심도시 세력이 시계 밖으로 작용하여 시가지화 지역(built-up area)의 외연적 팽창을 통한 대도시권의 확장이 조장된다. 반면, 중심대도시의 인구성장이 느려지거나 절대인구가 줄어드는 단계에 오면 도시화가 중심도시로 역류하는 이른바 재도시화 현상이 나타난다. 앞으로 우리나라의 대도시권화는 도시팽창과 재도시화가 양립하는 진행과정을 보일 것이며, 두 도시화의 힘의 향방에 따라 대도시권의 발전상태가 달라질 것으로 전망된다.

우리나라의 6대 대도시권 중에서 수도권의 경우 중심도시 서울은 이미 절대인구의 감소경향을 보이고 있다. 아직은 도시팽창의 여건이 수도권 지역에서 우세한 편이나 서울에서의 재개발 붐, 중소벤처산업의 활성화, 세계화 등의 변화여건을 감안하면 서울의 재도시화 현상이 도시팽창을 앞질러나갈 수도 있다. 이에 비해서 지방 대도시권의 중심도시인 부산, 대구, 광주, 대전, 울산은 인구 100만 이상의 대도시이지만 아직 절대인구가 성장하는 추세에 있으며, 도시팽창에 의한 광역도시화 여건이 더 우세한 편이다. 그러나 지방 5대 도시를 기반으로 한 광역시 자체의 경쟁력 강화와 지역경제 활성화를 위한 개발전략이 추진된다면 지방 5대 도시권역에서의 재도시화 현상도 조만간 기대해 볼 수 있을 것이다.

## 2) 대도시권의 다핵구조와 수평적 네트워크 강화

광역대도시권 안에는 크고 작은 일련의 도시군이 입지해 있다. 이들 도시들은 중심대도시가 발달하기 전에는 각자 독자적인 배후지를 가지며 취락체계를 형성한다. 이른바 중심지이론에 입각해서 설명되듯이 작은 규모의 도시들은 도시의 기능상 규모가 큰 상위도시에 포섭되는 일련의 수직적 도시계층체계를 이룬다. 그러나 중심대도시의 광역도시화 과정에서 대도시권에 입지한 일련의 도시군은 도시규모에 관계 없이, 비록 인구가 작은 도시일지라도 상위규모의 도시보다 더 다양하고 특화된 기능을 수행하는 도시로 발전하는 경우가 있다. 이 과정에서 기존 중심지 체계의 도시 질서가 무너지며, 대도시권에 입지한 기존의 도시들은 중심 지기능보다는 상호집합적 기능을 수행하는 도시간의 횡적 네트워크가 강화된다. 즉 과거의 수직적 기능의 도시계층에서 수평적 기능의 도시계층구조로 변하는 것이다.

서울로부터 반경 50km의 대도시권에는 24개의 크고 작은 시급 도시가 있다. 그러나 더 이상 이들 도시에 대한 중심지적 도시기능과 입지관계를 논하기가 어렵게 되었다. 지난 20여 년 동안 서울의 광역도시화가 전개되면서 서울에 인접한 많은 도시들의 중심기능이 규모와는 관계 없이 약화되었거나 침상도시로 전락하는 경우, 또는 안산시와 같이 공업도시로 특화된 경우를 본다. 한편 수도권의 광역 간선도로망이나 JC 또는 IC의 교차점에 입지한 도시들의 차별성장을 통해서 대도시에서 형성되는 부도심과 같이 대도시권의 지역중심센터로 발달하는 것을 본다. 수원시가 그 좋은 예이다. 이처럼 일련의 핵화된 지역중심센터에 의해서 대도시권의 공간구조가 다핵화되는 것이다. 그리고 대도시권의 중소도시군은 도시기능의 상호보완적 네트워크하에 대도시권 전체 도시기능의 한 부분을 수행하는 집합도시가 되는 것이다.

향후 6대 도시권 내에 입지한 중소도시들은 중심지 서비스기능이 상대적으로 약화되는 동시에 각 대도시권의 전체 기능의 한 부분을 수용하는 장소로서 특화기능이 강화될 전망이다.

## 3) 디지털 시대, 실제와 가상공간의 공존

21세기는 새로운 기술문명에 도전받고 있다. 그것이 바로 디지털과 관련된 기술의 세계이다. 아날로그에 대비되는 디지털 기술은 이미 우리의 일상생활에 깊숙이 자리잡고 있으며, 우리의 생각과 관행을 끝없이 변화시킬 전망이어서 아직은 디지털 세상의 실체를 그려보기조차 힘들다. 그러나 최근 디지털과 관련된 기술의 동향은 IT(Information Technology),

BT(Bio-Technology), ET(Environmental Technology), CT(Cultural Technology), LT(Living Technology)라는 분야의 산업계에 지대한 영향을 미치고 있다.

우선 대도시권 내와 대도시권간에 LAN과 WAN의 정보고속통신망이 급속하게 구축될 전망이다. 이렇게 되면 개인 PC에 접속한 인터넷의 전자메일, 홈페이지, 화상회의, 전자상거래, 전자비즈니스, 전자 정부 등과 관련된 일들을 수행하는 데 있어서 시·공의 동시극복이 가능해진다. 따라서 공간을 극복하기 위한 절대거리·시간거리·비용거리에 대한 특정 입지의 중요성이 비탄력적으로 되기 때문에 특정 입지에 대한 선호와 중심도시로의 집중이 점차 완화될 것이다. 그래서 일각에서는 미래의 사회가 "도시가 없는 도시문명(urban civilization without city)"만이 존재하는 세상이 될 것이라는 극단론도 펴고 있다. 이 극단론에 대한 시비는 차치하고라도 시·공의 동시수렴 현상은 우리의 일상생활 패턴과 도시구조에 지대한 영향을 미칠 것은 분명하다.

또 하나 주목할 사실은 실제의 공간현상을 인터넷에서 그대로 재현하는 가상공간을 상상해볼 수 있다. 다시 말해서 실제의 대도시권에서 할 수 있는 일을 가상의 대도시권에서도 그대로 할 수 있다는 이야기이다. 작은 나라 핀란드의 수도 헬싱키에는 두 개의 도시가 있다고 한다. 하나는 현실세계에 존재하는 도시이고, 다른 하나는 인터넷상에 구축한 가상도시이다. '사이버 헬싱키'는 오프라인상의 주택, 거리, 공원, 백화점, 관공서, 미술관, 학교와 같은 도시 전체를 사이버상에 그대로 옮겨놓았을 뿐만 아니라 3차원 그래픽 기술을 이용하여 입체적 공간을 구현하고 시시각각 변하는 도시 전체의 모습을 실시간으로 제공한다. 실제로 이 가상도시에 들어가면 교통체증이 심한 곳, 화재가 발생한 곳을 단번에 알 수 있고, 사이버 백화점에 들어가 진열된 물건을 직접 골라 주문쇼핑을 할 수도 있다. '리얼 사이버시티'라는 점에서 다른 가상도시와는 차이가 있다(www.arenanet.fi).

비록 헬싱키의 사이버 도시를 예로 들었지만, 우리도 앞으로 기술이 앞선 '리얼 사이버 대도시권'을 인터넷상에 구축한다면 실제 공간과 사이버 공간이 상호 호환되며 공존하는 편리한 세상에서 살게 될 것이다. 그리고 많은 시간을 사이버 공간에 할애하며 살아가는 사람들이 될 것이다.

## 4) 대도시권의 세계도시화

21세기의 화두는 세계화(globalization)라 해도 과언이 아니다. 지구촌 곳곳에서는 지금 경제의 세계화, 금융의 세계화, 도시의 세계화가 가속화되고 있다. 이제 세계화 현상은 더 이상 모호한 개념이 아닌 우리 모두에게 실재하는 현실이 되었다. 특히 21세기 세계경제는 자본·금융·노동·토지 등의 생산요소가 국민국가의 경계를 넘어서 전 지구를 무대로 전방위적으로 작동한다. 그런데 세계경제를 견인하는 장소가 바로 일반 도시와는 다른 세계도시인 것이다.

도시학자 프리드만(Friedmann, 1986)은 학술적 견지에서 세계도시를 20세기 후반 세계의 자본주의적 신경제질서와 국제분업을 통제하는 '다기능적 고정핀'의 역할을 하는 국제화된 장소로 정의하고 있다. 그에 의하면 세계도시의 특징은 인구 측면에서 100만 이상의 메가급 거대도시이며, 공간측면에서는 중심도시로부터 반경 50~100km권에 이르는 거대도시화지역(large urbanized metropolitan region)이다. 한편, 알렌 스콧(Allen Scott, 1996)은 국제적 기능이 응집된 도시지역(clustered urban region)을 세계도시로 보고 지구경제를 이끄는 regional motors에 비유하였다. 두 저명한 도시학자가 시사하듯이, 국제화된 장소로서의 세계도시는 그 공간적 특징이 인구 100만 이상의 중심도시와 그 지리적 영향권을 함께 포괄하는 권역 개념의 대도시권 지역을 의미한다.

현실 인식의 차원에서 일반 도시와 세계도시를 비교해보면, 세계도시는 ① 국제금융의 센터 ② 다국적기업의 본사가 입지한 곳 ③ 국제기구 활동의 거점 ④ 생산자서비스산업(FIRE)의 급성장지 ⑤ 주요 제조업의 중심지 ⑥ 세계교통망의 주요 결절지 ⑦ 거대규모의 인구집적지로서 일국적 차원을 넘어 세계경제의 중추기능을 수행하는 도시이다. 그러나 여기서 주목해야 할 것은 7개 지표가 대도시권역에 집중하여 분포해 있다는 사실이다. 그만큼 대도시권은 세계도시화의 유리한 입지를 제공해준다. 뉴욕 대도시권, 런던 대도시권, 동경 대도시권은 7개의 지표를 거의 모두 만족하는 세계 최상급의 국제화된 도시이며 대도시권역임을 간과해서는 안된다. 우리나라의 수도권은 아직 세계적 대도시권의 2차적 범주에 속한다. 하지만 수도권 대도시지역 내에는 세계 주요 항공교통의 결절지인 인천국제공항이 있고, 주요 제조업이 모인 신산업지대가 있다. 서울 도심에는 다국적기업의 본사가 속속 들어서고 있으며, 생산자서비스산업이 급성장하고 있다. 또한 인구 측면에서 보면 전국인구의 1/4이 넘는 메가급 거대도시지역이다.

이처럼 수도권은 세계도시지역으로 발전하는 데 대도시권역 차원의 비교우위가 높은 입지적 특성을 가지고 있다. 그러나 지방의 대도시권역은 아직 세계화를 수용하고 통제할 만큼의 입지적 여건과 기반조성이 취약한 상태이다. 그러나 지방의 대도시권도 장기적 안목에서 국제기능을 수행하는 권역으로 발전하고 국토공간의 균형발전 차원에서도 세계도시의 기능을 강화해야 한다.

## 4. 대도시권화의 문제와 대응과제

도시화의 연장선상에서 야기될 광역도시화의 문제는 지금보다 훨씬 더 복잡하고 다원적인 것이 될 것이다. 여기서는 대도시권화의 과정에서 필연적으로 조장될 문제를 중점적으로 다루어본다. 특히 문제의 개연성 측면에서 문제의 성격을 예단해보면 크게 세 가지 범주로 나누어볼 수 있다.

첫째, 광역도시권의 기개발된 토지이용과 관련한 문제이다. 기개발된 대도시권 지역의 토지이용 패턴과 시가지화 지역의 인프라 등 공간구조가 신규 토지수요에 대처하는 데 적절치 못한 많은 한계를 드러낼 것이다. 왜냐하면 기존의 토지이용 패턴에는 이미 노령화, 노후화, 구식화된 부문이 많아서 신규 토지수요를 수용하기에 적합하지 못한 부분이 있으며, 기개발된 토지를 새로운 토지수요에 맞도록 재창출하는 데 많은 어려움이 따르기 때문이다. 따라서 기개발지에서는 토지이용상 관성의 법칙이 작용하여 새로운 공간수요에 대처해야 할 땅의 '이용'이 '오용'의 상태로 전락하는 경우가 많이 발생한다. 일례로, 전자상거래의 쇼핑문화가 정착하면 온라인상에서의 구매가 활발해져 쇼핑센터나 백화점의 대형주차공간의 쓰임새가 반감되어 토지의 오용이란 결과를 낳는다는 이치이다. 또한 광역도시권에 신·구 시가지가 개발되고 대도시권의 공간이 확대되면 새로운 광역교통망체계를 필수적으로 갖추어야 한다. 그러나 광역도시권의 기존 도로망이나 교통체계가 광역적으로 증대되는 교통수요를 대처하기에는 이미 그 시설이 낡았거나 용량이 부족하다. 이와 같이 대도시권화 과정에서 토지이용상의 '오용'의 문제를 최소화하고 '이용'을 극대화하는 토지이용패턴의 효율화문제가 제기된다. 대도시권화 과정에서 대처해야 할 신·구 토지이용의 효율화 문제는 대도시권의 중요한 계획과제의 하나이다.

둘째, 대도시권역의 도·농 통합형 지역사회개발과 관련한 문제이다. 대도시권 지역은 중심 모도시의 영향력하에 상당 수준의 도시화가 진전된 지역이기는 하나 농촌적 요소가 상당히 상존하는 지역이기도 하다. 대도시권에서는 주거와 생업이 다른 재도(在都) 주민과 재촌(在村)탈농·재촌영농의 주민이 공존한다. 또한 도시적 토지이용과 농촌적 토지이용이 병존·혼재한다. 이와 같이 대도시권을 농촌적 생활양식(ruralism)과 도시적 생활양식(urbanism)의 습관이 밴 두 그룹의 사회집단이 대도시권이라는 한 권역 안에서 삶을 공유한다. 그러나 이 두 집단이 대도시권화의 과정에서 필연적으로 봉착하는 문제, 예컨대 도시화의 농촌 침투와 농촌 본래의 내재적 속성을 견지하려는 두 힘에 의해 표출되는 두 집단간의 갈등과 이해관계의 충돌 등을 어렵지 않게 예상해볼 수가 있다. 문제는 대도시권화 과정에서 농촌적 요소와 도시적 요소를 안정적으로 병존·융합할 수 있는 지역적 실체로서 대도시권역의 정체성을 확고히 하는 지역사회의 개발 문제이다.

일본의 도시관계 연구가인 무라세 아기라는 이러한 지역사회를 농촌적 생활양식과 도시적 생활양식에 이은 제3의 지역생활양식, 즉 혼주생활양식(rubanism)으로 규정하고 그러한 권역을 러반(rurban)이라고 부르고 있다. 도시·농촌 병존양식의 권역은 도시가 주택이나 시가지를 근접지역의 교외로 넓혀나가서 생기는 교외지역(suburb)과는 기본적으로 그 성격과 내용이 다른 것이다. 러반은 그 권역 내에서 도시기능과 농촌기능이 공존하는 상태로 농산물의 수급, 통근·통학, 쇼핑, 서비스, 위탁·여가활동 등 여러 면에서 도시와 농촌이 일상적으로 기능을 서로 교환하는 사회적 공동체이다.

앞으로 전개될 대도시권화 지역은 국토공간상에서 도시와 농촌을 아우르는 하나의 통합적 개념의 새로운 영역으로 키워가야 한다. 따라서 우리나라의 6대도시권을 중심으로 혼주(混住)생활양식 차원의 국토개발 비전과 개발수법이 절실히 요망된다.

셋째, 대도시권역 내 지방정부간의 협업과 관련한 문제이다. 대도시권역에는 중심 모도시를 비롯해서 시·군 등 다수의 지방자치단체가 독립된 행정단위로 존재한다. 이들 지방자치단체는 각각의 행정경계의 테두리 안에서 지방정부로서 고유권한의 독자적 행정력을 행사한다. 그러나 광역도시권의 형성과정에서 모도시의 도시세력 팽창에 따른 주거지 확산, 공업지역의 확대, 상권·취업권·통근통학권의 확대 등의 문제가 대도시권 내 지자체간의 관할구역까지 파급된다. 이때 지자체간에 상호 업무연락과 협의 차원에서 유기적으로 처리해야 할 광역단위의 행정문제가 발생한다. 예컨대 도시계획상의 문제, 광역교통계획, 광역상하수도, 수질오염, 광역쓰레기처리, 홍수 등의 방재관리문제가 그 좋은 보기이다. 그러나 광역대도시권에서 광역적으로 다루어져야 할 문제들이 지자체간의 행정협조가 이루어질 수 없는 제도상의 공백 때문에 또는 지자체간의 이해관계 때문에 서로 공유된 사안의 문제들을 효과적으로 처리하지 못하는 경우가 발생한다. 예산의 중복투자, 주민의 불만, 서비스의 지연 등의 폐단을 극복하기 위해서도 지방도시간의 광역도시화 문제를 효율적으로 처리할 수 있는 제도적 장치가 필요하다. 우리나라는 이와 같은 문제를 해결하기 위하여 도시권 행정협의회와 같은 기구를 설치하여 운영하고 있다. 그러나 대도시권이 도·농 혼주의 생활권으로서 국토공간상에서 제

3의 영역으로 발전할 것을 감안할 때, 지방자치단체간의 협업기구의 존재가 유명무실해서는 안되며, 기구의 역할은 더욱 강화되어야 하며 대도시권의 성장·관리차원에서도 매우 중요한 것이다.

## 5. 21세기 대도시권 성장관리 방향과 전략

### 1) 대도시권 성장관리방향의 대전제: 지속가능한 개발

도시화는 산업화, 근대화 또는 발전이란 개념의 보편적 가치로 받아들여진다. 대도시권의 형성과정을 도시화의 연장선에서 볼 때, 국토공간상에서 도시화의 과실(산업화·근대화·발전)을 가장 많이 수혜받는 지역이 대도시권이라 할 수 있다. 왜냐하면 이 지역은 도시화 초기 이후 후기산업사회에 이르기까지 도시화가 오래 누적된 지역특성을 보이기 때문이다. 도시화는 분명 인간에게 경제적 부의 축적과 생활여건을 향상시키는 기제로 작용해왔다.

그러나 대도시권을 중심으로 전개되는 도시화의 확대재생산 과정이 과연 '발전'의 지속가능성을 담보하는 것인가 하는 의문에 인색할 필요가 없다. 특히 삶의 질 차원에서 같은 질문을 할 때 '발전의 지속가능성'은 가능한가? 이 물음의 귀결은 당연히 '지속가능한 것'이어야 한다는 것이다. 그렇다면 과연 지속가능한 지역이란 어떤 것이며 어떻게 성장관리되어야 하는 것일까? 우선 지속가능한 개발 또는 발전이 함축하고 있는 지속가능성(Sustainability)의 개념을 UN 보고서를 인용해본다. UN 브란트란트 보고서 *Our Common Future*에서는 지속가능한 개발(Sustainable development)이란 "현세대 자신의 필요를 충족시키면서 미래세대의 필요를 손상시키지 않고 모든 사람이 더 나은 삶의 욕구를 만족시키는 개발의 기회이다. 좁은 의미에서 지속가능한 개발이란 지구와 대기, 토양, 생명체의 생태계를 지탱하는 자연체계에 위협적이지 않아야 한다"(WCED, 1987: 60).

이 정의는 매우 포괄적이며 다양한 편차를 보이는 발전단계에 있는 인간, 기구, 국가의 이해관계를 모두 수용하지 못한다는 비판을 받는다. 그러나 여기서 주목할 것은 지속가능한 발전(sustainable development)의 개념이 한 시대의 가치와 의식전환을 촉구하는 이념형적 개념이라는 점이다. 앞으로 21세기의 사회발전 가치는 어떤 덕목과 원리에 입각하여 구성되어야만 지속가능한 개발이 이루어지는 사회가 될 수 있는지를 검토해보아야 한다. 이러한 검토는 구체적으로 인간사회를 구성하고 있는 경제(Economy), 사회(Equity), 환경(Environment)이라는 세 가지 차원(3Es)에서 다루어져야 할 문제이다. 지속가능한 개발을 위한 3Es의 구성요체가 바로 SD의 이념에 담겨 있기 때문이다.

지속가능한 개발이념은 대도시권의 성장관리방향의 목표와 이정표를 제시하는 대전제가 되어야 한다. 그리고 목표의 지향점은 궁극적으로 도시화의 확대재생산 과정에서 인간의 삶의 질을 향상시키는 것이어야 하며, 계획차원에서 대도시권의 3Es, 즉 지속가능한 경제, 지속가능한 환경, 지속가능한 형평성을 어느 한 부문에 치우치지 않고 동시에 고루 재구축하는 데 있다. 과거 경제성장이 국가정책의 최우선 과제였던 시절, 급속한 도시화 과정 속에서 경제개발이 우선, 환경보전은 차선, 그리고 사회적 형평성을 도외시한 개발정책을 펴왔다. 결국 3Es에 대한 차등적 개발정책은 지역발전의 제로섬 게임을 연출했다. 앞으로는 SD이념에 입각한 3Es의 균형개발정책을 제도적으로 과감히 수용해 진정한 삶의 질 향상을 지향하는 지속가능한 대도시권 개발의 성장관리방향을 정립해야 한다.

## 2) 벤치마킹: RPA와 제3차 뉴욕대도시권 개발계획

RPA(Regional Plan Association)는 1929년에 창립된 비영리적 민간조직으로, 뉴욕 대도시권 지역개발 계획업무를 관장하는 기구이다. RPA는 다음과 같은 3가지 기본원칙 아래서 업무를 수행하는 것이 특징이다. 첫째, 비정부기관인 RPA는 계획 이슈를 다루는 데 있어서 뉴욕 대도시권의 3개주 행정구역과 지리적 경계를 초월하여 처리해야 할 사안의 문제들에 대해 비파당적 접근을 견지한다. 둘째, 뉴욕 대도시권역의 공동 관심사를 통합적으로 파악하며, 문제의 처리를 선거나 경기 사이클과 같은 단기적 상황에 구애받지 않고 장기적 관점에서 문제에 대응하는 계획을 수립한다. 셋째, RPA는 뉴욕 대도시권의 교통, 도시설계, 경제개발, 환경계획 등 부문간의 계획과제를 지역 이슈 차원에서 조정과 통합을 통하여 접근한다. RPA는 1996년 2월에 "위험에 처한 지역(A Region at Risk)"이라 명명된 뉴욕 대도시권의 제3차 지역개발계획안을 발표하였다. 제3차 계획의 주 내용은 뉴욕 대도시권이 직면하고 있는 새로운 유형의 도전(예컨대 세계화와 세계경제), 지역의 새로운 현실에 부응하기 위한 전략, 그리고 소요투자내용의 산출 등을 다루고 있다.

RPA의 뉴욕 대도시권 계획권역은 뉴욕, 코네티컷, 뉴저지의 3개 주에 걸쳐 구성된 대도시권역(Tri-State Metropolitan Region)이다. 이 권역의 인구는 약 2,000만 명, 면적은 약 1만 3,000평방마일이며 1,600개의 도시, 타운, 빌리지로 구성되어 있다. 이 지역에서 RPA계획의 기본 목표는 뉴욕 대도시권의 삶의 질을 개선하기 위한 수단으로 3Es를 동시에 강화하는 것이다. 그리고 3Es, 즉 경제, 형평성, 환경의 상호유기적 개발을 통하여 21세기 뉴욕 대도시권 전 지역을 하나의 지속가능한 성장지역으로 개발을 유도하는 데 있다. 보다 구체적으로 뉴욕 대도시권 3차 개발계획안을 5개 부문으로 나누고, 캠페인이란 이름하에 ① 그린워드(Greensward) ② 센터(Centers) ③ 모빌리티(Mobility) ④ 워크포스(Workforce) ⑤ 거버넌스(Gover- nance) 캠페인을 위한 핵심 개발전략을 수립했다. 다섯 가지 개별 전략 하나하나는 3Es의 지속가능성을 달성하도록 제안되어 있으며, 5개 전략은 종합적으로 뉴욕대도시권 안에서의 재녹화(re-green), 재연결(re-connec- tion), 재집중(re-centering) 전략을 통하여 이 권역에 다시 경제의 활력과 삶의 질을 제고하는 데 개발의 목표를 두고 있다. 이 전략 개념의 틀을 제시하고 있는 것이 〈그림 6-2〉의 내용이다. 이 모델이 시사하듯이 5개 캠페인 전략을 통해서 3Es를 동시에 강화하여 생활의 질을 향상시키는 동시에 위기에 직면해 있는 뉴욕 대도시권을 경쟁력이 강화된 지역으로 재창출한다는 전략이다.

<그림 6-2> The Three E's Transformation of the Five Campaigns

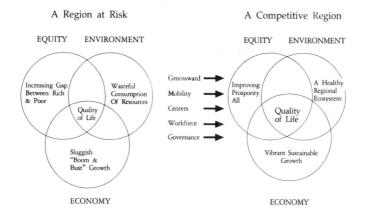

출처: Robert D. Yaro & Tony Hiss(1996: 82)

5대 캠페인 전략의 주요 개발사업은 다음과 같다.

① 그린워드(Greensward) 캠페인
  • 산림, 수계, 농지 등 뉴욕권 지역의 녹지기반 시설을 보호하고 지역성장
    에 대비한 11개의 대단위 녹지확보 지역을 미리 지정
  • 휴양공간으로서 지역간 녹도망(greenway network) 구축

② 센터(Centers) 캠페인
  • 뉴욕 맨해튼 중심부와 지구 간의 경전철 연결을 통해서 뉴욕 시의 CBD기
    능 강화
  • 뉴욕 대도시권의 기존 11개 지역중심지에 집중투자를 통해 주거 및 새로
    운 고용창출의 장소로서 도시기능 강화
  • 도시중심부의 경제외적 문화·예술기능을 강화하여 도시매력 제고

③ 모빌리티(Mobility) 캠페인: 중심지 전략을 통해 다시 강화될 기존 도시들간
  의 연결을 위해
  • RX(Regional Express Rail)의 시스템 구축 및 신규 철도노선 건설과 기존의
    노선구간 개선

- 고속도로 혼잡통행료 징수
- 지역서비스와 수송비 절감을 위한 허드슨 강안의 물자수송 네트워크 건설

④ 워크포스(Workforce) 캠페인
  - 평생교육체계를 통한 노동과 교육의 연결
  - 저소득 지역사회의 직업(고용)네트워크 형성
  - 영어교육과 연방이민법의 적절한 개정을 통해 이민자 및 소수민족을 주류경제에 편입

⑤ 거버넌스(Governance) 캠페인
  - 지자체간 통치방식의 혁신을 통해 권역 내 협력 강화
  - 지역서비스를 지원하고 공급하는 공공제도 창출
  - 민관합동 의사결정과정의 개선

결론적으로 이러한 5대 전략은 뉴욕 대도시권의 생활의 질 향상과 지역경쟁력 강화를 위한 수단으로서 뉴욕권의 지역경제, 지역사회의 형평성, 지역환경에 대한 지속가능한 성장과 발전을 유도하자는 것이다. 비록 RPA의 3차 개발계획모델은 뉴욕 대도시권이라는 지역의 특수성을 담보하여 제시된 모형이지만 SD의 개념, 3Es의 기본구성원리, 삶의 질, 지역경쟁력의 개념에 입각한 대도시권 개발비전을 제시해주고 있다는 점에서 이 모델을 벤치마킹하는 데에 충분한 가치가 있다고 본다.

## 3) 대도시권 성장관리를 위한 추진전략

### (1) 대도시권: 글로벌 경제(Global economy)의 산실로 육성

오늘날 지구경제의 신국제분업에 의한 국민국가의 경제적 통제력이 약화되고 국경없는 세계화가 진전되면서 자본주의하에서 지역중심의 경제성장(regionalized economic growth)이 다시 강화되고 있다. 특히 지구경제의 통합이 가속화됨에 따라 생산활동은 더욱 대도시지역과 그 배후지에 집중하는 경향을 보인다. 따라서 21세기 세계화시대의 대도시권역은 국가를 대신하여 생산과 경쟁의 새로운 지정학적(new geopolitics of production and competition) 출발점이 될 것으로 보인다. 왜냐하면 대도시지역은 세계경제체제하의 핵심-주변부 어디에 속하든 간에 매우 전문화되어 있으면서도 보완적 형태의 생산활동이 구조적으로 가능한 고도의 네트워크상의 입지점에 있기 때문이다. 또한 대도시권은 강력한 집적경제의 중심지이며, 세계적 차원의 복잡한 국제거래와 연계된 장소의 특성을 지니기 때문이다. 이에 따라 세계적 경제의 중심지로서 대도시권지역은 그 규모가 클 뿐만 아니라 계속해서 성장하고 있다.

그렇다면 국민국가의 한 영역에 불과한 대도시권을 지구차원의 국제경제에 통합시켜 육성해야 할 이유는 무엇인가? 그 이유는 다음과 같다. 첫째, 1980년대 초반 포디즘의 붕괴와 함께 유연적 생산분야(flexible production sectors)의 경제가 선진경제의 중심으로 자리매김을 하고 있기 때문이다. 여기서 유연적 생산분야는 세 가지 경제분야로 설명될 수 있는데 ① 첨단기술산업(생산되는 제품의 범위가 매우 다양함) ② 디자인 집약적 산업(전세계적으로 적소시장을 대상으로 하는 고급 디자인 상품) ③ 고차생산자 서비스산업(최근 20년간 급속히 성장해왔고, 현대 국제경제의 가장 핵심부문)이 그것이다. 이러한 유연적 생산분야에 기반한 대도시권의 경제구조는 과거 제조업에 기반한 경제와는 구조적으로 다른 것이며, 21세기 세계경제를 주도할 핵심산업으로서 신경제의 산실 역할을 한다. 제조업에 기반한 구산업에서 첨단기술과 지식에 기반한 신산업으로 산업구조의 구조조정은 오늘날 국가경쟁력 차원에서 필요한 것이며, 대도시권을 세계경제의 비교우위가 높은 핵심산업지구로 육성할 필요가 있기 때문이다.

둘째는 대도시권지역들이 세계경제의 주요한 생산복합지로 성장을 계속할 뿐만 아니라 국가를 대신한 국제업무거래상의 신지정학적·신지경학적 장으로서 그 역할이 중요해진다는 사실이다. 또한 국가의 규제완화 등 국민국가의 권한이 대폭 지방으로 이양되고 있는 추세이다. 따라서 국가를 대신하여 많은 국가적 업무와 지방업무를 대도시권이 직접 관장하는 정치와 행정의 무대로서 역할이 중요해진다는 사실이다.

셋째는 경제와 정치의 장으로서의 중요성 못지 않게 대도시권역은 현대세계에서 문화와 유행을 창출하는 문화산업지구로 발전할 여건이 크다는 점이다.

이들 중 많은 지역들은 영화, TV프로그램, 음악, 출판, 의류, 보석 생산과 같은 분야에서 대규모 문화상품 생산단지를 지니고 있으며, 생산된 상품은 전세계에 판매된다. 또한 여기에는 박물관, 콘서트홀, 도서관, 미술관, 컨벤션센터, 축제와 같은 공공문화소비의 풍부한 자원들이 존재할 뿐만 아니라 디자이너, 작가, 배우, 예술가, 음악가 등이 모이는 장소이기도 하다. 그 결과 이들 지역은 가장 훌륭한 상업적 문화활동과 탁월한 문화상품의 생산을 돕는 장소이기도 하다. 오늘날 LA, 뉴욕, 런던, 파리, 동경과 같은 장소는 경제적 힘의 핵심 영역일 뿐 아니라 문화적 영향력에 있어서 서로 경쟁하며, 코스머폴리터니즘에 입각한 자본주의 문화의 선구자적 역할을 한다.

이 점을 감안할 때 우리나라가 세계의 경제, 정치, 문화의 중심국가로 발돋움하기 위해서도 수도권을 비롯한 지방 대도시권을 거점으로 세계적 주요 경제공간을 국토공간상에 구축하는 국가차원의 경영전략이 필요하다.

### (2) 대도시권 중심의 국토공간구조 개편

우리 정부는 1990년대 이후 도시의 광역화(대도시권화)가 수반하고 있는, 또 예상되는 문제의 대응조치로서 대도시권 성장관리를 위한 광역도시계획법안을 입법화하였다(1999년 12월). 그리고 기존의 도시기본계획법과 도시계획법의 상위법으로서 광역도시계획법안을 제정한 바 있다. 또한 이 법에 근거하여 수도권, 부산권, 대구권, 광주권, 대전권, 마창진권 등 6개 대도시권의 계획권역을 설정하고 2020년도를 목표년도로 각 권역에 대한 광역도시계획 내용을 수립하고 있다.

지정된 6개 광역도시계획권역의 면적, 인구, 지자체 현황은 〈표 6-1〉에 제시된 바와 같다. 표에서 보듯이 6개 광역도시권 계획권역의 면적 28,171㎢는 전국토면적의 약 30%, 권역 인구 3,505만 명은 전국인구의 75%를 각각 점한다. 또한 시·군의 지방행정구역이 대부분 앞으로 시행

〈표 6-1〉 6개 대도시 광역계획권 현황(1998)

| 구 분 | 수도권 | 부산권 | 대구권 | 광주권 | 대전권 | 마창진권* | 6대권 | 전국 |
|---|---|---|---|---|---|---|---|---|
| 인 구<br>(천 명) | 21,900<br>(46.7) | 4,340<br>(9.3) | 3,110<br>(6.6) | 1,660<br>(3.5) | 2,580<br>(5.5) | 1,460<br>(3.1) | 35,050<br>(74.7) | 46,885<br>(100) |
| 면 적<br>(㎢) | 11,754<br>(11.8) | 1,708<br>(1.7) | 4,978<br>(5.0) | 2,995<br>(3.0) | 5,122<br>(5.2) | 1,614<br>(1.6) | 28,171<br>(28.3) | 99,373<br>(100) |
| 광역권 내<br>행정구역 | 서울특별시,<br>인천광역시,<br>경기도<br>내 31개<br>시·군 | 부산광역시,<br>양산시,<br>김해시 | 대구광역시,<br>경상북도내<br>7개<br>시·군 | 광주광역시,<br>전라남도내<br>5개<br>시·군 | 대전광역시,<br>충남도내 5개<br>시·군,<br>충북도내 4개<br>시·군 | 마산시,<br>창원시,<br>진해시,<br>김해시,<br>함안군<br>(일부) | | |

\* 마창진권은 마산, 창원, 진해로 구성된 광역도시권을 의미

될 6개 광역도시권의 계획구역에 들어가 있음을 본다. 이렇게 볼 때 전국 인구의 2/3를 넘는 대다수의 인구가 우리 국토의 1/3에 해당하는 국토공간에서 살게 된다.

여기서 중요한 것은 이번에 지정된 대도시권 계획권역이 인구규모 100만 이상의 대도시를 중핵으로 하여 그 배후권을 포함하는 일상 대도시 생활권역이란 점이다. 따라서 앞으로는 대한민국 국민의 대다수가 6개 광역도시권별 중심도시와의 연계성이 높은 지역에서 중심도시와 밀접한 관계를 가지며 살게 된다는 이야기다. 이것은 국토의 생활권 공간구조가 획기적으로 개편됨을 의미하는 것이다.

따라서 앞으로의 국토공간계획은 6개 대도시권 계획권역을 중심으로 다음과 같은 3대 계획을 수립하는 것이 바람직스럽다. 첫째, 정주권 기반 확충을 강력히 추진하여 명실상부한 대도시 지역생활권을 국토공간상에 정착시킨다. 둘째, 6대 도시권역을 기본단위로 세계적 생산복합산업지구를 각 권역에 육성하여 지역경쟁력을 강화한다. 셋째, 정주권 기반확충과 세계적 경제기반 확충을 토대로 6대 도시권을 국토공간의 지역간 균형발전을 유도하기 위한 권역으로 개발한다. 특히 수도권의 일극화 현상을 지방 5대 도시권이 견제하는 추진전략을 권역차원에서 개발한다. 이렇게 되면 궁극적으로 국토공간의 광역 정주생활권, 세계경제권, 국토의 균형개발권을 토대로 국토의 공간구조가 대도시권 중심의 공간구조로 재편

될 것이다.

## 6. 맺음말

우리나라는 현재 시급 이상 도시(인구 5만 명 이상)가 78개가 있다. 이 중 7개는 인구 100만 이상의 광역시이며 나머지는 일반시이다. 이들 시급 도시 인구에 의한 도시화율은 80%를 상회한다. 지금까지는 국토공간 상에서 국민의 대다수가 다수의 소도시에서 살아왔으나 앞으로는 광역 도시화의 추세를 전망할 때 소수의 대도시에서 살아가게 될 전망이다. 특히 국민 다수가 인구 100만 이상의 대도시권 안에서 하루를 사는 일상 생활을 영위할 전망이다. 이처럼 대도시권은 새로운 단위의 도시형태로 서 그 실체가 국토공간상에 새롭게 부각되고 있을 뿐만 아니라 공간계획 의 주요 대상이 되기도 한다.

정부는 대도시권의 성장관리차원에서 수도권과 지방 5개 대도시권에 대한 계획권역을 설정하고 2020년을 최종 목표년도로 대도시권 계획내 용을 수립중에 있다. 이 글에서는 대도시권 성장관리에 대한 다음과 같 은 정책대안을 제시한다.

- 지속가능한 개발 이념에 입각한 대도시권 개발과 성장을 유도한다.
- 6대 도시권을 21세기 세계경제의 핵심 산업지구로 육성하여 지방경 제의 활성화와 국가경쟁력을 제고한다.
- 6대 도시권을 국토의 균형발전을 위한 일상생활권으로 개발한다.
- 지방의 5대 도시권을 수도권 일극체제의 불균형 성장을 견제하는 광 역거점지역으로 개발한다.

# ■ 참고문헌

김인·권용우. 1988, 『수도권지역연구』, 서울대학교 출판부.

박상규. 2000, 「광역도시계획제도와 추진방향」, 《국토》 2월호, 국토연구원, 56-63쪽.

박재길·김광익·김상조·송동현. 1999, 「광역도시계획수립방안연구」, 국토연구원.

원종익. 1994, 「도농통합차원의 농촌개발계획: 라바니즘을 중심으로」, 《국토정보》 1월호, 국토개발연구원, 32-39쪽.

조철언. 2001, 「실제 헬싱키에서 할 수 있는 일은 가상 헬싱키에서도 할 수 있다」, 《지방의 국제화 포럼》, 통권 54호, 6월호, 한국지방자치단체 국제화재단, 13-15쪽.

진영환·김동주. 2000, 「한국의 광역도시계획과 관리」, 광역도시권 계획과 관리에 관한 국제회의 자료, 국토연구원, 1-17쪽.

한국도시지리학회편. 1999, 『한국의 도시』, 법문사.


Allen J, Scott. 1996, "Regional Motors of the Global Economy," *Futures*, Vol. 28, No. 5, pp.391-411.

Bryant, C. R., L. H. Russwurm and A. G. MeLellan. 1982, *The City's Countryside: Land and It's Management in the Rural-Urban Fringe*, Longman, London and New York.

John Friedmann. 1986, "The World City Hypothesis," *Development and Change*, Vol. 17, No. 1, pp.69-84.

Robert D. Yaro and Tony Hiss. 1996, *A Region at Risk: the Third Regional Plan for the New York-New Jersey-Connecticut Metropolitan Area*, Regional Plan Association, Island Press.

WCED, World Commission on Environment and Development. 1987, *Our Common Future*, Oxford Univ. Press.

# 제7장
# 지방재정 확대와 지역개발의 자율성 증진방안

오연천 (서울대학교 행정대학원 원장)

## 1. 머리말

지방자치의 실시는 정부권력의 분권화와 주민참여의 중대를 통해 책임정치의 구현에 일조할 뿐 아니라 지역문제의 자율적 해결영역을 넓히게 됨으로써 궁극적으로 국가발전의 새로운 전기를 제공할 수 있다. 즉 분권화된 의사결정을 통해 지역특성에 맞는 자원이용을 촉진하고, 지역의 발전잠재력을 이끌어냄으로써 국가발전을 위한 새로운 동력과 에너지를 결집시키는 역할을 수행하게 된다. 따라서 앞으로 지속적인 경제발전을 도모하기 위해서는 지방화·분권화를 통해 성장잠재력을 지방에서 일궈내야 한다.

지방자치의 핵심은 분권과 경쟁이다. 지방자치단체로의 분권화와 지역간 경쟁이 확대됨에 따라 성장의 원동력이 지방에서 창출될 수 있는 것이다. 또한 지방자치의 요체는 지역이 독자적인 정치·경제·사회·문화적 공동체로서 세계적인 무한경쟁시대의 주도적인 경쟁단위 또는 경쟁주체로서 적극적인 역할을 수행해나가도록 하는 데 있다.

지방자치의 실시를 통해 기대되는 이러한 성과가 현실화되기 위해서는 지역경영 주체인 지방자치단체에 충분한 권한과 책임이 부여되어야 한다. 즉 중앙·지방정부간 기능배분을 재조정하여 정책결정권을 지방으로 이양해야 하며, 지역개발수단의 지방화가 이루어져야 한다. 이 중에서도 특히 인프라의 확충, 자율적인 재원조달 권한의 확보, 산업정책수단 등을 중심으로 한 지역경영 수단의 지방화가 중요하다. 그래야만 지방자치단체가 자주적이고 주체적인 판단에 의하여 지역의 특성과 지역주민의 요구에 부응할 수 있는 정책을 개발하고 사업을 추진하는 것이 가능해진다.

지방자치의 전개와 더불어 지방자치단체가 지역개발 주체로서 소기의 역할을 효과적으로 수행하기 위해서는 그 물적 기초인 자율적인 지방재정기반의 구축이 긴요하다. 지방재정은 지방자치단체가 스스로 자기의 책임 아래 효과적인 지역개발 전략과 수단을 개발하고 집행하기 위한 물적 토대를 제공하는 요소이다. 특히 지방자치의 실시가 명실상부한 주민복지 향상의 전기가 되기 위해서는 여러 가지 요인 중에서도 지방재정의 건실한 자립기반을 확충하고 대응능력을 높이는 것이 우선적인 과제의 하나이다.

그동안 지방자치 실시 이후 지역경영의 요체를 이루고 있는 지역개발 및 지역경제 활성화에 대한 지역주민들의 기대는 증폭되어 왔다. 그러나 지역주민들의 높은 기대에도 불구하고 가용할 수 있는 정책수단의 제약으로 인해 지방자치단체가 그 역할 수행에 있어서 가장 한계를 느끼고 있는 부분 또한 지역개발 및 지역경제 활성화 영역으로 나타나고 있다. 그 결과 지방자치 실시 이후 지방자치단체는 '꿈은 높은 데 권한과 정책수단이 없는 상태에서' 지역주민들의 증폭된 기대욕구에 대응하는 데 있어 현실적인 한계를 드러내고 있다.

따라서 앞으로 지방자치단체가 자기 지역의 발전을 주도적으로 설계할 수 있도록 중앙정부는 재원과 권한의 지방이양(분권화)에 주저함이 없어야 한다. 지역개발수단의 지방화를 위해서는 인력의 활용, 세원확충, 중앙정부 지원금의 사용에 이르기까지 지방자치단체의 판단과 권한을 존중해주어야 한다. 특히 지역의 강점을 지역경제 진작의 수단으로 활용토록 하기 위해서는 지방자치단체의 인사, 행정, 조직, 예산운용, 사업개발, 기업유치, 재원조달, 국제교류에 대한 자율권을 충분히 부여해야 한다. 그리하여 분권과 자율을 기초로 각 지역이 자주적으로 발전하려는 의지와 창의를 결집하고, 이를 지역개발 및 지역경제정책으로 효과적으로 전환시켜 나가야 할 것이다.

본 장에서는 이러한 노력의 일환으로 우리나라 지방재정의 실태와 문제점을 지역발전의 자율성 증진이라는 관점에서 분석한 다음, 자율적인 지역발전을 촉진하기 위한 지방재정의 확충방안을 제시하겠다.

## 2. 지역중심 발전체제 구축과 지방재정의 역할

### 1) 지역개발의 패러다임

#### (1) 지방화의 기본이념

'지방화 시대'에 대한 논의는 기본적으로 중앙집권적 체제와 결합된 권력 및 경제·사회·문화적 기능의 집중화에 대응되는 논리로서 각 지역의 자립과 책임이라는 지역적 사고를 바탕으로 균형, 분산, 자율을 표방하는 지역주의(regionalism)에 그 이론적 근거를 두고 있다. 1980년대 이후 우리나라에서 '지방화시대'라는 개념이 활발하게 논의되어 왔던 기본적인 이유는 지역을 단위로 한 구조적 조정문제가 정책적 과제로 등장하였다는 사실과 이러한 문제를 중앙정부 차원의 정책 노력으로는 효과적으로 다루기 힘들다는 사실을 인식하였기 때문이다.

사실상 지방화는 경제주체들의 활동의 토대가 되고 주민들의 삶의 기초가 되는 지방의 본질적이며 구조적인 능력을 향상시키는 과제라고 집약할 수 있다. 특히 '자기확신'이 가장 뚜렷한 단위가 지방이라고 볼 때 우리 사회의 본질적인 능력을 향상시키는 출발점이 바로 지방화라고 정의할 수 있다.

그렇다면 지방화와 지방자치의 관계는 어떠한가? 지방화와 지방자치가 동일한 것은 아니며 흔히 풀뿌리 민주주의라고 말하는 지방자치는 중앙·지방 관계의 측면에서 분권화의 틀을 만듦으로써 지방화의 계기를 만드는 하나의 제도적 장치라고 볼 수 있다. 지방화는 분권화를 기초로 경제적인 측면에서 해당 지역이 자활할 수 있는 토대를 더욱 강화하는 '자생화(自生化)'의 측면을 포함해야 할 뿐 아니라 다원화·고유화되는 문화적·사회적인 가치도 포함되어야 한다. 더 나아가서 주민후생의 측면에서 생활의 질을 높일 수 있는 복지문제와 의사결정의 자율화도 포함하는 개념으로 이해하는 것이 필요하다. 이러한 개념들이 의사결정단위로서의 지역 속에서 지방자치라는 틀을 통해서 이루어지는 것이 바로 지방화라고 할 수 있다. 따라서 지방자치는 지방화를 향한 하나의 전환점이라고 해석할 수 있다.

이런 맥락에서 볼 때, 본격적인 지방자치 실시와 더불어 중앙정부와 지방자치단체의 관계가 종전의 수직적 상하관계에서 수평적 협력관계로 전환되면서 지방정부의 권한과 책임이 강화되는 동시에 자율적 존재영역이 넓어지고 있다. 이제 지방자치단체는 독자적·자율적 노력을 통해 지방문제를 스스로 해결해 나가야 하며, 그 결과에 대해서도 스스로 책임을 져야 하는 상황에 직면하고 있다.

바로 이런 배경에서 본격적인 지방자치 실시와 더불어 지역주민들의 삶의 물적 기반을 이루고 있을 뿐 아니라 지방자치단체 활동의 하부구조를 형성하고 있는 지역경제의 진흥이 주요한 정책과제로 등장하고 있다. 지방자치단체가 지역주민들의 삶의 질 향상에 대한 기대욕구에 효과적으로 부응하기 위해서는 행정서비스의 양적·질적 확충은 물론이고, 고용기회 창출과 주민소득 증대의 토대를 이루고 있는 지역경제 진흥을 위해 보다 적극적인 노력을 펼쳐야 한다.

### (2) 내생적 지역발전전략

지역 내에 아무리 외형적으로 생산성이 높은 산업이나 기업이 입지해도 생산활동을 통해 창출된 부가가치가 그 지역에 수렴되고 역내 순환이 확대되지 않을 경우 지역주민들의 입장에서는 결코 바람직한 결과라고 할 수 없다. 지역경제 진흥을 도모하는 데 중요한 것은 개별 기업이나 산업의 활동 수준이 아니라 지역경제 전체의 활동양상이고, 그 중에서도 특히 지역주민들의 삶의 질이 문제인 것이다. 따라서 지역을 독자적·자율적 경제운영단위로 육성하기 위해서는 역내순환의 확대, 지역간 교역 수지의 균형, 지역주민의 자주적 참여를 바탕으로 한 산업화 노력을 하는 것이 매우 중요하다. 이러한 인식이 높아지면서 지방자치단체는 자주(self-reliance)와 선별적 공간폐쇄(selective spacial closure) 전략을 통해 당해 지역의 잉여이익을 당해 지역에 재투자하여 외부로 유출되는 것을 최소화하는 한편, 당해 지역에서 자주적인 경제논리를 전개시킬 수 있는 지역경제구조를 형성하기 위해 노력하게 된다.[1]

이와 같이 지역의 발전 또는 지역경제의 진흥은 인간이 사는 방법의 문제와 연결되어 있다. 따라서 지역의 매력을 높이고, 지역경제를 진흥시키기 위해서는 해당 지역이 특정 부문 경제활동의 중심지가 되고, 독자적 지역문화를 유지하고, 살기 좋고 매력 있는 지역으로 발전해나가는 것이 필요하다. 바로 이런 맥락에서 새로운 유연적 생산방식에 적합한 지역경제구조의 형성, 그리고 지방화시대의 전개에 대응한 지방의 자주적 산업화를 촉진하기 위한 지역개발전략 또는 지역경제 진흥전략이 바로 내생적 지역발전이다.

내생적 지역발전전략은 지역의 주민, 기업, 지방자치단체가 자발적으로 지역발전계획을 수립하고, 자주적인 기술개발을 근본으로 하여 지역의 환경을 보전하면서 자원도 합리적으로 이용하고, 그 지역의 문화에 뿌리를 둔 경제발전을 실현해가면서 지방자치단체의 손으로 주민복지를 향상시켜나가는 지역개발방식이다. 이러한 내생적 지역발전 전략에서 제시하고 있는 지역발전 또는 지역경제진흥의 전략적 요소로는 다음과 같은 것들이 있다.

첫째, 지역의 이노베이션을 창출할 수 있는 지역주민들의 애착과 인내, 둘째, 지역에 뿌리를 내린 창의성 있는 지역 핵심산업의 전략적 진흥, 셋째, 지역산업의 산업연관적 복합발전에 근거한 산업구조의 다각화, 넷째,

---

1) 바로 이러한 논리가 상향적 지역개발론에서 제시하고 있는 지역경제진흥전략이다.

지역자본 주도에 의한 독자적인 경제 상부기능의 강화와 중추관리기능의 형성·유지, 다섯째, 양적 성장보다 질적 발전, 생활과 산업의 연계를 통한 지역의 종합적 발전의 중시 등이 있다.

### (3) 지방자치단체 주도형 지역산업정책

내생적 지역발전전략이라는 새로운 패러다임의 등장에 발맞춰 지역개발의 핵심요소인 지역경제를 진작시켜나가기 위해서는 지방자치단체가 지역에 관한 정책에 관해 의사결정 및 집행의 주체가 되어야 한다. 경제적인 측면에서 볼 때 이는 지방자치단체가 주체가 된 지역산업정책의 도입을 의미한다.

지역산업정책은 공간적인 측면에서 특정 지역을 대상으로 하여 그 지역의 산업을 유지하고 성장시킴으로써 지역경제의 성장과 지역발전을 유도하며, 나아가 지역주민들의 삶의 질을 개선하기 위해 이루어지는 지방자치단체가 주체가 된 공적인 개입이라고 말할 수 있다.[2) 지역산업정책은 다시 '산업기반 정비정책'과 '산업간 자원배분정책'으로 구분할 수 있다. 이 중 산업기반 정비정책은 모든 산업활동의 하부구조가 되는 물적 인프라(도로, 항만, 공항, 에너지, 용수공급, 공업단지 조성 등), 제도적 인프라(행정서비스 수준, 법령, 관행, 금융서비스, 생산자 지원서비스 등), 인적 인프라(기능·기술인력의 양적·질적 축적정도 등), 정보인프라, 사회적 인프라(주거환경, 교육여건, 의료서비스 등 생활의 질을 확보하기 위한 요소) 등을 대상으로 그 질적·양적 수준을 확충하기 위한 노력이다. 그리고 산업간 자원배분정책은 지역이 보유하고 있는 자원을 특정 산업에 집중적으로 배분함으로써 지역특화산업의 가속적 발전을 도모하는 것이다. 따라서 지역산업정책을 통해 인프라 정비와 자원의 집중적 배분을 체계적으로 연계시킬 경우 기업의 지방입지 동기를 크게 높일 수 있을 것이다.

---

2) 淸成忠男(1991)은 지역산업정책을 지역차원의 산업정책이라고 정의하고 있다. 즉 지방정부가 주체가 되어, 지역의 이해에 의해 지역 내에서 산업간 자원배분을 변경한다든지 특정 산업을 위한 기반시설의 조성을 주 내용으로 하는 정책이다.

앞으로 지역경제 성과의 역내 수렴을 확대하고, 지역주민들의 자주적
참여와 창의와 자율을 바탕으로 지역특성에 맞는 산업화 노력을 뒷받침
하기 위해서는 지방자치단체가 주도하여 지역산업정책을 펴는 것이 바
람직하다. 지방자치단체가 주체가 되어 추진하게 되는 지역산업정책의
목표, 수단, 수립 및 집행체계 등을 중앙정부가 주도하는 지역산업정책과
대비하여 제시하면 〈표 7-1〉과 같다. 지방자치단체 주도형 지역산업정책
의 목표는 각 지역의 발전은 궁극적으로 균형있는 국가발전으로 수렴된
다는 인식 아래 지역이 지닌 잠재력을 활성화함으로써 지역주민의 삶의
질을 향상시키고, 생활의 장으로서의 지역을 재개발하는 것이 최우선

〈표 7-1〉 중앙정부 및 지방자치단체 주도형 지역산업정책의 비교

| 구 분 | 중앙정부 주도형 지역산업정책 | 지방자치단체 주도형 지역산업정책 |
|---|---|---|
| 정책목표 | - 총량적 경제성장<br>- 희소한 자원의 효율적 배분<br>- 전국적 국토공간체계의 형성 | - 지역주민의 생활의 질 향상<br>- 지역이 지닌 잠재력의 발현<br>- 지역간 균형발전 및 국가발전 추구 |
| 정책수단 | - 선별적 산업화<br>- 선별적 입지정책 및 특정지역 개발 | - 특화 산업의 지역내 유치<br>- 기존 산업 및 새로운 산업의 육성 |
| 접근방법<br>및<br>발전전략 | 위로부터의 발전<br>(국가발전 → 지역발전) | 아래로부터의 발전<br>(지역발전 → 국가발전) |
| 정책수립<br>및<br>집행주체 | - 중앙정부의 책임과 권한 강조<br>- 지방정부는 중앙정부 정책집행의<br>  대행자<br>- 지방정부는 권한은 없이 책임만 짐 | - 지방정부의 책임과 권한 강조<br>- 지방정부는 중앙정부의 동반자<br>- 중앙정부는 국가발전 방향에 관한<br>  기본적 지표와 원칙 제시 |
| 장 점 | - 강력한 정책수단에 의한 효율적<br>  자원배분<br>- 국가 전체적 경제목표 수립과<br>  중앙정부에 의한 획일적 추진<br>- 종합적이고 장기적인 정책 수립 | - 지역의 자립성과 자율성 및 독창성<br>  확보 가능<br>- 구체적인 지역개발 목표와 지역<br>  특수성을 고려한 산업구조 개발<br>- 지역주민 이익 반영 |
| 단 점 | - 지역간 불균형<br>- 지역의 특수성 및 지역주민의<br>  욕구를 반영하지 못함<br>- 지역의 중앙의존도 증대<br>- 지방정부는 자발적 노력 없이<br>  중앙으로부터 혜택의 수혜를 위해<br>  경쟁<br>- 수혜지역과 비수혜지역 간의 지역<br>  감정 격화<br>- WTO체제하에서는 산업에 대한<br>  직접적인 지원 불가능 | - 종합적이고 장기적인 정책 위축<br>- 국가적 목표와 지역적 목표 상충<br>- 지방정부간의 대립과 갈등<br>- 새로운 지역간 불균형 발생 우려<br>- 거래비용의 증대<br>- 조정비용의 과다 |

출처: 임정덕·최병덕(1996: 107-108).

목표가 된다. 정책의 주체는 지역 그 자체가 되어야 하며, 지역주민의 참여를 바탕으로 지방자치단체가 스스로의 권한과 책임 아래 계획수립과 집행을 담당한다. 이는 지역주민들의 이익을 가장 잘 대변하는 동시에 지역의 특수성에 적합한 지역산업구조를 구축할 수 있게 한다. 중앙정부는 국가 전체적인 발전전략을 수립함으로써 국가발전 방향에 관한 기본적인 원칙을 제시하며 지역간에 발생할 수 있는 갈등을 조정하는 역할을 담당한다.

정책수단의 측면에서 볼 때, 지방자치단체 주도형 지역산업정책은 행정, 재정적, 금융적, 제도적 수단을 이용하여 특정 산업을 유치하거나 기존 기업 및 새로운 산업의 육성을 통하여 지역의 특성에 맞는 산업구조를 정착시키고자 한다. 이와 더불어 산업활동에 필요한 각종 물적 하부구조를 지역 내에 조성함으로써 생산 및 유통 활동이 원활하게 이루어지도록 도와준다.

그러나 각 지역이 독자적으로 지역산업정책을 수립하여 집행하기 때문에 국가적 목표와 지역적 목표 간 또는 한 지역과 다른 지역의 목표 간에 조화가 이루어지지 못하여 갈등을 빚으며 대립과 마찰이 깊어질 우려가 있다. 이는 님비(NIMBY)현상과 핌피(PIMFY)현상을 초래한다. 또한 주어진 여건과 능력 면에서 다른 지역보다 상대적으로 우월한 지역과 그렇지 못한 지역 간에는 발전수준의 격차가 발생할 수 있으며, 새로운 지역격차를 일으켜 지역간 불균형이 심해질 우려가 있다. 아울러 중앙정부에 비해 상대적으로 미비한 지방자치단체의 능력 때문에 지방자치단체는 현실적이고 국지적인 정책에 집착함으로써 종합적이고 장기적인 정책이 위축될 가능성이 있다.

이와 같이 지방자치단체 주도형 지역산업정책은 지역의 인적·물적 잠재력을 최대한 개발하여 국가경쟁력 제고에 기여하게 되며, 획일적 형평보다는 지역의 특수성을 감안한 형평성 제고에도 기여할 수 있다. 즉 지역의 입장에서 지역의 특수성을 고려하고 지역주민의 이익을 반영함으로써 지역간 형평성 제고에도 기여할 수 있다. 그러나 과도한 지역간 경쟁을 유발시켜 경제 전체적 비용이 커지고 자원을 낭비할 가능성이 있다.

이때 특정지역의 정책과 국가 전체적인 정책 및 각 지역의 정책들을 조화롭게 조정할 수 있는 통로가 제공되지 못할 경우, 국가 전체적인 균형이 깨지며 국가통합을 해칠 우려가 있다. 따라서 지방자치단체 주도형 지역산업정책이 실행될 경우 예견되는 최대의 문제점으로는 지역과 국가 간, 그리고 지역 상호간의 마찰과 갈등을 들 수 있다. 이런 점에서 지방자치단체 주도형 지역산업정책이 지역 자체의 발전뿐만 아니라 국가 전체적으로 조화로운 발전을 이끌어내기 위해서는 무엇보다도 이러한 갈등을 적절히 조정하여 효과적으로 해소할 수 있는 메커니즘이 필요하다.

이런 점에서 지역발전의 필요충분조건은 국가 전체적인 산업정책과 지역산업정책이 조화될 때 갖추어진다고 할 수 있다. 따라서 지역산업정책에서도 중앙과 지방 어느 한 쪽이 일방적인 영향력을 행사하기보다는 균형을 잃지 않으면서 상호 협조를 이루어내는 것이 필요하다. 다시 말해서 지역개발 및 지역경제 분야에 대한 권한을 지방자치단체로 이양하여 분권화를 추진해나가면서도 중앙정부와 지방정부가 계속 유기적으로 연계되어 협력적 활동을 전개하는 것이 필요하다.

## 2) 지역발전의 자율성과 지방재정의 역할

### (1) 지방자치단체의 기본적인 역할 구조

일반적으로 지역개발 또는 지역경제 활성화를 추진함에 있어 지방자치단체가 수행하는 기본적인 역할은 다음과 같은 세 가지 측면으로 구분할 수 있다. 즉 지방자치단체는 지역개발을 위한 자체 계획을 수립하는 등의 여건조성 역할, 재정적 지원과 사회간접자본 확충 등의 지원적 역할, 그리고 지역경제 활동의 효과를 해당지역 내로 흡수·내면화시키는 효과수렴적 역할을 수행한다는 것이다.

첫째, 여건조성 역할과 관련하여 지방자치단체는 지역개발에 대한 자체계획을 수립하여 새로운 산업의 개발 내지 수용을 위한 적정입지를 계획하고, 산업의 발전과 정착을 위한 환경적 조건을 조성한다.

둘째, 지원적 역할은 재정적 지원과 접근성 강화 및 생활환경 개선 등 세 가지 방안을 들 수 있다. 우선 재정적 측면에서 지방자치단체는 투자지출의 확대를 통해 지역기업 생산활동의 기반구축을 촉진하고, 지방자치단체에서 사용하는 물품조달 및 공사발주과정에서 지역기업을 우대하기도 한다. 접근성 강화는 교통·통신 등 사회간접자본을 확충하여 원료 및 시장과의 시간거리를 단축하고, 정보 입수의 신속화를 도모하는 활동이다. 또한 지방자치단체는 생활환경 개선과 관련하여 주택, 교육 및 의료 시설, 문화·복지 시설, 휴식 및 위락 공간 등을 충분히 마련하는 가운데 그 질적 수준을 높임으로써 지방정주권을 확보하는 데 기여할 수 있다.

셋째, 효과수렴을 위해 지방자치단체는 지역의 경제적 활동에 의해 발생하는 이익의 효과가 다른 지역으로 유출되지 않도록 하여 그 지방의 것으로 내면화하는 역할을 수행한다. 이러한 효과수렴 활동을 통해 지방자치단체는 당해 지역의 경제활동이 상승적 확대재생산 관계로 이어지도록 하는 데 기여할 수 있다.

### (2) 지역경제 활성화를 위한 지방재정의 역할

#### ① 지역경제와 지방재정의 관계
지역개발의 핵심 요소를 구성하고 있는 지역경제의 활성화를 촉진함에 있어서 지방재정은 중요한 역할을 수행한다.

즉 지방재정은 지역단위에서 단일조직으로는 가장 큰 지출단위 또는 투자단위라는 점에서 지역발전과 지역경제활동을 진작하는 데 중추적인 역할을 수행하게 된다.

우선 지역경제가 성장하고 발전하면 당해 지역의 생산활동과 지역소득이 늘어나 잠재세입기반이 튼튼해지고, 궁극적으로는 지방세입이 늘어나게 되는데, 이러한 지방세입의 증대는 당연히 지방지출을 확대시켜 지역경제를 진작시키는 작용을 하게 된다. 지방재정의 세출부문을 통한 지역개발사업에의 투자와 공공서비스 제공을 위한 인적·물적 자원의 구입을 통해 지역주민의 소득과 기업활동이 향상될 뿐 아니라 사회간접자본과 관련된 지방행정서비스는 생산활동의 애로를 제거함으로써 지역경제활동의 기반을 강화하는 역할을 하게 된다. 이러한 지역경제활동의 성장은 다시 지방세입 증대로 환류되어 지방지출 수준과 서비스의 질을 높이게 된다.

이와 같이 지역경제활동과 지방재정이 상호간에 상승적인 순환과정과 확대재생산으로 연결되는 것이 바람직한 지역경제·지방재정 메커니즘이라고 할 수 있다.

② 지역경제 활성화와 지방세출 활동

지역경제를 활성화하기 위해서는 지방세출의 전반적인 규모를 확대하는 가운데 외부효과가 큰 지방공공사업 또는 투자승수효과가 큰 지역단위 사업부문에 대한 재정투·융자 지출을 늘려야 한다. 지방자치단체의 재정투융자는 지역경제활동의 애로를 제거하기 위한 사회간접자본 분야와 지역단위에서 성장을 주도할 수 있는 전략적 산업 분야가 주요 대상이 될 것이다. 지방세출이 지역경제 활성화를 촉진하는 통로는 대략 세 가지로 집약될 수 있다.

첫째, 지방자치단체가 사회간접자본을 확충하거나 고정자본을 형성하는 재정투자를 들 수 있는데, 지방공기업의 투자활동이나 특정지역 개발사업이 이러한 범주에 속한다.

둘째, 지방자치단체가 공익적 성격을 띤 민간부문의 특정사업에 보조금을 지급해주는 경우를 들 수 있다.

셋째, 지방자치단체가 지방기업의 자본형성을 촉진하기 위한 취지에서 재정융자를 제공하는 경우를 들 수 있다.

이와 같이 지역경제를 진작시킬 수 있는 지방재정투·융자 활동이 활발히 전개되기 위해서는 투자적 지출의 비중이 높은 세출구조로 전환이 이루어져야 한다. 또한 일정 수준의 가용재원 확보와 확보된 재원을 효율적으로 관리할 수 있는 재정운영체계를 확립하는 것이 필요하다.

## (3) 지역발전의 자율성 확보를 위한 지방재정의 역할과 조건

지역개발과 지역경제 활성화를 위한 지방재정의 일반적인 역할 구도에 비추어 볼 때, 지역중심의 발전체제 구축 및 지역발전의 자율성 확보에 있어 지방재정은 다음과 같은 역할을 수행하게 된다.

우선 지방자치제하의 지방재정 운영은 지방재원의 원천(source)에 따라 이원적 의사결정의 양태를 띠게 된다. 왜냐하면 일정 범위(탄력세율범위, 과세표준의 상향조정 등) 내의 지방세 수입, 지방세 외 수입, 지방채 수입 등 자체 수입의 확보와 이에 기초한 지출구조의 편성은 지방자치단체의 자율적 선택에 따라 그 규모와 내역이 결정되지만, 지방양여금, 국고보조금 등 지방재정 조정장치를 통한 수입과 이에 의거한 지출구조의 형성, 그리고 지방세제의 기본골격 형성은 사실상 중앙정부의 결정에 영향을 받거나 의존할 수밖에 없기 때문이다. 이전재정에 의존하는 비율이 높은 지방자치단체일수록 지역주민의 선호와 지방자치단체의 독자적인 선택을 통한 자율적인 재정결정의 영역이 좁아지게 된다. 따라서 자체재원 확보 등을 통한 자율적인 재정운영기반의 구축이야말로 지역발전의 자율성 확보를 위한 일차적인 조건이라고 할 수 있다.

자율적인 재정운영기반이 구축되어 있을 경우 지방자치단체는 지역주민의 선호와 지역특성을 고려하면서 독자적·자율적 선택을 통해 지역발전 전략을 추진해나갈 수 있을 것이다. 이런 점 때문에 일본에서도 1990년대 중반 이후 지방분권화를 추진하면서 지방자치단체가 자주적이고 주체적인 판단에 따라 지역의 실정과 주민의 욕구에 부응하기 위한 사업을 자체 재원으로 계획적으로 실시하는 '지방단독사업'의 활성화를 크게 강조하고 있다. 따라서 지역발전의 자율성을 높이기 위해서는 지방자치단체의 자체 재원을 확충하여 재정자립도를 향상시켜 나가는 것이 필요하다. 또한 지방양여금, 국고보조금 등 이전재정 조정제도의 기능 개편이 요구된다.

한편 지역개발 및 지역경제 활성화를 위한 지방자치단체의 적극적인 활동이 전개될 경우에는 지방지출이 크게 증가하게 될 것이다. 그런데 지방재정의 세입기반과 재원조달기능이 취약할 경우에는 지방자치단체의 역할 증대에 따른 추가적인 재정수요를 효과적으로 수용하기 어려울 것이다. 따라서 지방자치단체가 내생적 지역발전전략과 지방자치단체 주도형 지역산업정책을 적극적으로 펼칠 수 있도록 하기 위해서는 이러한 역할 수행에 필요한 '적정 지방재정규모'가 확보되어야 할 것이다. 이런 점에서 지방재정 지출수요에 상응한 '적정 지방재정규모'의 확보도 지역발전의 자율성 보장을 위한 중요한 조건이라고 할 수 있다.

이밖에 자체 사업비 및 투자비 지출 확대, 탄력적인 재정운영 등 지방재정 지출구조의 효율성과 생산성 및 안정성도 지방자치단체의 지역개발 및 지역발전 전략 추진에 있어 자율성 보장을 위한 중요한 조건으로 작용하게 된다.

## 3. 지방재정의 실태와 문제점

### 1) 지방재정의 전체 구조와 규모

현재 전국의 248개 지방자치단체가 운영하고 있는 지방재정은 크게 일반회계와 특별회계로 구성되어 있으며, 특별회계는 다시 공기업 특별회계와 기타 특별회계로 구분하여 계리되고 있다. 또한 지방자치단체는 예산회계와는 별도로 기금을 설치하여 운영하고 있다.[3]

2001년 당초예산을 기준으로 시·도 단위의 회계별 예산규모와 총계기준의 전체 재정규모의 현황을 살펴보면 〈표 7-2〉와 같다. 2001년 당초예산 기준으로 전국 지방자치단체의 전체 예산은 총계규모 81조 7,816억 원(순계 규모 64조 4,892억 원)에 달하며, 이 중 일반회계가 74.8%, 특별회계가 25.2%의 비중을 점하고 있다. 이처럼 현재 지방지방재정은 일반회계 중심으로 운영되고 있는데, 대도시 자치단체는 도 단위 자치단체에 비해 특별회계의 비중이 상대적으로 높다.

---

3) 2000년 말 현재 기준으로 지방자치단체의 기금 설치·운영 현황을 살펴보면, 전국적으로 총 131종 1,942개의 기금이 설치되어 있으며, 그 규모는 9조 7,361억 원이다.

〈표 7-2〉 시·도별 지방재정의 구조와 규모 현황

(단위: 백만 원, %)

| 시 도 별 | 합 계 (A+B) | 일반+기타특별회계 | | | 공기업 특별회계(B) |
|---|---|---|---|---|---|
| | | 소계(A) | 일 반 | 기 타 | |
| 서 울 | 15,033,949 | 14,295,103 | 11,235,918 | 3,059,185 | 738,846 |
| 광역시계 | 17,147,302 | 14,972,374 | 11,205,721 | 3,766,653 | 2,174,928 |
| 부 산 | 4,932,437 | 4,408,748 | 3,153,831 | 1,254,917 | 523,689 |
| 대 구 | 3,144,756 | 2,830,256 | 2,086,082 | 744,174 | 314,500 |
| 인 천 | 3,839,106 | 3,140,353 | 2,487,931 | 652,422 | 698,753 |
| 광 주 | 2,167,992 | 1,953,756 | 1,343,649 | 610,107 | 214,236 |
| 대 전 | 1,867,221 | 1,658,329 | 1,227,659 | 430,670 | 208,892 |
| 울 산 | 1,195,790 | 980,932 | 906,569 | 74,363 | 214,858 |
| 도 계 | 49,600,388 | 44,186,860 | 38,761,982 | 5,424,878 | 5,413,528 |
| 경 기 | 13,337,871 | 11,179,224 | 9,541,801 | 1,637,423 | 2,158,647 |
| 강 원 | 4,037,174 | 3,713,728 | 3,347,812 | 365,916 | 323,446 |
| 충 북 | 3,023,218 | 2,710,726 | 2,413,509 | 297,217 | 312,492 |
| 충 남 | 4,616,977 | 4,169,047 | 3,591,837 | 577,210 | 447,930 |
| 전 북 | 4,577,873 | 4,169,234 | 3,732,896 | 436,338 | 408,639 |
| 전 남 | 5,769,140 | 5,397,158 | 4,753,820 | 643,338 | 371,982 |
| 경 북 | 6,158,754 | 5,690,005 | 5,054,963 | 635,042 | 468,749 |
| 경 남 | 6,493,728 | 5,700,985 | 4,967,349 | 733,636 | 792,743 |
| 제 주 | 1,585,653 | 1,456,753 | 1,357,995 | 98,758 | 128,900 |
| 합 계 | 81,781,639 | 73,454,337 | 61,203,621 | 12,250,716 | 8,327,302 |

주: 2001년도 당초예산 기준

또한 시·도별 지방재정규모를 살펴보면, 서울과 경기도의 지방재정규모가 전국 지방자치단체 전체 재정규모의 34.7%를 점하고 있다. 이러한 사실은 지방재정력의 수도권 집중현상을 나타내주고 있으며, 여타 지방자치단체의 경우 수도권에 비해 상대적으로 지방재정력이 열악하다고 할 수 있다.

2) 지방자치단체의 세입·세출 예산구조

2001년 당초예산 기준으로 지방자치단체 예산회계의 세입예산구조를 살펴보면 〈표 7-3〉과 같다. 우선 자체 재원인 지방세와 세외수입이 각각 28.7%와 26.0%의 비중을 점하고 있음을 알 수 있다. 또한 의존재원인 지방교부세, 지방양여금, 국고보조금, 조정교부금이 각각 10.3%, 5.0%,

<표 7-3> 지방자치단체의 세입예산 구조

(단위: 백만 원, %)

| 구 분 | 2000년 예산 | 2001년 예산 |
|---|---|---|
| 지 방 세 | 20,134,481 (23.9) | 23,474,744 (28.7) |
| 세 외 수 입 | 23,458,531 (27.8) | 21,230,018 (26.0) |
| 지방교부세 | 8,553,236 (10.1) | 8,460,392 (10.3) |
| 지방양여금 | 3,749,344 ( 4.4) | 4,113,313 ( 5.0) |
| 조정교부금 | 3,439,306 ( 4.1) | 3,248,213 ( 4.0) |
| 보 조 금 | 20,867,267 (24.7) | 18,382,857 (22.5) |
| ·국고보조금 | 16,462,988 (19.5) | 14,699,212 (18.0) |
| ·시도비보조금 | 4,404,279 ( 5.2) | 3,683,645 ( 4.5) |
| 지 방 채 | 4,184,833 ( 5.0) | 2,872,102 ( 3.5) |
| 합 계 | 84,386,997(100.0) | 81,781,639(100.0) |

주: 1) 2000년도 최종예산 일반회계·특별회계(기타+공기업) 총계규모 기준
2) 2001년도 당초예산 일반회계·특별회계(기타+공기업) 총계규모 기준

<표 7-4> 지방자치단체 세출예산의 기능별 구조

(단위: 백만 원, %)

| 구 분 | 2000년 예산 | 2001년 예산 |
|---|---|---|
| 일반행정비 | 10,515,330 (12.5) | 11,164,388 (13.6) |
| 사회개발비 | 39,653,551 (47.0) | 41,354,825 (50.6) |
| 경제개발비 | 26,264,417 (31.1) | 21,485,551 (26.3) |
| 민 방 위 비 | 1,171,831 ( 1.4) | 1,187,328 ( 1.5) |
| 지원 및 기타경비 | 6,781,867 ( 8.0) | 6,589,547 ( 8.0) |
| 합 계 | 84,386,997(100.0) | 81,781,639(100.0) |

주: 1) 2000년도 최종예산 일반회계·특별회계(기타+공기업) 총계규모 기준
2) 2001년도 당초예산 일반회계·특별회계(기타+공기업) 총계규모 기준

18.0%, 4.0%를 점하고 있으며, 외부차입재원인 지방채의 비중이 3.5%를 기록하고 있다.

다음으로 지방자치단체의 일반회계와 특별회계를 포함한 전체 예산회계의 세출예산구조를 살펴보면 〈표 7-4〉와 같다. 회계년도에 따라 다소의 차이는 있으나 지역개발비와 사회복지비를 포함하고 있는 사회개발비의 비중이 50% 내외로 가장 높은 비중을 점하고 있으며, 경제개발비의 비중도 25~30% 내외의 수준을 기록하고 있다. 그리고 일반행정비가 13% 내외, 지원 및 기타경비가 8% 내외, 민방위비가 1.5% 내외의 비중을 점하고 있다.

## 3) 지역개발의 자율성 측면에서 본 지방재정의 문제점

### (1) 지방자치단체의 낮은 재정자립 수준

지방자치단체가 내생적 지역발전전략과 지방자치단체 주도형 지역산업정책에 기초하여 지역 중심의 지역발전체제를 구축할 수 있기 위해서는 우선 지방자치단체의 자율적인 재정운용 능력이 뒷받침되어야 한다. 이런 관점에서 지방자치단체의 재정자립도, 자체수입 대비 인건비 비중 등을 통해 지방자치단체의 지역개발의 자율성을 분석해보기로 한다.

〈표 7-5〉는 2001년 당초예산 기준으로 시·도별 지방자치단체의 재정자립도를 정리한 것이다. 전국평균 기준으로 지방자치단체의 재정자립도는 57.6%를 기록하고 있으나, 시·도 자치단체에 따라 편차가 크다. 서울을 포함한 대도시 자치단체의 경우에는 재정자립도가 높기 때문에 지방재정운용 측면에서 지역개발의 자율성도 상대적으로 높다고 할 수 있다. 그러나 도단위 지방자치단체의 경우에는 경기도를 제외하고는 도·시·군을 가릴 것 없이 전반적으로 재정자립도가 전국평균 수준을 크게 밑도는 수준을 면치 못하고 있어 지역개발을 위한 자율적 재정운영기반이 상대적으로 취약한 실정으로 판단된다. 특히 군 자치단체의 경우 전국적으로 평균 재정자립도가 21% 수준에 그치고 있어 지역개발을 위한 자율적인 재정운영을 기대하기가 매우 어려운 실정으로 판단된다.

그런데 〈표 7-6〉에 제시되어 있는 바와 같이 1991년 지방자치제 실시 이후 재정자립도 변화 추이를 살펴보면 전국평균적으로 자립수준이 점차 낮아지고 있으며, 특히 IMF 경제위기 이후 그 수준이 더욱 낮아지고 있다. 또한 자치단체별로는 도와 시의 재정자립도가 다른 자치단체에 비해 상대적으로 크게 낮아졌음을 확인할 수 있다. 이러한 사실은 지방자치제 실시 이후 지방교부세, 지방양여금, 국고보조금 등 지방재정조정제도를 통한 재원이전기능이 강화되면서 지방자치단체의 자율적 재정운영기반이 약화되어 왔음을 뜻하며, 이에 따라 지방자치단체의 지역발전을 위한 자율적 재정운영도 더욱 어려워졌다고 할 수 있다.

전반적인 재정자립수준이 취약한 가운데 지방자치단체의 유지·존속에

〈표 7-5〉 시·도별 지방자치단체의 재정자립도 현황

(단위: %)

| 시·도별 | 시·도별 평균 (순계규모) | 특별시 광역시 (총계규모) | 도 (총계규모) | 시 (총계규모) | 군 (총계규모) | 자치구 (총계규모) |
|---|---|---|---|---|---|---|
| 전국평균 | 57.6 | 84.8 | 35.2 | 49.6 | 21.0 | 45.0 |
| 서 울 | 95.6 | 94.9 | - | - | - | 52.4 |
| 부 산 | 74.4 | 69.2 | - | - | 43.6 | 40.8 |
| 대 구 | 75.3 | 72.2 | - | - | 46.2 | 37.4 |
| 인 천 | 77.7 | 76.3 | - | - | 21.2 | 37.1 |
| 광 주 | 63.6 | 59.5 | - | - | - | 31.4 |
| 대 전 | 74.9 | 70.0 | - | - | - | 35.6 |
| 울 산 | 76.4 | 71.4 | - | - | 57.9 | 48.0 |
| 경 기 | 78.0 | - | 71.4 | 75.1 | 46.2 | - |
| 강 원 | 29.8 | - | 26.4 | 33.5 | 17.8 | - |
| 충 북 | 36.5 | - | 27.6 | 49.5 | 22.5 | - |
| 충 남 | 30.5 | - | 24.4 | 32.5 | 20.8 | - |
| 전 북 | 27.7 | - | 18.5 | 33.8 | 16.6 | - |
| 전 남 | 22.0 | - | 14.7 | 32.4 | 13.2 | - |
| 경 북 | 31.3 | - | 24.8 | 35.8 | 17.2 | - |
| 경 남 | 39.5 | - | 31.3 | 46.2 | 17.4 | - |
| 제 주 | 33.6 | - | 31.4 | 37.0 | 21.1 | - |

주: 1) 2001년도 당초예산 기준
2) 시·도별 전국평균 재정자립도는 순계규모로 산출됨에 따라 단체별보다 다소 높게 나타남(의 존재원인 국고보조금 등 중복계상분을 공제)
3) 특별시, 광역시, 도, 시, 군 자치구의 단체별 재정자립도는 순계규모로 산출이 곤란함에 따라 총계규모로 산출

〈표 7-6〉 지방자치단체의 연도별 재정자립도 변화 추이

(단위: %)

| 연도별 | 전국평균 | 특별시 광역시 | 도 | 시 | 군 | 자치구 |
|---|---|---|---|---|---|---|
| 1991 | 66.4 | 98.3 | 45.1 | 71.5 | 27.3 | 50.0 |
| 1992 | 69.6 | 98.5 | 49.0 | 74.7 | 29.3 | 51.2 |
| 1993 | 68.0 | 98.6 | 51.7 | 70.3 | 27.5 | 53.7 |
| 1994 | 63.9 | 98.1 | 46.8 | 63.6 | 24.5 | 53.2 |
| 1995 | 63.5 | 97.3 | 46.7 | 53.7 | 23.8 | 54.3 |
| 1996 | 62.2 | 98.0 | 43.1 | 53.4 | 22.5 | 53.0 |
| 1997 | 63.0 | 98.1 | 42.5 | 53.3 | 21.2 | 51.6 |
| 1998 | 63.4 | 90.0 | 42.1 | 54.1 | 22.9 | 49.7 |
| 1999 | 59.6 | 88.1 | 38.3 | 52.0 | 23.4 | 52.3 |
| 2000 | 59.4 | 84.8 | 37.9 | 50.6 | 22.0 | 46.9 |
| 2001 | 57.6 | 84.8 | 35.2 | 49.6 | 21.0 | 45.0 |

주: 각 연도별 당초예산 총계규모 기준(단, 전국평균은 순계규모 기준임)

〈표 7-7〉 지방자치단체의 자체수입 대비 인건비 현황

(단위 : 백만 원, %)

| 단체별 | 예산액 (A) | 자체수입 (B) | 지방세 (C) | 인건비 (D) | 각 수입에서 차지하는 인건비 비율 | | |
|---|---|---|---|---|---|---|---|
| | | | | | 총예산 (D/A) | 자체수입 (D/B) | 지방세 (D/C) |
| 특별시 | 8,123,554 | 7,758,809 | 6,903,524 | 6,204,740 | 3.6 | 3.7 | 4.2 |
| 광역시 | 7,442,570 | 5,418,681 | 4,820,795 | 289,235 | 5.7 | 7.8 | 8.8 |
| 도 | 14,721,309 | 6,128,267 | 5,390,117 | 424,654 | 4.7 | 11.2 | 12.7 |
| 시 | 14,913,166 | 6,437,045 | 3,953,087 | 685,537 | 12.9 | 29.8 | 48.5 |
| 군 | 9,605,619 | 1,833,946 | 964,298 | 1,916,694 | 13.4 | 70.3 | -33.7 |
| 자치구 | 6,397,403 | 2,878,288 | 1,442,923 | 1,289,305 | 25.0 | 55.6 | -10.8 |
| 합 계 | 61,203,621 | 30,455,037 | 23,474,744 | 10,810,165 | 10.1 | 20.4 | 26.4 |

주: 2001년도 일반회계 당초예산 기준

〈표 7-8〉 시도별 자체수입 대비 인건비 현황

(단위 : 백만 원, %)

| 단체별 | 예산액 (A) | 자체수입 (B) | 지방세 (C) | 인건비 (D) | 각 수입에서 차지하는 인건비 비율 | | |
|---|---|---|---|---|---|---|---|
| | | | | | 총예산 (D/A) | 자체수입 (D/B) | 지방세 (D/C) |
| 서 울 | 11,235,918 | 9,389,317 | 7,738,795 | 1,153,773 | 10.3 | 12.3 | 14.9 |
| 부 산 | 3,153,831 | 1,956,826 | 1,593,003 | 373,456 | 11.8 | 19.1 | 23.4 |
| 대 구 | 2,086,082 | 1,254,313 | 938,995 | 248,687 | 11.9 | 19.8 | 26.5 |
| 인 천 | 2,487,931 | 1,567,574 | 1,343,184 | 218,885 | 8.8 | 14.0 | 16.3 |
| 광 주 | 1,343,649 | 710,825 | 541,191 | 142,348 | 10.6 | 20.0 | 26.3 |
| 대 전 | 1,227,659 | 744,731 | 606,783 | 142,038 | 11.6 | 19.1 | 23.4 |
| 울 산 | 906,569 | 604,437 | 513,239 | 103,686 | 11.4 | 17.2 | 20.2 |
| 경 기 | 9,541,802 | 6,321,245 | 4,782,675 | 846,408 | 8.9 | 13.4 | 17.7 |
| 강 원 | 3,347,812 | 893,219 | 600,566 | 358,372 | 10.7 | 40.1 | 59.7 |
| 충 북 | 2,413,509 | 782,741 | 531,407 | 279,934 | 11.6 | 35.8 | 52.7 |
| 충 남 | 3,591,837 | 943,688 | 673,336 | 337,708 | 9.4 | 35.8 | 50.2 |
| 전 북 | 3,732,896 | 917,087 | 625,862 | 380,496 | 10.2 | 41.5 | 60.8 |
| 전 남 | 4,753,820 | 823,698 | 503,521 | 473,205 | 10.0 | 57.4 | 94.0 |
| 경 북 | 5,054,963 | 1,414,243 | 1,022,133 | 557,685 | 11.0 | 39.4 | 54.6 |
| 경 남 | 4,967,349 | 1,712,984 | 1,161,030 | 474,442 | 9.6 | 27.7 | 40.9 |
| 제 주 | 1,357,996 | 418,109 | 299,023 | 113,617 | 8.4 | 27.2 | 38.0 |
| 합 계 | 61,203,621 | 30,455,037 | 23,474,744 | 6,204,740 | 10.1 | 20.4 | 26.4 |

주: 2001년도 일반회계 당초예산 기준

필요한 가장 기본적인 지출수요인 인건비를 충당하는 데 자체 수입의 대부분을 지출해야 하는 상황에 직면하고 있는 자치단체들이 많아 지역발전을 위한 지방자치단체의 자율적인 재정운영을 기대하기가 매우 어려

운 실정이다.

즉 〈표 7-7〉을 통해 확인할 수 있는 바와 같이 전국 평균적으로는 자체 수입에서 인건비가 차지하는 비중이 20.4% 수준에 그치고 있으나, 군과 자치구의 경우 70.3%와 55.6%에 달하고 있어 지역의 자주적인 발전을 위한 세출수요에 대응할 수 있는 재정력을 확보하지 못하고 있다. 특히 군과 자치구는 자체 수입의 근간을 이루는 지방세 수입으로는 인건비 지출수요를 충당하지 못하고 있는 실정이다.

또한 〈표 7-8〉을 통해 확인할 수 있는 바와 같이 시·도별로는 지역개발 수요가 상대적으로 높은 도 단위 자치단체들이 오히려 자체 수입에서 인 건비가 차지하는 비중이 높아 지역개발을 위한 자율적인 재정운영이 어 려운 실정이다. 예를 들어 전남의 경우 도·시·군 전체 자치단체들이 평 균적으로 지방세 수입의 94.0%를 인건비에 지출하고 있어 지방세 수입 만으로는 자치단체의 기본적 세출수요도 충당하지 못하고 있는 실정이 다. 그 결과 2000년 현재 기준으로 자체 수입으로 인건비 지출수요를 해 결할 수 없는 자치단체들이 29개소로 전국 지방자치단체의 11.7%에 이 르고 있다.

(2) 지방자치단체의 취약한 독자적 사업수행 능력

지방자치단체의 전반적인 재정자립수준이 낮은 가운데 지방자치단체 가 지역발전을 위한 투자지출 수요에 대응하여 독자적인 사업을 수행하 기 위한 재정기반도 취약한 실정이다.

2001년 일반회계 당초예산을 기준으로 하여 투자비 비율의 시도별 현 황을 살펴보면 〈표 7-10〉과 같다. 여기서 투자비 비율은 지방자치단체 일반회계 예산 중에서 투자사업비에 배분되는 사업예산의 비중을 나타 내는 것으로 사회간접자본시설 확충, 재해대책, 환경개선, 사회보장 등 주민편익 증진과 지역개발에 대한 재정적 기여도를 나타내 주는 것이다. 일반회계의 투자비 비율이 전국 평균적으로는 55.5%, 특별시 34.6%, 광 역시 40.0%, 도 64.8%, 시 63.3%, 군 65.2%, 자치구 46.1% 등의 분포를 보이고 있어 외형적으로는 투자비 비율이 비교적 높은 것으로 보인다.

〈표 7-9〉 자체 수입으로 인건비 미해결 단체의 현황

(단위 : 단체수, %)

| 구 분 | 합 계 | 시·도 | 시 | 군 | 구 |
|---|---|---|---|---|---|
| 해 결 | 219 (88.3) | 16 (100.0) | 71 (98.6) | 64 (70.3) | 68 (98.5) |
| 미해결 | 29 (11.7) | - | 1 ( 1.4) | 27 (29.7) | 1 ( 1.5) |
| 합 계 | 248 (100.0) | 16 (100.0) | 72 (100.0) | 91 (100.0) | 69 (100.0) |

〈표 7-10〉 시도별 일반회계 예산 대비 투자비 비율

(단위 : %)

| 지역 | 시도평균 | 특별시·광역시 | 도 | 시 | 군 | 자치구 |
|---|---|---|---|---|---|---|
| 서 울 | 36.2 | 34.6 | - | - | - | 40.2 |
| 부 산 | 39.0 | 33.8 | - | - | 59.9 | 49.2 |
| 대 구 | 50.3 | 48.6 | - | - | 65.9 | 51.3 |
| 인 천 | 47.2 | 41.3 | - | - | 67.1 | 55.4 |
| 광 주 | 43.5 | 37.6 | - | - | - | 56.1 |
| 대 전 | 42.6 | 38.1 | - | - | - | 51.7 |
| 울 산 | 47.3 | 46.1 | - | - | 62.1 | 43.1 |
| 경 기 | 53.1 | - | 41.1 | 62.1 | 57.9 | - |
| 강 원 | 65.2 | - | 65.5 | 62.1 | 68.0 | - |
| 충 북 | 62.4 | - | 65.6 | 59.2 | 61.5 | - |
| 충 남 | 73.1 | - | 81.5 | 69.3 | 65.7 | - |
| 전 북 | 70.4 | - | 80.3 | 64.1 | 64.5 | - |
| 전 남 | 72.9 | - | 83.6 | 65.9 | 67.2 | - |
| 경 북 | 64.0 | - | 69.4 | 59.5 | 64.0 | - |
| 경 남 | 66.9 | - | 68.4 | 65.3 | 67.2 | - |
| 제 주 | 66.7 | - | 61.6 | 70.4 | 70.6 | - |
| 전체 평균 | 55.5 | 37.2 | 64.8 | 63.3 | 65.2 | 46.1 |

주: 2001년도 일반회계 당초예산 기준

그러나 투자비 비율이 지방자치단체의 일반회계 예산 중에서 투자사업비 비율을 나타내는 것이기는 하지만, 여기에는 자체사업뿐만 아니라 국고보조, 양여금, 시도비사업이 포함되어 있어 순수 자체 재원에 의한 투자비 지출능력을 보여주지는 못한다. 일반적으로 사업예산은 보조사업(국고보조사업, 지방양여금사업, 시도비 보조사업)과 자체 사업(시도비, 시군구비)으로 구분할 수 있는 바, 지방자치단체의 독자적인 사업수행능력은 전체 예산 중에서 자체 사업비가 차지하는 비중을 통해서만 평가할 수 있다.

〈표 7-11〉은 지방자치단체 세출예산의 경비성질별 구조를 2001년 당

〈표 7-11〉 지방자치단체 세출예산의 경비성질별 구조

(단위 : 억 원, %)

| 구 분 | 일반회계·특별회계 순계 | 일반회계 |
|---|---|---|
| 경상예산 | 150,190 (23.3) | 129,888 (27.8) |
| 　인건비 | 66,877 (10.4) | 62,048 (13.3) |
| 　경상적 경비 | 83,313 (12.9) | 67,840 (14.5) |
| 사업예산 | 353,105 (54.8) | 254,496 (54.4) |
| 　보조사업 | 198,705 (30.9) | 164,594 (35.2) |
| 　자체사업 | 154,400 (23.9) | 89,902 (19.2) |
| 채무상환 | 37,463 ( 5.8) | 9,437 ( 2.0) |
| 예비비 등 | 104,133 (16.1) | 73,748 (15.8) |
| 합 계 | 644,891(100.0) | 467,569(100.0) |

주: 2001년도 당초예산 기준

〈표 7-12〉 국고보조금 및 지방비 부담 현황

(단위 : 억 원, %)

| 구 분 | 1997 | 1998 | 1999 | 2000 | 2001 |
|---|---|---|---|---|---|
| 국고보조사업 | 96,846(100) | 120,849(100) | 138,357(100) | 133,229(100) | 158,728(100) |
| 국고보조금 | 55,456( 57) | 77,656( 64) | 98,076( 70) | 82,531( 62) | 103,494( 65) |
| 지방비 부담 | 41,390( 43) | 43,193( 36) | 40,281( 30) | 50,698( 38) | 55,234( 35) |

주: 각 연도별 당초예산 기준

초예산을 기준으로 정리한 것이다. 이에 의하면 일반회계 예산의 54.4%, 일반회계·특별회계 순계예산의 54.8%를 사업예산으로 지출하고 있으나 자체 사업 비중은 일반회계의 경우에는 19.2%, 일반회계·특별회계 순계 예산의 경우에는 23.9% 수준에 불과한 실정이다. 이처럼 전반적으로는 사업예산의 비중이 결코 낮다고 할 수는 없으나 지방자치단체가 지역의 특성을 살려 자율적·독자적으로 수행할 수 없는 자체 사업 예산은 낮은 수준에 불과한 실정이다.

　이처럼 지방자치단체들이 지방재정 자립수준이 낮은 가운데 보조사업, 특히 국고보조사업에 의존해 투자사업을 전개하고 있기 때문에 지방자 치단체가 독자적·자율적으로 지역발전을 도모키가 어려운 실정이다. 그 런데 일반적으로 국고보조사업은 지방자치단체의 자체 재원을 통한 지 방비 부담의무를 수반하는 사업이기 때문에 국고보조사업의 확대는 지 방자치단체의 재정적 자율성을 더욱 제약할 수밖에 없다. 즉 〈표7-12〉에

<표 7-13> 지방자치단체의 회계별 채무 현황

(단위 : 억 원, %)

| 회 계 별 | 부채규모 | 비 율 |
|---|---|---|
| 일 반 회 계 | 79,950 | 43.3 |
| 기타 특별회계 | 54,460 | 29.5 |
| 공기업특별회계 | 50,344 | 27.2 |
| 합 계 | 184,754 | 100.0 |

주: 2001년 6월말 현재 기준

<표 7-14> 지방자치단체의 사업유형별 지방채무 현황

(단위 : 억 원, %)

| 사업 유형별 | 부채규모 | 비율 |
|---|---|---|
| 지하철 건설 | 22,101 | 12.0 |
| 도 로 시 설 | 38,410 | 20.8 |
| 상하수도사업 | 49,780 | 26.9 |
| 국민주택건설 | 9,713 | 5.3 |
| 택지공단조성 | 20,968 | 11.3 |
| 재 해 복 구 | 4,562 | 2.5 |
| 월드컵경기장 | 6,139 | 3.3 |
| 기 타 사 업 | 33,081 | 17.9 |
| 합 계 | 184,754 | 100.0 |

정리되어 있는 바와 같이 국고보조사업 예산이 매년 증가하는 가운데 전체 사업비의 35% 정도는 지방비로 확보되고 있어 지방자치단체의 자율적인 사업수행능력을 더욱 제약하고 있음을 확인할 수 있다.

(3) 지방채를 통한 투자사업비 확보와 재정건전성 악화

지방자치단체의 재정자립기반이 취약한 가운데 지역개발을 위한 투자사업비의 조달과정에서 지방채에 의존하는 경향이 점차 강화되고 있다. 2001년 6월말 현재 기준으로 지방자치단체의 전체 부채규모는 18조 4,754억 원으로 일반회계와 특별회계의 지방채 규모의 비중이 각각 43.3%와 56.7%를 점하고 있다. 지방채 발행을 통해 투자재원을 조달한 사업들은 <표 7-13>에 제시되어 있는 바와 같이 주로 지역 사회간접자본 확충을 위한 사업들로 구성되어 있다.

지방자치단체들이 재정자립기반이 취약한 가운데 부족한 투자재원을 지방채 발행을 통해 충당하고 있는 나머지 지방재정의 탄력적 운영과 지

<표 7-15> 지방자치단체의 지방채 상환비 비율

(단위 : %)

| 연도별 | 평 균 | 특별·광역시 | 도 | 시 | 군 | 구 |
|---|---|---|---|---|---|---|
| 1997 | 6.03 | 11.38 | 3.21 | 4.92 | 4.00 | 1.16 |
| 1998 | 6.57 | 16.15 | 4.33 | 5.01 | 4.76 | 0.64 |

주: 1) 각 연도별 일반· 기타 특별회계 결산 기준
   2) 지방채 상환비 비율(%)=(최근 4년간 평균 지방채무 상환액/최근 4년간 평균 일반· 기타 특별회계 일반재원 결산액)×100

방재정의 건전성 확보에 점차 부정적인 파급효과가 창출되고 있다. 즉 〈표 7-15〉에 제시되어 있는 바와 같이 지방채 상환비율이 점차 높아지면서 지방재정지출의 탄력성은 저하되는 반면에 지방채무가 지방자치단체의 일반재정에 미치는 압박은 갈수록 높아지고 있는 경향을 보이고 있다. 특히 특별시와 광역시에서 그러한 경향이 강하게 나타나고 있다.

## 4. 지역개발의 자율성 증진을 위한 지방재정 확충방안

### 1) 지방재정 확충의 기본방향

지방자치의 실시가 지역주민들의 삶의 질 증대와 지역발전에 기여할 수 있도록 하기 위해서는 지방정부의 자율적 의사결정 기반과 재정적 기반이 함께 확충되어야 한다. 지방재정의 기반 강화는 여러 측면에서 서술될 수 있으나, 기본적으로 지방정부가 지역주민들의 공공서비스에 대한 기대욕구를 충족시킬 수 있는 재정규모를 지니고 있는가의 문제로 집약될 수 있다. 만일 지방재정이 당면한 재정수요에 대응할 수 있는 적절한 규모에 못 미친다면, 설령 세입구조상 재정자립도가 높다고 하더라도 결코 소망스럽다고 말할 수 없다. 주민들이 기대하는 공공수요를 수용하지 못하는 지방정부는 그만큼 존립의의가 약화될 수밖에 없기 때문이다.

사실상 많은 지방정부가 긴요한 지방공공서비스를 필요한 수준으로 공급해주지 못하고 있는 결과, 도시문제(교통혼잡, 환경오염, 열악한 주거환경, 도시빈민 등)가 가중되고 있는 현상을 도처에서 목격할 수 있는 상황이다. 현재의 지방재정규모로는 지방정부의 집합적 대응(collective action)이 새롭게 모색되어야 할 분야에 대한 추가적 정부활동의 설계가 어려운 것은 물론이고, 인구증가·도시화 등 공공서비스 수요의 자연증가 요인에 의거한 현존 지방서비스의 양적 확대조차 수용하기 어려운 실정이다.

따라서 앞으로 지방자치가 내실있게 전개되려면 지방정부가 현존 또는 향후 예상되는 공공수요에 효과적으로 대응할 수 있는 재정적 대응력을 확충해야 한다. 재정적 대응력의 확충은 궁극적으로 지방재원의 확충 방안과 결부되어 접근해야 할 과제이다. 더 나아가서 지방재원의 확충은 지방재정 자립수준을 향상시킬 수 있는 정책방향에 입각해 이루어질 때, 지방자치단체가 자율적으로 지역개발을 추진할 수 있는 물적 기반이 구축될 것이다.

특히 지방자치단체가 주체적으로 지역문제를 해결할 수 있는 자립형 체질을 형성하고 지역중심의 발전체제를 구축하기 위해서는 국가기능의 지방이양이 확대되어야 하고, 이에 상응한 재원의 지방이양이 수반되어야 할 것이다. 즉 중앙·지방정부 간 재원배분체계의 재구조화를 통해 '세입자치(歲入自治)'의 폭을 넓혀야 한다. 이를 통해 중앙·지방정부 간 재원 배분체계가 단순한 재원의 분권화 내지는 세출분권화에 그치지 않고 '지방분권형 재정체제'의 구축으로 이어지도록 함으로써 지방자치단체가 스스로의 판단과 책임 아래 지역문제를 처리할 수 있도록 해야 한다.

## 2) 재정분권화 확대를 위한 지방세원의 확충방안

### (1) 응익원칙의 강화와 지방세원의 보강방안

지방자치시대의 전개와 더불어 지역주민의 선택과 부담에 기초하여 다양한 형태의 지방공공서비스 공급이 이루어지도록 하기 위해서는 응익원칙을 기초로 한 지방세원의 확충과 보강이 필요하다. 지방세를 통한 재원조달과정에서 응익성의 원칙을 효과적으로 살려나가기 위해서는 현재 국세로 배분된 일부 세원을 지방세로 이양하는 것이 필요하다.

우선 세원을 발생시키는 경제활동과정에서 공해, 환경오염 및 자연경관의 파괴, 집적에 따른 사회문제의 현재화 등 외부 불경제효과가 현저함에도 불구하고 현재 세원이 국세로 귀속됨으로써 외부 불경제효과의 발생지역과 세수귀속 주체 간의 괴리현상을 일으키는 세목의 경우에는 이를 지방세원으로 이양하는 것이 바람직하다.

또한 지방자치단체가 제공하는 행정서비스가 외부효과로 작용하거나 지역경제활동과 밀접히 관련된 당해 지역의 시설물 등을 이용하여 발생하는 세원의 경우에는 응익원칙의 측면에서 지방정부 세원으로 귀속시키는 것이 바람직하다.

예를 들어 관광자원이 풍부하게 분포하고 있는 강원도의 경우 관광자원의 보전과 관광지 기반시설 조성 및 개발·유지를 위하여 지방자치단체들이 많은 예산을 지출하고 있다. 그럼에도 불구하고 관광(행위)에 대한 조세부과는 숙박업 및 음식점 등에 부과되는 부가가치세, 골프장 입장료·스키장 입장료 등에 대한 특별소비세 형태로 국세 수입으로 귀속되고 있을 뿐 지방자치단체가 확보하는 입장료 수입은 관광지의 단순유지 관리비를 충당할 수 있는 정도에 그치고 있다.

따라서 지방행정서비스 및 지역경제활동과 긴밀한 관계를 맺고 있는 지역의 특수 부존자원, 관광자원, 오염원 등에 대한 세원의 경우에는 이를 지방세체계로 흡수하는 것이 응익원칙에 비추어 볼 때 바람직하다. 이런 점에서 관광지 내에서의 입장·숙박 행위에 대하여 과세하는 부가가치세, 골프장·스키장 등 입장행위에 대한 특별소비세, 그리고 공업용수·상수도 용수 등 수자원에 대한 부가가치세 등의 세원은 지방세로 이양하는 것이 필요하다. 아울러 자동차 운행이 지역에 미치는 외부 불경제효과와 행정서비스 유발 효과 등을 감안할 때 자동차와 휘발유·경유·LPG 등 자동차 연료에 부과하는 특별소비세 세원의 일부도 지방세로 이양하는 것이 필요하다.

한편 '거주지주의(residence principle)'에 기초를 두고 있는 현행 지방세 체계로서는 생활권 확대와 직주분리(職住分離), 일시적·계절적 이동 등에 따른 거주지역과 지방행정서비스의 혜택을 누리는 편익지역이 괴리되는 문제를 효과적으로 해결하기 어려운 실정이다. 예를 들어 재산과세 위주로 형성되어 있는 현행 지방체계에 의하면, 주간에 유입인구가 많은 대도시 자치단체의 경우 이들 유입인구에 의하여 발생하는 비용 또는 지방자치단체의 행정서비스의 수혜에 상응한 비용분담을 지방세를 통해 부과하는 것은 용이하지 않다. 또한 관광자원이 풍부하게 분포하고 있는 지역의 경우에도 관광자원이나 관광행위에 대한 지방세의 과세가 허용되지 않기 때문에 관광객이 해당 지역에 일시적으로 체류하는 동안에 누리는 지방행정서비스의 편익이나 지방행정비용 유발에 상응하는 부담을 지울 수가 없다.

이런 점에서 지방재정운용의 효율성을 제고하기 위해서는 지방자치단체 수준에 있어서 '지방행정서비스에 대한 편익과 비용부담의 일치화'를 도모할 수 있는 세원을 지방세체계에 수용하는 것이 필요하다. 여러 세원 중에서도 소비과세가 거주지역과 편익지역의 괴리에 따른 편익과 비용부담의 불일치를 해소하는 데 있어 매우 효과적인 세원으로 평가되고 있다. 따라서 현재 국세 세원으로 배분되고 있는 부가가치세 세원 중 지역적 정착성이 높은 음식업분과 도소매업분, 그리고 특별소비세 중 지역적 정착성이 높은 과세장소 및 과세유흥장소에 대한 특별소비세 등과 같은 일부 세원을 지방세로 이양하는 것이 응익성의 원칙에 비추어 볼 때 바람직하다고 할 수 있다.

### (2) 지역경제와 지방재정의 유기적 연계를 위한 지방세원의 보강방안

현행 지방세체계하에서는 민간기업의 지역유치 등을 통한 지역경제 활성화 노력의 성과가 대부분 국세 수입으로 귀속되고 있고, 나머지 지방세 수입의 증대에 기여하는 효과는 작은 실정이다. 지역산업의 활성화에 따른 국세와 지방세(도세와 시군세)의 세수증대 효과에 대한 경험적 연구결과에 의하면, 제조업의 경우 국세에 대한 세수증대효과가 지방세에 비해 4.13배나 높고, 서비스업의 경우에도 국세에 대한 세수증대효과가 지방세의 3.27배에 이르고 있다. 또한 도소매 소비자용품업의 경우에는 경제활동의 활성화가 오히려 지방세 수입과 마이너스(負)의 관계를 갖고 있는 것으로 나타나고 있다.

이와 같이 지역의 제조업이나 서비스업의 성장이 지방세보다는 오히려 국세 수입의 증대에 크게 기여하고 있는 현행 지방세체계하에서는 지역경제활동과 지방재정이 상승적 순환관계로 연결되기 어려운 실정이다. 따라서 지방자치단체의 지역경영활동의 성과가 지방정부의 세수입 증대로 연결되게 하려면 지역경제의 활성화로 인한 소득 및 소비의 증대에 상응하는 세원들을 지방세체계에 수용해야 한다. 이런 점에서 기업활동과 관련된 소득 및 이윤과세, 소비활동과 관련된 소비과세관련 세원을 지방세체계에 흡수·보강할 수 있는 지방세원의 확충 방안 및 국세 세원의 지방세 이양방안이 마련되어야 할 것이다.

### (3) 지방자치단체의 과세자주권 확대

지방자치단체의 세입자주성을 확대하기 위해서는 일부 국세의 지방세 이양을 통한 지방세원의 확충과 더불어 지방자치단체가 세수입의 증감을 자율적으로 결정할 수 있는 과세의 자주성을 제도적으로 보장할 필요가 있다.

첫째, 지방정부의 과세자주성을 확대하기 위해서는 일부 국세의 지방세 이양을 통한 지방세원의 확충과 더불어 탄력세율제도 활용에 대한 유인 부여, 지방세감면조례 제정의 자율권 부여 등이 필요하다.

둘째, '국세와 지방세 등의 조정 등에 관한 법률'을 개정하여 중복과세 금지원칙을 완화하여 공동세제도의 도입 근거를 마련할 필요가 있다. 즉 지방자치단체의 주도적 노력에 의해 창출된 세원 또는 지방자치단체의 활동과 직접 관련되어 있는 세원의 지방세화방안은 결국 소득과 소비 관련 세원의 지방세 수용문제로 귀결된다. 그런데 지방세원화의 필요성이 인정되는 소득과 소비 관련 세원의 대부분이 국세에 수용되어 있는 가운데 중복과세 금지원칙이 적용되고 있는 현재의 국세와 지방세 배분체계하에서는 지역에서 창출·생성된 세원의 지방세화방안의 실현 가능성은 매우 제한적일 수밖에 없다. 또한 소득과 소비관련 세원의 특성상 관련 세원을 포괄적으로 지방세로 이양하거나 지방정부가 전유 세원으로 활용하기는 현실적으로 어렵다. 따라서 지방자치단체의 주도적 노력으로 창출된 소득과 소비 관련 세원, 그리고 수익자부담원칙과 원인자부담원칙에 따라 지방자치단체의 활동과 직접 연계되어 있는 소득과 소비 관련 세원의 지방세화를 추진하기 위해서는 일차적으로 공동세제도의 도입이 실현되어야 한다.

셋째, 응익원칙에 입각한 지방세원 확충을 제도적으로 보장하기 위해서도 '법정 외 세목제도'를 도입하는 것이 필요하다. 법정 외 세목제도는 특정 지역에 국한되어 있는 세원을 대상으로 하여 지방자치단체의 공공서비스로부터 얻는 편익과 비용 분담을 유기적으로 연계하는데 매우 효과적인 장치이다.

### 3) 지방재정조정제도 개편을 통한 지방재정의 자주권 확대

지방자치단체가 지역 중심의 지역발전체제를 구축할 수 있는 지방재정 확충방안을 모색하는 과정에서는 지방재정조정제도의 전반적인 체계를 정비함으로써 지방재정의 자주권을 확대하는 방안도 고려해볼 필요가 있다. 이런 관점에서 볼 때 가장 중요한 과제는 현재의 지방교부세, 지방양여금, 국고보조금제도로 다기화되고 기능이 혼재되어 있는 제도적 틀을 일반보조금과 특정보조금으로 그 기능을 분화시키는 가운데 이전통로(제도적 장치)의 단순화를 도모하는 것이다. 따라서 현재 지방교부세와 국고보조금의 중간적인 제도적 장치로 출발하였다가 점차 국고보조금적 성격을 띠고 있을 뿐 아니라 일부 지방교부세 기능도 혼재되어 있는 지방양여금제도를 폐지하는 가운데 지방교부세와 국고보조금을 중심으로 재원이전기능과 형태를 분화시켜나가는 것이 필요하다.

첫째, 지방재정조정제도 상호간 기능분화와 단순화 원칙에 따라 지방양여금제도를 폐지할 경우 지방교부세는 명실상부한 중앙·지방정부 및 지방정부 상호간 세원공동이용방식으로 정립해나가야 한다. 추가적인 국세의 지방세 이양과정에서 나타날 수 있는 지방정부간 재정력 격차를 조정할 수 있는 수평적 형평화기능을 대폭 보강해야 한다. 또한 현재 국고보조금적 성격을 띠고 있는 특별교부세와 증액교부세를 폐지하고, 보통교부세만 존치시키는 것이 필요하다. 특별교부세의 상당 부분은 보통교부세로 편입시킬 수 있을 것이며, 일부는 국고보조금으로 이관하고 예비비적 성격의 재원은 중앙정부 일반회계 예비비 사업으로 전환하는 것이 바람직할 것이다. 지방교부세의 기능을 이렇게 전환하는 것과 병행하여 교부세 재원의 확보방법도 개편하여, 내국세 수입의 일정 비율을 지방교부세 재원으로 할당하는 방식보다는 세원공유의 필요성이 높은 소득세, 법인세, 부가가치세의 일정 비율을 지방교부세 재원으로 할당하는 방안도 검토해볼 수 있을 것이다.

둘째, 국고보조금제도를 지방자치의 원리에 부합하도록 개편해야 한다. 이를 위해서는 우선 무엇보다도 장기적 안목에서 중앙정부와 지방정부 간 역할분담이 재정립되고 중앙정부 사무와 지방 사무의 구분 기준, 중앙·지방 정부간 경비분담원칙 등이 명확하게 설정되어야 할 것이다. 특히 국고보조금의 정비는 기관위임사무의 정비와 결부하여 접근하는 것이 필요하다. 장려적 보조금과 지역간 외부효과의 조정을 위해 필요한 국고보조금을 제외한 나머지 국고보조금은 기관위임사무의 지방사무로 전환하는 등으로 이를 대폭 정비해 나가야 한다. 따라서 보조금의 규모가 영세하여 그 효과가 의심스럽거나 보조금 수취로 인해 행정사무만 번잡해지는 경우, 자치단체의 필수적 고유기능에 속하는 것임에도 국고보조가 지속되어온 경우, 그리고 보조금 지급의 목적이 이미 달성되었거나 보조금 지급의 취지가 부적절한 것으로 판단되는 경우 등에는 국고보조금을 폐지 또는 정비해야 할 것이다. 또한 국고보조금의 효율적 운영과 성과 향상시키기 위한 취지에서 성과가 미진한 보조금을 폐지하면서 세분화·영세화된 보조금을 통합·정비하고 운영의 신축성을 확보할 수 있는 장치를 마련해야 할 것이다. 이를 위해서는 국고보조금이 지방정부 단위에서 현재보다 융통성 있게 활용될 수 있도록 보조대상을 확대한 '포괄보조금제도(block grant)'를 도입하는 것이 필요하다. 이밖에 보조금 사업의 선정, 재원부담의 배분, 그리고 사업운영에 있어 통제 위주의 중앙정부 주도를 지양하면서 지방자치단체의 입장과 여건이 적절하게 반영될 수 있는 통로가 마련됨으로써 국고보조금제도가 중앙정부의 일방적인 재정원조가 아닌 상호적 재정조정제도로서 정착되어야 할 것이다.

## 4) 민간활력의 전략적 활용

앞으로 지방정부는 독점적인 서비스 제공 역할을 지양하고 공공부문, 민간부문, 비공식 사회부문을 통합하는 촉매역할을 수행함으로써 지역공동체문제를 해결해나가야 한다. 이 중에서도 특히 공공서비스의 민간위탁, 민간부문과의 공동생산 및 비정부기구(NGO)의 활용, 민자유치와 프로젝트 금융기법(project financing)의 활용 등에 주목할 필요가 있다. 이러한 민간활력을 전략적으로 활용함으로써 실질적인 지방재정 확충효과를 창출할 수 있을 것이다.

첫째, 행정서비스의 민간위탁은 경쟁입찰에 의거한 외부계약방식(contracting out)을 통해 정부기능의 시장성과 경쟁력을 확대하기 위한 민영화의 한 형태라고 할 수 있다. 일반적으로 행정사무 또는 정부사업 민간(외부)위탁의 긍정적 성과로는 사무처리 또는 사업수행에 소요되는 경비의 절감(경제성), 신속한 업무처리와 업무량 변화에 따른 탄력적 대응(효율적인 업무처리), 행정서비스의 질적 수준 개선, 전문적인 기술과 지식의 활용, 정부기구와 인력 및 예산의 감축과 간소화 등이 제시되고 있다.

둘째, 공동생산(co-production)은 공공부문과 민간부문의 협력적 분업관계를 형성해 공공서비스를 제공하는 것을 의미한다. 지방정부의 공공서비스를 민간부문과 공동으로 생산하게 되면 민간부문의 인력과 재원을 활용할 수 있고 그럼으로써 지방정부의 인력과 재정규모 팽창을 억제할수 있으며, 민간부문의 전문성과 다양한 생산기법을 활용함으로써 보다양질의 서비스를 제공할 수 있다. 특히 공동생산은 주민참여의 원리를 바탕으로 지방행정의 성과를 높일 수 있는 전략이라는 측면에서 그 중요성이 인정되고 있다. 공동생산에 활용될 수 있는 민간자원으로서는 자원봉사자, 전문인력, 민간재원, 민간사회단체와 조직, 시설과 장비, 전문적인 장비나 기술 등을 예시할 수 있다.

셋째, 지방정부 공동생산의 파트너로서 최근 비정부기구가 새롭게 주목을 받고 있다. 비정부기구는 시장실패와 정부실패를 극복할 수 있는 제3안의 대안으로서 그 중요성이 부각되고 있다. 지방행정의 업무가 더욱 세분화되고 전문화되는 추세를 보이고 있어 지방정부가 이를 모두 관장하는 것은 불가능하기 때문에 비정부기구인 시민단체와 업무를 공동으로 수행하는 방식을 강구할 필요가 있다. 비정부기구는 특히 환경행정 및 사회복지 분야에서 상당한 비교우위를 확보하고 있는 것으로 평가되고 있다. 공동생산의 파트너로서 비정부기구들이 활발한 역할을 분담해 나가도록 하기 위해서는 지방자치단체가 비정부기구의 시정참여를 허용하고 공동사업을 추진하는 것이 필요하다. 특히 전문적인 역량과 노하우를 갖고 있는 시민단체와 각종 업무를 공동으로 추진하거나 경우에 따라서는 이들에게 위임하여 추진하는 노력을 전개하는 것이 필요하다. 아울러 지역공동기금을 조성하여 정책집행과정에서 비정부기구와의 파트너십을 강화할 필요도 있다.

### 5) 효율적인 지방채 관리와 재정탄력성의 확보

자치시대 개막 이후 증대하고 있는 각종 지역개발 수요들을 수용하기 위하여 지방채 발행 규모가 빠른 속도로 증가하고 있다. 그러나 지방채를 발행할 경우라도 장기적 사업계획의 재원조달수단으로서 장기지방채를 발행하는 것은 수긍할 수 있으나 단기채 발행은 상환기간이 곧 돌아오므로 지방자치단체가 여유를 갖고 원리금 상환에 임할 수 있는 여지가 적다는 점을 과소평가해서는 안된다. 따라서 단기채의 발행은 극히 예외적인 상황에 국한하여 발행해야 한다. 앞으로 즉흥적이고 무계획적인 지방채 발행을 자제하고 상환재원조달 범위 내에서 투자효율성이 높은 사업을 우선 추진하여 지방재정의 안정성과 건전성을 확보하기 위해서는 지방채 발행을 다음과 같이 관리해 나가는 것이 필요하다.

첫째, 지방채 발행은 우선 부족한 재원을 확보하여 투자사업을 원활히 추진할 수 있는 장점은 있으나, 원리금 상환 부담으로 장래의 재정운영을 경직화시킬 우려가 있으므로 향후 재정여건을 종합분석하여 지방재정의 건전성을 저해하지 않는 범위 내에서 적정한 수준으로 운영해야 한다.

둘째, 투자효율성을 감안한 대상사업 선정이 중요하다. 따라서 중기지방재정계획에 반영되고 투·융자심사를 거친 사업에 한하여 지방채를 발행하되 반드시 행정자치부장관이 승인한 범위 내에서 예산을 편성, 지방의회의 의결을 거쳐 지방채를 발행하는 것이 필요하다. 또한 문화·체육시설 등 불요불급한 시설 및 택지개발·유원지 조성 등 사업전망이 불투명한 사업을 위한 지방채 발행은 지양되어야 한다.

셋째, 기채선, 발행조건의 타당성을 체계적으로 검토해야 한다. 차입선을 결정할 때는 이율과 상환조건이 유리한 재원을 조달하여 지방채 발행으로 인한 재정부담이 최소화되도록 노력해야 한다.

넷째, 적기에 자금을 차입하는 노력을 기울일 필요가 있다. 즉 투자사업의 진도, 자금수요 등을 감안, 적기에 자금을 차입함으로써 차입 후 장기보관으로 이자만 부담하거나 경상경비에 사용되는 사례가 없도록 유의해야 한다.

현실적으로 조세수입의 추가적 확보에 기초하지 않은 재정지출 확대는 재정위기의 뿌리를 잉태할 수 있다. 따라서 지방자치단체는 지방세수입을 포함한 세입 수준에 대한 면밀한 추계와 전문적 예측에 주력하면서, 재정운영상 예기치 않은 어려움에 대응할 수 있는 능력을 사전에 갖추기 위해서 재정의 경직적 구조를 완화하는 노력을 게을리 하지 말아야 한다.


## 5. 맺음말

지난 20세기에 우리는 지방자치의 실시와 중단 및 부활을 경험하였다. 20세기 후반에 부활된 지방자치는 아직 지방분권형 행·재정체제의 구축 수준에는 이르지 못하고 있다. 현재의 지방재정제도는 중앙집권체제하에서 지방정부에 대한 재원보장 차원에서 그 구도가 형성된 것이기 때문에 분권화된 정부운영환경하에서 지방재정의 효율적 운영, 지방재정과 지역경제의 유기적 연계, 그리고 지역단위에 있어서 지방행정서비스로부터 누리는 편익과 비용부담을 효과적으로 연계할 수 있는 제도적 장치로서는 미흡함을 면치 못하고 있다.

따라서 자율과 경쟁 및 책임원리에 기초한 지방분권형 행·재정체제를 뒷받침할 수 있는 지방재정제도를 구비하기 위해서는 그동안의 단편적이고 점증적인 제도개혁의 접근방법이 아니라 새로운 패러다임에 입각한 지방재정제도 전반에 걸친 체계적이고 종합적인 개혁 노력이 요망된다.

재정분권화의 확대를 통해 지방정부의 세입예산과 세출예산의 자율성과 분권화 수준이 높아지면, 지역중심 발전체제 구축을 위한 지방재정기반을 확충할 수 있을 것이다. 그러나 재정분권화 확대로 인하여 지방정부간 재정력 격차가 더욱 벌어질 여지도 많다. 또한 지방공공서비스 공급 수준과 경비 부담 수준에 관한 지방정부간의 격차 확대는 전국적 균일화라는 공평성의 요구와 갈등을 빚게 될 소지가 많다. 아울러 자주재원주의에 입각하여 재원배분체계를 재조정하는 과정에서 중앙정부로부터의 교부금과 보조금 규모가 지나치게 줄 경우에는 지방자치단체의 행정구역을 초월하는 행정서비스의 외부유출효과(spill-over effect)의 조정을 위한 재원지원활동이 위축될 여지도 없지 않다.

따라서 재정분권화 수준의 확대에 따라 파생될 수 있는 문제점을 최소화하기 위해서는 지방교부세제도의 기능과 재원배분방식을 전면적으로 개편하는 것이 필요하다. 이러한 노력이 함께 모색될 때 지방재정 확충을 통한 지역개발의 자율성 증대방안이 더욱 설득력을 얻을 수 있을 것이다.

■ 참고문헌

곽채기. 1997, 「협력적 분권체제에 기초한 지역경제정책의 전개방안」, 《법률행정논총》 제17집, 전남대학교 법률행정연구소.
권태준. 1995, 「세계화에 대응하는 지방화: 지역공동체 형성의 중요성을 중심으로」, 공보처

김도형. 1995,「일본 지역산업정책 실상과 교훈」, 나라정책연구회 편,『한국
　　형 지방자치의 청사진』, 길벗.
김익수·오연천. 1998,『전환기의 지역경제정책』, 삼성경제연구소.
노기성. 1996,『지방화 시대의 정책과제와 제도개선 방향』, 한국개발연구원.
부산발전연구원 역, 淸成忠男. 1991,『지역산업정책론』, 부산발전연구원.
오연천. 1987,『지방재정론』, 박영사.
＿＿＿. 1992,『지자제 실시가 기업경영에 미치는 영향과 기업의 대응방안』,
　　대한상공회의소 한국경제연구센터.
＿＿＿. 1996,『지자제 실시에 따른 기업활동의 지역별 진입장벽 실태와 정책
　　방향』, 대한상공회의소 한국경제연구센터.
＿＿＿. 1998,『지방경제시대와 지역개발정책』, 대한상공회의소 한국경제연
　　구센터.
오연천·곽채기. 1993,『지방정부의 지역경제 지원기능 확충방안』, 대한상공
　　회의소.
임정덕·최병호. 1996,『지방화 시대의 지역산업정책』, 비봉출판사.
재정경제원·한국개발연구원. 1997,『열린 시장경제로 가기 위한 국가과제:
　　21세기 새로운 도약을 위한 준비』.
좌승희. 1996,『세계화시대의 경제운용』, 박영사.
행정자치부. 1999,『1998회계년도 지방재정종합분석』.
＿＿＿. 2000,『행정자치백서 2000』.
＿＿＿. 2001,『2001년도 지방자치단체 예산개요』.

中村剛治郎. 1992,「地域の論理と地域産業」,『地域活性化の地域經營』, 學陽書房.
湯淺利夫. 1995,『地域經營のための新たな行政手法』, ぎょうせい.
＿＿＿. 1995,『地域振興の戰略的展開』, ぎょうせい.

Bennett, Robert, J. 1990, *Decentralization of Local Government, and Markets*, Clarendon
　　Press.
Harvey, D. 1991, "Flexibility: Threat or Opportunity?," *Social Review*, Vol.21, No.1.

### 제 3 부

기술변화 · 정보화와 지역혁신체제 구축

# 제8장
# 지역발전을 위한 IT산업 육성전략

임정덕 (부산대학교 교수)

## 1. 산업구조 조정인자로서의 IT산업

### 1) IT산업을 통한 경제발전

인류는 오랜 동안의 농업시대를 거쳐 산업혁명을 맞았고 산업화의 패러다임하에서 지난 2백여 년의 변화를 경험하였다. 그리고 정보화와 관련된 정보혁명은 또 다른 패러다임 변화를 불러오게 되었다. 패러다임 변화는 사고의 틀을 바꾸는 근본적인 변화이다. 이 변화는 사회의 제도, 의식까지 바꾸는 혁명적인 것이며, 산업과 경제에서도 정보화의 혁명적 변화를 요구한다.

기계화, 산업화와 마찬가지로 정보화, 지식경제화도 국가경제와 지역경제에 피할 수 없는 과제로 나타난다. 경제가 성장하고 발전하는 것은 산업구조가 고도화되기 때문이다. 개방적이고 경쟁적인 경제에서 개별기업이 고부가가치를 추구하는 과정이 해당 산업의 구조고도화를 불러오게 되고, 이러한 과정이 쌓이는 것이 산업구조 고도화를 통한 경제발전이 되는 것이다.

정보혁명의 시대에 개별기업은 해당 생산, 유통, 관리 과정을 정보화하는 것이 경쟁력을 높이거나 살아남는 길이다. 과거의 방식을 그대로 유지하고도 살아남는 기업이 예외적으로 있을 수 있지만 정보화하지 않는 기업이 경쟁력을 가지는 것은 상상하기 어렵다.

개별기업은 생존 또는 발전차원에서 업종을 변경하거나 다양화하게 되는데, 이때 가장 유망한 대상이나 부문은 정보통신산업이나 부문이 선택되기가 쉽고 이것이 정보통신산업을 중심으로 하는 기업구조 고도화와 이에 따른 산업구조 고도화를 일으키게 한다. 물론 그 동인은 수요가 이 부문에 많고 이 부문이 더 높은 부가가치를 창출하기 때문이다.

위와 같은 과정과 모형은 국가경제에 해당하는 것이지만 원리적으로는 지역경제에도 같이 적용된다.

그러나 차이점은 한 국가는 농림어업 등이 주가 되는 1차 산업과 제조업이 중심이 되는 2차 산업 및 기타 모든 산업을 망라하는 3차 산업으로 이루어진 산업구조를 가지지만, 모든 지역이 국가의 산업구조와 비슷한 지역산업구조를 가지는 것은 아니다. 실제로 각 지역은 산업구조에서 큰 편차를 가지는데, 일반 시·도 단위가 아닌 광역시·도 차원으로 측정하더라도 큰 편차가 있다.

여기서 산업정책 및 지역정책의 딜레마가 일어난다. 개별 지역이 지역발전을 이루고자 할 때 일반적인 방법을 택하자면 정보화를 촉진하고 산업구조도 정보·통신관련 산업 중심으로 고도화하는 것이 바람직할 것이다. 단적인 예로 농업중심지역이 산업화를 계획할 때 정보·통신관련 산업을 유치하거나 일으키고자 하는 계획을 세우는 것이 보편적일 것이다. 소규모지역 차원에서의 산업진흥계획의 경우에는 더욱 그러할 것이다. 어느 정도 산업화된 지역(도시)이 고용을 증가시키고 산업을 진흥시키고자 할 때 정보·통신과 관련된 벤처단지 조성과 같은 정책을 계획하는 것은 당연한데, 나라 전체적으로 볼 때 중복이나 비효율성이 발생하는 것을 어떻게 조정할 수 있을 것인가는 어려운 과제가 된다.

이 장에서는 위에서 지적한 점은 별도의 문제로 미루고 IT산업의 정의·역할·특성, IT산업이 지역경제에 미치는 영향, IT산업의 입지특성 그리고 지역발전을 위한 IT산업과 관련된 지역산업정책을 논의하고자 한다.

## 2) IT산업의 역할과 기능

### (1) IT산업의 정의와 범위

정보통신기술(Information Technology)[1]산업은 정보 및 통신과 관련된 기기, 장비, 소프트웨어, 컨텐츠, 통신, 방송 서비스 및 이와 관련된 모든 서비스와 유통기술을 망라하는 산업이다. 통계목적이나 산업분류의 경우 분류기관이나 나라에 따라 약간씩 차이가 있으나 대체로 정보통신과 관련된 하드웨어산업, 소프트웨어산업, 정보통신서비스산업으로 대별해서 분류할 수 있다(한국은행, 2000: 18).

지금까지의 관행으로는 제조업과 서비스업은 산업 대분류단계에서부터 확실하게 구별하였으나, 정보산업의 경우에는 두 가지가 같이 포함되고 또한 구분이 애매한 경우도 발생하기 때문에 산업분류체계가 근본적으로 바뀌어야 하는 문제를 제기한다.

정보통신은 그 기술이 모든 산업을 정보화시켜서 발전시키는 '산업의 정보화' 측면과 정보기술 자체가 산업화되는 '정보의 산업화' 측면으로 대비하여 분류될 수도 있다. 이 접근방법은 금융과도 유사한데, 금융은 경제활동에 혈액과 같은 역할을 하지만 동시에 산업으로서의 금융은 생산, 고용 등에서 자체적으로 중요한 역할을 담당한다.

이런 측면에서 정보(산업)를 중심으로 산업을 분류하는 정보화산업체계의 개념이 있다. 즉, 정보통신산업이 1차 산업이 되고, 2차 산업은 IT를 직접 응용하는 산업이 되며, 3차 산업은 산업(특히 제조업)이 전자상거래, EDI CALS 등 IT에 의해 정보화되는 것을 말한다(이덕희, 2000: 6).

### (2) IT산업의 성장과 발전

한국은행이 추계한 IT산업에 관한 통계를 보면, 우리나라의 정보통신산업은 급속히 성장하고 있고 경제에서 차지하는 비중도 급격히 상승하고 있다. 1995년 이후 IT산업의 성장률은 다른 산업보다 4배 정도 높으

---

[1] IT는 정보산업이고 ICT(Information and Communication Technology)가 정보통신산업이므로 ICT가 더 정확한 표현이 되나 이 글에서는 IT로 표기한다.

〈표 8-1〉 정보통신산업[1]의 GDP 성장기여율

(단위 : %)

| 구 분 | 1995 | 1999p | 2000년 1/4~3/4p |
|---|---|---|---|
| 정보통신산업 성장률[2] | 38.3(8.9) | 41.1(10.7) | 42.2(10.4) |
| 정보통신산업의 대 GDP 비중 | 5.6 | 12.7 | 16.1 |
| 정보통신산업 성장 기여율 | 19.1 | 38.3 | 50.4 |
| 정보통신산업 성장 기여도 | 1.7 | 4.1 | 5.3 |

주: 1) 1995년 가격기준, 한국은행 자료(「2000년 3/4분기 국내총생산」, 2000. 11)에서 인용한 것
    으로 정보통신산업은 사무·계산 및 회계용 기계, 반도체 및 통신기기, 통신업, 방송, S/W와
    컴퓨터관련 서비스를 포괄하고 출판·인쇄 및 기록매체 복제업, 측정·시험 및 기타 정밀기기
    제조업 등 일부 부문이 제외되었음
    2) 전년동기대비 부가가치 성장률이며 괄호 안은 GDP 증가율임
출처: 한국은행, 「정보통신산업의 경제적 파급효과 분석」, 2000.12, 7쪽.

〈표 8-2〉 우리나라 정보통신산업의 세계시장 비중

(단위 : %)

| 구 분 | 1996 | 1997 | 1998 | 1999 | 2000 | 2001 | 2002 | 2003 |
|---|---|---|---|---|---|---|---|---|
| 계 | 3.8 | 3.7 | 2.8 | 2.9 | 3.1 | 3.3 | 3.5 | 3.8 |
| 정보통신서비스 | 2.2 | 2.1 | 1.4 | 1.5 | 1.6 | 1.7 | 1.7 | 1.7 |
| 정보통신기기 | 6.8 | 6.8 | 5.4 | 5.6 | 6.1 | 6.7 | 7.2 | 7.8 |
| 소프트웨어산업 | 0.9 | 0.9 | 0.6 | 0.7 | 0.9 | 1.2 | 1.6 | 2.2 |

출처: 한국통신정책연구원.

며, IT산업이 GDP에서 차지하는 비중도 매년 급속히 증가하여 1995년
5.6%에서 2000년에는 16% 이상에 달하고 있다. 특히 IT산업이 한국의
국내총생산 성장에 기여하는 비중은 1995년의 19.1%에서 2000년 3/4분
기에는 50.4%로 증가하여 IT산업이 한국 경제성장의 견인차가 되고 있
음을 알 수 있다. 그렇기 때문에 2001년부터 나타나기 시작한 IT산업의
성장률 둔화가 경제 전체에는 심각한 불황으로 나타나는 현상이 세계적
으로 나타나고 있으며, 한국의 경우도 마찬가지이다. 우리가 특정 산업의
성장성을 주목해야 하는 까닭이 이 때문이다.

　IT산업이 국내총생산에서 차지하는 비중이 매년 급속히 증가하고 있는
점을 감안하면 IT산업의 경제성장을 위한 중요성이 더 돋보인다 하겠다.
그러나 IT산업의 특성상 생산유발효과나 고용유발효과는 아직까지는 IT
산업을 제외한 산업 평균에는 못 미치고 있다. 그렇지만 계속 성장하는
산업이기 때문에 지역산업의 유치나 육성 차원에서 중앙 또는 지방 정부

가 IT산업에 주목하는 것은 당연하다.

IT산업의 장래 성패는 세계시장에서 차지하는 비중에 의해 좌우된다. 한국이 산업화에는 늦었지만 정보화에는 상대적으로 늦지 않았으므로 세계시장에서 차지하는 비중이 중요하다. 〈표 8-2〉를 보면 한국 IT산업의 세계비중이 IMF기간을 제외하면 3.5% 내외의 수준이며 앞으로도 계속 상승할 것으로 전망되고 있다. 세계 IT산업도 전체적으로 성장하고 있는 중이므로 한국이 세계비중을 유지하는 것만으로도 세계적 성장추세를 따라가는 것이 될 것이다.

### 3) IT와 IT산업의 특성

IT라는 말은 매우 포괄적인 개념이다. 앞의 정보산업분류에서도 나온 것과 같이 전산업이 정보·통신기술에 의해 직·간접적으로 영향을 받기 때문에 몇 가지 대표적인 기술이나 분야에 의해 IT나 IT산업의 특성을 논하기는 어렵다.

가장 상식적인 측면에서 시작하자면 먼저 IT기술과 IT제품의 수명이 매우 짧다는 것이다. 반도체 칩의 메모리용량 개발기술이 1년 반을 주기로 배가해 왔다는 예에서 알 수 있듯이 짧은 수명주기는 연구나 개발에 대한 위험성을 높인다. 그 대신 성공한 기술은 높은 수익을 보장받는다. 따라서 높은 위험을 분산하기 위해 벤처캐피털이라는 새로운 개념이 자본시장에 도입되고 이를 위한 증권시장(코스닥 또는 나스닥 등)까지 개설되어 있다.

과거에는 기술개발의 속도가 지금보다 빠르지 않아서 다음의 그림과 같은 과정이 단계별로 분리되고 상당 기간 지속되었다. 과거 철강, 자동

〈그림 8-1〉 기술개발과 상품화의 과정

차, 화학제품 등의 발전과정이 그 예가 된다.

그래서 각 단계별 및 담당 주체별로 역할과 기능이 구분되고 상당 부분은 제도화되는 측면까지 있었다. 그러나 현대기술은 이런 단계가 엄격히 구분되지 않는 경향이 있고, 특히 각 단계가 서로 상호작용을 해야만 경쟁력을 유지할 수 있게 되었다. 이런 상호작용은 기술의 내용에도 같이 적용되어 하드웨어와 소프트웨어가 상호작용하는 시스템으로 변하고 있다.

전형적인 예를 가지고 설명해보면, 과거에는 대학 또는 기초과학연구소에서 개발된 기술은 확산(diffusion)과정을 거쳐 다음 단계로 이전되고, 응용 및 개발된 제품은 응용기술 또는 제품에 체화(embodied)된 기술로 확산되다가 마침내 일반화 또는 보편화되는 과정을 밟았다. 각 단계에서 지적 재산권, 특허, 개발료, 로열티 및 기업이윤이 인센티브로 작용하게 되었음은 물론이다. 그러나 이제는 이런 명확한 구분이 어렵게 되었다.

이 단계가 짧아지고 상호작용이 많아지면 필요한 단계별 기능을 누가 담당해야 하는가의 문제와 그에 따르는 비용을 누가 부담해야 하는가의 문제가 발생한다. 또한 IT기술의 속성상 중소규모의 벤처기업이 많아지게 되어 있지만, 핵심기술과 제품의 생산은 대규모 자본이 필요하게 되므로 대기업/거대자본과 소기업/벤처로 양극화되는 기업구조의 문제가 발생할 수도 있다.

벤처에서 출발하여 거대기업이 된 마이크로소프트나 인텔 같은 회사가 기술발전과 확산에 큰 공헌을 했지만, 기술의 독점과 집중에 따르는 문제를 야기하고 있는 것은 현대 산업조직의 새로운 과제가 되고 있다.


## 2. 지역발전에 있어서 IT산업의 역할

### 1) IT산업은 지역발전에 필수인가?

#### (1) 지역의 정의와 범위
지역이란 말은 막연하고도 포괄적인 개념이다. 한국은 호남, 영남 등의 지역으로도 나누어질 수 있고, 행정구역 체계상으로는 광역시 또는 도가 지역의 단위가 될 수도 있다. 아니면 각 시나 군이 지역단위일 수도 있고 그보다 더 좁은 개념으로는 특정 마을이나 신시가지 같은 인구의 집적지도 지역이 될 수 있다. 따라서 지역에 대한 정의가 확실하지 않으면 지역발전이라는 개념은 혼동되거나 오해를 불러일으킬 수도 있다. 이 절에서 사용되는 지역의 범위는 지역산업정책이 시행될 수 있는 광역시·도가 대부분의 대상이 되고 그보다는 제한적이기는 하지만 지역산업정책의 시행주체가 될 수 있는 시와 군이 될 수도 있다. 즉 행정구역상의 광역자치단체와 기초자치단체가 이에 해당된다.

### (2) 지역발전을 위한 IT산업

지역산업구조가 고도화되는 것이 지역성장에 필수적이라는 것은 앞의 국가경제의 경우와 마찬가지다. 그렇다면 각 지역이 기존산업에 대한 관심과 지원보다는 IT산업에 대한 지원과 육성 그리고 투자를 집중하는 것이 가장 현명한 것인가를 여기에서 먼저 논의해 보아야 한다.

IT산업이 성장, 유망산업임에 틀림없지만 각 지역이 경쟁적으로 IT산업을 지원하기 위해 각종 단지나 파크를 만들고 지원센터나 진흥조직을 만들어서 창업이나 기업이전을 촉진하는 것은 나라 전체적으로는 낭비나 비효율을 초래하는 것은 물론 개별 지역에도 투자의 비효율성을 낳을 수 있다.

선거에 의해 단체장을 선출하는 제도하에서 해당 단체장이나 자치단체가 IT산업을 육성하지 않는 정책을 선택하기는 현실적으로 쉽지 않은 것이 사실이다. 또한 지방자치단체도 정부이므로 기업과는 달리 정책의 실패 때문에 파산하거나 부도가 나는 일은 없으므로 정책주체인 지방자체단체는 결과에 큰 부담 없이 정책을 수립·집행할 수 있다. 최악의 경우에 다음 선거에서 심판을 받을 수 있겠지만 산업의 부진이유를 얼마든지 딴 곳에서 찾을 수 있으므로 대부분의 지방정부가 IT산업에 매달리게 되는 것은 거의 정해진 과정이다.

광역자치단체(광역시와 도)의 경우에는 산업이나 경제규모가 크기 때문에 어떤 형태로든지 IT산업을 육성하지 않을 수 없다. 또 성장 및 유망 산업을 놓아두고 산업계획을 생각하기도 어렵기 때문에 이것은 불가피한 측면도 있다. 그렇기 때문에 한국의 모든 광역시·도는 역내에 IT산업 육성을 위한 각종 시책을 마련하고 있고 또 실제로 투자를 집중하고 있다. 한국의 정부속성상 정책 실패는 스스로 인정하지 않으므로 상당한 비효율과 낭비는 감수해야 할 수밖에 없다. 또 사실상 중앙정부가 이런 면을 직·간접적으로 조장하는 정책을 펴고 있는 것도 사실이다.

또 다른 측면 중 하나는 IT산업이 첨단, 유망업종이며 산업의 정보화가 산업발전에 결정적인 역할을 하는 것이 사실이지만 새로운 유망, 첨단 분야가 끊임없이 개척되고 있다는 점이다. 예를 들면 IT 외에도 BT(Bio Technology), NT(Nano Technology) 등의 분야가 신산업으로 등장하고 있다. 이런 분야도 광의의 IT로 포함시킬 수 있고 이런 산업들이 정보화의 기술 없이는 발전이 불가능하지만 이 분야를 정보산업으로 단순 분류하기는 무리한 면이 있다.

따라서 이 항의 제목이 묻는 대로 정보산업이 지역발전에 필수적인가는 지역의 규모나 단위에 따라 대답이 달라져야 하며, 기초자치단체의 경우에는 모든 시·군이 역내에 이런 산업을 갖추어야 하는가에 의문을 제기할 수밖에 없다. 광역자치단체의 경우에는 산업구조 고도화 차원에서 IT산업의 육성은 불가피한 면이 있으나 모든 지역이 유사한 형태로 IT산업을 일으키는 것은 경쟁력과 효율성에서 문제가 있을 수 있다.

다른 측면으로 제기한 첨단산업의 다양화는 IT산업을 지식기반산업 또는 지식기반경제 차원에서 이해할 필요가 있다. 지식기반경제는 산업의 업종에 관계없이 산업의 생산과 관리, 유통 등을 지식이나 정보기술로 연결시키는 것이며 지역의 모든 자원을 시스템화하는 방법으로 경쟁력을 높이고자 하는 것이므로 광범위한 개념으로 접근하는 것이 좋을 것이다.

(3) 지역기반산업과 지역발전

치포우리(Lena Tsipouri)는 OECD에 제출한 보고서[2]에서 지역지식기반을 구축하는 유형을 지식인프라(knowledge infrastructure)의 존재와 지식을 제고하는 연결성(knowledge enhancing linkages)의 존재라는 두 가지 측면에서 파악하여 그 결과를 다음과 같이 정리하고 있다.

이 보고서는 지식인프라가 있는 지역은 대학, 기술전문학교, 연구소, 기술전수기관, 민간부문 연구, 엔지니어링 서비스가 있으며, 사이언스파크나 테크노폴을 개발할 수 있는 기술비전을 갖춘 부동산업자가 있는 지역으로 정의한다. 또 연구기관과 기업, 또는 기업상호간에 신뢰관계가 구축되어 긴밀한 협조관계가 이루어져 범위의 경제를 이룩할 수 있는가의 여부로 연계관계의 강약을 정의한다.

어떤 지역이 풍부한 지식인프라를 갖추고 각 구성원들간에 긴밀한 연계관계를 가지면 세계화 과정에서 승자가 될 수 있다. 그 결과로 하이테크산업이 발전하고 역내 건물의 임대료가 상승하게 된다. 이의 예로 실리콘 밸리나 보스턴의 Route128 등을 들 수 있다.

지식인프라가 약하더라도 역내 구성원들간에 관계가 긴밀하면 하이테크산업이 아니더라도 새로운 지식과 디자인 및 혁신을 흡수하는 능력을 갖추어 유연한 구조로 세계적 경쟁압력을 극복해 나갈 수 있다. 이의 예로는 제3의 이탈리아(the third Italy) 산업지구와 에밀리아 로마냐(Emilia Romagna)[3]를 들 수 있다.

풍부한 지식인프라를 가지고 있지만 역내의 연계관계가 약할 경우에는 사막에 있는 성당들로 표현된다. 이것은 적절한 기술이 있음에도 불구하고 시장실패 때문에 지역혁신을 통한 지역발전에 도움을 주지 못한다는 믿음을 가지고 지역정부가 공공자금을 투입하여 신기술이나 높은 수준의 연구를 하게 하는 경우이다. 이 결과는 연구수준이 높아져서 좋은 연구논문이 생산되지만 연구결과의 상업화는 연계관계의 미비 때문에 역외에서 이루어지게 된다. 한국의 대덕연구단지는 이 분류에 속한다고 할 수 있다.

---

2) Tsipouri, Lena, 1999, "Up-Grading Knowledge and Diffusing Technology in a Regional Context," DT/TDPC(99) 8.

3) 에밀리아 로마냐(Emilia Romagna)지역의 성공사례는 OECD 보고서(1999: 29-32) 및 김선기·권오혁(1999: 207-209)에 기술되어 있는데, 이 지역이 소규모 제조업이 주가 되는 산업구조로 클러스터의 이점을 잘 활용한 예로 설명되고 있다.

〈표 8-3〉 지식인프라와 연계성의 존재에 의한 지역분류

| 구 분 | 풍부한 인프라 | 매우 약한 인프라 |
|---|---|---|
| 긴밀한 연계관계 | 하이테크, 고임대료 지역 | 산업지구(industrial district) |
| 약한 연계관계 | 사막 한가운데의 성당들 | 외부충격에 전반적으로 취약 |

인프라나 연계관계가 전반적으로 취약한 지역은 장기적으로도 호황을 누릴 수는 있지만 외부충격에는 상대적으로 약하게 된다. 이 지역만이 충격에 약하다는 식으로 해석하기는 곤란하지만 이들 지역이 경제위기 나 고조되는 외적 압력에 대응할 수단이 적다는 점에서 취약지역으로 분류된다.

이상의 분류는 포괄적이지만 지식기반 인프라와 연계관계가 지역발전 에 어떤 방식으로 작용하는가를 잘 설명해준다. 지식기반 대신에 IT를 대입하더라도 그 결과는 거의 다르지 않으므로 이 모형이 우리의 물음에 적절한 답을 준다고 할 수 있다. 또 어떻게 하면 지역발전을 도모할 수 있는가의 요인을 자연적으로 설명하고 있다.

## 2) IT산업의 입지분포 특성과 결정요인

### (1) IT산업의 입지요인과 특성

IT를 포함한 한국의 첨단산업들이 어떤 입지특성을 가지는가는 벤처육 성정책을 시행하는 데 있어서 경우의 중요한 고려사항이다. 이론적으로 볼 때 첨단산업은 대도시와 같은 특정 지역에 반드시 입지할 필요는 없 다. 왜냐하면 정보통신이 발달되어 있고 생산물이 일반적으로 경박단소 의 고부가가치 제품이어서 수송비 부담이 거의 없기 때문이다. 그러나 첨단산업이 오히려 대도시에 입지해야 한다는 주장이나 연구결과도 있 다.[4] 예를 들면 제품수명주기이론이나 노동의 공간적 분업모델 같은 것 이다. 제품수명주기이론 상으로 제품개발의 초기단계에서는 작업이 주 로 대도시 내부나 인근에서 일어나지만 대량생산과정에서는 주변지역으

---

4) 구체적 내용은 권오혁(1999)을 참조할 것.

로 이전하게 된다. 노동의 공간적 분업모델에 의하면 기획, 연구개발 등 구상(conception)기능에 종사하는 고급노동자들은 실행기능과는 달리 대도시지역에 집중하게 된다. 첨단산업의 정보취급 특성상 대면접촉의 필요성, 전문인력의 확보, 외부접촉의 편의 등의 필요 때문에 이들 산업이 대도시권 내의 특정 지역에 선별적으로 집적하는 경향을 보이게 된다.

유연적 산업화모델의 주장에 의하면, 현대 기업들은 주로 다품종소량 생산을 하는 유연생산업체를 가진다. 이런 생산과정적 특성으로 기업조직은 전문중소기업단위로 분절되고 분절된 전문기업들은 긴밀한 기업간 연계관계를 추구하게 되어 연관업체들간의 거래비용을 줄이기 위해 공간적 집적을 선택하게 된다. 다른 측면으로는 유연적 전문기업들이 혁신적 환경(innovative milieu)을 지향하기 때문에 관련전문가들간의 긴밀한 네트워크를 찾고 관련산업이 발전된 곳에 모이게 된다. 이런 요인으로 공간적 집적지가 형성되면 신산업지구가 이루어지게 된다.

현실적으로 여러 벤처기업의 입지성향과 특성을 정리해보면 다음과 같다.

첫째, 벤처기업은 창업비용을 절감하기 위해 생산과정의 외부화를 도모할 필요가 있고 이를 위해 관련산업 활동들과의 연계를 위한 집적된 공간을 선호한다.

둘째, 벤처기업은 신기술의 학습과 유통 그리고 생산에 적합한 환경을 필요로 한다. 이 때문에 관련분야의 대학이나 연구기관과의 협력이 필요하고 이것이 입지선택의 주요 요인이 된다.

셋째, 벤처기업은 관련전문인력의 상시적인 활용 가능성이 필요하기 때문에 유연한 노동시장과 전문노동력의 접근성을 보장하는 입지를 선호한다.

넷째, 산업과 인력의 특성상 교통접근성과 편리성이 높은 지역이 선호된다.

위의 조건을 갖춘 지역은 대도시일 가능성이 높기 때문에 벤처나 첨단산업이 주로 입지하는 지역은 대도시이거나 대도시 주변이다. 벤처나 첨단기업이라 하더라도 일정 규모 이상의 제조기능을 가진 기업은 도시 바깥에 입지하는 수가 많다. 그렇더라도 벤처기업의 특성상 그 입지는 대도시에서 크게 벗어나지 않는 성향을 가진다.

일본 국토청에서 조사한 정보산업의 입지특성을 보아도 경향은 거의 같다.[5] 각 요인별로 본 특성에서 먼저 수주요인에서 본 입지요인으로는 수요가 도시부에 편재하므로 정보산업이 대도시에 입지하게 된다. 업무(커뮤니케이션) 요인에서 보면 면대면 거래 등의 필요 때문에 정보서비스산업, 소프트웨어업 등이 대도시에 입지하는 것으로 나타났다. 경비요인에서는 도심의 높은 사무실 임대료 때문에 도시 외곽으로 가려는 성향이 있으나 이 때문에 이전을 적극적으로 고려하고 있지는 않다.

다음으로 IT산업 육성정책과 관련한 입지결정 측면을 살펴보고자 한다. 벤처 또는 관련 기업이나 산업을 육성하기 위해 중앙정부나 지방정부가 테크노파크, 창업보육센터, 기술지원센터, 정보통신산업단지 등을 설치하여 지원하고 있다. 이들의 대부분이 단지개념의 성격을 가지고 있고, 또 대학과 밀접하게 연관되어 있기 때문에 대학 자체의 입지와도 직접적인 관련이 있다.

한국의 경우에는 대학이 대도시 내 또는 주변에 더 많이 분포되어 있고, 특히 많은 기술인력(교수 및 대학원생)을 가진 대학의 대부분이 대도시에 입지하므로 이것도 IT를 포함하는 첨단 또는 벤처 기업의 입지를 결정하는 중요 요인이 된다. 한국의 경우에는 산업의 입지특성과 입지여건이 다 같이 대도시 집중을 일으키는 요인으로 작용하고 있다고 하겠다.

(2) 벤처 생태계

IT를 포함하는 벤처의 입지구조를 설명하는 것으로 생태계 가설이 있다(박용규 외, 2001: 63) 생물은 기후, 토양, 물, 양분 등 환경조건에 최적인 형태로 진화하며, 생산자 → 소비자 → 분해자로 이어지는 먹이사슬에 의해 유지되며 진화해 나간다.

마찬가지로 벤처산업도 기업과 기업을 둘러싼 환경이 서로 조화를 이

---

5) 國土廳 大都市 整備局 編, 「情報産業の 立地戰略」, 1992, p.88.

〈그림 8-2〉 자연생태계에 비추어 본 생태계의 모습

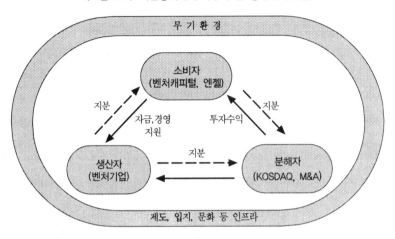

출처: 박용규 외, 『벤처생태계-실리콘 밸리에서 대덕까지』, 대한상공회의소, 2001, 64쪽.

루어야 성숙해 나갈 수 있다. 여기서 벤처생태계란 벤처기업과 그 주위 환경이 상호작용하는 공간을 의미한다. 벤처생태계의 경우 벤처기업, 벤처캐피털, 자본시장이 각각 생산자, 소비자, 분해자의 기능을 담당한다고 볼 수 있다. 이상적인 벤처생태계의 모습은 벤처기업-벤처캐피털-자본시장이 상호작용하여 공진화(co-evolution)할 때 성장, 발전하며 생태계적인 진화와 발전이 이루어진다.

이것을 그림으로 나타내면 위와 같다. 여기서 각 요소는 공생공존의 네트워크 관계이다. 이것을 입지특성과 연관시켜 보면 이 세 가지 요인이 동일지역(예를 들면 도시)에 같이 입지해야만 하는 필연적인 이유는 없으나 생태계적인 관점에서 지리적으로 근접하면 더 유리한 결과가 나타날 수 있고, 그 중에서도 생산자와 소비자의 동일입지는 실증적으로도 중요한 특성이 되고 있다.

(3) 한국 IT산업의 지역별 입지

한국에서 정보통신산업의 절대 다수는 서울과 수도권에 집중되어 있다. 사업체수에서는 46.5%, 종사자수는 65.2%, 부가가치는 60.7%에 달해

## 〈표 8-4〉 IT산업의 지역별 현황

(단위 : 개사, 명, 백만 원)

| 구분 | 사업체수 | | 종사자수 | | 부가가치 | | 업체당 종사자수 | | 일인당 부가가치 | |
|------|------|------|------|------|------|------|------|------|------|------|
| | 1998 | 1999 | 1998 | 1999 | 1998 | 1999 | 1998 | 1999 | 1998 | 1999 |
| 전국 | 40,787 (100.0) | 30,903 (100.0) | 537,628 (100.0) | 572,791 (100.0) | 43,448,261 (100.0) | 55,846,700 (100.0) | 13.2 | 18.5 | 80.8 | 97.5 |
| 서울 | 13,691 (33.6) | 10,725 (34.7) | 183,386 (34.1) | 191,516 (33.4) | 10,235,629 (23.6) | 11,286,930 (20.2) | 13.4 | 17.9 | 55.8 | 58.9 |
| 부산 | 3,370 (8.3) | 2,330 (7.5) | 23,504 (4.4) | 23,740 (4.1) | 1,542,092 (3.5) | 1,680,377 (3.0) | 7.0 | 10.2 | 65.6 | 70.8 |
| 대구 | 2,127 (5.2) | 1,597 (5.2) | 16,412 (3.1) | 13,208 (2.3) | 1,128,917 (2.6) | 1,055,708 (1.9) | 7.7 | 8.3 | 68.8 | 79.9 |
| 인천 | 1,862 (4.6) | 1,602 (5.2) | 20,490 (3.8) | 24,172 (4.2) | 878,566 (2.0) | 1,054,122 (1.9) | 11.0 | 15.1 | 42.9 | 43.6 |
| 광주 | 1,244 (3.0) | 944 (3.1) | 11,423 (2.1) | 10,830 (1.9) | 699,353 (1.6) | 787,101 (1.4) | 9.2 | 11.5 | 61.2 | 72.7 |
| 대전 | 1,286 (3.2) | 1,081 (3.5) | 9,344 (1.7) | 11,580 (2.0) | 618,346 (1.4) | 760,336 (1.4) | 7.3 | 10.7 | 66.2 | 65.7 |
| 울산 | 608 (1.5) | 468 (1.5) | 8,127 (1.5) | 8,292 (1.4) | 1,147,201 (2.6) | 1,475,825 (2.6) | 13.4 | 17.7 | 141.2 | 178.0 |
| 경기 | 5,893 (14.4) | 5,127 (16.6) | 131,828 (24.5) | 158,022 (27.6) | 15,648,057 (36.0) | 21,576,475 (38.6) | 22.4 | 30.8 | 118.7 | 136.5 |
| 강원 | 1,071 (2.6) | 639 (2.1) | 8,396 (1.6) | 7,056 (1.2) | 484,004 (1.1) | 438,769 (0.8) | 7.8 | 11.1 | 57.6 | 62.1 |
| 충북 | 1,118 (2.7) | 802 (2.6) | 23,482 (4.4) | 23,511 (4.1) | 2,238,171 (5.2) | 3,016,369 (5.4) | 21.0 | 29.3 | 95.8 | 128.3 |
| 충남 | 1,232 (3.0) | 727 (2.4) | 16,718 (3.1) | 18,534 (3.2) | 1,272,662 (2.9) | 2,204,929 (3.9) | 13.6 | 25.5 | 76.1 | 119.0 |
| 전북 | 1,428 (3.5) | 902 (2.9) | 12,407 (2.3) | 12,248 (2.1) | 596,897 (1.4) | 830,471 (1.5) | 8.7 | 13.0 | 48.1 | 67.8 |
| 전남 | 1,304 (3.2) | 741 (2.4) | 5,465 (1.0) | 3,995 (0.7) | 120,681 (0.3) | 100,652 (0.2) | 4.2 | 5.4 | 22.1 | 25.2 |
| 경북 | 2,000 (4.9) | 1,391 (4.5) | 43,984 (8.2) | 45,084 (7.9) | 5,783,000 (13.3) | 8,329,053 (14.9) | 22.0 | 32.4 | 131.5 | 184.7 |
| 경남 | 2,213 (5.4) | 1,585 (5.1) | 19,392 (3.6) | 18,981 (3.3) | 947,583 (2.2) | 1,132,226 (2.0) | 8.8 | 12.0 | 48.9 | 59.7 |
| 제주 | 367 (0.9) | 242 (0.8) | 3,270 (0.6) | 2,012 (0.4) | 107,103 (0.2) | 117,355 (0.2) | 8.9 | 8.3 | 32.8 | 58.3 |

주: 괄호 안은 전국에서 차지하는 비중임
출처: 통계청, 「1999 정보통신산업 통계보고서」, 2000. 12.

수도권이 이 산업의 중심임을 알 수 있다. 경북이 구미전자단지 등의
집중 때문에 종사자나 부가가치 등에서 높은 비중을 차지하는 예외가 있
으나, 사실상 IT산업의 편중성을 더욱 부각시킨다. 대덕단지가 있는 대전
의 주변인 충남과 충북이 종사자수에서와 부가가치에서 높은 비중을 보
이는 것은 주목할 만하다.

〈표 8-5〉 지역별/산업별 신설법인 현황(2000년 기준)

| 구 분 | | 전국 | 서울 | 부산 | 대구 | 인천 | 광주 | 대전 | 울산 | 기타 |
|---|---|---|---|---|---|---|---|---|---|---|
| 제조업 | 전기전자, 통신기기 및 반도체 관련 | 2,482 〈100.0〉 (30.8) | 1,727 〈69.6〉 (31.8) | 79 〈3.2〉 (-24.0) | 54 〈2.2〉 (-12.9) | 258 〈10.4〉 (21.1) | 96 〈3.8〉 (41.2) | 147 〈5.9〉 (126.2) | 24 〈1.0〉 (-) | 97 〈3.9〉 (-68.0) |
| | 의료 및 정밀광학기기 | 394 〈100.0〉 (143.2) | 238 〈60.4〉 (133.3) | 17 〈4.3〉 (41.7) | 12 〈3.0〉 (9.1) | 74 〈18.8〉 (428.6) | 7 〈1.8〉 (40.0) | 36 〈9.1〉 (157.1) | 1 〈0.3〉 (-) | 9 〈2.3〉 (-75.0) |
| | 기타 제조업 | 7,123 〈100.0〉 (17.7) | 4,467 〈62.7〉 (26.1) | 637 〈8.9〉 (-2.7) | 486 〈6.8〉 (-12.0) | 765 〈10.7〉 (6.1) | 260 〈3.7〉 (-2.3) | 228 〈3.2〉 (-7.3) | 202 〈2.8〉 (-) | 78 〈1.2〉 (184.5) |
| | 소 계 | 9,999 〈100.0〉 (23.2) | 6,432 〈64.3〉 (29.8) | 733 〈7.3〉 (-4.9) | 552 〈5.5〉 (-11.7) | 1,097 〈11.1〉 (15.7) | 363 〈3.6〉 (7.1) | 411 〈4.1〉 (26.5) | 227 〈2.3〉 (-) | 184 〈1.8〉 (51.3) |
| 서비스업 | 소프트웨어 정보통신업 | 7,343 〈100.0〉 (175.2) | 6,101 〈83.1〉 (174.9) | 337 〈4.6〉 (183.2) | 241 〈3.3〉 (217.1) | 135 〈1.8〉 (136.8) | 198 〈2.7〉 (157.1) | 210 〈2.9〉 (110.0) | 48 〈0.7〉 (-) | 73 〈0.9〉 (140.0) |
| | 기타 서비스업 | 8,293 〈100.0〉 (54.7) | 6,607 〈79.7〉 (82.2) | 368 〈4.4〉 (-36.6) | 281 〈3.4〉 (-18.1) | 284 〈3.4〉 (-5.6) | 245 〈3.0〉 (37.6) | 263 〈3.2〉 (19.0) | 101 〈1.2〉 (-) | 144 〈1.7〉 (-8.2) |
| | 소 계 | 15,636 〈100.0〉 (94.8) | 12,708 〈81.3〉 (117.4) | 705 〈4.5〉 (0.9) | 522 〈3.3〉 (24.6) | 419 〈2.7〉 (17.0) | 443 〈2.8〉 (73.7) | 473 〈3.0〉 (47.4) | 149 〈1.0〉 (-) | 217 〈1.4〉 (14.6) |
| 기타 | 기타 법인 소 계 | 24,612 〈100.0〉 (17.9) | 16,257 〈66.1〉 (20.7) | 2,649 〈10.8〉 (2.9) | 1,229 〈5.0〉 (17.7) | 1,488 〈6.0〉 (-3.4) | 1,157 〈4.7〉 (3.7) | 927 〈3.8〉 (17.5) | 466 〈1.9〉 (-) | 439 〈1.7〉 (36.3) |
| 총 계 | | 41,460 〈100.0〉 (38.3) | 29,059 〈70.1〉 (49.0) | 3,251 〈7.8〉 (0.9) | 1,967 〈4.7〉 (11.2) | 2,589 〈6.2〉 (8.5) | 1,595 〈3.9〉 (16.2) | 1,555 〈3.8〉 (28.6) | 741 〈1.8〉 (-) | 703 〈1.7〉 (43.9) |

주: 〈 〉 안은 전국대비 비중
( ) 안은 전년대비 증감률
출처: 중소기업청.

업체당 종사자수와 일인당 부가가치로 기업규모를 가늠해보면 반도체 산업이 있는 경기와 전자단지가 있는 경북의 수준이 월등히 높아서 두 지역이 하드웨어를 생산하는 대규모 기업에 크게 영향을 받음을 알 수 있다. 생산시설이 많지 않은 서울의 업체당 종사자수가 전국평균에 가까워 소프트웨어 중심의 사업체라도 기업규모는 다른 지역에 비해 상당히 큰 것을 알 수 있으며, 이런 현상은 일인당 부가가치에서는 뚜렷이 나타나지 않는다.

한국의 지역정책이 수도권의 집중과 비대화를 방지하기 위해 공장이나 기업이 신설되는 것을 억제하는 정책을 펴왔음에도 불구하고 수도권의 비중이 높은 것은 여러 가지 제약과 상대적인 고비용에도 불구하고 수도권이 정보산업에 가장 적합한 입지임을 기업들이 발로써 나타내고 있는 증거이다. 부가가치가 높은 유망·첨단산업과 기업들이 수도권에 몰려 있기 때문에 수도권이 상대적으로 발전속도가 빠르고 집중이 가속화됨은 물론이다.

이런 현상을 동태적으로 파악하면 지역산업구조의 변화 추이와 앞으로의 변화에 대한 전망이 가능하다. 〈표 8-5〉는 전국과 6대 도시의 신설 법인수를 나타내고 있는데, 지역별 신설 법인수에서도 서울의 비중이 월등히 높지만 그런 현상은 IT산업에서는 더욱 절대적이다.

제조업 중 전기전자, 통신기기 및 반도체 관련 제조업의 신설 법인수에 있어서 서울의 비중은 1999년에 70.0%이고, 2000년에도 69.6%이어서 2/3를 넘고 있다. 소프트웨어 정보통신업의 경우에는 서울의 비중이 1999년에 83.2%, 2000년에는 83.1%에 달해 사실상 서울이 모든 것을 다 차지하는 현상을 보이고 대덕단지가 있는 대전이 다른 대도시에 비해 상대적으로 높은 비중을 보일 뿐이다.

이런 현상을 분석해보면, 서울과 수도권의 지역산업구조는 IT산업 중심으로 재편되는 속도가 다른 대도시에 비해 절대적으로나 상대적으로 월등히 높기 때문에 앞으로도 구조고도화가 더 빨리 진행될 것이고 이것이 IT산업이 본질적으로 대도시형이라는 속성과도 맞물려서 집적이익 (agglomeration economy)이나 범위의 경제(economy of scope)를 불러일으켜 비대한 서울 및 수도권의 규모 때문에 생기는 불이익이나 혼잡비용을 상쇄하고도 이익이 되는 결과를 나타내고 있다.

이 성향은 IT를 포함하는 모든 벤처기업 조사에서 더 뚜렷이 나타난다. 벤처기업을 대상으로 한 조사(벤처기업협회, 1998년 5월)에 의하면, 협회 등록업체의 71%가 서울에 입지하며 그밖에 경인지역에 13%가 있다. 또 서울지역 내에서도 강남구와 서초구에 주로 집적되어 전국 업체의 40%가 모여 있다. ≪한국경제신문≫(1999. 11)이 선정한 한국 100대 핵심 벤처기업 중에서는 77%가 서울에 있고, 특히 강남, 서초, 송파구에 56%가 모여 있다. 경인지역은 21%를 차지하므로 비수도권은 불과 2%만을 차지하고 있을 뿐이다.

이런 조사를 통해 확인되는 벤처기업의 입지특성은 앞의 통계를 통한 정보산업입지 분석결과와 비슷하고 벤처의 경우에는 수도권 및 대도시 중심지 집중경향이 더 현저한 것으로 나타났다. 또한 산업별 지역적 전문화 현상은 나타나지 않고 있지만 소프트웨어산업, 컴퓨터관련 산업 등에서는 지역전문화 경향이 뚜렷하게 나타난다. 그리고 경쟁력 있는 전문기업간 네트워크가 거의 형성되지 못하고 있고, 서울 강남의 포이동, 양재동 일대만 그런 성향을 보이고 있다.

수도권에 입지한 기업을 대상으로 한 조사에 의하면, 현 기업입지의 장점으로는 교통편리, 정보인프라 구비, 시장 네트워크, 노동력 확보 등을 들고 있고, 애로사항으로는 높은 임대료 수준, 교통혼잡 등이 높은 비중을 차지하였다. 전문기업지구 필요성은 76% 이상이 희망하고 특히 서울의 비강남지역 업체가 가장 강력하게 바라고 있다. 그러나 전문기업지구 조성시 희망지역은 서울(27.5%), 경인(61.5%)으로 수도권을 압도적으로 희망하고 있다. 수도권 이외 지역에 전문기업지구 조성시 이전할 의사가 있는가에 대해서는 15.6%가 이전의사가 있는 것으로, 23.9%는 상당한 지원이 있으면 가능한 것으로 응답하였고, 60.6%는 어떤 경우에도 이전의사가 없는 것으로 응답하였다(권오현, 1999).

위의 결과를 요약해 보면, 첨단·벤처 기업은 속성상 대도시나 대도시 주변에 집적하고, 한국의 경우에는 수도권에 극단적으로 분포하려고 하므로 비수도권지역이 첨단·벤처산업을 유치하거나 창업하게 할 경우에는 거절하기 어려운 큰 인센티브를 제공해야 유치가 가능하다는 것을 알 수 있다.

### (4) IT와 지역경제발전

IT가 개발되고 응용되어 확산된다면 많은 기업이 그 기술을 채택하게 될 것이다. 그래서 그 기업의 생산성과 이윤이 증가하게 되고 역내에 있는 다른 기업의 이윤과 부가가치도 증가하게 되면 지역의 경제발전이 이룩될 수 있고, 또 이런 과정이 발전을 위한 확실한 길이 된다. 혁신은 첨단기술과 밀접한 관계가 있으므로 이런 혁신시스템이 원활하게 작동한다면 지역경제발전이 촉진될 수 있다.

그러나 현실에서는 이런 과정이 제대로 작동되지 않는다. 예를 들면 불확실성, 불가분성(indivisibilities), 모방의 위험성이 시장실패를 일으킬 수 있기 때문에 기업은 연구개발투자를 기피하거나 과소하게 하는 경향이 있으므로 정책적인 간여(intervention)가 필요하게 되고, 이것이 지역경제발전을 위한 지역산업정책 필요성의 근거가 된다. 즉 국가나 지역정부가 불확실성과 위험성이 높은 기초연구를 담당하면 기업은 혁신의 후반과정인 응용과 관련된 연구개발을 수행하여 소기의 성과를 거둘 수 있을 것으로 기대하기 때문이다. 그러나 실증적인 결과는 이 논리대로 진행되지 않는 것으로 나타난다. 한국의 경우 대덕연구단지가 그 예가 될 수 있다.

즉 확산(diffusion)이나 침투(spill-over)가 일어나지 않으면 R&D와 경제성장은 직접적인 관계를 갖지 못하는데, 이는 상호작용시스템이 결여되어 있기 때문이다. 지역혁신시스템의 중요성이 바로 이 때문에 생기게 된다.

그래서 상호작용이나 통합(intergration)의 중요성이 여러 곳에서 강조된다. 클러스터(cluster)나 산업지구(industrial district)가 이런 이유 때문에 나타난다. 생산의 시스템화(systems of production)가 범위의 경제에 의한 외부효과를 얻기 위해 강조되기도 한다. 최근에는 지역혁신체제 개념이 등장하여 외부효과를 더욱 강조한다. 이 체제는 연구기관으로 하여금 연구결과를 확산하도록 하는 인센티브를 제공하고 산업정책은 대학과 산업 간의 연계관계가 증진되도록 하는 효과를 노린다(Tsipouri, 1999: 11-16).

이상의 논리를 요약하면 IT와 IT산업이 지역발전을 위해 중요한 역할을 하기 때문에 지역산업정책으로 IT가 확산되고 IT산업이 진흥될 수 있는 방법을 강구하지만 이런 과정이나 인과관계가 기대한 것만큼 잘 나타나지는 않는다. 이러한 예가 앞서 나온 한국 IT산업의 지역별 입지 결과로 설명될 수 있는데, 한국의 모든 지역이 IT산업 육성을 위해 노력하지만 그 성과는 반드시 기대한 것만큼 나타나지 않고 있다.

이와는 약간 다른 시각에서 지역정보 발신의 증가가 지역경제발전에

### 〈대덕 연구단지[6])의 경우〉

대덕연구단지는 1973년 11월에 교육 및 연구지구로 고시된 아후 1992년에 대덕연구단지가 준공되고 1999년에 대덕연구단지관리법 개정으로 생산시설 설치가 가능하게 되었다. 이 지역에는 6개의 대학(원), 3개의 국립연구기관(KAIST와 ETRI, 원자력연구소), 2개의 지원센터, 여러 개의 창업보육센터를 비롯한 창업지원센터 및 기업연구소가 있는 한국 최초 및 최대의 연구단지이다. 이 단지는 단지 내의 인력과 자원을 활용하여 우수한 기술력을 바탕으로 정보통신, 환경, 기계, 원자력, 화학, 반도체, 생명공학 등에서 경쟁력이 있고, 서울에 버금가는 창업실적을 가지고 있다. 대덕연구단지 내 각 연구기관별 투자실적 및 고용인원은 2000년 9월 현재 아래와 같다.

| 연구기관 | 투자실적(억 원) | 고용인원(명) |
|---|---|---|
| 정부출연연구기관 | 13,128 | 5,851 |
| 기업부설연구기관 | 8,851 | 3,491 |
| 정부투자연구기관 | 3,994 | 2,337 |
| 고등교육기관 | 4,462 | 2,337 |
| 공공기관 | 1,325 | 428 |
| 계 | 31,760 | 14,444 |

출처: 박용규 외(2001: 138).

### 〈소피아 앙티폴리의 경우〉

프랑스 정부와 4개 지역정부가 설립한 니스에 있는 소피아 앙티폴리(Sophia Antipolis)는 1975년에 설립된 기술산업단지인데, 2000년 초 현재 1,193개의 기업과 21,536명의 종사자가 890,000m²의 부지를 사용하고 있다(박용규 외, 2001: 138). 그동안의 성장과정에서 1990년대에 들어서는 내생적 성장(endogenous)의 경향이 강하게 나타나서 단지조성 목적 차원에서 성공한 것으로 평가할 수 있으며, 지역 노동시장도 이런 영향을 받아 절반 이상의 노동력이 전문직에 종사하고 있다. 실제 이 단지 내 기업의 27%가 텔레콤 관련업종이며, 텔레콤 업종의 고용은 46%에 이르며 이외에도 11%가 연구개발에 종사하고 있다.

중요한 요인임을 강조하는 견해도 있다.[7] 일본의 경우 인터넷의 이용환경을 비롯하여 정보기반의 정비는 대도시권뿐 아니라 지방권에도 진전되고 있지만 발신정보량은 동경 일극집중이 진행되고 있어서 이것이 지역발전의 장애가 되고 있기 때문에 사람이나 비즈니스의 동경 및 대도시권 집중을 완화하는 것이 지역발전정책의 내용이 되어야 한다는 것이다.

---

6) 이 부분은 박용규 외(2001)의 글 가운데 대덕연구소 부분을 요약·정리한 것이다.
7) 日本 經濟企劃廳 調査局(編), 2000, pp.157-170.

이것은 한국의 경우에도 똑같이 적용되는 사정이다.

IT 또는 첨단유망산업의 육성이 지역경제발전에 실제로 어느 정도의 효과를 가져오는가에 대한 실증적 연구는 아직까지 없다. 왜냐하면 특정 산업의 지역경제에 대한 파급효과를 측정하는 것은 통계자료상 어려운 일이기 때문이다. 또한 정부나 공공부문이 지원이나 육성시책을 펴는 경우에는 자원배분의 성과를 고려해야 하기 때문에 측정이 더 어려워진다. 즉 정부가 어떤 지역에 테크노파크와 같은 단지를 조성했을 경우 거기에 든 비용을 그 지역 내에서 다른 용도로 투자했을 경우 어느 정도의 효과가 있을 것인가를 측정해서 비교해 보아야 정확한 성과를 알 수 있기 때문이다.

지표적인 측면에서 몇몇 단지의 종합적인 성과를 보면, 실리콘 밸리는 1990년대 미국 경제성장률의 43%를 담당한 정도이고, 일본은 1988～1994년 기간중 테크노파크 지역의 공업생산액 성장률이 전국평균의 2배가 넘는 20.6%를 기록하였다.

대만의 신죽(新竹)단지는 대만정보산업 매출액의 40%를 차지하였고, 중국의 53개 테크노파크는 조성 5년 만에 129만 명의 기술·기능인력을 고용하였다(박용규 외, 1997). 한국의 경우 1998년의 경영성과에서 벤처기업의 고용증가율이 25.3%인 반면, 일반 중소기업이 -2.3%, 대기업이 8.7%에 그쳐 벤처기업이 지역경제에 상당한 정도까지 긍정적인 영향을 미치고 있음을 알 수 있다.


## 3. 지역발전을 위한 IT산업의 육성방안

### 1) IT산업의 생성 및 육성 형태

IT 및 첨단 산업이 대도시 지역경제발전을 위해 중요한 역할을 할 것이라는 점은 앞에서 설명되었다. 그렇다면 IT 또는 첨단 벤처기업 창업이나 기업집적이 어떻게 이루어질 수 있는가를 밝혀야 한다. 지금까지 우리가 경험하는 바로는 벤처기업 집적은 두 가지 형태로 나타난다.

첫째는, 미국의 실리콘 밸리나 Route128과 같이 주변환경과 어우러진 자연발생적인 형성이다. 대학과 주변 산업환경 및 시장수요 등이 시대적 요청에 따라 벤처집적지역을 생성하고 지역정부가 이를 뒷받침하는 형태를 취하고 있다. 서울의 서울 벤처밸리(또는 테헤란 밸리)도 자연발생형이며, IT나 첨단산업의 경우에는 미국을 제외하고는 다른 외국의 예를 찾아볼 수 없는 점으로 IT산업을 통한 한국의 발전 가능성을 엿보게 하는 희망적인 예이다.

둘째는 중앙정부나 지방정부가 직·간접적으로 산업정책을 실시하여 단지를 조성하거나 지원센터와 같은 제도적·금융적·기술적 지원이나 세금혜택 또는 보조금 등의 인센티브를 제공하여 특정 산업이나 특정 지역을 진흥시키고자 하는 것이다. 이는 대부분의 국가나 지역에서 보편적으로 실시하는 방안으로 지역발전을 선도할 수 있는 산업이나 기술을 육성하여 연관 및 파급 효과를 노리는 정책이다.

이 방법은 후발국가들은 물론 선진국가도 거의 예외없이 시행하는 방법으로 유망산업을 집중적으로 육성하여 산업구조 고도화와 고용증가를 노리는 동시에 해당지역 발전의 견인차를 만드는 산업정책이라고 할 수 있다. 한국의 경우도 서울 벤처밸리를 제외하고는 5개 중앙부처와 모든 광역자치단체, 많은 기초자치단체가 전략부문으로 IT단지 등을 중점 육성하고 있는 상황이다.

### 2) 육성형태의 내용

한국의 산업정책이나 지역정책은 IT만을 목표로 하는 것보다는 IT를 비롯한 첨단·유망기술을 중심으로 하고 있고, 또 그것이 보다 현실적인 방안이 된다. 우리나라는 과거 경제개발 5개년계획 등을 통해 빨리 성장해오던 것이 상당한 정도로 체질화되어 산업구조의 고도화나 유망산업의 육성 등에 있어서 당연히 정부가 나서서 이 일을 시행해야 할 것으로 일반적으로 느끼고 있다. 정부도 당연히 이 일을 자기들이 맡아서 해야

<표 8-6> 각 부처별 첨단산업 지원내역(2001년 9월 현재)

| 지원<br>부서 | 사 업 명 | 근 거 | 기간 | 지원현황 | 투자<br>현황 | 비 고 |
|---|---|---|---|---|---|---|
| 과<br>학<br>기<br>술<br>부 | 과학연구<br>센터<br>(SRC) | | 1990<br>~ | 총 36개 센터 | | |
| | 공학연구<br>센터<br>(ERC) | | 1990<br>~ | 총 48개 센터 | | |
| | 지역협력<br>연구센터<br>(RRC) | • 과학기술기본법(지방과학<br>기술진흥종합계획) | 1995<br>~ | 총45개 센터<br>43개 대학<br>(2001년 현재) | 2001년<br>지원<br>예산 :<br>23,500백<br>만 원 | |
| | 신기술<br>창업지원<br>사업<br>(HTC) | • 과학기술기본법(지방과학<br>기술진흥종합계획) | 1997<br>~ | | 2001년<br>지원<br>예산 :<br>35억 원 | • 한국과학기술원의 신<br>기술창업지원단 주도<br>• 2001년부터 한국<br>산업기술진흥협회<br>로 사업관리가 변경 |
| 산<br>업<br>자<br>원<br>부 | 지역기술<br>혁신센터<br>(TIC) | • 과학기술기본법(지방과학<br>기술진흥종합계획) | 1995<br>~ | 총29개 | 2001년<br>지원예산:<br>280억 원 | |
| | 신기술<br>창업보육<br>센터<br>(TBI) | • 과학기술기본법(지방<br>과학기술진흥종합계획)<br>• 공업및에너지기술기반<br>조성에관한법률<br>• 산업기술기반조성에<br>관한 법률 | 1995<br>~ | | | • 2000년부터 중기청의<br>창업보육사업과 통합<br>·운영되고 있으나, BI<br>자금은 산자부가 직<br>접 관장 |
| | 산업기술<br>단지<br>(테크노<br>파크) | • 과학기술기본법(지방<br>과학기술진흥종합계획)<br>• 산업기술단지지원에<br>관한특례법<br>• 벤처기업육성에관한특별<br>조치법 | 1997<br>~ | 총6개<br>(약 38만 평)<br>(송도, 안산,<br>충남,<br>광주·전남,<br>대구, 경북) | 1998~<br>2002년<br>지원예산 :<br>6,158억<br>원 | |
| 건<br>설<br>교<br>통<br>부 | 도시첨단<br>단지 | • 산업입지및개발에관한<br>법률 | 2001<br>~ | 세제·인허가<br>의제,<br>토지수용<br>등의 혜택 | | • 벤처기업육성촉진<br>지구, 소프트웨어<br>진흥단지 등을 함께<br>지정하여 관련지원을<br>종합적으로 지원받을<br>수 있게 함.<br>• 지식·문화·정보통신<br>산업을 대상 |
| 중<br>소<br>기<br>업<br>청 | 벤처기업<br>집적시설 | • 벤처기업육성에관한특별<br>조치법 | 1998<br>~ | 총167개<br>(2001년 6월<br>현재) | | |
| | 창업보육<br>센터사업<br>(BI) | • 과학기술기본법(지방<br>과학기술진흥종합계획)<br>• 중소기업창업지원법 | 1992<br>~ | 총274개<br>(2001년 6월<br>현재) | | |
| | 협동화<br>사업 | • 중소기업진흥및제품구매<br>촉진에관한법률 | 1979<br>~ | | 2001년<br>지원예산:<br>1,800억원 | • 중소기업진흥공단<br>위탁관리 |
| | 아파트형<br>공장 | • 공업배치및공장설립에관<br>한 법률 | 1987<br>~ | 총 12개 | 176,511백<br>만원 | |
| | 중소기업<br>전용산업<br>단지 | • 중소기업진흥및제품구매<br>촉진에관한법률 | 1993<br>~ | 총 5개 지역<br>(422,539평) | 99,348백<br>만원 | |

| 지원 부서 | 사업명 | 근 거 | 기간 | 지원현황 | 투자현황 | 비 고 |
|---|---|---|---|---|---|---|
| 정보통신부 | 소프트웨어 지원센터 | • 정보화촉진기본법 | 1996 ~ | 총 16개 | | • 소프트웨어산업으로 특화되어 있음. • 정보화촉진기금 • 활용 • 한국소프트웨어 • 진흥원 설치·운영 |
| | 대학 정보통신 창업지원 센터 | • 과학기술기본법(지방과학 기술진흥종합계획) | 1998 ~ | 총 28개 | 시설 및 운영비 지원: 9,165백만 원 | |
| | 소프트웨어 진흥단지 | • 소프트웨어산업진흥법 | 2000 ~ | | | • 정보화촉진기금 • 활용 • 「벤처기업육성에 • 관한 특별조치법」의 • 벤처기업 집적시설 • 과 똑같은 세제 • 혜택 |
| | 정보통신 산업단지 | • 정보화촉진기본법 | 1999 ~ | 총 28개 대학 지정 | | • 정보화촉진기금 • 활용 |

하는 것으로 알고 있다. 그렇기 때문에 시대적 흐름인 민간화, 자율화 등을 피차 강조하고 있기는 하지만 현실에서는 정부의 역할을 피차 기대한다. 특히 지역발전과 연계해서 정부가 이 일을 해야 한다고 많은 사람이 강조한다.

이런 체질과 분위기에 더하여 정부 각 부처는 정책을 통한 자체적 성과도 필요하므로 각 부처별로 각종 육성계획을 수립하여 집행하고 있다. 〈표 8-6〉은 2001년 9월 현재 각 부처별 첨단산업 지원내역을 정리한 것이다. 정리된 사업만도 5개 부처에 17개 사업에 달하며 지원내용도 매우 다양하다. 지원의 내용을 부처별로 구분해 보면 다음과 같다.

(1) 과학기술부

과학기술부는 첨단산업 발전을 위한 우수기술 개발 및 인력양성을 위해 대학을 중심으로 각종 지원정책을 펼치고 있다. 대표적인 지원정책으로 과학연구센터(SRC), 공학연구센터(ERC), 지역협력연구센터(RRC) 등 기술개발과 인력양성 지원사업과 함께 KAIST에 첨단기술사업화센터(HTC)와 신기술창업지원단을 설치하여 신기술 창업을 촉진하고 있다.

과학연구센터와 공학연구센터는 과학기술부의 대표적인 인력양성 프

로그램으로, 1990년부터 대학 내 탁월한 연구그룹을 육성하기 위해 시행
된 제도로 현재 연구능력이 우수한 일부 연구중심 대학에 집중되어 있다.
이 사업은 국내에 산재되어 있는 우수 연구인력을 특정 분야별로 조직·
체계화하여 집중지원함으로써 세계적인 수준의 선도과학자 군으로 육성
함을 그 목표로 하고 있다.

또한 과학기술부에서는 지방특성에 맞는 산업을 육성하고 지방대학의
연구를 활성화하기 위해 지역협력센터를 1995년부터 지정·운영하고 있
다. 2001년 현재 총 45개의 지역협력센터가 운영되고 있으며, 과학기술
부 산하 한국과학재단이 주관하여 각 센터별로 연간 2.5~10억 원의 연구
자금을 지원하고 있다.

그리고 KAIST에 신기술창업지원단을 설치하여 신기술을 가진 교수,
연구원, 벤처경영자, 예비창업자의 창업촉진을 위해 정보제공 및 각종 교
육프로그램을 제공하고 있으며, 기술창업을 유도하기 위해 첨단기술사
업화센터를 건립하여 창업장소를 제공하고 있다.

(2) 산업자원부

산업자원부는 기술개발자원의 결집과 첨단기술의 개발, 창업활성화를
위해 지역기술혁신센터(TIC)를 비롯하여 신기술창업보육센터(TBI), 테크
노파크 조성(산업기술단지) 사업 등을 수행하고 있다. 이들 사업 역시 과
기부의 각종 지원프로그램과 유사하며 주로 대학을 그 지원대상으로 하
고 있다.

지역의 기술개발 촉진 및 지역 특화기술을 개발하며, 산·학·연 협력
기술지원 거점 역할을 담당하는 지역기술혁신센터가 1995년부터 각 지
역 대학에 설치·운영되고 있다. 2001년 현재 29개 센터가 운영되고 있으
며, 센터 설치에 필요한 연구장비 구입비를 개소당 연평균 10억 원씩 5년
간 지원받고 있다.

이와 함께 창업에 애로를 겪고 있는 신기술을 보유한 예비창업자에게
창업에 필요한 시제품 개발자금을 지원하고, 대학·연구소·기업 등에서
발생하는 신기술의 사업화(spin-off)를 지원하기 위해 신기술창업보육센

터를 설치하였다. 1999년까지 16개 시도별로 2~3개씩 총 41개 대학 및 연구기관이 지정받았으나, 중소기업청의 창업보육센터(BI) 사업과 중복성 문제로 인해 2000년부터 중소기업청에서 통합·관리하고 있다.

또한 산업자원부에서는 지역의 기술혁신과 산업구조의 고도화를 촉진할 수 있도록 대학의 고급두뇌와 기업의 사업화능력을 결합할 수 있는 인적·물적 자원의 클러스터를 구축하기 위해 1997년부터 테크노파크 사업을 시행하고 있다.

현재 인천(송도), 경기(안산), 대구, 경북, 광주·전남, 충남, 부산 등 7개의 테크노파크가 조성되었거나 건설중이며, 테크노파크 조성사업의 법적·제도적 뒷받침을 위해 '산업기술단지지원에 관한 특례법'(1998. 9)이 제정되어 있는 상태이다. 테크노파크의 조성·운영을 위해 지자체, 대학, 연구기관 등이 참여하여 재단법인을 설립하였으며, 1997~2001년 7개 테크노파크에 대해 개소당 평균 100억 원씩 총 600억 원을 지원하였다.

### (3) 중소기업청

중소기업청에서는 주로 중소기업을 대상으로 기술개발 및 창업에 관한 각종 지원을 하고 있으며, 특히 첨단기술 창업을 위해 벤처기업 집적시설 지정과 창업보육센터사업을 수행하고 있다. 이와 함께 영세중소기업의 창업과 시설집적을 위해 협동화사업, 아파트형 공장, 중소기업 전용 산업단지 등을 조성하여 운영하고 있다.

벤처기업 집적시설은 벤처기업 육성에 관한 특별조치법에 의해 벤처기업 집적시설 신청을 받아 시·도지사가 지정하도록 하고 있다. 벤처기업 집적시설은 벤처기업의 업무활동을 위해 필요한 회의장·휴게실·전시장·공동이용 장비실 등 공동이용시설과 벤처기업의 인력교육 및 양성에 필요한 시설 등을 갖추고 있어야 하며, 입주업체뿐만 아니라 건물 제공에 따른 각종 세제혜택을 주고 있다. 2001년 현재 총 167개가 지정받아 운영되고 있다. 그리고 산업자원부의 신기술창업보육센터와 유사한 성격인 창업보육센터는 2001년 현재 274개가 지정·운영되고 있다.

(4) 정보통신부

정보통신부에서는 주로 소프트웨어나 정보통신관련 예비창업자들의 창업지원을 위해 소프트웨어지원센터, 정보통신창업지원센터, 소프트웨어진흥단지, 정보통신상업단지 등의 사업을 수행하고 있다. 정보통신부의 사업들은 주로 정보화촉진기금을 활용하여 운영되고 있다.

소프트웨어지원센터는 지역 소프트웨어산업의 활성화를 위해 전국 16개 지역에 설치·운영되고 있으며, 2001년 현재 총 27개 센터에 717개 입주실 및 7개 공용장비지원실을 운영하여 경영·마케팅·투자유치 등을 입주업체에 지원하고 있다.

또한 대학의 전문인력, 여유공간 등을 활용하여 정보통신분야의 창의적 아이디어 및 신기술을 조기에 사업화할 수 있도록 1998년부터 각 대학에 정보통신 창업지원센터를 지정·지원하고 있다. 2001년 현재 총 28개 센터가 운영되고 있으며, 350개의 정보통신관련 기업이 입주해 있다.

소프트웨어사업 육성을 위해서는 소프트웨어 관련업체와 관련시설 및 교통·통신·금융기관 등 기반시설이 집적되어 있는 곳을 소프트웨어진흥단지로 지정·지원하고 있다. 이 소프트웨어진흥단지로 지정되면 조성·운영 등에 필요한 자금을 비롯하여 초고속통신망 등 소프트웨어사업에 필요한 공동지원시설의 설치 및 운영 등을 지원받게 된다.

정보통신산업단지는 국가 및 지방 산업단지, 벤처기업 집적시설, 소프트웨어진흥구역, 협동화단지, 아파트형 공장, 중소기업전용 산업단지, 유통단지 등 기존 산업단지에서 정보통신관련 사업체가 차지하는 비율이 일정 이상(정보통신부 장관 지정)일 때 지정할 수 있다. 이 또한 정보화촉진기금을 활용하여 정보통신산업을 위한 공동지원시설 및 연구개발, 기술인력 양성 등에 지원하는 사업이다.

(5) 건설교통부

최근 건설교통부에서는 앞에서 언급한 소프트웨어진흥단지를 비롯 벤처기업 전용단지나 문화산업단지 등에 대해 도시첨단단지로 지정하여 관련지원을 종합적으로 받을 수 있게 법률을 개정하였다. 즉 기존의 다

른 부처에서 받던 지원정책과 더불어 산업단지 개발 때 주어지는 취득·
등록세 면제, 재산세·종합토지세 감면 혜택 등을 함께 받게 된다. 이는
주로 지식, 문화, 정보통신산업을 대상으로 하고 있다.

## 3) 육성정책의 문제점

이상에서 살펴본 바와 같이 한국의 중앙정부와 각급 지방정부는 IT로
대표되는 첨단·유망산업을 적극적으로 육성하여 지역경제발전과 국가산
업구조 고도화를 이룩하겠다는 정책의지를 투자와 각종 시책에 의해 표
시하고 있고, 또 외국의 사례도 벤치마킹하고 있다. 실제로는 너무 많은
부처가 너무 많은 프로그램을 운영하고 있어서 육성정책의 효과나 효율
성은 고려되거나 조정되고 있지 않은 것으로 보인다.

정부의 각 부처는 시대의 흐름인 IT산업을 육성·지원함으로써 자신의
존재의의와 업적 및 성과를 고양할 필요가 있다. 각 지방자치단체는 독
자적인 지역산업정책의 수단이 별로 없는 상태에서 정부의 각 부처가 경
쟁적으로 실시하는 사업을 적극 환영하고 유치하려고 노력하며, 오히려
지역정부가 이니셔티브를 취하여 IT·유망산업을 일으키려고 한다.

또 지역에 있는 대학이나 연구기관은 테크노파크나 창업보육센터와
같은 중요한 프로그램을 자기사업으로 지정받거나 컨소시엄에 가입하여
적극적으로 참여하려고 노력한다. 참가에 따르는 재정적인 대응투자
(matching fund)도 마다하지 않고, 자신의 발전계기로 삼고자 노력한다.
지역에 있는 예비창업자들이나 기업인들은 보다 많은 지원과 도움을 필
요로 한다. 그런 기회가 많을수록 현실적으로 혜택이 많이 생기는 것도
사실이다.

이런 요인들이 함께 작용하여 다수의 프로그램이 많은 부처에 의해 동
시에 실행되고 있어서 중복과 비효율을 불가피하게 한다. 또 정부시책이
때로는 경쟁과 선택을 강조하기는 하지만 본질적으로 형평과 균등을 고
려하는 원칙이기 때문에 투자의 비효율성을 생각하지 않는다. 한국의 대
부분 정책이 사후평가나 사후관리보다는 입안과 실행을 중요시하기 때

문에 이런 관행은 앞으로도 계속될 것이다.

만약 정부가 지방에 투자하는 재원을 지방정부에 일괄적으로 공여하고 한 개 부처가 중점적으로 관리한다면 지금보다 훨씬 나은 성과를 기대할 수 있을 것이다. 실제로 정보통신부가 소프트웨어지원센터를 각 지역에 설립 지원하고 관리하다가 최근 그 관리를 지방정부에 위탁한 것도 같은 맥락으로 이해할 수 있다.

다음으로 지적해야 하는 문제는 물적 공간 제공에 중점을 두는 시책이다. 물론 공간의 제공과 확보도 중요하지만 협동화, 네트워크화, 시설공용화와 같은 소프트웨어적 측면도 중요한데, 정부의 시책으로 이런 점이 개선되고 있다는 결과는 그다지 발견되고 있지 않다. 그러나 실리콘 밸리와 같이 자연발생적인 지역에서 이것이 가능한데, 정책적으로 지원하는 지역에서 잘 실행이 되지 않는다면 지원방향 자체가 재검토되어야 할 필요가 있을 것이다.

세 번째는 인력에 관한 문제이다. 수도권을 제외한 각 지역의 IT 또는 첨단벤처가 어려움을 겪는 가장 큰 요인은 적절한 인력공급이다. 인력공급이란 의미는 상당한 교육훈련과 경험을 가진 우수한 인력이 지속적으로 공급되는 체계가 되어야 한다는 것인데, 능력있는 인재들이 제대로 공급되지 않고 또 유능하거나 경험을 쌓은 인력은 수도권지역으로 유출해버리는 악순환이 계속되기 때문에 지역 IT산업이 제대로 자랄 수가 없다. 또한 인재의 주공급원인 역내 대학의 교육훈련 방법이나 시스템에도 문제가 있기 때문에 교육시스템 자체의 재검토가 필요하다고 본다.

네 번째는 지원서비스 시스템의 부족이다. 테크노파크나 창업보육센터 등 많은 시설이 설치되면 이를 제대로 관리하고 지원할 서비스 시스템도 갖추어져야 한다. 유럽식 개념으로는 리얼 서비스센터[8]라고 할 수 있는데, 단순한 파크나 각종 센터의 관리 이상의 금융자본시장에 대한 자문기능, 마케팅, 국제화기능, 조직과 관리의 혁신기능, 통신과 의사소통기능 등이 뒤따라야 이런 프로그램의 효율성을 증대시킬 수 있다. 단 이런

---

8) Tsipouri, *op. cit.*, 1999, p.51.

기능도 창업기능 못지 않은 전문성을 요한다는 사실을 명심해야 할 것이다.

## 4) 지역경제발전을 위한 IT산업 육성책

IT산업은 지역경제발전을 위해 매우 중요한 산업이다. 성장성이 높고, 부가가치가 높고 고용효과가 높은 산업이므로 적극적으로 육성할 필요가 있다. 먼저 제조와 관련된 산업이나 기업은 모든 지역이 새로이 유치하거나 창업시키기는 쉽지 않다. 반도체나 전자공장을 모든 지역에 설치하는 것은 한국의 실정에서 비현실적이다.

앞에서 논의한 IT(또는 유망)산업은 벤처와 관련이 깊다. 이 경우 벤처의 속성상 입지는 대도시, 권역의 중심도시 또는 그 주변이 유리하고, 한국의 경우에는 서울과 수도권이 가장 유리한 실정이다. 이것은 각 지역정부에는 일종의 딜레마가 된다. IT기술과 관련된 제조기능이라도 연구개발이나 소프트웨어 또는 서비스기능과 거리상 가까울 수밖에 없다는 속성을 가지고 있다.

실리콘 밸리나 Route128과 같은 자연발생적인 IT집적지는 일반적으로 기대하기 어려우므로 정부가 IT산업을 육성하는 방법은 각종 단지, 파크, 센터 등을 중점지원하는 방법을 택하고 있고, 이상적인 방법으로는 산-학-연-관의 네트워크체제 또는 지역혁신체제를 구축하는 것이다. 지식기반시대에 지역경제발전을 위해서 이것은 피할 수 없는 일이고, 성공해야 중·장기적으로 뿐만 아니라 단기적으로도 지역경제를 활성화하는 길이 된다.

### (1) 해외사례의 교훈

잘하고 있는 지역을 벤치마킹하는 것이 성공할 수 있는 가장 확실한 방법의 하나이다. 성공적인 해외사례의 공통적 특징은 ① 대학 및 연구소의 발달, 해외인력유치 시스템의 활성화로 필요한 인력공급이 지속되는 것이다. ② 자본시장이 발달하여 창업 초기부터 성숙단계까지 자금의 공

〈표 8-7〉해외 벤처기업 집적지의 입지적 특성 비교

| 구 분 | 전문인력 | 대학협력 | 공공연구소 | 국가지원 | 지방지원 | 선도기업 |
|---|---|---|---|---|---|---|
| 실리콘밸리 | ◎ | ◎ | ○ | | | ◎ |
| 루트 128 | ◎ | ◎ | | | | ○ |
| 리서치 트라이앵글 | | ◎ | | | ◎ | |
| 소피아 앙티폴리 | | | ○ | ◎ | ○ | |
| 캠브리지 | ○ | ◎ | | ◎ | ○ | |
| 신죽단지 | | | | ○ | ◎ | |
| 구마모토 | | ○ | | ◎ | ◎ | |
| 이스라엘 | ◎ | ○ | | ◎ | | |
| 인도 방갈로르 | ◎ | ○ | ○ | ◎ | | |

주: ◎ 주된 입지 이유, ○ 그외의 장점
출처: 박용규 외, 2001, 106쪽.

급과 회수 역할이 원활히 이루어지고 있다. ③ 입지공간, 공항시설, 통신
시설, 기업활동 지원 인프라시설 등이 잘 갖추어져 있다. ④ 생산물을 소
비하는 시장이 잘 형성되어 있다. 실리콘 밸리는 시작단계에서 인근 운
수 및 항공 산업 등의 수요가 많이 있었다. ⑤ 생태계 내에서의 순환 시스
템이 원활히 이루어져 스핀 오프, 산학연구, 창업활성화 시스템이 구축되
고 기술재창출 시스템이 원활하게 작동하고 있다. ⑥ 벤처기업, 벤처캐피
털, 컨설팅기업, 해외업체, 대학, 연구소, 정부 등 관련 경제주체간의 네
트워크가 활발하고 다양하다. ⑦ 중앙정부 또는 지방정부가 상당한 기여
를 했고, 특히 제3섹터 방식을 취하는 경우가 많았다(박용규 외, 2001:
105-106). 〈표 8-7〉에서 나타난 대로 국가지원, 대학협력, 전문인력의 확
보는 벤처기업 집적에 절대적으로 필요한 요인이다.

(2) 대덕연구단지의 사례[9]

대덕연구단지에 대한 평가는 엇갈려 있는 것 같다. 그것을 요약해 보면
다음과 같다. ① 연구기능과 산업기능 간의 상호연계가 부족하고 지역경
제에 미치는 영향이 미흡하였다. ② 대덕연구단지가 대전지역에서 활동
하는 창업가를 배출함으로써 벤처집적지의 형성에 상당한 영향을 미쳤

---

9) 박용규 외(2001)에서 요약, 인용 또는 재인용.

다. ③ 최근 대덕연구단지와 서울의 벤처집적지와의 연계관계가 강해지고 있다. ④ 인력양성 및 공급이 용이하여 벤처창업 및 운영에 유리하다. 대덕연구단지 내 각 연구기관에 2000년 현재 3조 1,760억 원이 투자되었는데, 투자의 효율성 측면에서 어떤 성과가 있었는지는 별도로 평가해 보아야 할 사항이다.

### (3) 정부의 역할

한국에서 IT기술진흥을 위한 정부의 역할이 중요하다는 것은 앞에서도 강조하였다. 그러나 궁극적인 성공을 위해서는 정부가 전면적인 개발주체가 되기보다는 중개자로서의 역할을 수행하는 것이 좋을 것이다. 동시에 각 부처가 지방정부를 통하여 개별적으로 시행하는 각종 사업을 되도록 통합하여 지방정부가 종합적으로 관리, 시행하게 하는 것이 바람직하다. 지역을 가장 잘 알고 이해하는 것은 지역정부이므로 지역의 주도 (initiative)를 인정해주는 것이 좋다. 외국의 사례나 지금까지의 한국의 경험으로 지금과 같이 정부 각 부처가 경쟁적으로 사업을 벌이는 대신 지방정부가 주도적으로 사업시행을 하게 하는 것이 투자의 효율성을 기하고, 중복과 낭비 및 사후관리의 부실을 막는 길이 되고, 지역경제 발전에도 실질적인 도움이 될 것이다.

### (4) 대학의 역할

지역 내 대학은 연구·개발의 주체로서, 연구 및 기술인력 공급의 주체로서 각종 연구단지나 조직의 대상이나 주체로서 매우 중요한 역할을 담당하고 있다. 해외의 경우에는 IT기술발전이나 벤처발전에 역내 대학이 중심적이고 선도적인 역할을 담당하고 있다. IT와 관련하여 공급자인 대학이 인재양성과 육성 및 공급 패러다임의 변화를 시도할 필요가 있다. 과거에는 우수인력이 우수대학으로 가서 대기업에 공급되는 시스템을 기본적으로 유지하고 있었으나, 이제는 그것이 통하지 않는 체제로 변화하고 있다. 즉 벤처 등 안정성은 낮으나 창의성과 모험심을 보다 필요로 하는 상황으로 인력수요 및 공급체계가 변화하기 때문에 대학이 이에 적

극적으로 대응하여 교육의 내용과 방법을 조정하는 자세 전환이 요구된
다. 대학이 창조적 기업인을 양성하는 목표도 아울러 가질 필요가 있을
것이다.

지역경제발전, 산업발전, 기술발전을 위한 각종 정책이나 시책의 성공
을 위해서는 제도적·재정적·환경적 요인들이 서로 맞아떨어져야 하고
조화를 이루어야 하는 것이 사실이다. 그러나 한 가지 가장 결정적인 요
인은 사람이다. 우수한 인재, 창조적인 재능이 모든 것을 가능하게 하는
결정적인 요인이며, 대학이 이런 인재를 길러내야 하고 지역이나 국가가
이런 인재들을 적극 활용하고 수용하는 시스템이 IT 및 지식기반산업 발
전을 위한 궁극적인 해결책이 될 것이다.

■ 참고문헌

권오혁. 1999. 12, 「벤처기업의 입지성향 분석」, ≪국토계획≫ 제34권 제6호
　　(통권 105호), 대한국토·도시계획학회, 187-202쪽.
김갑성·김인전. 2001, 「우리나라 지역별 생산구조의 차이 분석」, 한국지역학
　　회 2001년 전기학술대회 발표논문집, 195-214쪽.
김선기·권오혁. 1999, 「신산업체제에 부응한 지방산업단지 개편방안」, 연구
　　보고서 1999-11(제327권), 한국지방행정연구원.
김선배. 2001, 「지역혁신체제 구축을 위한 산업정책 모형」, 한국지역학회
　　2001년 전기학술대회 발표논문집, 80-96쪽.
민완기·신동호. 1999. 5, 「대전지역 벤처기업의 현황 및 활성화 방안 - 대덕연
　　구단지에서 스핀오프된 벤처기업을 중심으로」, ≪기술혁신학회지≫
　　제2권 제1호, 58-73쪽.
박삼옥·최지선. 2000. 12, 「성장촉진을 위한 지식기반산업의 발전 : 이론과 정
　　책과제」, ≪지역연구≫ 제16권 제2호, 1-25쪽.
박용규 외. 2001, 「벤처생태계 - 실리콘밸리에서 대덕까지」, 2001-85 13-351
　　경제연구총서, 대한상공회의소.
박용규·강신겸. 1997. 11, 「벤처기업 육성을 위한 입지지원방안」, 정책 97-
　　15-092, 삼성경제연구소.
박재룡·박용규·송영필. 1999. 1, 「IMF시대의 지방첨단산업단지개발 효율화
　　방안」, 정책 98-15-3-25, 삼성경제연구소.

박희정·권오혁. 2001, 「중앙정부의 지역경제활성화 시책개발-행정자치부를 중심으로」, 전국시도연구원협의회 세미나.

손진수. 1993. 11, 「정보처리산업의 특성과 입지에 관한 연구-서울시를 중심으로」, ≪국토계획≫ 제28권 제4호(통권70호), 대한국토·도시계획학회, 93-108쪽.

오덕성. 1999. 12, "Taedok Science Town and regional Development: in terms of the Roles and Efforts of Universities and Research Institutes," ≪지역연구≫ 제15권 제3호, 53-68쪽.

오덕성·차상룡. 2000. 12, 「한국·일본의 지방주도형 첨단과학기술단지 개발전략 비교연구」, ≪지역연구≫ 제16권 제2호, 83-104쪽.

이덕희. 2000. 6, 「정보통신산업의 수입유발구조와 전자부품산업의 육성과정」, KIET.

인천대학교 멀티미디어연구센터·국토연구원. 1999. 12, 「인천소프트웨어타운 조성방안 연구-소프트웨어지원코어의 형성을 중심으로」.

한국은행 경제통계국 수입산업통계팀. 2000. 12, 「정보통신산업의 경제적 파급효과 분석」.

한국은행, 2001. 8, 「최근 IT산업의 부진이 생산·수출입 및 무역수지에 미치는 영향」, ≪한은정보≫.

經濟企劃廳 調査局(編). 2000, 「地域經濟レポート2000」, 『ITと成長企業で變わる地域經濟』.

國土廳大都市圈整備局 編 1992, 「情報産業の立地戰略-企業·從業者の脫東京志向」.

特集 ITベンチャーの創造. 2001, ≪産業立地≫ No. 4, Vol. 40, 日本立地センター.

Christian, Longhi. 2001. 3, "High Technology Locations and Economic Development : The Case of Sophia Antipolis," Paper Presented for the Songdo Techno Park International Symposium, Technopark, Innovation and Regional Development.

Lim, Jung Duk. 2000, "Information Technology and Balanced Development," ≪도시지역개발연구≫ 제1권 제1호.

Tsipouri, Lena. 1999, "Up-Grading Knowledge and Diffusing Technology in a Regional Context," OECD Report DT/TDP(99)8.

Westhead, Paul and Stephen Batstone. 1998, "Independent Technology-based Firms: The Perceived Benefits of a Science Park Location," *Urban Studies*, Vol. 35, No. 12, p.215.

# 제9장

# 산업군집 형성과 지역산업 발전

박삼옥 (서울대학교 교수)

## 1. 머리말

인류의 역사에서 기술의 발달은 새로운 산업을 탄생시키고 산업구조
를 변화시킬 뿐만 아니라 경제활동공간의 변화를 초래해왔다. 기술의 발
달은 또한 경우에 따라서 생활양식의 변화를 포함한 경제활동에 관련된
패러다임의 전환을 가져왔다. 20세기 후반부터 급속도로 발전하기 시작
한 정보통신기술은 바로 인간생활의 양식은 물론 경제활동의 패러다임
을 변화시키고 있다. 이 때문에 최근의 정보통신기술 발달이 경제활동공
간 조직에 미치는 영향은 지역정책가나 경제지리학자의 지대한 관심사
가 되고 있으며, 정보통신기술의 발달이 공간경제에 가져올 변화는 많은
학자들에 의해서 다양하게 예측되었다. 정보통신기술의 발달은 경제의
세계화를 촉진하였고, 일부 미래학자들은 "거리마찰 없는 경제(frictionless
economy)" 또는 "지리의 종말(end of geography)"을 주장하게 하였다. 그러
나 경제공간에서 이루어지고 있는 현실을 보면, 정보통신기술의 발달이
지리의 종말이나 장소의 소멸을 가져오지는 않고 경제의 세계화가 진전
되는 가운데 오히려 장소나 지역의 중요성을 부각시켜주고 있다. 정보통
신기술의 발달과 더불어 산업의 세계화가 촉진되고 있는 한편, 특정 장

소를 중심으로 새로운 지식이 창출되고 기술혁신이 일어나며, 산업의 집적이 이루어지고 있는 사실은 장소나 지역의 중요성을 말해주는 단적인 예라 볼 수 있다. 특히 최근 들어서 특정 장소에 산업의 군집이 이루어지고, 이들 산업군집지역의 경제발전과 기술혁신이 두드러지는 현상이 세계 여러 지역에서 발견되고 있다(박삼옥, 1999; Lee, Miller, Hancock and Rowen, 2000; Saxenian, 1996; OECD, 1999b; Park, 2001b).

아무리 정보통신기술의 발달이 세계화를 촉진한다 하더라도 사람이 일상생활을 하고 교제하는 장소나 지역의 중요성이 사라지지 않기 때문에 정보통신기술의 발달과 더불어 세계화와 지방화가 동시에 진행되고 있으며, 세계화와 지방화는 동전의 양면과도 같은 것이라고 말하기도 한다. 이는 정보통신기술 발달의 영향이 지구상에 고르게 나타나는 것이 아니라 오히려 경쟁의 심화와 지역간·국가간 불균형을 심화시킬 수 있음을 나타내준다. 또 다른 한편으로는 지식기반경제에서 정보통신기술의 발달을 효과적으로 이용하고 패러다임 변화에 적극적으로 대응하는 지역은 발달할 수 있고, 그렇지 못한 지역은 경쟁력을 상실할 수밖에 없음을 암시해준다. 세계 많은 지역에서 혁신클러스터, 지역혁신시스템, 테크노파크, 디지털산업단지, 벤처집적지, 기술혁신센터 등 다양한 측면에서 새로운 지역발전전략을 추진하는 것은 바로 지식기반경제에서 지역경쟁력을 높이기 위한 전략이라고 볼 수 있다. 이는 정보통신기술의 발달에 따라 진전되고 있는 지식기반경제에서 지역발전정책의 역할이 과거 어느 때보다도 더 중요할 뿐만 아니라, 새로운 패러다임에 적합한 지역발전정책이 추진되어야 함을 말해준다. 최근 들어 세계 여러 나라에서 이러한 변화에 대응하여 국가 및 지역의 산업경쟁력을 높이기 위하여 새로운 지역발전전략을 모색하는데 심혈을 기울이는 것도 바로 이 때문이다.

우리나라에서도 지식기반경제의 진전과 정보통신기술의 발달에 부합하는 지역정책의 추진이 시급한 과제이다. 특히 지역발전을 위한 새로운 산업정책의 추진을 소홀히 할 경우 21세기에 국가 및 지역의 경쟁력을 유지하기가 어렵게 될 것이다. 이에 다음 절에서는 최근에 세계 여러 나라에서 관심을 집중하고 있는 산업군집 형성전략을 통하여 지역산업의 발전을 촉진하는 정책방향과 전략을 제시하고자 한다.

## 2. 정보통신기술의 발달과 경제활동 패러다임 변화

정보통신기술의 급속한 발전은 21세기 사회를 지식정보사회로 전환시켜가고 있다. 시민의 일상생활에서는 물론 경제활동현장에서 정보통신기술의 이용은 날로 급증하여 오늘날 우리는 새로운 경제, 즉 디지털경제로 진입하는 전환점에 와 있다. 정보통신기술의 발달은 정보의 흐름을 자유롭게 하는 사이버공간을 창조하였을 뿐만 아니라 "지식기반경제", "디지털 경제" 등의 용어를 출현하게 하였다. 정보통신기술 발달에 따른 이러한 새로운 용어의 출현은 단순히 유행어의 창조가 아니라 경제활동 전반에 걸쳐서 새로운 패러다임이 뿌리내리고 있음을 나타내준다. 여기에서는 정보통신기술의 발달과 더불어 등장하고 있는 지식기반경제에서 새로운 패러다임으로 나타나는 특성을 살펴보고자 한다. 이는 공간변화를 이해하는 기초가 되기 때문이다. 정보통신기술의 발달과 함께 등장한 패러다임 변화의 주요 특징은 다음과 같이 요약할 수 있다(박삼옥, 2001; Park and Sforzi, 2001).

첫째, 포드주의의 대량생산체계로부터 유연적 생산체계로의 전환이다. 과거에 소품종 대량생산을 통한 규모경제를 통해서 기업은 생산성을 높였고, 경쟁력을 추구하였다. 그러나 컴퓨터 등 첨단기술의 발달과 더불어 한 생산라인에서도 다양한 제품을 생산할 수 있게 되었고, 다품종 소량생산의 방법으로 범위의 경제를 추구하여 생산의 효율성을 높일 수 있게 되었다. 또한, 대량생산체제에서는 대규모 공장이 효율성이 있었으나, 이제는 소규모 공장이라 할지라도 전문화하여 다른 기업과 네트워크를 통하여 외부경제(external economies)를 추구함으로써 효율성을 높일 수 있게 되었다. 이 때문에 소기업들이 한 지역에 집적하여 상호 협력과 경쟁을 통하여 지역의 혁신성과 생산성을 높이는 경우가 흔해졌다(Vatne and Taylor, 2000).

둘째, 노동의 유연성이 높아졌다. 과거에 대기업의 급여에서는 개인의 능력보다는 경력이 더 중요하게 작용하였고, 기업의 인력구조는 계층적으로 나타났다. 그러나 이제 기업의 노동전략은 기능적 유연성과 수적·재정적 유연성을 추구하는 방향으로 전환되고 있다(Hayter, 1997). 즉 정보통신기술의 발달에 적응할 수 있는 인력은 다양한 기능을 습득하여 생산과정에서 다양한 업무를 수행할 능력을 갖게 되는가 하면, 그렇지 못한 인력은 임시직, 시간제, 저임금 등의 특징을 보이고 있다. 또한 일부 고도의 기술·지식인력은 한 직장에서의 평생고용을 선호하지 않고 프로젝트 주도, 계약제 근무 등의 유연적 근무형태를 자유롭게 취하는 경향이 늘고 있다.

셋째, 소비자 취향이 다양해졌다. 과거에는 청바지와 같이 표준화된 제품이 유행을 이루었다. 그러나 요즈음에는 소비자 취향이 다양하고 개성을 살리는 방향으로 소비문화가 변해서 의류제품도 다양한 디자인을 필요로 하게 되었다. 가구, 가전제품, 자동차, 아파트 등에서도 과거에 비하여 얼마나 다양한 디자인과 종류가 시장에서 판매되고 있는가를 생각하면 그 변화를 쉽게 인식할 수 있을 것이다. 이제는 이와 같이 다양한 신제품에 대한 "욕구의 군집"을 이해하고 이러한 욕구 또는 수요의 군집지와 연계를 꾀하는 것이 중요해졌다(Park and Sforzi, 2001).

넷째, 혁신적 기업가정신과 새로운 기업모형이 등장하고 있다. 정보통신기술이 발달함에 따라 새로운 아이디어를 사업화하는 벤처기업이 최근 들어서서 수없이 등장하였다. 한국의 경우 1997년 말 금융위기 이후 수많은 벤처기업들이 등장하여 1998년 말 전국에 2,042개이던 것이 2001년 6월 2일 현재 1만 568개에 이르고 있다. 과거에는 사업에 실패하면 인생의 실패로 여겼으나 이제 벤처기업에게 실패는 곧 성공을 위한 교훈과 경험이며, 과정으로 받아들이는 경우가 많다.

다섯째, 기업활동에 새로운 금융제도가 등장하고 있다. 정보통신기술의 발달과 더불어 세계의 금융시장은 뉴욕, 런던, 동경으로 집중하여 대규모화하는 경향을 띠는 한편, 다양한 금융상품이 개발되고 지역별로 차별화되는 벤처캐피털이 급성장하였다. 특히 벤처캐피털의 활성화는 수

많은 혁신적인 기업가들이 제품을 개발하고 사업화하는 데 큰 공헌을 하였다.

마지막으로 집단학습이 기술혁신에 있어서 중요해졌다(Morgan, 1997; Asheim, 2000). 과거에 기술혁신은 대기업의 연구소나 국가연구기관에서나 가능한 것으로 인식되었다. 과거 혁신의 선형모형에서는 연구기능과 생산기능은 별개로 취급하여 상호작용이 별로 없었으며, 기초, 응용, 생산 연구는 분업화를 통하여 단계적으로 이루어지는 것으로 인식되었다. 그러나 최근에 기술혁신은 선형모형이 아니라 상호작용모형으로 인식하게 되었다. 이 때문에 공급기업, 고객기업, 경쟁기업의 기업간 네트워크를 통한 끊임없는 상호작용, 생산기능과 연구기능의 상호협력과 의사소통, 기업과 대학 및 공공기관의 상호협력과 공동연구를 통해 기술혁신이 이루어진다고 보고 있다. 이는 곧 상호작용을 통해 집단학습이 이루어지고 이러한 집단학습이 기술혁신의 기반을 이룬다는 것을 의미한다.

이상의 패러다임 변화의 특징에서 주의해야 할 점은 정보통신기술의 발달로 인한 세계화의 진전과 정보의 유동이 자유로워졌다 하더라도 결코 지역이나 장소의 중요성을 간과해서는 안된다는 것이다. 정보통신기술이 이루어낸 오늘날의 인터넷은 정보의 유동에서 시간과 공간을 수렴하게 하고 있다. 공간과 거리를 극복하는 인터넷의 발달은 오늘날 전자공간 또는 사이버공간을 만들어냈다. 그러나 이러한 사이버공간이 실사회에서 장소나 지역의 중요성을 소멸시키지는 못하고 있을 뿐만 아니라 특정지역이나 장소의 중요성을 더욱 부각시키고 있다(Castells, 2000; Coe and Yeung, 2001; Park and Sforzi, 2001). 이는 첫째로, 전자공간이 무작위로 형성되는 것이 아니라 분명한 방향성을 가지고 조직되고 있기 때문이다. 즉, 전자공간에서 상호작용은 정보하부구조의 구축 없이는 불가능하며, 정보흐름의 중심지는 정보하부구조가 잘 발달된 곳에서 나타나게 마련이다. 오늘날 인터넷 허브나 웹사이트의 호스트는 주로 세계적 대도시에 집중되어 있는 점은 이를 증명해주는 예라 할 수 있다. 둘째로, 사이버공간에서 정보의 흐름이 자유롭다 하더라도 결국 물자의 생산과 분배는 경제공간의 중요한 기반을 이루고 있기 때문이다. 셋째로 사이버공간이 거리를 극복한다 하더라도 핵심적인 인력이나 두뇌집단은 공간에 널리 확산된 것이 아니라 특정장소나 지역에 집중해 있으며, 이러한 특정 장소를 중심으로 기술개발과 혁신이 이루어지고 있기 때문이다.

또한, 지식기반경제에서 인터넷의 이용이 증가한다 하더라도 특정 장소나 지역의 중요성이 부각되는 점은 인터넷을 통하여 전달되기 어려운 지식이 존재하기 때문이다. 앞으로 세계경제에서 지식·정보사회가 진전되고 지식기반경제로 전환된다고 할 경우 지식의 창출과 기술혁신은 더욱 중요해지게 된다. 그런데 정보통신기술의 발달로 문자화될 수 있고, 전달이 용이한 형식적 지식(codified knowledge)은 세계적으로 확산이 매우 용이해졌다. 세계 각 지역에서 인터넷을 통하여 과학기술정보를 탐색하고 이용할 수 있게 되었기 때문에 이들 형식적 지식은 어디서나 구할 수 있는 보편화된 자원이 되고 있다. 우리가 세계 어느 지역에서든 인터넷을 통하여 책을 주문할 수 있고 빠른 시일에 받아볼 수 있게 되었다. 즉 형식적 지식의 전달과 확산이 무척 용이해졌다는 것이다. 그러나 기술혁신에서 무엇보다도 중요한 것은 쉽게 문자화할 수 없고 인터넷을 통해 전달이 용이하지 않은 암묵적 지식(tacit knowledge)이다. 암묵적 지식은 경험을 통해서 이루어질 수 있고 이는 새로운 아이디어나 혁신의 기초이다. 이러한 암묵적 지식은 현장경험을 통해서, 그리고 직접면담을 통해서 느끼는 것이고 체험하는 것이기 때문에 특정 지역 내에서만 창출될 수 있고 인터넷을 통하여 원거리에 전달될 수 없다. 실제로 기술혁신은 형식적 지식과 암묵적 지식의 상호작용을 통하여 이루어지기 때문에 (Nonaka and Takeuchi, 1995; Park, 2001b) 아무리 인터넷을 통한 형식적 지식의 전달이 거리를 극복한다 하더라도 새로운 지식의 창출과 혁신은 특정 지역에 제한적일 수밖에 없다. 이와 같은 집단학습의 중요성은 왜 실리콘 밸리에서 세계적인 기술혁신이 지속적으로 이루어지고 있으며, 세계적으로 기술혁신이 이루어지는 지역이 한정적인가를 생각하면 이해할 수 있을 것이다.

이러한 경제활동 패러다임의 변화와 지식기반경제의 발전은 곧 지역 산업정책을 새로운 틀에서 방향을 잡고 전략을 수립해야 함을 함축한다.

이에 다음 절에서는 장소나 지역의 중요성을 부각하는 산업군집이론의 의미와 그것이 지역정책에 주는 함의를 살펴보도록 한다.

## 3. 산업군집이론과 정책적 의의

경제지리학에서 오래 전부터 연구되어온 특정 산업의 집적이나 산업지구(industrial district) 또는 국지적 생산체계(local production systems)는 일반적으로 산업군집과 유사한 개념이지만, 산업군집이 구체적으로 정의된 것은 포터(Porter, 1990)에 의해서이다. 포터(Porter, 2000: 16)에 의하면 군집(cluster)은 "서로 경쟁하면서도 협력하는 특정 분야에서 상호 연관된 기업, 전문화된 공급자, 서비스 제공업체, 관련산업, 연관된 기관(예를 들면, 대학, 중개기관, 산업협회)이 지리적으로 집중"한 것을 의미한다. 포터가 주장하는 군집이론의 핵심은 그 정의보다는 산업군집이 경쟁적 우위를 갖기 위해서는 이른바 다이아몬드 모형이라고 알려진 상호 연관된 4가지 결정요소(요소조건, 수요조건, 연관 및 지원산업, 기업의 전략과 구조 및 경쟁)가 갖추어져 있어야 한다는 것이다. 특히 최근 들어서 포터(Porter, 1998)는 세계경제에서 경쟁력을 유지하는 것은 국지적인 지역에 고도로 전문화된 기술과 지식, 기관, 경쟁자, 관련기업, 세련된 고객들이 집중된 곳에서 비롯된다고 강조하고 있다. 이러한 포터의 산업군집 개념은 1990년대에 정부의 국가산업정책 및 지역산업정책에 큰 영향을 미쳤으며, 지역개발전략에서 중요한 이론으로서 자리잡게 하는 데 공헌하였다. 특히 최근 들어 세계은행과 OECD 등에서 산업군집에 대한 연구가 계속 이어지고 있고 많은 보고서가 나오면서 정책입안가, 정부, 기업에서 많은 관심을 갖게 되었다(OECD, 1999b; 2000).

그러나 포터가 주장하는 군집의 개념은 실사회에 적용하는 데에는 한계가 있으며, 실사회에서는 네 가지 요소를 완벽하게 갖추지 못하더라도 경쟁력이 있는 산업군집이 형성된 사례가 많으며, 산업군집은 다양한 형태로 존재한다는 연구들이 많이 나오고 있다(Power and Lundequist, 2001).

다양한 연구가 나오면서 지역적인 군집에 대한 해석 또한 약간씩 달리 나타나고 있다. 상호연관된 기업이 지리적으로 한정된 지역에 집중하는 것을 지역적인 군집이라고 하는 데에는 일치하지만, 군집의 형성과 성장을 결정하는 요인에 대한 것은 크게 3가지 주요 견해가 있다(Isaksen, 2001). 첫째로, 산업지구와 같이 지역생산체계를 강조하는 연구에서는 산업조직들간의 밀접한 상호작용, 역사성과 지역 고유의 특성, 그리고 지역의 사회·문화적인 요소를 강조한다. 여기에서는 상호신뢰와 지역의 산업분위기가 지역기업의 점증적인 혁신과 발전을 자극한다고 본다. 둘째로, 신산업공간을 강조하는 연구들은 처음에는 유연적 생산체계와 축적의 새로운 시대에 생산체인의 수직적 분화를 통해서 거래비용을 절감하고 전문화된 노동시장을 형성하는 것이 산업집적을 이루는 요인으로 보았다. 그러나 최근 들어서는 새로운 산업공간을 창출하는 데 문화, 제도, 지배구조(governance) 등을 강조하고 복잡하고 불확실한 상황에서 경제활동주체들을 조정하는 제도나 비공식적인 규칙과 관습의 중요성을 강조한다. 셋째로, 학습경제를 강조하는 것으로 혁신을 기업과 지역 및 국가가 경쟁력을 획득하는 기초로 보는 견해이다. 여기서는 혁신을 상호작용하는 학습과정의 결과로 보고 기업간 협력과 상호신뢰를 강조한다. 특히 근접성에 의해서 협력이 촉진될 수 있기 때문에 학습을 국지화 과정으로 이해한다(Asheim, 2000; Asheim and Isaksen, 2000). 이러한 세 가지의 견해는 바로 산업군집이 단순히 경제적인 요인에 의해서만 형성되고 발전되는 것이 아니라, 장소 또는 지역 고유의 자원과 제도적인 측면을 중요시한다는 점을 나타내준다. 특히 기업간의 신뢰, 관습, 제도, 문화, 암묵적 지식의 창출 등을 군집의 형성과 발전에 중요한 요인으로 파악하고 있다.

산업군집의 이론은 이와 같은 다양한 견해를 포괄할 수 있어야 할 것이고 지역에 따라 군집형성과정이나 경쟁적인 요소가 다를 수 있다는 탄력성을 가져야 할 것이다. 21세기가 정보통신기술의 발달과 더불어 지식기반경제로 전환되고 산업구조 또한 전환되고 있다는 점을 고려할 때, 지식기반경제에서 군집이론은 적어도 군집의 존재와 군집의 성장을 설명할 수 있어야 하고, 군집의 경계를 밝힐 수 있어야 한다(Maskell, 2001).

여기에서 염두에 둘 점은 지식기반경제에서 군집이론이 중요하다고 해서 학습이나 기술혁신이 꼭 산업군집지역에서만 발생한다는 것은 아니며, 세계화시대에 원거리에서 행하는 의사결정이나 사건이 많은 기업에 영향을 미치는 것을 무시하는 게 아니라는 것이다.

산업군집이 존재하는 이유는 군집의 수평적인 차원에서 유사업종에 종사하는 기업들의 다양성의 이점이 존재하기 때문이다. 기업가들이 다양한 관점, 태도, 통찰력을 가지고 있고 문제해결 방법이 다양할 수 있기 때문에 기업들은 상대방의 실수와 실패의 경험을 통해서 배우게 된다. 군집지역에서 기업이 기만행위를 할 경우 오래가지 않아 발각되고 그 지역에서 신용을 잃게 되기 때문에 군집지역에서는 자연히 신뢰가 형성될 수 있으며, 타인의 성공사례를 모방할 기회를 가질 뿐만 아니라 거기에 자신의 아이디어를 더하여 점증적인 혁신을 할 수 있게 된다. 여기에 공동의 가치와 관습, 신념을 서로 나눌 수 있다면 집단적인 학습의 과정이 더욱 용이하게 이루어질 수 있을 것이다. 여기에서 염두에 둘 점은 기업들이 국지적 사건을 이해하는 데 공동의 언어와 특정한 공통의 규범을 사용한다면 신뢰가 없더라도 학습이 이루어질 수 있다는 것이다(Maskell, 2001). 다양성, 모니터링, 비교, 모방 등 일련의 과정은 군집지역에서 기업 사이에 밀접한 접촉이 없더라도 가능하기 때문이다. 또한 산업의 군집은 수직적인 차원에서 공급자와 고객기업 간의 거래를 용이하게 하고 상호조정과 의사소통을 용이하게 한다. 조정비용을 줄이고 비대칭적인 정보의 문제를 극복함으로써 군집과정은 전문화를 촉진하며 고도의 지식창조를 가능하게 한다.

그러면 왜 산업군집지역이 성장하는가? 이는 군집지역에 있는 기업이 근본적으로 수평적인 또는 수직적인 차원에서 학습활동을 촉진하여 기업의 성과를 높일 수 있기 때문이다. 군집지역 내 기존기업의 성장 이외에도 타 지역의 기업이 군집지역의 이점 때문에 군집지역으로 이전할 수 있고, 특정 산업 분야에서 기업가정신을 발휘하여 창업이 이루어질 수 있으며, 기존기업들로부터 분리신설기업(spin-offs)이 탄생할 수 있기 때문에 군집지역은 성장할 수 있다. 실리콘 밸리에 지속적인 신설기업이나 분리신설기업이 집중하는 것은 바로 이러한 연유에서이다. 특히 군집지역의 적합한 기업환경은 기존업체뿐만 아니라 신설기업에 매우 중요한 요소이다.

군집의 경계는 산업군집지역이 가지는 독특한 제도(institution)에 의해서 구분될 수 있다. 여기에서 제도란 인간의 상호작용을 구성하게 하는 것으로 인간에 의해서 고안된 제약이라고 볼 수 있으며, 이는 규칙이나 법과 같은 공식적인 제약과 규범이나 관습과 같은 비공식적인 제약으로 구성되어 있다(North, 1994). 물론 넓은 의미에서 제도는 정책결정과 투자계획 등에서 비롯된 지식하부구조도 의미하기 때문에 지방의 학교와 대학에서의 특별 프로그램, 정부지원의 기술관련 기관과 훈련센터, 전문화된 교육프로그램 등을 포함한다. 군집의 수평적 또는 수직적 연계를 통하여 지식이 창출되는 과정은 기업의 일상적인 운영에서 비롯되지만 시간을 두고 형성된 일련의 복잡한 제도의 영향을 받게 마련이다. 이러한 제도의 일부는 일반적이어서 모든 산업군집지역에 적용될 수 있을 것이다. 그러나 제도의 다른 일부는 타군집지역과 분명히 차별화될 것이다. 이는 각 군집지역의 산업구조가 다르며, 서로 다른 산업에서 필요로 하는 제도는 서로 다르기 때문이다. 서로 다른 활동은 각기 특유의 학습방식을 가지며, 이 때문에 서로 다른 군집은 상이한 제도를 가지게 된다. 만약에 군집지역에서 특정 산업에 부적합한 제도가 형성되어 있다면 그 특정 산업이 그 군집지역에 입지할 경우 불리할 수 있다는 것을 의미하기도 한다. 이 때문에 산업군집의 경계는 군집지역에서 관련기업에 의해서 행해지는 경제활동과 이들 산업을 지원하기 위하여 발전된 특정의 제도가 서로 적합한가에 의해서 결정될 수 있다(Maskell, 2001).

이상에서 검토하였듯이 산업군집이론이 지역산업발전전략에 주는 의미는 대단히 크다고 본다. 산업군집을 형성하기 위해서는 산업군집이 갖는 이점이 충분히 발휘될 수 있어야 한다는 점, 지식의 창출과 확산이 단순히 밀접한 수직적 관계에서뿐만 아니라 군집지역의 수평적 차원에서 다양성의 원리도 중요하다는 점, 지식의 창출과 혁신은 공식적인 연구활동뿐만 아니라 비공식적인 사회적 관계도 중요하다는 점, 군집지역이 발전하기 위해서는 그 지역에 적합한 제도가 발전되어야 한다는 점, 군집지역의 산업활동과 적합한 제도가 발전되지 않는다면 군집은 형성되기가 용이하지 않고 기존의 군집지역도 쇠퇴할 수 있다는 점 등 여러 가지 정책적 시사점을 내포하고 있다. 특히 지역 특유의 제도가 개발되지 않을 경우 산업군집의 형성과 성장과정이 순탄치 않을 수 있음을 간과해서는 안된다. 산업군집이론이 주는 정책적 시사점은 앞으로 검토할 정책과 전략에서 보다 자세히 다루고자 한다.

## 4. 우리나라의 산업군집지역 형성실태와 문제점

국토공간에서 산업군집지역의 존재 여부를 확인하는 것은 그렇게 용이한 일이 아니다. 왜냐하면 산업부문의 측면에서 지역산업의 투입-산출분석을 통한 연관산업을 확인하고 이들 연관산업의 공간적 분포와 집적의 정도를 분석해야 하기 때문이다. 또한 투입-산출분석이 국가적인 차원에서가 아니라 지역적인 차원에서 행해져야 하기 때문에 지역적인 차원에서 연관산업의 분석이 한국은행에서 발행하는 산업연관표로는 불가능하기 때문에 엄격한 의미의 지역산업연관분석이 용이치 않다. 이 때문에 엄격한 의미에서 산업군집지의 분석은 본 연구의 목적과 범위를 벗어난다고 판단하여, 이 글에서는 산업연구원에서 행한 우리나라 주요 산업의 집적지 분석 결과를 기초로 본 연구자가 그동안 행한 지역의 산업연계분석 사례들을 참고하여 그 실태와 문제점을 정리하고자 한다.

한국산업단지공단 · 산업연구원(2001)에서는 주요 산업의 집적현황을

〈산업집적지의 평가기준〉

1) 지역군집의 형성정도: 지역군집의 최소기준으로 1997년 전국대비 생산액 비중과 종사자수 비중이 모두 1% 이상인 시·군·구
2) 지역군집의 생산성: 1997년 종사자당 부가가치가 전국평균 이상인 지역
3) 지역군집의 성장성: 1995~1997년간 산업별 생산액 성장률이 전국평균 이상인 지역

분석하기 위하여 전국 252개 시·군·구를 대상으로 지역군집의 형성정도, 지역군집의 생산성, 지역군집의 성장성을 다음과 같은 기준으로 평가하여 집적지를 밝히고 있다.

위와 같은 평가기준을 기초로 하여 산업집적지를 대표집적지, 유망집적지, 일반집적지로 구분하였다. 여기에서 대표집적지는 산업별로 우리나라를 대표하는 집적지로서 집적정도가 매우 높고 타집적지에 비하여 경쟁력이 높은 집적지를 의미하고, 유망집적지는 집적정도는 높지 않지만 타지역에 비하여 급속히 성장하고 있어서 향후 집적지로 발전할 가능성이 높은 지역을 의미한다. 일반집적지는 지역군집 형성의 최소조건(종사자수 및 생산액기준 전국대비 1% 이상)을 만족하지만, 생산성과 성장성이 높지 않은 지역을 의미한다〈표 9-1〉.

〈표 9-1〉기존 제조업 및 지식기반제조업의 산업집적지 분석방법

| 구 분 | 의 미 | 평 가 기 준 | 평가방법 |
|---|---|---|---|
| 대표<br>집적지 | 산업별로 우리<br>나라를 대표하는<br>집적지로서 집적<br>정도가 매우<br>높고 타<br>집적지에 비해<br>경쟁력이 높은<br>집적지 | - 공간경제상 하나의 집적지로 평가할 수<br>있는 인접 시·군·구를 포함하여 전국대<br>비 생산액 비중이나 종사자수 비중이<br>10%를 상회하는 지역(산업별로 탄력적<br>으로 적용)<br>- 종사자당 부가가치가 전국평균 이상인<br>지역(공간경제상 인접지역이 이 기준을<br>충족하지 못하더라도 하나의 집적지로<br>평가될 수 있으면 포함)<br>- 최소 5개 이상의 사업체수가 존재하는<br>지역 | - 3가지의 평가<br>기준을 모두<br>충족하는 지역 |
| 유망<br>집적지 | 집적정도는 높지<br>않지만 타지역에<br>비해 급속히<br>성장하고 있어<br>향후 집적지로의<br>발전가능성이<br>높은 지역 | - 지역군집 형성의 최소조건(전국대비 종<br>사자수 비중과 생산액 비중이 모두 1%<br>이상인 지역)을 충족하는 지역<br>- 1995~1997년간 생산액 성장률이 전국<br>평균 이상인 지역 | - 두 가지 평가<br>기준을 모두<br>충족하는 지역<br>- 대표집적지<br>기준 중 사업체<br>수의 기준을<br>충족하지 못한<br>지역 |
| 일반<br>집적지 | | - 지역군집 형성의 최소조건(종사자수 및<br>생산액 기준 전국대비 1% 이상)은<br>만족하지만, 생산성과 성장성이 높지<br>않은 여타의 모든 집적지 | |

출처: 한국산업단지공단·산업연구원,「지역산업발전 중·장기계획 수립을 위한 연구」, 2002.

여기에 지식기반 서비스산업은 시·군·구 단위의 자료를 구득하기가 용이하지 않아서 16개 시·도 단위로 하여 대표집적지는 1997년 산업별 종사자수가 전국의 5% 이상을 차지하는 시·도, 유망집적지는 1997년 산업별 종사자수가 전국의 2% 이상이고 1995~1997년간의 종사자수 연평균 성장률이 전국평균 성장률을 상회하는 시·도를 의미한다. 여기에서 기준율이 매우 낮은 것은 지식기반 서비스산업의 서울 집중률이 대단히 높아 타지역의 비중이 매우 낮았기 때문이다. 이러한 기준에 의해서 우리나라 시·도별 산업집적지를 정리한 것이 〈표 9-2〉이다.

　산업연구원의 자료분석은 각 지역별 산업의 실제 연계분석을 포함하지 않고 있기 때문에 지역의 산업군집의 실상을 이해하는 데에는 한계가 있다. 시·군 단위에서 우리나라의 대표적인 산업집적지역의 예는 서울의 의류와 소프트웨어, 부산의 신발, 구미와 수원의 전자정보기기, 포항의 철강, 울산의 석유화학과 자동차 및 조선, 대전의 정보통신서비스, 창원의 기계 및 메카트로닉스, 광양의 철강 등을 들 수가 있다. 문제는 이들 집적지가 과연 산업군집지의 특성을 가지고 있는가이다. 이들 중에서 일부는 산업군집지의 특성을 보인다고 볼 수 있으나, 우리나라 산업집적지의 상당수는 정부정책 지원에 의해서 단순히 산업이 한 곳에 모여 있을 뿐 산업군집지의 기능을 하지 못하는 지역이다. 그러나 정부정책에 의해서 산업이 집적된 지역이 산업군집지역의 기능을 전혀 못하는 것은 아니다. 구미를 예로 들면, 처음 구미공단이 건설되었을 때 그 곳에 입주한 전자분야 공장들은 대부분 대기업의 분공장이고 고급인력은 서울에서 주로 유입하였으며, 부품은 수도권에서 구입하든가 수입하는 경우가 대부분이었다. 그러나 최근 들어서 구미에 입주한 대기업 분공장들은 구미지역에 상당수의 협력업체를 확보하고 있으며, 수직적인 상호연계가 긴밀히 이루어지고 있다. 이들 기업간 관계는 단순히 물자의 공급에만 그치지 않고 기술지도, 기술협력, 인력지원 등을 통하여 협력업체의 기술수준을 높이고 생산현장의 새로운 아이디어를 기술개발에 활용하고 있다. 어떤 의미에서 구미지역은 전형적인 위성형 산업지구에서 지역 내의 산업연계가 상당히 형성되고 창업기업, 분리신설기업이 탄생하는 발전된

〈표 9-2〉 시·도별 집적산업 업종

| 구 분 | 대표집적지 산업 | 유망집적지 산업 | 일반집적지 산업 |
|---|---|---|---|
| 서 울 | 의류, 정보통신서비스, 소프트웨어, 문화, 관광 | 신발, 반도체, 전자·정보기기, 정밀화학, 정밀기기, 생물, 신소재 | 기계 |
| 부 산 | 신발, 정보통신서비스 | 섬유, 의류, 메카트로닉스, 정밀기기, 신소재, 항공우주, 소프트웨어 | 조선, 철강, 기계 |
| 대 구 | 섬유 | 자동차, 기계, 메카트로닉스, 소프트웨어 | - |
| 인 천 | 기계, 자동차, 메카트로닉스, 신소재, 환경 | 가전, 전자·정보기기, 정밀화학, 정밀기기, 관광 | 철강 |
| 광 주 | 가전 | 기계, 환경 | 메카트로닉스 |
| 대 전 | 정보통신서비스 | 신발, 기계, 메카트로닉스, 정밀화학, 생물, 소프트웨어 | - |
| 울 산 | 석유화학, 자동차, 조선 | 섬유, 철강, 전자·정보기기, 메카트로닉스, 정밀화학, 환경 | - |
| 경 기 | 기계, 가전, 반도체, 자동차, 전자·정보기기, 메카트로닉스, 정밀화학, 생물, 정밀기기, 정보통신서비스, 문화, 관광 | 섬유, 신발, 철강, 기계, 신소재, 환경, 소프트웨어 | - |
| 강 원 | - | 정밀기기, 정보통신서비스, 관광 | - |
| 충 북 | 반도체, 정밀화학 | 기계, 생물, 관광 | 섬유, 전자·정보기기 |
| 충 남 | 석유화학, 정밀기기 | 철강, 기계, 가전, 반도체, 자동차, 전자·정보기기, 메카트로닉스, 정밀화학, 환경, 생물, 항공우주, 관광 | - |
| 전 북 | - | 석유화학, 반도체, 자동차, 생물, 신소재, 환경 | 의류, 철강 |
| 전 남 | 석유화학, 철강 | 조선, 신소재, 관광 | - |
| 경 북 | 섬유, 철강, 가전, 전자·정보기기, 신소재 | 메카트로닉스, 정밀화학, 정밀기기, 신소재, 문화, 관광 | 반도체, 자동차 |
| 경 남 | 기계, 조선, 메카트로닉스, 정밀기기, 항공우주 | 섬유, 철강, 가전, 반도체, 생물, 환경, 관광 | 철강, 자동차, 정밀화학, 신소재 |
| 제 주 | 관광 | - | - |

출처: 한국산업단지공단·산업연구원, 「지역산업발전 중·장기계획 수립을 위한 연구」, 2001.

위성형 산업지구로서 산업군집의 특성을 보이고 있다(박삼옥, 1996; Park and Markusen, 1995; Park, 1996).

더욱 역동적인 현상은 대전의 정보통신서비스산업의 집적이다. 대덕연구단지는 원래 국책연구원을 한군데 모아둔 것에 불과할 정도로 단지 내의 연구소와 대전시의 기업과는 전혀 연계가 없었음은 물론, 단지 내의 연구소간에도 상호연계가 없었다. 그러나 1990년대 초부터 연구단지의 연구소들로부터 분리신설기업이 탄생하기 시작하였고, 과학기술연구원의 창업보육센터 설립, 기업 및 대학으로부터의 벤처창업이 활발하게 이루어지면서 이제 대전지역은 많은 정보통신서비스산업이 집적하게 되었으며, 이들 사이에서 정보의 교환은 물론 경쟁과 협력의 메커니즘이 형성되어가고 있다(Jeung and Park, 1997). 고차서비스분야에서 산업군집의 역동적인 예는 서울의 강남지역에서도 찾아볼 수 있다(황주성 외, 1999; Park and Nahm, 1998).

이와 같이 산업군집 형성의 역동적인 사례를 몇 군데 들 수는 있지만 아직 우리나라에서 산업집적지는 대부분 역동적인 산업군집지의 특성을 보이지 못하고 있음이 사실이다. 산업집적지가 역동적인 산업군집지의 특성을 보이지 못하는 것은 다음과 같은 몇 가지 문제점에서 비롯된다고 본다.

첫째, 각 지역의 산업집적에 적합한 제도의 발전이 이루어지지 않은 점이 가장 중요한 문제점 중의 하나이다. 우리나라는 산업발전의 역사가 짧기 때문에 아직 지역특성에 맞는 다양한 산업발전지원제도가 발전되지 못하였다. 특히 지방의 산업집적지 대부분이 정부정책에 의한 공업단지 조성에서 비롯되었으며, 초기에 분양이 되지 않은 상태에서 업종제한을 완화함으로써 산업업종을 특화하지 못한 곳이 많았다. 지역 내에서 기업이 필요로 하는 인력의 개발이나 훈련이 충분히 이루어지지 않았을 뿐만 아니라, 지방공단의 경우 고급 인력과 기술을 외부지역에 의존하는 경우가 대부분이어서 산업군집지로서의 기술혁신효과나 거래비용의 절약효과가 별로 크지 않았다. 이는 지역 내에서 혁신적 기업가 정신, 기업환경, 협력과 경쟁의 조화 등의 제도가 뿌리를 내리지 못하였기 때문이다. 물론 최근 들어서 수직적인 차원에서 기업들의 거래와 협력이 이루어지고 있는 지역이 등장하는 것은 사실이다.

둘째, 산업집적지의 혁신적 분위기가 이루어지지 않은 것 또한 큰 문제점으로 작용한다. 기존 산업집적지가 혁신지향적인 구조재편을 소홀히 함으로써 일부 산업군집지의 경쟁력이 취약해졌다. 대구의 섬유산업이나 부산의 신발산업은 우리나라에서 일찍부터 산업군집의 특성을 보이는 지역이었다. 그러나 이들이 단순히 생산공장지역으로서의 기능만 강조되었지 지속적인 시장개척, 신제품 개발, 새로운 디자인 개발, 기술혁신 등의 측면을 소홀히 해왔었다. 또한 안성의 유기, 담양의 죽제품 등은 역사적으로 전형적인 전통산업 군집지의 특성을 가졌지만 혁신의 개념이 지속적으로 도입되지 않았기 때문에 사양화되고 말았다.

셋째, 지역 내에서 혁신적 기업가의 역할이나 혁신적 지역발전 비전을 가진 선도자의 역할이 별로 없었다. 세계적으로 산업군집을 통해 발전이 이루어진 지역은 대부분 지역산업발전을 위한 선도자나 혁신적인 기업가의 역할이 매우 중요하였다. 실리콘 밸리의 터만 교수, 소피아 앙티폴리스의 라피테, 리서치 트라이앵글 파크의 노스캐롤라이나 주지사 등 지역 내에서 혁신적인 선도자의 역할은 지역을 변화시키는 지렛대 역할을 하였다. 지금까지 우리나라에서는 그러한 선도자의 역할이 크게 부각되지 못하였음이 사실이고 최근 들어 비로소 일부 지역에서 혁신 지향적인 기업가 정신이나 비전을 가진 선도자의 역할이 작용하고 있는 지역이 나타나기 시작한 실정이다.

넷째, 하향식 개발방식의 의식이 아직도 중요한 개발철학으로 작용하고 지역 내에서 내생적인 발전을 위한 네트워크, 상호협력과 선의의 경쟁을 위한 규범과 사회적 자본이 충분히 형성되지 못하였다. 그동안 우리나라의 각 지방은 하향식 개발방식에 너무 익숙해져서 지방자치가 실시되었음에도 불구하고 많은 지역이 중앙의 지원만 바라보고 지원을 받기 위한 전략과 로비에만 전념하고 있는 실정이다. 아직 지방에서 지방자치단체, 기업, 대학, 연구기관, 산업협회, 상의, 무역협회 등의 상호 네트워크를 통한 산업발전의 효과를 높이지 못하는 실정이다. 특히 지방의 인재들이 그 지방의 발전을 위해서 헌신할 수 있는 기회와 여건의 부재로 지방노동시장이 균형을 이루지 못하고 있으며, 기업활동을 공정히 할 수 있는 게임의 법칙이 제대로 작용하지 못하고 있다. 이는 앞에서 밝힌 지역의 산업에 적합한 제도가 발전되지 못한 것과 밀접히 관련되어 있다.

이러한 문제점을 보완할 수 있는 산업군집을 통한 발전전략이 없이는 지식의 창출과 혁신이 중요한 21세기에 한국산업의 경쟁력은 취약해질 수밖에 없을 것이다. 다음 절에서 산업군집의 이론과 우리나라의 실태와 문제점을 고려하여 지역산업 육성방안을 제시하고자 한다.

## 5. 산업군집을 통한 지역산업 육성방안

1960년대부터 1980년대 초까지 우리나라에서 공업화가 급속히 진전되는 시기에는 저렴한 인건비와 외국기술의 도입을 통해서 생산활동을 전개하였기 때문에 산업의 집적만으로도 경쟁력을 유지할 수 있었다. 그러나 1980년대 후반 생산현장에 노동자유화의 물결이 휩쓸고 임금인상에 따라 저임금의 이점이 사라지면서부터 우리나라의 산업은 구조재편을 필요로 하게 되었다. 1980년대 말부터 우리 기업들은, 특히 노동집약적인 섬유, 의류 산업에 종사하는 기업들은 적극적인 구조조정작업을 하였다. 이들의 구조조정전략은 주로 첫째, 인건비 절약을 위한 임시직, 시간제 인력, 외국인 근로자의 이용에 관심을 가졌으며, 둘째, 생산비 절감을 위한 외부하청전략을 추진하였고, 셋째, 생산성 향상과 신제품개발을 위한 기술개발전략, 넷째, 중국이나 동남아시아에 생산시설을 이전하는 입지전략을 추진하였다(Park, 1995). 그러나 이러한 구조조정전략 중 기술개발을 제외하고는 모두 비용절감을 위한 것으로 경쟁력을 유지하기에는 그 한계가 있었다. 1990년대 중반 이후 기술개발전략을 꾸준히 추진한 기업들은 1997년의 금융위기과정에서도 큰 어려움 없이 버틸 수 있었으며, 최근 들어서 기업의 경쟁력 강화는 물론 기업의 생존을 위해서도 기술개발의 중요성은 더욱 높아지고 있다(박삼옥·남기범, 2000).

우리나라 산업이 금융위기를 겪으면서 기술혁신을 위한 구조조정이 더욱 중요해진 것도 사실이지만, 21세기 정보통신기술의 발달과 더불어 지식에 기반한 산업발전의 중요성이 더욱 높아지는 상황에서 우리나라 산업이 혁신 지향적인 방향으로 전환되지 않는다면 앞으로 산업발전을 기대하기 힘들다.

따라서 앞으로 우리나라 산업발전의 기본적인 방향은 산업군집 형성을 통한 경쟁력 강화의 기반을 조성하는 한편, 산업군집지역이 혁신기능을 충분히 수행하여 혁신에 기반한 산업군집지가 발전될 수 있도록 해야 한다. 여기에서는 산업군집이론과 외국 산업군집지의 사례들을 고려하여 산업군집지의 형성을 위한 여건조성과 산업군집지의 성장과 발전을 위한 방향으로 나누어 검토하고자 한다.

## 1) 산업군집지 형성을 위한 여건조성

### (1) 지역산업군집 형성을 위한 산업집적지 조성

산업군집지가 형성되기 위해서는 계획에 의해서건 자연발생적이건 우선 산업의 집적지가 형성되어야 한다. 기존의 산업집적지는 관련산업의 집중을 통한 업종전문화를 추진하는 한편, 지역산업의 발전이 필요한 지역은 과거의 공업단지 조성에서 벗어나 지역의 자원과 환경에 적합한 산업을 전문화하는 전략을 추진해야 한다. 이러한 점에서 최근 들어 세계 여러 나라에서 지역산업의 군집과 혁신잠재력을 높이기 위하여 테크노파크 조성을 서두르고 있는 점에 주목할 필요가 있다(OECD, 1999b; 2001). 테크노파크는 일종의 산업의 군집을 통한 기술혁신을 촉진하기 위한 전략인데, 지식집약산업, 연구개발기능, 대학, 공공기관, 산업협회 등이 상호협력하여 지역경제의 발전을 꾀한다는 점에서 전통적인 공업단지나 단순한 과학단지와는 다르다. 여기에서는 산·학·연·관의 상호협력과 기술개발이 매우 중요한 요소이다. 이 때문에 테크노파크는 중소기업이 집적하여 협력체계를 구축한 마셜형 산업지구의 기능과 연구개발 활동을 강조한 연구단지(research park) 또는 과학단지(science park)의 기능을 종합하는 것으로 볼 수 있다.

현재 우리나라 여러 지역에서 테크노파크 조성계획을 수립하고 건설

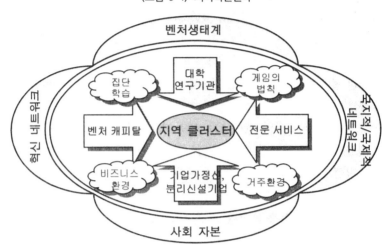

〈그림 9-1〉 지역혁신전략

주: 이 그림에서 화살표로 표시한 부분은 지역산업군집을 조성하기 위하여 적극적으로 참여해야
할 경제주체들이며, 구름처럼 표시한 것은 지역사회에 조성되어야 할 환경 또는 분위기이고,
바깥 부분은 지역산업군집을 조성하기 위한 핵심적인 정책방향 또는 전략이다.
출처: Park, 2001b.

을 추진하고 있다. 여기에서 가장 중요한 것은 기존 산업집적을 무시해
서는 안된다는 것이다. 이미 지역에 특정 산업의 집적이 상당히 이루어
져 있을 경우 그 산업과 상호보완적이거나 연관된 산업이어야 하며, 최
소한 산업의 특성상 상충되는 일이 없어야 할 것이다. 상호관련이 없고
상이한 산업이 한 지역에 동시에 집적할 경우 각각의 산업발전을 위한
제도가 다르기 때문에 그 지역산업에 적합한 제도가 뿌리를 내리기가 용
이치 않을 수가 있으며, 제도의 약화와 지역산업간 네트워크의 약화는
결국 지역산업의 경쟁력을 상실할 수 있는 요인이 될 수 있기 때문이다.

지역에 기존의 특정 산업이 상당히 집적되어 있을 경우 그 산업이 단
순히 집적지로서의 기능뿐 아니라 지역산업의 혁신중심지 기능을 수행
하도록 해야 할 것이다. 이는 단순히 산업의 집적에 그치지 말고, 지역혁
신체계를 구축할 수 있는 지역산업혁신전략을 추진하여 지역집적산업의
구조조정을 꾀해야 한다. 여기에서 지역산업혁신전략은 이후 논의할 여
러 전략과도 관련이 있는데, 그 기본방향은 〈그림 9-1〉과 같다. 즉, 혁신

네트워크의 구축, 지역산업제도와 사회자본의 축적, 신설기업의 창업을 촉진할 수 있는 벤처생태환경의 조성, 국지적/국제적 네트워크의 구축 등의 기본전략을 위해서 지역산업과 대학 및 연구기관, 벤처자본, 전문서비스, 기업가정신의 발로 등이 상호 어우러져야 한다(Park, 2001b). 또한 지역 내에서 집단학습의 활성화, 협력과 선의의 경쟁을 할 수 있는 게임의 법칙과 사업환경의 조성, 쾌적한 거주환경 등이 사회적 분위기로서 조성되어야 한다. 이러한 내용은 다음 항목에서 보다 자세히 다루고자 한다.

### (2) 지역산업에 적합한 제도 구축을 위한 사회자본의 축적

산업군집의 형성을 통해 지역발전을 꾀하기 위해서는 단순한 산업의 집적에 그치지 않고 새로운 지식이 창출되고 혁신이 이루어질 수 있는 사회적 여건과 분위기가 형성되어야 한다. 즉, 집적된 산업에 적합한 지원체제나 제도가 구축되어야 한다. 지역 내 기업인들이 상호 신뢰하고 거래할 수 있는 거래질서가 형성되어야 함은 물론 기술개발을 위한 상호 정보의 교환과 협력이 이루어질 수 있는 사회적 제도가 이루어지면 그 지역은 상호협력을 통한 상승효과를 누릴 수 있을 것이다. 이러한 제도는 하루아침에 이루어질 수 있는 것은 아니다. 산업발전의 오랜 역사를 통해서 각 지역은 지역에 적합한 제도가 형성되게 마련이다. 그러나 우리나라는 대부분의 지역에서 산업발전의 역사가 미천하기 때문에 아직 지역산업의 혁신에 적합한 제도가 제대로 구축되지 않았다. 따라서 우리나라 각 지역에서는 앞으로 사회자본(social capital)의 형성을 위한 노력이 필요하다.

사회자본은 상호이익을 위해서 협력하고 조정할 수 있는 사회의 네트워크, 신뢰, 규범 등과 같은 사회적 조직을 의미하는데, 이는 인적 자본과 재정적 자본을 창출할 수 있는 수단이 될 수 있다(Coleman, 1988; Putnam, 1993). 이러한 사회자본은 오랜 세월을 통하여 형성되기 때문에 하루아침에 사회자본을 축적하기는 용이하지 않다.

그러나 최근의 연구에서 사회자본은 정책적으로 형성될 수 있으며, 사회자본이 형성되는 방법을 3가지로 표현하고 있다(Bebbingron and Perreault, 1999; Fox, 1996). 이는 첫째, 개혁추진자가 정부기구 내에 있어서 사회자본 축적을 선도하여 정부와 시민사회가 수렴하는 정책, 둘째, 지역 내 사회조직과 외부지역의 사회조직 간에 상호협력을 통하여 사회자본을 축적하는 경우: 지역의 비정부기구(NGO), 교회, 국제기구 등이 지역사회를 위하여 기금을 모으고 네트워크하며 정치적인 지원을 유도하는 데 중요한 역할을 하는 경우, 셋째, 지역의 네트워크가 자생적으로 이루어지는 경우로써 지역사회의 시민으로부터 사회자본이 형성되는 경우이다. 지역 내에서 사회자본이 축적될 경우 사회적 네트워크를 통해서 경제활동의 지속적인 상호작용과 정보공유를 통해서 거래비용을 줄일 수 있는 한편, 집단학습을 촉진하여 형식적 지식과 암묵적 지식 간의 지식변환의 사이클을 촉진하여 지역의 새로운 지식창출과 기술혁신을 가능하게 한다(박삼옥·최지선, 2000).

우리나라 산업의 집적지역은 지역 내의 비정부기구와 비영리기구(NPO)들이 상호협력하여 사회적 네트워크를 구축하고 지식과 정보의 확산을 촉진하는 한편, 집단학습과정이 지역에서 활발하게 전개되도록 해야 한다. 특히 지역 내 종교집단의 역할은 지식과 정보의 확산에 중요한 역할을 할 수 있으며, 이는 타지역과도 연계를 강화할 수 있을 것이다. 또한 대학을 중심으로 지식과 정보를 공유할 수 있는 비공식적인 모임도 활발히 전개될 수 있을 것이다. 그리고 시민사회의 기구들은 기업활동이 자유롭게 전개되고 공정한 게임의 법칙이 적용될 수 있도록 사회적 규범을 만들어가는 데 노력해야 한다. 지방정부, 대학, 공공기관, 비영리기구, 비정부기구 등은 이러한 지역의 사회자본 축적을 위한 상호 협력과 공동의 노력이 필요한 때이다.

## 2) 산업군집의 성장과 발전을 위한 정책방향

### (1) 벤처기업 육성을 위한 벤처생태환경 조성

산업군집의 발전은 기존기업의 성장도 중요하지만, 새로운 기술의 개발과 지역의 혁신분위기를 이끌어 역동적인 발전을 꾀하가 위해서는 신설기업들이 많아야 한다. 특히 지식기반경제에서 산업군집을 성공적으로 조성하고 발전시키기 위해서는 벤처기업의 육성이 필요하다. 벤처기업은 신제품 개발을 통한 신산업 발전과 기술혁신을 추구하기 때문에 지역산업구조를 조정하고 지역의 생동적인 산업발전 분위기를 조성하는데 공헌하기 때문이다.

한국은 1997년 말 금융위기 이후 많은 벤처기업이 탄생하여 현재 약1만 600개의 벤처기업이 존재한다. 그러나 이들 벤처기업의 대부분은 서울을 중심으로 한 수도권에 집중해 있다. 즉, 전국 총 벤처기업수에서 서울이 47%, 경기가 20%, 인천이 5%를 차지하여 수도권의 비중이 72%에 이르며, 대전·충남이 7%로 비교적 높은 편이다(〈표 9-3〉).

벤처기업의 분포는 업종별로도 심한 차이를 보이고 있다. 정보처리 및 컴퓨터 산업이 약 34%를 차지하고 있고, 전기기기 및 장치 제조업이 12%, 영상, 음향 및 통신장비 제조업이 11%, 기계조제업이 10%, 비금속 및 금속제품 제조업이 6%로 각각 그 뒤를 잇고 있다(〈표 9-4〉). 이는 정보처리관련 지식집약적인 산업과 기술집약적인 산업에서 주로 벤처창업이 이루어지고 있음을 나타내준다. 특히 기술집약적인 산업이라 할지라도 정보통신기술을 이용하거나 그와 관련된 기업이 많다는 점을 고려할

〈표 9-3〉 지역별 벤처기업 현황(2001.6.2 현재)

| 구 분 | 벤처기업수(개) | 비율(%) |
|---|---|---|
| 총 계 | 10,568 | 100.00 |
| 서울 | 5,007 | 47.38 |
| 부산, 울산 | 542 | 5.13 |
| 대구, 경북 | 536 | 5.07 |
| 광주, 전남 | 273 | 2.58 |
| 대전, 충남 | 744 | 7.04 |
| 경기 | 2,066 | 19.55 |
| 인천 | 542 | 5.13 |
| 강원 | 89 | .84 |
| 충북 | 250 | 2.37 |
| 전북 | 132 | 1.25 |
| 경남 | 366 | 3.46 |
| 제주 | 20 | .19 |
| - | 1 | .01 |

출처:http://venture.smba.go.kr/vnet-bin/home.cgi?mid=2&surl=/info/in_stat_new.html.

〈표 9-4〉 업종별 벤처기업 현황 (2001.6.2 현재)

| 업 종 | 벤처기업수(개) | 비율(%) |
|---|---|---|
| 총 계 | 10,568 | 100.00 |
| 농수임어업 | 43 | .41 |
| 광업 | 6 | .06 |
| 음료식품, 섬유, 목재, 인쇄, 기록매체 | 459 | 4.34 |
| 석유화학 | 748 | 7.08 |
| 비금속 및 금속제품 제조업 | 637 | 6.03 |
| 기계제조업 | 1,094 | 10.35 |
| 전기기기 및 장치제조업 | 1,264 | 11.96 |
| 영상, 음향 및 통신장비 제조업 | 1,158 | 10.96 |
| 의료, 정밀, 광학기기 | 463 | 4.38 |
| 자동차 기타 | 138 | 1.31 |
| 가구 및 기타제조업 | 377 | 3.57 |
| 전기가스 및 수도사업 | 6 | .06 |
| 건설업 | 144 | 1.36 |
| 운수창고업, 통신업 | 48 | .45 |
| 정보처리 및 컴퓨터 | 3,556 | 33.65 |
| 연구개발업 및 기타서비스업 | 280 | 2.65 |
| 교육보건 및 기타 공공서비스업 | 54 | .51 |
| 도소매 및 소비자용품 수리업 | 84 | .79 |
| 호텔업, 여행업 | 6 | .06 |
| 기계장비 및 소비용품 임대업 | 3 | .02 |

출처:http://venture.smba.go.kr/vnet-bin/home.cgi?mid=2&surl=/info/in_stat_new.html.

때, 정보통신기술의 발달이 벤처창업의 붐을 일으키는 데 공헌하였음을
알 수 있다.

그러면 왜 이와 같이 벤처기업의 분포가 지역별로나 업종별로 큰 차이
를 보일까? 업종별로 차이를 보이는 것은 정보통신분야의 기술발전이 급
속도로 이루어지고 있고, 이와 관련된 산업분야에서 다양한 수요가 창출
되고 있으며, 다양한 제품개발이 이루어질 가능성이 높기 때문이다. 따라
서 정보통신관련 분야에서 벤처창업이 많이 이루어지는 것은 당연한 일
이다. 그렇다면 지역별 차이는 왜 이와 같이 극심할까? 이는 한국에서
벤처창업을 하기에 적합한 지역이 서울을 중심으로 한 수도권에 주로 조
성되었기 때문이다. 즉, 서울에서는 혁신적인 기업가의 집중이 이루어지
고, 시장정보, 기술정보 등의 접근성은 물론, 금융, 법률, 회계 등 지식집
약적인 지원서비스에의 접근이 용이하기 때문이다(Park and Nahm, 1998).
세계에서 벤처기업이 가장 많이 집중된 실리콘 밸리에 대한 최근의 연

구에서 실리콘 밸리의 혁신과 기업가정신의 생태환경으로 다음과 같은
10가지 특성을 제시하고 있다(Lee, et al., 2000).

- 창업이 용이한 사회 분위기: 혁신과 기업가정신을 중시하는 미국시스템
- 지식의 집약성: 제품, 서비스, 시장, 기업모형 등에서 새로운 아이디어
  결집의 장
- 이동성이 높은 고급인력: 지식인력을 끌어들이는 곳
- 인종, 성별, 경력보다는 결과지향의 실력중심 사회
- 모험을 높이 평가하고 실패를 이해하는 사회적 분위기
- 개방된 기업환경: 기업비밀이 아닌 지식을 서로 나누는 태도
- 산업과 교류하는 대학과 연구소
- 기업, 정부, 비영리기구 등의 상호협력
- 높은 생활의 질
- 특화된 사업하부구조: 벤처기업을 위한 일련의 서비스분야(금융, 회
  계, 법률, 컨설턴트 등)의 집적

위와 같은 10가지 특성을 모두 갖춘 지역은 많지 않다. 그러나 기술혁
신을 촉진하고 벤처창업을 위한 기업가정신을 높이기 위해서 위의 특성
이 시사하는 바는 매우 중요하다. 한국에서 벤처기업이 서울에 집중되어
있다는 점과 세계적으로 벤처기업이 집중하는 지역의 특성을 고려할 때
한국의 산업집적지에서 벤처기업을 육성하기 위해서는 적어도 다음 몇
가지 사항을 중시해야 한다. 다만, 여기에서 벤처기업을 육성하기 위한
지역은 적어도 1개 이상의 주요 대학이 입지한 도시라야 한다.
첫째, 전문서비스기능의 입지를 촉진하기 위한 인센티브가 이루어져야
한다. 지방도시와 서울을 비교할 때, 지방도시는 금융, 경영, 기술자문,
회계, 법률, 인재스카우트 등의 고차서비스기능이 취약하다. 산업집적지
에 이러한 고차서비스기능이 입지할 수 있는 저렴한 공간의 제공과 지원
이 필요하다. 이들 전문서비스 제공업자들은 지식기반경제에서 혁신환
경을 조성하는 데 매우 중요한 요소임을 간과해서는 안된다.
둘째, 앞으로 지식기반경제에서 벤처기업의 활성화를 위해서는 지역
대학의 역할을 더욱 강화해야 한다. 교수, 대학원생의 벤처창업 지원, 대
학생의 벤처동아리 지원, 대학과 기업의 인력교류, 대학과 기업의 공동연

구 활성화, 대학원생의 기업인턴제도 및 대학의 기업인력 재훈련제도, 대학 및 테크노파크에 창업보육센터 설립 및 지원 등이 이루어져야 한다. 또한 대학을 중심으로 벤처기업에 대한 기술정보, 경영정보, 시장정보 등을 지속적으로 제공하고 기술 및 경영자문을 위한 전문컨설팅조직을 구성해야 한다.

셋째, 다양한 벤처캐피털의 조성을 통한 벤처기업의 지원이 필요하다. 첨단기술산업이나 정보통신분야의 기술개발을 위해서는 충분한 자금이 필요하다. 그런데 신제품 개발이 산업화되어 성공하기까지는 많은 위험부담이 존재하기 때문에 일반 금융권의 자금보다는 모험자본이 필요하다. 미국에서 벤처캐피털이 가장 많이 이용되고 있는 지역이 실리콘 밸리인 것은 바로 이러한 연유이다. 정부의 창업지원기금을 활용하는 한편지역차원에서 엔젤클럽, 창업투자조합의 설립이 추진되어야 한다. 또한미국, 유럽 등의 벤처캐피털을 이용하는 정보의 제공 및 네트워크의 구축이 필요하다.

넷째, 정부는 기업활동이 자유롭고 창업이 쉽게 이루어지며 외국인투자가 손쉽게 이루어질 수 있도록 불필요한 규제를 없애야 한다. 특히 산업집적지역에서 창업업무가 원스톱 서비스로 처리될 수 있도록 해야 하며, 지방정부차원에서 외국인기업의 투자가 원스톱 서비스로 이루어질수 있도록 편의를 제공해야 한다.

다섯째, 국내외의 벤처 성공사례를 홍보함은 물론 벤처기업의 실패가인생의 실패가 아니라 성공과정에서 겪는 과정으로 인식되어야 한다. 새로운 벤처기업이 수없이 탄생하고 기존의 기업이 실패하여 문을 닫는 과정이 반복되면서 새로운 기술이 개발되고 지식이 창출되는 것이다. 벤처기업의 실패를 죄악시하는 사회풍토가 변해야 하며, 실패의 사례는 성공을 위한 교훈이라는 인식의 전환이 사회적으로 이루어지도록 해야 한다. 또한 벤처기업의 실패율을 줄이기 위하여 다양한 정보의 제공과 경영자문, 인력훈련, 원격교육제도 등의 도입이 활성화되어야 한다.

## (2) 지역 내 혁신네트워크의 구축

산업군집지의 경쟁력 강화를 통한 발전을 위해서는 지역 내에서 혁신적인 네트워크의 구축이 필수적이다. 오늘날 기술혁신은 기업의 연구소나 대학 및 정부연구소에 의해서만 이루어지는 것이 아니다. 기업, 정부, 대학의 연구개발투자 못지않게 중요한 것은 공식, 비공식적인 교류를 통한 기업간 네트워크와 집단학습이다(Park, 2000; 박삼옥·남기범, 2000). 집단학습이 중요한 것은 새로운 지식의 창출이 암묵적 지식과 형식적 지식의 상호 변환과정을 통해서 이루어지기 때문이다. 최근에 인터넷의 발달로 형식적 지식은 어느 곳에서나 손쉽게 접하고 전달될 수 있으나, 암묵적 지식은 특정 장소에서만 주로 생성되고 인터넷을 통하여 널리 확산될 수 없기 때문에 지역의 혁신기반을 구축하기 위해서는 지역 내에서 집단학습이 이루어질 수 있는 기반조성이 필요하다.

산업집적지에서 집단학습이 이루어질 수 있는 여건과 기회를 제공해야 한다. 잠재적 기업가들이 모여서 지식과 정보를 교환하고 새로운 아이디어를 얻을 수 있도록 산업집적이 이루어진 지역에 클럽하우스, 다양한 형태의 회의실, 카페 등의 시설을 마련함은 물론, 각 분야별 산업협회의 모임을 통해서 상호교류를 활성화해야 한다. 또한 대학은 대학과 기업 간 교류를 통하여 기술혁신을 촉진할 수 있도록 세미나, 워크숍, 학술회의 및 비공식적인 모임 등을 활성화해야 한다. 여기에서 비공식적 모임은 암묵적 지식의 전달을 용이하게 하기 때문에 혁신네트워크 구성을 위해서 중요하다는 것을 소홀히 해서는 안된다.

기업간 상호협력과 제휴관계를 촉진할 수 있도록 규제를 완화해야 하며, 기업간은 물론 기업과 대학 간 공동연구를 촉진할 수 있도록 다양한 기금도 마련되어야 한다. 특히 여기에서 다양한 경제주체들간에 상호교류가 활발하게 이루어질 수 있는 사회적 네트워크가 구축되도록 지역사회의 분위기를 개방적으로 바꾸어야 한다. 지식의 독점이 기술혁신을 촉진하는 것이 아니라 지식의 공유가 새로운 지식을 창출하고 기술혁신을 일으킬 수 있는 기반을 이룬다는 점에 유의해야 한다.

공간을 초월하여 암묵적 지식이 이전될 수 있는 방법은 지식소유자의 이동을 통해서 이루어지는 것이기 때문에, 외국의 첨단기술산업 집적지에 인력연수를 제도화함은 물론 두뇌인력의 교류가 이루어질 수 있도록 협약을 체결하는 것도 중요하다. 즉, 외국의 혁신적 산업군집지에서 형성된 암묵적 지식을 흡수하기 위해서는 현지활동을 통한 네트워크 구축이 절대적으로 필요하다.

### (3) 국지적/세계적 네트워크의 조화

정보통신기술의 발달과 더불어 세계적인 주요 산업군집지와 혁신중심지 간의 물자와 정보는 물론 인력의 교류가 활발해지고 있다. 또한 정보통신기술의 발달은 새로운 수요를 요구하는 수요의 군집지들과 혁신적 군집지의 연계를 용이하게 해주고 있다. 여기에서 군집의 개념이 단순히 산업생산에만 그치지 않고 새로운 제품수요자의 군집지도 중요한 의미가 있음을 의미한다(Park and Sforzi, 2001). 새로운 제품을 필요로 하는 수요자의 군집은 그 자체가 혁신을 창출하는 요인이 될 수 있을 뿐만 아니라 세계의 혁신적 산업군집지와의 교류를 확대할 수 있음을 나타내준다. 이 때문에 정보통신기술의 발달과 세계화 과정에서 고립된 지역은 경쟁력이 약화되고 침체를 경험할 수 있다.

지역 내에서 기업간 네트워크와 뿌리내림이 강하게 형성되는 것이 산업발전에 매우 중요하다는 것은 세계 여러 산업지구에서 밝혀진 사실이다(Park, 1996; Saxenian, 1996). 그러나 지역 내 경제주체들간에 네트워크가 너무 강하여 외부 지식과 아이디어가 들어오지 못하는 폐쇄적인 시스템이 형성될 경우 이는 장기적으로 볼 때 기술혁신의 장애가 될 수 있다. 즉, 지역기업의 네트워크와 뿌리내림은 집단학습을 통하여 지식 창출과 확산에 공헌하지만 기술과 지식의 고착효과(lock-in effect)를 낼 수 있기 때문에 외부지역, 특히 세계적인 네트워크의 구축이 병행되어야 한다. 다국적기업들이 다양한 투자대상 국가들로부터 얻은 다양한 현지 문화와 지식이 그들의 기술혁신을 위하여 긴요하게 쓰이고 있음은 세계적 네트워크와 국지적 네트워크의 결합이 중요함을 보여주는 단적인 예라 할 수 있다(Hotz-Hart, 2000).

다양성이 기술혁신에서 중요하게 작용할 수 있음을 고려하여 중앙정부와 지방정부는 국지적 네트워크를 강화하는 정책을 추진함과 동시에 세계적 네트워크를 구축할 수 있는 전략을 추진해야 한다. 우리나라의 주요 산업 집적지에서 국지적 네트워크와 세계적 네트워크의 조화를 위하여 다음과 같은 전략을 추진할 필요가 있다.

첫째, 앞에서 밝힌 지역차원의 혁신네트워크 조성을 위한 전략을 기초로 하여 국경을 초월한 학습지역과 협력네트워크가 조성될 수 있도록 동북아지역간의 협력강화를 위한 경제권 구상을 실현하도록 해야 한다. 동해에 연한 일본의 여러 지역에서 이미 환동해 경제권을 구축하기 위하여 노력하고 있는 바, 이들 지방자치단체들과 협력관계를 구축하고 기업기술연수, 공동연구, 인력교류, 공동학술회의 등을 추진함이 바람직하다. 또한 중국의 황해연안지역과도 생산체인은 물론 기술과 시장정보의 네트워크를 구축하는 것이 필요하다(Kim, 2001). 지방자치단체, 대학, 산업협회, 기업, NGO, NPO 등은 이러한 국제적 협력네트워크의 구축을 위한 지원과 협력이 필요하다. 또한 세계적인 산업군집지의 성공사례와 실패사례를 통해 상호학습할 수 있는 기회를 확대하는 것도 중요하다(OECD, 1999a).

둘째, 산업군집을 이루는 지역의 지방자치단체는 세계에서 혁신적 산업군집이 형성된 주요 지역과 대학, 산업협회 기업의 협력네트워크가 형성되도록 지원해야 한다. 특히, 태평양 연안지역의 주요 산업군집지역과 공동 연구 및 개발을 위한 협력, 신제품 혁신을 위한 기술 교류와 협력, 정보통신분야의 인력교류와 공동연구를 위한 협력이 지속적으로 이루어지도록 정부, 대학, 기업 차원의 노력이 필요하다. 이들 지역의 대학과 대학원생 교류를 비롯한 인력교류도 중요하다.

셋째, 각 산업군집지역은 특화산업 분야의 다국적기업 투자를 유치할 수 있도록 국제적인 홍보활동이 필요하다. 또한 세계적 연구중심 대학과의 공동연구 및 학생교류의 활성화는 물론 원격교육의 실시, 우리나라 주요 대학들이 세계적인 첨단산업 집적지에 연구소를 설립하는 등을 통하여 그 지역의 새로운 지식과 정보를 활용하도록 해야 한다. 이러한 쌍방향의 기술 및 지식 이전을 통하여 지식의 고착효과를 없애고 상호작용의 상승효과를 높여서 산업군집지역의 기술혁신 잠재력을 제고시킬 수 있을 것이다.

넷째, 신제품에 대한 수요군집지라고 할 수 있는 세계도시와 혁신적 산업군집지의 시장정보 획득을 위한 네트워크의 구축이 필요하다. 이는 기업, 유학생, 교포 등으로부터의 정보획득을 위한 네트워크는 물론 각 수요군집지의 변화를 신속히 파악할 수 있도록 정보센터의 설립도 고려할 수 있다. 이러한 정보센터에서는 각 산업별 수요의 변화나 새로운 디자인 개발, 소비성향 등의 자료를 분석할 수 있을 것이다. 아무리 효과적인 산업군집지라 하더라도 세계적인 신제품 욕구의 군집지와 네트워크가 형성되지 않을 경우 산업군집지의 지속적인 성장은 불가능할 것이다.


## 6. 맺음말

우리나라는 1960년대 이후 저임금과 외국기술의 도입을 기반으로 급속한 공업화와 경제발전을 경험하였다. 그러나 임금인상으로 인한 저렴한 노동비의 이점은 사라지고 외국기술의 도입이 용이하지 않을 뿐만 아니라, 기술의 발달과 더불어 제품수명이 짧아짐에 따라 새로운 산업발전 전략을 필요로 하게 되었다. 더욱이 정보통신기술의 발달과 더불어 세계 경제가 지식기반경제로 전환되는 과정에서 우리나라 산업은 정보통신기술을 비롯한 새로운 기술의 도입을 통한 구조조정 및 새로운 생산시스템의 도입이 필요할 뿐만 아니라, 지역경제구조가 지식·정보산업을 중시하는 구조로 전환되어야 하는 시점에 와 있다. 산업군집을 통해 지역산업의 발전을 꾀하는 것을 그 하나의 대안으로 생각하고, 이 장에서는 산업군집의 이론을 분석하고 우리나라 산업군집형성의 실태와 문제점을 검토한 다음 혁신적인 산업군집의 형성과 발전을 위한 정책방향을 제시하였다.

정보통신기술의 발달은 정보의 흐름을 자유롭게 하는 사이버공간을 창조하였을 뿐만 아니라 '지식기반경제', '디지털 경제' 등의 용어를 출현하게 하였다. 정보통신기술 발달에 따른 이러한 새로운 용어의 출현은 단순히 유행어의 창조가 아니라 경제활동 전반에 걸쳐서 새로운 패러다임이 뿌리내리고 있음을 나타낸다. 정보통신기술의 발달과 더불어 지식기반경제로 전환되는 과정에서 유연적 생산체계, 노동의 유연성 강화, 다양한 소비행태와 신제품에 대한 욕구의 군집, 혁신적 기업가정신을 중시한 새로운 기업모형, 다양한 금융제도, 집단학습을 통한 기술혁신 등이 새로운 패러다임의 특성으로 나타나고 있다. 디지털 경제에서 정보통신기술의 발달을 효과적으로 이용하고 이러한 패러다임 변화에 적극적으로 대응하는 지역은 발달할 수 있고, 그렇지 못한 지역은 경쟁력을 상실할 수밖에 없다. 그러나 이러한 다양성의 세계에서 지역산업군집의 모형은 단일화할 수 없으며, 지역특성에 맞는 다양한 모형을 개발하여 지역 내에서 산업군집에 적합한 제도가 뿌리내리도록 하는 것이 최우선이다.

산업군집을 통해서 지역산업을 발전시키기 위해서는 우선 산업군집의 형성을 위한 여건조성이 필요하며, 다음에 산업군집의 성장발전을 위한 지역혁신정책의 도입이 필요하다. 산업군집의 형성을 위해서는 지역에 특화산업을 중심으로 산업군집이 형성될 수 있도록 테크노파크 등의 건설이 추진됨과 동시에 기존의 산업집적지역의 전문화와 혁신지향적인 발전을 위한 구조조정이 필요하다. 또한 지역산업에 적합한 제도의 정착을 위해서 사회자본의 축적이 산업군집형성을 위한 여건조성의 방안이 될 수 있다. 형성된 산업군집지의 경쟁력을 높이고 지속적인 성장과 발전을 위해서는 산업군집지의 역동성을 높이기 위한 벤처생태환경의 조성, 지역 내의 혁신네트워크의 구축, 국지적/세계적 네트워크의 조화를 위한 전략이 필요하다. 특히 여기에서 주의할 점은 세계 각 지역에 산업생산의 군집뿐만 아니라 새로운 제품에 대한 욕구 또는 수요의 군집이 존재한다는 것이다. 즉, 세계적인 차원에서 기술 및 생산 체인의 네트워크도 중요하지만 세계적인 수요군집지와의 네트워크도 매우 중요함을 간과해서는 안된다는 것이다.

산업군집의 이론은 다양성에서 비롯된 이점에서 출발하였다. 각 지역 내 기업의 다양한 아이디어가 새로운 기술과 제품을 개발하는 데 역동적으로 활용되고 혁신적인 기업가 정신이 뿌리를 내릴 때 지역의 산업은 발전할 수 있다. 따라서 산업군집지가 발전할 수 있는 요인은 각 지역에 따라 다를 수 있으며, 각 지역은 지역에 적합한 제도와 규범, 기업환경, 사회적 관계 등을 정착시킬 수 있는 다양한 전략을 추진하여 혁신적인 산업군집지의 발전이 이루어지도록 해야 한다. 어떤 지역은 선도적인 정책가나 교수 또는 기업가에 의해서 지역산업군집의 기반을 조성할 수도 있다. 산업군집의 성공사례는 정부 주도로 이루어진 경우가 있는가 하면 지역주민 중심의 상향식 개발사례에서도 나타난다(Power and Lundequist, 2001; Isaksen, 2001). 따라서 우리나라에서는 상향식 개발전략이 뿌리를 내리지 못했다고 해서 산업군집정책이 어려운 것은 아니라는 점에 유의할 필요가 있다.

또한 앞에서 밝힌 산업군집의 형성을 위한 전략이나 성장을 위한 전략들은 상호독립적이라기보다는 상호연계 속에서 종합적으로 추진되어야 할 과제이다. 이러한 종합적인 정책과 전략에서 지역혁신전략을 중시하는 것은 정보통신기술의 발달로 인터넷을 통한 정보유통에서 거리극복이 가능해졌다 하더라도 장소와 지역의 중요성은 여전하며, 지식기반산업의 경우 오히려 지역의 중요성이 더욱 높아지고 있음에서 비롯된다. 지식정보사회에서 특정 지역이 산업군집과 혁신성 제고를 통해서 경쟁력을 강화하지 않을 경우 지역경제는 낙후될 수 있다는 점을 유의해야 한다.

■ 참고문헌

박삼옥. 1996, 「한국 첨단산업의 지방화와 세계적 연계망」, ≪국토연구≫ 31권 1호, 대한국토 도시계획학회, 27-42쪽.
_____. 1999, 『현대경제지리학』, 대우학술총서 446, 아르케.
_____. 2001, 「테크노파크 조성과 벤처기업육성」, ≪인터넷비즈니스연구≫ 2권 1호, 119-141쪽.
박삼옥·남기범. 2000, 「중소기업육성을 위한 지역혁신체계 및 산업지구 개발방향」, ≪국토연구≫ 35권 3호, 대한국토·도시계획학회, 121-140쪽.
박삼옥·최지선. 2000, 「성장촉진을 위한 지식기반산업의 발전: 이론과 정책과제」, 《지역연구》 16권 2호, 1-25쪽.
서울대학교 행정대학원. 2000, 「한국과 독일의 벤처산업 육성을 위한 지원체계」, 제57회 국가정책세미나.
윤문섭·장진규. 2000, 「우리나라 기술혁신조사」, 과학기술정책연구원, 정책연구 2000-01.
한국산업단지공단·산업연구원. 2001, 「지역산업발전 중·장기계획 수립을 위한 연구」.
황주성·이정성·김영식·김병준. 1999, 「정보통신산업지구 활성화를 위한 연구: 서울 S/W타운을 중심으로」, 정보통신연구원, 연구보고 99-17.

Asheim, B. T. and Isaksen, Arne. 2000, "Localized Knowledge, Interactive Learning and Innovation: Between Regional Networks and Global Corporations," in Vatne, E. and Taylor, M.(eds.), *The Networked Firm in a Global World: Small Firms in New Environments*, Ashgate, Aldershot, pp.163-198.

Asheim, B. T. 2000, "Industrial Districts: The Contributions of Marshall and Beyond," in Clark, G. L., Feldman, M. P., and Gertler, M. S.(eds.), *The Oxford Handbook of Economic Geography*, Oxford University Press, Oxford, pp.413-431.

Bebbingron, A. and Perreault, T. 1999, "Social Capital, Development, and Access to Resources in Highland Ecuador," *Economic Geography* 75, 4, pp.395-418.

Castells, M. 2000, "The Rise of Network Society," *The Information Age*, Vol 1, 2nd edition, Blackwell, Oxford.

Coe, N. M. and Yeung, H. W. 2001, "Grounding Global Flows: Constructing an e-Commerce Hub in Singapore," in Leinbach, T. R. and Brunn, S. D.(eds.), *Worlds of E-commerce*, Chichester and NY: John Wiley & Sons, Ltd., pp.145-166.

Coleman, J. 1988, "Social Capital in the Creation of Human Capital," *American Journal of Sociology* 94(Supp.), S95-S120.

Fox, J. 1996, "How Does Civil Society Thicken? The Political Construction of Social Capital in Mexico," in Evans, P.(ed.), *State-society Synergy*, Institute for International Studies, Berkeley, pp.119-149.

Hayter, R. 1997, *The Dynamics of Industrial Location*, Wiley, Chichester, New York, Weinheim, Brisbane, Singapore, Toronto.

Hotz-Hart, B. 2000, "Innovation Networks, Regions, and Globalization," in Clark, G. L., Feldman, M. P., and Gertler, M. S.(eds.), *The Oxford Handbook of*

*Economic Geography*, Oxford University Press, Oxford, pp.432-450.

Isaksen, Arne. 2001, Regional Clusters and Non-local Relations—a Comparative European Study, A paper presented at: "Local Development: Issues of Competition, Collaboration and Territoriality". A joint conference of the IGU Commission on the Dynamics of Economic Spaces and the IGU Study Group of Local Development, held on July 10-14, 2001, Turin, Italy.

Jeong, Jun Ho and Park, Sam Ock. 1999, "Taeduck Research Park: Formation of Spin-offs and Local Linkages," in Ann Markusenm Yong-Sook Lee, and Sean Digiovanna(eds.), *Second Tier Cities, Rapid Growth beyond the Metroplis*, Minneapolis and London, University of Minnesota Press, pp.199-222.

Kim, Won Bae. 2001. "Economic Cooperation in the Northeast Asia and the Need for the Free Zone Network in Yellow Sea Sub-Region," Paper presented at the conference on Korea-China-Japan Economic Cooperation and the Network of Free Zones in the Yellow Sea sub-Region, March 29-30, 2001, KRIHS, Korea.

Lee, C. M., Miller, W. F., Hancock, M. G., and Rowen, H. S. 2000, *The Silicon Valley Edge*, Stanford University Press, Stanford.

Maskell, Peter. 2001, Towards a Knowledge-based Theory of the Geographical cluster, A paper presented at: "Local Development: Issues of Competition, Collaboration and Territoriality". A joint conference of the IGU Commission on the Dynamics of Economic Spaces and the IGU Study Group of Local Development, held on July 10-14, 2001, Turin, Italy.

Morgan, Kevin. 1997, "The Learning Region: Institutions, Innovation and Regional Renewal," *Regional Studies* 31(5), pp.491-504.

Nonaka, I. and Takeuchi, H. 1995, *The Knowledge-Creating Company, How Japanese Companies Create the Dynamics of Innovation*, Oxford University Press, Oxford.

North, D. C. 1994, "Economic Performance Through Time," *American Economic Review*, 84(3), pp.359-368.

OECD. 1999a, *Managing National Innovation Systems*, OECD, Paris.

_____. 1999b, *Boosting Innovation: The Cluster Approach*, OECD, Paris.

_____. 2000, *Innovative Clusters: Drivers of National Innovation Systems*, OECD, Paris.

Park, Sam Ock and Markusen, A. 1995, "Generalizing New Industrial Districts: A Theoretical Agenda and an Application from a Non-Western Economy," *Environment and Planning A* 27, pp.81-104.

Park, Sam Ock and Sforzi, Fabio. 2001, Local Development and Innovation

Strategies in the Internet Era, A paper presented at: "Local Development: Issues of Competition, Collaboration and Territoriality". A joint conference of the IGU Commission on the Dynamics of Economic Spaces and the IGU Study Group of Local Development, held on July 10-14, 2001, Turin, Italy.

Park, Sam Ock. 1995, "Seoul, Korea: Cty and Suburbs," in G. L. Clark and W. B. Kim(eds.), *Asian NIEs and Global Economy*, The John Hopkins University Press, pp.144-167.

_____. 1996, "Network and Embeddedness in the Dynamic Types of New Industrial Districts," *Progress in Human Geography* 20(4), pp.476-493.

_____. 2000, "Innovation Systems, Networks, and the Knowledge-based Economy in Korea," in Dunning, J. H.(ed.), *Regions, Globalization, and Knowledge-Based Economy*, Oxford University Press, Oxford, pp.328-348.

_____. 2001a(in press), "Knowledge-based Industry for Promoting Growth," in Felsenstein, D., Taylor, M.(eds.), *Promoting Local Growth*, Ashgate, Aldershot, UK.

_____. 2001b(in press), "Regional Innovation Strategies for Regional Development in the Knowledge-based Economy," *Geojournal*.

Porter, M. 1990, *The Competitive Advantage of Nations*, The Free Press, New York.

_____. 1998, "Clusters and the New Economics of Competition," *Harvard Business Review* Nov-Dec, pp.77-90.

_____. 2000, "Location, Competition, and Economic Development: Local Clusters in a Global Economy," *Economic Development Quarterly* 14(1), pp.15-35.

Power, Dominic and Lundequist, Per. 2001, Putting Porter into Practice, A paper presented at: "Local Development: Issues of Competition, Collaboration and Territoriality". A joint conference of the IGU Commission on the Dynamics of Economic Spaces and the IGU Study Group of Local Development, held on July 10-14, 2001, Turin, Italy.

Putnam, R. 1993, *Making Democracy Work: Civic Traditions in Modern Italy*, Princeton University Press, Princeton.

Saxenian, A. 1996, *Regional Advantage: Culture and Competition in Silicon Valley and Route 128*, Harvard University Press, Cambridge, Mass.

Vatne, E. and Taylor, M.(eds.). *The Networked Firm in a Global World: Small Firms in New Environments*, Ashgate, Aldershot.

# 제10장
# 지역혁신체계의 특성과 구축방안

최용호 (경북대학교 교수)

## 1. 지역발전과 지역혁신체계

### 1) 지역이 경제활동의 핵심주체

21세기에 접어들어 세계화와 디지털화의 급격한 진전은 무한경쟁의 양상을 띠면서 기업간, 지역간, 국가간의 경쟁을 더욱 격화시키고 있다. 특히 세계적으로 지역간의 산업경쟁, 지식경쟁이 치열해지고 있다. 정보 기술혁명의 과정에서 '지리의 종말(end of geography)'이 오리라던 일부 미래학자들의 예견과는 달리 장소나 지역이 더욱 중요해지고 있다.

더구나 세계화 과정에서 국민국가의 역할은 줄어드는 대신, 지역이 중요한 경쟁단위로 떠오르면서 지역의 역할과 중요성이 새롭게 부각되고 있는 것이다. 많은 전문가들은 21세기의 과학기술 및 경제활동의 핵심주체는 국가(nation)가 아니라 지역(region)이라는 데 의견을 같이하고 있다. 세계적으로 새로운 지식이 창출되고 기술혁신이 일어나며 첨단산업이 발달한 지역과, 그렇지 못한 지역 사이에는 현저한 발전격차가 존재하게 되었다. 따라서 이제는 지역경쟁력이 바로 국가경쟁력의 직접적인 바탕이 되고 있다.

이 지역경쟁력의 강화 내지 지역경제 활성화 전략과 관련하여 지역혁신체계(Regional Innovation System: RIS)가 최근에 큰 각광을 받고 있다. 물론 지역발전의 원동력이 혁신에 있고, 이를 위해 지역의 혁신역량을 획기적으로 배양한다는 인식과 시책은 이미 오래 전부터 있어왔다. 각 지역에 리서치파크나 테크노파크와 같은 기술혁신거점을 조성하고, 첨단산업단지나 신산업지구를 조성하는 지역산업정책은 오랜 뿌리를 가지고 있는 셈이다. 그러나 지역 내 혁신을 기업, 대학, 지방정부, 연구소와 같은 지역주체 사이에 강한 협력 네트워크를 구축해 상호학습을 통해 추진하자는 체계적(systemic) 관점의 접근은 비교적 최근의 일이라 하겠다.

## 2) RIS의 등장배경

지역혁신체계(RIS)의 개념은 지역의 기술혁신 현상을 체계적 관점에서 파악하고자 하는 노력의 결과로 1990년대 초에 출현하였다. 1995년에 독일의 슈투트가르트에서 지역혁신체계에 대한 학술회의가 개최되었는데, 여기서 혁신이 체계적인 특성을 가지는가는 물론, 지역적 혁신이 존재하는지에 대한 의문이 강하게 제기되었다. 회의 결과, 국가차원의 혁신체계에서 다루기 어려운 혁신의 시스템적 성격이 존재할 수 있으며, 지역 차원에 초점을 두고 연구함으로써 혁신과정에서의 핵심적인 관계를 보다 용이하게 확인할 수 있을 것이라는 견해가 다수를 차지하였다. 이후 체계적이든 아니든 혁신에 있어서 지금까지 감지되지 않았던 지역적 차원이 개입할 수 있는지는 초미의 학문적 관심사가 되었다(문미성, 2000).

RIS는 비교적 새로운 개념으로서 아직 정형화된 모델이 정립되어 있는 것은 아니라고 할 수 있다. 학자나 전문가들 사이에 견해가 다소 엇갈릴 수도 있다. 그러나 공통적인 점은 지식기반경제에서 중요한 생산요소인 지식, 기술, 정보를 강조하고 혁신과정을 다양한 경제주체들간의 상호작용적 학습과정으로 파악하는 등 혁신에 체계적으로 접근하고 있다는 것이다. 사실 RIS는 치열한 경쟁 속에서 국가의 경쟁력보다 지역의 경쟁력이 더 중요해지고,[1] 경쟁력의 원천으로서 기술혁신이 핵심요소가 되어

혁신과정에 대한 시스템적 접근이 필요해짐에 따라 등장하게 된 것이다.

RIS의 등장배경이 되는 것으로는 경제활동의 세계화, 지식기반경제의 도래, 현대 산업기술의 특성 등으로 구분해볼 수 있을 것이다(박재곤, 2001). 첫째, 경제활동의 세계화는 국가간의 경계가 없어지고, 세계시장을 상대로 경쟁하는 무한경쟁의 시대를 의미한다. 무한경쟁 속에서 기업간 경쟁의 격화와 함께 기업간 협력을 동시에 증대시키고 있는데, 경쟁의 심화, 급격한 기술변화, 전문분야의 세분화 등에 대응하기 위해서 기업은 유연한 조직구조를 가져야 하고, 이것은 전략적 제휴, 조인트 벤처 등 기업간 네트워크를 강화시키게 마련이다. 기업간 네트워크의 증대는 현대의 혁신이론에서 중시하는 기업간의 상호의존성 및 상호작용이 높아짐을 의미하고 있다.

한편, 세계화는 지방화를 촉진하고 있는데, 글로벌화의 진전으로 국가가 국내산업과 시장을 보호할 수 있는 힘이 크게 약화되면서 지방이 경쟁단위로서 세계시장에 노출되고 경제적·사회적·기술적·문화적 조직의 핵심요소가 되어가고 있다. 즉 지역은 기업활동을 위한 경쟁력 창출 메커니즘을 갖고 있어야 국내외 기업을 유치할 수 있고, 지속적 성장을 도모할 수 있게 되었다.

둘째, 21세기에 접어들면서 지식기반경제(knowledge-based economy)로 빠르게 이행되고 있다는 점이다. 지식기반경제에서는 전통적으로 중시되던 생산요소인 노동, 자본, 토지의 중요성이 상대적으로 약화되고 대신 지식, 기술, 정보 등이 산업의 경쟁우위를 결정하는 핵심요소로 등장하고 있음은 익히 알려진 바이다. 즉 지식기반경제에서는 지식의 창출, 활용, 확산이 핵심활동이 될 뿐 아니라 지식과 기술 자체가 부(富) 창출의 핵심자원이 된다는 것이다(OECD, 1996). 그리고 경쟁력은 지식의 창출뿐만 아니라 창출된 지식의 활용 및 확산이 효율적으로 이루어지는 시스템을 구축하는가에 달려 있다고 할 수 있다. 기업도 경쟁력 향상을 위해서 기

---

1) 글로벌화와 지방화의 세계적 추세 속에서 국민국가의 조절력이 약화됨으로써 지역의 중요성이 더욱 부각되고 있다. 이에 대해서는 J. Rogers Hollingsworth and Robert Boyer(eds), 1997, pp.433-484 참조.

술개발 및 수용능력과 학습역량을 창출시켜야 하는데 혁신역량의 향상을 독자적으로 추진하기에는 어려움이 있다. 따라서 기업은 다른 기업뿐만 아니라 지식의 창출·확산기관과의 상호작용을 통해 위험을 분산하면서 혁신역량을 향상시켜나가는 것이 효율적이다. 이러한 측면에서 RIS는 물리적·지리적 구분인 지역을 단위로 한 기술혁신과정을 시스템적으로 접근하여 외부경제와 집적의 경제를 창출하기 위한 것이라고 볼 수 있다.

셋째, 현대 산업기술은 과거와는 달리 지식 및 기술 집약적이기 때문에 대규모의 연구개발자금이 필요하고 기술의 시스템적 성격이 강하여 상당한 기반기술, 관련기술, 주변기술의 축적이 필요하고 시스템으로서의 학습과정이 필요하다. 또 연구개발투자 성과의 불확실성이 증가하고 있고, 기술발전의 속도와 제품의 라이프 사이클이 짧아지고 있어 기술적 가치에도 불구하고 경제적 가치가 빠르게 소멸되고 있다. 기업들은 이러한 현대 산업기술의 특성에 대응하기 위해서 자금조달, 위험분산 등을 위해 컨소시엄, 조인트 벤처 등 전략적 제휴를 맺고 있다. 또한 상업적 성공을 위한 연구개발투자의 효율성이 강조됨에 따라 보완적 자산인 제조, 마케팅 등과의 연계활동을 강화해나가고 있다. 이러한 현대기술의 특성은 혁신에 대한 인식의 전환을 가져왔는데, 1980년대 중반까지 연구개발을 단선적 과정으로 이해하던 것을 생산현장의 개량, 공급업자, 고객과의 상호관계 등 보다 복잡한 상호작용과 피드백을 통해 이루어진다는 순환적(循環的)·나선적(螺線的) 과정으로 인식하게 되었다. 결국 기술혁신을 시스템적으로 파악해야 할 현실적 필요성이 그만큼 높아진 것이다.

## 2. RIS의 개념과 이론적 배경

### 1) RIS의 정의와 개념

RIS는 지역의 혁신능력을 제고시키려는 목표를 체계적으로 달성하기 위한 새로운 정책개념이다. RIS에 대한 정의에 대해서는 학자들마다 의

견이 다소 엇갈리고 있다. 예컨대 쿠크(Cooke) 등은 '지역에서 기업의 혁신성과를 촉진시키기 위해 규칙적으로 상호작용하는 혁신 네트워크와 제도의 지리적으로 한정되고 정책적으로 지원되는 실체'로 정의한다(Cooke & Schienstock, 1996). 에드퀴스트(Edquist, 1997)에 따르면, RIS란 혁신에 영향을 미치는 경제적 요인들뿐만 아니라 제도적, 조직적, 사회적 그리고 정치적 요인들을 포함하는 학제적 접근이자 정치경제적 접근방법을 의미한다. 그렇지만 기업의 혁신성과는 체계적으로 결정되며, 여기서 체계란 여러 구성요소가 서로 얽혀 상호작용하는 것이고, 이런 상호작용의 양과 질이 체계의 성과를 결정한다는 점에서 RIS를 보는 학자들의 견해는 일치한다(박경·박진도·강용찬, 2000).

그러나 RIS를 구성하는 요소는 무엇인지, 혁신요인은 무엇인지, 혁신요인들은 어떻게 상호작용하여 혁신에 영향을 미치는지, 혁신의 최적체계는 무엇인지에 대한 통일된 견해는 없는 것 같다. 즉, 혁신체계에서 중요한 것이 무엇인가에 대해서는 학자마다 협력과 신뢰, 관행 등 연구개발 지원기관과 같은 조직적 요소를 주로 언급하는 경우도 있고, 집단학습, 팀워크, 지리적 근접성, 산업의 지리적 집적, 지역 내 기업지원기관의 존재와 그들의 역할, 지식이전 메커니즘, 사회적 자본, 그리고 리더십을 강조하기도 한다(권영섭·허은영, 2000).

쿠크 등은 RIS의 구성요소를 크게 하부구조(infra-structure)와 상부구조(super-structure)로 구분한다. 하부구조란 혁신을 위한 구체적인 지원체계를 말하는 것으로서 도로, 공항, 통신망과 같은 물리적 하부구조와 대학, 연구소, 금융기관, 교육훈련기관, 지방정부 등과 같은 사회적 하부구조를 포함한다. 그들은 물리적 하부구조보다는 사회적 하부구조가 지역혁신 활동에 큰 영향을 미친다고 보고 있다. 상부구조는 지역의 조직과 제도, 문화, 분위기, 규범 등을 의미한다. 요컨대, RIS를 혁신과정에 관련된 자원, 조직, 기관뿐만 아니라 이들 사이의 상호관계를 규정하는 지역문화를 포괄하는 것으로 보고 있는 것이다.

쿠크 등은 혁신시스템이 강한 지역의 일반적 특성으로 ① 지방정부 재정의 자주성, ② 지역밀착형 금융, ③ 대학, 연구소, 직업훈련기관, ④ 기업 내, 기업간 협력 및 혁신의 자세, ⑤ 지방정치의 분권적이고 민주적 자세 및 이를 강화시켜주는 지역의 협력적인 제도 및 문화를 들고 있다. RIS접근은 산업지구나 혁신환경과 같은 이론중심의 개발모델과는 달리 성장지역에서의 경험을 바탕으로 하고 있으며, 구조적으로 취약한 지역 에도 적용할 수 있다는 점이 강점이라 하겠다.

## 2) RIS의 이론적 배경

'지역혁신체계' 개념은 1992년 쿠크가 그의 논문에서 처음 사용하였지 만, 이와 비슷한 개념은 유럽의 지역경제학자들 사이에서 1980년대 중반 이래 광범위하게 이용되어왔다. 경제지리학에서도 특정 지역 수준에서 작동하는 산업 시스템의 경제적·기술적 역동성(dynamics)에 대한 다양한 이론적·경험적 연구가 지속적으로 이루어졌다. 예를 들어 기술단지(tech-nology district), 산업지구(industrial district), 혁신환경(innovative milieu), 산 업 클러스터(industry cluster),[2] 혁신 네트워크(innovation network) 등에 관 한 연구자들은 지역 차원에서 진행되는 혁신적 상호작용과 이를 둘러싼 제도적 환경의 중요성을 암묵적으로 혹은 명시적으로 강조해 왔다. 또한 이 연구들 중의 상당수가 혁신체계가 분명하게 드러나는 지역인 미국의 실리콘 밸리, 제3이탈리아, 독일의 바덴뷔르템베르크 등과 같이 혁신수 행력이 뛰어난 지역을 대상으로 연구해왔으며, 1990년대 이후에는 경제 지리학자 및 지역경제학자들이 그동안 독자적으로 진행되어왔던 각각의 개념 및 이론들을 종합하기 시작했다(문미성, 2000).

그동안에 이루어진 지역개발관련 연구들을 살펴보면, 대부분 지역의 첨단기술산업과 기술단지(technology parks), 혁신 네트워크와 혁신 프로 그램들의 지역적 분포와 정책영향을 설명하는 데 관심을 가지고 수행되

---

2) 쿠크는 혁신적 지역 클러스터(innovative regional cluster)를 경쟁과 협력이 가장 바람직하게 결합되는 모델로 인식하고 있다. 예컨대 웨일즈의 RIS 형성에 가장 큰 기여를 한 것은 자동차산업 클러스터와 전자산업 클러스터이며, 그가 RIS로 확인한 대부분의 지역에서는 산업 클러스터의 존재가 RIS로의 발전의 주요 동인이다. 이에 대해서는 Cooke, 1992의 11장을 참조하기 바란다.

어왔다. 이러한 연구경향은 크게 2가지로 분류된다. 첫째, 후기 포디즘 (post-Fordism) 관련문헌의 출현이다. 후기 포디즘에 기반한 기업들의 공급연계 관계는 일정한 지역에서 연계기업들의 클러스터 형성을 가져왔고, 이러한 클러스터의 존재는 지역을 단위로 하는 혁신과정을 하나의 체제로 이해하는 데 기여하였다. 둘째, 1990년대 초까지 독자적으로 발전되어온 지역연구의 통합현상을 들 수 있다. 다양한 지역개발연구들은 점차 기술축을 중심으로 구축된 지역의 존재를 정의하는 방향으로 전개되어, 지역화된 기술복합체의 존재(Saxenian, 1994)와 거대 규모의 테크노폴리스 배열(Castells & Hall, 1994; Scott, 1994)과 같은 개념으로 발전하였고, 이는 다시 쿠크와 모건(Cooke & Morgan, 1994)에 의해 기업망과 기술이전 그리고 전문훈련이 연계된 지역의 연구로 발전되었다.

다음으로 RIS에 중요한 영향을 미친 연구의 하나는 1990년대 초에 나타난 국가혁신체제론(theory of national innovation systems, 이하 NIS라 함)이다. 룬드발(Lundvall, 1992), 넬슨(Nelson, 1993), 에드퀴스트(Edquist, 1997)에 의해 발전되어온 NIS는 진화경제론적 입장에서 기술혁신과정의 상호작용성과 지식관련 학습을 강조하고 있다. 이러한 영향은 지역단위에서 제도적으로 고착된 학습의 중요성을 강조하는 결과(Cooke et al., 1997)를 가져왔고, 국가와 마찬가지로 지역단위의 체제적 혁신에 대한 연구를 촉진하게 되었다. 지역이 세계적으로 경쟁력을 가지고, 지역이 가진 잠재력을 극대화하고 이를 실현하기 위해서는 지역적 경계를 가진 혁신체제의 구축이 요구되는 것이다. 이러한 지역학 내에서의 연구들은 진화주의 경제학, 특히 신슘페터적 기술혁신이론과 깊은 관련을 가지고 있는데, 1980년대 지역학 내에서의 혁신연구들은 진화론적 혁신관의 영향을 받고 있었다고 할 수 있다.

혁신에 대한 진화론적 접근은 무엇보다도 혁신이 기업가나 발명가 등의 개별적인 행위주체가 아니라 '혁신 클러스터'나 '기술체계' 등 보다 광범위한 제도적 틀 내에서 이루어지는 것으로 파악한다. 진화론적 혁신관은 혁신을 학습과정으로 간주하고 있으며, 또 학습과정과 관련된 제도(learning institutions)야말로 혁신의 질·양, 경로를 결정함에 있어 핵심적 역할을 한다고 본다.

## 3) RIS 접근의 의의

RIS 접근의 가장 큰 장점은 그 출발부터 강력한 정책적 함의를 내포하고 있다는 점이다. 추상적인 개념으로서의 RIS 연구는 현실에서 이루어지는 혁신과정에 접근하기 위한 발견의 도구로서 출발하였지만, 더 나아가서 지역발전에 있어서 추구해야 할 지향점으로까지 개념이 확대되어 왔다. 또 다른 장점 중의 하나는 낙후지역의 지역개발정책에도 직접적으로 활용될 수 있다는 점이다. 쿠크에 따르면, 학습지역론이나 혁신환경론에서의 혁신과정 연구가 대부분 핵심지역이나 첨단산업 집적지역에 대해 과도하게 집중된 경향이 있었다. 따라서 기존의 지역혁신에 관한 연구는 성공적인 혁신지역으로부터 일정한 교훈과 정책적 함의를 도출하였지만, 이는 혁신수행력이 낮은 주변지역의 자원과 잠재력을 충분히 고려하지 못한 종류의 것이었다. 쿠크의 RIS 연구의 경우, 학습지역의 관점에서 보면 낙후지역일 수 있는 영국 웨일즈 지방을 RIS의 한 유형으로 간주하고 '낙후지역의 지역개발에 있어서 내발적 혁신자원들을 활성화하고 보다 집약적으로 활용하는' 방안을 연구해왔다(문미성, 2000).

## 3. RIS의 유형과 해외사례

현실적으로 존재하는 RIS는 나라별, 지역별, 시기별로 크게 다르게 나타나고 있다. 여기에서는 쿠크의 분류방법에 따라 관리차원과 기업차원으로 나누어 살펴보고, 해외의 사례를 간략히 소개하고자 한다.

## 1) 관리차원에서의 유형

RIS는 순수한 추상적 개념의 구성물이자 다양한 공간적 변이를 지닌 현실 속의 존재이다. 쿠크는 두 가지 차원에서 RIS를 유형화한다. 첫째, 현실에서의 RIS를 지역의 기술이전 양식, 즉 지역의 기업지원제도 또는 소프트 인프라, 다시 말해 거버넌스 인프라스트럭처(governance infrastructure)에 따라 자주형(grassroots), 네트워크형(network), 그리고 통제형(dirigiste)으로 구분하고 있다. 그는 구체적으로 RIS의 유형을 확인하기 위하여 기술이전 초기과정에 있어서의 이니셔티브, 금융조달의 국지적 혹은 국가적 차원에서의 진행 여부, 그 과정의 조정(coordination)이 중앙정부 혹은 지방정부에 의해 이루어지는지를 분석하였다.

### (1) 자주형 지역혁신체계(Grassroots RIS)

이는 기술이전행위의 관점에서, 기술이전의 초기과정이 도시나 지구(district)의 수준에서 지역적으로 조직되는 RIS를 가리킨다. 이러한 체계 하에서 기술혁신관련 자금은 주로 지방은행, 지방정부, 지방상공회의소의 자본으로 조달되며, 국고보조금, 대부금 등으로 지원된다. 각 연구기관은 응용 중심적이거나 시장지향적 형태의 기술개발을 추구한다. 이 체계하에서는 기술의 전문화 수준은 낮은 편이나 기술적 전문성보다는 공통적 문제해결이 중요하게 다루어진다. 아울러 협력의 정도는 지역중심이라는 성격으로 인해 지역을 초월한 영역에서는 매우 낮게 나타난다. 이러한 유형의 RIS 사례에는 일본의 지방정부에서 운영하는 중소기업기술센터를 중심으로 하는 코세츠시(Kohsetsushi; 공공기관이 설립한 시험검사연구소 또는 산업기술센터) 시스템, 이탈리아의 북부 산업지구인 에밀리아 로마냐(Emilia-Romagna)와 투스커니(Tuscany) 지역이 대표적이다. 실리콘 밸리의 첨단산업단지들도 초기과정과 조절방식에 있어 연방정부나 지방정부보다는 자체 지역 내에서 실행되었다는 점에서 자주형 RIS(Grassroots RIS)에 포함될 수 있다.

### (2) 네트워크형 지역혁신체계(Network RIS)

이는 기술이전을 주도하기 위해 지방(local), 지역(region), 연방(federal), 초국가간(supranational)간의 네트워크 형태가 구축되는 체계를 가리킨다.

자금은 은행, 정부기관 그리고 기업 사이에서 상호협정에 의해 조달되고, 네트워크형 혁신체계에서의 연구는 기업이 필요로 하는 원거리 또는 근거리에 위치하는 모든 지역의 산업기술을 대상으로 수행된다. 네트워크의 대상으로는 주식 소유자, 연합회, 포럼, 산업클럽이 포함되기 때문에 시스템 운영이 매우 중요하다. 이러한 체계의 대표적 지역으로서 독일의 바덴뷔르템베르크 지역을 들 수 있다.

### (3) 통제형 지역혁신체계(Dirigiste RIS)

이는 지방정부 차원에서 기술이전활동을 주도하기보다는 중앙정부가 정책적으로 이러한 활동을 주도하는 혁신체계를 가리킨다. 기술이전을 직접적으로 수행하는 기관이 지방에 위치하는 경우라 해도 이와 관련된 자금은 주로 중앙정부가 지원하게 된다. 통제형 시스템에서 수행되는 연구는 일반적으로 기초기술이나 해당지역 혹은 지역성을 넘어선 대기업 또는 국유기업에 필요한 기술과제들로 구성된다. 통제형 RIS의 대표적 사례로 프랑스를 들 수 있으며, 이 지역에서는 기술이전활동 자체가 외부로부터 시작되고 국가 차원에서의 조절이 이루어지는데, 1990년대까지의 우리나라에서의 RIS도 이 분류에 속한다고 할 수 있다.

## 2) 기업차원에서의 유형

지역유형구분의 둘째 차원은 생산조직을 포함하는 기업활동 상부구조(business superstructure), 즉 지역내·기업간의 공간적 상호작용 방식의 특성에 따라 국지형(localist), 상호작용형(interactive), 세계형(globalized) RIS로 구분된다.

### (1) 국지형 혁신체계(Localist RIS)

이는 지역에서 성장한 대기업이나 타지역에서 운영되는 기업의 큰 지사(支社)가 지역 내에 거의 없는 경우의 RIS다. 이 혁신체계에서는 대기업이 드물거나 지배정도가 낮고, 따라서 외부통제의 정도가 낮다. 그리고 공적인 혁신 또는 연구개발재원에 의존하여 형성되기보다는 민간의 혁신 또는 연구개발재원에 의해 형성되고 있다. 이 유형에서는 기업들간, 기업과 지역 정책입안자들 사이에 높은 협력관계가 형성되고 있는 것이 특징적이다.

그러나 기업의 혁신범위도 크지 않고, 공공의 혁신자원이 부족하며, 상호작용의 대부분은 기업 내부 또는 기업간에 이루어진다. 이 유형에 속하는 지역으로는 이탈리아의 투스커니(Tuscany), 덴마크의 탐퍼(Tamper), 일본의 도호쿠(東北) 지방이 대표적 사례이다.

### (2) 상호작용형 지역혁신체계(Interactive RIS)

이는 지역경제가 대기업이나 소기업에 의해 지배되지 않고 대기업과 소기업 또는 내생기업 및 외국의 직접투자에 의한 기업들간에 상당한 균형을 이루고 있는 RIS를 말한다. 이러한 혁신체계의 조합범위는 지역 연구재원으로부터 외국혁신 원천에 대한 접근에 이르기까지 다양하게 변화된다. 공공 및 민간의 연구소와 연구기관이 지역에서 균형을 이루고 있고, 지역에 본부를 둔 대기업과 경제에서의 혁신기반을 위해 노력하는 지방정부가 혁신주체로 활동하고 있다. 즉 상호작용형 RIS는 중소기업과 대기업, 공공부문과 사적부문이 조화를 이루고 있으며, 높은 수준의 협력문화가 존재한다. 따라서 지역산업체간의 네트워크, 포럼 클럽 등을 통해 더 나은 협력체계로 나아갈 수 있다. 이러한 유형에 속하는 대표적인 지역으로는 독일의 바덴뷔르템베르크, 스페인의 카탈로니아, 캐나다의 퀘벡 등이 있다.

### (3) 세계형 지역혁신체계(Globalized RIS)

이는 지역혁신에 있어 세계적 기업이 주도하고 이에 의존적인 중소기업들이 군집화된 공급체계를 구성하여 세계적 기업을 지원하는 RIS를 말한다. 이러한 체계에서는 중소기업을 지원하기 위한 혁신 인프라도 존재하기는 하지만 부차적인 역할을 할 뿐이고 혁신과정이 세계적 기업의 내부에서 이루어지며, 따라서 공공부문의 역할이 상대적으로 미약하다. 협

<표 10-1> 지역혁신체계의 유형

| 구 분 | | 기업지원의 지배구조 또는 소프트 인프라 | | |
| | | 자주형 (Grassroots) | 네트워크형 (Network) | 통제형 (Dirigiste) |
| --- | --- | --- | --- | --- |
| 기업 혁신 특성 | 국지형 (Localist) | 투스커니(이탈리아) | 탐퍼(덴마크) | 도호쿠(일본) |
| | 상호작용형 (Interactive) | 캘리포니아(미국) | 바덴뷔르템베르크 (독일) | 퀘벡(캐나다) |
| | 세계형 (Globalized) | 온타리오,캘리포니아, 브라반트 | 노스 라인- 웨스트팔리아 | 미디-피레네, 싱가포르 |

출처: Cooke, 1998, Regional Innovation System.

력의 정도는 거대기업의 수요에 영향을 받으며 대기업에 의해 주로 수행 된다. 따라서 연구범위는 주로 기업 내적이고 고도로 민간지향적이게 된 다. 이러한 유형에 속하는 지역으로는 미국의 캘리포니아 지역과 미국 국적의 자동차 생산업체들이 입지한 캐나다의 온타리오 지역, 필립스와 DAF가 입지한 네덜란드의 브라반트(Brabant) 지역 등이 대표적이다.

위에서 설명한 두 가지 유형을 결합시켜 그 대표적인 지역을 뽑은 것 이 〈표 10-1〉이다. 이 지역들 중 가장 발전된 RIS로 독일의 바덴뷔르템베 르크 지역을 꼽는데, 이 지역에서는 기업간 연계, 기술이전 메커니즘, 노 사관계 및 공공-민간의 협력 등이 통제적인 방식이 아닌 민주적인 방식 으로 고도로 조절된다(Cooke, 1998). 그러나 이러한 선진적 RIS 내지 그 전략을 보다 덜 발전된 지역으로 곧장 이전할 수 있는지는 의문의 여지 가 있으며 앞으로의 연구에 의해 보완될 필요가 있다.

이상의 유형화에 따르면, 아직 우리나라에서 RIS의 유형은 대부분이 통제형이면서 국지적인 형태의 RIS라고 할 수 있다(이장재·정선양·신승 춘, 2000). 왜냐하면 지역금융기능이 현실적으로 매우 취약하고, 지역 기 술혁신사업은 대부분 중앙정부에 의해 주도되고 있으며, 혁신의 주체는 지역의 중소기업이나 소수의 지방 소재 대기업, 그리고 지방대학 및 공 공연구기관에 의해 주도되고 있기 때문이다. 또 지방자치단체의 과학기 술개발관련 업무는 중앙정부의 위임사무를 담당하거나 중앙정부의 업무 를 협력하는 형태로 이루어지고 있다.

## 3) 해외의 RIS 주요사례

### (1) 독일의 바덴뷔르템베르크(Baden-Württemberg) 주 사례

이 지역은 1950년대까지 농업과 의류업이 발전한 지역이었지만, 지방
정부를 포함한 혁신주체들의 강력한 기술개발 노력에 의해 1960년대 이
후 자본재산업, 기계산업, 자동차산업에서 세계적인 경쟁력을 나타내고
있는 독일의 여러 주 중 경제가 가장 튼튼한 지역 중의 하나이다(Cooke
and Morgan, 1994b). 경제가 튼튼한 이유는 기업간의 역동적인 수직·수평
적 네트워크, 잘 짜여진 많은 직업훈련시스템 그리고 연구개발, 혁신 및
기술이전에서 실질적으로 공공과 민간이 많은 투자를 하고 있기 때문이
다. 예컨대 지식투입으로서 지역 GDP의 3.7%를 연구개발활동에 투자하
고 있으며, 독일 6개 지방자치단체 전체 연구개발투자비 사용액 중
23.5%를 이 지역에서 사용하고 있을 정도로 높은 연구개발 집적도를 보
이고 있다. 1994년에는 이 지역의 전략산업인 기계산업과 자동차산업의
45% 그리고 전자산업의 34%를 수출하고 있는 성과를 보이고 있다
(Heidenreich & Krauss, 1998).

이러한 높은 성과의 기저에는 다음과 같은 특성이 있다. 첫째, 지역혁
신을 이끌어가는 9개의 종합대학과 21개 전문대학, 60여 개의 공공연구
소 그리고 세계적인 대기업들이 고도로 발전된 네트워크를 구축하고 있
다. 과학기술 및 교육훈련 인프라로 슈투트가르트(Stuttgart) 대학교와 카
를스루에(Karlsrue)대학교를 중심으로 9개 대학과 21개 전문대학에서 기
술인력을 공급받고 있으며, 브라운 회퍼연구소와 MPIs, fhls, FZK 등 60
개의 공공연구소와 슈타인바이스재단이 있어 기업들에게 기술, 노하우,
과학적 결과물들을 이전해주고 있고, 지역 내 기업들의 모든 문제를 해
결해주는 역할을 하고 있다. 특히 슈타인바이스재단은 기존 연구개발기
반의 최대 활용, 고객편익, 정부와 기업 간의 연결, 고객 시장수요에 부응
한 센터의 설치, 자문·연구개발·훈련·국제기술이전·개발과제의 평가와
이행 등 전체적 접근, 수평조직, 단순조직, 국제화 및 재정적 독립성이라
는 10대 원칙을 가지고 재단을 운영해나가고 있다(신창호, 1999). 타국가

의 기술이전 모델은 수요자만 고려하는 데 비하여 슈타인바이스재단 모델에서는 대학 및 연구기관 같은 기술공급자도 중서하고 있다.

둘째, 엔지니어링 산업에서의 협력 네트워크가 잘 발달되어 있는데, 세계적인 대기업인 Bens, Bosch, BASF, Porche 등의 본고장이기도 하지만, 많은 경쟁력있는 중소기업들이 활발한 역할을 수행하고 있다. 중소기업들은 대기업들과 유기적이고 지속적인 공급망을 가지고 있으며, 기업지원조직들이 잘 발달되어 있다. 거대기업들과 훈련 시스템, 도제(徒弟)제도, 공급자 네트워크, 공급 시스템 및 구매 시스템이 고도로 잘 짜여져 있다. 예컨대, 보슈의 훈련 시스템은 견습기간, 심화훈련기간 및 경영관리 훈련으로 나누어 미래경쟁에 대비해 모든 개인이 충분히 질적 자격을 갖출 수 있도록 훈련하고 있다(Cooke and Morgan, 1994b).

셋째, 기업 네트워크가 잘 조직되어 있다. 상공단체는 상공회의소를 포함하여 모두 69개가 있으며, 이들은 중앙조직과 연계되어 있다. 독일은 모든 기업이 의무적으로 상공회의소의 회원이 되며, 세금 중의 일정 비율을 납부하고, 대신 폭 넓은 고품질의 서비스를 제공받는다(Cooke and Morgan, 1994b). 여기서도 가장 중요시하는 것이 교육과 훈련 및 기술이전이다.

넷째, 공공정책 또한 높은 성과를 내는 데 많은 기여를 했다. 이는 지방정부가 기업들의 수요를 정책에 반영하고 기업들이 스스로 자생할 수 있도록 기반을 조성해주었기 때문에 가능했다.

이렇게 기계, 자동차 및 전자산업에서 세계적인 선도지역에 속하면서도 향후 신산업에서의 지속적인 발전을 위하여 생명공학, 신소재, 정보통신 및 환경에너지 기술을 중점 진흥기술 및 산업 분야로 선정하여 육성해가고 있다. 말하자면, 전통기술의 혁신을 통한 전통산업의 고부가가치화와 첨단기술분야의 혁신을 통해 지역경쟁력을 지속적으로 높이고자 하는 이원적 전략을 추구하고 있는 것이다. 이를 위해 지역 내 공공연구소의 지원 및 정책의 설정 등에 있어서 중앙정부와 긴밀한 연계하에 지역의 과학기술 발전을 도모하고 있고, 친환경적 산업을 육성하여 수출전략산업으로 발전시키기 위해 노력하고 있다.

## (2) 영국의 웨스트 미들랜드(West Midlands) 지역 사례

영국의 웨스트 미들랜드 중심지는 산업혁명의 근원지이자 잉글랜드 제2의 도시인 버밍엄(Birmingham)이고, 이 지역은 이미 오랫동안 유럽의 대표적인 공업도시의 하나로 성장해왔다. 이 지역 면적은 1만 3천㎢로 영국 전체의 5.3%이고, 지역 인구는 530만 명으로 전체의 9%, 지역 노동 인구는 260만 명으로 전체의 9.1%, 지역총생산(GRDP)은 568억 파운드로 전체의 8.2%, 주당수입은 408파운드로 전체 평균의 95%, 실업률은 6.8% 로 영국 전체의 평균보다 높다.

이 지역은 전통적인 기계금속산업의 중심지로서 엔지니어링, 공작기계, 전기, 세라믹, 금속부품 등으로 오랫동안 명성을 쌓아왔으며, 최근에는 자동차, 우주항공, 로봇공학, 전자공학, 텔레커뮤니케이션, 플라스틱 엔지니어링 등 첨단기술 및 장비를 사용하는 산업 분야로 급속히 발전하고 있다.

지역의 노동인구 260만 명 중 30% 이상이 다양한 제조업체에 종사하고 있으며, 이들 대부분이 2~3교대제로 일하고 있다. 특히, 기계산업의 대표격인 자동차산업의 저변확대로 유럽의 대표적인 자동차 메이커들이 이 지역으로 줄지어 진출하였다. 또한, 영국 제2의 도시답게 전문 서비스업도 다양하게 발달되어 있고, 영국의 4대 어음교환 조합은행들의 지역본부와 6개의 일본 은행을 포함한 29개의 외국은행들이 진출해 있다. 이 지역의 대학 캠퍼스 내에는 R&D와 비즈니스 인큐베이팅을 할 수 있는 과학단지가 조성되어 있어 학내의 전문 연구인력과 업체들의 프로젝트를 실질적으로 연결시켜주는 역할을 하고 있다. 이곳의 대학은 버밍엄대학을 비롯한 8개 대학이 있으며, 지역경제 구조의 특성상 기계과학과 엔지니어링 과목에 중점을 두고 있는 편이다.

웨스트 미들랜드 지역 사례는 바덴뷔르템베르크 및 웨일즈 사례와는 달리 실제로 웨스트 미들랜드 지역에서 지역혁신전략 프로젝트[3]를 수행해서 RIS를 구축한 사례이다. 이 프로젝트는 지역에 새로이 설립된 지역

---

3) 이에 대한 자세한 내용은 권영섭·허은영, 2000 참조.

개발기구(Regional Development Agency)에 의해서 채택되고 승인되었으며, 지역의 핵심인사들과의 협력하에 RDA가 집행하고 있다. 여기에 사회적 자본, 학습지역, 규모의 경제의 외부효과라는 이론적 개념이 적용되었다.

이 지역 RIS의 강점 중의 하나는 지역의 공공-민간 전문가들을 포함한 운영그룹과 조정그룹을 통한 사회적 자본 구축과 이들을 통한 지역의 목표 도출이다. 여기서는 명목상의 조직으로서가 아니라 생산성에서부터 교육훈련에 이르기까지 12개 분야의 작업그룹을 통한 수많은 회의와 운영위원회와 조정위원회의 조정을 통해 4개의 지역목표를 도출한 것이다. 중요한 목표를 보면 첫째, 2004년까지 혁신적 기업의 비율을 60%에서 90%까지 증가시키는 것, 둘째, 2004년까지 연구개발투자, 고정자본투자 및 훈련을 영국 평균수준까지 끌어올리는 것, 셋째, 공동으로 혁신활동에 참여하는 기업의 비율을 50%에서 90%로 높이는 것, 넷째, 가장 좋은 실천방안을 확산시키고 생산성 격차를 줄여서 2004년까지 미들랜드 지역에서의 생산성을 영국 평균에 맞추는 것이다(〈그림 10-1〉 참조).

이러한 목표를 달성하기 위한 핵심적인 전략을 보면, ① 사회적 자본을 구축하기 위한 전략과 행동계획 등 메커니즘을 확실히 하는 것, ② 업종을 바탕으로 기존 기업간, 조직간 네트워크를 구축하고 새로운 네트워크

〈그림 10-1〉 영국 웨스트 미들랜드 지역의 지역혁신체제 구축전략

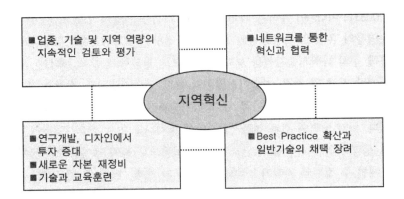

출처 : Lanadabaso, Oughton & Morgan, 1999.

를 창출하며, 이러한 네트워크가 기업간, 조직간, 지역간 학습과 공동혁신을 촉진하며 집합적 규모경제의 외부효과를 창출하는 것, ③ 학계와 산업계 사이 그리고 전문기술의 중심으로서 3~4개 업종 네트워크에 기여할 수 있도록 3개의 기술센터를 설립하는 것, 정보격차를 줄이고 자금 대부기회를 증가시키기 위하여 업종에 기반한 디자인, 경영 및 금융지원 시스템을 마련하는 것 등이다.

(3) 미국의 메인(Maine) 주 사례

메인 주는 1997년 현재 인구가 약 124만 명으로 미국의 주 중 40번째이고, GRDP는 1996년 기준으로 289억 달러로 43번째이며, 1인당 주민소득은 2만 2,078달러로 37번째에 해당하는 후진적인 주이다. 이 지역의 주요 생산물은 블루베리, 감자, 바다가재 등으로 공업이 거의 발달하지 않은 1차산업 위주의 지역이라 할 수 있다.

메인 주의 과학기술관련 투자는 지역의 특성을 반영하여 미국의 주 중에서 하위권에 머물고 있다. 연구개발자금은 연방정부로부터 지원받고 있으며, 지원형태는 정부산하 연구기관의 연구개발자금 형태로 또는 대학·기업, 비영리조직의 용역연구비로 이루어지고 있다.

이러한 후진지역에서 지역혁신의 바람을 일으킨 주역은 주의 과학기술 전담기관으로 1993년에 비영리법인체로 설립된 '메인 주 과학기술재단(MSTF)'이다. 이 재단은 과학기술 전담기관을 비영리 법인화함으로써 운영상의 유연성, 자금동원의 효율성, 산업주도의 과학기술정책화 등을 통해 주의 과학기술자원을 보다 효율적으로 활용하고 있다. MSTF는 연구개발 지원 및 촉진, 기술이전활동의 증진, 과학기술교육, 신제품 생산 등의 내용적 측면은 물론, 주 내 과학기술관련 정책의 조절도 담당하고 있다. 이런 노력의 결과 첨단기술분야에 종사하고 있는 중소기업들이 주로 생명공학, 전자산업, 첨단소재를 주 업종으로 하여 급성장하고 있다.

메인 주 정부의 과학기술정책을 살펴보면 첫째, '메인 주 연구강화 프로그램(Maine Research Enhancement Program)'은 과학기술자들의 역량강화와 이들이 연방기관이나 기타 연구지원조직에 연구제안서를 제출할

경우 제안서의 경쟁력을 강화시킬 것을 목적으로 하고 있다. 둘째, 메인
주 중소기업 혁신연구 지원 프로그램(SBIR Assistance Program)은 주 내
중소기업들이 연방정부의 SBIR(Small Business Innovation Research) 사업대
상이 될 수 있도록 하기 위해 MSTF가 공공부문 및 민간부문의 조직들과
함께 설치·운영하고 있다. 셋째, MERT (Maine Research Internships for
Teachers and Students)는 주 내의 과학과 수학 교사 및 학생을 대상으로
이들을 연구소나 현장에서 견학 또는 실습하게 함으로써 주의 연구잠재
력을 강화하려는 일단의 사업들을 포함하고 있다. 넷째, '메인 주 과학기
술 행동계획(Maine Science and Technology Action Plan)'은 MSTF가 작성한
것으로, 여기서는 주 내의 과학기술산업의 성장·발전에 유리한 풍토를
조성하는 데 있어 주정부의 역할을 강조하고 있으며, 이 계획에 따라 메
인 주는 해양과학, 소프트웨어, 정밀제도, 통신, 생명공학, 환경기술 등을
전략산업으로 육성하려 하고 있다.

메인 주의 지역혁신을 위한 과학기술정책의 주요한 특징은 MSTF와 같
은 과학기술 전담조직을 중심축으로 하여 과학기술정책과 지역혁신정책
간의 밀접한 연계 및 조절을 확보함으로써 취약한 지역의 여건에도 불구
하고 고도발전의 기회를 최대한 활용하고 있다는 점이다. 그리고 과학기
술정책이 지역의 산업수요를 최대한 반영하고 지역 내 다양한 부문들과
의 연계를 도모하도록 현재 정부조직으로 되어 있는 과학기술 전담조직
을 비영리 법인화하는 방안도 고려하고 있다. 마지막으로 지역의 과학기
술 잠재력을 확보하기 위해 지역 내 중소기업에 필요한 서비스를 제공하
는 기능을 가지고 있다.


## 4. RIS 관련시책과 그 한계

### 1) 과학기술 집적지 조성정책

우리나라의 지역개발정책에 있어서 기술적 요소가 강조되기 시작한

<표 10-2> 지역혁신정책의 발전

| 구 분 | 전통적<br>지역개발정책 | 국민경제의<br>현대화정책 | 혁신지향적<br>지역개발정책 | 통합적<br>지역혁신정책 |
|---|---|---|---|---|
| 기 간 | 1960년대까지 | 1970년대 | 1980년대 | 1990년대 이후 |
| 중점<br>목표 | 전통적<br>생산요소를<br>통한 지역발전 | 지역간·부문간<br>균형발전 | 지역발전에<br>기술요소의 강조 | 기술중심의 지역발전,<br>지역발전과 국가발전의<br>직접적인 연계 |
| 수행<br>주체 | 중앙정부 | 중앙정부 | 지방정부 | 중앙정부, 지방정부 |
| 정책<br>대상 | 대기업 | 대기업, 중소기업 | 연구기관,<br>중소기업 | 대학, 연구기관, 대기업,<br>중소기업 |
| 주요<br>수단 | 기업이주 촉진 | 규제수단,<br>기업이주촉진,<br>재정지원수단 | 기술하부구조조성<br>(과학도시 등),<br>간접지원수단 | 지역혁신체제의 구축 및<br>통합적 운용 |
| 특 징 | 기술요소 경시 | 기술에 대한<br>막연한 강조 | 기술의 개발, 활용<br>측면의 분리 | 기술혁신의 전과정을<br>대상으로 함, 정책의<br>효과가 장기적으로<br>나타남 |

출처: 정선양, 2000.

것은 〈표 10-2〉에서 보듯이 1980년대 이후의 일이다. 물론 대덕연구단지가 1970년대부터 과학기술 집적지 조성정책의 일환으로 강력히 추진되어왔으나, 그것은 NIS상의 의미가 강했지 RIS와는 직접적인 연관이 적었다고 볼 수 있다.

과학기술 집적지의 조성은 일정한 지리적 범위 내에 기업, 연구기관, 전문협력업체 등을 집적시킴으로써 클러스터와 네트워크의 형성을 통해 집적의 이익과 범위의 경제를 얻기 위한 정책이다. 대표적 집적지로는 1973년 기본계획을 수립한 대덕연구단지와 1980년대 말에 시작된 첨단과학산업단지를 들 수 있다. 이러한 과학기술 집적지 조성 정책은 그 당시 지역혁신 역량 강화와 관련된 국내외의 연구결과에 영향을 받은 바가 크다. 특히 일본의 테크노폴리스, 서구의 테크노파크, 리서치파크와 같은 사례에서 많은 힌트를 얻은 것이 사실이다.

상공부는 1989년 '첨단산업 5개년계획'을 통해 첨단산업의 발전을 통한 산업의 구조고도화와 지방공업의 육성을 통한 지역간 균형발전이 조화되도록 하기 위해서 광주, 대구, 춘천 3개 지역에는 첨단종합단지를 조성하고 대전, 청주, 전주, 진주 등 4개 지역에는 순수첨단산업단지를 조

〈표 10-3〉 우리나라의 첨단과학단지 현황

| 단 지 명 | 조성<br>현황 | 유 치 업 종 | 비고 |
|---|---|---|---|
| 광주첨단과학산업단지 | 1단계<br>완료 | 정보통신, 신소재, 전기, 생명, 환경,<br>에너지, 광학 | 공장용지<br>분양 |
| 부산과학산업연구단지 | 조성중 | MT, 정밀기계, 항공우주, 정보통신,<br>해양수산, 자동차 등 | 2002년<br>완료예정 |
| 대구과학산업단지 | 계획<br>변경 | 삼성상용차 입주 | 성격전환 |
| 대전과학산업단지 | 조성중 | 신소재, 정밀화학, 정밀전자, 전자제어기계,<br>생물산업, 광학 | 공장용지<br>분양 |
| 강릉과학산업단지 | 조성중 | ME, MT, 신소재, 정밀화학, 생물산업 | 2001년<br>완료예정 |
| 춘천과학산업단지 | 계획중 | 의료, 정밀, 시계 | - |
| 오창과학산업단지 | 조성중 | 전기전자정보, 정밀기계, 생명공학, 광학,<br>의료기기, 항공기, 신소재 | 공장용지<br>분양 |
| 전주과학산업연구단지 | 조성중 | 반도체, 자동차시설재, 신소재, 생물산업,<br>기초첨단분야산업 | 2001년<br>완료예정 |

출처: 한국산업단지공단, 2001, 『한국산업단지 총람』.

성하는 이원적 전략을 채택하였다(〈표 10-3〉 참조).

과학기술처는 1990년 '전국토 기술지대망화 추진구상'에 따라 광주,
부산, 대구, 전주, 강릉, 대전, 청주 등 7개 지역에 첨단과학산업단지 조성
을 추진하였다. 첨단과학산업단지는 국토의 균형있는 발전을 위해 주요
거점도시에 산업생산기능, 학술연구기능, 주거문화기능이 복합된 과학기
술 집적지를 조성하여 첨단기술산업을 중심으로 지역의 산업혁신기반을
정비하고 지역산업의 구조고도화를 목적으로 하였다.

이들 두 부처의 과학기술 집적지 조성시책이 지방자치단체들의 지역
혁신에 대한 관심을 갖게 만든 직접적인 계기가 되었다. 그러나 중앙정
부의 지원을 받기 위한 단지(團地) 유치에만 열을 올리는 수준을 벗어나
지는 못해, 지역차원에서의 혁신문화 창달로는 이어지지 못하였다.

물론 첨단과학산업단지의 조성과정에서 산업기능과 연구기능을 연계
시키려 한 점, 거점지역의 개발을 통한 산업구조의 고도화와 지역개발을
동시에 달성하려 한 점, 소프트한 측면을 강조한 정책을 추진하려 한 점
등은 중요한 성과로 지적된다. 그러나 유치업종의 선정이나 조성방향에
서 지역별 전문화, 특성화, 차별화가 부족하였고 지자체의 예산부족으로

실질적 개발이 이루어지지 못하였으며, 물리적 시설 위주의 개발계획이 이루어지고 소프트한 측면에서의 접근이 부족한 문제점과 한계를 가지고 있었다. 그외에 사업 추진을 위한 법적 기반, 인센티브, 지원수단 등 제도적 기반이 취약하였고 장기비전이 없이 단기적인 성과에 치중하였으며, 추진 주체들간의 연계 부족과 중복적 사업추진의 문제점들도 노출되었다. 이러한 이유로 첨단과학산업단지는 아직까지 뚜렷한 성과를 보이지 못하고 있다(박재곤, 2001).

## 2) 지역산업관련 기술혁신 지원사업

산업 및 경제관련 중앙부처에서는 현재 총 20여 개 이상의 다양한 지역관련 기술개발 지원사업들을 추진하고 있다. 예컨대 산업자원부에서는 산업기술기반 조성사업과 산업기반기술 개발사업 등을, 중소기업청에서는 창업보육센터 지원사업 등을 추진하고 있으며, 과학기술부에서는 우수연구집단 육성사업 등을, 정보통신부에서는 정보통신 우수시범학교 지원사업 등을 시행하고 있다. 그리고 교육인적자원부에서도 BK21 지역대학 육성사업 등을 추진하고 있다(〈표 10-4〉 참조).

산업자원부의 산업기술기반 조성사업에서는 테크노파크, 기술혁신센터, 신기술창업보육센터 등 지역의 기술기반 조성을 지원하고 있다. 테크노파크는 전국에 6개가 시범적으로 운영되고 있고, 기술혁신센터(TTC)는 테크노파크 미설치 지역에 설치하는 일반기술혁신센터와 핵심부품·소재에 국한된 전략기술혁신센터가 있다. 신기술창업보육센터(TBI)는 전국에 1995년부터 1999년까지 1,929개 센터의 신청을 받아 351개가 선정되었다.

과학기술부에서는 기초과학연구사업 중 우수연구집단 육성사업으로 과학연구센터, 공학연구센터, 지역협력연구센터 등을 지원하고 있다. 기초과학과 공학분야에 대한 연구개발자금을 지원하는 과학연구센터(SRC), 공학연구센터(ERC) 등 우수 연구센터는 전국에 각각 26개, 35개가 있으며, 지역협력연구센터(RRC)는 산업계와 연계하여 지역특성에 맞는 연구개발 및 우수인력을 양성하기 위한 목적으로 전국에 37개가 있다.

〈표 10-4〉 부처별·산업별 지역기술혁신 지원사업 현황

| 주관<br>부서 | 사업명 | 근거법 | 목 적 | 사업주체 | 지원대상 |
|---|---|---|---|---|---|
| 산업자원부 | 테크노파크<br>조성사업 | 산업기술<br>단지지원에<br>관한특례법 | 산학연 기술개발지원의<br>결집을 통한 기술개발·<br>창업보육·시험생산 등 | 대학 및<br>지방자치<br>단체 | 대학 및<br>지자체 |
| | 지역기술혁신<br>센터(TIC) | 공업및<br>에너지기술<br>기반조성에<br>관한법률 | 지역의 기술개발자원의<br>결집을 통한 지역특화기술<br>개발 | 지역대학 | 지방중소<br>기업 |
| | 신기술<br>창업보육사업<br>(TBI) | 벤처특별법 | 고급인력 기술인력 보유<br>신기술의 양산기술개발 및<br>사업화를 위한 종합지원 | 대학(29개) | 대학교수,<br>전문기술자,<br>연구원 |
| 중소기업청 | 창업보육센터<br>지원사업 | 기초과학<br>연구진흥법 | 지역 특정 업종에 대한<br>중소기업 창업지원 | 중소기업<br>진흥공단 | 예비(신규)<br>창업자 |
| | 벤처창업타운<br>조성지원사업 | 벤처특별법 | 중소기업 창업지원 | 중소기업<br>진흥공단<br>및 지방<br>자치단체 | 예비(신규)<br>창업자 |
| 과학기술부 | 과학연구센터<br>(SRC) | 기초과학<br>연구진흥법 | 기초과학관련 고급두뇌<br>양성 | 대학(26개) | 수학,<br>물리학,<br>화학, 생물학<br>등 |
| | 공학연구센터<br>(ERC) | 기초과학<br>연구진흥법 | 산업발전과 연계된 기초<br>기술연구 및 첨단연구인력<br>양성 | 대학(35개) | 재료,<br>컴퓨터,<br>기계공학 |
| | 지역협력연구<br>센터(RRC) | 협동연구<br>개발촉진법 | 지역중점산업의 특정산업<br>기술개발 및 산업계<br>기술이전 | 대학(37개) | 지방산업체 |
| | 첨단기술사업<br>화센터 | 벤처특별법 | 대덕연구단지의 연구개발<br>결과를 신기술창업으로<br>유도하기 위한 장소제공 | KAIST | KAIST |
| | 신기술창업<br>지원단 | 벤처특별법 | 교수, 연구원, 벤처경영자,<br>예비창업자의 창업촉진을<br>위해 정보제공 및<br>교육프로그램 제공 | KAIST | 창업예비자,<br>신기술<br>창업자 |
| 정보통신부 | 한국소프트웨<br>어지원센터<br>지원사업 | 소프트웨어<br>개발촉진법 | 소프트웨어관련<br>신기술창업지원 | 한국소프트<br>웨어<br>지원센터 | 예비(신규)<br>창업자 |
| | 정보통신창업<br>지원센터<br>지원사업 | 소프트웨어<br>산업진흥법 | 정보통신관련<br>신기술창업지원 | 대학 | 예비(신규)<br>창업자 |

출처: 권영섭·허은영, 2000, 177쪽.

정보통신부에서는 주로 전문인력 양성사업을 중심으로 지역인프라 구축사업을 지원하고 있다. 정보통신 우수시범학교 지원사업은 정보통신 분야에 특성화된 대학원(27개), 전문대학(15개), 실업고교(16개)에 실험실습장비와 연구비를 지원하고 있다.

교육인적자원부에서는 지역대학 육성차원에서 공학 등 지역산업 수요에 적합한 고등인력 양성을 지원하는 BK21 지역대학 육성사업을 전개하고 있는데, 지원규모는 지역별 고등학생 수 및 대학생 수에 비례하여 책정하고 있다.

이들 사업이 지역의 혁신잠재력 제고에 어떤 역할을 할 수 있을지 권영섭 등(2000)이 개략적으로 정책전달의 문제점 및 잠재력을 분석한 것이 〈표 10-5〉이다.

이들 지역기술혁신 지원정책의 긍정적인 측면은 대학 이외에는 연구역량이 취약한 지역에서 혁신지원센터들은 기본적인 연구역량을 키워나가는 데 있어서 정부출연연구소 또는 종자돈의 역할을 하고 있으며, 이를 통해서 다양한 연구실적과 사업운영의 노하우를 축적하고 있는 점이다(이재억·오재건, 1999). 또한 정부가 각 부처별로 추진하고 있기 때문에 사업에 대해 높은 관심과 이해를 가지고 있으므로 향후 각 센터를 지역의 거점으로 활용하여 네트워크를 구축하면, 거래비용을 낮추고 접근성을 용이하게 할 수 있다는 이점도 있다.

〈표 10-5〉 기술혁신정책관련 제도의 SWOT 분석

| 강 점 | 약 점 |
|---|---|
| • 기본적 연구역량을 키우는 데 종자돈 역할<br>• 다양한 사업운영의 노하우 축적<br>• 부처별, 기관별 높은 관심과 이해 | • Next Silicon Valley 사업의 성과 미흡<br>• 부처별 유사사업의 소규모 경쟁적 추진<br>• 지원유형간 연계성 부족 및 유사사업의 중복투자<br>• 중소기업의 정보수집비용 증대<br>• 창의적 원천기술기반 확보 한계<br>• 거점간 연계 및 생산성 제고의 제도적 장치 미비 |
| 기회요인 | 위협요인 |
| • 각 센터를 네트워크화하여 접근성 제고 가능 | • 복합기술시대에 기술융합 가능성이 낮은 연구 수행 |

출처: 권영섭·허은영, 2000, 58쪽.

그러나 이 사업들은 기능중복, 사업의 유사성 및 사업간 연계성 부족 등으로 시너지 효과를 발휘하지 못하는 점 등 여러 가지 문제점을 안고 있다. 특히 각 부처의 독자적인 사업추진으로 부처마다 특화나 전문화가 이루어지지 않고 각 기술분야에 대한 분산적인 지원이 오히려 가속화되는 경향을 띠고 있다. 더욱이 거점들간의 정보교류가 원활하지 못한 상황에서 거의 비슷한 연구활동을 중복적으로 수행할 가능성이 높으며, 이를 검토할 수 있는 구체적인 제도적 장치가 없는 실정이다. 이러한 사업들의 실질적인 혜택을 받는 중소기업들에게는 지역 내 많은 혁신지원사업을 총괄하는 기구가 없어 중소기업의 입장에서는 지원내용에 대한 정보수집비용이 증대될 뿐 아니라 일부 지역에서는 사업이 시행된 지 5~10년이 지나도록 기업들에게 제대로 인식조차 되지 않고 있다(권영섭·허은영, 2000).

각 부처가 지원하는 위 연구센터들은 일종의 소규모 정부출연연구소라 할 수 있으나 부처별로 유사한 사업의 종류가 많아서 지원자금이 분산되고, 지원규모가 작기 때문에 창의적 원천기반기술 확보에 한계가 있다(이재억·오재건, 1999). 또한 창업보육관련 사업에서 창업보육센터를 졸업한 기업들이 지역에 뿌리내림을 통해서 지역경제 활성화에 이바지하기 위해서는 우호적인 기업환경 조성 등 지방자치단체의 적극적인 유인정책이 필요하다. 실제로 창업보육센터를 졸업한 이후 서울 등 수도권으로 이전하는 사례가 많으며, 이는 지방소재 창업보육센터의 경우 특히 심하다(산업자원부·한국산업기술평가원, 2000).

### 3) 국가혁신체제(NIS)상의 문제점

우리나라의 효율적인 RIS구축과 관련해서 직접적 연관이 높은 NIS상의 문제점을 지적하지 않을 수 없다.

첫째, 지식투입, 인프라 및 성과지표가 모두 수도권에 집중되어 있으며, 지방에서는 관련예산과 권한이 취약하여 중앙정부의 지원 없이는 독자적인 사업을 추진하기가 어렵다. 물론 최근에 대전광역시가 효율적인 지역기술혁신을 추진하기 위해 '과학기술혁신을 위한 지원조례'를 제정했고(1998. 3), 경상북도와 광주광역시가 '과학기술진흥 5개년 계획'을 수립하였으며, 다른 지방자치단체들도 비슷한 계획을 수립하거나 추진중에 있지만 현재와 같은 중앙집권체제와 서울일극집중체제를 그대로 두고서는 RIS의 효율적 구축과 운용은 태생적(胎生的) 약점을 가질 수밖에 없다.

둘째, 국가 전체적으로 지식형성의 효율성이 매우 낮다는 점이다. 한국경제는 생산기반, 인적자원기반, 입지여건 및 연구개발노력 등에서는 선진국 수준의 지식기반경제로 나아갈 수 있는 잠재력을 갖고 있으나, 산업의 발전단계, 지식의 축적정도 및 제도적·정책적 여건 등에서 선진국에 비해 크게 뒤져 있다. 특히 지식투입은 선진국과 거의 비슷한 수준이나 지식형성의 효율성은 매우 낮다. 이것은 곧 지식인프라와 지식형성 지원체제가 뒤떨어져 있다는 것을 말해준다(권영섭·허은영, 2000).

셋째, 교육·과학기술, 산업 및 지역정책 등 모든 면에서 중앙부처간, 중앙·지방간 협력 메커니즘이 정립되어 있지 못해 RIS 운영 면에서 심각한 제약조건이 되고 있다. 동일지역에 해당되는 각 부처의 사업들이 사전조율 없이 추진됨으로써 중복투자, 비효율성, 지역격차 등 여러 가지 문제를 낳고 있다. 또한 중앙정부가 지방과학기술진흥정책(과학기술부) 및 지역정책(건설교통부) 부문에 대한 예산과 권한을 거의 독점하고 있으며, 이에 따른 부처이기주의 때문에 종합적인 지방정책은 없는 실정이다. 또한 지방정부는 지역 내 기관들과 괴리되거나 미약하게 연계되어 있으며, 오히려 중앙정부가 지역경제에 대해 깊숙이 개입되어 있는 것이 솔직한 현실이다. 한마디로 말해 RIS를 구축함에 있어 지방정부는 물론 어떤 기관도 확고부동한 중심적 역할은 못하고 있는 것이다.


## 5. RIS 구축의 기본방향과 전략

우리나라의 RIS는 현 단계에서는 중앙정부 주도의 통제적(dirgiste)성격과 기업혁신의 효과가 지역 내에 한정되는 국지적(localist) 성격이 매우 강하다. 앞으로는 지역이 주도하는 네트워크형과 상호작용형(interactive) RIS 구축을 지향해나가야 될 것이다. 이 절에서는 앞으로 RIS 구축을 추진하는 데 있어서 우선적으로 고려되어야 할 기본방향과 추진전략에 대해 기술하기로 한다.

## 1) 기본방향

첫째, RIS 구축을 위한 계획의 수립과 집행이 지역주도로 이루어져야 하겠다. 현재는 앞에서 살펴보았듯이 지역혁신 지원사업들이 모두 중앙정부 주도로, 그것도 여러 부처 사이에 조율 없이 중복적으로 이루어지고 있다. 이 때문에 지역은 단순히 정책실험의 장소만 제공할 뿐, 체계적이고 주도적인 RIS 구축사업을 제대로 수행하지 못하고 있다. 이러한 현상인식을 토대로 행정 및 재정상의 많은 제약이 있을지라도 지역의 경제주체들이 지역의 실태를 정확히 파악한 다음 주체적인 RIS 구축계획부터 수립해야 한다.

물론 이 단계에서는 중앙부처의 각종 기술혁신 지원시책을 종합해야 함은 물론, 그 지역의 산업적 기반을 비롯해 지역혁신주체들의 현황을 소상히 검토해야 할 것이다. 여기서 지역이 전통적으로 구축해온 산업적 기반은 혁신주체들의 혁신활동 결과에 대한 수요를 촉발하여 지역의 혁신잠재력을 증대시킨다는 점에서 중요한 의미를 가지게 된다.

둘째, RIS의 유형면에서는 네트워크형과 상호작용형을 동시에 지향해야 될 것이다. 지금과 같은 중앙집권체제하에서는 통제형을 완전히 벗어나기는 어렵지만, 기술이전활동과 자본조달 그리고 조절방식 등이 다차원적으로 이루어지는 네트워크형을 추구해야 함은 두말할 나위가 없다. 그리고 지역경제에 중소기업과 대기업, 공공부문과 사적 부문이 조화를 이루고, 높은 수준의 협력문화가 존재하는 상호작용형 RIS를 추구해야 될 것이다.

셋째, 각 지역의 특성에 알맞은 RIS를 구축해야 한다. 개별지역의 RIS

가 가진 SWOT(강점과 약점, 기회와 위협) 요인을 면밀히 분석한 뒤에 취약점을 개선하고 강점을 강화하는 쪽으로 초점을 맞추어야 한다. 예컨대 정부정책에 의해 첨단산업지구로 선정되어 테크노파크, ERC, RRC 등이 있는 지역과 그렇지 않은 지역 간에는 내발적 발전을 위한 RIS 구축에 있어 인프라적 차이를 보이고 있다. 이러한 현실에 비추어 지역별로 여러 가지 체계적 모형이 있을 수 있겠으나 크게 구분하여 정부정책에 의해 하부구조가 구축되어 있는 지역의 중심거점도시와 그렇지 못한 도시 및 농촌지역에 있어서의 RIS는 같은 네트워크 모형으로 가되 그 세부적 접근방법이 달라야 한다.

예컨대 튼튼한 클러스터와 사회적 인프라가 존재하는 지역은 기존 조직과 인프라를 총동원하여 시너지 효과를 극대화하는 데 역점을 두어야 할 것이며, 그렇지 못한 지역은 클러스터의 조성과 인프라 구축에 치중해야 할 것이다. 다시 말해 각 지역의 실정을 토대로 지역산업의 중장기 발전방향을 설정한 다음, 집행계획을 만드는 일이 중요하다. 그리고 각 지역 내에 존재하는 혁신지원기관의 활동을 종합적으로 총괄 추진하는 기구의 형성을 고려해야 한다.

〈그림 10-2〉 특화산업 중심의 RIS 모형

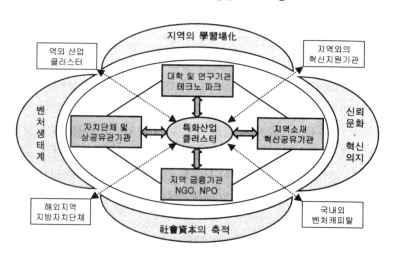

넷째, RIS를 구축하기 위해서는 계획 수립, 집행, 평가에 있어서 국가혁신시스템(NIS)과의 관련성을 충분히 고려해야 하며, 그 지역만이 아닌 광역적 안목이 중요하다. 그리고 혁신 네트워크가 폐쇄형이 되어 부정적 효과가 나오는 일이 없도록 유의해야 하며, 세계적 네트워크와의 연계를 강화토록 해야 할 것이다. 한편 지역 내에 여러 개의 산업클러스터가 존재할 때에는 공통적 과제와 우선과제, 특수적 과제와 점진적 과제로 구분하여 계획을 설계할 필요가 있다.

RIS를 효과적으로 구축하기 위해서는 영국 웨스트 미들랜드 지역 사례에서와 같이 구체적인 실천방안을 마련하여 혁신역량 평가 → 지역경제의 발전과 전략에 따른 독자적 모형 설정 → 혁신역량의 확충 → 혁신역량의 융합화 과정을 통해 RIS가 공고해지도록 해야 한다. 물론 이러한 각 단계에 있어 피드백 과정은 대단히 중요하다.


## 2) 주요 추진전략

RIS 구축계획은 각 지역별로 다르고, 또 다를 수밖에 없기 때문에 획일적인 추진전략을 제시하기는 불가능하다. 그러나 어느 지역이든 공동으로 추진해야 할 전략적 과제는 있게 마련이다. 여기에서는 ① 지역 전체의 학습장화(學習場化) ② 지역산업 클러스터의 고도화 내지 조성 ③ 사회적 하부구조로서 혁신적 기업생태환경의 조성 ④ 상부구조로서 사회자본의 축적과 신뢰문화의 형성 ⑤ 튼튼한 혁신 네트워크의 구축 등 5대 전략에 초점을 맞추어 기술하기로 한다.

### (1) 지역 전체의 학습장화
지식기반사회에서 기업이나 산업의 경쟁력은 얼마나 신속하고 안정적으로 혁신을 창출하느냐에 달려 있다. 과거 혁신의 선형모형에서는 연구기능과 생산기능은 별개로 취급하여 상호작용이 별로 없었으며, 기초·응용·생산 연구는 분업화를 통하여 단계적으로 이루어지는 것으로 인식되었다. 그러나 최근에 기술혁신은 선형모형이 아니라 상호작용모형으로 인식하게 되었다. 이 때문에 공급기업, 고객기업, 경쟁기업의 기업간 네트워크를 통한 끊임없는 상호작용, 생산기능과 연구기능의 상호협력과 의사소통, 기업과 대학 및 공공기관의 상호협력과 공동연구를 통하여 기술혁신이 이루어진다고 보고 있다. 이는 곧 상호작용을 통하여 집단학습이 이루어지고, 이러한 집단학습이 기술혁신의 기반을 이룬다는 것을 의미한다(박삼옥, 2001).

이러한 집단학습 내지 학습경제(learning economy)가 지역 내에서 원활히 이루어지기 위해서는 지역 전체가 혁신을 위한 학습장이 되어야 한다. 지역 내의 각종 학교와 연구기관은 말할 나위가 없고, 지방자치단체와 상공단체 및 노동조합, 금융기관, 각종 연구 및 교류모임이 집단학습의 장소로서 기능할 때 지역혁신의 속도도 빨라지고 내용도 알차게 되는 법이다. 지역주민 전체가 공부하는 마음가짐, 혁신을 선호하고 격려하는 자세를 가져야 한다. 지역혁신의 책임은 개별기업이나 어느 단체에만 있는 것이 아니라 전체 지역주민에게 있다. 이러한 인식이 확산됨으로써 RIS라는 개념이 몇몇 전문가의 화두가 되는 것이 아니라, 일반주민들의 입에도 쉽게 오르내리고 정착될 때 RIS는 비로소 깊이 뿌리내릴 수 있다. 이를 위해서는 각 지역마다 고유한 특성과 지역산업의 성격이 있기 때문에, 이를 파악하고 우선순위를 설정하여 발전전략을 함께 모색하는 등의 학습계획을 마련하는 것이 좋을 것이다.

(2) 지역산업 클러스터의 고도화 전략

RIS에 있어서 가장 중요한 주체는 개별기업이다. 그러나 혁신수행이 산업 클러스터의 상호작용과 집단학습에 의해 촉진되는 것이기 때문에 산업 클러스터의 고도화를 통한 지역산업 전체의 역량을 강화하는 전략이 요청된다.

지역마다 실정이 다르기 때문에 한마디로 말할 수는 없으나, 기존 산업이나 전통산업은 지속적으로 고부가가치화와 지식집약화를 추진하되, 미래지향형 신산업의 육성에도 힘을 쏟아야 한다. 기초자치단체 수준에

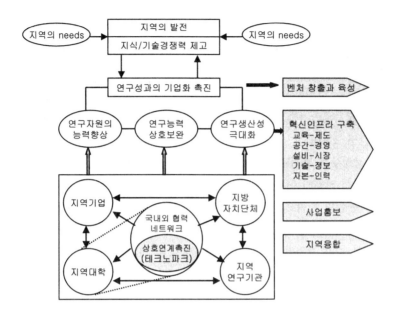

〈그림 10-3〉 테크노파크의 구체적인 역할

출처: 대구테크노파크, 1999.

서는 지방자원형 산업 내지 지역특화산업을 중심으로 RIS를 구축해야 하
겠지만, 광역자치단체 수준에서는 구산업과 신산업의 복합화, 전략산업
의 육성에 초점을 둘 필요가 있다.

이를 위해서는 각 지역에 조성되었거나 조성되고 있는 테크노파크를
지역혁신거점으로서 최대한 활용할 필요가 있다. 테크노파크는 일종의
산업 클러스터 형성을 통한 기술혁신을 촉진하기 위한 전략인데, 지식집
약산업, 연구개발기능, 대학, 공공기관, 상공단체 등이 상호협력하여 지
역경제의 발전을 꾀한다는 점에서 전통적인 공업단지나 단순한 과학단
지와는 성격이 다른 것이다.

(3) 혁신적인 기업생태환경의 조성

기업이 하나의 상품을 만들어내기 위해서는 기업설립에서부터 기술개

발, 금융지원 및 인력확보 등 수많은 부문의 문제를 해결해야 한다. 중소기업들은 내부적으로 이를 모두 해결할 수 없으며, 지역사회환경, 구조적 경쟁력 그리고 제도적 체제의 질이 높은 지역은 많은 혁신적인 기업의 창출로 인하여 지역발전의 속도가 빨라지게 된다. 따라서 이렇게 제도적 체제의 질이 높은 지역을 만들기 위해서는 기업지원을 종합적으로 추진할 수 있는 사회적 하부구조, 즉 쿠크(Cooke)가 말하는 대학, 연구소, 금융기관, 교육훈련기관, 지방정부 등의 역할과 기능을 강화해야 한다(권영섭·허은영, 2000).

중앙정부는 부처별, 부서별 기술혁신 지원산업을 수요기관, 즉 기업의 관점에서 지원이 이루어질 수 있도록 공급자 중심의 시각에서 벗어나 수요자 중심의 시각으로 전환할 필요가 있으며, 과거 부처·부서별 지원배분식 정책에서 통합적 시스템이 구축될 수 있도록 역할 분담과 조정을 추진해야 할 것이다. 따라서 지역 내에서 각 부처가 개별사업을 지원하지 않고 통합체계를 갖출 수 있도록 지방정부와 협력하여 새로운 체계를 갖추어야 할 것이다.

지방정부는 지역의 핵심주체이므로 지역개발기구나 테크노파크 등 지역중개기관을 설립 혹은 지정하여 지역경제에서 지방정부(계획)와 두 축(집행)을 이룰 수 있도록 역할분담을 추진해야 할 것이다. 지방정부는 또한 지역 내에서 수요자 위주의 체계를 실현시키고 지역발전의 방향과 비전을 제시해야 한다. 또한 대학과 연구소들은 지역기업들이 의지할 수 있는 가장 중요한 기술과 지식의 공급처이다. 다시 말해 지역대학이 가진 혁신잠재력을 어느 정도 동원할 수 있는지가 RIS 성공의 관건이라 해도 지나침이 없다. 따라서 지역대학들은 창의적 원천기술을 개발하여, 이를 바탕으로 산학협동을 적극적으로 추진할 필요가 있다(최용호, 1997: 1999).

이를 위해 대학 내에서 기술이전센터(technology transfer center: TTC)를 설치하여 산학협동의 거점으로 활용하는 것이 좋을 것이다. 그리고 IMF 관리체제 이후 그 개념마저 희미해져가고 있는 지역금융의 기능을 획기적으로 강화해야 한다(최용호, 2000). 위에서 설명한 사회적 하부구조의 구축은 결국 RIS의 성공적 구축을 위한 기업생태환경의 조성과 관련된다.

세계에서 벤처기업이 가장 많이 집중된 실리콘 밸리에 대한 최근의 연구
에서는 실리콘 밸리의 혁신과 기업가 정신의 생태환경으로 다음과 같은
10가지 특성이 제시되고 있는데, 우리에게 많은 점을 시사하고 있다(박
삼옥, 2001).

- 창업이 용이한 사회분위기: 혁신과 기업가 정신을 중시하는 미국 시스템
- 지식의 집약성: 제품, 서비스, 시장, 기업모형 등에서 새로운 아이디어
  결집의 장(場)
- 이동성이 높은 고급인력: 지식인력을 끌어들이는 곳
- 인종, 성별, 경력보다는 결과 지향의 실력중심사회
- 모험을 높이 평가하고 실패를 이해하는 사회적 분위기
- 개방된 사회환경: 기업비밀이 아닌 지식을 서로 나누는 태도
- 산업과 교류하는 대학과 연구소
- 기업, 정부, 비영리기구 등의 상호협력
- 높은 생활의 질
- 특화된 사업하부구조: 벤처기업을 위한 일련의 서비스분야(금융, 회
  계, 법률, 컨설턴트 등)의 집적

위와 같은 10가지 특성을 모두 갖춘 지역은 현실적으로 많지 않다. 그
러나 기술혁신을 촉진하고 기업가정신을 높여 RIS를 성공적으로 구축하
는 데 있어 위의 특성들이 시사하는 바는 매우 중요하다.

### (4) 사회자본의 축적과 신뢰문화의 형성

사회자본(social capital)은 상호이익을 위해서 협력하고 조절할 수 있는
사회의 네트워크, 신뢰, 규범 등과 같은 사회적 조직을 의미하는데, 이는
인적 자본과 재정적 자본을 창출하는 중요한 수단이 될 수 있다. 이러한
사회자본은 쿠크가 말하는 지역의 조직과 제도, 문화, 분위기, 규범 등
이른바 상부구조(superstructure)를 뜻하는 바, 오랜 세월을 통하여 형성되
기 때문에 하루아침에 사회자본을 축적하기는 쉽지 않다.

그러나 최근의 연구에서 사회자본은 정책적으로 형성될 수 있으며, 사
회자본이 형성되는 방법을 3가지로 표현하고 있다. 이는 ① 개혁추진자
가 정부기구 내에서 사회자본 축적을 선도하여 정부와 시민사회가 수렴

하는 정책, ② 지역 내 사회조직과 외부지역의 사회조직 간에 상호협력을 통하여 사회자본을 축적하는 경우, 예컨대 지역의 비정부기구(NGO), 교회, 국제기구 등이 지역사회를 위하여 기금을 모으고 네트워크화하며, 정치적인 지원을 유도하는 데 중요한 역할을 하는 경우, ③ 지역의 네트워크가 자생적으로 이루어지는 경우로서, 지역사회의 시민으로부터 사회자본이 형성되는 경우이다. 지역 내에서 사회자본이 축적될 경우 사회적 네트워크를 통해서 경제활동의 지속적인 상호작용과 정보공유를 통해서 거래비용을 줄일 수 있는 한편, 집단학습을 촉진하여 형식적 지식과 암묵적 지식 간의 지식변환의 사이클을 촉진하여 지역의 새로운 지식창출과 기술혁신을 가능하게 한다(박삼옥, 2001).

이와 관련하여 지역사회에 협력과 신뢰의 문화를 형성하고, 친기업적(親企業的) 분위기를 조성하는 일이 시급하다는 점을 강조해야 되겠다. '사업하기 좋은 곳'이 아니면 기업활동은 위축되고, 지역혁신이 이루어지기는 매우 어렵다. 그리고 지역의 혁신잠재력을 높이는 데 매우 중요한 협력이나 신뢰의 문화는 지원기관이나 정부가 만드는 경우도 있지만 대부분은 기업의 협력의지가 만든다는 점을 인식해야 한다. 예컨대 어떤 기업에서 개선, 혁신되는 생산품은 그 기업 자체의 힘만으로는 만들어질 수 없다. 지속적 개량, 시스템 개량, 신제품 개발 및 신공정개발 등을 위해서는 조직 외부의 다른 경쟁기업 또는 공급자 기업, 연구기관 및 대학과의 연계와 협력이 필요하며, 협력과정에서 신뢰가 구축되어 있을수록 성과는 높이 나타난다. 그러나 기업이 주도적으로 협력하기 어려운 경우에는 혁신지원기관이나 기업을 지원하는 기관간의 협력과 신뢰도 필요하다.

협력은 물론 신뢰 또한 적절한 제도적 시스템 즉, 정책전달과정을 통하여 확보할 수 있다. 지역 내 기관간, 기관과 기업 간 그리고 기업간 연계를 통해 네트워킹과 파트너십을 실천해 나감으로써 축적될 수 있으므로 정부는 정보를 제공하여 불확실성을 줄이고 협력과 갈등을 관리해나가며, 인센티브를 제공함으로써 정직과 신뢰 문화를 배양할 필요가 있다. 또한 제도의 투명성과 공정성을 통하여 신뢰의 위험을 최소화해야 한다(권영섭·허은영, 2000).

## (5) 혁신 네트워크의 구축과 연계강화

RIS 구축이 원활하게 이루어지기 위해서는 지역 내의 연구개발부문, 기업부문, 공공부문에 굳건한 혁신 네트워크가 구축되어야 한다(이석희, 2000). 그리고 혁신 네트워크가 형성된 지역에서는 이들 네트워크가 상호작용을 통해 상승작용을 할 수 있도록 체계정비에 힘써야 할 것이며, 없는 지역은 네트워크를 구축하는 것에 착수해야 한다.

먼저 혁신창출기관인 연구개발부문에서는 테크노파크, 정보통신진흥지구, 소프트웨어 진흥지역 등 기식기반 집적지를 중심으로 인적·물적 교류를 활성화하고, 다양한 지식을 공유하고 집적하기 위한 혁신 네트워크가 구축되어야 한다. 이를 위해서 혁신주체인 지역대학, 공공연구소, 기업부설연구소, 테크노파크 등 연구기관간 혁신 네트워크 구축이 우선시되어야 한다. 또 지식기반산업 클러스터와 대학 및 공공연구소 및 기업부설연구소 간의 공식 또는 비공식 연구개발 네트워크를 구축함과 동시에 기술시장 메커니즘과 범지역적 네트워크를 지닌 시장과의 네트워크와도 연계해나가야 한다.

둘째, 기업부문에서는 기업 내 기획과 생산, 판매, 재무, 인사 등 여러 부서가 공동으로 참여하는 지식공유체계를 마련함과 동시에 기업 외부의 부품업체, 설비업체, 벤처기업 등 다양한 주체와 연계할 수 있는 네트워크를 구축해나가야 할 것이다. 이를 위해서는 지역유통물류 센터와 지역종합정보센터 등과 밀접하게 연계하여 생산시스템을 강화하고, 디지털 산업환경에 대처할 수 있도록 지역 내 지식기반기업들간에 다양한 형태로 경영, 마케팅, 시스템 중심의 소프트 경쟁력을 강화해나가야 한다.

셋째, 공공부문에서는 지방자치단체가 주도하여 지역 내 혁신지원기관(지역 금융기관, 지역 상공단체, 공공 및 민간연구소 등)을 통합·조정하는 혁신 네트워크의 구축이 필요하다. 이를 위해서는 자치단체 차원에서 혁신역량을 강화하기 위한 제도나 기구를 마련하고 통합조절이 가능하도록 네트워크를 설계해야 할 것이며, 중앙정부와의 협력체계 및 수평적 지방자치단체 간 협력 네트워크도 구축해놓아야 할 것이다. 그리고 혁신지원기관을 중심으로 기술정보, 인력정보, 자금정보 등과 같이 인프라적 성격이 강한 부문에 대한 정보를 체계적으로 데이터베이스화하고 정보기술 네트워크를 형성할 수 있도록 지원하는 등 개별산업 차원에서의 정보 DB화와 아울러 전후방 연관효과를 가지는 산업간 정보 DB화에도 노력을 기울여야 할 것이다.

넷째, 세계적 네트워크와의 연계에도 각별한 관심을 가져야 한다. 공간을 초월하여 암묵적 지식이 이전될 수 있는 방법은 지식소유자의 이동을 통해서 이루어지는 것이기 때문에, 외국의 첨단기술산업 집적지에 인력연수를 제도화함은 물론 두뇌인력의 교류가 이루어질 수 있도록 협약을 체결하는 것도 중요하다. 즉 외국벤처 집적지에서 형성된 암묵적 지식을 흡수하기 위해서는 현지활동을 통한 네트워크 구축이 절대적으로 필요하다. 이를 위해서는 자기 지역과 관련성이 높은, 세계적으로 잘 알려진 산업 클러스터 지역과 대학, 연구기관 및 상공단체 등과 협력 네트워크를 구축토록 해야 한다. 그리고 자기 지역의 전략산업과 관련이 높은 분야의 다국적기업의 투자를 유치하고, 기술적 연계를 강화하는 일에도 소홀함이 없어야 하겠다.

## 6. RIS 구축을 위한 주체별 역할

RIS의 효과적 구축을 위해서는 관련주체들의 진취적이고 협동적인 노력이 필요함은 두말할 나위가 없다. 그 중에서도 RIS 구축에 있어 가장 중요하다고 생각되는 지방정부와 기업, 그리고 중앙정부의 역할과 기능에 대해서만 기술하기로 한다(박재곤, 2000).

### 1) 지방정부

첫째, 지방정부는 RIS 구축을 통해서 지역의 경쟁력을 제고시켜나가기 위한 지역에서의 전략과 집행계획을 수립할 일차적 책임을 갖고 있다. 전략과 집행계획에는 앞에서 언급한 내용이 모두 포함되어야 함은 두말할 나위 없다. 지역혁신의 리더로서 지방자치단체는 대학, 유관기관 등 혁신지원기관, 테크노파크 등 직접적 지원기관과 교육·훈련 기관, 업종별 사업자단체, 금융기관, 서비스 지원기관 등의 대표자가 참여하는 '지역혁신지원기관 협의체(가칭)'를 구성하여 지역산업 전체의 혁신역량 강화를 위한 지원의 기본방향 정립, 새로운 지원방안의 모색, 협력사업의 전개 등에 대한 구체적인 중장기적 실천방안을 마련해야 한다. 이를 통한 지역의 장기적이고 미래 지향적인 "지속가능한 발전" 전략을 추구해야 하고, 역사적으로 축적된 지역특화산업과 미래 지향적 지식산업 창출을 동시에 추구하는 이원적 접근을 해야 하며, 처음부터 과도한 계획을 세우기보다는 차츰 조금씩 확대해나가는 소규모적 접근방법을 추구해야 할 것이다.

둘째, RIS에서 가장 강조하는 것은 경제주체간의 상호작용이므로 지방자치단체는 대학, 공공연구소, 기업체간 네트워킹을 촉진하는 촉매자 역할을 수행해야 한다. 또한 상호작용이 활발하게 일어나는 제도적 조건의 창출에서 더 나아가, 지역혁신이 왕성하게 일어날 수 있는 사회문화적 환경을 조성할 필요가 있다. 과학기술정보를 획득·활용하는 능력이 취약한 중소기업이 많은 지방에서는 산학연계가 중요한데, 그 이유는 중소기업은 유용한 정보를 선별할 능력, 정보에의 접근성, 획득한 정보를 자사에 맞게 변환하는 능력이 취약하기 때문이다.

셋째, 그 지역의 장기산업비전을 확립하고 비교우위산업의 육성에서 관련산업과 지원산업 등의 클러스터를 형성하여 시너지 효과를 극대화시키는 전략이 필요하다. 산업단지가 동일업종의 지리적 연계를 중시하는 데 비해 산업 클러스터는 연관산업, 지원산업간의 지식과 정보의 흐름을 통한 시너지 효과 창출에 초점을 두는 개념이다. 예컨대 섬유·패션산업의 육성을 위해서는 제직기술, 염색기술, 디자인 기술뿐만 아니라 이를 생산하는 데 필요한 섬유기계산업의 육성이 필요하다.

넷째, 앞으로는 지역차원의 과학기술정책과 산업정책이 중요해질 것이므로 이에 대한 대비가 필요하다. 지금까지 중앙에 집중된 권한, 지방자치단체의 취약한 재정 등의 이유로 지역에서 이들 정책을 펼치기에는 한계가 있었지만, 중앙정부의 정책보다 앞으로는 지역차원에서의 정책의 중요성이 더욱 높아질 것으로 보인다. 따라서 중앙정부와 협력하면서 지방자치단체 차원의 과학기술진흥정책과 산업육성정책을 자주적인 입장에서 수립하고 추진해야 한다.

## 2) 기업

첫째, 기업의 혁신역량을 지속적으로 강화하는 노력이 필요하다. 지식기반경제에서 그리고 경제활동의 세계화가 진전되고 있는 상황에서 기업이 생존하고 이익을 창출하기 위해서는 기술혁신능력의 제고는 필수적이며, 이를 위해서는 지속적인 투자가 요구된다. 혁신능력은 지식 자체보다는 지식을 응용하여 상업화를 통한 고부가가치화할 수 있는 능력을 말한다. 이를 위해 시장변화, 소비자 욕구의 변화에 신속히 대응할 수 있는 능력의 확충이 필요하다.

둘째, 핵심역량에 자원을 집중하면서도 전문화된 능력, 새로운 지식에의 접근 등을 위해서는 다른 기업, 연구소, 대학, 정부기관 등과의 네트워킹이 필요하다. 다른 기관과의 네트워크는 치열한 경쟁 속에서 기업의 경쟁우위(competitive advantage)를 유지하고 강화하는 유용한 방식이며, 외부와의 연계를 통한 학습은 혁신을 위해 기업이 갖추어야 할 지식자원을 절감할 수 있는 효과적인 방법이기 때문이다. 다른 기관과의 협력방식은 네트워크 조직이 갖는 장점을 각 기업의 특성에 맞게 적합하게 변형하여 활용해야 할 것이다.

셋째, 글로벌 시장에의 적극적인 대응이 필요하다. 보호된 국내시장에 안주하려는 기업은 경쟁제한적 규제를 이용하여 국내시장에서 초과이윤을 추구할 수도 있다. 그러나 세계시장에서 경쟁우위를 확보하려는 혁신능력의 배양이 어렵고, 국내에서 안정적인 시장을 확보하는 것만으로는 지속적인 생존과 이익의 창출을 보장하기는 어렵다. 지금은 국내시장이 외국기업에게 열려 있고, 외국시장이 우리 기업에게 열려 있는, 기회와 위험이 공존하는 글로벌 시대이기 때문이다. 따라서 세계시장을 상대로 한 사업·

마케팅·생산 계획 등을 수립하여 적극 진출하는 자세가 필요하다.

넷째, 중소기업이나 하청기업의 경우에는 전문분야에 특화된 독립 중소기업으로 탈바꿈해야 한다. 왜냐하면 혁신이 발생할 수 있는 바탕에는 시장 및 소비자의 욕구에 반응하면서 이를 충족시키는 제품과 서비스를 제공하는 데 있기 때문이다. 이는 다른 기관과의 전략적 제휴, 컨소시엄 등 네트워크의 형성을 통하여 시장 욕구에 대응할 수 있는 독립적인 의사결정을 할 수 있어야 가능하다.

### 3) 중앙정부

첫째, 중앙정부는 부처별, 부서별 기술혁신 지원사업을 수요기관, 즉 지역이나 기업의 관점에서 지원이 이루어질 수 있도록 수요자 중심의 시각을 확고히 할 필요가 있다. 따라서 다기화(多岐化)되어 있는 각 부처·부서별 자원배분양식에서 통합적 시스템이 구축될 수 있도록 역할 분담과 조정을 해야 될 것이다. 즉 지방자치단체 차원에서 각 부처가 개별사업을 지원하지 않고 지방정부와 협력하여 통합지원체제를 갖추도록 해야 한다. 그리고 지역혁신 지원정책의 목표와 대상이 개별기업에 대한 지원보다는 지역 전체의 혁신체계를 개선하거나 구축하는 방향으로 이루어지도록 해야 할 것이다.

둘째, RIS와 NIS의 상호연계(지역혁신체제의 총합은 국가혁신체제)를 통하여 산업단지간, 혁신주체간 혁신창출 네트워크 구축을 주도할 수 있도록 하고 RIS에서의 거버넌스 확보, 산·학·연 연계체계 강화, R&D 성과물의 상업화·산업화 촉진, 제반 기업지원 인프라에 대한 서비스의 일원화·종합화를 추구해야 한다.

셋째, 국가 주도 전략산업을 현재와 같이 방만하게 분산·입지시켜 경쟁력 저하와 지역산업의 공동화(空洞化)를 심화시킬 것이 아니라 지역별 특정 전략산업과 혁신지원기능, 유인체계를 프로젝트화 형태로 묶어 산업 클러스터에 더하여 광역차원의 지역 클러스터를 형성함으로써 적극적인 지역혁신정책으로 승화시켜야 할 것이다. 이를 위해서는 지방자치단체의 과학기술투자의 절대적인 규모를 증가시키도록 하고, 지방정부 상호간의 협력과 경쟁(協競, copetition)의 토대를 만들며, 지역혁신체제 구축에 있어서 중앙정부와의 협력을 강화해나가도록 해야 한다.

결국 중앙정부의 입장에서는 RIS 구축사업이 지방정부 주도로 이루어 질 수 있도록 지역의 자주재원 확보, 자주성·독립성을 부여하기 위한 분권화체제의 확립에 확고한 신념을 갖고 추진하는 것이 긴요하다. 중앙정부가 모든 권한과 재원을 독점하고, 경제활동과 혁신기능이 수도권으로 과밀집된 상황에서는 RIS의 구축과 운영은 태생적 한계를 가질 수밖에 없다는 점에 깊이 유의할 필요가 있다.

■ 참고문헌

경북테크노파크. 2001, 「지역기술혁신체제 구축에 관한 정책토론회」, 영남대.
과학기술정책관리연구소(STEPI). 1998, 「한국의 국가혁신체제」.
권업·백권호·최만기. 2000, 「지식기반사회의 새로운 산학협동 패러다임」, 산학경영기술연구원.
권영섭·허은영. 2000, 「지역지식기반산업 육성을 위한 잠재력제고 방안 연구-대구·구미지역의 전략산업 혁신체제 구축을 중심으로」, 국토연구원.
김영호. 2001, 「지역구조조정론」, 전국국립대학 경영·경제 공동세미나, 경북대.
김용웅·차미숙. 1998, 「지역개발정책의 이론과 실제」, 국토개발연구원.
김형기. 2000, 「지방분권과 지역혁신-지역발전의 새로운 비전」, 한민족문화연구소.
대구테크노파크. 1999, 「21세기 대구발전과 대구테크노파크의 역할」.
문미성. 2000, 「Philip Cooke의 지역혁신체계, 공간이론의 산책」, ≪국토≫2000년 12월호.
박경·박진도·강용찬. 2000, 「지역혁신능력과 지역혁신체제: 지역혁신체제론의 의의, 과제 그리고 정책적 함의」, ≪공간과 사회≫ 통권 제13호, 한국공간학회.
박삼옥. 2001, 「테크노파크 조성과 벤처기업의 육성」, 포항MBC 창사 30주년 기념 환동해 학술심포지엄 주제발표논문.
박재곤. 2001, 「지역혁신체제 구축을 통한 지역산업발전, 경북산업발전비전과 경제활성화 대책」, 경북 새천년연구원.

윤문섭·장진규. 1997, 「우리나라 제조업의 기술혁신조사, 과학기술정책관리연구소(STEPI)」, ≪정책연구≫ 97-21.

이석희. 2001, 「지역 전략산업의 혁신역량분석과 지역혁신시스템 구축」, ≪대은경제리뷰≫ 제171호.

이장재·정선양·신승춘. 2000, 「중앙정부와 지방정부의 과학기술정책부문 협력 방안」, SPEPI, ≪연구보고≫ 2000-6, 19-60쪽.

이정인. 2000, 「성공적인 지역산업구조 고도화를 위한 전략, 대구경제발전을 위한 지역혁신」.

이철우·강현수·박경. 2000, 「우리나라 지역혁신체제에 대한 시론적 분석」, ≪한국공간환경학회≫ 통권 제13호.

이철우. 2000, 「신산업환경과 지역혁신시스템」, 21세기 발전모델 포럼, 영남대.

정선양. 2000, 「지방과학기술 하부구조 확충전략」.

──── . 2000, 「2000년대 지역혁신정책의 방향」.

조호현. 1998, 「대구지역 사례로 본 지역기술혁신 구축방안」.

최용호. 1995, 「지역경제발전을 위한 산학협동의 과제」, ≪산학협동과 지역발전≫, 산학경영기술연구원.

_____. 1997, 「효율적인 산학협동체제 구축방안」, ≪산학연 협동의 방향과 과제≫, 대구·경북개발연구원.

_____. 1999, 「대만의 산학협동, 세방화 환경에 대응한 산학협동의 전략과 과제」, 산학경영기술연구원.

_____. 2000, 「지역경제 발전과 지역금융 활성화」, ≪대은경제리뷰≫ 제 168호, 대구은행.

_____. 2001, 「지방중소기업육성정책과 지역혁신체계의 연대」, 중소기업학회 추계학술발표대회 발표논문.

日本科學技術廳, 科學技術政策研究所 編. 1993, 『地域における科學技術振興』.

Asheim, B. T. 1996, "Industrial Districts as 'Learning Regions': A Condition for Prosperity," *European Planning Studies*, 4(4).

Braczyk, H., Cooke, P. and Heidenreich, M.(eds.). 1998a, *Regional Innovation Systems: The Role of Governances in a Globalized World*, London, UCL Press.

_____(eds.). 1998b. *Introduction: Origins of the Concept in Regional Innovation Systems*, London, UCL Press.

Castells, M. and Hall. P. 1994, *Technopolis of the World: the Making of 21st Century Industrial Complex*, London, Routledge.

Chandler, A. D. Jr., Hagström, P. and Sölvell, Ö.(eds.). 1998, *The Dynamic Firm: The Role of Technology, Strategy, Organization, and Regions*, Oxford University Press.

Cooke, P. and Morgan, K. 1994a, "The Creative Milieu: A Regional Perspective on Innovation", in Mark Dodgson & Roy Rothwell(eds.), *The Handbook of Industrial Innovation*, Cheltenham, Edward Elgar.

_____. 1994b, *The Regional Innovation System in Baden-Württemberg, IJTM, Special Issue on Technology, Human Resources and Growth*.

Cooke, P., Uranga, M. G. and G. Etxebarria. 1997, "Regional Innovation Systems: Institutional and Organisational Dimensions," *Research Policy*, 26, pp.475-491.

_____. 1998, *Regional Systems of Innovation: an Evolutionary Perspective, Environment and Planning A*, Vol. 30, pp.1563-1584.

Edquist, Charles. 1997, *Systems of Innovation Approaches: Their Emergence and Characteristics in Systems of Innovation*, London, Cassell Academic.

Heidenreich, M. and Krauss, G. 1998, "The Baden-Württemberg Production and Innovation Regime: Past Successes and New Challenges," in Braczyk H. J., Cooke P. & Heidenreich(eds.), *Regional Innovation System*, London, UCL Press.

Hollingsworth, R. and Boyer R.(eds.). 1997, *Contemporary Capitalism: The embeddedness of Institutions*, pp.433-484.

Landabaso, M., Oughton, C. and K. Morgan. 1999, "Learning Regions in Europe: Theory, Policy and Practice Through the RIS Experience," a paper presented at the 3rd International Conference on Technology and Innovation Policy: Assessment, Commercialisation and Application of Science and Technology and the Management of Knowledge, Austin USA, August 30-September 2, 1999.

Landry, R. and N. Amara. 1998, "The Chaudière-Appalaches System of Industrial Innovations," in Mothe, J. D. L and G. Paquet(eds.), *Local and Regional Systems of Innovation*, Kluwer Academic Publishers, pp.257-276.

Lee Kong Rae. 2001, "From Fragmentation to Integration: Development Process of Regional Innovation Cluster in Korea," Songdo Techno Park International Symposium.

Lundvall, B.-A.(ed.). 1992, *National Innovation Systems: Towards a Theory of Innovation and Interactive Learning*, Pinter, London.

Malecki, E. J. and Oinas, P.(eds.). 1999, *Making Connections: Technological Learning and Regional Economic Change*, Ashgate.

Morgan, B. 1996. "An Endogenous Approach to Regional Economic Development: An Emergence of Wales," *European Planning Studies,.* 4(6), pp.705-715.

Mothe, J. D. L and G., Paquet. 1998a, "Local and Regional Systems of Innovation as Learning Socio-economies," in Mothe, J. D. L and G. Paquet(eds.), *Local and Regional Systems of Innovation*, Kluwer Academic Publishers, pp.1-16.

_____. 1998b, "Some Lessons and Chanlleges for Model Builders, Data Gathers and Other Tribes," in Mothe, J. D. L and G. Paquet(eds.), *Local and Regional Systems of Innovation*, Kluwer Academic Publishers, pp.327-334.

Nelson, R.(ed.). 1993, *National Innovation Systems: a Comparative Analysis*, Oxford Univ. Press.

OECD. 1999, *Boosting Innovation: The Cluster Approach*.

Park Sang-Chul. 2000, *Globalization and Local Innovation System*.

Saxenian, A. 1998, "Regional Systems of Innovation and the Blurred Firm," in Mothe, J. D. L and G. Paquet(eds.), *Local and Regional Systems of Innovation*, Kluwer Academic Publishers, pp.29-43.

Suh Joonghae. 2000, "Korea's Innovation System: Challenges and New Policy Agenda," July, INTEC.

# 제11장
# 21세기 정보화시대의 지역개발전략

진영환 (국토연구원 지역·도시연구실장)

## 1. 머리말

우리 사회는 지식정보화 사회로 급속하게 전환되고 있다. 사회 모든 부문에서의 디지털화와 함께 인터넷 등 통신 네트워크의 고도화로 산업구조의 재편은 물론 우리 일상생활 깊숙이 정보화가 영향을 미치고 있다. 정보화가 진전됨에 따라 거리개념이 파괴되고 위치의 중요성이 감소되어 산업사회의 전통적인 공간구조가 크게 변화되고 있다.

정보화는 이미 우리 삶의 필수 불가결한 생활수단의 하나로 정착되고 있다. 정보화는 개인에게서 중요한 삶의 수단일 뿐 아니라 사회경제적 패러다임을 전환시키는 핵심적인 매개체로 자리잡았다. 세계의 인터넷 사용인구는 이미 5억을 넘어섰고, 우리나라도 2001년 현재 2,400만 명을 돌파하고 있으며, 앞으로 더욱 빠른 속도로 증가할 전망이다(한국인터넷정보센터, 2001: 23). 인터넷 사용자의 급속한 확산과 함께 전자상거래를 비롯한 사이버 경제체제를 토대로 지식기반경제가 산업자본 중심의 경제를 대체할 새로운 사회경제적 패러다임이 될 것이라는 예상은 더 이상 먼 미래가 아닌 현실이 되고 있다.

정보화는 우리의 삶에 막대한 영향을 미치고 있으며, 따라서 앞으로 사회경제공간의 구조를 근본적으로 재편하는 견인차 역할을 할 것이다. 피터 드러커(Peter Drucker)는 산업자본시대에는 철도가 인간활동의 '거리적 한계'를 부여하였지만, 정보화시대에는 더 이상 그와 같은 한계는 없어질 것이라고 단언하고 있다. 거리적인 한계로 인한 사회경제활동의 제한이 없어지고, 전세계가 시·공간적 제약이 없는 조밀한 그물망(network)으로 짜여진 하나의 사회경제활동 단위가 되어가고 있다는 것이다.

정보화를 통한 '거리적 한계'의 극복은 산업사회 공간조직의 변화를 가져올 뿐만 아니라 정보화사회의 국토공간에 새로운 도전과 과제를 요구하고 있다. '거리적 한계'의 극복은 저절로 이루어지는 것이 아니고, 초고속 정보통신망과 같은 물리적 기반망과 이를 토대로 한 정보의 생산·유통·소비 조직이 구축될 때 가능하기 때문이다.

정보화사회에 '거리적 한계'의 극복은 국토공간상에서 차등없이 진행되기보다는 상당 기간 정보접근성의 지역격차를 나타내며 진행될 것이다. 정보소외지역의 문제, 정보의 특정지역 집중문제 등 산업사회에 나타난 지역격차의 문제가 정보화사회에서도 새로운 모습으로 제기될 것이다. 또한 정보화에 따른 미래의 사회경제조직의 변화로 새로운 공간수요 패턴이 등장하게 될 것이고, 여기에 적합한 공간의 배분과 시설의 입지에 대한 요구가 크게 증대될 것이다. 이처럼 정보화사회에서도 지역개발 과제들은 형태는 바뀌지만 산업사회 못지않게 다양하게 나타날 것이다.

따라서 이 글에서는 21세기 정보화에 따른 국토와 지역공간구조 변화에 대한 전망과 함께 이에 대처하기 위한 지역개발전략에 대해 살펴보고자 한다.

## 2. 정보화와 지역공간구조의 변화

### 1) 정보화의 공간적 영향

정보화시대의 공간적 변화를 전망하기 위해서는 우선 정보통신기술의 공간적 속성을 살펴볼 필요가 있다. 정보통신기술(ICT)은 통신이란 용어가 의미하는 그대로 거리 초월적 속성을 가지며 통신의 '무차별적 접근' 속성으로 '즉시적 연결 또는 공간통합'을 가능하게 하는 기술이다.

이러한 특성은 지역발전과 관련하여 중요하게 부각되었는데, 1980년대 초반에는 반집중적 현상에 대한 예상이 주를 이루어 주변부 르네상스 시대를 전망하기도 하였다. 1980년대 후반에는 더 나아가 인프라주의가 유행하여 새로운 통신서비스의 접근이 가능하도록 하는 정보인프라는 정보사회의 기회를 모든 지역에 확산시킨다는 논리를 제공하였다. 『디지털이다(Being Digital)』의 저자 네그로폰테(N. Negroponte)는 이 책에서 정보화가 지리적 한계를 완전히 없애버릴 것으로 예언하고 있다. 즉 디지털 기술은 시간과 공간에 대한 의존도를 점차로 줄이며 '장소' 자체까지 전달할 수 있는 경지에 이를 것으로 전망하였다.[1]

이러한 측면에서 흔히 부각되는 변화로 정보화는 거리의 개념을 파괴한다는 것이다. 현실세계에서 정보통신기술의 발달은 물리적 거리 개념을 극복하게 해주어 지구적 차원에서 세계를 미주, 동아시아, 유럽 등 3개의 타임존을 형성시킨다는 것이다.

이러한 공간적 영향은 미시적으로는 재택근무의 활성화, SOHO의 성장 등으로 주거지와 사무실의 구분이 희박해지고 도시 내 기존 사무실이 사회적 교류의 장으로 기능하게 되는 등의 변화를 야기할 것이다. 기업의 입지 의사결정에서도 위치의 중요성이 감소하게 된다. 또한 도시의 개념도 변화하게 되는데 도시기능이 산업사회의 고용창출지에서 문화와 여가의 중심지로 변화하게 된다. 원격의료나 원격교육의 발달로 도시의 상대적 편리성이 감소할 가능성이 높고 주거환경이 양호한 교외지역으로의 광역화 현상이 확산될 것이다. 이는 광역정보통신망에 기초한 새로운 커뮤니티의 형성으로 이어질 것으로 전망된다.

그러나 정보화의 공간적 영향은 보다 복합적일 뿐 아니라 양면성을 지니고 있다. 정보화에 따른 사회·경제적 변화는 상호연결과 통합의 과정

---

1) 정보화와 미래사회 전망에 대한 구체적인 내용은 진영환 외, 『21세기 정보화시대의 디지털 국토 구상』, 1999, 제2장을 참조.

으로 진행될 것이다. 정보통신기술의 발전은 기능적인 통합과 분리의 효과를 동시에 가지기 때문에 공간적으로는 집중과 분산을 동시에 매개하는 효과를 가진다. 즉 경제활동의 분산을 촉진하는 잠재력이 점차 증가하나 동시에 중심도시지역으로 집중화하는 경향의 가속화에도 기여할 것으로 예상된다.[2]

## 2) 정보화시대 공간구조 변화와 대응과제

17세기 산업혁명 이후 인간의 거주형태, 즉 국토공간구조의 변화는 생산기술, 교통기술과의 상호작용을 통하여 발전되어 왔다. 즉, 산업혁명 이래 농업기술의 향상과 근대공업기술의 발전은 농촌인구의 도시유입을 촉진시켰으며, 교통과 통신기술의 발전은 도시의 주거공간과 생산공간의 확장을 용이하게 하였다. 이와 같이 생산기술 혁신에 의한 산업구조의 변화에 따라 국토의 집약적인 토지이용이 이루어졌고, 도시 내 토지수요가 증가함에 따라 도시의 범위가 점차 바깥으로 확대되었던 것이다. 그리고 철도, 자동차 등 대중교통수단의 발달과 전화 등 통신기술의 발달이 이와 같은 도시의 집중과 외연적 확장을 가능케 하였다.

그러면 정보사회로 지칭되는 21세기의 국토의 모습은 어떻게 변할까? 우리 사회의 발전단계를 생산기술을 중심으로 살펴보면 농경사회, 공업사회, 산업사회, 그리고 후기산업사회로 구분할 수 있다(Abler, 1975: 158; 이기석, 1990: 110). 농경사회에서는 도보, 역마차가 주요 교통수단이었으며, 산업사회에서는 철도, 수운, 자동차, 항공 그리고 정보사회에서는

〈표 11-1〉 기술발전과 지역공간구조의 변화

| 구 분 | 농경사회 | 공업사회 | 산업사회 | 정보사회 |
|---|---|---|---|---|
| 주요자원 | 토지 | 자원 | 사람 | 정보 |
| 교통·통신 | 도보, 역마차 | 철도, 수운 | 자동차, 항공 | 통신 |
| 지역공간구조 | 분산형 촌락 | 도시 | 대도시 | ? |

---

2) 정보화와 공간구조 변화에 관한 이론적 논의에 대한 구체적 내용은 주성재·김태환, 「정보화시대의 국토정책과제」, 1998, 57-74쪽 참조.

통신이 가장 중요한 접촉수단으로 등장하였다. 이에 따라 거주형태도 촌락에서 도시로, 그리고 대도시로 변모해왔다. 그러면 과연 정보를 가장 중요한 자원으로 하는 정보화사회에는 어떠한 공간형태를 이루게 될 것인가?

정보통신기술 발달에 따른 21세기 정보사회의 국토공간구조에 대해서 상이한 주장들이 대두되고 있다. 정보기술과 공간문제에 관한 초기의 논문들은 정보통신기술이 기술적으로 거리마찰효과를 감소시키기 때문에 입지선정에 유연성을 증대시켜 대도시 집중문제를 해결하고, 나아가서 지방분산형태의 국토공간구조를 가져온다고 주장하였다. 현재는 일부 대도시만이 금융, 교역, 유통, 정보 등의 부문에서 종합적인 서비스가 가능하나, 정보통신기술이 발달되면 작은 규모의 도시에서도 이와 동등한 서비스를 제공할 수 있으므로 대도시보다는 중소도시의 성장이 빠를 것이기 때문이라는 것이다. 산업활동 측면에서도 통신기술 발달로 중소도시들이 물리적인 거리의 불리함을 극복할 수 있기 때문에 산업입지도 분산된 형태로 나타날 것이라고 주장한다. 뿐만 아니라 통신기술이 발달되면 화상회의, 근무시간자율제(flex-time), 재택근무 등 근무환경의 변화가 나타나서 대도시 내에 사무실이 위치해야 할 필요성도 낮아질 것이라고 주장한다.

토플러(A. Toffler)는 고도의 과학기술을 토대로 한 정보사회에서는 탈규격화, 탈동시화, 탈중앙집권화가 이루어져서 궁극적으로는 에너지, 부권력의 집중문제를 해결한 분산형 사회를 형성할 것으로 예측하고 있다. 아블러(R. Abler)는 산업사회와 비교하여 정보사회는 거주형태 결정에 있어서 통신이 교통을 대신하고 고용의 원천이 정보로 대체되어 주거와 고용이 어느 곳에서나 가능하기 때문에 도시의 발달이 분산된 형태로 나타날 것이라고 예측한다.

그러나 이러한 견해에 대한 반론도 만만치 않다. 정보란 것은 체계적으로 수집되고 정리되었을 경우 그 가치가 발생하며, 이와 같은 정보처리 능력을 가진 지역은 대도시이기 때문에 정보시대에도 대도시의 힘은 결코 줄어들지 않으리라는 주장이다. 또한 정보통신기술은 중앙통제가 가능하고 정보취득범위에 따라 정보의 질에 큰 차이가 있기 때문에 고도의 정보기반시설이 완비된 대도시지역 집중이 높아질 것이며, 이에 따라 대도시의 지배력은 강화될 것이라는 주장이다.

우리나라의 경우 수도권 인구와 산업집중의 가장 큰 요인으로 정보에 대한 양호한 접근성이 꼽히고 있다. 서울에는 정치, 경제, 사회, 문화 등 모든 분야에 걸친 정보가 풍부하며, 아직까지도 우리 국민들은 대면접촉(face to face)에서 얻을 수 있는 정보에 대해서 더 높은 신뢰감과 만족감을 부여하기 때문이다. 지방도시의 경우 아직 정보통신기반시설이 수도권에 비하여 낙후되었을 뿐 아니라, 정보통신매체를 통해서 얻을 수 있는 정보도 아직까지는 다양하고 풍부하지 못하기 때문에 여러 가지 불리한 점이 많다.

그러면 21세기 정보사회에 우리나라 국토는 어떠한 형태로 발전해 나갈 것인가? 대체로 기존 대도시로의 일차적인 집중 내지 중앙화 현상이 한동안 계속되는 한편, 통신기술 발달에 의한 새로운 근무형태의 증가, 교외지역에 정보산업 관련고용의 증가 등으로 분산적인 입지형태가 나타날 것으로 예상된다. 하지만 분산화가 일어나더라도 정보의 집적이 풍부한 기존 대도시 주변지역에서 활발할 것으로 예상된다. 따라서 21세기 우리나라의 지역정책은 정보화로 인한 지역균형발전의 기회를 최대한 살리는 한편 부정적인 영향과 위협요소에 대한 대처가 필요하다. 정보화가 국토공간에 가져올 기회, 예를 들어 인구와 산업의 지방분산 가능성을 최대한 활용하는 한편 중심부로의 정보종속과 대도시 집중의 가능성을 최소화하기 위한 전략이 필요하다.


## 3. 정보화시대의 지역개발전략

### 1) 기본방향

21세기 정보화시대에는 정보화를 통하여 지역격차 해소는 물론 사회문화적으로 소외된 지역의 주민생활의 질을 향상시킬 수 있는 가능성이 높아질 것이다. 따라서 정보기반시설을 활용하여 국토공간상 어느 지역에서건 동일한 수준의 정보서비스의 혜택을 누릴 수 있고, 각 지역의 고유한 지역자원이 정보통신망을 통하여 유통될 수 있는 사회로 만들어나가야 할 것이다.[3]

이러한 배경에서 2000년부터 시행되고 있는 제4차 국토계획에서는 국토정보화의 목표를 "전국 어디에서나 초고속정보통신서비스를 이용할 수 있는 지능화된 디지털 국토의 건설"에 두고 있다. 여기에서 '디지털 국토'라 함은 국토에 관한 모든 정보가 디지털화되고, 국토의 구석구석이 디지털 정보망으로 연결되어, 도시 및 지역이 디지털시대의 생산, 소비, 여가 등 제반활동의 거점이 되고 대도시에서 주변 낙도, 오지에 이르기까지 국토 전체가 정보의 흐름이 원활한 디지털 네트워크로 변해가는 것을 의미한다.

정보화시대에 들어서면서 지역정책도 지역의 경쟁력 향상과 개인의 삶의 질 향상, 그리고 이를 통한 지역균형발전이라는 기본방향에서 출발해야 한다. 이를 위해서 첫째, 전국 곳곳에 초고속정보 인프라 구축과 함께 지역특성에 맞는 정보통신 인프라를 구축하고, 둘째, 도시와 지역발전을 위해 도시지역의 경쟁력을 확보할 수 있도록 첨단 인프라를 구축하고 농어촌지역에도 원격교육, 의료 등 고도의 정보서비스를 공급하도록 한다. 그리고 셋째, 첨단정보통신기술을 일상생활에 활용함으로써 국민의 삶의 질을 향상시켜 나가도록 한다.

## 2) 정보화시대의 지역개발전략[4]

### (1) 전국을 연결하는 초고속정보통신망 구축

첫째, 국토 전체를 거미줄처럼 연결하는 초고속정보 인프라 구축을 위한 전략으로서 '광속의 통합국토권'을 형성한다. 세계는 지금 국경 없는

---

3) 정보화시대 지역개발의 목표, 기본방향에 대한 구체적인 내용은 진영환 외(1999)의 63-74쪽 참조.
4) 구체적인 내용은 진영환 외(1999)의 75-120쪽 참조.

무한경쟁사회에 돌입하여 국가의 경쟁력 향상이 절대적인 과제가 되고 있으며, 이를 위해 초고속정보통신망의 조기구축을 경쟁적으로 추진하고 있다. 현재 구미선진국은 물론 아시아·태평양지역의 개발도상국까지도 자국산업의 국제경쟁력을 강화하고 정보화를 통한 선진화를 목표로 초고속정보통신망을 구축하기 위한 전략 및 실천 프로그램을 마련하여 추진중이다.

우리나라도 선진정보국가로 도약하기 위해서는 선진국에 비하여 뒤떨어진 국내 정보통신망을 확충하여 초고속정보통신서비스 제공능력을 제고해야 하며, 이를 위한 초고속정보통신망 구축이 시급하다. 그동안 정부는 정보화추진계획에 따라 21세기초 세계 10위권의 지식·정보화 선진국을 목표로 초고속정보통신망 구축사업을 추진중에 있다.

한편, '광속의 통합국토권' 형성을 위해서는 지역차원의 정보서비스를 위한 지역정보통신망 구축도 시급하게 이루어져야 한다. 이는 지역자체가 정보의 발신자이자 수신자로서의 역할을 수행할 수 있어야만 지역발전을 도모할 수 있기 때문이다. 정부는 '사이버코리아21계획' 등을 수립하여 전국 144개 통화권역을 광케이블로 연결하여 초고속기간망을 구축하는 한편, 시내전화국간 전송망 광케이블화, 대단위 주거단지, 대형건물의 광케이블화, xDSL, ISDN 등의 디지털 기술을 활용한 전화망의 고속인터넷망 구축, 무궁화위성을 활용한 도서·벽지 등에 대한 고속인터넷망 구축사업 등을 추진하고 있다.

국가기간통신망의 구축과 병행하여 지방자치단체를 중심으로 다양한 지역정보 네트워크를 구축하도록 한다. 광역도시권 정보 네트워크, 지방대도시간 정보 네트워크, 중소도시간 정보 네트워크 등 지역 특성별로 다양한 지역 네트워크의 구축을 추진한다. 그리고 지방자치단체는 독자적인 지역통신망을 구축하여 지역사회의 정보서비스를 제공하는 데 있어 중추적인 역할을 담당하도록 한다. 지방자치단체의 경우 지역정보 네트워크를 지역사회에 맞게 개발·활용하여 지역정보통신망을 효율적으로 구축할 수 있다. 지역정보 네트워크는 외부에 대해 폐쇄적이지는 않지만, 지역 내부의 이용자들에게 더욱 빠른 접근과 지역수요에 적합한 컨텐츠

〈그림 11-1〉 21세기 국토정보통신망 구축전략

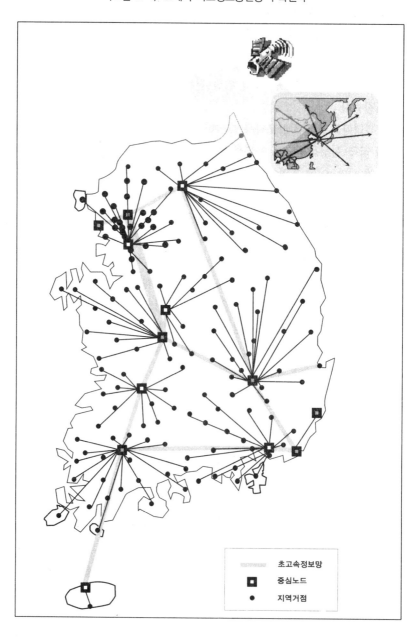

를 제공할 수 있도록 네트워크를 구성한다. 예를 들어 WAN 방식으로 주요 공공기관들을 연결하는 지역공공망을 구축할 수 있으며, 인터넷의 장점과 발전가능성을 활용하여 편리한 환경에서 지역주민들을 위한 정보서비스를 제공할 수 있다.

## (2) 지역특성에 맞는 정보통신인프라 구축

정보화사회는 보다 다양한 정보를 통하여 지식이 더욱 풍성해지는 시대로의 변모를 의미한다. 따라서 정보화사회로의 진전에 따라 지식, 정보는 지역의 중요한 자산으로 새롭게 자리매김되고 도시는 지식의 중심센터로서 더욱 중요성을 갖게 된다.

우선 정보화시대에 대비하여 전국적인 도시 체계에 따라 대도시와 중소도시 간 정보화관련 기능의 분담이 필요하다. 대도시는 정보 생산, 유통 등 중추기능을 담당하도록 육성하여 정보통신의 발달에 따라 대도시가 거점적 역할을 충실히 수행할 수 있도록 지원한다. 고도정보화사회에서 대규모 메트로폴리탄이 기능을 원활하게 수행할 수 있도록 하기 위해 공공 및 민간 정보망의 허브 역할을 중점적으로 정비한다. 지방중소도시의 경우 생활 네트워크 활성화를 통해 생활정보의 거점 역할을 수행할 수 있도록 기반을 확보한다.

한편, 지방도시 기능별로 차등적인 정보통신 구축전략을 수립할 필요가 있다. 산업거점도시, 농촌중심도시, 수산업지원도시, 관광도시 등에 도시기능별로 정보기반수요에 부응하여 차별적으로 정보통신기반을 구축하도록 한다. 구제조업 중심도시의 경우 신산업 육성을 촉진하기 위한 정보통신기반을 확충하고, 쾌적한 환경의 농어촌도시에는 백오피스(back office) 기능 유치를 위한 정보통신기반의 지원을 강화한다. 또한 지방의 실정에 맞추어 지역행정서비스정보망, 지역중소기업정보망, 지역산업정보망, 지역사회생활정보망 등을 단계적으로 추진한다.

날로 확대되고 있는 대도시의 광역적 확산에 대응하여 체계적인 광역도시권 관리와 지원을 위한 정보통신계획을 수립한다. 대도시의 광역화에 따라 교외지역에 정보지식산업과 신규택지수요를 충족시킬 수 있도록 계획적인 위성도시의 개발을 추진한다. 그리고 소호(SOHO)의 출현 등으로 인한 도시 내 주거, 사무, 정보기능 수요를 충족시키기 위해 도심 재개발사업의 추진을 지원한다. 이와 더불어 도시 내와 도시외곽, 도심재 개발지역 등 광역도시 차원에서 고도통신서비스를 제공할 수 있는 광역 도시정보센터의 설립을 추진한다.

### (3) 첨단 도시정보인프라 구축

앞으로 다국적기업의 투자패턴과 입지는 도시의 정보통신기반이나 정 보인력 등의 활용가능성에 크게 영향을 받게 될 것이다. 다국적기업이나 다지역기업은 다국가 또는 다지역을 연결하는 정보통신망의 구축을 필 요로 하기 때문에 연구개발, 생산에서 판매, 공급에 이르기까지 정보망을 통해 주요도시를 연결하고 전세계적 네트워크를 구축하는 경향이 높다. 따라서 이들 기업의 유치와 함께 첨단정보 인프라 수요증대에 대비하여

〈그림 11-2〉 고도정보서비스 공급개념도

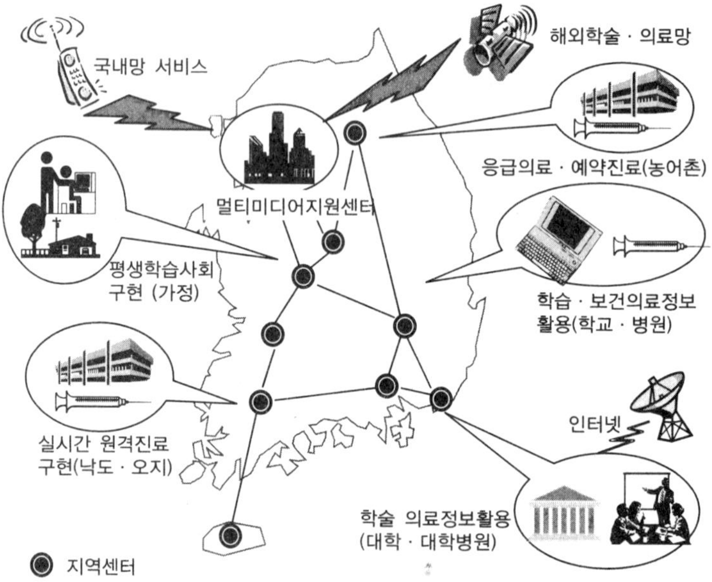

첨단 정보통신시설을 갖춘 도시기반을 구축한다.

국제적인 정보통신기지로서의 역할을 강화하기 위해 대도시의 중심업무지구에 전문화된 정보통신망 및 국제교류·업무시설을 확보한다. 그리고 정보집약적인 기업의 전문수요에 부응키 위해 다양한 형태의 뉴미디어 서비스 공급을 촉진한다. 특히, 국제공항, 항만 등 국제교류시설과 연계하여 텔레포트를 건설함으로써 전세계와 직접 연결되는 정보교류의 거점기능을 확보한다. 인천국제공항, 가덕신항, 광양항에 텔레포트 등 정보거점시설을 확충하고 항만, 공항과 함께 정보항을 갖춤으로써 한반도가 명실상부한 동북아교류 중심국가로 도약하는 데 기여할 수 있도록 한다.

### (4) 농어촌지역에 고도의 정보서비스 공급

정보통신의 거리극복 속성을 이용하여 원격지 또는 도서지역 주민들이 공공서비스의 혜택에서 소외되지 않도록 중점적으로 지원한다. 예를 들어, 공공서비스 공급이 취약한 농어촌지역, 낙후지역에 고도정보통신망을 활용하여 원격교육, 원격의료서비스, 노인의료 구급서비스 등을 제공한다. 현재 추진중인 원격의료, 원격교육 등 시범사업에서 나타난 문제점을 보완하여 필요로 하는 지역의 서비스 공급을 확대해 나가도록 한다. 또한 공공부문뿐 아니라 민간에서 추진하는 원격의료나 사이버 교육 등에 대해서도 지원을 하여 농어촌지역의 생활의 질이 향상될 수 있도록 한다.

이와 더불어 소도시, 농어촌지역, 도서벽지 등에서 홈쇼핑, 홈뱅킹, 예약정보서비스 등 도시적 서비스를 향유할 수 있는 시스템을 개발하여 보급해나간다. 도시와 농어촌 지역을 연결하는 정보화 캠페인을 추진하여 농어촌지역에 정보기기의 보급확대, 정보서비스 이용의 저렴화 등 도시민에 국한된 고도정보서비스의 혜택을 농어촌지역까지 확대해나간다.

나아가서 정보화를 활용하여 변경지역 주민의 풍요로운 생활여건이 조성되도록 지원한다. 문화적 측면에서 정보화를 통해 지역의 고유 문화유산을 복원하고 지역정체성의 확보에 기여하도록 하며, 이를 통해 지역의식을 고양시킨다. 의료, 복지 측면에서 전자미디어 사용 촉진을 보다 확대하고 지역주민에 대한 서비스 공급 및 참여기회를 보편화한다. 교육 측면에서 지역간 교육기회의 형평성에 기여하고 소외된 원격지교육을 활성화하여 농어촌에서도 평생교육이 가능하도록 기반을 제공한다.

### (5) 지역별로 전문화된 지식정보산업 네트워크 구축

지역경제 활성화와 지역정보화 촉진을 위해 지역 내 정보통신산업의 잠재력을 살펴서 산업기반을 구축하는 한편, 고부가가치를 창출하는 새로운 산업을 유치하도록 한다. 이를 위해 지역의 특성과 잠재력을 최대화할 수 있는 업종 및 기업을 유치한다. 정보통신 인프라에 대한 의존도가 높은 기업을 중점적으로 유치하기 위해 노력하는 한편, 정보통신개발을 응용하는 벤처기업의 창출을 촉진한다. 그리고 지역 내 관련산업의 집적을 유도하며 이들 기관의 연계를 통해 지방중소기업의 경쟁력을 강화한다.

전국의 각 지방자치단체에서는 정보통신산업 등 고부가가치 기술산업의 육성과 유치를 위해 다양한 형태의 첨단 지식산업단지 조성계획을 추진하고 있다. 부산의 수영정보단지, 인천의 미디어 밸리, 충북의 오창 미디어 밸리 등 지방자치단체의 사업이 성공적으로 추진될 수 있도록 중앙정부에서 선별적으로 지원한다. 또한 각 지역의 기술개발, 지식기반, 인력구성 등 지역여건에 적합한 투자를 유도하여 지방자치단체간의 중복투자를 사전에 방지하도록 한다.

한편, 정보화사회의 진전에 따라 디지털화된 멀티미디어 컨텐츠가 정보의 축적, 흐름, 활용에서 중요도를 더해가고 있다. 세계적인 정보통신 네트워크의 구축이나 전자상거래의 활성화 등으로 멀티미디어 컨텐츠의 국제적 거래나 유통은 더욱 가속화될 전망이다. 따라서, 문화, 예술, 영상 등 미래형 산업을 중심으로 멀티미디어·영상, 애니메이션단지의 조성을 추진하여 멀티미디어 컨텐츠 산업을 적극 육성하고 영상산업과 연계가 깊은 애니메이션 산업의 집적화를 유도한다.

21세기형 첨단지식산업이 집중된 지식정보산업중심지구의 형성을 도모하고 나아가서 세계적으로 경쟁력있는 혁신지구로 발전시키기 위해서는 산업중심지구간 또한 산업중심지구에 입주한 기업체들간 네트워크의 형성이 필수적이다. 정보산업의 발전을 기하기 위해서는 지역별 특징을 가진 전문인력, 기술, 정보 인프라 등이 지역간, 산업지구간 상호연계를 통하여 활용되고 보완 발전되어 시너지 효과를 제고시키려는 노력이 필요하기 때문이다. 이를 위하여 먼저 전국적 차원에서 정보산업의 네트워크화로 각 단지의 첨단과학·기초연구와 벤처기업, 산업지원기관 등을 연계하여 정보산업단지의 역동성을 유도한다. 다음으로 지역별로 형성되어 있는 지식정보산업단지, 소프트웨어단지, 영상산업단지 등을 정보통신기능의 고도화를 통해 서로 연계하고 각 단지 자원의 활용을 극대화한다.

지방의 차원에서는 지역별로 정보, 인력, 기술정보를 공유하는 '지식정보산업 네트워크'의 구축을 추진한다. 이를 통해 정보산업단지에서 생산되는 첨단기술과 정보가 전산업, 전지역으로 파급되도록 유도한다. 초고속정보통신망을 통하여 지방의 정보통신산업단지를 연계하고 정보통신산업 집적지간 밀접한 네트워크의 형성을 추진한다. 특히, 정보 네트워크의 구축으로 정보의 공유·유통체계를 확립해나간다.

(6) 생활의 질 향상을 위한 국토정보의 구축 및 활용

첨단정보통신기술의 영향은 공간적인 부문에서 현저하게 드러나고 있다. 이는 우리의 일상생활이 공간 속에서 이루어지며, 사람이 살아가는데 필요한 경제정보, 기후정보, 문화정보, 교통정보 등 각종 정보가 대부분 공간과 관련된 것이기 때문이다. 따라서 정보통신기술의 발전을 통해 공간적인 제약이 극복됨으로써 일상생활의 모습이 크게 변화하고 있다.

민원업무의 온라인화를 비롯하여 공공기관이 구축하고 있는 지형지번도 등 지리정보가 각종 데이터베이스와 연계될 경우 안방에서 도서관, 공연장, 문화시설, 음식점 등의 위치정보는 물론 도서검색, 공연행사 프로그램 정보를 파악할 수 있고 좌석예약도 쉽게 처리할 수 있다. 그리고 지능형 교통체계(ITS)의 활용, 사이버공간에서의 활동, 물품구매, 전자상거래도 가능하다. 특히 인터넷을 통해 전세계와 시공간을 초월하는 의사소통과 정보획득이 가능하게 된다.

이러한 첨단정보통신기술이 일상생활 속에서 활용되기 위해서는 일상생활과 관련된 모든 부문의 데이터베이스가 구축되어야 한다. 특히 국토공간과 관련된 기반정보가 데이터베이스로 구축되고 정보통신망을 통해 공급되어 일상생활에 활용되어야 우리의 삶의 질을 향상시킬 수 있게 된다.

그리고 정보통신기술의 발전속도가 워낙 급속하게 이루어지고 있기 때문에 기술변화에 적절하게 대응하고 지역정보화를 촉진하기 위해서는 제도정비가 필요하다. 사람들의 인식변화가 기술변화속도에 미치지 못하기 때문에 발생할 수 있는 문화지체현상을 극복하고 국가경쟁력 향상, 지역 균형발전 그리고 국민 개개인의 삶의 질 향상을 위해서는 정보화의 범위 내에 있는 관련제도의 정비가 요구된다.

## 4. 맺음말

21세기에 들어서면서 우리는 고도의 지식정보사회로의 전환과 제3의 혁명으로 지칭되는 디지털 혁명시대를 맞이하고 있다. 컴퓨터 기술발달과 인터넷을 위시한 통신 네트워크의 고도화 등 정보통신기술의 응용은 지식기반경제(knowledge-based economy)의 기초가 되어 생산, 투자, 고용구조가 통신, 컴퓨터, 정보서비스 및 기타 정보활동을 포함하는 지식산업으로의 구조재편을 가속화시키고 있는 것이다. 이러한 세계적 흐름은 다양한 형태의 부가가치를 창출함으로써 삶의 방식을 획기적으로 변화시키고, 지역 공간구조에도 많은 영향을 미칠 것이다. 또한 산업활동에서도 지식집약적 생산비중을 높이고, 투자를 정보부문으로 집중시키며, 단순노무직 감소와 더불어 기술에 능숙한 숙련노동자에 대한 수요를 증가시킬 것으로 전망된다.

앞에서 살펴보았듯이 정보화시대에는 지역개발 차원에서 기회와 위기가 동시에 존재할 것으로 예상된다. 많은 학자들은 정보통신의 발달로 거리의 제한을 극복함에 따라 지역개발의 최대 과제인 지역간의 격차문제가 해결될 것이라고 낙관적인 전망을 하기도 한다. 반면에 일부에서는

정보화시대에도 대도시가 정보생산 및 관리의 독점적 역할을 계속할 것
이므로 대도시 집중문제는 여전하거나 아니면 더욱 심화될 것이라는 우
려도 나오고 있다.

우리의 선조들은 농경사회, 공업사회, 산업사회를 거치면서 새로운 지
역문제에 대처해왔다. 우리가 새로이 겪고 있는 21세기 정보사회에 과연
어떠한 지역문제들이 중점적으로 제기될 것인지, 그리고 이에 어떻게 대
처해나갈 것인지는 앞으로 지속적으로 연구되어야 할 중요한 연구과제
의 하나이다.


## ■ 참고문헌

정보통신부. 1999, 「Cyber Korea 21」.

주성재·김태환. 1998, 「정보화시대의 국토정책과제」, 국토연구원.

진영환·김태환·박종택·최홍준. 1999, 「21세기 정보화시대의 디지털 국토 구
상」, 국토연구원.

진영환. 1994, 「21세기 대도시권 성장과 정책과제」, 국토연구원 청사준공 심
포지움 발표논문, 5월.

한국인터넷정보센터. 2001, 「인터넷이용자수 및 이용행태조사 요약보고서」,
10월.

이기석·진영환 외. 1992, 「정보통신망의 혁신과 도시 체계의 구조적 변화에
관한 연구」, 한국지역학회..

황주성·이경희. 1997, 「지역정보화의 추진방향 및 지침수립연구」, 정보통신
정책연구원.


Abler. R. et al. 1975, *Human Geography in a Shrinking World*, North Scituate, Pub-
lisher, Mass.: Duxbury Press.

Cairncross Frances. 1997, *The Death of Distance*, Boston: Harvard Business School
Press.

Chinits, B. 1991, "A Framework for Speculating about Future Urban Growth Pat-
terns in the US," *Urban Studies* 28, pp.136-150.

European Commission. 1997, *The Impact of the Information Society on the Territorial*

*Planning of the Less Favored Regions*, Brussels-Luxemburg.

Gillespie, A. 1992, "Communications Technologies and the Future of the City," in M. Breheny(ed.), *Sustainable Development and Urban Form*, London: Pion, pp.67-77.

제**4**부

지속가능성과 지역발전의 새로운 패러다임

# 제12장
# 지방중소도시의 기능변화와 발전전략

장명수 (우석대학교 총장)

## 1. 지방중소도시의 공간정책적 의의

### 1) 지방중소도시의 기능

지방중소도시는 지방도시 가운데 중소도시를 지칭하는 것이므로 중소도시의 개념에는 반드시 지방도시의 개념이 포함된다. 그럼에도 불구하고 지방중소도시로 구분하고자 하는 의도에는 지방도시의 개념을 서울을 제외한 도시라기보다는 수도권을 제외한 도시로 보고자 하는 데 있다고 볼 수 있으며, 수도권의 중소도시는 지방중소도시의 범주에서 제외시킬 수 있다.

중소도시는 인구규모, 경제·사회적 기능 등 다양한 측면에서 정의될 수 있으나 우리나라의 경우는 인구규모에 의해 규정되는 것이 일반화되어 있다. 서울과 인구 100만 명 이상의 광역시를 대도시로, 시급 도시를 중소도시로, 읍급 도시를 소도읍으로 구분할 수 있으므로 이 구분에 의하면, 서울과 6개 광역시를 제외한 72개 시급 도시가 중소도시의 범주에 해당하며, 수도권의 영향하에 있는 23개 도시를 제외한 49개 도시가 지방중소도시이다.

중소도시의 기능에 대해 하성규·김재익(1995)은 경제적 기능, 결절기능, 성장거점기능, 정주기능으로, 김안제(1981)는 지역발전의 맥락 속에서 생산·소비의 주체기능, 지역경제활동의 결절기능, 지역발전의 거점기능으로, 국토개발연구원(1988)은 도시의 계층조직적 측면, 도시의 네트워크 측면, 인간의 선택행위적 측면, 정책적 측면으로 구분하여 설명하고 있다.

하성규(1995)는 도시의 생산, 분배, 교환, 소비 등 경제적 기능이 원활하면 배후지역과의 상호보완작용이 일어나 지역경제성장을 촉진하며, 결절기능과 성장거점기능 역시 대도시와 농어촌의 중간매개 혹은 분극효과를 기대하는 거점기능으로의 중요성을 인정하고 있다.

김안제(1981)는 생산·소비의 주체기능을 모든 도시의 기본적 기능으로, 지역경제활동의 결절기능을 대도시와 주변농촌의 중간적 위치에서 지역 간 경제활동을 연결하고 전달하는 동시에 외부지역으로부터 경제활동을 받아 집결하고 그로부터 새로운 활동을 창출하는 집결과 창출의 기본적 공간단위로, 지역발전의 거점기능은 주변지역의 개발을 선도하고 촉진하는 역할을 담당하는 지점으로서의 기능으로 설명하고 있다.

국토개발연구원(1988)의 경우, 계층조직적 측면에서는 각기 다른 기능과 역할, 상이한 경제행위를 제공하는 도시들의 계층조직 속에서 중소도시는 상품과 서비스, 정보, 기술혁신 등을 매개로 농촌지역과 대도시를 연결하는 결절기능을, 네트워크 측면에서는 대도시와 농촌, 중소도시 상호가 연결된 다중조직망을 구성하는 자율적인 조직체로서 주민에게 독자적인 환경제공을, 인간의 선택행위적 측면에서는 인간이 정주의 장소를 선택하는 행위에 있어 평가와 선택의 대상으로서의 기능을, 정책적 측면에서는 중소도시의 발전이 대도시의 도시문제를 흡수하여 균형있는 국토구조를 창출하는 역할을 담당하는 것으로 설명되고 있다.

이들 기능 중 지방중소도시의 지리적(입지적)·규모적·문화적 특성을 감안할 때 도시의 계층구조상 수직적으로는 대도시와 농촌지역을, 수평적으로는 중소도시 상호간을 연계하는 유기체적 기능을 중시할 수 있다.

수직적 측면에서 지방중소도시는 배후 농촌지역의 중심도시로서 농촌

지역에서 필요로 하는 서비스와 상품을 공급하는 반면, 농촌지역에서 생산되는 상품의 집하·가공·유통 기능을 수행한다. 자방중소도시의 주변 농촌지역에 대한 지원 및 중심 기능은 1995년 도농통합시의 탄생에 의해 한층 강화되었다. 도농통합시는 교통과 통신의 발달에 따른 도시지역의 외연적 확산, 행정구역과 생활권의 불일치, 지역이기주의로 인한 시·군 간 갈등 등의 문제를 해결하여 도농간의 공간적 상호보완에 의해 자치단체의 경쟁력을 강화하는 데 목적을 두고 있다. 1995년 이후 전국의 40개 도시가 시·군통합에 의한 도농복합시가 되었으며, 도농복합시에 있어 기존의 지방중심도시인 동 지역의 중심지로서의 역할이 중요해졌다. 대도시와의 관계에서는 대도시에서 생산된 상품과 정보·기술을 받아들여 이를 향유하는 한편, 농촌지역에 전달하는 통로역할을 하며 농촌지역에서 생산된 상품을 대도시에 보내는 결절점이기도 하다.

수평적 측면에서 각 중소도시는 입지적 특성에 의한 자원에 기초하여 정주기반과 지역 고유의 문화적 정체성을 확립하면서 특화된 상품과 서비스를 생산하여 중소도시 상호간에 유통시킴으로써 독자적·유기체적 기능을 유지하고 있다. 도시의 정체성에 기초하는 독자적 기능은 지방자치의 확립과 더불어 그 특성이 강화되고 있다.

## 2) 지방중소도시에 대한 공간정책적 의의

중소도시 육성의 필요성을 강하게 제기한 론디넬리(D. A. Rondinelli)는 중소도시의 육성이 대도시 문제와 낙후농촌지역 문제를 동시에 해결하는 데 기여할 수 있다고 보면서 중소도시 육성의 당위성을 도시화의 분산(deconcentrating urbanization), 집중의 반전(reversing polarization), 대도시 문제의 완화, 지역격차의 해소, 농촌경제의 활성화, 지방행정력의 제고, 도시빈곤의 해소와 생산성 향상의 7가지에 두고 있다.

우리나라에 있어 지금까지 지방중소도시에 대한 정책적 의의는 대도시권과 수도권의 인구 및 기능 집중에 의한 문제해결에 비중이 놓여 있었다. 제1, 2, 3차 국토종합계획에서 대도시 및 수도권의 성장억제와 지방도시의 발전은 항상 주요 정책으로 제시되었다. 1970년대의 제1차 계획에서는 서울-부산축의 인구 및 기능 집중에 대응하여 이 축의 대칭축인 호남-태백축에 성장거점도시를 설정하였으나, 한정된 자원으로 투자효율의 극대화를 위해서는 집적이익과 규모이익에 의존할 수밖에 없었으므로 동남해안 공업벨트를 중심으로 한 거점개발이 이루어짐으로써 경부축의 집중을 심화시켰다.

1980년대의 제2차 계획에서는 50개의 시급 도시 중 지역서비스기능을 갖추고 있으며, 성장잠재력이 큰 도시인 대전·광주·대구를 1차 성장거점으로, 춘천·원주·강릉·청주·천안·전주·남원·순천·목포·안동·진주·제주의 12개 도시를 제2차 성장거점도시로 선정하였다. 이때 지방중소도시의 범주에 있던 제2차 성장거점도시에 대해서는 주변지역까지를 포함하는 지역의 생활환경서비스 시설을 갖추도록 하고, 노동집약적인 도시형 공업을 우선적으로 입지시켜 취업기회를 확대하며 도시의 중심성 강화와 더불어 주변지역과의 접근성 향상을 위해 국도 및 지방도 등 주요 도로의 포장·개선을 촉진토록 하였다. 그러나 이를 위한 구체적 집행수단의 결여와 지방의 자립도 부족, 지방자치제도의 미확립 등에 의해 실효성이 부족하였으며, 아시안게임 및 올림픽 개최 등에 따른 투자와 신도시의 건설이 수도권에서 이루어짐으로써 수도권의 성장이 지속되었다.

제3차 계획에서는 지방중소도시가 지역균형발전을 능률적으로 추진하기 위한 선도적 역할을 할 수 있도록 도시별로 자연적 특성과 문화적·산업적 기반, 배후 농어촌지역의 구조를 반영하여 주력산업을 선정케 하였다. 주력산업을 중심으로 한 지방중소도시의 발전은 지금까지는 지방의 경제활동여건이 취약하여 큰 성과를 나타내지는 못하였지만, 계획의 기조는 제4차 국토종합계획(2000~2020년)에서도 유지되고 있다. 이 계획에서는 지방중소도시의 잠재력과 여건을 감안하여 문화도시, 대학도시, 첨단기술도시, 문화예술도시, 의료산업도시, 보양도시, 관광휴양도시 등과 같은 전문기능도시로의 육성과 지역의 산업기반이나 잠재력을 바탕으로 전국적·국제적 수요를 갖는 경쟁력 있는 주력산업군집의 육성을 지원하도록 하고 있다.

네 차례에 걸친 국토계획에서 국토의 균형개발과 인구의 지방정착화를 도모한 중소도시 개발전략에는 공통적으로 수도권의 인구 및 기능분산 목적이 내포되어 있다. 수도권의 인구 및 산업활동의 집중은 정치적·경제적·사회문화적 기능 집적에 의한 것으로 국가적 차원에서 다양한 지역균형개발시책이 이루어진 지난 20여 년 간에도 인구증가량의 약 94%가 수도권에 집중할 만큼 수도권의 집중문제는 심화되어가기만 했다. 그 결과, 수도권에서는 주택·산업·각종 사회간접자본시설용 용지부족과 지가의 앙등, 교통수요의 폭증과 물류비용의 증대, 환경오염 등의 문제에 의해 경쟁력이 약화되고 있다. 반면, 지방의 중소도시는 수도권의 기능집중에 따른 상대적 상실에 의해 산업기반이 매우 취약하며, 보유하고 있는 자원과 잠재력을 충분히 활용할 수 있는 여지를 상실해가고 있다.

수도권의 과밀과 지방의 침체 문제를 해결하기 위해 앞에서 설명한 지방중소도시의 수직적·수평적 도시간 연계기능을 강화하여 유기체적 네트워크를 형성하는 데 공간정책의 의의가 있다 하겠다. 또한 자율적이면서도 독자적인 조직체로서 지방중소도시가 국토공간 곳곳에 발달되고 연결되면 국토공간은 다중조직망(multi-organizational system)을 형성하게 되며, 그 속에서 중소도시들은 망의 활동이 안정되고도 튼튼하도록 하는 중복성을 제공함으로써 국토공간의 전체 시스템에 자기수복(self-correcting) 또는 자기신뢰(self-reliability)를 확보케 하여 안정과 발전을 도모하는 데 기여할 것이다(국토개발연구원, 1988).

더욱이 최근에는 지방화, 세계화의 여건변화 속에 지방중소도시의 독자성이 세계적 경쟁력과 직결되어 국가경쟁력을 선도할 수 있는 여지가 발생했다. 따라서 지방중소도시에 대한 (공간)정책적 접근이 단순히 수도권 및 농촌지역의 문제 완화 혹은 국토상 다중조직망 속에서 일부 기능을 상실한 다른 중소도시에 대한 안전장치 기능인 중복성을 월등히 초월하여 도시 자체의 자연적, 역사·문화적 자원에 기초한 특화기능 육성에 의해 도시 정체성 확립과 더불어 균형개발을 이룸으로써 국가경쟁력을 강화하는 데 국토공간정책의 의의를 설정해야 하는 단계에 이른 것이다.

## 2. 지방중소도시의 성장 및 기능변화 특성

### 1) 지방중소도시의 성장

1975~1985년 지방중소도시의 성장에 대해서는 국토연구원이 도시의 일반적 성장 동인(動因)이라고 할 수 있는 기반성, 누적성, 다양성, 정주성, 중심성, 교류성, 활력성을 대표하는 9가지 지표를 가지고 분석했다. 이들 요인은 상호복합적 결과에 의해 도시의 성장을 주도하며, 그 결과는 정주인구의 증감으로 나타나는 것이 일반적이다.

본 연구는 서남권의 중소도시를 대상으로 1985년 이후 오늘에 이르기까지의 도시성장 및 기능변화를 기존연구와 관련하여 분석해봄으로써 우리나라 지방중소도시의 성장 및 변화특성을 명확히 하고자 한다.

서남권의 도시인구규모는 1985년 50~100만 도시 1개소, 10~25만 도시 5개소, 10만 미만 도시 5개소의 구성에서, 2000년 현재는 100만 이상 도시 1개소, 50~100만 도시 1개소, 25~50만 도시 2개소, 10~25만 도시 3개소, 10만 미만 도시 5개소로 인구규모에 의한 뚜렷한 위계를 형성하고 있다. 이 기간중 1986년에는 송정시가 광주시와 더불어 광주광역시(직할시)로, 1986년에는 광양출장소가 동광양시에서 1995년 광양시로, 1989년에는 김제읍이 김제시로 승격하였으며, 1998년에는 여천시와 여수시가 통합됨으로써 도시수의 증감을 가져왔다.

인구규모 면에서 1985년까지는 도시의 특성에 따라 정도의 차이를 나타내기는 했으나 모든 도시가 성장하고 있었다. 이에 비해 1985년 이후부터는 도시별 인구의 증감현상이 현저해졌으며, 그 증감 여부는 도시의 입지적 특징과 관련하여 나타나고 있다. 1985~2000년에 비교적 높은 인구증가율을 보인 지역은 순천시, 광양시, 전주시이다.

우선, 광양시의 경우는 포항제철소의 제2제철소인 광양제철소와 관련 산업 연관단지의 조성에 의한 제조업부문의 채용기회 창출이 사회적 인구유입을 유도했기 때문이다. 1983년부터 시작된 광양제철단지 조성공사와 더불어 서비스업, 운수업, 건설업 관련인구의 유입이 있었으며,

〈표 12-1〉 도시규모별 도시수의 변화

(단위: 만 명)

| 구 분 | 1985 | | 1990 | | 1995 | | 2000 | |
|---|---|---|---|---|---|---|---|---|
| | 도시(인구) | 도시수 | 도시(인구) | 도시수 | 도시(인구) | 도시수 | 도시(인구) | 도시수 |
| 100만 명 이상 | - | 0 | 광주 | 1 | 광주 | 1 | 광주 | 1 |
| 50~ 100만 명 | 광주(906) | 1 | 전주(517) | 1 | 전주(563) | 1 | 전주(616) | 1 |
| 25~ 50만 명 | 전주(426) | 1 | - | 0 | - | 0 | 여수(254) 목포(251) | 2 |
| 10~ 25만 명 | 목포(236) 익산(192) 군산(186) 여수(172) 순천(122) | 5 | 목포(243) 군산(218) 익산(203) 여수(173) 순천(167) | 5 | 목포(247) 익산(232) 군산(211) 여수(184) 순천(180) | 5 | 익산(245) 군산(220) 순천(198) | 3 |
| 10만 명 미만 | 정주(79) 남원(61) 송정(60) 나주(59) 여천(54) | 5 | 정주(87) 광양(65) 여천(64) 남원(63) 나주(55) 김제(55) | 6 | 여천(76) 정읍(71) 광양(60) 남원(56) 김제(45) 나주(37) | 6 | 정읍(73) 광양(73) 남원(56) 김제(44) 나주(39) | 5 |
| 계 | - | 12 | - | 13 | - | 13 | - | 12 |

주: 통합시의 1995년 이후 인구는 1985~1990년과 비교하기 위해 통합 이전의 시지역인 동(洞) 인구에 한함

1985년 이후부터는 광양제철 직원의 이주가 시작되었다. 광양제철소의 완공과 함께 1990년부터는 건설관련 인구의 감소가 있었으나, 광양제철 및 연관단지 관련인구의 부양가족 유입에 따라 인구증가는 지속되고 있다. 1985~1990년의 여천시와 군산시, 1990~1995년의 여천시와 익산시의 비교적 높은 인구성장률도 국가산업단지를 기반으로 한 관련산업단지의 건설에 의한 것이다.

그러나 순천시의 경우에는 주목할 만한 산업단지의 조성 없이도 인구 증가율이 안정적으로 나타났다. 1975~1985년에 낙후형 도시의 범주에 있던 순천시가 일약 고성장형 도시로 부상한 것은 광양만권의 공업화와 연계된다. 광양만권의 공업화는 정부의 중화학공업 육성정책의 일환으로 1974년 여천군 일대에 석유화학 및 관련공장을 입지시키기 위해 여천 국가산업단지가 조성되면서부터 시작되었고, 1987년 광양제철단지가 완공되면서 본격화되었다. 국가의 산업입지정책에 의한 임해산업단지의

<표 12-2> 도시규모별 인구성장률

| 도시규모 | 도시명 | 인구(명) | 연평균 인구증가율(%) | | | | |
|---|---|---|---|---|---|---|---|
| | | | 1975~1985 | 1985~1990 | 1990~1995 | 1995~2000 | 1985~2000 |
| 50만 명 이상 | 전주 | 616,327 | 3.14 | 3.93 | 1.72 | 1.82 | 2.49 |
| 25만 명~50만 명 미만 | 여수(여천) | 253,604 | 2.75 (3.37) | 0.14 (3.53) | 1.18 (3.54) | 0.25 | 0.78 |
| | 목포 | 250,524 | 2.02 | 0.58 | 0.36 | 0.25 | 0.40 |
| 10만 명~25만 명 미만 | 익산 | 245,023 | 4.95 | 1.13 | 2.68 | 1.09 | 1.63 |
| | 군산 | 220,224 | 1.82 | 3.28 | -0.69 | 0.88 | 1.15 |
| | 순천 | 197,597 | 1.21 | 6.52 | 1.50 | 1.86 | 3.27 |
| 10만 명 미만 | 정읍 | 72,610 | 3.68 | 1.84 | -4.01 | 0.50 | -0.59 |
| | 광양 | 72,530 | - | 7.35 | -1.41 | 3.27 | 3.16 |
| | 남원 | 55,845 | 1.88 | 0.55 | -2.20 | -0.23 | -0.64 |
| | 김제 | 43,637 | - | - | -4.10 | -0.49 | -2.31* |
| | 나주 | 39,211 | 0.36 | -1.25 | -7.66 | 1.10 | -2.68 |

<표 12-3> 서남권 주요 산업단지(1985~2000년 완공)

| 구 분 | 위 치 | 면 적(천㎡) | 조성 주체 | 조성 기간 |
|---|---|---|---|---|
| 여천국가산업단지(1차) | 여천시 | 22,190 | 한국수자원공사 | 1974~1996 |
| 여천국가산업단지(2차) | 여천시 | 8,753 | 서남산업단지 | 1990~ |
| 광양제철단지 | 광양시 | 14,880 | 포항제철(주) | 1982~1987 |
| 광양제철연관단지 | 광양시 | 1,551 | 한국토지공사 | 1984~1989 |
| 율촌제1산업단지 | 순천시 | 8,802 | 전라남도 | 1994~1997 |
| 군산국가산업단지 | 군산시 | 6,828 | 한국토지공사 | 1998~1994 |
| 군장국가산업단지 | 군산시 | 14,562 | 한국토지공사 | 1991~2001 |
| 익산제2산업단지 | 익산시 | 3,306 | 익산시 | 1984~1989 |
| 전주제2산업단지 | 전주시 | 687 | 전주시 | 1985~1987 |
| 전주제3산업단지 | 완주군 | 3,371 | 전라북도 | 1989~1993 |

입지는 광양만의 지리적 특성에 따른 것이며, 광양제철단지와 광양제철연관단지의 조성에 따른 광양시의 고용증가와 이로 인한 인구유입은 광양시 자체의 도시성장은 물론 광양만권 전체의 중심도시인 인접 순천시의 인구증가를 불러왔다. 이는 순천시의 행정·문화·교육·의료 등에서의 서비스기능이 안정된 정주기반으로 작용함으로써 광양만권의 공업화에 따른 외부 전입인구의 정주가 상당 부분 순천시에 집중되고 있기 때문이다.

이와 유사한 현상은 전주시에서도 발생하여 익산, 군산 등의 산업단지 개발에 의한 고용증가효과는 60만 이상 인구의 행정중심도시가 갖는 경제, 사회, 문화적 흡인력에 의해 전주시의 인구증가로 나타나고 있다. 고속화도로 등 지역간 연계도로의 정비에 의한 유통여건의 개선효과가 통근시간의 단축을 유도하여 직주분리에 대한 부담을 줄이고 있는 것도 개발지역과 인구증가지역이 별도의 도시에서 나타나고 있는 큰 원인이다. 이에 따라 군산, 여수 등과 같이 임해의 입지적 특성에 의해 나름대로 제조업의 활성화에 주력하고 있는 도시들은 일자리는 창출하였지만 도시인구의 성장에는 한계를 보이고 있다. 이 도시들은 해안부에 입지하여 서비스기능을 제공할 주변지역이 한정됨으로써 중심성이 큰 시설의 설치에 필요한 최소한의 이용인구 확보에 어려움이 있으므로 이들 시설의 유치가 불가능한 것도 도시발전을 저해하는 한 요인이 될 수 있다.

반면, 1990~1995년 사이에 인구 10만 미만 도시를 중심으로 현저한 인구감소현상이 일어났다. 광양시의 경우는 광양제철소가 준공됨에 따라 1989년 이후 많은 건설인력이 철수한 데서 발생했으나 나주, 김제, 정읍, 남원 등의 내륙도시에서는 산업기반이 취약한 이들 도시에서 경제적 여건과 자녀의 교육여건을 이유로 생산연령 중심의 인구가 빠져나감으로써 인구가 감소하였다. 이들 도시는 공통적으로 도시와 농촌의 기능이 혼재되어 있으며, 시가화 지역이 협소하고 노후한 도시기반시설이 도심에 집중되어 있다. 주변농촌지역의 중심도시로서 주변농촌지역과 연계된 서비스업에 의존적이었던 이들 도시는 농촌의 정주인구감소와 더

〈표 12-4〉 성장유형별 도시의 변화

| 도시성장 유형 | | 1975~1985 | 1985~2000 |
|---|---|---|---|
| 성장형 r≥R | 고성장형(r≥X) | 익산(4.95) | 순천(3.27), 광양(3.16), 전주(2.49) |
| | 성장형 (r<X) | 정읍(3.68), 전주(3.14) | 익산(1.63) |
| 정체형 r<R | 정체형 (r≥N) | 여수(2.75), 목포(2.02), 남원(1.88), 군산(1.82) | 군산(1.15), 여수(0.78), 목포(0.40) |
| | 낙후형 (r<N) | 순천(1.12), 나주(0.36) | 정읍(-0.59), 남원(-0.64), 김제(-2.13), 나주(-2.68) |
| 구분 기준 X: 전국시평균 증가율 R: 서남권도시 증가율 N: 전국 평균 증가율 | | 4.54 3.09 1.53 | 2.22 1.48 0.67 |

불어 그 기능이 약화됨에 따라 활력을 잃어가고 있다. 특히 지역간 도로의 정비와 자동차보급률의 증가로 주변 농촌지역 주민뿐 아니라 이들 중소도시 내의 주민 자체도 대도시에 높은 의존도를 보이고 있는데, 이는 이들 도시 내에 주변부 주민을 강력하게 끌어들일 수 있는 중심지 기능으로서 교육·의료·사회복지·문화·중심상업 등의 시설이 부족할 뿐 아니라 주변 농촌지역과 연계된 제조업의 유치 혹은 농림어업지원 기능이 매우 미약하기 때문이다.

서남권 중소도시의 인구성장률을 기준으로 전국도시와 비교하여 성장유형을 구분해보면 〈표 12-4〉와 같다.

## 2) 도시 성장유형별 기능변화 특성

### (1) 산업적 특성

서남권 중소도시의 산업별 고용밀도(인구 1,000인당 채용자수)는 제조업의 경우, 1986년 51.4인에서 1999년 45.6인으로 감소하였으나 같은 기간 동안 서비스업은 132.1에서 191.3으로 크게 증가하였다. 도시의 성장 여부와 산업별 고용밀도의 관계에서 1985년 이전까지는 성장도시에 있어 제조업부문의 채용기회 혹은 구성비가 월등하였음에 비해 1985~1999년의 고성장 도시인 순천시 및 전주시는 제조업부문에서 가장 낮은 고용밀도를 보여주고 있다.

산업별 종사자수 기준, 우위업종은 1986년 제조업(101,150: 28.83%), 도매 및 소매업(77,047: 21.96%), 숙박 및 음식점업(35,025: 9.98%)에서 1999년 도매 및 소매업(122,391: 18.52%), 제조업(112,560: 17.02%), 숙박 및 음식점업(81,602: 12.35%)으로 변화하였다. 이 중 제조업의 비중 감소는 최근의 경제성장이 정보기술산업에 의해 주도되고 있는 데 비해, 이 지역의 주력업종이 음식료, 섬유 등의 경공업에 의존적이어서 경쟁력을 잃고 있기 때문이며, 도매 및 소매업의 경우는 할인점 및 대형유통업체의 진출로 이 지역 중소유통업체의 영업기반이 약화되었기 때문으로 볼 수 있다. 비중이 늘어난 숙박 및 음식점업은 기초소비적언 측면의 영세

| 구 분 | | | 제조업 | | 서비스업 | |
|---|---|---|---|---|---|---|
| | | | 1986 | 1999 | 1986 | 1999 |
| 성장형 | 고성장형 | 순천 | 18 | 14 | 148 | 204 |
| | | 광양 | - | 100 | - | 214 |
| | | 전주 | 46 | 26 | 148 | 223 |
| | 성장형 | 익산 | 127 | 71 | 136 | 183 |
| 정체형 | 정체형 | 군산 | 91 | 43 | 139 | 186 |
| | | 여수 | 51 | 57 | 134 | 200 |
| | | 목포 | 43 | 22 | 142 | 228 |
| | 낙후형 | 정읍 | 22 | 41 | 127 | 157 |
| | | 남원 | 44 | 35 | 117 | 194 |
| | | 김제 | - | 43 | - | 140 |
| | | 나주 | 21 | 50 | 98 | 175 |

적 서비스산업의 범주에 있으므로 이 지역의 서비스산업 비중이 높다 하여도 부가가치나 일자리 창출력은 낮은 상태이다.

이러한 산업구조 특성은 1986년 산업단지 및 유입인구의 수용을 위한 주거단지 등의 건설을 계기로 건설업부문의 비중이 매우 높았던 광양시의 경우를 제외하면 1999년까지 큰 변화 없이 유지되고 있다.

제조업부문에서는 음식료품, 화합물 및 화학제품, 의복 및 모피제품, 제1차금속산업, 비금속광물제품의 종사자 비중이 높은 가운데 섬유제품 제조업이 1986년 19,723인(19.50%)에서 1999년 5,491인(4.88%)으로 감소한 반면, 화합물 및 화학제품 제조업은 6,037인(5.97%)에서 16,448인(14.61%)으로, 제1차 금속산업은 2,760인(2.37%)에서 9,550인(8.48%)으로 증가하였다. 이러한 변화는 익산시의 노동집약적 섬유제품 제조업이 중국 등의 영향으로 급속히 경쟁력을 잃었기 때문이며, 화합물 및 화학제품 제조업의 경우는 여천국가산업단지를 흡수한 여수시에서, 제1차 금속산업의 경우 광양시에서 주도함으로써 국가주도적 산업입지정책에 의한 금속산업(17.04), 여수시의 코크스, 석유정제품 및 핵연료 제조업(16.07)과 화합물 및 화학제품 제조업(11.22), 남원시와 전주시의 담배제조업(37.90 및 11.70)으로 나타났다. 기타 도시에서는 1986년과 마찬가지로 1999년에도 음식료품 제조업, 의복 및 모피제품 제조업, 목재 및 나무제품 제조업, 펄프 종이 및 종이제품 제조업, 비금속광물 제조업이며, 전반

〈표 12-6〉 산업별 우위업종 사업체수 및 종사자수

(단위: 개소, 명)

| 구 분 | | | 1986 | | | 1999 | | |
|---|---|---|---|---|---|---|---|---|
| | | | 사업명 | 사업<br>체수 | 종사<br>자수 | 사업명 | 사업<br>체수 | 종사<br>자수 |
| 성<br>장<br>형 | 고<br>성<br>장<br>형 | 순천 | 도매 및 소매업 | 2,742 | 6,440 | 도매 및 소매업 | 5,380 | 12,830 |
| | | | 숙박 및 음식점업 | 1,175 | 1,802 | 숙박 및 음식점업 | 4,063 | 9,002 |
| | | | 제조업 | 634 | 1,774 | 기타공공서비스업 | 2,769 | 3,687 |
| | | 광양 | 건설업 | 79 | 11,801 | 제조업 | 509 | 13,110 |
| | | | 제조업 | 35 | 2,465 | 도매 및 소매업 | 2,311 | 5,155 |
| | | | 운수, 창고, 통신업 | 136 | 505 | 숙박 및 음식점업 | 2,022 | 4,324 |
| | | 전주 | 제조업 | 2,149 | 21,104 | 도매 및 소매업 | 12,191 | 31,443 |
| | | | 도매 및 소매업 | 7,470 | 19,116 | 숙박 및 음식점업 | 7,155 | 18,171 |
| | | | 숙박 및 음식점업 | 2,976 | 8,666 | 제조업 | 2,333 | 16,016 |
| | 성<br>장<br>형 | 익산 | 제조업 | 1,142 | 24,851 | 제조업 | 2,123 | 23,993 |
| | | | 도매 및 소매업 | 3,406 | 7,799 | 도매 및 소매업 | 6,473 | 5,649 |
| | | | 숙박 및 음식점업 | 1,423 | 3,869 | 숙박 및 음식점업 | 4,185 | 3,698 |
| 정<br>체<br>형 | 정<br>체<br>형 | 군산 | 제조업 | 1,051 | 17,206 | 도매 및 소매업 | 5,804 | 12,210 |
| | | | 도매 및 소매업 | 3,971 | 8,263 | 제조업 | 1,111 | 11,945 |
| | | | 숙박 및 음식점업 | 1,602 | 4,347 | 숙박 및 음식점업 | 4,042 | 8,801 |
| | | 여수 | 제조업 | 828 | 8,879 | 제조업 | 1,437 | 18,767 |
| | | | 도매 및 소매업 | 4,186 | 8,533 | 도매 및 소매업 | 7,062 | 15,120 |
| | | | 숙박 및 음식점업 | 1,643 | 4,023 | 숙박 및 음식점업 | 5,231 | 10,746 |
| | | 목포 | 도매 및 소매업 | 5,114 | 11,653 | 도매 및 소매업 | 5,866 | 12,856 |
| | | | 제조업 | 1,136 | 10,108 | 숙박 및 음식점업 | 3,924 | 9,143 |
| | | | 기타 공공서비스업 | 1,123 | 4,910 | 기타공공서비스업 | 3,585 | 6,313 |
| | 낙<br>후<br>형 | 정읍 | 도매 및 소매업 | 1,645 | 3,688 | 제조업 | 815 | 6,164 |
| | | | 숙박 및 음식점업 | 635 | 1,802 | 도매 및 소매업 | 2,748 | 4,596 |
| | | | 제조업 | 406 | 1,774 | 숙박 및 음식점업 | 1,604 | 3,687 |
| | | 남원 | 도매 및 소매업 | 1,266 | 4,689 | 도매 및 소매업 | 1,922 | 4,596 |
| | | | 제조업 | 394 | 2,687 | 제조업 | 671 | 3,715 |
| | | | 숙박 및 음식점업 | 527 | 1,201 | 숙박 및 음식점업 | 1,014 | 3,687 |
| | | 김제 | 제조업 | 619 | 2,582 | 제조업 | 671 | 5,142 |
| | | | 도매 및 소매업 | 1,798 | 3,217 | 도매 및 소매업 | 1,922 | 3,923 |
| | | | 교육서비스업 | 150 | 1,785 | 숙박 및 음식점업 | 1,014 | 2,261 |
| | | 나주 | 도매 및 소매업 | 1,057 | 2,155 | 제조업 | 869 | 5,527 |
| | | | 제조업 | 239 | 1,248 | 도매 및 소매업 | 1,157 | 4,322 |
| | | | 숙박 및 음식점업 | 341 | 787 | 공공행정서비스업 | 75 | 2,448 |

출처: 1986년 총사업체 통계조사보고서 및 1999년 기준 사업체 기초통계조사보고서.

적으로 노동집약적 경공업에서의 특화지수가 한층 높아졌다.

제조업 중 첨단기술분야의 범주에 있는 컴퓨터 및 사무용 기기 제조업,

## ⟨표 12-7⟩ 도시별 제조업 특화지수(1999년)

| 구 분 | 성장형 | | | | 정체형 | | | | | | | 종사자 계(인) |
|---|---|---|---|---|---|---|---|---|---|---|---|---|
| | 고성장형 | | | 성장형 | 정체형 | | | | 낙후형 | | | |
| | 순천 | 광양 | 전주 | 익산 | 군산 | 여수 | 목포 | 정읍 | 남원 | 김제 | 나주 | |
| 음식료품 | 2.42 | 0.38 | 1.09 | 1.83 | 2.26 | 1.60 | 3.25 | 0.27 | 2.44 | 4.14 | 4.24 | 20,469 |
| 담배 | - | - | 11.70 | - | - | - | - | - | 37.90 | - | - | 352 |
| 섬유제품 | 0.52 | 0.04 | 1.03 | 0.92 | 0.25 | 0.08 | 0.90 | 0.05 | 1.07 | 0.27 | 0.66 | 5,491 |
| 의복및모피제품 | 0.51 | 0.08 | 5.88 | 2.62 | 0.84 | 0.16 | 0.79 | 0.01 | 1.46 | 0.12 | 0.10 | 10,577 |
| 가죽가방마구류및신발 | 0.03 | - | 0.05 | 0.12 | 0.12 | 0.02 | 0.17 | - | - | - | 0.24 | 166 |
| 목재및나무제품 | 2.01 | 0.29 | 1.00 | 0.87 | 4.74 | 0.76 | 1.40 | 0.02 | 13.33 | 2.20 | 6.51 | 2,961 |
| 펄프종이및종이제품 | 0.53 | - | 4.37 | 0.34 | 3.35 | 0.02 | 0.66 | 0.06 | 1.31 | 4.58 | 0.70 | 3,674 |
| 출판인쇄및기록매체 | 0.62 | 0.06 | 1.68 | 0.24 | 0.34 | 0.26 | 1.24 | 0.01 | 0.39 | 0.11 | 0.15 | 2,288 |
| 코크스석유정제품및핵연료 | 2.22 | 0.36 | - | 0.02 | - | 16.07 | - | - | - | 0.10 | - | 1,309 |
| 화합물및화학제품 | 0.29 | 0.45 | 1.55 | 1.25 | 1.55 | 11.22 | 0.04 | 0.02 | 0.37 | 0.33 | 1.28 | 16,448 |
| 고무및플라스틱제품 | 0.41 | 0.14 | 0.26 | 0.57 | 0.60 | 0.14 | 0.26 | 0.05 | 0.15 | 1.23 | 1.38 | 2,490 |
| 비금속광물제품 | 0.33 | 2.37 | 0.66 | 2.21 | 3.51 | 0.90 | 5.21 | 0.04 | 3.67 | 3.05 | 2.91 | 9,180 |
| 제1차금속산업 | 4.50 | 17.04 | 0.32 | 0.26 | 0.28 | 0.10 | 0.06 | 0.02 | 0.02 | 0.28 | 0.25 | 9,550 |
| 조립금속제품 | 1.71 | 1.01 | 0.60 | 0.77 | 0.44 | 0.53 | 1.04 | 0.03 | 0.64 | 1.26 | 0.68 | 6,591 |
| 기타기계및장비 | 0.49 | 0.40 | 0.27 | 0.26 | 0.40 | 0.24 | 0.31 | 0.15 | 0.18 | 0.59 | 0.04 | 4,223 |
| 컴퓨터및전기기계 | 0.39 | 0.06 | 0.36 | 0.60 | 1.24 | 0.07 | 0.18 | 0.02 | 0.04 | 0.05 | 0.03 | 2,606 |
| 전자부품,영상,음향및통신장비 | 0.63 | - | 0.02 | 1.53 | 0.22 | - | 0.03 | 0.15 | 0.01 | 0.11 | 0.01 | 4,738 |
| 의료,정밀,광학기기및시계 | 0.43 | 0.17 | 0.24 | 0.18 | 0.16 | 0.05 | 0.21 | 0.05 | 0.17 | 0.58 | 0.48 | 746 |
| 운송장비 | 0.09 | 0.04 | 0.01 | 0.63 | 1.31 | 0.19 | 1.00 | 0.02 | 0.28 | - | 0.06 | 4,436 |
| 가구및기타 | 1.51 | 0.18 | 1.25 | 1.04 | 0.42 | 0.32 | 1.26 | 0.02 | 1.99 | 0.43 | 1.36 | 3,908 |
| 재생재료가공처리 | 1.70 | 6.73 | 0.81 | 0.75 | - | - | 0.08 | - | - | 1.21 | 1.73 | 357 |
| 계 | 0.32 | 1.15 | 0.43 | 1.11 | 0.76 | 0.84 | 0.36 | 0.83 | 0.63 | 0.89 | 0.84 | 112,560 |

출처: 통계청, 사업체기초통계조사 보고서.

기타 전기기계 및 전기변환장치 제조업, 전자부품·영상·음향 및 통신장비 제조업, 의료·정밀·광학기기 및 시계 제조업의 점유비중 합은 10.94%이며, 이 분야의 전국 종사자 점유 비중은 2.3%에 불과하다.

제조업의 경우, 1980년대까지 도시성장의 중추적 역할은 이 부문에 의해 주도되었으므로 제조업 고용밀도는 도시의 성장여부를 판단하는 하나의 척도로 사용되었다. 그러나 제조업부문에서의 고용창출이 소도시 성장의 관건이라는 인식 아래 지방산업단지와 농공단지의 조성으로 제조업 고용밀도를 두 배 이상 향상시킨 정읍시와 나주시의 경우에도 낙후형 도시의 범주를 벗어나지 못했다. 고성장형 도시의 범주에 있는 순천시와 전주시의 제조업 고용밀도가 서남권 도시 중 최하위에 있는 것도 특기할 만하다.

〈표 12-8〉 제조업 우위업종별 사업체수 및 종사자수

| 구 분 | | | 사 업 명 | 1986 | | 1999 | |
|---|---|---|---|---|---|---|---|
| | | | | 사업체수 | 종사자수 | 사업체수 | 종사자수 |
| 성장형 | 고성장형 | 순천 | 음식료품제조업 | 100 | 856 | 327 | 1,024 |
| | | | 의복 및 모피제품제조업 | 208 | 362 | 48 | 748 |
| | | | 비금속광물제품제조업 | 40 | 295 | 61 | 614 |
| | | 광양 | 제1차금속산업 | 1 | 2,089 | 11 | 7,987 |
| | | | 비금속광물제품제조업 | 4 | 279 | 38 | 1,162 |
| | | | 조립금속제품제조업 | 3 | 38 | 36 | 1,022 |
| | | 전주 | 의복 및 모피제품제조업 | 727 | 6,799 | 420 | 5,368 |
| | | | 음식료품제조업 | 254 | 1,760 | 594 | 1,587 |
| | | | 펄프종이 및 종이제품제조업 | 33 | 1,444 | 34 | 1,481 |
| | 성장형 | 익산 | 의복 및 모피제품제조업 | 322 | 13,866 | 238 | 3,992 |
| | | | 가구 및 기타제조업 | 182 | 3,827 | 267 | 3,588 |
| | | | 음식료품제조업 | 138 | 2,053 | 517 | 3,234 |
| 정체형 | 정체형 | 군산 | 음식료품제조업 | 172 | 4,696 | 381 | 2,460 |
| | | | 목재 및 나무제품제조업 | 111 | 3,243 | 77 | 1,588 |
| | | | 의복 및 모피제품제조업 | 307 | 1,830 | 101 | 1,567 |
| | | 여수 | 음식료품제조업 | 172 | 5,591 | 538 | 11,384 |
| | | | 화합물 및 화학제품제조업 | 2 | 1,318 | 52 | 2,272 |
| | | | 의복 및 모피제품제조업 | 256 | 424 | 120 | 1,231 |
| | | 목포 | 비금속광물제품제조업 | 35 | 2,644 | 35 | 1,640 |
| | | | 음식료품제조업 | 199 | 2,444 | 292 | 1,081 |
| | | | 의복 및 모피제품제조업 | 374 | 2,026 | 170 | 565 |
| | 낙후형 | 정읍 | 음식료품제조업 | 103 | 531 | 378 | 1,694 |
| | | | 전자부품,음향 및 통신장비 | 3 | 314 | 4 | 930 |
| | | | 의복 및 모피제품제조업 | 103 | 180 | 29 | 913 |
| | | 남원 | 음식료품 및 담배제조업 | 63 | 1,030 | 256 | 824 |
| | | | 가구 및 기타제조업 | 52 | 338 | 102 | 625 |
| | | | 목재 및 나무제품제조업 | 46 | 265 | 139 | 509 |
| | | 김제 | 음식료품제조업 | 302 | 1,056 | 333 | 1,940 |
| | | | 의복 및 모피제품제조업 | 127 | 618 | 30 | 586 |
| | | | 비금속광물제품제조업 | 49 | 313 | 66 | 499 |
| | | 나주 | 음식료품제조업 | 53 | 369 | 345 | 2,132 |
| | | | 화합물 및 화학제품제조업 | 1 | 315 | 22 | 602 |
| | | | 의복 및 모피제품제조업 | 73 | 243 | 24 | 454 |

출처: 통계청, 총사업체 통계조사보고서, 1986; 통계청, 사업체 통계조사보고서, 1999.

이러한 결과는 이 지역들의 산업구조가 부가가치가 낮은 노동집약산업에 의존하다 이들 산업이 쇠퇴한 데 따라 발생한 것으로, 제조업 자체

## 〈표 12-9〉 서비스업 특화지수

| 구 분 | 성장형 | | | | 정체형 | | | | | | | 종사자계(인) |
| --- | --- | --- | --- | --- | --- | --- | --- | --- | --- | --- | --- | --- |
| | 고성장형 | | | 성장형 | 정체형 | | | 낙후형 | | | | |
| | 순천 | 광양 | 전주 | 익산 | 군산 | 여수 | 목포 | 정읍 | 남원 | 김제 | 나주 | |
| 전기, 가스 및 수도사업 | 1.47 | 0.80 | 0.71 | 0.92 | 1.39 | 1.54 | 0.51 | 1.16 | 1.19 | 0.71 | 0.06 | 2,883 |
| 건설업 | 0.93 | 1.68 | 1.46 | 0.36 | 0.66 | 0.76 | 1.14 | 0.45 | 0.66 | 0.76 | 1.04 | 32,123 |
| 도매 및 소매업 | 1.20 | 0.66 | 1.13 | 0.91 | 1.04 | 0.91 | 1.14 | 1.03 | 1.05 | 0.98 | 0.94 | 122,391 |
| 숙박 및 음식점업 | 1.36 | 0.89 | 1.06 | 0.97 | 1.22 | 1.04 | 1.31 | 1.09 | 1.36 | 0.91 | 0.83 | 81,602 |
| 운수, 창고 및 통신업 | 1.31 | 1.29 | 1.10 | 1.01 | 1.18 | 1.00 | 1.17 | 0.99 | 1.08 | 1.07 | 0.83 | 48,733 |
| 금융 및 보험업 | 1.04 | 0.70 | 1.43 | 1.06 | 1.09 | 0.90 | 1.42 | 1.16 | 1.19 | 0.93 | 1.04 | 37,088 |
| 부동산임대업 및 사업서비스업 | 0.78 | 1.12 | 0.84 | 0.64 | 0.57 | 0.63 | 0.67 | 0.46 | 0.36 | 0.32 | 0.35 | 29,825 |
| 공공행정국방 및 사회보장행정 | 1.57 | 1.03 | 1.44 | 0.84 | 1.39 | 1.24 | 1.57 | 1.76 | 1.89 | 2.09 | 2.25 | 39,883 |
| 교육서비스업 | 1.35 | 0.84 | 1.35 | 1.31 | 1.25 | 0.99 | 1.30 | 1.45 | 1.37 | 1.44 | 1.36 | 55,612 |
| 보건 및 사회복지사업 | 1.30 | 0.41 | 1.38 | 1.50 | 1.12 | 1.04 | 1.34 | 1.01 | 1.15 | 0.79 | 1.55 | 26,716 |
| 기타공공사회 및 개인서비스업 | 1.29 | 0.92 | 1.30 | 1.14 | 1.26 | 1.09 | 1.35 | 1.22 | 1.26 | 1.12 | 1.05 | 59,978 |

출처: 1999년 기준 사업체 기초통계조사보고서

## 〈표 12-10〉 생산자서비스 종사자 현황

| 구분 | 금융업 | | 보험 | | 금융서비스 | | 부동산 | | 장비임대 | | 정보처리 | | 연구개발 | | 전문기술서비스 | |
| --- | --- | --- | --- | --- | --- | --- | --- | --- | --- | --- | --- | --- | --- | --- | --- | --- |
| 순천 | 1478 | 1.27 | 2046 | 1.60 | 129 | 0.34 | 1587 | 1.42 | 491 | 1.52 | 36 | 0.11 | 16 | 0.07 | 1414 | 0.74 |
| 광양 | 568 | 0.67 | 553 | 0.59 | 351 | 1.25 | 481 | 0.59 | 166 | 0.70 | 290 | 1.22 | - | - | 2254 | 1.61 |
| 전주 | 3406 | 1.13 | 6309 | 1.90 | 770 | 0.77 | 3048 | 1.05 | 1076 | 1.28 | 258 | 0.31 | 131 | 0.24 | 3998 | 0.81 |
| 익산 | 1603 | 0.94 | 2020 | 1.08 | 743 | 1.32 | 1155 | 0.71 | 474 | 1.00 | 30 | 0.06 | 207 | 0.66 | 1747 | 0.52 |
| 군산 | 1640 | 1.29 | 1236 | 0.89 | 496 | 1.18 | 956 | 0.78 | 438 | 1.24 | 12 | 0.03 | 6 | 0.03 | 997 | 0.48 |
| 여수 | 1652 | 0.92 | 1817 | 0.92 | 580 | 0.97 | 1080 | 0.62 | 529 | 1.06 | 20 | 0.04 | 80 | 0.24 | 2067 | 0.70 |
| 목포 | 1523 | 1.25 | 2380 | 1.77 | 292 | 0.72 | 927 | 0.79 | 506 | 1.49 | 16 | 0.05 | 27 | 0.12 | 1277 | 0.63 |
| 정읍 | 815 | 1.38 | 806 | 1.24 | 55 | 0.28 | 328 | 0.58 | 138 | 0.84 | - | - | 10 | 0.09 | 447 | 0.46 |
| 남원 | 687 | 1.44 | 631 | 1.21 | 59 | 0.38 | 193 | 0.42 | 114 | 0.86 | - | - | 8 | 0.09 | 256 | 0.33 |
| 김제 | 526 | 1.21 | 204 | 0.43 | 255 | 1.78 | 88 | 0.21 | 110 | 0.91 | - | - | 18 | 0.23 | 249 | 0.35 |
| 나주 | 734 | 1.47 | 399 | 0.73 | 126 | 0.76 | 144 | 0.30 | 106 | 0.76 | - | - | 25 | 0.27 | 305 | 0.37 |
| 계 | 14633 | | 18401 | | 3856 | | 9987 | | 4148 | | 662 | | 528 | | 15011 | |
| 전국(천명) | 254 | | 280 | | 841 | | 244 | | 71 | | 71 | | 47 | | 420 | |
| 비중(%) | 5.75 | | 6.57 | | 4.59 | | 4.09 | | 5.86 | | 0.93 | | 1.13 | | 3.58 | |

출처: 통계청, 사업체 기초통계조사보고서, 1999년 기준.

의 활성화가 갖는 도시성장력이 감소했다고 보기는 힘들다. 다만, 기술혁신에 의한 고부가가치의 창출이 어려운 제조업은 경우에 따라 도시경제를 침체시켜 상대적 정체 혹은 낙후를 초래할 수도 있다는 것이다. 현재 전주시와 순천시가 부가가치가 높고, 많은 고용창출이 가능한 새로운 지식정보산업의 유치에 고심하고 있는 것도 위치적 특성에 따른 주변지역의 개발효과를 흡수하는 것만으로는 도시의 성장에 한계가 있음을 인식하고 있기 때문이다.

한편, 제조업의 고용밀도가 매우 높은 광양시의 경우, 대규모 국가산업단지 조성에 따른 제조업의 견인차 역할에 힘입어 관련 건설업, 운수창고업, 금융업 등의 성장에 의한 서비스업의 높은 고용증가가 이루어졌다.

서비스업에서는 고성장형 도시 전체의 고용밀도가 매우 높게 나타났다. 지역별로는 여수와 순천의 전기·가스 및 수도사업, 광양의 건설업, 남원·목포의 숙박 및 음식점업, 순천·광양의 운수업, 목포·순천·전주의 금융 및 보험업이 약간의 특화도를 보이고 있다. 또한 광양을 제외한 모든 도시에서 공공행정 및 사회보장행정, 교육서비스업, 보건 및 사회복지사업, 기타 공공수리 및 개인서비스업에 특화도를 보이고 있다. 그러나이 부분의 특화는 타분야의 대도시 산업기능이 너무 강하기 때문에 상대적으로 같은 분야의 중소도시 산업기반이 지나치게 취약함으로써 공공적 차원의 서비스업 기능이 특화의 성격으로 나타난 것이다.

재화생산과정의 중간재 역할을 하여 지역 내 산업경제 발달에 중요한조건이 되고 있는 생산자서비스 고용자수는 6만 7,226인으로 전국의 4.57%에 불과하다. 특히 정보처리, 연구개발, 사업서비스 등 지식기반서비스산업의 점유율이 0.93%, 1.13%, 3.58%로 가장 낮아 권역 내 지식기반산업의 육성 및 산업 전반의 성장을 지원하기 어려운 실정이다. 이들지식기반 서비스산업은 전체적으로 비중이 낮은 가운데에서도 성장형및 정체형 도시의 구분에 비례하여 특화수준을 보임으로써 이들 산업의성장에 의한 도시성장의 가능성을 엿보게 한다.

(2) 주거환경 특성

지방중소도시에 있어 주거환경은 경제기반과 더불어 정주여건으로 중요하게 작용한다. 특히 지방중소도시의 주택보급률이 획기적으로 개선된 현 시점에서는 교육, 문화, 보건, 중심상업, 체육시설 등의 충실한 정비와 양호한 자연환경의 보전이 중요한 과제가 될 것이므로 이 항목들을

〈표 12-11〉 도시유형별 주거환경 지표

(단위: %, 명, 개소)

| 구분 | | | 주택보급률 | 상수도보급률 | 하수도보급률 | 보건(1만 인당) | | 문화시설 | 체육시설 | 중심상업시설 | 대학/학생수 | 문화재 | 차량수(인구백인당) | 1인당 지방세부담액 | 저소득주민비율 |
|---|---|---|---|---|---|---|---|---|---|---|---|---|---|---|---|
| | | | | | | 의료종사자 | 병상수 | | | | | | | | |
| 성장형 | 고성장형 | 순천 | 94.40 | 78.98 | 62.21 | 62.79 | 73.19 | 18 | 5 | 1 | 3/20,591 | 96 | 23.05 | 305,775 | 4.53 |
| | | 광양 | 99.22 | 66.31 | 12.53 | 24.73 | 43.54 | 7 | 2 | 2 | 2/3,292 | 13 | 26.95 | 416,821 | 1.83 |
| | | 전주 | 90.13 | 93.03 | 93.60 | 84.14 | 53.13 | 32 | 8 | 6 | 6/55,229 | 66 | 24.12 | 323,026 | 3.02 |
| | 성장형 | 익산 | 93.40 | 80.60 | 37.30 | 64.07 | 60.13 | 19 | 4 | 3 | 3/28,154 | 48 | 22.95 | 251,046 | 5.95 |
| 정체형 | 정체형 | 군산 | 97.77 | 83.00 | 100.00 | 52.18 | 56.78 | 15 | 5 | 1 | 5/32,885 | 14 | 22.64 | 280,023 | 3.17 |
| | | 여수 | 97.42 | 79.12 | 0.51 | 44.84 | 46.55 | 12 | 7 | 2 | 2/6,921 | 30 | 19.53 | 336,873 | 3.36 |
| | | 목포 | 88.13 | 99.56 | 68.96 | 78.79 | 101.56 | 15 | 3 | 1 | 4/18,354 | 10 | 20.25 | 258,493 | 4.65 |
| | 낙후형 | 정읍 | 92.58 | 67.78 | 40.06 | 44.51 | 49.78 | 5 | 5 | 1 | 1/2,430 | 65 | 18.94 | 177,815 | 9.05 |
| | | 남원 | 95.38 | 53.57 | 52.76 | 48.23 | 81.56 | 7 | 1 | - | 1/4,097 | 99 | 20.15 | 202,833 | 7.05 |
| | | 김제 | 95.80 | 56.24 | 34.21 | 35.86 | 59.84 | 8 | 2 | - | 2/2,836 | 48 | 21.82 | 198,206 | 8.76 |
| | | 나주 | 99.64 | 39.29 | 47.90 | 51.76 | 84.61 | 10 | 2 | - | 3/10,277 | 63 | 22.14 | 206,295 | 11.74 |
| 전국 시평균 | | | 84.01 | 91.90 | 79.29 | 55.90 | 61.2 | - | - | - | - | - | 23.64 | 408,828 | - |
| 전국 평균 | | | 94.10 | 91.19 | 77.52 | 56.03 | 52.4 | - | - | - | - | - | 23.76 | - | - |

주: 1) 문화시설은 도서관, 박물관, 영화관, 공연장, 각종 회관, 미술관의 합계
   2) 체육시설은 경기장 및 등록체육시설 포함
   3) 중심상업시설은 대형마켓, 도매센터, 백화점, 쇼핑센터 합계
출처: 『한국도시연감』, 2000.

중심으로 고찰하였다.

주거환경 측면은 도시의 성장유형별 특성만으로 설명하기 어려우며 인구규모, 경제력, 입지적 특성 등에 따라 큰 차이를 보였다. 일반적으로 인구규모가 크고 역사가 오래된 내륙도시의 문화, 교육, 의료, 상하수도 등 전반적 환경이 양호하였다.

전주시의 경우, 1인당 지방세부담액을 제외한 전 지표가 전국 시평균을 웃도는 가운데 상·하수도 보급률, 보건, 문화, 중심상업, 교육, 체육시

설 측면에서 타도시에 비해 두드러진다. 이와 같은 주거환경의 안정된 기반이 산업단지의 조성 없이도 주변도시의 산업화에 따른 유입인구를 흡수하여 지속적인 인구증가로 나타나고 있는 것이다.

서남권의 대표적인 산업도시인 광양시의 경우, 소득지표와 관련된 1인당 지방세 부담액과 차량보급률은 전국 시평균을 넘어 두드러지며, 저소득 주민비율이 뚜렷하게 낮으나 보건, 문화, 체육, 상·하수도 보급률 측면에서는 낙후형 도시의 범주에 있다. 아황산가스를 기준으로 한 환경오염은 여수와 함께 가장 높게 나타났다. 이렇듯 열악한 환경에서도 인구증가율이 두드러진 것은 광양제철단지 조성에 따른 유입인구에 대해 산업단지 배후 신도시를 계획적으로 조성하여 공급한 데 기인한 것으로 볼수 있다. 그러나 최근에는 열악한 주거환경으로 인해 많은 인구가 순천시 등으로 유출되고 있는 실정이다.

주거환경 지표별 특성으로는 주택보급률에 있어 모든 도시가 전국 시평균을 훨씬 넘어서고 있다. 상하수도 보급률은 전주·군산·목포시에서, 보건은 순천·전주·익산·목포·남원·나주시에서, 차량대수는 광양·전주시에서 전국 시평균을 넘고 있다. 문화시설은 전주·익산·순천시, 체육시설은 전주·여수시, 교육시설은 전주·군산·익산·순천시의 상황이 양호하며, 전반적으로는 여수시와 낙후형 도시들에 있어 주거환경이 열악하다. 특히 낙후형 도시들에서는 상하수도 보급률, 체육시설, 중심상업시설의 여건이 매우 열악하며 성장형 도시뿐 아니라 정체형 도시에 비해서도 1인당 지방세 부담액의 급락과 저소득주민비율의 급증이 두드러진다.

입지적 특성 측면에서 남원·순천·전주·정읍·나주시 등의 내륙도시는 목포·광양·군산·여수 등의 해안도시에 비해 문화재의 보유량이 높으며 자연환경이 쾌적한 점을 특징으로 들 수 있다.

## 3) 지방중소도시의 성장요인

1980년대까지 지방중소도시의 성장은 제조업의 집적과 긴밀히 연계되었으며, 이 당시의 산업단지 입지는 국가의 산업입지정책에 의해 이루어졌다. 고속도로, 항만, 다목적댐 등의 사회간접자본과 더불어 공급된 대규모 산업단지는 일자리를 창출하여 인구유입을 도모하였으며, 유입된 인구에 대한 지원서비스산업 및 산업단지 지원서비스산업에 의한 연관 서비스산업이 성장하는 계기가 됨으로써 도시성장의 결정적 역할을 한 것이다.

이 시기에 지역균형개발 차원에서 입지가 결정된 산업단지의 특성으로는 먼저 여천국가산업단지 및 광양제철단지와 같이 제조업 구조가 특화되어 있는 경우와 군산국가산업단지, 전주, 익산산업단지와 같이 이업종단지가 집합된 경우로 나눌 수 있다. 특화단지와 이업종단지에 서는 제조업 체계상 계열을 형성하기 어려웠던 이업종단지의 경쟁력이 먼저 약화되었으며, 특화단지의 경우도 국내외 제조업의 여건이 변화함에 따라 사양산업화되거나 자동화공정에 의존하게 됨에 따라 도시성장에 제약요인이 되었다. 따라서 지속적으로 제조업의 구조개선을 도모하며 관련산업의 유치 및 서비스산업과의 연계노력이 제조업에 의한 도시성장의 필수적 조건이 되고 있다.

이에 비해 1990년대 후반 중소도시 발전의 두드러진 특징으로 들 수 있는 것이 제조업 성장과 인구성장이 별도의 도시에서 일어나고 있다는 점이다. 환경과 문화, 교육에 대한 일반인의 관심이 높아지면서 대규모 산업단지의 입지에 의해 환경이 열악해진 공업도시에서 일은 하되, 문화·교육·의료 등 중심서비스기능이 강화된 인근 도시에 정주지를 결정하는 경우가 많아졌다. 그 대표적 도시가 전주시와 순천시로서 주변 도시에서 일어나고 있는 산업단지 개발에 의한 인구유입이 이들 도시에서 발생하고 있는 것이다. 이는 자동차 보급률의 증가 와 도로의 정비에 의해 인접 도시간 통근시간·거리 개념이 매우 단축되었기 때문인데, 이러한 현상은 앞으로도 지속·가속화될 것이다. 또한 산업의 경쟁력이 해안입지형의 중화학, 기계장비 제조업보다는 인력과 기술 중심의 정보관련 산업에 있으며, 자연, 문화, 교육연구환경이 양호한 도시에 집적될 것이므로 이들 도시의 성장잠재력은 더욱 큰 셈이다.

물론 앞으로도 국가주도에 의한 지방중소도시의 성장가능성을 배제할 수는 없다. 도시의 입지적 특성에 따른 산업화는 제4차 국토종합계획에서도 아산·군장, 목포·광양만, 진주 등 서해안과 남해연안에 항만 의존적인 원재료·소재, 정밀화학, 중기계 및 수송기계, 환경설비 등 자본재 기간산업을 유치하도록 되어 있고, 이는 고속도로 및 고속철도, 물류 및 산업단지 등의 상위계획적 영향이 지방중소도시에 미칠 영향이 매우 크기 때문이다. 그러나 지방중소도시의 자생력을 기반으로 활성화하기 위해 비교우위에 있는 전략산업을 도시 스스로가 선정·육성케 하며 이를 지원해나가겠다는 것이 중앙정부의 정책방향이며, 각 도시의 경쟁력은 도시 스스로가 확보하는 것이 지방자치의 근본취지이므로 향후 지방중소도시의 성장 여부는 각 도시의 경쟁력 향상을 위한 노력에 달려 있다 하겠다.

## 3. 지방중소도시의 위상과 발전방안

### 1) 지방중소도시의 위상정립

21세기의 여건변화가 지방중소도시에 미칠 영향은 다양하다. 세계화와 지방화의 추세에 따라 도시의 경쟁력이 주변국과의 관계에서 정립되어 갈 것이며 도시간 경쟁이 심화되는 한편, 이에 따른 자원의 비효율적 이용 및 중복투자 문제를 완화하기 위한 상호협력이 증가할 것이다. 정보화·고속화·기술혁신 등에 의한 지역산업의 재구조화와 광역 정주체계 확립, 가치관의 다원화와 환경·문화가치의 증대로 이들 수준이 주민의 정주지 및 기업의 지역선택에 있어 중요한 요인으로 작용할 것이다. 이러한 여건변화에 대응하여 서남권의 각 중소도시들이 2015~2020년을 목표로 한 도시기본계획에서 전망하고 있는 도시발전의 제약요인, 잠재력, 미래상은 〈표 12-12〉와 같다.

이들 도시에 있어 발전의 제약요인으로는 산업 측면에서 모든 도시가 전반적인 2·3차 산업기능이 미약한 점을 들고 있다. 특히, 광양은 공업의 급신장에 비교한 물류 및 유통기능의 미약함을, 전주는 고부가가치산업

| 구분 | | | 제약조건 | 잠재력 | 미래상 |
|---|---|---|---|---|---|
| 성장형 | 고성장형 | 순천 | • 서울·부산축과 연계미약<br>• 협소한 개발가능지<br>• 철도의 도심관통과 도로의 연계체계 미흡<br>• 공업, 서비스업기능 미약<br>• 관광자원 체계적 연계 미약 | • 광양만권의 교통중심지<br>• 전남동부권의 교육·교통·산업·문화중심지<br>• 양호한 주거지 여건<br>• 광양만권 신산업지대와 연계한 공업기반 조성의 용이<br>• 내륙·해양·내수면 관광자원 | • 환경친화 표본도시<br>• 광양만권 배후중심도시<br>• 교육·문화 중심도시<br>• 첨단정보도시<br>• 국제화 도시 |
| | | 광양 | • 개발가용지한계-U자형 개발축과 2심체계에 의한 중심지 미약<br>• 고밀도의 도시개발과 도시생활환경의 질적 수준 저하<br>• 지역간 광역도로체계 중심으로 도시내부교통체계의 미약<br>• 공업의 급신장에 비해 물류·유통기능 미약 | • 환황해권 및 국토개발축의 중심에 위치<br>• 천혜의 항만조건과 임해공업도시 기능수행 용이<br>• 광양만권 배후도시기능 수행용이<br>• 육·해·공의 복합수송망 체계 구축가능<br>• 쾌적한 정주도시환경조성 | • 21세기 글로벌시대를 주도하는 세계적 항만·공업 도시<br>- 동북아경제권 거점항만도시<br>- 세계적인 국제자유무역·금융·업무·정보도시<br>- 광양만권의 육해상 물류·유통중심도시<br>- 광양·진주광역권의 신산업을 주도하는 임해공업도시<br>- 쾌적하고 풍요로운 광양만권 배후중심도시 |
| | | 전주 | • 고부가가치산업의 부재와 지역경제 활성화 미약<br>• 인구증가에 따른 도시기반 시설 부족<br>• 개발에 따른 양호한 자연환경훼손 우려<br>• 관광상품 부족<br>• 지역인재의 외부유출 | • 전북도의 행정·문화·교육·의료의 중심지<br>• 시가지 주변의 양호한 자연환경과 풍부한 전통문화예술자원<br>• 영상문화산업의 수도 지정 | • 전통문화예술·환경·정보의 도시<br>- 문화를 창조하는 도시<br>- 환경을 중시하는 도시<br>- 지식·정보의 도시<br>- 농촌서비스 지원도시 |
| | | 익산 | • 평탄한 지형과 개발가용지의 우량농지보전정책에 의한 개발제한<br>• 교통요충지이나 3차산업 기반 미약<br>• 교통수단간 연계 미약<br>• 관광자원의 체계적 관리 및 연계 미약 | • 전주·익산·군산연담도시권 중심<br>• 마·백문화권의 중심지<br>• 평탄지형에 의한 연속적인 도시성장축 형성 가능<br>• 교통의 중심지로 유통기지의 건설후보지 | • 도시와 농촌이 어우러진 풍요로운 삶의 도시<br>- 역사·문화도시<br>- 산업·유통도시<br>- 보석도시, 종교도시<br>- 환경친화적 도시 |
| 정체형 | 정체형 | 군산 | • 도심의 단핵구조로 혼잡가중<br>• 도시 내외부 순환가로망체계 및 유기적 연결체계 미흡<br>• 새만금사업, 군장산업단지 2단계사업 등의 개발지연 | • 환황해 경제권의 중심도시, 국제적 교류도시로 성장잠재<br>• 아산만·군장·대불·광양만 축상에 위치<br>• 풍부한 개발가용지의 보유<br>• 고속도로·철도·항만·공항 등의 교통요충지 | - 서해안시대의 중심도시<br>- 국제교류 거점도시<br>- 첨단산업·업무·정보도시<br>- 쾌적한 정주도시<br>- 환경친화적 도시<br>- 관광문화도시 |
| | | 여수 | • 서울·부산축과 연계 미약<br>• 개발가능지의 협소-선형도시 형성<br>• 교통인프라 구축 미약<br>• 여천산업단지의 성장둔화와 기타 산업기반 미약<br>• 관광자원시설 및 개발체계 미흡 | • 풍부한 도서관광자원·선형 도시형성<br>• 도로·철도·항공·해운 등 다양한 교통수단의 개선사업에 따른 여건개선<br>• 쾌적한 정주공간창출 가능 | • 국제적 해양관광도시<br>• 첨단산업도시<br>- 신산업도시<br>- 고도정보화 유통도시<br>- 환경친화적 ECO-City |

| | | | 약점 | 기회 | 발전방향 |
|---|---|---|---|---|---|
| 정체형 | 정체형 | 목포 | • 서울·부산 등과 연계 미약<br>• 개발가능지의 확보곤란으로 주거환경 열악·해안역<br>• 항구도시로서의 기능상실<br>• 철도의 도심관통과 지역간 도로 미약<br>• 지역경제기반의 취약 | • 다도해의 관광자원 풍부<br>• 신외항건설, 대불·영암국가 산업단지조성으로 상공업 도시로 발전가능<br>• 영산강유역간척지 체계적 개발<br>• 대중국·대동남아 교역의 전진기지화 | • 광역목포권의 중심도시<br>• 동북아 무역중심도시<br>• 산업단지 배후연담도시<br>• 문화·관광·교육중심도시<br>• 남도 예향의 도시<br>• 전원적 산업복지도시 |
| | 낙후형 | 정읍 | • 전주권과 광주권으로 도시 세력권 분산<br>• 군장광역권, 새만금사업에 의한 소외도시로 정체할 가능성<br>• 개발가용지의 우량농지로 개발제한<br>• 1차산업중심 산업구조<br>• 관광도시로서의 위락기능 및 연계개발 미흡 | • 서남중추도시의 중심성 강화 기능<br>• 수려한 자연경관 및 풍부한 문화자원으로 관광·휴양개발 용이<br>• 서해안시대의 군장광역권 및 새만금지역과 연계개발 가능 | • 서남권의 미래를 여는 기술 공업, 문화창조, 관광휴양도시<br>- 활력있는 기술공업도시<br>- 품격있는 문화창조도시<br>- 전원적 관광휴양도시 |
| | | 남원 | • 중추도시기능시설의 미비<br>• 지역경제기반의 취약<br>• 하천·철도의 중심시가지 관통으로 토지이용단절<br>• 교통체계의 위계성 미약 | • 확고한 역사·문화적 유산<br>• 양호한 자연환경·지덕산악권 중심도시<br>• 풍부한 관광자원<br>• 교통의 요충지 | • 문화예술관광도시<br>• 국토 서남부 내륙권의 중추 거점도시<br>• 21세기 지리산시대를 주도할 생태도시 |
| | | 김제 | • 단조로운 지형지세와 개발가능지의 농지보전에 의한 개발제한<br>• 농업중심 산업구조와 인구감소<br>• 열악한 생활환경<br>• 주변도시(전주,군산,익산)에 대한 높은 의존도 | • 전주, 군산, 익산 배후전원도시<br>• 서해안지대와 내륙 및 대중국 교역이 유리한 입지로 부상<br>• 새만금간척지와 군장산업기지 배후연계도시로서 공업, 주거, 교육여건 개선가능 | • 전원생활이 가미된 환경도시<br>• 서해안시대 대중국교역 전진기지<br>• 깨끗한 자연과 어우러진 휴양도시<br>• 자연과 문화유산이 조화된 관광도시<br>• 교통중심도시 |
| | | 나주 | • 중심기능 부재로 도심구심력 미약<br>• 철도와 통과교통의 도심통과 및 교통체계 미약<br>• 인구의 지속적 감소<br>• 제조업 및 물류·유통기능 부족<br>• 관광자원의 체계적 개발 미흡 | • 광주·목포 산업발전축상의 중간거점도시<br>• 전남지역 교육·문화·교통 중심도시<br>• 방사상 교통체계로 물류유통 발달이 용이<br>• 광주 대도시권의 배후중심도시 | • 자연과 인공이 조화된 친환경도시<br>• 광주대도시권 배후중심도시<br>• 교육·문화·관광 중심도시<br>• 쾌적한 전원주거도시<br>• 물류 및 교통중심도시 |

의 부재를, 익산은 교통의 요충지임에 비교한 3차산업 기반의 미약함을, 여수는 여천산업단지의 성장둔화를, 순천·전주·익산·여수·정읍·나주에 서는 관광자원의 체계적 개발 미흡을 아울러 부각시키고 있다. 입지적 측면에서 국토의 남단 해안축에 위치한 여수·목포·순천·광양 등은 서울 ·부산축과의 미약한 연계 및 개발가능지의 협소함을, 내륙 낙후도시의 범주에 있는 정읍·남원·김제·나주 등은 개발가용지의 우량농지로 인한 개발제한과 중심지기능의 미약성에 따른 주변 대도시에 대한 높은 의존 도를 들고 있다.

도시의 잠재력은 크게 위치적 특성, 부존자원, 상위계획상의 관련계획으로써 설명되고 있다. 위치적 특성 면에서 해안축상의 군산·목포·여수·광양 등은 환황해축 혹은 환남해축의 중심도시로, 전주는 전라북도의 중심도시로, 순천은 광양만권의 중심도시로, 남원은 지·덕산악권의 중심도시로, 익산은 전주·익산·군산 연담권의 중심도시로서의 위상을 강조하고 있다.

부존자원 측면에서는 자연적·문화적 자원을 중심으로 여수·목포는 해양국립공원을, 정읍·남원은 산악국립공원 및 문화자원을, 익산·전주·순천은 마·백문화권, 조선문화권 등 문화자원을 강조하고 있다. 상위계획과의 관련측면에서는 제4차 국토종합계획에서 언급된 주요 개발축 및 개발사업과 연계된 도시에서는 관련계획 및 파급효과를 연계계획에 의한 도시의 큰 잠재력으로 보고 있다.

이와 같이 각 도시가 나름대로의 위상을 정립하고 있으면서도 미래상에 대해서는 여수시의 국제적 해양관광도시, 목포시의 동북아 무역중심도시, 광양의 세계적 항만공업도시로서의 특징을 표방하고 있다 하여도 대부분의 도시에서 첨단산업도시, 문화관광도시, 환경도시, 전원주거도시로서의 복합적·자기완결적 모습을 설정하고 있다.

## 2) 지방중소도시의 발전방안

지방중소도시들은 각 도시의 형성배경, 자연적·인문사회적 특징, 인구규모, 부존자원 등 다양한 측면에서의 차이에 의해 일률적인 발전방안의 모색이 불가능한 점을 전제로 하면서 공통의 과제를 중심으로 발전방안을 제시하겠다.

### (1) 도시의 싱크탱크 확립

각 도시의 성장잠재력에서 읽을 수 있는 도시의 위상은 도시기능의 전문화에 의해 확립될 수 있다. 입지적·자원적 특성이 취약한 여건에 놓인 모든 중소도시가 표방하고 있는 바와 같이 첨단산업도시, 물류·유통거점도시, 관광문화도시, 생태환경주거도시로서 복합적·자기완결적 기능을 충족시키기는 어렵다. 보통 5~30만 명의 인구구조를 갖는 지방중소도시들이 특정한 도시기능에 의해 유지되기는 불가능할 것이나, 21세기 도시발전은 제조업 이외에 문화, 관광, 환경 산업에 의해서도 주도될 것으로 전망되고 있는 만큼 주변도시 여건 및 입지적·부존자원적 특성에 기반하여 도시기능의 전문화가 필요한 시기이다.

제조업에서는 음식료품, 의복, 비금속광물, 목재 및 나무제품 등 노동집약적 제품에 높은 특화지수를 보임으로써 생산성의 저하와 생산비용 증대의 문제를 감수하지 않으면 안된다. 그러나 지역의 부존자원 특성에 기반한 이들 산업은 소량다품종 가공품의 개발, 생명공학, 패션산업, 반도체 및 파인세라믹스 등과 같이 도시기능과 연계하여 고부가가치 첨단산업화로 전환할 필요가 있다.

관광산업에서도 도시문화관광, 해양관광, 산악관광 등 자원특성에 적합한 개발이 이루어져야 한다. 자연자원적 특성이 강한 곳에 관광객의 체재시간 연장 및 소비활동 촉진을 목적으로 무분별하게 도입되는 도시적 위락관광활동 및 시설은 본래의 자원가치를 상실케 함으로써 관광이동현상(displacement)을 부를 것이기 때문이다. 여수의 다도해 해양관광, 남원·정읍의 지리산·내장산 산악관광, 익산·전주의 마백·조선문화 관광 등에 소리, 음식, 공예, 서화, 축제 등의 향토문화가 연계됨으로써 이 또한 전문화되어야 한다.

물론 당해 도시의 의도나 목적과는 상관 없이 국가적 차원에서의 이익을 위해 특정한 도시가 특정한 기능을 가지는 도시로 개발되어 발전된 경우도 있었으며, 앞으로도 그러한 가능성을 배제할 수는 없다. 또 많은 지방중소도시에서 그러한 기회가 주어지기를 바라는 것도 사실이다. 그러나 지방자치제의 확립과 더불어 각 도시의 경쟁력은 중앙의 지방배분적 배려차원에서 얻어지는 것이 아니라 각 자치단체 스스로의 노력으로 확보해야 하는 만큼 도시기능 및 산업의 전문화에 따른 도시경쟁력의 자체적 확보는 필연적이어야 한다. 이를 위해 가장 필요한 것이 도시의 싱크탱크(think tank) 확립이다.

일반적으로 지방중소도시의 경쟁력 확보를 위한 계획은 민간 컨설턴트의 조사보고나 계획안이 각종 위원회의 자문 혹은 심의를 거쳐 행정계획으로 실천되나 이때 반드시 심도 있는 평가 및 비판이 이루어졌다고 보기는 어렵다. 각종 계획에 대한 주민참여도 형식적일 뿐 아니라 교육되지 않은 주민참여가 개인 혹은 단체의 특정 이익을 위해 행정에 대한 압력을 가하는 수단으로만 사용되기도 한다. 그러나 지방자치에 있어 도시의 경쟁력을 확보할 수 있는 제1조건은 인재의 확보라고 볼 수 있는 만큼 행정과 시민 양자를 연계시키는 전문가가 상호 교육·교류되어 도시의 발전을 주도할 수 있는 싱크탱크로 거듭나야 한다. 이 곳에서는 환경단체·봉사단체 등의 시민단체, 문화·예술단체, 공무원, 연구자, 컨설턴트, 관련기업의 다양한 인맥이 내외적으로 교류하면서 지역경쟁력 강화에 직·간접으로 영향을 미치는 사항들에 대한 연구·토론의 기회를 확대하는 일부터 시작할 수 있을 것이며, 이는 도시의 경쟁력을 도시민 스스로가 확보해가는 과정의 초석이 될 것이다.

### (2) 도심부의 재생

대부분 지방중소도시의 도심은 오랜 기간 동안 도시의 상업·업무뿐 아니라 역사 및 문화의 집적지로서 중요한 역할을 해왔으며, 당해 도시의 상징으로서 고유의 커뮤니티가 형성된 매력적인 곳이다. 이 곳의 공동화 현상은 신도시 위주의 개발정책에 따라 개발여력이 신도시에 투자되는 동안, 중심시가지는 기반시설의 미비, 노후화, 높은 건폐율과 낮은 용적률, 좁은 도로, 주차시설 및 공원의 부족 등에 의해 주거환경이 악화되어 매력을 잃어가고 있으며, 상업·업무시설의 이용 효율성을 낮춤으로써 토지이용에 제한요인으로 작용하기 때문이다. 또한 시·도청사, 법원, 경찰청 등과 같은 기존 중심시가지의 중추기능이 환경이 양호하다는 이유나 신도시 활성화 전략에 의해 신도시로 이전되는 경우가 많으며, 이러한 경우에는 필연적으로 중심시가지의 활력이 급속히 저하되어 공동화 현상을 더욱 재촉하는 원인이 되고 있다.

중소도시 도심의 활성화에 대한 당위성은 당해 도시의 역사 및 문화적 상징으로서의 가치, 오랜 기간 집적된 공공시설 이용 증대의 필요성, 자동차 이용이 어려운 고령인구를 위한 대책, 에너지 소비가 적고 환경친화적인 콤팩트한 도시구조 같은 다양한 측면에서 논의되고 있다. 그러나 무엇보다도 중요한 것은 도시의 심장부에 해당하는 도심의 쇠퇴와 그 확산에도 불구하고 건강하고 경쟁력 있는 도시를 유지시켜 갈 수 있겠는가 하는 점이다.

중소도시 도심부의 재생에 있어서 수도권이나 대도시와 같이 상업·업무의 중심지이자 문화 및 중추관리 기능이 집적하는 형태로 재개발하는 일은 불가능하므로 기본적으로 생활공간으로서의 활성화를 도모해야 한다. 이를 위해서는 중소도시의 특성상 중심시가지로부터 약간만 벗어나면 개발가용지가 얼마든지 있으며, 신도시는 자연환경적 쾌적성, 현대적 생활패턴에 대응한 충실한 기반시설 등의 확보가 용이하므로, 이에 따른 흡인력이 강해질수록 중심시가지의 공동화는 심화될 것이므로 무엇보다 먼저 교외의 대규모 주택개발을 억제해야 한다. 동시에 적정밀도의 거주인구 확보에 주력하여 구도심형 주택지 혹은 직주일체형 주택지가 개발되어야 하며, 도로와 주차장 등의 기반시설, 가로시설물 및 건축물의 정비 등을 통해 노후화된 환경의 쾌적함과 편리함, 경관의 아름다움 등을 살려 매력 있는 도시로 가꾼다.

여기에 소매상업의 활성화, 역사·문화공간으로서의 보전 혹은 활성화 등과 같은 구체적인 목표 아래 일부 신기능을 도입하여 기존의 도시기능을 강화할 수 있다. 소매상업의 활성화를 위해서는 대규모 쇼핑센터 등이 갖는 환경의 쾌적함과 규모, 가격, 다양성에 대응이 가능하도록 특성 있는 테마상가 조성 등 전문기능을 강화하는 식으로 상권 활성화가 이루어져야 하며, 쇼핑몰의 조성 등에 의한 보행욕구 유발 등이 병행되어야 한다.

역사·문화공간으로서의 특성은 중심시가지의 가장 큰 잠재력이므로 이를 잘 보존·활용해 이미지를 개선하고 주민의 자부심을 강화하며 특화거리 및 상품, 문화행사, 이벤트 등과 연계하여 경제성을 추구하는 전략 구상이 필요하다. 최근 추진되고 있는 문화의 거리 조성사업 등을 대표적 유형으로 꼽을 수 있다. 역사·문화적 특성을 활용한 도시의 정체성 확립이 도심부의 재생과 더불어 이루어진다면 도시의 경쟁력은 한층 강화될 수 있다.

## (3) 지역고유 문화의 육성

지방중소도시는 산업구조의 특성상 채용구조가 단순하고 그 기회창출이 한정되어 청년층의 정착률이 낮고 자주적 재원이 빈약하므로 도시의 발전전략은 당연히 산업의 진흥에 집중되게 마련이다. 그러나 일련의 고도성장기를 지나 국민생활이 여가와 함께 풍요로운 삶을 지향하고 있으므로 산업의 진흥과 더불어 문화환경의 조성은 인간존재의 본질인 행복을 추구하는 모색의 일환으로 자족을 아는 인간의 심성을 윤택하게 할 것이다. 산업진흥은 주민이 문화에 관심을 갖게 하는데 필요한 생활의 여유와 행정상 문화사업에 투자할 수 있는 재정력을 키우는 데 불가결한 요인이며, 이때 신중히 보전된 자연환경과 계획적으로 정비된 도시환경은 문화와 산업을 성장케 하는 기반이 된다.

지역문화의 육성은 지역민 각자가 더욱 만족스런 자아실현을 위해 스스로 배우는 데 큰 의미를 두므로, 주민 한사람 한사람에게 일반적 의미에서의 학습을 요구하게 되어 문화시설의 정비와 더불어 문화활동 진흥의 중요한 과제가 된다. 먼저, 문화시설을 정비하는 데는 부족한 시설의 확보가 시급하다. 시민회관, 어린이회관, 복지센터, 여성회관, 미술관, 박물관, 전시장, 전용극장, 공연장, 도서관, 경기장, 실내체육관, 기념관 등 등 세분하여 들어가면 수없이 많은 시설이 나름대로의 기능과 특성을 갖고 있다. 이들 시설을 확보하기 위해서는 다음 사항을 고려해야 한다.

- 시설확보의 우선순위에서 획일성과 지역개성 측면에서 구분되나, 지역개성에 대한 배려는 전국적 수준에서 지역민의 최저한도의 문화생활을 보장한 후 판소리 전용극장, 음식박물관, 도자기전시관, 굿판 등과 같이 지역개성을 반영한 전문적이면서도 특수한 문화시설이 확보되어야 한다.
- 이용은 경제적 측면에서 유리하여 흔히 시도되나, 이 경우는 고유의 기능이 각기 충족된다는 전제하에 의미를 가지며, 일반적인 경우에는 어느 목적도 충족시킬 수 없는 상태를 불러오므로 전용기능을 중심으로 확보하여 시설을 누적시켜가는 것이 바람직하다.
- 집합에 의한 단독 대규모시설 정비와 소규모시설의 분산정비에 대해

서는 도시의 규모와 시설의 위계구성에 따라 달라질 수 있다. 소규모의 지역특성이 약한 도시에서는 단독 대규모시설 정비에 의해 도시의 상징성을 높일 것이다. 그러나 어떠한 경우에라도 주민과 시설 간, 시설과 시설 간의 연계가 용이하도록 교통편이 고려되어야 한다.

- 일정공간 내에 집적되어 있거나 특정의 공간과 밀접히 관련되어 있는 경우는 역사의 거리, 문화의 거리, 영화의 거리 혹은 보전지구, 역사·문화지구 등의 선적·면적 관리를 도모한다.

또한 지역문화의 육성은 문화시설의 정비와 더불어 문화활동에 의해 이루어지므로 문화활동의 진흥을 위한 방안도 모색해야 한다. 각종 문화시설 내에 교육프로그램을 개설하여 평생교육의 형태로 운영하고 지역문화 육성을 위한 특정 프로그램에 대한 지원을 강화하여 무형문화의 계승적 교육체계를 확립하며, 지역 문화유산에 대한 교육이 어린이들의 정규 교육프로그램에 도입될 수 있도록 하여 지역문화에 대한 어린이들의 이해를 높인다. 문화활동의 결정체로서는 지역특화 문화축제를 활성화시키는 것이 가장 중요하다. 축제는 지역의 역사와 문화에 기초한 전통적 특성을 바탕으로 주민을 하나로 묶을 정서적 유대감이나 역사적 공동체험의 장으로서 과거의 모습을 오늘에 투영하여 재음미해보고 미래의 문화를 창조케 하는 원동력이 되기 때문이다.

문화는 경제와 더불어 각 도시의 우위성(경쟁력)을 판별하는 요인이 되고 있으며, 문화의 우위성은 문화산업의 형태로 표출되어 지역발전에 중요한 역할을 할 수 있다. 문화산업은 지역문화의 주요 부문인 식문화, 주거문화, 의류문화, 민속문화, 전통예술 등의 산업화 혹은 경제적 목적으로의 사용을 의미하며 더 나아가 축적된 문화기반을 근거로 한 새로운 아이디어의 산업화까지를 포함한다. 지역문화의 산업화는 지역민의 문화적 수요를 충족시키면서 관광객을 유치할 수 있다는 점에서 많은 자치단체의 주목을 받고 있으며, 세계경제의 흐름이 지식기반 경제구조로 전환된 가운데 문화산업이 지식기반경제의 핵심산업으로 부상하고 있기 때문에 그 중요성은 더 커져가고 있다.

■ 참고문헌

국토개발연구원, 1988. 『중소도시의 성장과 구조』.
최상철, 1981. 『한국도시개발론』, 일지사.
하성규·김재익, 1995. 「지역균형발전을 위한 중소도시의 공간적 기능과 역할
　　에 관한 연구」, ≪국토계획≫ 제3권 제3호.

# 제13장
# 지속가능한 지역발전을 위한 토지이용

이정전 (서울대학교 교수)

## 1. 두 얼굴을 가진 토지

아마도 우리 사회에서 토지문제만큼 전문가들을 포함한 시민들 사이에 큰 의견충돌을 보인 사회문제도 별로 많지 않을 것이다. 예컨대 그린벨트 문제를 놓고 한쪽에서는 해제를 적극 주장하는가 하면, 다른 쪽에서는 보전을 적극 주장한다. 판교 개발이나 신도시 개발문제를 놓고도 찬성하는 쪽과 반대하는 쪽이 첨예하게 맞선다. 그런 가운데 토지문제처럼 정부의 수많은 긴급조치니 비상조치니 하는 특별조치를 남발하게 만든 사회문제도 별로 없을 것이다. 이와 같이 토지문제를 둘러싸고 의견이 크게 대립되는 이유는 여러 가지겠지만, 토지에 대한 인식의 차이도 큰 요인이 된다.

사실 순전히 경제적으로만 보아도 토지는 두 얼굴을 가진 묘한 존재이다. 그러므로 어느 쪽을 주로 보느냐에 따라 개인의 토지에 대한 인식이나 철학이 극명하게 갈라질 수가 있다. 우선, 토지는 공짜인 것 같으면서도 어떻게 보면 공짜가 아니다. 우리 국민 전체의 입장에서 보면 이 대한민국의 땅덩어리는 우리가 땀 흘려 만든 것도 아니고 수출해서 번 것도 아니며 선진국이 원조물자로 우리에게 준 것은 더더욱이나·아니다. 분명히 우리의 금수강산은 그야말로 어느 날 하늘에서 우리에게 뚝 떨어진 은총이다. 우리 국토가 대자연의 무상공여물이라는 엄연한 사실을 부인할 사람은 아무도 없을 것이다. 대한민국 사람 그 어느 누구도 대한민국 금수강산이 이 세상에 존재하도록 만드는 데에 털끝만치도 기여한 바가 없다. 그런데도 땅을 가진 사람들은 마치 자기가 그 땅을 만들기나 한 것처럼 강하게 소유권을 주장한다. 1980년대 말 압도적 여론의 지지를 받아 채택된 토지공개념제도의 일환으로 개인이나 법인이 소유할 수 있는 택지의 규모를 법적으로 제한하는 소위 택지소유상한제가 도입되었을 때 지주계층의 강력한 반발이 있었고 드디어 위헌시비까지 일어났다. 이때 우리나라의 원로 경제학자이기도 했던 당시 조순 부총리는 영국의 사상가 밀(J. S. Mill)을 인용하여 "인간이 스스로 만들어낸 것에 대한 사유재산권은 최대한 보장되어야 하나, 토지란 인간이 만들어낸 것이 아니므로 그에 대한 제한이 자유시장경제와 배치되는 것은 아니다"라고 위헌론을 반박하였다(국토연구원, 1996: 829). 그럼에도 불구하고 1997년 심한 경기불황과 IMF 구제금융조치 이후 경기를 활성화한다는 명목으로 택지소유상한제가 폐지되었다.

굳이 유명한 사상가를 들먹이지 않더라도 1989년 토지공개념법에 대한 압도적 여론에서도 볼 수 있듯이 토지가 대자연의 무상공여물이라는 인식이 다수의 보통사람들을 지배하는 정서인 것으로 보인다. "주지하는 바와 같이 토지는 원래 자연형태로 존재하는 것이며, 누구에게도 소유권이 귀속될 수 없는 유한한 공동자원이다"라는 어느 도시계획가의 말은 보통사람들의 이런 정서를 잘 반영하고 있다고 할 수 있다(권원용, 1993: 213).

그러나 이러한 사회 전체의 시각을 떠나 순전히 각 개인의 입장에서 보면 얘기가 전혀 달라진다. 각 개인들, 특히 토지를 소유한 사람들은 토지가 공짜라는 생각을 절대로 하지 않을 것이다. 더욱더 중요한 것은, 자본주의 시장경제에서는 토지를 절대로 공짜처럼 생각해서는 안된다. 왜냐하면, 토지를 효율적으로 잘 이용해야만 경제성장을 원활하게 이룰 수 있기 때문이다. 토지에 대한 개인의 소유권을 확고하게 보장해주어야만 토지를 보다 더 잘 이용하려는 동기가 형성되며, 모든 토지 소유자들이 이런 인센티브를 가질 때 대한민국의 토지가 보다 더 효율적으로 이용될 수 있다. 현실적으로 토지가 공짜가 아닌데 각 개인으로 하여금 공짜인 것처럼 생각하게 만든다는 것은 쉬운 일도 아닐뿐더러 옳은 일도 아니다. 왜냐하면, 공짜는 낭비하고 남용하게 마련이기 때문이다. 모든 토지 소유자들이 자기 땅을 공짜로 생각하고 남용한다면 결국 대한민국 국토 전체가 효율적으로 이용될 수가 없을 것이다. 그래서 특히 경제학자들 중에는 토지에 대한 재산권의 보호에 적극적인 발언을 하는 학자들이 많다.

토지가 가진 또 하나의 묘한 양면성은 그 공급량이 고정되어 있는 것 같으면서도 어떻게 보면 그렇지도 않다는 점이다. 사회 전체의 차원에서 보면 분명히 토지의 공급량은 물리적으로 고정되어 있다. 예컨대 우리 국토의 면적은 99만㎢ 남짓하고, 제주도의 면적은 1,845㎢로 한정되어 있다. 1960년부터 1990년까지 각종 간척사업으로 국토면적이 30년간 0.8%가 증가하였다고는 하지만, 이 역시 하늘에서 뚝 떨어진 것이 아니라 국토의 일부를 깎아서 만든 것일 뿐이다(국토연구원, 1996: 31). 토지가 대자연의 무상공여물이라는 측면을 강조하는 사람은 자연히 토지공급의 고정성을 강조할 수밖에 없다. 왜냐하면 사회 전체의 차원에서 보면 토지는 대자연의 무상공여물이면서 또한 토지의 면적이 물리적으로 한정되어 있기 때문이다.

토지의 면적이 물리적으로 고정되어 있다는 것은 경제 전체의 토지공급량이 땅값의 높고 낮음, 즉 토지의 경제적 수익이 많고 적음에 관계없이 일정함을 의미한다. 그렇다면 땅값이 가지는 의미나 기능이 이상해진다. 땅값도 엄연히 가격이다. 가격은 생산과 공급을 촉진하는 역할을 하게 되어 있다. 이것이 가격의 중요한 사회적 기여이다. 무엇이든지 가격이 충분히 높아야만 생산되며, 가격이 비싸질수록 생산이 늘어나게 되어 있다. 라면가격이 올라가면 라면의 공급이 늘어나게 되고, 자동차 가격이 올라가면 자동차 공급이 증가하게 되어 있다. 가격이 비싸다는 것은 생산하는 사람의 입장에서 보면 돈벌이가 잘된다는 뜻이니 그렇게 될 수밖에 없다. 사회적으로 보면 가격이란 생산에 대한 사회적 보상이기 때문에 상품의 공급을 촉진하는 인센티브의 역할을 한다. 자본주의사회에서 생산은 사실상 최대의 미덕이요, 가격은 이 미덕을 장려하는 신상필벌(信賞必罰) 체계의 한 부분이다. 다시 말해서 가격은 시장경제의 움직임을 주도하는 막중한 지표이다.

그러나 땅값에 대해서는 이런 말을 하기가 곤란하다. 1974년부터 1991년까지 15년 동안 우리나라 전국토의 땅값은 자그마치 약 18곱절이나 뛰었는데도 우리나라의 국토면적은 두 배는커녕 1%도 증가하지 않았다. 만일 땅값이 다른 자원의 가격과 마찬가지로 공급을 촉진하는, 매우 중요한 사회적 기능을 조금이라도 수행하였다면 우리 국토의 면적은 두 배 정도는 증가했어야만 한다. 그런데도 지난 30년간 우리 국토면적이 눈곱만큼 늘어났을까말까 할 정도였다면, 우리나라의 지가상승이 수행한 사회적 기여란 기껏 땅투기꾼들의 배를 불려준 것밖에는 없다는 얘기가 된다. 그래서 많은 경제학자들, 특히 토지에 특별한 의미를 부여했던 19세기의 경제학자들이 지가상승으로 인한 자본이득을 불로소득으로 낙인찍었던 것이다. 이와 같이 토지의 공급이 물리적으로 고정되어 있기 때문에 땅값을 치르고 땅을 사는 의미가 반감한다.

그러나 이런 얘기는 토지를 사회 전체의 차원에서 보았을 때에나 통하는 얘기다. 사회 전체의 차원이 아닌, 각 개인의 차원에서 보면, 토지의 공급이 고정되어 있다고 할 수 없다. 각 개인의 입장에서 보면 돈이 없어서 그렇지 땅이 없어서 못 사는 일은 없다. 돈만 있으면 각 개인은 토지를 얼마든지 다른 사람으로부터 살 수 있다. 그러므로 개인의 입장에서는 토지공급이 한정되어 있다고 볼 수 없다. 그뿐만 아니라 각 개인들이 원하면 얼마든지 마음대로 땅을 살 수 있게 허용해야만 한다. 그래야 남보다 땅을 더 잘 이용할 능력을 가진 사람들이 더 많은 땅을 가지게 될 것이고 그래야 국토가 효율적으로 이용될 수 있기 때문이다.

개인의 입장에서뿐만 아니라 어떤 용도의 입장에서 보아도 토지의 공급은 한정되어 있지 않다. 예를 들면, 토지이용규제만 풀리면 농업용 토지를 대량 상업용이나 공업용으로 전환할 수 있다. 1996년 현재 우리나라 국토의 22% 정도가 농경지이고 공장용지는 0.4%에 불과하다(건설교통부, 1997: 71). 그러니 농경지를 공업용으로 얼마든지 이용할 수 있게 토지이용규제가 완화되는 날이면 공업용이라는 토지의 용도에서 보면 토지의 공급은 거의 무한정이라고 볼 수 있다. 그래서 많은 경제학자들은 실제로 이렇게 되도록 토지이용규제를 대폭 완화할 것을 강력하게 촉구한다. 어떻든, 이와 같이 토지공급을 주로 개인의 입장이나 용도의 입장에서 보는 경제학자들은 토지공급이 고정되어 있다고 생각하지 않으며, 따라서 토지를 특별 취급할 특별한 이유를 느끼지 못한다.

## 2. 토지이용체계와 토지정책의 변천

### 1) 생산요소로서의 토지, 자산으로서의 토지, 소비재로서의 토지

토지의 용도는 너무 다양하며, 바로 이 점이 토지문제를 더욱 복잡하고 어렵게 만드는 중요한 요인이 된다. 거의 모든 인간활동은 토지 위에서 벌어지고 있으니 토지의 용도는 인간활동의 종류만큼이나 다양할 수밖에 없다. 단순히 용도가 다양할 뿐만 아니라 용도별로 토지의 경제적 특성이 완전히 달라진다는 점이 또한 주목되는 부분이기도 하다. 그렇기 때문에 용도별로 토지정책도 달라져야 한다. 그러나 현행 토지용도분류는 이러한 경제적 특성의 차이를 잘 반영하고 있지 못하다.

우리나라 지적법은 토지사용방법 또는 현재 이용상황에 따라 토지를 모두 24가지 지목(地目)으로 구별하고 있다. 따라서 우리나라의 모든 토지는 반드시 이 24가지 중에서 하나의 지목을 가지게 된다. 국토이용관리법이나 도시계획법을 보면 토지용도는 크게 농업용, 주거용, 상업용, 공업용, 녹지용 등으로 분류된다. 대체로 보면, 지적법상의 토지용도 분류방식은 토지이용 현황을 손쉽게 파악하는 데에 중점을 두는 방식이고, 국토이용관리법이나 도시계획법상의 토지용도 분류방식은 토지이용의 효과적 규제를 특히 염두에 두는 분류방식이라고 할 수 있어서 모두 나름대로의 취지를 가지고 있다.

하지만 이런 식의 분류는 용도별 토지의 경제적 특성을 잘 살리지 못한 분류방식이요, 지속가능발전의 이념을 제대로 살리지 못하는 분류방식이다. 경제학에서는 흔히 토지의 용도를 크게 생산요소, 자산, 소비재로 구별한다. 토지는 식량생산을 위한 자연적 생산력을 가지고 있으며, 또한 우리의 의, 식, 주를 해결하기 위한 여러 가지 자연적 원자재를 공급한다. 인간이 필요한 여러 가지 재화와 용역을 생산하는 데에 토지가 자원으로 이용될 때 이 토지를 생산요소로서의 토지라고 말한다. 예를 들면, 논이나 밭과 같이 농작물을 생산하는 데에 쓰이는 토지는 생산요소로서의 토지다. 그 유명한 차액지대설을 주창한 리카도는 지대(地代)를 "토양의 본원적이고 파괴할 수 없는 힘"에 대한 대가라고 정의하고 비옥도의 차이가 지가를 결정한다고 주장하였는데, 그의 지대이론에서의 토지란 주로 생산요소로서의 토지다.

물론 토지의 비옥도만이 생산에 중요한 것이 아니다. 우리 인간활동의 대부분이 땅위에서 이루어지는 까닭에 토지의 으뜸가는 유용성은 아마도 우리에게 삶의 터전 혹은 활동공간을 제공한다는 점일 것이다. 예를 들어 아파트 건축업자들은 토지의 비옥도에 아무런 관심이 없다. 다만 넓이와 위치가 그들에게 중요하다. 아파트 건축업자에게는 토지는 아파트를 짓는 데에 이용될 터 혹은 공간으로 인식된다. 달리 말하면 아파트 생산에 이용되는 하나의 요소로 인식되며, 따라서 이때의 토지도 생산요소로서의 토지가 된다는 것이다. 은행이나 상점에게는 위치가 매우 중요하다. 좋은 위치의 토지는 높은 수익을 보장한다. 이때의 토지 역시 무엇인가를 생산하는 데에 얼마나 유용한가에 따라서 그 가치가 평가되며 따라서 생산요소로서의 토지라고 할 수 있다.

자산으로서의 토지란 재산보유의 한 수단으로 이용되는 토지 혹은 재산증식의 수단으로 이용되는 토지를 말한다. 돈을 많이 가진 사람들은 안전상 자신의 부를 예금, 증권, 주식, 채권, 귀금속, 부동산 등 다양한 형태로 분산하여 보유함이 보통이다. 토지는 이와 같이 재산을 보유하는 여러 가지 형태들 중의 하나다. 부동산투자가 혹은 투기자는 토지가 무엇을 생산하는 데에 유용할 것인가보다는 가지고 있다가 팔면 얼마나 돈을 남길 수 있는가, 혹은 담보로 잡히면 얼마나 돈을 받아낼 수 있는가에 더 많은 신경을 쓸 것이다. 이때의 토지는 재산증식의 한 수단으로 인식된다. 특히 물가상승이 심한 상황에서는 토지는 좋은 투자대상이 된다.

어떤 토지는 생산에 이용되지도 않고 돈벌이 자산으로 이용되지도 않으면서도 직접적으로 사람들에게 혜택을 주기도 한다. 예를 들면, 설악산의 아름다운 경관은 존재하는 그 자체로서 많은 사람들을 즐겁게 해준다. 햇살이 함빡 쏟아져 들어오는 울창한 소나무 숲 속을 거니는 사람은 싱그러운 산소를 마음껏 즐기게 된다. 아무것도 없는 넓은 공지를 보는 순간 사람들은 마음마저도 탁 트이는 듯한 시원함을 느낀다. 소비란 즐기는 것을 말한다. 아름다운 산이나, 울창한 숲, 탁 트인 공지와 같이 있는 그 자체로서 사람들에게 각종 즐거움을 제공하는 토지를 소비재로서의 토지라고 한다. 어떤 토지는 생산요소로서의 혜택도 제공하면서 동시에 소비재로서의 혜택을 제공하기도 한다. 예를 들면, 논은 쌀을 생산하는 생산요소가 되기도 하지만, 또한 물을 함양하며, 홍수를 막고 탁 트인 시원한 자연경관을 제공하고, 전원적인 분위기를 즐기게 해준다.

## 2) 토지의 용도와 토지정책

이러한 토지의 여러 가지 용도들 중에서 어느 용도가 사회적으로 특히 중요시되고 토지정책의 주된 대상이 되는가는 시대에 따라 변해왔다. 특히 경제발전의 단계에 따라 사회적으로 중요시되는 용도가 달라진다. 경제발전 초기에는 단연 생산요소로서의 토지가 압도적 중요성을 가지게 된다. 즉, 어떤 것을 생산함에 있어서 얼마만큼의 토지를 어떻게 이용해야 할 것인가의 문제가 토지에 관한 주된 관심의 대상이 된다. 서구의 경우, 산업혁명 전만 하더라도 토지의 주 용도는 농업이었지만 산업의 고도화와 도시화가 급속도로 진척됨에 따라 공업용이나 주거용을 포함하여 토지의 용도가 무척 다양해졌다. 도시화는 필연적으로 인구 및 경제활동을 특정지역에 편중시키는 까닭에 위치가 매우 중요한 요소가 될 수밖에 없다. 최근에 와서 경제학의 한 응용분야로 부상하고 있는 도시경제학이나 혹은 경제지리학에서는 위치로서의 토지가 주요 분석대상이 되고 있음을 볼 수 있다.

토지의 용도가 엄청나게 다양해지면 각 토지를 최선의 용도로 이용하는 문제, 즉 토지의 효율적 이용문제는 가속적으로 복잡해지고 어려워질 수밖에 없다. 전국에 걸친 토지의 용도를 일일이 결정하기 위해서는 각 토지의 위치 및 특성, 가능한 용도에서의 생산성, 토지용도들 사이의 경합 및 보완관계 등 토지이용의 효율에 관계되는 모든 소상한 자료와 정보를 파악하고 있어야 하는데 이런 일들은 정부가 하기는 거의 불가능한 일이다. 단순히 불가능할 뿐만 아니라 섣불리 정부가 손댔다가는 일을 오히려 망치기 십상이다. 따라서 토지용도의 결정을 시장에 맡겨야 한다는 말이 자연히 강한 설득력을 가지게 된다.

하지만 산업화와 도시화가 진전되면서 국토이용문제를 그저 시장에만 맡겨둘 수 없게 만드는 여러 가지 사회여건의 변화가 일어난다. 가장 두드러진 변화로는 역시 경제규모의 급속한 팽창, 인구의 증가, 그리고 급속한 도시화 등의 현상을 꼽을 수 있을 것이다. 이러한 변화들은 단순히 토지의 용도를 다양화시킬 뿐만 아니라 토지용도들 사이의 관계를 점점 더 복잡하게 뒤얽히게 만들었다. 예를 들어, 주거용 토지 옆에 지하철역이 들어서면 그 주거용 토지는 더 좋아지지만 만일 쓰레기매립장이나 화장터가 들어서는 날이면 그 주거용 토지는 자칫 못쓸 땅이 되고 만다. 그러므로 토지를 효율적으로 이용하기 위해서라도 토지용도 사이의 복잡한 관계를 충분히 고려할 필요성이 절실해진다. 그럼에도 불구하고 토지의 용도가 시장에서 결정되도록 내버려두면 이상하게도 다른 용도에 미치는 좋은, 혹은 나쁜 영향이 충분히 고려되지 않은 채 용도가 결정되는 사태가 너무나 흔하게 발생한다. 이런저런 여러 가지 문제들 탓으로 정부개입의 필요성이 강하게 제기된다. 그래서 주로 토지이용규제의 형태로 토지문제에 대하여 정부가 적극 개입하는 단계가 도래하게 된다.

그러나 토지이용규제는 사유재산권을 침해하는 문제와 더불어 때로는 토지의 효율적 이용을 저해하는 문제를 수반한다. 따라서 정부의 토지이용규제에 대한 반발이 강하게 대두된다. 그래서 정부는 단순히 토지용도 간의 상충관계, 달리 말하면 나쁜 외부효과를 차단하는 데 주력해야 한다는 것이 경제학자들의 주장이다. 대체로 보면, 토지이용의 **효율**을 **중요**하게 생각하는 전문가들은 정부가 토지시장이 원활하게 돌아가도록 뒷바라지나 잘할 것을 주문하는 경향이 있다.

산업화와 도시화는 토지용도간의 조화문제뿐만 아니라 부동산투기문제를 가져오기도 한다. 대체로 보면, 산업화 과정 및 도시화 과정에서 전국의 토지가 골고루 개발되는 것이 아니라 어떤 특정지역의 토지가 집중 개발되고 이용되는 현상이 나타나며, 따라서 이런 지역의 지가는 급상승한다. 땅값이 비싸진다는 것은 토지의 재산가치가 커진다는 뜻이다. 이런 지가상승은 자산으로서의 토지에 대한 수요의 증가로 이어진다. 인구 및 경제활동이 특정지역에 편중되는 현상, 그리고 땅값이 크게 상승하여 토지투기가 성행하는 현상은 정부가 토지문제에 적극 개입할 명분을 준다. 부동산투기는 불로소득의 문제라든가 빈부격차문제 등 형평성의 문제를 낳을 뿐만 아니라 자본의 흐름을 왜곡시키는 문제를 초래한다고 보기 때문이다.

자산으로서의 토지에 대한 수요의 급증은 토지문제를 한층 더 복잡하게 만드는 중요한 요인이 된다. 자산으로서의 토지에 대한 수요가 급증하기 시작하면 토지시장과 금융시장이 밀접하게 연결되기 때문이다. 대체로 보면, 생산요소로서의 토지에 대한 마땅한 대체재는 매우 한정되어 있음에 반해서 자산으로서의 토지에 대한 대체재는 상당히 풍부하다. 생산요소로서의 땅이 부족할 때에는 이 부족을 메워줄 대체품을 찾기가 쉽지 않다. 농토가 부족하면 농토를 집약적으로 이용하는 것이 고작이고, 건물 지을 땅이 부족하면 건물을 높이 지어서 부족을 메우는 것이 고작이다. 그러나 자산으로서의 토지에 대한 대체품으로는 각종 증권, 은행예금, 회사의 주식, 귀금속 등 여러 가지가 있다. 대체품이 풍부하다는 것은 수요가 가격에 민감하게 반응함을 의미한다. 그래서 땅값이 올라갈 기미가 보이면 은행이나 주식으로 묻어두었던 돈이 얼른 토지투기로 몰리고, 땅값이 떨어진다고 하면 땅에 묻어두었던 돈이 얼른 금융시장으로 빠져나가는 현상을 흔히 보게 된다. 그래서 자산으로서의 토지에 대한 수요가 커지는 순간 토지문제는 거시경제적 문제, 경제 전체의 움직임을 조율하는 문제에 직결되며, 그 만큼 토지문제가 어렵고 복잡해진다.

그러나 부동산투기 문제, 다시 말해서 자산으로서의 토지에 대한 수요의 급증문제에 정부가 적극적으로 손을 써야 하느냐의 문제는 커다란 논쟁거리다. 한 쪽에서는 정부의 적극 개입을 촉구하는 한편 다른 쪽, 특히 보수적 경제학자들이나 신자유주의 진영에서는 이를 반대한다.[1]

재산으로서의 토지 및 토지투기에 대한 정부의 간섭이 격렬한 시빗거리가 됨에 반해서 소비재로서의 토지에 관해서는 경제학자들조차도 정부의 적극적 개입의 필요성을 대체로 인정하는 분위기다. 소비재로서의 토지에 대한 수요가 점차 증가하고 있음에도 불구하고 토지의 용도가 완전히 시장에서 결정되도록 내버려둘 경우 시장의 구조적 문제 탓으로 소비재로서의 토지가 지나치게 적게 공급되는 경향이 있다. 생산요소로서의 토지에 대한 수요는 땅값에 반영되지만 대체로 보면 소비재로서의 토지에 대한 수요는 땅값에 잘 반영되지 않는다. 예를 들면, 농지의 가격에는 농산물의 가치가 반영되지만, 농지가 제공하는 수자원 함양기능, 홍수방지기능, 자연경관을 조성하는 기능, 공기정화기능 등의 사회적 혜택은 반영되지 않는다. 다시 말해서 농지의 시장가격은 농지가 실제로 사회에 제공하는 혜택을 크게 과소평가하게 된다는 것이다. 따라서 시장에 내버려두면 농지는 자연히 도시용 토지로 과도하게 전환될 가능성이 높다. 이 경우 어떤 문제가 있는지 예를 들어보자. 어떤 농지가 소비재로서의 이익과 생산요소로서의 이익을 합쳐서 도합 평당 만 원어치의 사회적 이익을 발생시키는데, 시장에서는 이 농지가 생산요소로서의 이익만 반영해서 평당 4천 원밖에는 나가지 않는다고 하자. 만일 이 농지가 평당 7천 원의 이익을 발생시키는 도시용 토지로 팔려나간다고 하면, 결국 이 사회는 평당 3천 원어치의 손해를 입게 된다. 그 만큼 토지가 효율적으로 이용되지 못하는 결과를 낳는다. 그렇다면 농지의 사회적 가치를 제대로 반영함으로써 토지의 효율적 이용을 달성하기 위해서 정부가 개입해야 한다는 주장이 설득력을 가지게 된다.

---

1) 이에 대한 구체적 논의 이정전(2000)의 책을 참조.

### 3) 토지용도의 변천과 우리나라의 토지정책

이상에서 설명한 토지이용의 변천과 더불어 토지정책의 변천과정은 우리나라의 경우에도 적용된다. 경제개발의 초기단계라고 할 수 있는 1960년대와 1970년대 우리나라 토지정책의 최우선순위는 생산요소로서의 토지의 원활한 공급에 두어졌다. 1960년대에 작성된 두 차례의 경제개발 5개년계획은 농업기반의 확충과 교통망의 구축 그리고 공업단지의 조성에 역점을 두었다. 1970년대에 실시된 제1차 국토종합개발계획은 효과적 경제성장을 위한 국토의 효율적 이용을 첫 번째 목표로 삼고 대규모 공업단지 개발, 그리고 대도시와 산업중심지를 연결하는 교통망의 확충을 핵심전략으로 삼았다. 이 시기에 생산요소로서의 토지를 원활하게 공급하기 위한 여러 가지 제도들이 만들어졌다.

그러나 이런 식으로 국가의 토지정책이 생산요소로서 토지의 공급에 치중하다 보니 여러 가지 부작용이 수반되었다. 예를 들면, 토지용도간의 부조화 내지는 상충문제, 예컨대 공업용 토지와 주거용 토지 사이의 상충, 상업용 토지와 주거용 토지 사이의 부조화, 수질오염과 대기오염으로 인한 피해 등의 문제가 심각하게 발생하였다. 달리 말하면, 나쁜 외부효과가 성행하게 되었다는 것이다. 이와 같이 토지용도간 상충문제가 본격화하자, 정부는 각종 토지이용 규제조치를 취하게 되었다.

1970년대부터 우리나라에서도 지가상승문제가 심각한 사회문제로 번지기 시작하였다. 특히 수도권 주변지역의 토지가 집중 개발되면서 지역간 불균형이 심화될 뿐 아니라 수도권 및 대도시 인접지역의 지가는 급상승하였다. 지가의 급상승은 부동산투기를 낳는다. 그래서 1970년대부터 우리나라에서도 특정지역을 중심으로 자산으로서의 토지에 대한 수요가 본격적으로 늘어나기 시작하였다.

이와 같이 여러 가지 부작용에도 불구하고 1980년대에 들어와서도 생산요소로서 토지의 대량 공급에 역점을 두는 토지정책은 계속되었다. 1980년대에는 특히 주택의 대량공급을 위한 택지개발에 집중투자가 이루어졌다. 이런 가운데 지가상승은 계속되었으며, 부동산투기가 극심해

지자 1980년대 말에는 지가안정과 부동산투기 억제에 주안점을 둔 이른 바 '토지공개념법'이 제정되기에 이르렀다. 이 결과 우리나라에는 생산요소로서 토지의 원활한 공급을 위한 각종 법·제도들, 나쁜 외부효과를 억제하기 위한 각종 토지이용 규제들, 그리고 자산으로서의 토지에 대한 수요를 억제하기 위한 법·제도들이 뒤엉키게 되었고 이 상태가 아직도 계속되고 있다.

1990년대에 들어와서 특히 두드러진 현상은 소비재로서의 토지에 대한 수요가 증가하기 시작하였다는 점이다. 과거에는 환경문제라고 하면 주로 수질오염이나 대기오염을 생각하였다. 그러나 1990년대에 들어와서는 환경문제라고 하면, 녹지 보전, 자연경관 보전, 생태계 보호, 생물다양성 보호 등을 포함하는 매우 포괄적인 문제로 인식되기에 이르렀다. 녹지나 자연경관, 생태계, 생물다양성 모두 소비재로서의 토지가 제공하는 중요한 내용이다. 그렇기 때문에 이제는 환경보전은 단순히 수질오염이나 대기오염을 막는 정도를 넘어서 소비재로서의 토지를 잘 확보하는 문제로 발전하게 되었다. 이런 현상을 반영하여 제3차 국토종합계획은 "양보다는 질"을 표방하고 국토환경의 보전을 중요한 목표로 설정하였으며, 90년대 후반에 작성된 제3차 국토종합계획 수정안도 다음 세대를 고려한 친환경적 국토자원관리를 주요 목표로 설정하였다. 그럼에도 불구하고 구체적으로 소비재로서의 토지를 확보하기 위한 법적·제도적 장치의 마련은 아직도 매우 미흡한 실정이다.

## 3. 개발과 보전의 갈등

### 1) 지방화와 환경문제

소비재로서의 토지에 대한 수요가 점차 증대하면서 개발과 보전의 갈등이 한층 더 심해지는 경향이 있다. 우리 옛말에도 곳간이 차야 예절을 차린다고 했으니, 춥고 배고플 때는 사람들이 먹고 살기 바빠서 환경이 더러워도 신경을 쓸 여유가 없고, 따라서 국민들의 환경의식도 매우 낮을 수밖에 없다. 하지만, 의식주가 어느 정도 해결된 다음에는 환경오염이 점차 눈에 거슬리게 되고 그래서 깨끗한 공기, 깨끗한 물, 아름다운 경치를 찾게 되며, 나아가서 환경을 깨끗하게 할 여유도 부릴 수 있게 된다. 그로스만-크루거 가설에 의하면, 일인당 국민소득이 대략 5천 달러대를 넘어야 비로소 환경문제에 대한 국민적 의식이 본격화된다(Grossman and Krueger, 1995: 106).

국민의 환경의식이 어느 정도 높아지면, 국민들은 정부와 기업에 대해서 환경보전에 신경을 쓰도록 압력을 가하기 시작한다. 실제로 우리나라의 경우에도 대략 그랬었다. 우리나라는 1990년에 와서야 일인당 GNP가 5천 달러를 넘었는데, 이해를 전후해서 환경문제에 대한 국민들의 목소리가 부쩍 커졌음을 보게 된다. 예를 들면, 환경문제에 대한 중앙 일간신문 보도건수가 1990년 한 해에만 5,331건이었는데, 1980년부터 1988년까지 총 보도건수가 5천 건에 채 못미치는 정도이니, 1990년 한 해의 보도건수가 1988년까지 9년간의 보도건수보다 많은 셈이다(안종주, 1993: 8).

그렇기 때문에 국민소득 수준이 전반적으로 높아짐에 따라 개발과 환경보전의 갈등이 점차 첨예화하는 것은 당연하다. 여기에 우리나라의 경우에는 1995년 지방자치제의 실시가 개발과 보전의 갈등을 첨예하게 만든 또 하나의 중요한 요인으로 등장하고 있다. 지난해 여론을 들끓게 했던 수도권 난개발문제에서 보듯이 지방자치단체의 무분별한 개발은 전국 곳곳에 환경파괴를 가속화시키고 있다. 사실 환경문제에 관한 한 지방자치제의 실시를 놓고 낙관적 견해와 비관적 견해가 맞섰다. 한쪽에서는 지방자치제의 실시가 오히려 각 지방의 환경을 보호하는 데에 기여할 것이라는 낙관적 주장이 제기되기도 하였지만, 지방자치제의 실시가 환경오염을 지방에까지 확산시킴으로써 전국 방방곡곡의 오염화를 초래할 것이란 비관적 주장이 강력하게 제기되었다. 하지만 이 시점에서 보면, 비관적 주장이 상당히 옳아 보인다. 대부분의 우리나라 지방들은 경제개발에 앞서 환경보전을 더 중요하게 생각할 만큼 지역소득이 높지 못하다. 위에서 소개한 그로스만-크루거 가설은 지방자치제의 본격적 실시와 더불어 지역소득증대 위주의 개발에 대한 주민의 요구가 분출할 것이며 따라서 지역의 환경파괴는 가속화되리라는 예측을 뒷받침한다. 실제로 지방자치제가 본격적으로 실시된 이래 그린벨트 해제에 대한 지역주민들의 요구나 지역개발에 대한 주민들의 요구가 도처에서 강하게 제기되면서 말썽이 되었다. 이미 비무장지대 주변에서도 지역주민들의 개발에 대한 요구가 도처에서 터져 나오고 있다.

지역개발 압력은 지방 자체 내에서뿐만 아니라 외부로부터도 강하게 밀려온다. 이와 같이 지역개발을 강력하게 주장하는 사람들이 가장 흔히 내세우는 논리는 개발을 통한 소득증대를 앞세우는 경제논리이다. 이런 논리는 듣는 사람으로 하여금 마치 지역개발만이 경제적 이익을 가져다주는 것으로 착각하게 만든다. 그러나 관광개발과 같은 지역개발만이 경제적 이익을 가져다주는 것이 아니라 환경보전도 경제적 이익을 가져다준다는 것이다. 다른 조건이 같다면 공기가 깨끗하고 경관이 좋은 곳의 주택은 그렇지 않은 곳의 주택에 비해서 비싸며 설악산의 생수가 상품으로 팔리는 일상생활의 사례에서 보듯이 깨끗하고 아름다운 자연환경 그 자체가 경제적 가치를 가진다. 이와 관련해서 특히 강조하고자 하는 것은 앞으로 환경보전으로 인한 경제적 이익이 지역개발로 인한 경제적 이익보다 더 커질 가능성이 매우 높다는 것이다. 달리 말하면 환경을 자연 그대로 보전하는 것이 이를 개발하는 것보다 더 경제적으로 이익이 될 수도 있다는 것이다. 왜냐하면, 국민소득 및 도민소득이 계속 증가함에 따라 자연상태의 토지나 녹지에 대한 국민이나 도민의 수요는 다른 재화에 비하여 상대적으로 매우 빠른 속도로 증가하는 경향이 있기 때문이다. 녹지나 자연상태의 토지에 대한 수요는 소득탄력적이다. 다시 말해서 소득수준의 향상에 매우 민감하게 증가한다.

소득수준이 높아짐에 따라 사람들의 깨끗한 공기에 대한 수요, 깨끗한 물에 대한 수요, 아름다운 경치에 대한 수요는 매우 빠른 속도로 증가함은 우리 일상생활에서도 흔히 경험하는 현상이다. 또한 앞으로 인구구조는 비교적 많은 여가를 누릴 수 있는 노년층이 확대되는 방향으로 변하리라는 것이 많은 전문가들의 지적인데, 그렇다면 그러한 인구구조의 변화도 녹지나 자연상태의 토지에 대한 수요증가의 한 요인이 될 것이다. 예를 들면, 관광수요는 녹지나 자연상태의 토지로부터 얻을 수 있는 편익에 대한 수요 중에서 큰 부분을 차지하는데, 과거의 추세를 보면, 관광객수의 증가율은 우리나라 일인당 국민총생산의 증가율을 훨씬 웃도는 높은 증가율이다.

수요가 증가한다는 것은 경제적 가치가 증가한다는 뜻이다. 녹지나 자연상태의 토지에 대한 수요가 급속도로 커진다는 것은 그런 토지를 보전하는 것이 경제적으로 더 이익이 된다는 것이다. 예를 들면 영국의 경우에는 그린벨트의 땅값이 그린벨트 밖의 땅값보다 더 비싸다고 한다. 머지않아 우리나라에도 이런 일이 벌어지지 말라는 법은 없다. 최근에는 그런 일이 벌어질 조짐이 조금씩 보이고 있다. 예컨대 요즈음 범람하는 광고를 보면, 건축업자들이 전원주택이니 뭐니 해서 주택을 녹지와 묶어서 팔려는 의도를 잘 읽을 수 있다.

그러나 문제는 토지를 개발함으로 인한 경제적 이익은 당장 특정개인에 귀속됨에 반해서 토지를 자연상태로 보전함으로 인한 경제적 이익은 장기에 걸쳐 불특정다수에게 분산된다는 것이다. 또한 토지를 개발함으로 인한 이익은 시장을 통해서 구체화되지만 토지를 자연상태로 보전함으로 인한 이익의 많은 부분은 시장을 통해서 금전화되지 않는다. 그래서 대체로 보면 개발로 인한 경제적 이익은 매우 커 보이고 반대로 녹지나 자연상태의 토지를 보전함으로 인한 경제적 이익은 매우 적어 보이게 마련이다. 그러므로 환경보전을 위한 정부와 시민의 적극적이고 계획적인 노력이 없이는 개발로 인한 이익을 노리는 세력 앞에 환경을 보전하기는 매우 어려울 수밖에 없다.

또 한 가지 염두에 두어야 할 것은, 자연상태의 자원은 국민 모두에게 열려 있어서 누구나 자유롭게 접근해서 즐길 수 있지만, 일단 경제적 이익을 위해서 개발된 다음에는 개인 소유권이 설정되면서 대중의 접근이 봉쇄된다는 점이다. 사유재산권의 핵심은 배타성이다. 예를 들면, 새만금 사업이 추진되지 않으면 동양 최대라는 천혜의 갯벌을 대한민국 사람 누구나 자유롭게 즐길 수 있지만, 이 갯벌이 농지로 바뀌고 공단으로 바뀐 다음에 조성되는 토지는 소수의 소유로 전락하게 마련이다. 비무장지대도 개발이 되면 개발된 토지에 사적 소유권이 설정될 것이고 따라서 배타적 이익이 생성될 것이다. 많은 개발사업들은 이런 식으로 다수에게 열려 있는 자원을 소수의 소유로 전환시키는 과정을 수반한다. 말하자면 소수에게 몰아주기라는 것이다. 지난 수십 년간 수도권에서 이루어진 수많은 택지개발사업 및 재개발사업들은 막대한 국유지나 공유지를 사유지로 편입시키는 과정의 연속이었다. 우리는 개인의 입장에서 본 경제성(사적 경제성)과 국민경제 전체의 입장에서 본 경제성(공적 경제성)을 분명히 구분해야 한다. 과연 다수에게 열린 상태로 놓아두는 것이 국민 전체에게 이익인지 또는 소수에게 몰아주는 것이 국민 전체에게 이익인지 심각하게 생각해볼 문제이기는 하지만, 앞으로 환경이 점점 더 중요해진다는 점을 생각하면, 아무래도 소수에게 몰아주기는 국민 전체의 손해로 낙착될 가능성이 높다. 자본주의 사회에서 사유재산권의 성격상 한 번 소수에게 몰아준 자원을 다시 다수에게 열린 자원으로 전환시키기는 사실상 불가능하다는 점도 생각해보아야 한다.

흔히 개발의 이익을 노리는 세력들은 환경이 훼손되더라도 우선 급한 대로 지역개발부터 해서 도민의 소득수준을 높여놓고 나서 파괴된 환경은 훗날 금전적 여유가 생긴 다음에 돈을 들여서 다시 고치도록 하자고 주장한다. 물론 이런 주장이 전혀 터무니없는 주장은 아니다. 그러나 그런 주장은 많은 경우 토지이용과 결부된 결정의 불가역성의 부담을 과소평가하는 경향이 있다. 대체로 보면 자연상태의 토지는 일단 경제적 용도로 전용되면 원상태로 되돌리기가 기술적으로 거의 불가능하다. 예컨대 생태계의 보고로 알려진 비무장지대를 뭉개서 공업단지를 조성하는 것은 항상 가능하지만 일단 조성된 공업단지를 원래의 생태계보고로 원상복구하는 것은 사실상 불가능하다고 보아야 한다. 그러니 비무장지대의 자연생태계가 없어진 것을 훗날 후회해도 그때는 이미 어쩔 수 없다. 일상생활에서도 보듯이 이와 같이 돌이킬 수 없는 상태에 이르는 결정은 되도록이면 보류하는 것이 상책이다. 비록 파괴된 환경을 복원할 수 있다고 하더라도 많은 돈과 시간이 소요된다. 그러므로 지역개발과 환경보전에 대한 결정은 장기적인 안목에서 이루어져야 한다.

## 2) 지속가능발전을 위한 환경정책과 토지정책의 통합

소비재로서의 토지에 대한 수요가 증가한다는 것은 환경문제에 대한 국민의 인식이 변함을 뜻한다. 과거에는 환경문제라고 하면 수질오염이나 대기오염, 쓰레기오염정도만 생각하였다. 그러다 보니 우리는 환경오염방지 혹은 환경보전이라고 하면 으레 하수종말처리장이니 폐수처리시설이니 하는 환경기초시설을 떠올릴 정도로 기존의 환경정책은 오염물질의 사후적 처리에 치중하였다. 새만금사업에서 수질오염이 문제가 되자 정부가 맨 처음 내놓은 방안은 폐수처리시설을 건설해서 수질오염을 방지한다는 것이었다. 수도권 상수원 오염문제가 발생하자 이때에도 상수원 주변의 주민들은 한강에 유입되는 축산폐수나 생활오수에 대한 처리시설을 건설할 것을 요구했다. 위천공단이 문제가 되자 공단건설을 추진하는 측은 완벽한 폐수처리시설로 낙동강 오염을 막으면 되는데 왜들 야단이냐는 태도를 보였다.

사실 모든 것이 원리원칙대로 이루어지는 사회, 교과서대로 움직이는 사회에서라면 이런 주장이 어느 정도 일리가 있다. 그러나 우리 현실은 원리원칙이나 교과서와 너무 거리가 멀다. 삼풍상가가 왜 무너졌고, 성수대교가 왜 무너졌던가? 원리원칙대로 했는데 그렇게 됐는가? 절대 그렇지 않다. 시화호가 왜 오염됐었는가? 폐수처리시설이 없어서 그랬는가? 시화호에는 훌륭한 폐수처리시설이 있었고 여러 차례의 안전검사를 통과하였다. 문제는, 폐수만 유입되도록 폐수처리시설이 건설되어야 하는데, 폐수가 아닌, 빗물이 유입되었다. 그러니 폐수처리시설이 잘 가동될수가 없다. 우리나라의 축산폐수처리시설의 가동률이 20%도 되지 않는다는 것은 이미 잘 알려진 일이다. 그래서 1998년에 환경부는 우리나라축산폐수처리시설 확충계획을 전면 백지화하기까지 하였다. 이와 같이막대한 국민의 세금을 투입하여 환경오염방지시설을 건설하고 나서, 가동을 제대로 하지 않는다면, 돈은 돈대로 날라 가고 수질은 오염될 대로 오염되니 결국 이중삼중의 혈세 낭비다.

요컨대 우리의 여건상 환경기초시설을 건설해서 사후적으로 환경오염을 방지하겠다는 주장은 믿기가 매우 어렵게 되어 있다. 설령, 환경오염방지시설이 제대로 설계되고 제대로 건설되며 제대로 운영되더라도 환경오염방지시설이란 결국은 사후처리방법에 불과하다. 환경기초시설의 효율이 매우 낮은 경우에는 사후처리방법이 특히 비싼 방법일 수밖에 없다. 어떤 나라든지 대체로 환경정책의 중심을 환경오염물질 배출의 통제 및 처리에 두고 있다. OECD의 선진국들도 마찬가지이다. 하지만 지난 2, 30년간 서구의 그런 환경정책이 환경을 크게 개선하기는커녕 오히려 악화시켰다는 반성이 20세기를 정리하면서 선진국에서 나오고 있다. 역시 그런 식의 환경정책으로 오늘날의 환경문제를 해결하는 데에는 한계가 있음을 인정하지 않을 수 없게 되었다.

그래서 선진국들은 보다 더 근원적인 방법을 사용하고 있다. 즉, 사전적으로 환경오염을 원천 봉쇄해버리는 방법이다. 그런 원천 봉쇄방법의 하나가 토지이용계획 및 규제이다. 이 방법이 실제로 선진국들이 많이 택하는 방법이기도 하다. 토지이용계획 및 규제가 중요해지는 데에는 또 다른 요인이 있다.

최근에 와서는 환경문제라고 하면 우리 국민은 대기오염이나 수질오염뿐만 아니라, 자연녹지 훼손이나 자연생태계 파괴, 자연경관 훼손, 생물다양성 감소 등을 포함하는 포괄적 문제로 발전하였다. 자연녹지나 경관, 생태계, 생물다양성 등은 주로 소비재로서의 토지에 담겨 있는 것들이다. 경제학적으로 말하면, 오늘날의 환경문제는 소비재로서의 토지를 확보하는 문제 내지는 소비재로서의 토지에 대한 수요의 증가로 인한 문제라고 할 수 있다. 소비재로서의 토지에 대한 수요증가는 단순히 환경오염물질의 사후처리방법으로 대처할 수 있는 사항이 아니다. 보다 더 적극적으로 토지이용계획 및 토지이용규제 방법을 동원해야 한다. 우리나라의 경우에 1998년에 큰 사회문제가 되었던 수도권 상수원 보호구역의 오염문제(팔당 상수원 문제)를 효과적으로 해결하는 한 가지 방법은 상수원 보호지역의 토지이용을 대폭 규제하는 것이다. 뒤에서 다시 살펴보겠지만, 우리나라와 매우 비슷한 토지제도를 가지고 있는 미국의 경우 환경보전계획의 일환으로 토지이용규제를 통해서 농지나 자연상태의 토지를 확보하는 데에 많은 노력을 기울이고 있다.

결국 오늘날의 환경문제에 효과적으로 대처하기 위해서는 과거의 환경정책과 전통적인 토지정책이 통합되어야 한다. 현재 우리나라의 경우 토지이용문제는 건설교통부 소관사항이고 환경보전은 환경부의 소관사항으로 되어 있어서 환경정책과 토지정책이 사실상 분리되어 있다. 그러나 이제 환경의 시대라고 하는 21세기에는 환경정책과 토지정책은 통합적으로 수립되고 추진되어야 할 것이다.


## 4. 개발과 보전을 조화시키기 위한 방안

### 1) 환경보전을 위한 지방정부의 역할

많은 경제전문가들은 앞으로 우리나 소득수준이 전반적으로 높아질 것으로 전망하고 있다. 이렇게 되면, 지방자치제는 오히려 우리의 환경을 개선하는 데에 크게 도움이 되는 시대가 올 것이다. 왜냐하면, 지역주민의 소득이 충분히 높아지면 지역주민 스스로가 경제개발보다는 환경보전을 더 중요하게 생각하게 될 것이며, 따라서 지방정부도 개발 쪽보다는 환경보전 쪽에 더 많은 관심을 가지지 않을 수 없게 될 것이기 때문이다. 달리 말하면 지방에서부터 소비재로서의 토지에 대한 수요가 늘어나게 된다는 것이다. 선진국에서는 이런 일이 흔히 벌어진다. 예컨대 영국에서는 그린벨트를 놓고 중앙정부는 이것을 해제해서 개발하기를 원하는 반면, 해당 지방정부는 보전을 강력하게 요구한다.

앞으로 21세기는 환경의 시대라고 하는데, 이 말은 소비재로서의 토지에 대한 수요가 크게 증가한다는 뜻이기도 하다. 사실 소비재로서의 토지를 공급함에 있어서는 중앙정부보다는 지방정부가 훨씬 더 유리한 위치에 있다. 아무래도 중앙정부보다는 지방정부가 지역주민들의 원하는 바라든가 지역의 자연적 여건을 더 잘 알 수밖에 없기 때문이다. 소득수준이 전반적으로 상승함에 따라 앞으로 소비재로서의 토지에 대한 수요가 각 지방에서 전반적으로 늘어날 것이다. 따라서 21세기 환경의 시대에는 지방정부가 환경보전의 주역을 담당하게 될 것이다.

물론 그렇다고 지역개발이 없어진다는 것은 아니다. 다만, 환경보전의 상대적 중요성이 더 커진다는 것이다. 어떻게 보면, 지금보다 개발과 보전의 갈등이 더 첨예화될지도 모른다. 따라서 개발과 보전을 좀 더 적극적으로 조화시킬 필요가 있다. 그러면 경제개발과 환경보전을 조화시키는 방안은 무엇인가? 한 가지 방안은 환경 파괴적인 행위에 대하여 개발영향 부담금의 부과를 강력하게 실시하는 것이다. 다시 말해서 개발사업이 환경파괴를 통해서 다수 국민들에게 안기는 손실에 상응하는 만큼 부담금을 부과한다는 것이다.

물론 이런 식의 부담금이 얼마나 실효성이 있는가에 대하여 많은 이의가 제기될 수도 있다. 예를 들면, 현재 정부가 환경파괴행위에 대하여 여러 가지 부담금을 부과하고는 있지만, 우리의 환경은 계속 악화되고 있지 않느냐는 반론이 제기됨직하다. 그러나 대부분의 부담금(부과금)들의 요율이 비현실적으로 낮거나 또는 정부가 부담금제도를 제대로 강력하게 실시하고 있지 않다. 우선 정부가 징수하는 부담금의 목적부터가 못마땅하다. 사실상 대부분의 부담금은 재원조달을 목적으로 한다. 부담금을 통해서 조성된 돈을 정부가 환경개선을 위해서 사용하면 되지 않겠느냐는 논리가 부담금 징수의 배경에 깔려 있다. 그러나 이런 논리는 조성된 돈을 정부가 효율적으로 잘 사용함을 전제한다. 하지만, 우리의 현실은 전혀 그렇지 못하다. 환경문제 해결을 위한 재정지출에 관한 한 우리나라 정부뿐만 아니라 선진국의 정부들도 너무나 비효율적이라는 것은 이미 잘 알려진 사실이다. 따라서 개발영향부담금을 포함한 각종 환경관련 부담금의 목적을 재원조달이 아닌, 환경파괴행위의 실질적 억제에 두어져야 한다. 환경파괴의 정도가 크면 부담금 징수액수도 비례해서 커져야 부담금 본래의 취지를 살릴 수 있을 것이다.

## 2) 개발권-소유권 분리제도

경제개발과 환경보전을 조화시키는 또 하나의 강력한 수단은 토지이용계획이다. 우리나라와 비슷한 토지제도를 가지고 있는 미국이 개발과 보전을 조화시키기 위한 방법으로 최근 많이 사용하는 방법은 개발권-소유권 분리제도다. 일상적으로 보면, 토지 소유자는 자신의 토지를 단순히 이용하고 처분하고 임대할 권리뿐만 아니라 개발할 수 있는 권리, 즉 개발권도 당연히 가지고 있는 것으로 간주되며, 또 사실 과거 19세기 서구 근대시민사회에 있어서는 개발권을 포함한 포괄적인 권리의 배타적 행사가 모든 토지 소유자들에게 법적으로 보장되었다(서원우, 1985: 60-77). 여기에서 개발권이란 쉽게 말해서 현재 이용양태나 용도보다 경제적으로 더 수익성이 높은 양태나 용도로 바꿀 권한을 의미한다. 그러나 20세기에 들어와 세계 여러 나라에서 공공복리를 증진하는 방향으로 토지이용을 유도하고 규제할 필요성이 점차 강하게 인식되면서 개인의 토지소유권 행사에 여러 가지 제한을 가하기 시작하였고, 드디어 영국에서는 개발권과 소유권을 분리하여 토지 소유자에게는 현재의 상태로 토지를 이용할 수 있는 권한만을 부여하고 장래의 토지개발권은 국가에 귀속시킴으로써 개인이 토지의 개발을 원하는 경우에는 정부로부터 개발허가를 얻도록 강제하는 획기적인 법안이 제정된 바 있다. 1947년 영국 노동당정부에 의해서 제정된 유명한 도시계획법(Town and County Plann- ing Act)이 바로 그것이다.

이와 같이 개인의 토지소유권으로부터 개발권을 분리하여 공공에 귀속시키면, 계획을 통해서 지역을 환경친화적으로 개발할 수 있을 뿐만 아니라 개발로 인한 이익을 정부가 흡수하게 되며, 지가를 안정시키고 토지투기를 억제하는 효과가 있다. 대부분의 토지투기 및 지가앙등은 장래에 기대되는 개발이익 때문에 발생하는데, 개발권이 없는 토지에 대해서는 투기수요가 발생하지 않을 것이고 따라서 그런 토지의 가격은 안정될 것이다. 개발권을 갖지 않는 토지는 저렴할 수밖에 없으니 정부나 공공기관은 필요에 따라 토지를 싸게 대량 매입할 수 있고, 따라서 급증하는 도시용 토지의 수요에 원활하게 대처할 수도 있을 것이며, 개발권을 정부가 보유하고 있으므로 토지이용계획에 따라 도시형태를 조절하기 쉽다는 이점도 생각할 수 있다.

우리나라는 오래 전부터 개발권-소유권 분리제도를 실시해오고 있다. 그동안 강력하게 실시되어 온 그린벨트(개발제한구역)제도가 바로 그것이다. 그린벨트 안에 있는 토지 소유주는 소유권만 가지고 있을 뿐 개발권을 행사하지 못한다. 다만, 우리나라의 경우, 그린벨트제도는 토지 소유주의 개발권 박탈에 대하여 아무런 보상을 해주지 않았다. 그렇기 때문에 그린벨트 주민들로부터 엄청난 반발을 불러일으켰고 그래서 결국 무너지기에 이르렀다. 우리나라가 매우 미련한 방법으로 개발권-소유권 분리제도를 실시했던 반면, 미국은 매우 합리적으로 이 제도를 실시하였다. 예를 들면, 미국에서는 토지 소유주로부터 개발권을 정부가 매입하거나 또는 토지 소유주로 하여금 다른 지역에서 개발권을 행사할 수 있도록 알선해주는 제도를 실시하고 있다. 첫 번째 방안이 소위 '개발권 선매제도'이고, 두 번째 방안이 '개발권 양도제도'다. 이 두 제도가 미국의 전역에 걸쳐 빠른 속도로 보급되고 있다. 이제 우리나라는 그린벨트제도를 해제하려고 하고 있는 데 반해서, 미국에서는 그린벨트제도를 확대실시하고 있으니 아이러니가 아닐 수 없다. 이제 우리나라도 미국처럼 합리적인 방법으로 개발권-소유권 분리제도를 실시함으로써 구체적으로 개발과 보전을 합리적으로 조화하기 위한 노력을 경주해야 할 것이다.

## 3) 임대문화의 도래

어쩌면 개발권-소유권 분리제도를 실시할 필요가 없는 시대가 오고 있는지도 모른다. 흔히 21세기는 무한경쟁의 시대가 될 것이라고 한다. 그만큼 경제전쟁이 치열해진다는 뜻이다. 이런 경쟁의 시대에는 여건에 신속하게 대응하는 것이 무엇보다 중요해진다. 누구나 잘 알고 있듯이 부동산의 문제점은 현금성이 크게 떨어지고 거추장스럽다는 것이다. 부동산을 많이 가지고 있다는 것은 막대한 자금이 묶이는 것을 의미한다. 그

뿐만 아니라 부동산을 많이 가지고 있다가는 여건의 변화에 신속하게 대응하지 못할 가능성이 있다. 예를 들어서 큰 공장을 가지고 있거나 기계를 많이 가지고 있을 경우 이런 것들이 구년묵이가 되어버리면 경쟁력에서 뒤지게 된다. 공장과 기계를 팔자면 시간이 걸린다. 따라서 신속한 변신에 걸림돌이 된다. 그러나 공장과 기계를 빌려 쓰면, 구년묵이가 되는 즉시 다른 것으로 교체할 수가 있다. 따라서 여건의 변화에 신속하게 대처할 수 있고 경쟁력을 계속 유지할 수 있다. 그래서 요즈음에는 공장이니 기계도 빌려 쓰는 기업체가 미국에서 많이 나타났다고 한다. 이제 부동산을 거추장스럽게 느끼게 되는 시대가 오고 있다. 리프킨 교수가 예언했듯이 이제 임대문화의 시대가 오고 있다.

이런 얘기가 기업에게만 적용되는 것은 아니다. 개인에게도 같은 얘기를 할 수 있다. 주택을 소유하고 있으면, 좋은 직장을 찾아 신속하게 움직이기 불편하다. 집은 빌려 쓰면 그만이다. 새 모델이 자꾸 나오는데 굳이 자동차를 소유해서 무엇 하는가. 자동차를 소유하면 유지관리에도 신경을 써야 한다. 빌려 쓰면 이런 것에 신경을 쓸 필요가 없다.

이렇게 모든 것을 빌려 쓰는 시대에는 자산으로서의 토지에 대한 수요는 크게 감소할 것이고, 따라서 부동산투기도 점차 사라질 것이다. 따라서 이제 환경의 시대에는 토지에 대한 수요는 주로 생산요소로서의 토지나 소비재로서의 토지에 집중될 것이다. 생산요소로서의 토지에 대한 수요는 주로 임대시장을 통해서 해결되는 때가 오게 될 것이다. 기업이 굳이 토지를 소유할 필요가 없다. 전국 국토를 국가가 소유하고 각 기업들이나 개인들은 국가로부터 임대해서 쓰면 그뿐이다. 이렇게 되면, 토지투기도 없어지고 난개발도 없어질 것이다. 사실 이런 상황이 100여 년 전 헨리 조지가 꿈꾸던 상황이다. 그는 모든 토지에 대하여 지대를 100% 흡수하는 이른바 토지단일세제도를 실행함으로써 이런 상황을 만들어보기를 원했다. 헨리 조지는 토지의 생산성을 높이기 위해서 필요한 것은 토지에 대한 사유권 인정이 아니라 생산성 향상으로 인한 과실에 대한 권리를 확고히 보장하는 것이라고 생각하였다. 헨리 조지는 다음과 같이 말했다.

토지를 경작하게 하고 또한 이 토지의 생산성을 높이기 위해서 굳이 "이 토지는 당신의 것이다"라고 말할 필요가 없다. 단지 "이 토지로부터 당신이 생산한 것은 바로 당신의 것이다"라고 말하는 것으로 충분하다(George, H., 1879: 398).

토지의 사유화가 오히려 토지의 최적이용을 가로막는 예는 매우 많다. 토지가 공유화된 상태에서는 토지는 사회적으로 필요한 용도에 즉시 그리고 항상 이용할 수 있다. 그러나 토지가 사유화된 상태에서는 그렇지 못하다. 그렇다고 토지를 몰수해서 국유화하는 것은 결코 최선책이 될 수 없다. 토지에 대한 모든 사람의 동등한 권리를 표방한다는 대의명분은 있을지 모르나, 우선 토지몰수는 사회정의에 저촉될 우려가 있고, 국유화는 사회에 필요없이 큰 충격을 줄 우려가 있으며, 또한 필요없이 정부의 기능을 확장할 우려가 있다. "진실로 필요한 것은 토지의 몰수가 아닌 지대의 몰수이다"라고 주장하면서 이를 위해 헨리 조지는 "토지가치에 대한 조세 이외의 모든 조세를 철폐하는" 토지단일세를 제창하였다.[2]

만일 리프킨 교수의 예언이 맞다면 그런 토지단일세제도를 실시하지 않고도 헨리 조지가 꿈꾸는 임대문화의 시대가 올지도 모른다. 그렇다면, 생산요소로서의 토지에 관해서는 어떻게 임대시장을 관리하고 활성화할 것인가에 대하여 앞으로 활발한 연구가 있어야 할 것이다. 소비재로서의 토지에 대한 수요는 주로 지방정부가 맡게 될 것이다. 그리고 소비재로서의 토지를 공급함에 있어서 지방정부의 역할을 어떻게 활성화할 것인가에 대한 연구도 앞으로 많이 나와야 할 것이다.

---

[2] 그는 토지단일세 주장이 전혀 새로운 주장이 아니라 이미 1세기 전에 프랑스의 중농학자 퀘네와 튤고가 이를 주장하였음을 인정하면서 이들이 토지와 노동의 기본적 관계를 정확하게 파악하였다는 점을 높이 샀다. 아마도 그는 이들에 앞서 영국의 사상가인 존 로크가 토지단일세를 강력히 제창하였음을 몰랐던 것 같다.

# ■ 참고문헌

국토연구원. 1996, 『국토 50년』.

권원용. 1993, 「토지이용규제체계의 개선방향」, 손재영 편, 『토지시장의 분석
　　과 정책과제』, 한국개발원.

리프킨. 2001, 『소유의 종말』, 민음사.

안종주. 1993, 「국내 주요 일간지 환경기사의 정확성에 관한 연구」, 서울대학
　　교 보건대학원 석사학위논문.

이정전. 1999, 『토지경제학』, 박영사.

_____. 2000, 『환경경제학』, 박영사.

황명찬 편. 1985, 『토지정책론』, 경영문화원.

George, H. 1879, *Progress and Poverty*, New York: The Modern Library.

Grossman, G. M. and A. B. Krueger. 1995, "Economic Growth and Environment,"
　　*Quarterly Journal of Economics*, Vol.1106.

# 제14장
# 지역발전을 위한 장소판촉론

김형국 (서울대학교 교수)

## 1. 머리말

이 시대는 무엇보다 경제적 세계화의 거센 바람 탓에 장소적으로는 대도시로부터 농촌에 이르기까지, 발전단계로는 성장에 탄력이 붙은 지속가능한 지방단위로부터 기존의 성장세가 여건 변화로 꺾이고 말아 기사회생하려고 몸부림치는 단위장소까지 모두 장소판촉전략에 매달리고 있다.

장소판촉전략은 무엇보다 교통과 통신의 초현대화에 따라 국가라는 조절장치의 보호막이 약화된 상황에서 세계경제와 직면하여 경제적 생존 내지 번영을 실현하려는 지방의 탐색이다. 그러나 세계화의 정체에 대한 입장이 제대로 정리되지 않는 상황이고 보니, 우리의 경우가 바로 그러하지만 "가장 지방적인 것이 가장 세계적이다"는 명제만 소리 높여 외치고 있을 뿐 그 접근이나 실천에 대한 체계적 이해는 지극히 미흡한 실정이다.

장소판촉론의 등장은 세계화 그리고 자본주의방식의 구조변화에서 촉발된 상황과 밀접히 연관되어 있다. 그만큼 앞선 나라에서 먼저 제기되고 논의된 실천이론이 바로 장소판촉전략이다. 따라서 이론의 소개도 서구의 것에 대한 개관이 주조를 이룰 수밖에 없다. 그러나 2000년 현재 국내총생산의 45%를 수출할 만큼 우리 사회가 세계경제에 밀착되어 있는 형편에서 장소판촉적 발상법은 우리의 지방도 심도있게 대처해야 할 과제가 되고 있다.

이 글은 최근 도시 및 지역발전론에서 각광을 받고 있는 장소판촉전략의 이론수준을 정리하려는 것이다.


## 2. 장소판촉론 등장 전후

### 1) 지역발전론의 어제와 오늘

지역발전론이 전문연구로 등장한 지 어언 반세기를 헤아린다. 그 사이 그 실천이념이 여러 갈래로 진화·분화했고 그 입장도 제각기 정당했다. 지역발전의 이론적 출발은 지역의 경제개발을 실현하려 함이었다. 발전도상국에서는 국가경제의 능률성을 제고하는 방향으로, 선진국에서는 지역간 형평성 제고용 또는 국토균형개발 증진용으로 파악되곤 했던 것. 이 연장으로 국가경제가 성숙하거나 또는 균형개발정책의 성공으로 국토경제가 성장의 탄력을 얻고, 동시에 해당 주민들이 실감할 정도로 지역간·지역 내 형평성이 성취되면 지역발전연구는 그 탐구대상이 현실에서 소멸되고 말 것이기에 학문적 입지 또한 자연 해체될 것이라는 전망이 나오곤 했다. 그럴 즈음 환경오염이 크게 번진다. 그 폐해가 대부분 땅위에 자리잡음을 뒤늦게 통감하자, 결국 지역발전론의 필요성을 강화하는 상황이 전개된다(Friedmann, 1975). 이렇게 지역발전론의 관심대상이 능률성·형평성·환경성의 실현으로 다각화된 것이 그간의 사정이다.

그럴 즈음 사회의 자본축적방식이 후기산업사회적으로 변모하게 되자 도시는 물론이고 농촌 역시 구조조정의 회오리에 휘말린다. 날로 높아지는 세계화 경제의 파고로 말미암아 도시 또는 농촌의 당면 현안은 무엇보다 경제를 살리고 늘리는 일이 초미의 관심사가 된다.

때맞추어 1960년대에 중앙정부에 의해 도입되어 유행했던 '하향식' 지역정책을 비판하는 목소리도 높아갔다(Friedman and Weaver, 1979; Trist, 1979; Sharpe, 1991; Hayter, 1997). 다양하고 특수한 국지적 문제와 가치 그리고 기회에 반응하기에는 중앙정부는 "너무 거리가 멀고, 유연성이 없으며, 비민주적"이었기 때문이다. 이 반작용으로 지방 참여와 지방적으로 생산된 아이디어가 지방문제 해결에 결정적 역할을 할 수 있다고 판단하고, 이 연장으로 국지적 문제해결에선 지방의 주도가 필요하다고 스스로 확신하기에 이른다. 이런 믿음에 따라 발전한 실천형 지역발전이론이 장소판촉론이다.

## 2) '장소전쟁'의 시대

20세기 말 이래 세계를 석권하고 있는 화두의 으뜸은 단연 '세계화'다. 사람·자본·기술·문화 등이 영역의 경계를 뛰어넘어 자유롭게 이동하고, 지구상의 어느 지역에서도 아주 수월하게 자리잡을 수 있게 되었기 때문이다.

세계화가 어느 지역이든 고립된 채 하나의 자족·완결적 경제단위로 존재하는 것을 불가능하게 몰아가고 있다. 이 추세는 역사적 대세인 만큼, 지구적 차원에서 입지이동이 가능해진 경제활동을 유치하지 못하는 지역은 그 앞날의 운명을 기약할 수 없다. 그래서 장소들 사이에 경제활동 유치경쟁이 지구적 차원에서 일어나고 있고 날로 더욱 치열해지고 있다.

경쟁은 단지 인접장소나 국가경계 안의 영역에만 국한되지 않는다. 지구상의 모든 장소가 서로 경쟁하고 있다고 보아도 전혀 과장이 아니다. 결국 세계화란 정체불명의 블랙박스는 장소간 경쟁심화로 판명난 것이다.

이제 중요한 것은 장소경쟁에서 승리하는 길이다. 장소경쟁에서 승리하는 길, 곧 경제활동의 입지에 유리한 환경을 제공하는 것만이 지방의 생존과 발전을 보장할 수 있다. 거기에 성공한 장소는 고용창출과 경제성장을 누릴 수 있는 반면, 그렇지 못한 장소는 실업과 경제침체의 고통을 겪을 수밖에 없다.

한때 성장을 구가하던 지역도 그걸 지속시킬 수 없다면 쇠퇴의 길은 피할 수 없다. 더 이상 성장의 달콤함에 안주할 수 있는 장소가 없는 '장소성장의 불확실성' 시대에 접어든 것이다. 고상한 의미로 장소의 '미인선발대회'(Jessop, 1995)라 부르건, 아니면 생존의 몸부림이 처절하다 해서 '장소전쟁'(Kotler et al., 1993)이라 이름하건 모든 장소들이 스스로의 생존과 발전을 위한 전략을 강구해야 할 시기가 도래한 것이다.

## 3. 장소판촉론의 발상법: 탈영역화 대 재영역화

세계화 또는 지구화에 대한 논의들은 삶의 체감(體感)범위인 장소 또는 영역적 토대[1]로부터 사회·경제·정치적 관계가 이탈하고 있음을 먼저 강조한다. 이는 사람·상품·자본·화폐·정체성·이미지가 체감의 장소 또는 생활권에서 벗어나 지구공간 전체의 흐름을 탈 수 있음을 말한다. 지구적으로 순환하는 흐름들은 사회적 관계마저 영역과 장소들로부터 분리시키고 있는 것이다.

지구화를 이처럼 이탈의 흐름으로만 해석하면 두 가지 한계에 봉착한다. 하나는 그렇게 가속화된 흐름 내지 이동을 가능케 하는 고정적이고 비이동적인 영역(領域)조직이나 토대, 특히 지역적 축적과 조직제도를 무시하는 한계이며, 다른 하나는 현재 진행중인 신자유주의적 지구화가 본질적으로 복합적 지리 규모에서 영역조직[2]의 변화에 바탕을 두고 있음을 간과하는 한계다. 따라서 지구화를 적실하게 파악하려면 자본의 유동과 그에 따른 영역조직의 변화에 대한 특질 파악이 필수적이다.

먼저 자본은 공간장벽을 제거함으로써 생산기능의 입지자유성 증가, 생산비용 절감, 상품시장 확보를 통해 이윤을 극대화하려 한다. '시간에

---

1) 통근권, 노동시장권 등이 여기에 해당하는 개념이다.
2) 기준이 되는 동일한 속성이 계속 이어져 있는 일단의 장소 또는 지방을 뜻하는 영역조직 (territorial organization)은 전문화된 장소가 상호보완적으로 연결된 공간조직(spatial organization)과 대비된다. 지리학에서 시도하는 지역구분에 비유한다면 전자는 동질지역이고, 후자는 기능지역에 해당한다. 수도권은 서울의 영향권이란 점에서 전자에 해당하는 데 견주어, 서울과 부산 간의 긴밀한 연계를 후자의 개념으로 파악하는 것은 서울과 부산 사이는 동일한 속성에 따라 지리적으로 계속 이어진 것이 아니기 때문이다(Soja, 1971).

의한 공간의 섬멸', '시·공간 압착' 등은 생산기능의 이런 이동성을 나타
내주는 극적인 말들이다.3) 기존의 영역적 속박을 벗어나 흐름의 공간에
순응하면서 이윤을 극대화하려는 자본의 이런 속성을 일컬어 '탈영역화
(deterritorialisation)' 또는 '탈배태성(脫胚胎性, disembeddedness)'이라 이름
한다.

그리고 이 시대는 교통체계의 혁신과 더불어 정보통신기술의 급격한
발달로 자본이동성이 극대화하고 있다. 게다가 국제적 금융체계의 형성,
무역장벽의 철폐는 움직이는 이동자본에 날개를 달아준 셈으로, 이런 환
경을 제공해준 근본 동인(動因)은 바로 정보기술의 발달이다.

정보통신의 혁명과 이로 인한 정보산업의 급속한 발달은 마침내 도시
나 장소의 종언을 예고할 지경에 이르렀다.4) 정보산업의 성장에 따른 경
제활동의 세계화는 장소가 더 이상 중요하지 않게 된 것처럼 보이게 만
들고 있다.

하지만 이건 한쪽만을 바라본 부분 설명에 지나지 않는다. 자본은 이동
성만큼이나 이에 대치되는 고정성이란 특성을 갖고 있음을 과소평가했
기 때문이다. 세계화와 정보경제화 과정이 함의하는 이동성은 생산장소,
물리적 기반시설 등 장소구속적 물리적 조건과 조정통제기능이 고도로
집적된 중심지 내지 결절 같은 형태의 고정성 강화를 동반하고 있는 것
이다. 자본은 끊임없이 장소속박성을 줄여 지구적 흐름에 편승하려 하는
데 반해, 영역은 해당 범역 안에 자본을 잡아두려는 속성 곧 (지방)장소적
고정성을 작동하고 있고 또 작동해야 한다.

이동성 대 고정성이란 두 얼굴의 속성은 서로 대치되는 성질이기에 양
자간에는 항상 갈등 또는 긴장이 따르게 마련이다. 따라서 갈등에 대응
하는 자생적 적응 또는 정책적 대책이 뒤따른다. "공간을 극복하는 데는
공간조직이 필요하다"는 말대로 자본이동방식이 변화하면 '공간적 해법

---

3) 시·공간 압착(Harvey, 1982), 시간에 의한 공간의 섬멸(Marx, 1973), '흐름의 공간(space
   of flows)에 의한 장소의 공간(space of places) 대체'(Castells, 1996) 등의 개념으로 극화(劇化)
   되어 있다.
4) 지리학의 본령이 장소의 연구였는데, 장소의 의미가 퇴색하고 있는 형편인지라 성급하게
   '지리학의 종말'이란 말도 나오고 있다(Negroponte, 1995).

(spatial fix)'을 거쳐(Harvey, 1985),[5] 거대한 타이타닉 호의 방향 선회처럼 서서히 거기에 합당하고 적절한 고정적 영역장치[6]가 등장한다. 이를 '영역화(territorialisation)' 또는 이전의 영역성을 재구조화했다 하여 '재영역화(reterritorialisation)'라 칭한다(Sassen, 1991; Brenner, 1999).

돌이켜보면 초기 산업자본주의 시절의 영역화는 국민국가 테두리 안에서 도시 중심으로 그 시절의 산업활동의 능률성에 유효·합당한 영역장치, 이를테면 도시간에는 중심지계층을, 도시 내에는 동심원구조 등을 창출했다. 영역장치 또는 '영역성(territoriality)'이란 장소 그 자체 그리고 장소 위에 자리잡는 철도·고속도로·항구·운하·비행장·통신망 같은 교통·통신체계, 의사소통체계, 도시·지역집적 그리고 국가조절장치 같은 하부구조 등[7] 사회적으로 생산된 '제2성질'의 장소를 통칭한다.

영역화는 장소의 특성인 영역성을 강화하는가 하면, 거꾸로 이를 바탕으로 경제·사회변화에 적응하는 과정이자 변화에 제대로 대처할 수 있는 '적극적 역량'이다. 초기 자본축적을 기준으로 삼는다면 이 시절에 생성된 영역성을 벗어나면 탈영역화가 되고, 뒤이어 나타난 탈맥락화된 지구경제에 대응해서 삶의 터전, 또는 노동권, 생활권의 영역성을 재정비하는 방식, 곧 도시-지역 집적, 교통 네트워크, 의사소통체계, 국가조절자치 같은 고정적인 영역성의 생산과 재생산 그리고 변용이 이루어지는 방식을 재영역화라 한다. 그리하여 국가나 지역의 지리적 '고정성'이 국가 또는 지역의 경계 안이나 경계를 뛰어넘어 노동력·상품·자본의 이동성 혹은 초월성을 증가시키는 데 필요한 안정적 토대를 제공하는 것이다(Lefebvre, 1991).

세계화에 따라 지구경제가 등장하자 그 축적체계가 공간적 해법을 통해 이전과 다른 영역조직을 요구하고 또 만들어나가는 것은 당연하다.

---

5) 이를 두고 "공간에서 이루어지는 제품 생산이 공간 생산으로 변모"(from the production of things in space to the production of space)했다 하기도 한다(Lefebvre, 1991).

6) 영역조직은 자본주의생산의 결정적 동인인바, 영역조직을 구성하는 요소로는 기술적 역량, 자연재(自然財), 사적·공적 형태의 고정 자본, 인프라, 생산의 사회적 관계, 제도·조절적 체계, 지리적으로 국지화된 생산체계 내의 기타 관련외부효과들의 통합과 조합으로 구성된다고 한다(Swyngedouw, 1992).

7) 여기엔 당연히 국가나 지역의 제도적, 문화적 특수성도 포함된다(Amin and Thrift, 1997).

이동성과 고정성 사이의 역동적 긴장 또는 모순이 자본주의의 축적위기를 발생시키고, 이를 해소하기 위해 다시 영역체계의 변화가 불가피한 것이다. 때문에 세계경제시대의 자본이 영토성의 탈국가화, 탈영역화를 촉발하자 이에 따른 새 영역체계의 생성 또는 재영역화가 이루어지고 있다. 무엇보다 초국가적 차원에서 세계도시 체계가 등장한다. 이처럼 자본주의 역사에서 이전에도 그랬듯이, 세계경제를 놓고 다투는 후기산업사회에서도 이동성과 고정성 간의 내재적 긴장이 지리적 경관을 변형시키고 있다(Harvey, 1989).

세계도시 체계를 형성하고 있는 것은 주요 나라에서 자리잡고 있는 세계도시들이다. 지구화 과정이 본질적으로 장소의존적인바, 현대자본의 높은 이동성을 매개할 수 있는 고정적 영역장치가 다수 자리잡고 있는 곳이 바로 세계도시다(Sassen, 1991; 1998). 거기에 초국적 자본이 필요로 하는 은행·회계·광고·관리 컨설팅·법률·보험 같은 생산자서비스산업들이 주로 입지해 있다. 세계도시가 세계경제의 흐름을 매개하는 주요 거점이긴 하지만 한 국가 안에서는 여전히 '세(細)국가적' 존재인 것 또한 분명하다.

따라서 세계경제 속의 빠른 자본이동은 초국가적으로 세계도시 체계의 등장을 보았고, 세계국가적으로 세계도시의 위상 강화 그리고 세계경제에 중요 일익을 담당하는 신산업지구의 발달 같은 방식으로 자본의 고정성이 나타나고 있다. 이 경우의 재영역화가 국민국가의 울타리 바깥으로는 세계도시 체계 강화를, 울타리 안쪽 깊숙이 세계도시 내지 신산업지구를 만들어내는 식의 엇갈리는 쌍방향이 동시에 이루어지고 있다 해서 세계화(global)와 지방화(local)를 합성하여 '세방화(glocalization)'라 이름하기에 이른다(Swyngedouw, 1997). 세방화에 따라 영역장치가 위로는 세계와, 아래로는 지방과 맞닿고 있기에 영역규모가 이전의 초기 자본주의시대와 다르다 해서 '재규모화(rescaling)'라는 말도 통용되고 있다.

세계화에 따른 재영역화, 재규모화는 국가나 도시형태의 변화로 나타난다. 재영역화가 장소자본에 기반한 장소 만들기에 바탕하고 있기 때문이다. 신산업지구 같은 장소 만들기에 성공한 지방과 국가는 각각 '지구적 지방(global local)', '세방(世方)적 국가(glocal state)'가 된다.

도시는 더 이상 도심에 집중된 동심원적 구조가 아닌 다핵(多核)형태를 띤다. 장소 불균형성장의 당연한 귀결이다. 그리고 어떤 도시는 세계경제의 연결망에서 중요고리가 되는 점형(点形)의 세계도시(Friedmann, 1986)가 되고 어떤 지역은 대상(帶狀)도시(megalopolis; Gottman, 1961)가 된다.[8]

이들 현대도시는 자본, 상품, 노동력의 초국적 흐름을 배태하고 있는 까닭에 특정국가가 제어할 수 없음이 그 하나의 특성이고, 이전처럼 자기 완결적이고 폐쇄적이고, 국가적으로 틀지어진 통제대상이 아님이 또 다른 특성이다. '지구적 축적 공간'(Friedmann, 1995), '지구적 네트워크 속의 신 마샬형 결절'(Amin and Thrift, 1992), '지구경제의 지역발전기'(Scott, 1996), '지구적 모자이크지역'(Storper and Scott, 1995) 등의 역할을 이들 도시가 담당하기 때문이다.

그러나 재영역화를 위한 공간적 해법의 경우, 기존의 논의(Harvey, 1982; Lefevbre, 1991)는 도시를 영역화의 가장 기본적인 단위로 봄으로써 다양한 공간 차원의 장소영역화를 착안하지 못했다. 따라서 도시나 국가가 재영역화되거나 재규모화되는 방식을 훨씬 정교화시킬 필요가 생겨난다(Brenner, 1999). 곧 도시보다 크거나 작은 수많은 도시지역, 심지어 농촌지역까지 장소영역적 차원으로 보고, 이들 영역에서 경제위기 해소를 위한 다양한 차원의 영역성이 태동할 수 있다는 것이다.

이에 더하여 '규모별 영역정치(territorial politics of scale)'를 끌어들여 장소의 재영역화 또는 장소의 규모조정과 함께 정치·제도적 변화까지 설명하고 있다. 영역의 규모조정에 따라 그에 걸맞은 정치·조절의 제도적 장치가 생겨나고 있고, 생겨나야 하기 때문이다(Smith, 1993; Lefebvre, 1991).

다시 말해 세계화에 대응하는 재영역화는 두 가지 차원에서 일어난다. 하나는 장소적 차원이며, 다른 하나는 정치·제도·조직의 차원이다.

장소적 차원의 재영역화는 개별국가 영역 안에서 장소적 중요성이 하

---

8) '도시역'(都市域 urban field, Friedmann and Miller, 1965; Lefebvre, 1968), '일백 마일 도시'(100-mile cities, Sudjic, 1993), '외향(外向)도시'(exopolis, Soja, 2000) 등도 유사개념들이다.

향이동하고 있다. 그래서 국가 전체의 장소 곧 국가지역보다는 하위장소들의 중요성이 커진다. 세계적으로 이동하는 경제기능이 하위장소와 직접 대면하기 때문이다.

제도적 차원의 재영역화는 장소의 정치와 조절의 방식도 경제위기를 해소하고 성장을 도모하기 위한 형태로 변화함을 뜻한다. 성장을 실현하기 위해 정부 쪽 관료주의체제가 기업가적 체제를 닮으려는 것이다. 성장은 민간부문의 본령인 점에서 정부는 민간을 배우려 하고, 필요에 따라 민간과 손을 잡는 사이에 민관(民官)제휴방식인 관치(管治, governance)[9]가 각광을 받게 된 것이다.

우리 사회가 그런 것처럼 도시화가 대폭 진척된 상황이라면 예전과 달리 도시의 원만한 관리가 시정(市政), 곧 도시정부만으론 역부족이다. 시대상황이 예전과 달리 급변중이고, 거기에 따라 성취해야 할 공적 목표 또한 사뭇 복잡하고 다양해졌기 때문이다. 그래서 관료제적 시정에 대한 보완장치 내지 대안으로 주목을 받고 있는 것이 민관합동의 실천방식인데, 이를 뒷받침하는 최신 시각이 '관치이론(governance theory)'이다.

요약하자면 이동성과 고정성 사이의 긴장과 모순에서 파생된 경제위기를 해소하기 위한 영역차원의 대응이 재영역화이고, 이를 위한 방편의 하나가 바로 장소판촉이론이다. 이 이론이 영역의 규모조정 또는 규모의 정치체제 전부를 설득력있게 설명하는 데는 분명 한계가 있다. 하지만 장소판촉을 단순히 장소라는 물리적 상품을 파는 행위로 보는 것이 아니라, 지역생존과 발전을 위한 연성(soft)의 제도·정치변화를 망라한 영역적 차원의 포괄적 대응으로 설명하려 한다는 점에서 하나의 유용한 분석틀인 것이다.

---

9) 발상법이 제3섹터론과 유사한 도시관치는 영국형 실천이론이다. 산업사회의 발상지였던 만큼 산업자본주의의 쇠퇴도 세계 어느 곳보다 앞서 겪었던 전력(前歷), 그리고 뒤이은 정보사회의 도래와 세계화의 확산에 대한 대응에서 비롯된 이론이다. 거버넌스는 중국에서는 '관치(管治)'라 하고 일본 사람은 '협치(協治)'라 번역한다. 중국 쪽 번역에는 지방행정에 기업관리적 측면이 보강된다는 뜻이, 일본 쪽 번역에는 지방행정에 민간부문과 자발적 시민단체의 협력이 중요하다는 뜻이 담겨 있는데, 이 점에서 공치(共治)란 개념도 통용되고 있다. 하지만 이들 조어가 사안의 미묘한 특징을 드러내는 데 미흡하다 해서 '거버넌스'란 영어를 그대로 쓰는 경우도 많다.

## 4. 영역자산: 장소판촉의 도구

성장의 실현에 골몰하고 있는 지방정부를 일러 '기업가적 지방정부'라 하는데, 이들이 동원할 수 있는 생존수단은 무엇일까? 그건 단연 장소가 축적하고 있는 장소자산, 곧 '영역자산(territorial assets)' 또는 '영역배태자산(territorial embeddedness assets)'이다.10)

시·공간 압착에 따라 지구적 차원의 자본이동에서 공간거리는 더 이상 제약이 못 된다. 따라서 후기 산업사회 또는 서비스 주도사회는 교통비 등 장소 비배태적인 전통적 입지요소의 중요성이 대폭 약화된 반면, 장소 배태적 요소의 중요성이 높아지고 있다. 장소가 경제변화의 수동적인 투영체 내지 무대가 아니라 경제발전을 견인하는 주체로 부상했기 때문이다.

장소란 사회적으로 형성된 다층적이고 다의적인 개념이다(Massey, 1984; Harvey, 1982). 단지 물리적 측면만이 아니라 기업우호적 분위기는 물론이고 문화, 관습까지를 포함하는 영역성을 함축한다. 그만큼 영역자산은 총체적인 것이다. 사회관계, 정치·제도, 문화특성, 쾌적성(快適性) 등의 연성(軟性)요소와 건조환경, 자연환경, 물리적 시설 등의 경성(硬性) 요소 모두를 포함한다.

영역자산은 장소마다 다르다. 따라서 장소경쟁에 동원하는 양상도 다르며, 그에 따라 장소판촉의 기법도 다양하다. 미국의 경우, 20세기 이전에는 많은 도시나 지역이 '자연적 입지 이점' 같은 물리적 자산을 통해 장소를 판촉했다. 그 뒤 세월이 흐를수록 판촉대상도 다양해졌다. 문화적 특성, 기업관련 사회분위기, 제도적 혜택, 사회적 쾌적성, 물리적 형태 등 유·무형의 다양한 자산이 경쟁도구로 등장했다.

경쟁도구에 따라 장소판촉의 유형이 갈린다. "작렬하는 태양(Sun)이 있는 맑은 바다(Sea)에서 깨끗한 모래(Sand)를 즐길 수 있음"을 판촉하는 'SSS 장소판촉'처럼, '생태 장소판촉'은 양질의 생태자연자산을 장소판촉

---

10) '경쟁자산(competitive assets)', '지방의존자산(locally dependent assets)', '장소배태자산 (place embeddedness assets)', '장소의 질(quality of place)' 등으로 불리기도 한다.

의 수단으로 사용한다. '문화 장소판촉'은 지역이나 장소 특수적인 문화를 장소판촉 수단으로 활용한다. 이들 생태환경적 장소판촉과 문화전략적 장소판촉은 관광객 유치와 여기에 직·간접으로 연관된 산업진흥 및 고용창출을 통해 지역발전을 도모하려 한다. 이에 비해 '산업 장소판촉'은 양질의 장소환경을 구축함으로써 고용을 창출하는 기업을 끌어들여 지역이나 장소의 발전을 도모하자는 방식이다. 앞의 두 방식이 관광객 유치에 목적이 있는 반면, 마지막 방식은 기업 유치가 목적이다.

그렇지만 관광객 유치와 기업 유치는 서로 딴 길이 아니다. 양질의 생태환경과 장소 특수적인 문화는 삶의 질을 구성하는 요소인 만큼 관광객을 유인하기도 하지만, 기업을 끌어들이기도 하기 때문이다.

또한 앞의 두 방식 곧 생태·문화 장소판촉이 지역의 고유한 장소 특수성을 경쟁수단으로 사용하는 반면, 산업 장소판촉은 탈산업화의 핵심산업인 초국적기업이나 고차서비스산업 유치에 유효한 비교적 공인(公認)된 장소 여건들을 제공하려 한다. 그런 점에서 앞의 두 방식보다는 장소의 고유성과 특수성에 착안하는 강도는 다소 떨어진다(Kearns and Philo, 1993).

영역자산의 대표는 아무래도 문화자산과 관계자산이다. 이를 상론하면 다음과 같다.

## 1) 문화자산

영역자산 가운데서도 문화의 중요성이 커지고 있다. '문화회귀', '문화혁명'이라 부를 정도로 문화가 중요 생산요소의 하나로 평가받고 있기 때문이다(Crang, 1997). 이를테면 개인간 의사소통, 정보제공이 위주가 되는 교육이나 컨설팅 같은 서비스활동은 상품생산보다 더 많은 문화적 요소를 포함하는데, 이런 경향은 전통적인 '제품' 상품 대신 '서비스' 상품이 주도하는 탈산업사회에서 특히 뚜렷하다(Sayer, 1997). 결국 탈산업사회는 문화적 요소의 중요성이 증가하는 이른바 '문화가 반영된', 문화의 산업화와 산업의 문화화가 강화됨이 특징이라 말할 수 있다.

생산요소로서 지식이 중요해지고 있음도 문화의 중요성 증대에 일조한다. 지식의 생산·분배·교환이 세계경제체제의 결정적 요소이기 때문에 지식기반산업의 비중이 커지고 있고(Healey, 1995), 여기에 종사하는 지식노동자들은 동시에 양질문화의 소비자들이기도 하다. 그래서 지식기반산업의 가장 중요한 입지인자가 바로 고급전문직이 주거를 선택할 수 있는 양질의 문화환경지역인 것이다. 다시 말해 첨단산업, 고차서비스업 같은 새로운 경제활동은 고급노동력을 사용하는 지식기반기업인 까닭에 이들은 연성 입지요소로 문화를 중시한다.

정보기술의 발달도 문화발달을 자극하는 요인으로 꼽힌다. 정보기술의 발달이 문화의 생성과 전파를 보다 수월케 하고, 그래서 문화를 보다 광역적으로 소비될 수 있도록 돕기 때문이다.

그런데 정보는 그 자체로서는 경쟁력을 갖지 못한다. 대신, 이를 이해하고 재해석해서 의미있는 정보로 만들고 마침내 경쟁력있는 문화상품을 만들 수 있는 문화적 시각 또는 문화적 역량이 있어야만 한다. 문화발달이 정보의 가치를 더해준다는 말이다.

문화적 역량은 또한 날로 동질화되고 있는 세계문화에 대한 지방문화를 지키는 힘이기도 하다. 특정문화의 경험과 가치에 뿌리박은 지식에 근거해서 경쟁력있는 문화상품을 만들 수 있기 때문이다.

장소자산을 경제발달의 동인(動因)이라 보는 시각은 문화배태적 관점과 문화자본적 관점으로 나눌 수 있다. 둘 다 문화발달이 경제발달의 요인이라는 점에 그 공통점이 있다.

문화배태적 관점은 광의의 문화관점과 협의의 문화관점으로 나눌 수 있다. 광의의 문화관점은 삶의 방식 및 물질적 소산물이 문화라는 포괄적 입장을 근거로 사회제도·관습·신뢰체계·네트워크·기업문화 등이 경제발달에 중요하다고 파악하는 시각이다(Amin and Thrift, 1997). 협의의 문화관점은 문화를 예술문화로 한정시키는 시각으로 예술문화가 경제발달을 견인한다는 입장이다.

문화자본적 관점은 상품의 생산함수 내에 문화자본을 포함시키는 입장이다. 배태적 관점 이상으로 문화를 상품·제품 생산의 중요 요소의 하나로 간주한다. 현대경제가 점점 더 심미(審美)·의미적 속성을 중시하기 때문이다(Scott, 1997). 더 많은 소비자들이 문화가 스며 있는 상품소비를 원하는 까닭에 디자인·패션·향취(鄕趣)·유적·민속·축제·삶의 모습 등을 통해 문화자본이 생산요소가 되고, 그리고 문화상품으로 생산·소비된다.

문화가 상품의 생산과 소비에 반영되는 이른바 '문화상품화' 혹은 '문화산업화'가 현대경제의 대세다. 문화자본화의 동기는 문화소비의 증가라는 수요요인과 함께 정보기술의 발달이라는 공급요인을 촉발시키고 있다. 정보기술의 발달에 따라 문화상품의 생산과 보급이 수월해졌기 때문이다.

문화활동은 도시·지역경제의 다른 부문과 투입-산출관계를 통해 상호 영향을 주고받는다. 곧 문화 행사나 활동은 소매서비스·술집·음식점·호텔서비스·교통과 교통관련 서비스 등에 대한 추가적 서비스를 유발함으로써 지역경제에 영향을 미친다.[11] 다만 간과해서는 안 될 대목은 문화소비시장의 확대가 문화활동의 증가를 촉발시키는 요인이긴 하나, 한편으로 이것이 문화의 표준화와 동일화를 통해 이루어지는 탓에 문화의 고유성과 특수성을 잠식할 위험성도 있다는 점이다.

문화가 경제발달에 기여할 수 있게 된 또 다른 대목은 문화의 특수성과 관련이 있다. 지구적 이동성을 가진 자본과 기업과 사람에 견주어, 문화는 '장소종속성'을 띤다. 문화는 하루아침에 만들어질 수 있는 것이 아니라 오랜 시간에 걸쳐 생활방식이 장소에 침전된 시간의 켜와 같은 장소 특수성과 고유성을 지닌다. 바로 이 점이 장소간의 차별화를 가능케 하는 요인이다(Scott, 1997).

아무튼 문화개념은 계속 변하고 있다. 예술적 문화관에서 삶의 방식을 아우르는 광의의 문화관으로 문화에 대한 인식지평이 확대되고 있다. 장

---

11) 문화활동은 핵심 문화부문과 전후방연계 문화활동부문으로 나눌 수 있다. 핵심 문화부문은 문화적 산출물의 창조·전파·보존에 관계되는 부문인데, 구체적으로 극장·오케스트라·박물관·전시회·영화·방송·출판·미술 그리고 여가를 위한 스포츠 활동·예술교육 등이 포함된다. 전후방연계 문화활동부문은 핵심 부문과 밀접하게 연관된 부문으로 문화예술활동에 필수적인 생산활동들(출판사·악기 및 스포츠 장비 제조업체·라디오·TV수상기·음향기기 등)과, 다른 한편으로는 예술문화상품의 보급을 가능케 하는 활동들(도서관·도소매업 등)이 해당된다.

소판촉론은 대체로 문화가 단지 예술만을 의미하지 않고 지역정체성, 제도·정치, 산업 분위기, 장소의식, 삶의 질에 기여할 수 있는 보다 넓은 요소들까지 포함하는 것으로 인식한다(Dowling, 1997).

## 2) 관계자산

영역자산의 하나로 '관계자산(relational assets)'도 중시된다. 돈으로 거래되지 않는 상호의존성이 관계자산인바, 이른바 '제도적 밀집(institutional thickness)'을 구성하는 개념이다(Amin and Thrift, 1995). 조직화된 제도자산과는 달리, 관계자산은 개인의 도덕이나 양심에 근거한, 조직화되지 않은 신뢰나 상호인정 등을 말한다. 관계자산과 제도자산의 단적인 비교는 이를테면 옆집에 불이 난 경우, 비상연락망이나 동장(洞長)이 방송을 해서 불을 끄러 가는 경우는 조직화된 제도자산에 의한 행동이고, 그렇지 않고 이웃이기에 자발적으로 가는 경우는 관계자산 때문인 것이다.

세계화의 대세 속에서 약화되게 마련인 중앙집권적 체제에서 벗어날 때 사회가 지탱하자면 혼란도 무정부도 아닌 자생적 공동체(spontaneous community)가 생겨나야 한다. 이런 공동체가 가능하자면 신뢰를 기반으로 한다는 '사회적 자본(social capital)'이 필수적이라 했다(Fukuyama, 1995). 이 사회적 자본이 바로 관계자산이라 할 수 있다.

사회적 자본은 한 사회에서 신뢰가 미만(彌滿)할 때 생겨나는 능력이다. 특히 사안에 관련된 당사자들간에 "연대, 신뢰 그리고 용인(容忍)의 연결망 아래서 권위와 종속의 수직적 관계가 아닌 상호성과 협조의 영토 특수적 수평관계"를 말한다(Putnam, 1993; Amin, 1996; Jones and McLead, 1999). 이는 우선 경제논리와 상이하다. 경제논리에 따르면 사회집단의 형성은 자발적 계약관계에 의해 이루어지고, 합리적 계산에 따라 장기적으로 개인이익이 확보되는 한에서 협력이 가능하다. 신뢰가 협조의 조건이 아닌 것이다.

사회적 자본은 또한 각종 형태의 인적 자본(human capital)과 다르다. 인적 자본은 대학을 다닌다든가 전문교육을 받아 만들어지는 데 반해,

사회적 자산은 한 공동체의 도덕적 규범 그리고 이와 같은 맥락에서 충성, 정직, 신빙성 같은 덕목의 확보에 따라 길들여지는 것이다. 종교, 전통, 역사적 습성 같은 문화적 기제에 의해 만들어지고 전승된다. 계약보다는 공유가치에 입각한 이런 유형의 집단은 가족이나 정부가 만든 조직체와는 다른 광범위한 '중재적 공동체(intermediate community)'의 역할을 맡는다.

사람들간에 서로 신뢰가 구축되지 않는 경우, 사람들은 협상하거나 강제적 수단에 의한 공식적 규칙 아래서만 협조가 가능하다. 이 경우, 그걸 가능케 하는 거래비용(transaction cost)이 발생한다. 불신이 만연한 곳에서는 물지 않을 수 없는 데 반해, 고(高)신뢰사회는 물지 않아도 되는 비용이다.

신뢰, 관용, 상호성 등 비공식적 성질인 관계자산은 해당 지방의 경쟁력을 높이는 데 매우 유리한 요인이다. 구매자-공급자, 연구개발자-생산자, 관련 기업-노동시장 간의 각종 관계가 글로 적어놓지는 않았지만 관계망 또는 관계자산을 통해 성공적으로 실현될 수 있기 때문이다. 이 점에서 세계화가 경제활동의 지방화와 병존·양립하게 된 행운의 지역들은 관계자산이 넉넉한 지역이라 말할 수 있다(Storper, 1997).

영역자산들은 정부 또는 지역사회가 제공할 수 있는 일반적인 공급측면의 환경이기도 한 까닭에 기업들의 성공 혹은 실패를 판가름하는 중요한 요인이 된다. 관계자산이 넉넉한 장소와 근접할 수 있다면 면접접촉을 통해서만 얻을 수 있는, 느낌 같은 정보와 지식을 얻는 데 유리하다. 그런 장소가 갖고 있는 경계지어진 문화공동체 속에서 비공식적으로 고도의 상호신뢰와 이해를 증진시킬 수 있다.

상호신뢰와 이해는 공유된 가치와 문화 속에서 순조롭게 형성될 수 있다. 이들은 지역초월적 네트워크 형태의 기술·과학적 지식처럼 코드화된 지식과는 대조되게, 개별장소들의 산업환경에서만 발견되는 실무적 관습, 작업장 기술 같은 코드화되지 않은 지식이라고 말할 수 있다. 그런데 세계경제는 관계자산이 풍부한, 나라로 말하자면 일본이나 독일이, 지역으로 말하자면 실리콘 밸리가, 세계도시로 말하자면 동경, 런던, 싱가포르로 집중되는 성향이 강하다. 집중도가 강해질수록 그만큼 다른 국가, 지역, 도시들이 관계자산을 축적해서 세계경제에서 경쟁력을 높일 수 있는 가능성은 점점 멀어질 것이라는 점이 문제이다(Amin and Thrift, 1997).

## 5. 영역자산 활성화를 위한 유관 이론들

장소판촉론은 계획분야의 연구와 실무에 대한 새로운 도전이다. 이 도전을 다루자면 역시 해당 이론을 정립하는 것이 우선과제다. 이론 정립에는 과정적 이론(theory of planning)과 실체적 이론(theory in planning)에 대한 논의가 필수적이다. 전자는 계획의 과정에 대한 이론틀이며, 후자는 계획의 실체에 관한 이론틀이다.

실체적 이론의 경우, 장소발전의 특징과 가능성에 대한 기존의 논의들을 살펴볼 필요가 있다. 장소발전에 대한 관심은 어제오늘의 일이 아니기에 기존 연구들을 재조명함으로써 그 유효성을 보탤 수 있기 때문이다.

장소에 적실한 과정적 이론으로 '협력적 계획기법(collaborative approach)'이 주목을 받고 있다. 그리고 장소판촉의 키워드의 하나인 판촉의 실행을 위해 그 전략에 대한 대안적 논의가 뒤따르고 있다.

### 1) 실체적 이론

장소판촉은 장소의 성장에 대한 관심인 점에서 사회과학 가운데 공간 내지 장소의 발전에 관련된 기존 연구분야에서 이미 다각도로 다루어진 바 있다. 따라서 장소판촉론의 발상법 가운데 상당 부분은 기성(旣成) 연구분야의 성찰과 재구성이 포함된다. 장소판촉론의 유관 이론으로 지역사회개발론, 도시설계론, 도시계획론, 경제발전론, 전략적 판촉계획론을 제시한 것(Kotler et al., 1993)도 그런 판단에 따른 것이다. 지역발전론 및 지역사회개발론, 관광산업론, 문화경제론, 도시기업가주의론을 유관 이론으로 제시한 방식도 같은 판단에 따른 것이다(김형국, 2001).

## (1) 지역발전론과 지역사회개발론

장소판촉론의 유관이론 가운데 가장 근접한 기존 이론은 지역발전론일 것이다. 문자 그대로 장소의 또 다른 이름인 지역의 발전을 논의하고 있다는 점에서 그렇다.

지역발전론이 말하는 지역은 도시는 물론 농촌도 아우르는 광역 지역을 지칭하는 것이 보통이다. 대체로 도시보다 큰 세(細)국가적 지역의 발전에 관심을 경주해 온 이 연구의 관심영역은 우리나라로 말하면 도(道)단위 지역이다. 한편 이 아류로서 농촌 주변에 흔한 공동체적 지역사회에 대해 깊은 관심을 갖는 이론이 지역사회개발론인데, 농촌인구가 급속히 줄고 있는 상황도 하나의 원인으로 작용하여 상대적으로 그 관심과 열의가 낮아지고 있다.

지역발전론에 따르면 지역발전의 열쇠인 수출산업[12]은 해당지역에 자리잡은 경쟁력있는 산업을 말한다. 그런데 문제는 해당지역에 물리적으로 자리잡고 있음에 착안할 뿐 그 산업의 주체와 종사자, 그리고 산업생산의 투입과 산출이 해당지역과 어떤 발전적 연결고리를 갖고 있는지는 부차적 관심에 지나지 않는다는 점이다. 곧 수출산업의 경영주체가 외지에 근거를 둔 기업일 수 있고, 종업원도 고급기술직은 외부에서 투입된 사람일 수 있으며, 산업에 투입되는 원료도 외지에서 확보되는 것일 수 있다. 그만큼 해당지역의 소득효과, 고용효과, 원료확보효과로 직결되지 못하는 경우가 비일비재하다.

수출산업 위주로 지역의 발전을 파악하는 입장을 일컬어 공간적 발전론(spatial development)이라 한다. 한 지역이 다른 지역과 더불어 연계적 발전을 도모하는 발상법이다. 개방체제에 적극 참여하여 경쟁력을 향상시킬 수 있다는 미덕은 인정되지만, 반면에 지역 외부의 동향에 지나치게 눈치를 보는 발상인데다 외부에서 끌어온 발전효과가 지역 내부의 장소로 뿌리내리는 과정이나 장치에 대한 근거있는 논리가 빈약하다는 비

---

12) 지역경제의 발전을 논하는 수출산업론은 도시를 대상으로 하면 도시기간산업론이 된다. 수출산업은 '기간산업(basic industry)'에, 현지산업은 '비기간산업(non-basic industry)'에 해당한다.

판을 면치 못한다. 이에 대한 대안이 지역 '내(內)'의 장소적 발전을 우선 강조하는 '영토적 발전론(territorial development)'[13)이다. 지역 자체의 정체성과 독자성을 지키면서 발전을 확보하자는 입장이다.

영토적 발전은 세계화라는 원심적 강풍에 맞서서 삶의 기초 근거이자 최후의 보루이기도 한 지방을 지켜야 하다는 절박한 요구에 의해 '새삼' 그리고 '새로이' 각광을 받고 있다. 새삼 각광을 받고 있는 지역발전전략은 농촌을 포함, 크기가 대체로 지역보다 작은 지방의 발전을 도모하자는 지역사회개발론(community development)이고, 새로이 각광을 받고 있는 지역발전론은 제조업 중심으로 수출산업을 파악하던 재래식 접근과는 달리, 세계화와 함께 진행중인 산업구조의 변화에 따라 그 비중이 날로 높아가는 문화산업 같은 첨단산업을 착근(着根)시켜야 함을 강조하는 신산업지구론(new industrial district)이라 할 수 있다.

(2) 관광산업

지역발전론은 지역발전의 원동력을 경쟁력있는 1차산업이나 2차산업의 진흥에서 찾는 발상법이다. 그만큼 서비스산업의 지역발전적 가능성을 외면 내지 경시해왔다. 그러나 국내외적으로 사람의 생활여건이 향상되자 관광이 전례없이 호황을 누리기 시작한다.[14) 관광은 수출로 소득을 올리는 것이 아니라 외부사람을 불러들여 소득을 올리는 산업이다. 제조업에 견주어 공해발생 소지가 적은 점도 돋보이는 대목이다.

산업치곤 관광은 아주 독특한 산업이다. 복합적이고 인간적인 특성을 갖고 있다는 점에서 그렇다. 관광산업은 경제·교통·문화·체육·복지 등 광범위한 분야와 관련된 복합산업 또는 시스템산업이다. 여행자의 편의

---

13) 영토란 경계가 분명한, '울타리가 쳐진 지역(bounded area)'을 뜻한다(Haggett, 1966).
14) 관광산업의 비약은 세계인구 증가와 관련이 있지만, 개인의 소득 증가와 점보 제트기에서 인터넷에 이르는 여행기술의 빠른 발전이 가져다준 여파다. 그리하여 세계 5대 산업의 하나가 될 정도로 거대산업이 되었다. 1999년 현재, 세계 국내총생산의 4.1%를 차지하는데, 이는 그 비중이 각각 3.9%와 3.3%인 세계 보건산업과 농업을 상회하며, 관광산업 관련부문의 생산액 3.4조 달러는 미국 전체 경제규모의 1/3에 해당하는 수치이다. 그래서 관광산업에 역점을 두는 나라가 세계에 많은 것은 당연하다. 오스트리아·바하마·피지·그리스·모로코·스페인 같은 나라에선 수출총액의 2할 이상을 외국관광객들에게서 벌고 있다.

를 위한 운송, 숙박, 오락, 휴양, 음식 및 관광관련 용역 등이 결합되어 관광소비자에게 제공되는 산업인 것이다. 특정 유물이나 장소만이 관광 대상이 아니라 지역 전체가 관광대상이요, 관광상품인 점에서도 복합적 이다.

또한 단순한 상품거래가 아니라 인간적 상호작용이 중요시되는 서비 스산업이다. 고객에 대한 따뜻한 환대가 핵심상품일 정도로 서비스 제공 자와 고객 간의 인간관계를 연결해주는 마음이 중요하다. 관광산업을 '사람산업(people industry)'이라 이름하는 것도 그 때문이다(McIntosh and Goeldner, 1991).

관광산업의 인간적 측면에는 관광산업이 노동집약적이라 고용효과가 탁월하다는 점도 주목할 만하다. 관광서비스 생산은 자본으로 대체될 수 있는 가능성이 아주 적다는 말이다. 여성 고용과 시간제 및 계절적 고용 이 풍부하기 때문에 주소득원을 가진 가구에게 2차 소득원을 제공해줄 수 있다.

(3) 문화경제론

예술문화를 지역발전의 중요 인자로 다루게 된 것은 1970년대 말 즈음 이다. 여기엔 경제학의 한 분파연구로 등장한 '문화경제학(cultural eco-nomics)'에서 자극받은 바 크다. 문화경제학에 따르면 예술문화도 성장형 산업 또는 수출산업이 될 수 있다는 것이다.

장소발전의 가능성을 탐색하는 이전의 '정통' 지역발전론은 장소의 경 제개발이 우선 관심이었다. 따라서 문화 또는 문화예술은 지역의 경제개 발을 주도할 수 있는 성장형 산업이기보다 오히려 경제개발이 가져다 줄 과실 내지 그 파급효과로 보았다. 예술문화는 국가경제에서는 성장형 산 업이 못 되며, 지역경제 또는 도시경제에서는 해당지역의 내수(內需)산업 일 뿐이라는 발상법이 최근까지의 통설이었다.

그러나 선진경제에서 볼 수 있듯이 종래의 대표적 성장산업인 제조업 의 비중이 국가경제에서 줄어들고, 대신 서비스산업의 비중이 더욱 높아 지는데도 국가경제의 성장이 이루어지고 있음은 종래의 통설이 잘못임을 말해준다. 지역경제 속의 관광산업이 지역 외부로부터 관광객을 유치해서 지역의 소득을 창출하고 있음은 경쟁력있는 물품을 외부에 수출해서 얻는 성장효과와 다름이 없다. 마찬가지로 수월한 예술활동의 발생과 성장은 지역 외부로부터 관객을 유치할 것이고, 그로 말미암아 유사한 성장효과를 가져다 준다는 것.

한편 요즘 각광을 받고 있는 문화산업론은 이른바 대중문화의 산업화·상업화에 착안한다는 점에서 예술문화 위주의 문화경제론과는 발상법에서 차이가 있다. 문화산업15)은 문화 상품이나 서비스가 산업 또는 상업 노선에 따라 대규모로 생산·재생산·축적·보급되면서 생겨난 것이다.16) 그리고 그 소비는 인생을 즐기자며 오락에 경도하는 사람들의 욕구에 부응하는 경우다.

채산확보, 대량생산, 고객중심이 특징인 점에서 상업적 대중문화의 실현 곧 문화산업은 바로 산업시대의 총아인 제조업의 생산원리와 한 길이다. 생산비의 감축을 뜻하는 대량생산, 그리고 시장확보를 뜻하는 대량소비가 공업생산의 방식을 닮았다. 그리고 그 소비가 폭발적으로 늘어나고 있는 추세이기에 '오락경제'(Wolf, 1999)라 이름할 정도이다. 그래서 다른 앞선 나라와 마찬가지로 우리 정부도 고부가가치이고, 국가 이미지 고양에 기여하고, 지식집약형이며, 고용창출효과가 높은데다 환경친화적임을 확인하고 문화산업의 중점 육성을 서두르고 있다.17)

---

15) 유네스코(1995) 정의에 따르면 도서, 신문, 잡지, 음반, 라디오, 텔레비전, 영화, 새로운 시청각 제품과 서비스, 사진, 미술품 복제, 광고 등 10개 범주가 문화산업이다.

16) 문화산업은 정보시대의 총아인 디지털(digital)기술이 도입되자 정보전달의 광속(光速)성과 쌍방(雙方)성, 반복사용해도 질이 떨어지지 않는 복제(複製)성, 정보의 가공과 변용이 가능한 변용(變容)성 등으로 생산과 유통의 능률성이 폭발적으로 비약한다(문현병, 1999).

17) 문화산업의 높은 경제적 효과는 의문의 여지가 없지만 그 사회적 효과에 대해서는 사시(斜視)적 비판론이 유효하게 제시되고 있다. 문화제품, 문화상품의 획일성은 자기표현과 개성을 추구하는 사람의 문화적 지향에 역행하는 결과를 낳는다고 우려하는 것이다. 이에 대한 반론으로 이를테면 오락상품은 대중을 같은 수준에 머물도록 하여 정서적으로 그들이 일상에서 잃어버렸던 공동체 의식을 회복시켜 준다 한다. 우리의 노래방 문화에서 볼 수 있듯이, 가족이나 동료들과 공통 관심사를 찾기 위해서는 오락을 같이 즐기는 것이 가장 빠른 길이다. 오락문화, 이에 부응하는 문화산업에 대한 찬반양론은 끝이 없다. 분명한 것은 재미가 임금처럼 하방경직적(下方硬直的)이기에 재미에 맛들인 사람들은 재미없는 짓은 하지 않는 법이다. 굳이 결론을 내리자면 "문화산업 비판론은 당위론일 뿐, 문화산업 발전론이 현실론"인 것이다(신현준, 1999).

하지만 문화산업의 산물은 '문화상품'이라 말해야 옳다. 그만큼 산업·
상업적 측면이 강한 까닭에 우리 사회의 경우 "문화관광부의 소관이 아니
라 산업자원부의 소관이 되어야 마땅하다"는 지적은 설득력이 있다(최정
호, 1999). 이 지적대로 문화산업의 장소판촉은 문화경제론의 소관이기보
다 지역발전론의 신산업지구론의 관심이 되는 것이 정석이라 생각한다.

### (4) 도시기업가주의론

개인에게도 그렇지만 경제여건은 사회의 생존에도 필수조건이다. 그래
서 못사는 나라들이 필사적으로 경제성장에 매달리는데, 경제가 현안 관
심임은 선진사회라고 다르지 않다. 경기침체는 당장의 문제상황이고, 비
교적 긴 시차원에서 진행중인 산업구조의 전환도 경제의 어려움을 가중
시키고 있기 때문이다.

경제는 자유자본주의사회에선 본디 민간기업의 몫이었다. 그 구성이
정부 대 민간의 구분을 근간으로 관료제 대 시장, 관리(管理) 대 성장으로
양분되었던 사회체제는 시대가 비상한 역사적 전환을 겪는 사이에 정부
부문도 경제 진작에 깊이 관여하면서 양자를 접목하는 혼혈종(hybrid)이
나타난다. 도시기업가주의는 바로 절박해진 도시 또는 장소의 성장을 위
해 정부와 민간이 공동 목적을 위해 함께 벌이는 상호배움의 과정이자
그 성과이다.

도시기업가주의론의 등장은 무엇보다 세계화의 진행과 밀접한 관련이
있다. 투자자본의 이동성 증대, 범세계적 경제부문의 등장, 국제기구의
득세를 뜻하는 세계화의 소용돌이 속에서 통제(統制)의 경계를 뜻하던 국
가경계를 뛰어넘는 경제활동이 대거 생겨났다. 이런 원심적 세계화의 역
풍과 함께 제조업의 쇠퇴를 뜻하는 탈산업화가 산업근대화의 장소적 주
역인 도시를 강타한다. 제조업의 쇠퇴로 말미암아 일자리가 감소했고, 이
에 따라 도시재정의 위축 그리고 공공지출의 감소가 뒤따랐다.[18]

---

18) 제조업에서 서비스경제로 이행함에 따라 파생되는 문제는 첫째, 서비스업의 성장이 제조업
일자리의 감소를 보충하지 못해 실업이 늘어나며, 둘째 서비스업 성장에 따라 파트타임
노동과 여성고용이 증가하는 식으로 노동시장이 변화했으며, 셋째 성장중의 서비스산업이
지방 또는 교외로 선택적으로 분산함으로써 공간발전의 불균형이 심화되었다는 점이다

이런 상황에서 무엇보다 국민국가적 보호장치가 이미 크게 약화된 탓에 지방이 세계화의 파고와 직접 대면하게 된다. 그만큼 지방경제를 스스로 활성화시켜야 하는 자구책을 강구하지 않을 수 없게 되었다.

국가경제의 위축으로 국가 권한이 약화된 자리는 새로운 힘의 논리로 메워진다. 이전의 국민국가 시절과는 달리 국가권한은 1997년 말에 우리 사회에 불어닥쳤던 이른바 국제통화기금사태에서 보았듯이 IMF, OECD, WTO 같은 초국가적 기관이 한 축을 차지하고, 그리고 국회의원을 뽑는 2000년의 16대 총선에서 선거의 공명성 촉구 등 정부정책의 투명성을 강력하게 요구하던 시민운동에서 보았듯이 비정부기구(NGO), 시민단체 등이 또 다른 축을 차지한다.

이 틈 사이에서 많은 도시들은 해당지방의 경제진작에 골몰하기 시작한다. 이를 위해 지방의 통치방식이 재빨리 기업가적으로 변신해야 함은 사태의 당연한 귀결이었다. 도시가 기업가주의를 내걸었다는 말인데, 실은 도시의 기업가주의는 어제오늘의 일이 아니다. 기업가주의는 장소판촉 곧 도시의 땅을 상품으로 내놓는 방식을 취하는바 19세기 이래 영미에서 유행했던 바다(Ward, 1998).[19]

## 2) 과정적 이론: 협력적 계획기법

장소판촉에 적합한 도시계획기법으로는 협력적 계획기법이 각광을 받고 있다(Healy, 1997). 이는 명령과 통제의 관료적 방식이 아닌, 기업가적 지방정부가 선호하는 관치(governance) 또는 민관제휴(public-private part-

---

(Hall, 1998).

19) 19세기 미국이 농경지 개발을 위해 이주 정착을 권장하거나 철도부설을 통해 지방을 발전시키고자 땅을 양여하던 '미개척지 판매', 산업시대의 도래에 발맞추어 대학을 유치하고 지방정부기관의 입지를 권장하는 등, 철도건설회사가 철도 부설과 함께 주변 땅의 사업성 판촉에 열심이던 '도시홍보와 초기 도시부흥주의(town promotion and early city boosterism)', 그리고 20세기에 접어들어 바닷가, 산악지대를 휴양지로 판매하던 '휴양지 판매' 등은 장소판촉의 고전적 보기다. 이후 도시인구가 급증하고 때마침 교통수단이 발달하기 시작하자 도시의 교외지역을 판촉하는 '교외 판매', 산업자본주의 발달이 본격화되자 공업단지 등 산업의 입지에 유리한 터전을 조성하고 이를 판촉하는 '산업도시 판매', 그리고 후기산업시대의 도래로 도시가 소비의 중심지가 되면서 축제, 수족관, 회의시설, 박물관, 미술관의 유치에 열심인 '후기산업도시 판매'로 이어진다.

nership)의 실행에 적합한 기법이다. 이 기법의 성공은 특히 급변하는 사회상황에 대처할 수 있는 장소의 제도적 능력 또는 제도적 자본의 함양에 좌우되는 성향이 있다.

협력적 계획기법은 몇 가지 특성을 갖고 있다. 첫째, 통합적 발상법을 갖고 이를 발전시킨다는 점이다. 장소판촉은 경제·문화·사회·환경적 과제의 통합이 그 내용적 특성이기 때문이다.

둘째, 이 기법은 계획수립(planning)은 물론 그 실현을 위한 계획사업(project)의 수행에도 관여한다는 점이다. 흔히 계획은 수립되자마자 선반에 올려진 채 계획사업은 당초의 계획내용과 멀어지곤 했던 관행에 대한 성찰의 결과다.

셋째, 이해당사자들을 최대한 많이 참여시킨다는 점이다. 장소형성에는 지역사회의 참여가 중요하기 때문이다. 장소판촉의 사업내용에 따라 이전과는 다른 이해당사자가 등장할 수 있다.

넷째, 다양한 형태의 '지방적 지식'을 인식·평가하고 이를 활용한다는 점이다. 공직자나 전문가들은 지방의 현장사정이나 내막에 대해 충분한 지식을 갖지 못한 경우가 많다. 반면, 해당지역에 살고 있거나 그 곳 사업에 관여했던 사람이 한 장소의 일상적 경험을 통해 축적한 '실제적' 지식을 갖고 있기 쉽다.

다섯째, 관계적 자원을 구축하는 것이다. 정부, 시민, 회사 사이에 긍정적 관계를 맺고 있으면 정보, 지식, 이해를 서로 교환하고 이들을 문제해결에 유리하게 작용하도록 동원할 수 있기 때문이다.

여섯째, 지속가능한 장소 만들기를 위한 '제도적 자본(institutional capital)'[20]을 창출하는 것이다. 단지 신뢰적 관계의 구축을 뜻하는 '사회적 자본'(social capital, Putnam, 1993)보다 폭 넓은 개념인 제도적 자본은 '지적 자본'(일명 지식자원), '사회적 자본'(또는 관계자원, 관계자산), 그리고 '정치적 자본'(동원 잠재력)을 아우르는 집합개념으로 장소의 질에 차별성을 높일 수 있는 이해당사자의 능력을 말한다.

---

20) 이와 가까운 개념은 '제도적 능력(institutional capacity)'이다(Amin and Thrift, 1995).

## 3) 장소판촉의 전략

전략적 판촉과정은 미래가 불안정하다는 가정에서 출발한다. 따라서 한 지역사회가 수시로 변화하는 환경에 제때에 반응하기 위해서는 필요한 정보를 획득하고 계획과 조정시스템 등을 확립해야 한다.

전략적 판촉과정은 각종 주체가 수행할 수 있다. 이를테면 정부당국 전담, 관련정부당국의 연대, 민관제휴방식 등이다. 그러나 조직기구의 형태가 어떻든 전략적 마케팅은 일반적으로 다섯 단계로 이루어진다.

1단계는 지역사회의 현황 및 강점·약점·가능성·위험요인 등을 파악하는 '장소실사(place audit)'이다. 이를 위해 먼저 지역의 경제·인구특성 파악이 급선무다. 다음으로 각 경쟁영역 내에서 주요 경쟁상대를 파악하는 것이 필요하다. 경쟁상대에는 상급(上級), 동급(同級), 하급(下級) 등이 있는데, 중요한 것은 동급 경쟁상대를 제치고 최종적으로는 상급 경쟁상대를 따라잡는 일이다.

지역의 강점과 약점을 분석하기 위해 가장 많이 활용되고 있는 기법으로는 일명 'SWOT분석'으로 강점(strengths), 약점(weaknesses), 기회(opportunities), 위협(threats)을 분석하는 것이다. 미국의 한 대도시를 대상으로 이 분석기법을 통해 살펴본 결과는 다음과 같다. 디트로이트는 몇몇 부분에서 매우 강점을 지니고 있으나 전체적으로 경쟁력을 확보하지 못한 것으로 나타났다. 강점이 판촉해야 할 목표시장에 부응하는 데 크게 도움이 되지 못했고, 설령 기여했다 해도 다른 경쟁상대들이 같은 정도의 강점을 지니고 있다면 소용이 없었기 때문이다. 요컨대 중요한 것은 목표시장에 적실하면서도 다른 경쟁상대 장소와 차별되는 강력한 상대적 강점을 확보하는 일이다.

지역의 강점과 약점을 분석하고 난 후에 해야 할 일은 지역의 가능성과 위험요인을 확인하는 일이다. 모든 가능성은 가능성이 지닌 매력과 성공 가능성에 의해 평가된다. 한편 각 가능성은 최적 가능성과 최악 가능성, 그리고 보통의 가능성으로 구분이 가능하다. 위험요인은 그 위험요인이 지닌 심각성과 발생 가능성에 의해 확인되어야 한다. 위험요인 또

<표 14-1> SWOT 분석결과: 디트로이트 대도시지역의 경우

| 구 분 | 으뜸강점 | 버금강점 | 중간 | 버금약점 | 으뜸약점 |
|---|---|---|---|---|---|
| 기 후 | | | | ✓ | |
| 주거비용 | | | | | ✓ |
| 기 후 | | | | | |
| 보건·환경 | | | ✓ | | |
| 범 죄 | | | | | ✓ |
| 교 통 | | | | ✓ | |
| 교 육 | ✓ | | | | |
| 예 술 | | ✓ | | | |
| 교양·여가 | | ✓ | | | |
| 고 용 | | | ✓ | | |

한 가능성과 마찬가지로 절대적 위험성과 별로 중요하지 않은 위험성, 그리고 보통의 위험성으로 구분이 가능하다.

가장 이상적 장소는 최적의 가능성이 매우 크고 절대적인 위험성이 가장 낮은 경우다. 한편 투기적 장소는 최적의 가능성과 절대적 위험성이 둘 다 매우 높은 경우이고, 성숙지역은 최적의 가능성과 절대적 위험성이 둘 다 낮은 경우를 말한다. 이밖에 문제지역은 최적의 가능성이 매우 낮고, 절대적 위험성이 매우 높은 경우를 말한다.

2단계는 지역주민이 바라는 지역의 모습을 밝히는 비전과 목표(vision and goals) 제시다. SWOT 분석은 전략계획가로 하여금 지역의 문제들을 확인하여 조정이 가능하도록 한다. 이와 같은 방법으로 지역의 문제들을 확인한 다음에는 이들 문제를 어떤 방법을 통해 해결할 것인지를 확정하는 것이 필요한데, 이 단계에서 비전과 목표를 설정하는 것이다.

SWOT 분석과 지역과제 설정을 통해 전략계획가들은 지역의 전반적인 현황을 파악할 수 있다. 계획가들은 현황파악을 근거로 각종 사업안을 수립하지만 이 과정에서 빠지기 쉬운 위험은 개발계획에 비전이 제대로 고려되지 않는다는 점이다. 비전개발은 지역주민들로 하여금 앞으로 10년 또는 20년 뒤에 나타날 지역의 변모를 그려볼 수 있도록 하는 작업이다. 대부분의 경우 단일안에 합의하기 어렵기 때문에 적어도 두 개 이상의 대안을 개발하고 논의함이 바람직하다.

비전을 설정하는 과정에서 다음의 이슈들에 대해 분명한 입장을 취해야 한다. ① 어떤 산업을 섞는 것이 지역사회를 위해 합당한가? 지역발전을 위해 단일 산업기지를 조성할 것인가, 아니면 다양한 산업기지를 활성화할 것인가? 제조업 또는 서비스업에 집중할 것인가? 제조업을 집중 육성할 경우 중공업을 선정할 것인가? 아니면 경공업을 선택할 것인가? ② 토지이용과 주택배치는 어떻게 할 것인가? 각종 산업을 산업단지에 집중시킬 것인가? ③ 지방정부에서는 어떤 공공서비스를 제공해야 하는가? 그리고 어떤 부분을 민간부문으로 돌릴 것인가? ④ 공공서비스의 재원조달은 어떻게 할 것인가? 재원조달비율은 어떻게 정할 것인가?

만약 비전이 서로 엇갈린다면 어떻게 비전을 설정할 것인가? 다양한 이해집단의 의견조정을 통해 시의회와 시장이 논의하여 정하는 것이 일반적이다. 따라서 비전은 해당지역 내지 지방정부가 인식하고 있는 가치에 의해 크게 영향받을 수밖에 없다. 일단 비전이 결정되면 구체적인 목표를 정해야 한다. 다음은 미국 샌디에고 지역이 선정한 '관리성장(managed growth)' 비전의 구체적인 목표다. ① 중장비산업을 피하고 첨단 산업을 유치한다. ② 저소득층용 주택의 건설을 중단하여 가난한 사람들의 유입을 억제한다. ③ 사업구역을 확대하되 개발과정이 지나치게 상업화하는 것을 방지한다.

3단계는 목표달성을 위해 필요한 전략을 구체화하는 전략구체화(strategy formulation)이다. 계획가집단이 제시한 개발의 비전과 목표에 합의하고 나면 그 다음은 목표달성을 위해 필요한 전략을 선정하여 구체화하는 일이다. 4개 이상의 첨단산업 본사를 유치하려 했던 미국 샌디에고의 전략은 첫째, 싼 시설임대료와 세제상의 혜택을 제공하는 첨단산업단지를 만들고 이를 각종 매체를 통해 선전하며, 둘째, 현지의 캘리포니아대학(샌디에고 분교)에 노벨 물리학 수상자를 유치해서 그 지역의 과학적 수준을 증거하며, 셋째, 실리콘 밸리에 있는 유력 첨단산업체를 대상으로 이전을 권유하며, 넷째, 유럽의 첨단산업을 확인하고 이들의 본사 이전을 타진한다는 내용이다.

4단계는 전략수행을 위한 구체적인 실천계획을 마련하는 행동계획(action plan) 수립단계이다. 장소판촉 계획가들이 정해진 전략들을 제대로 수행하자면 특정의 행동계획을 추진해야 한다. 실천계획을 구체화하면 다음과 같은 장점이 있다. ① 실천계획에 참가하고 있는 모든 사람들은 그들이 달성해야 할 목표를 알게 된다. ② 계획가들은 어떤 실천계획이 보다 적절한지 쉽게 판별할 수 있다. ③ 계획과정에서 나타나는 예산 초과 같은 문제점에 대한 대처가 가능하다.

5단계는 전략사업의 성공적인 실행을 위해 지역사회가 해야 할 일들을 정하는 실행과 조정(implementation and control)의 단계다. 아무리 좋은 계획일지라도 효과적으로 실행되지 않으면 아무 소용이 없다. 따라서 지역사회는 계획 진행과정을 꼼꼼히 챙겨야 한다. 계획과정을 기록한 보고서 작성은 매우 중요하다. 이 보고서에 계획이 완성된 후의 모습과 현재 진행과정을 모두 기록해야 한다.

종합하면 전략적 판촉계획은 장소가 미래에 더욱 바람직한 모습으로 재구성될 것임을 전제로 한다. 이를 위해서는 장소의 실상을 파악하는 것이 우선 필요하다. 그 다음에는 장소의 강점·약점, 가능성·위험요인을 파악한 뒤 중요한 이슈를 설정하고, 비전과 목표를 정하고, 목표달성을 위한 효율적인 전략을 세우고, 계획을 이행하고 조정해야 한다. 물론 이러한 전략이 장소가 처한 현실을 지나치게 단순화시키는 것일 수도 있겠지만, 전략적 판촉계획이 다른 어떤 대안보다도 유망한 접근을 제시하고 있는 한 그 유효성은 보장된다.


## 6. 장소판촉에 대한 전망

### 1) 장소판촉에 대한 우리의 기대

한 고장의 장소판촉은 이웃 고장과는 다른 차별성을 가질 때 경쟁력을 갖는다. "비슷한 것은 가짜"라 했다(정민, 2000). 뚜렷한 차이를 가진 차별성이 요구된다는 말이다. 차별성은 개성의 발현이기도 한데, 개성은 바로 문화의 본질이다. 장소의 경제적 번영을 가져오자는 노릇이지만 그게 초기 자본주의 시절에 대량생산을 가능케 하던 표준제품을 갖고서는 한계에 봉착할 것이기에 장소의 수출상품 또는 소득원에 개성 또는 차별성의 실현이 불가피하게 되었다. 따라서 장소판촉은 도시, 농촌 가릴 것 없이 고장의 '문화적' 판촉일 수밖에 달리 도리가 없다. 결국 고장의 번영을 위해 문화 그 자체는 말할 것 없고, 경제재마저 문화적으로 포장해야만 가능한 노릇이 되고 말았다.

이 점에서 선각 애국자의 선견지명(先見之明)[21]을 보통사람도 널리 수긍하게 된 것은 최근의 일이다. "필요가 발명을 낳는다" 했듯이 거세게 불고 있는 세계화의 강풍이 우리의 21세기가 '문화의 세기'가 되어 마땅하다는 당위론을 확산시키고 있는 것이다.

세계경제의 무한경쟁시대에 문화의 중요성이 대두되고 있음은 하나의 역설(逆說)이다. 경제와 문화는 존재방식이 다르기 때문이다. 경제는 상쟁(相爭) 또는 경쟁의 논리를 따른다. 게임이론으로 말하자면 경제는 이기는 사업가가 있으면 반드시 지는 사업가가 있게 마련인 승패(win/lose)게임, 곧 영합(零合, zero-sum)일 수밖에 없다.

경제와는 달리, 문화는 더불어 살자는 노릇이다. 상생(相生) 또는 공존(共存)의 원리가 특징이기에 문화는 승승(win/win)게임 곧 양합(陽合)을 실현할 수 있다.[22] 상생 또는 공존은 사람마다 나름대로 개성과 스타일을 축적하고 있는 까닭에 내 개성과 스타일이 중요한 만큼 남의 개성과 스타일을 인정하고 존중할 줄 아는 방식이다.

더불어 살아감이 세상의 이치임을 기억한다면 단연 문화가 경제논리보다 윗길이다. 경제주의가 팽배하면 삶의 근본을 따지고 이를 무겁게 여기자는 문화의 위상은 외면·간과된 채 고작 경제성취를 수놓는 꽃 같

---

21) 독립운동가 김구(金九, 1876~1949)는 그의 자서전 『백범일지(白凡逸志)』에서 문화의 위대성을 갈파한 것으로도 유명하다. "우리의 부력(富力)은 우리의 생활을 풍족히 할 만하고 우리의 강력(强力)은 남의 침략을 막을 만하면 족하다. 오직 한없이 가지고 싶은 것은 높은 문화의 힘이다. 문화의 힘은 우리 자신을 행복하게 하고 나아가서 남에게 행복을 주겠기 때문이다.…세계 인류가 모두 우리 민족의 문화를 사모하도록 하지 아니하려는가. 나는 우리의 힘으로 특히 교육의 힘으로 반드시 이 일이 이루어질 것을 믿는다."

22) 불가에서 "다투면 늘 모자라고, 양보하면 언제나 남아돈다(爭則不足 讓則有餘)"고 줄곧 중생을 타이른다.

은 존재로 치부(置簿)되었지만, 문화주의의 득세는 경제마저 문화적으로 감싸안으려 하기 때문이다.

문화주의의 정당성은 여럿이다. 첫째로 날로 치열해지는 국가간 경제 교류에서 상품 대신 작품을 팔아야 살아남을 수 있는 만큼 제품의 문화화가 우리가 살길이라 판단된다는 점이다. 수준급 자동차나 텔레비전 등을 만들 수 있는 산업기술은 세계적으로 평준화된 마당에서 디자인이 제품 또는 상품의 차별성을 부각시킬 수 있기 때문에 산업의 문화화는 필수불가결이다. 그리고 이게 성공하면 문화의 산업화도 자동적으로 진흥되기 때문이다.

둘째로 세계화의 대극(對極)인 지방화 전략 또한 문화에 큰 기대를 걸고 있다는 점이다. "가장 민족적인 것이 세계적"이라는 경구처럼 가장 지방적인 것이 세계적이라는 인식 때문이다. 지방은 지리적 장소인데, 장소는 문화의 얼굴이기도 한 개성 내지 고유성이 특징이다. 그 곳엔 장소 고유의 자연, 역사, 풍물, 민속, 특산물, 그리고 무엇보다 역사의 시련을 이겨낸 삶의 향기가 자리잡고 있기 때문이다.

셋째로 복지국가를 지향하는 사회에선 국민들의 삶의 질 향상책으로 문화를 즐기고 누릴 수 있는 문화권을 중시한다는 점이다.[23] 개인 소비자에겐 여가시간의 선용대상인 문화는 국민정서의 순화에 기여할 수 있다는 점에서 사회정책의 대상이 되고도 남는다.

## 2) 장소판촉의 한계

장소판촉은 경제의 세계화에 직면하여[24] 지방이 되었든, 국가가 되었

---

23) 20세기는 누구나 바빴던 시대. 시계 메이커인 세이코가 '시간의 기념일'(6월 10일)을 맞아 일본인 496명에게 물어본 결과, 가장 많은 응답자가 '바쁠 망(忙)'자를 꼽았다. 모든 사람이 일터에서 가정에서 먹고 살기에 분주하게 뛰었던 격동의 시대였다는 뜻이다. 2위는 '빠를 속(速)'이었고, '움직일 동(動)', '흐를 류(流)' 같은 '격동 계열'의 한자가 뒤를 이었다. 한편 21세기를 대표할 한자로 '즐거울 낙(樂)'자를 꼽은 사람이 많았다. 다음으로 '꿈 몽(夢)' '한가할 유(悠)', '아닐 미(未)' 순이었다. 21세기는 즐겁고 꿈이 실현되는 시대가 되길 바라는 기대감이 담겨 있다고 세이코는 해설했다(조선일보, 2000년 6월 9일).

24) 세기말의 우리나라가 정부 차원의 대응으로 '세계화추진위원회'가 만들어진 적이 있다. 그 위원회가 세계화를 굳이 'segyewha'로 영문표기했던 것은 추진의 의욕을 다짐하자는

든 장소의 생존과 발전을 계책(計策)하자는 전략이다. 생존을 위해 '공공 정책의 준(準)민간화'에 비유할 만큼 공공정책에 기업 마인드를 도입하고 (Moore and Pierre, 1988), 마케팅으로 장소를 상품화하려 한다.

그런데 장소의 상품화는 우리가 이미 알고 있는 경영 쪽 핵심관심인 마케팅과 부조화를 나타낸다. 마케팅이 기업의 이윤동기에 따라 구매력 있는 소비자에게 상품을 팔기 위해 개발된 수단임에 견주어, 장소마케팅 은 공동체 이익을 위해 장소의 사회·경제적 효율성을 극대화하려는 것이 기 때문이다. 사익(私益) 추구수단인 마케팅을 공공계획에 액면 그대로 적용하기에는 무리가 있다는 말이다.

장소판촉은 상품, 고객 그리고 목표 차원에서 전통적 마케팅과는 다른 판촉이다. 장소는 일상의 삶이 이루어지는 공공의 공간인 점에서 장소판 촉은 공공성 또는 공동이익이 중시되는 데 비해, 판촉은 효율성과 사적 이익을 목표로 한다. '장소'와 '판촉'은 상호 대립적이라 할 정도로 모순 개념이고 그런 점에서 장소판촉은 모순의 조합이다.

이처럼 판촉개념을 장소에 적용하자면 논리적 문제점이 있기에 장소 판촉은 새로운 마케팅 개념을 도입하려 한다. 비영리조직 마케팅(market-ing in non-business organizations),[25] 소비자에게 특정상품을 팔기보다는 소비자의 사회후생 증진을 목표로 삼는 사회마케팅(social marketing. Kotler, 1986), 그리고 이미지 판촉(image marketing)이 그것들인데, 이들은 장소 판촉론의 초석이 된다(Gold and Ward, 1994).

아무튼 판촉을 생활영역인 장소에 적용시켜 공공의 이익을 도모한다 는 장소판촉의 실현에는 문제점이 적잖다. 지방의 생존전략으로 국내외 를 막론하고 유행처럼 번지고 있지만 그 발전전략에 얽힌 내력(來歷)이나

---

취지였겠다. 하지만 세계화는 미국화라는 지적이 나올 정도로 강대국 주도의 시대 흐름이 기에 그건 추진위원회가 아니라 대책위원회여야 마땅했다는 비판성 지적(최정호, 1999)은 정당하다. "'세계화 추진'운동이 오페레타 수준의 희비극으로 끝나고 만 까닭은 탈냉전시 대의 세계가 맞은 필연적인 추세로서의 세계화를 마치 우리가 그를 추진해야 되는 주체인 양 착각한 데서 연유한 것"이라 한다. 대신, 대책위원회가 조직되었더라면 필시 지방화의 추진이 주요 과제였을 것이다.

25) 이때는 판촉의 손익을 평가하기 어려운 면도 있다. 이에 대해서는 Kotler and Zaltman, 1971; Kotler, 1982; Lovelock and Weinberg, 1984 참조.

사정에 대한 거시적 조명 없이 장소판촉전략은 당연히 받아들여야 할 당위의 정책으로 여겨 시행되는 경향이 많다는 점이다. 장소판촉에 대한 총체적 인식 없이 문화나 생태관광, 지역재생전략, 이미지전략 등 단편·부분적인 처방에 치우친 장소판촉전략이 정책도구로 동원되고 있는 것이다.

그 결과, 기본적으로 '지방의존적 자산에 기반을 둔 전략임에도 불구하고 고유 자산에 기반을 두기는커녕 타지방 '베끼기(clonning)'에 급급한 '복사문화(facsimile culture)'로 흐르곤 한다(Fainstein and Fainstein, 1985). 설령, 장소 특수적 자산에 기반한 전략을 채택한 경우라도 물리적 자산에 치우쳐 있는 형편이다.

장소판촉의 한계적 속성을 구체적으로 살펴보면 다음과 같다. 첫째, 장소판촉으로 인한 성장이 공공의 이익으로 귀결되지 않는다는 점이다. 대개의 장소판촉은 소수의 부유한 엘리트들을 위한 전략이 되기 쉬워 가난한 사람들의 소외가 무시된다. 이런 연유로 장소판촉이나 도시재생을 통해 형성된 발전적 이미지는 도시문제의 실상, 그리고 장소판촉에 따른 소외를 숨기는 '사육제 가면(carnival mask)'이 되곤 한다(Harvey, 1989). 휘황찬란한 공공행사, 페스티벌, 전시회, 테마상업공간의 스펙터클, 기함(旗艦)적 도시 프로젝트(flagship project)들은 도시의 전체성에 대한 일시적 환상일 뿐인 인기주의적 장소의식 제고일 뿐이라 한다(Gottdeiner, 1997).

반론 내지 옹호론도 만만찮다. 문화가 공동체의 결속과 유대감을 증대시켜주는 '사회적 접착제(social glue)'의 역할을 한다는 것이다(Ley and Mills, 1993). 장소에 용해되어 있는 상징적·문화적 요소들이 바로 이런 기능을 담당하는바, 다양한 이벤트 개최·스펙터클 생산·도시홍보·광고나 이미지화 등은 장소개발이나 판촉에서 생길지 모르는 소외감 대신 사회적 연대감·신뢰·자부심 등을 불어넣을 수 있다 한다.

탈산업화에 따라 탈기술 노동자가 증가하는 실정에서 장소판촉을 통해 과연 어느 부류의 일자리를 창출하는 기업을 끌어들일 것인가가 장소판촉의 또 다른 고민거리다. 이 문제는 모든 지역주민이 합의할 수 있는 장소판촉 정립의 관건이기도 한데, 실상은 장소판촉이 대부분 가난한 사람을 배제하는 결과를 낳았다. 그만큼 사회적 갈등도 커진다. 성장연합의 경우처럼 정치인과 부동산 엘리트의 이익에만 봉사한 반면,26) 지역공동체의 합의 도출에는 방해가 되곤 했다.

또한 직접효과가 아닌 여적효과(trickle-down effect), 승수효과(multiplier effect), 또는 연쇄효과(knock-on effect)를 통해서도 가시적 또는 실질적 편익이 사업 엘리트에게서 저소득층으로 기대한 만큼 흘러가지 않는다. 무엇보다 유치되는 일자리가 극심한 양극화 현상을 나타내기 때문이다. 소수 고임(高賃)의 전문·관리직 일자리와 다수의 저급·저기술·불안정 일자리가 창출되어 이른바 '기술 불일치(skill mismatch)'가 발생한다. 곧 유치 기업은 주로 고학력·고기술 노동력을 요구하는 데 반해, 지역의 가난한 사람들은 그런 능력과 기술이 없다. 일자리에 "공간적 접근성은 있지만 기술적 접근성이 없다"는 말이다. 일자리들은 오히려 외부인들 차지가 되고 지역주민들은 배제된다. 결국 장소판촉의 성공은 고작 '일자리 없는 성장(jobless growth)'에 지나지 않는 꼴이다.

이런 문제는 특히 기업가주의적 장소판촉의 경우에 심각하다. 기업가주의정책의 가장 큰 특징이 사회정의라는 형평성보다 경제성장이라는 효율성을 추구하기 때문이다(Smith, 1990). 지방정부가 할 수 있는 노릇은 그런 일자리에 합당하도록 지역주민을 '직업훈련'시키는 일이 고작이다. 이게 지방의 실업문제를 어느 정도 해결해 줄 수 있을지는 여전히 의문이지만, 분명한 것은 장소의 실업문제에 대한 지방정부의 결정력 내지 영향력이 약해졌음을 말해준다.

이 문제의 배후에는 장소판촉의 주체문제가 있다. 장소판촉의 주체는 공공당국, 부동산 개발업자, 지역주민이어야 마땅하다. 그럼에도 성장연합이 기본적으로 공공, 특히 지역 정치가와 부동산 사업자의 연합인 민관제휴의 형태였기 때문에 지역주민이나 여기에 참여하지 못하는 사람들의 이해는 고려되지 못한 것은 당연했다. 이런 사정은 후에 지방사람들을 끌어들이는 삼자(三者)제휴 형태로 다소 완화되지만, 여전히 저소득

---

26) 1980년대 영국의 장소판촉 공공기금은 여피(Yuppie)족을 위한 주택이나 일자리 마련용으로 쓰였다.

층이나 사회적 약자는 '성장연합(growth coalition)'[27]에서 배제되고 있다.

둘째, 장소판촉은 지역성장의 동인을 외부에서 찾는 '외생적 성장'기법이다. 이런 유의 성장은 외부경제의 변화에 민감해 고용안정과 지역성장 달성이 어려워, 결과적으로 지역경제의 외부의존성을 증대시키고 자율성을 약화시킬 소지가 많다.

대안은 없는가? 지구적으로 경쟁력있는 상품을 만들어 내생적 발전을 도모하는 것이 하나의 대안이다. 문화가 이런 가능성을 예비해준다. 문화는 장소 특수성과 고유성을 지니고 있기 때문이다. 내생적 성장이 가져올 수 있는 효과는 대단하다. 외부지향적 성장이 초래할 수 있는 장소와 사람의 번영 간 괴리를 막고, 장소번영(place's prosperity)과 주민번영(people's prosperity)을 서로 일치시킬 수 있기 때문이다.[28]

셋째, 세계화시대에 심화되는 지역간 경쟁 탓에 필연적으로 경쟁에서 패배하는 지역이 생기게 마련이다. 모두가 경쟁에 이길 수 없기에 성장하는 지역과 그렇지 못한 지역이 생기고, 결과적으로 불균형발전이 불가피하다.

성장을 이루지 못하는 지역은 실업의 고통을 겪는다. 하지만 불균형발전에 대한 유효한 처방을 찾기 어렵다. 기껏 외풍을 적게 받은 자생적 성장의 모색이 대안으로 거론될 뿐이다. 한편 세계적 기업이 요구하는 조건을 만족시킨 지역도 그걸 지속적으로 유지·관리하지 못하면 다시 쇠퇴의 길에 접어들 취약성이 있다. 이전과는 달리 장소발전의 항상성(恒常性)이 사라진 탓이다.

---

27) 공사제휴방식은 '성장연합(growth coalition)'의 경우에서 그 실체가 잘 드러난다(Logan and Molotch, 1987). 공공이 부동산시장으로 민간건설부문을 끌어들여 제휴를 맺고 탈산업화로 인해 침체된 지방을 활성화시키자는 성장연합론은 도시를 성장이 이루어지는 무대가 아니라 그 자체가 상품인 '성장기계(growth machine)'로 여긴다. 도시의 장소를 교환가치를 가진 상품으로 간주한 것이다. 이를테면 아파트는 세입자에겐 사용가치를 제공하는 집이지만, 그 소유자에게는 임대료라는 교환가치를 제공하고 있는 상품이라는 관점에서 기존 도시공간이론이 사용가치의 측면만 강조했음을 비판하고, 이 연장으로 도시성장의 주역은 교환가치에 집착하는 부동산업자들이라 파악한다. 이들을 중심으로 부동산 투자를 통해 성장을 위한 도시부흥운동을 전개하는 과정에서 각계 지역 엘리트들이 장소간 경쟁의 대열에 적극 나선다. 지역 엘리트들은 도시 부동산정책의 향방이 자신의 이익과 밀접한 관련이 있는 사람들로서 부동산 투자자, 개발업자, 부동산 파이낸스 참가자들을 말한다.
28) 신산업지구인 실리콘 밸리, 제3이탈리아 지역 등을 이런 성공사례로 꼽을 수 있다.

어쩌면 장소판촉은 이런 상황을 당연시하는 입장이라 할 수 있다. 기본적으로 시장지향적 계획이기 때문이다. 이게 바로 기업가 정부의 한계이자, 그에 기반한 장소판촉의 한계이다.[29] 다시 말해 장소판촉은 시장기반적 전략인데, 시장은 속성상 번영과 희생이라는 양면성을 동시에 띠고 있다는 말이다.

넷째, 문화개념의 협의성이다. 문화를 '고급문화'로 좁게 보는 시각의 영향으로 장소판촉이 예술문화에 기반을 둔 성장전략으로 한정되곤 한다. 이 점은 국내외가 다르지 않아 문화축제나 이벤트, 문화관광 등 주로 관광객 유치를 겨냥한 장소판촉이 대종을 이룬다. 그만큼 지역성장에 대한 파급효과가 제한적이다. 이런 소비기반적 성향은 성장적 역동성의 선(善)순환을 가져올 수 없는 약점도 나타난다(Zukin, 1995). 예술문화 쪽으로 집중하면 산업 및 기업문화, 제도개선, 쾌적성 등 사회적 자본 구축을 통한 기업유치에 제약을 받을 수밖에 없다.

다섯째, 기업유치를 통한 장소판촉의 경우, 지역실정에 맞는 산업활동의 유치가 필수적이다. 그런데 대부분 지역에서 기업유치 목표는 첨단산업만을 겨냥하고 있다. 산업위계나 노동의 공간적 분업상 하위위계에 속하는 산업들이 입지하는 하위지역이나 배후지의 성장 가능성에 대해선 장소판촉이 아무런 해답을 주지 못한다.

모든 지역이 모두 고품질의 장소로 만들 수 없음은 자명하다. 따라서 보다 현실적인 방법과 개념의 설정이 필요하다. 이는 산업위계에 걸맞은 장소 만들기 전략이 필요함을 의미한다. 노동의 세계적 분업에서 해당장소가 점하는 위치에 걸맞은 전략을 강구해야 한다는 뜻이다.

여섯째, 문화획일화의 위험이다. 세계적 표준·첨단기술을 앞세운 세계경제에 대한 생존전략으로 대개의 지방들은 문화를 선택한다. 지역적 차별성과 고유성에 착안하기 때문이다. 문화에 기반을 둔 이런 가능성도 자칫 문화의 획일화로 흘러 발전의 실현이 무산될 가능성이 많다. 문화가 지방의 고유성을 지킬 수 있는 자산임에도 불구하고 문화 자체가 세

---

29) 장소간 불균등뿐 아니라 사회적 불균등도 심각한 문제다.

계화되면 세계화된 문화 속에 지방의 고유성이 설 자리가 없는 것이다. 정보화는 문화의 발전 가능성이기도 하지만 지방문화의 위협이기도 하다. 정보기술과 문화의 접목이 이를 가속화시킬 수 있다. 실제로 얼마 전 이루어진 미국 최대의 인터넷업체 '아메리카 온라인(America-On-Line)' 과 '타임워너'의 합병(AOL-Time Warner)은 세계화의 또 다른 '영역'인 사 이버 스페이스를 영역화시킨 끝에 문화판촉을 빌미로 각 나라의 지방문 화를 궁지로 몰아넣을 개연성이 높아진 것이다.30)

마지막으로 장소판촉의 효과성에 대한 연구가 거의 없다는 점이다. 이 는 수단이나 결과를 계량화하기 어려운 난점 때문이기도 하다.

■ 참고문헌

김형국. 2001, 『고장의 문화판촉』, 학고재.
문현병. 1999, 「현대문화와 문화산업」, 한국철학사상연구회, 『문화와 철학』, 126-148쪽.
신현준. 1999, 「20세기의 대중문화」, ≪문학과 사회≫ 가을호, 1087-1106쪽.
유네스코 한국위원회·한국문화예술진흥원. 1995, 『문화산업의 현황과 전망: 제1차 아·태문화포럼보고서』.
정 민. 2000, 『비슷한 것은 가짜다 - 연암 박지원의 예술론과 산문미학』, 태학 사.
최정호. 1999, 「言論과 正名: 바른 말과 바른 이름」, ≪월간조선≫ 1월호, 546-559쪽.

Amin, A. 1996, "Beyond Associative Democracy," *New Political Economy*, Vol. 1, No. 3, pp.309-333.
Amin, A. and N. Thrift. 1992, "Neo-Marshallian Nodes in Global Networks," *International Journal of Urban and Regional Research*, Vol. 16, pp.571-587.
_____. 1995, "Globalization, Institutional 'Thickness' and the Local Economy," in

---

30) 정보교환의 수단이던 인터넷업체 측은 인터넷 공간에 고객이 오래 머물 수 없는 단점을 보완하기 위해 컨텐츠를 제공함으로써 고객을 오랜 시간 묶어두면서 상품을 팔 수 있고, 문화기반적 컨텐츠업체는 문화의 상품화를 인터넷이라는 사이버 공간을 빌려 제공함으로 써 이득을 실현했다. 정보기술의 인터넷업체와 문화·예술을 파는 컨텐츠산업의 결합은 상호이익에 기반한 이른바 '승-승전략(win-win game)'인 셈이다.

P. Healey et al.(cds.), *Managing Cities: The New Urban Context*, New York: John Wiley, pp.91-108.

_____. 1997, "Globalization, Socio-Economics, and Territoriality," in R. Lee and J. Willes(eds.), *Geographies of Economies*, London: Arnold, pp.147-157.

Brenner, Neil. 1999, "Globalisation as Reterritorialisation: The Re-scaling of Urban Governance in the European Union," *Urban Studies*, Vol. 36, No. 3, pp.431-451.

Castells, Manuel. 1996, *The Rise of the Network Society*, Cambridge: Blackwell.

Crang, P. 1997, "Cultural Turns and the (Re)Construction of Economic Geography," in R. Lee and J. Willes(eds.), *Geographies of Economies*, London: Arnold, pp.3-15.

Dowling, R. 1997, "Planning for Culture in Urban Australia," *Australian Geographical Studies*, Vol. 35, No. 1, pp.23-35.

Fainstein, S. and N. Faintein. 1985, "Economic Restructuring and the Rise of Urban Social Movement," *Urban Affairs Quarterly*, Vol. 21, pp.187-206.

Friedmann, J. 1975, "Regional Development Planning: The Progress of a Decade," in J. Friedmann and W. Alonso(eds.), *Regional Policy*, Cambridge: MIT Press, pp.791-808.

_____. 1986, "World City Hypothesis," *Development and Change*, Vol. 4, pp.12-50.

_____. 1995, "Where We stand: a Decade of World City Research," in P. Knox and P. Taylor(eds.), *World Cities in World System*, Cambridge University Press, pp.21-47.

Friedmann, J. and J. Miller. 1965, "The Urban Field," *Journal of the American Institute of Planners*, Vol. 31, pp.312-320.

Friedmann, J. and C. Weaver. 1979, *Territory and Function: The Evolution of Regional Planing*, Edward Arnold.

Fukuyama, Francis. 1995, *Trust: The Social Virtues and the Creation of Prosperity*, New York: Free Press.

Gold, J. R. and S. V. Ward. 1994, *Place Promotion: The Use of Publicity and Marketing to Sell Towns and Regions*, New York: John Wiley.

Gottdeiner, M. 1997, *The Theming of America: Dreams, Visions, and Commercial Spaces*, Boulder: Westview Press.

Gottman, Jean. 1961, *Megalopolis*, New York: 20th Century Fund.

Haggett, Peter. 1966, *Locational Analysis in Human Geography*, New York: St. Martin's.

Hall, T. 1998, *Urban Geography*, London: Routledge.

Harvey, David. 1982, *The Limits to Capital*, Oxford: Blackwell.

_____. 1985, "The Geopolitics of Capitalism," in D. Gregory and J. Urry(eds.),

*Social Relations and Spatial Structures*, London: McMillan, pp.128-163.

_____. 1989, *The Condition of Postmodernity*, Oxford: Blackwell.

Hayter, R. 1997, *The Dynamics of Industrial Location: The Factory, the Firm and the Production System*, New York: John Wiley.

Healy, P. 1995, "Infrastructure, Technology and Power," in P. Healy et al.(eds.), *Managing Cities: The New Urban Context*, John Wiley, pp.145-152.

_____. 1997, *Collaborative Planning: Shaping Place in Fragmented Societies*, Vancouver: Univ. of British Columbia Press.

Jones, Martin and Gordon McLeod. 1999, "Towards a Regional Renaissance? Reconfiguring and Rescaling England's Economic Governance," *Transactions of the Institute of British Geographers*, New Series 24, pp.295-313.

Kearns, G. and C. Philo(eds.). 1993, *Selling Places: The City as Cultural Capital, Past and Present*, New York: Pergamon Press, pp.1-8.

Kotler, P. 1982, *Marketing for Non-profit Organizations*, Englewood-Cliffs: Prentice-Hall.

_____. 1986, *Principles of Marketing*, Englewood-Cliffs: Prentice-Hall.

Kotler, P., D. Haider and I. Rein. 1993, *Marketing Places: Attracting Investment, and Tourism to Cities, States, and Nations*, New York: Free Press.

Kotler, P. and G. Zaltman. 1971, "Social Marketing: On Approach to Planned Social Change," *Journal of Marketing*, July, pp.3-12.

Lefebvre, H. 1991, *The Production of Space*, trans. Donald Nicholson-Smith, Cambridge: Blackwell.

_____. 1995, *Writings on Cities*, Cambridge: Blackwell, pp.63-184.

Ley, D. and C. Mills. 1993, "Can There Be a Postmodernism of Resistance in the Urban Landscape?," in P. Knox(ed.), *The Restless Urban Landscape, Englewood Cliffs*, Prentice-Hall, pp.255-278.

Logan, John and Harvey Molotch. 1987, *Urban Fortunes: The Political Economy of Place*, Berkeley: Univ. of California Press.

Lovelock, C. H. and C. B. Weinberg. 1984, *Marketing for Public and Non-Profit Managers*, New York: John Wiley.

Marx, Karl. 1973, *Grundrisse: Foundations of the Critique of Political Economy*, trans. Martin Nicolous, New York: Penquin.

Massey, D. 1984, *Spatial Divisions of Labor: Social Structure and the Geography of Production*, London: McMillan.

McIntosh, R. and Charles Goeldner. 1991, *Tourism: Principles, Practices, Philosophies*, New York: John Wiley.

Moore, C. and J. Pierre. 1988, "Partnership or Privatization? The Political Economy of Local Economic Restructuring," *Policy and Politics*, Vol. 16, No. 3, pp.169-178.

Negroponte, N. 1995, *Being Digital*, London: Hodder and Stoughton.

Putnam, R. 1993, *Making Democracy Work: Civil Tradition in Italy*, Baltimore: Princeton Univ. Press.

Sassen, Saskia. 1991, *The Global City*, Baltimore: Princeton Univ. Press.

_____. 1998, *Cities in a World Economy*, 남기범 외 옮김, 『경제의 세계화와 도시의 위기』, 푸른길.

Sayer, A. 1997, "The Dialectic of Culture and Economy," in R. Lee and J. Willes(eds.), *Geographies of Economies*, London: Arnold, pp.16-26.

Scott, A. J. 1996, "Regional Motors of the Global Economy," *Futures*, Vol. 28, pp.391-411.

_____. 1997, "The Cultural Economy of Cities," *International Journal of Urban and Regional Research*, Vol. 21, No. 2.

Sharpe, R. 1991, "Social Movements in the Local Economic Development Process," *Environments*, Vol. 21. pp.56-58.

Smith, N. C. 1993, "Homeless/Global: Scaling Places," in J. Bird et al.(eds.), *Mapping the Futures: Local Cultures, Global Changes*, New York: Routledge.

Smith, S. J. 1990, "Society, Space and Citizenship: Human Geography for the New Times?," *Transactions of the Institute of British Geographers*, Vol. 14, pp.144-156.

Soja, Edward. 1971, *The Political Organization of Space*, Washington D.C.: Association of American Geographers, Resource Paper, No. 8.

_____. 2000, *Postmetropolis*, Oxford: Blackwell.

Storper, M. 1997, "Regional Economics as Relational Assets," in L. Roger and J. Eills(eds.), *Economies of Geographies*, London: Arnold, pp.248-258.

Storper, M. and A. J. Scott. 1995, "The Wealth of Regions: Market Forces and Policy Imperatives in Local and Global Context," *Futures*, Vol. 27, pp.505-526.

Sudjic, D. 1993, *The 100-Mile City*, New York: Flamingo.

Swyngedouw, E. 1992, "Territorial Organization and the Space/ Technology Nexus," *Transactions of the Institute of British Geographers*, Vol. 17, pp.417-433.

_____. 1997, "Neither Global nor Local: Glocalization and the Politics of Scale," in Kevin Cox(ed.), *Spaces of Globalization*, New York: Guilford Press, pp.137-166.

Trist, E. 1979, "New Direction of Hope: Recent Innovations Connecting Organizational, Industrial, Community and Personal Development," *Regional Studies*, Vol. 13, pp.439-451.

Ward, Stephen. 1998, "Place Marketing: A Historical Comparision of Britain and North America," Tim Hall and Phil Hubbard, *The Entrepreneurial City*, New York: John Wiley, pp.31-53.

Wolf, Michael. 1999, *Entertainment Economy*, 이기문 옮김, 『오락의 경제』, 리치 북스.

Zukin, S. 1995, *The Culture of Cities*, Cambridge: Blackwell.

### 제 5 부

21세기의 지역경영체제 구축

# 제15장

# 지역발전과 민관협력형 지역거버넌스 구축

박우서 (한국지방행정연구원 원장)

## 1. 머리말

거버넌스(governance)의 등장배경으로는 1970년대 이후 복지국가의 재
정위기, 재정위기에 대한 시장주의적 대응, 경제와 정치의 지구화 현상,
행정조직 내의 '신공공관리'라고 부를 만한 관리혁명, 그리고 환경문제
의 대두와 같은 사회적 복잡성의 증가 등이 지적되고 있다. 이 시기에
서구국가들은 경제적 불황이 지속되면서 복지정책으로 인한 재정위기에
당면하였다. 경제적, 사회적 위기를 해결하려는 많은 시도들이 있었고,
영미국가들을 중심으로 시장기구를 통해 개혁하려는 정책 - 대처리즘
(Thatcherism)과 레이거노믹스(Reaganomics) - 이 추진되었다. 한편 정보통
신부문의 비약적 발전에 따라 경제와 정치가 전지구적으로 그 영역을 확
대해가는 지구화 현상이 점차 확산되었다. 정치·행정의 대상은 과거의
폐쇄적 영역에서 개방적이고 유연화된 단위로 변화되었다. 또한 삶의 현
장에서는 이전에는 별로 중요하게 여겨지지 않았던 환경문제가 사회적
관심사로 대두하면서 사회적 복잡성은 더욱 가속화되었다(Pierre and
Peters, 2000: 52-65).

이러한 일련의 사회적인 변화는 공공부문이 기존의 방식으로 사회를

이끌어나가고 통제할 수 있는가 하는 의문을 제기하게 만들었다. 공공부문의 환경적 요소이자 관리대상인 사회영역에 복잡성·개방성·전문성이 지속적으로 증가하면서 공공부문의 역할에 위기가 형성된 것이다. 거버넌스라는 새로운 행정체계는 이러한 정치적, 경제적, 사회적 혹은 행정적 환경변화에 대응하는 과정에서 등장하였다. 이는 기본적으로 정부의 행정구조를 보다 개방화, 전문화해가는 한편 민간부문의 대규모 참여를 활용하는 전략을 의미한다.

그러나 거버넌스 현상이 보다 활성화된 것은 1980년대 이래 확산되어 온 지방화 현상과 관련된다. 지방정부의 기능이 확대되면서 지방적 수준의 정책 형성과 집행과정에 민간의 전문성과 참여를 활용하는 것이 지방행정의 주요 전략으로 등장하게 된 것이다. 거버넌스는 공공서비스를 하향적으로 전달하던 지방행정체계가 관리적 효율성과 민주적 정당성을 의심받는 상황에서 나타났다. 이러한 민관협력체제 구축은 특히 지역경제를 되살리고 도시의 생활환경을 향상시키는 데에 효과적인 전략임이 확인되고 있다. 뿐만 아니라 민관협력적 통치방식은 이제 민주적 통치에서 불가결한 요소로 인식되고 있다.

이러한 지방행정에 있어서 민관협력적 접근은 우리나라의 경우에도 물론 활용될 수 있거니와 점차 그 도입이 확산되고 있다. 우리의 지방행정은 행정환경이 서구와는 상이하고 정부의 기능과 역할도 서구와는 상당히 다른 면이 있다. 예컨대, 오랫동안 관은 민의 우위에 있었고, 민은 관으로부터 편파적인 사익추구집단으로 불신받아 왔다. 하지만 최근 우리 중앙정부 및 지방자치단체들이 경험하고 있는 환경은 서구와 점점 거리를 좁혀가는 것으로 보인다. 특히 1995년 지방자치제도의 본격적인 실시로 과거와는 다른 지방정부의 모습과 행정기능이 나타나게 되었다. 규정과 지시에 따라 단순히 서비스를 전달하던 기존의 역할에서 벗어나, 지방정부들은 지역 내 주민 및 다양한 행위자들의 요구에 대응해 이해관계를 조정하고 지역발전을 도모하는 복합적인 역할을 수행하도록 요구받고 있다. 한정된 자원과 역량으로 이러한 과제와 도전에 대응해야 하는 지방정부들은 지역 안팎에서의 다양한 제휴와 협력의 가능성을 적극적으로 모색하지 않을 수 없게 된 것이다.

이 글에서는 정부 혹은 행정에 새로운 시각을 제시하는 민관협력형 지역경영체제로서 '지방 거버넌스(local governance)'에 대한 개념적 논의와 함께 주요 사례들을 살펴봄으로써, 우리의 정부와 행정, 특히 지방행정에 제시하는 함의를 찾아보고자 한다. 이러한 변화의 모습과 내용에 대한 연구는 21세기 지방정부의 역할을 설계하고 비전을 제시하는 데 있어 하나의 밑거름이 될 것이다.

## 2. 민관협력적 거버넌스의 개념적 검토

### 1) 거버넌스의 개념과 유형

거버넌스라는 용어 그 자체는 어느 시대나 있어 온 사회를 통치하는 양식을 의미하는 것으로 신조어는 아니다.[1] 그렇지만 오늘날 일반적으로 사용되고 있는 거버넌스의 의미는 1970년대 이후 서구의 사회경제적 재구조화 과정에 대응하여 나타난 정치·행정적 변화와 관련되어 있다.

거버넌스의 개념은 여러 사람에 의해 다양한 차원에서 사용되고 있다. 로데스는 거버넌스의 의미를 '일반적으로 통치활동 또는 과정', '정돈된 규칙의 상태', '통치의 의무가 부여된 사람', 혹은 '사회가 통치되는 방법이나 시스템'의 의미로 사용되고 있다고 지적한다(Rhodes, 1996). 피에르와 피터스는 정부-사회 간의 관계에 관한 기존의 세 가지 모델을 ① 다원주의(pluralism) ② 조합주의(corporatism) ③ 조합주의적 다원주의(corporate pluralism)로 구분하고, 이들의 개념변화를 통해 거버넌스현상을 설명하고 있다(Pierre and Peters, 2000: 34-35). 그러나 이렇듯 거버넌스의 의미

---

1) 영어권에서 'governance'라는 말은 수세기 동안 주어진 영역 내에서 작동하는 권위(authority)를 지칭하는 말로 사용되어왔다(Cynthia Hewitt de Alcántara, 1998). 즉 거버넌스는 원래 주로 행동을 통치하고(governing), 지도하고(guiding), 조종하는(steering) 행동 혹은 방법(manner)을 지칭했다. 최근의 거버넌스에 대한 논의가 부활하게 된 주요 요인은 governance와 government를 구별해야 할 필요가 제기되었기 때문이다(Jessop, 1998).

를 다양하게 해석할 수 있음에도 불구하고 거버넌스가 기존 통치의 주체인 정부(government)와는 다른 의미로 사용되는 것은 기본적인 공통점이라고 할 수 있다. 이것은 행정의 중심이 되었던 정부의 역할과 기능 그리고 구조가 변화하고 있음을 나타내고 있다.[2]

그렇다면 정부라는 의미와 거버넌스는 어떤 점에서 차이가 있으며 실세계에서는 어떤 의미로 해석되고 있는가? 1990년대 이후 폭발적으로 그 사용빈도가 증가하고 있는 거버넌스라는 용어의 의미를 정리해 보면, 대략 다음의 여섯 가지로 요약될 수 있다(Rhodes, 1996; Stoker, 1998; Hirst, 2000).

첫째, 거버넌스는 최소국가(the minimal state)의 의미로 사용된다. 제2차세계대전 이후 경제적 호황을 누린 서구경제가 1970년대 이후 이른바 '석유파동'으로 인한 위기를 맞게 되자 경제적 부가 지탱해주던 복지정책도 위기에 처하게 되었다. 이것은 결국 복지예산의 삭감과 정부의 많은 서비스 전달기능을 시장기구에 맡기게 되는 결과를 빚었으며, 이러한 맥락에서 나온 것이 최소국가론 혹은 작은 정부론이다. 최소국가론은 기존 국가의 역할, 기능 및 구조에 커다란 변화를 요구하는 거버넌스의 한 유형으로 해석된다.

한편 피에르와 피터스(Pierre and Peters, 2000)는 이러한 정부의 기능축소가 발생하게 된 또 다른 원인으로서 다음의 세 가지를 지적하고 있다. ① 국제적 조직의 역할이 증대되면서 정부의 통치범위를 넘어서는 활동이 증가하게 되었다. 즉, 초국가적 기업의 활동과 자본의 흐름 그리고 EU, NAFTA 등과 같은 국제적 조직의 등장이 전통적 정부의 범위를 넘어서는 활동을 요구하게 되었다(1. Moving Up). ② 경제의 세계화에 대응한 정치의 지방화 현상으로 인해 지역, 지방, 지역사회의 요구가 증가하고 있으며, 이는 시민사회로의 권한부여(empowerment)활동이 늘어남을 의미한다(2. Moving Down). ③ 1990년대 이후 등장한 정부기능의 외부이전현상을 들 수 있다. 즉 NGO의 활동이 증가하면서 이들이 정부의 서비스

---

2) 통치한다의 영어식 표현인 'governing'은 원래 사회가 일정한 방향으로 나아가도록 조종(操縱, steering)하는 것을 뜻한다. 사회를 조종한다는 것은 통치주체인 정부가 지도(guide)하고, 통제(control)한다는 것이다. 거버넌스는 이러한 통치행위의 과정이면서 동시에 하나의 체계라는 측면에서 통치양식으로 불릴 수 있다.

전달을 대신하는 현상들이 나타나는가 하면, 정부가 공급하던 서비스를 민간영역으로 팔거나 이전시키는 민영화, 그리고 민간영역과 파트너십을 형성하는 사례들이 점증하고 있다(3. Moving Out). 이러한 세 가지 수준의 정부역량 퇴조는 정부를 공동화시키는 한편 새로운 형태의 통치체계를 형성하게 하는 것이다(Rhodes, 1996).

둘째, 거버넌스에 대한 또 다른 해석은 신공공관리론(the new public management)으로서, 최소국가를 추구하는 과정이 행정에 미치는 결과에 주목하고 있다. 즉 조직관리의 입장에서 정부의 여러 기능을 시장에 넘겨버림으로써 시장의 효율성을 공공부문의 관리에 도입하고자 하는 것이다. 이러한 일련의 활동은 기존의 공공관리와는 다른 방식이라는 점에서 '신공공관리'라고 불리게 되었다.

우리나라를 포함한 전세계의 많은 국가들이 1990년대 이후 이른바 '민영화(privatization)'라는 이름으로 상당한 정부기능을 시장으로 넘겼는데, 정부의 혁신을 주장한 오스본과 게이블러는 관료제에 의한 서비스 공급을 정부를 파탄시키는 주범으로 규정하였다. 그들은 정부를 혁신시키기 위해서는 정부가 기업가적 정부가 되어야 한다고 주장하고, 정부의 활동을 방향을 설정하는(steering) 정책결정기능과 정책을 집행하는(rowing) 서비스 공급으로 구분하였다. 이러한 의미에서 '신공공관리'는 단적으로 '보다 작은 정부(less government or rowing), 보다 많은 조종(more governance or more steering)'으로 표현될 수 있다(Rhodes, 1996)

셋째, 좋은 거버넌스로서 세계은행(The World Bank)이 제3세계 국가에 대한 대출정책을 구상하면서 최근에 대두된 개념이다. 좋은 거버넌스의 핵심적 의미는 ① 효율적인 공공서비스, ② 독립적인 사법기구, 계약을 강제할 수 있는 법적인 틀, ③ 공공자금에 대한 책임성있는 집행, ④ 독립적인 회계감사와 법 및 인권 존중, ⑤ 언론의 자유, ⑥ 제도의 다원화(pluralistic)를 포함한다. 좋은 거버넌스는 정부의 역할에 대한 규범적인 기준을 충족하는 것으로, 결국 제3세계 국가가 선진국과 같은 정치행정체계를 갖추도록 강제한다는 의미도 아울러 가지고 있는 것이다.

넷째, 사회적 사이버네틱 체계(socio-cybernetic)로서의 거버넌스이다. 현대사회는 날로 그 복잡성, 역동성, 다양성이 증가하고 있으며, 다양한 사회적 요구들이 나타나고 있다(Kooiman, 1994). 따라서 통치행위는 더 이상 공공부문만의 활동이 아니며 민간부문과 상호작용하는 가운데 구체적인 모습을 갖게 된다. 실제 정책결정은 정부활동만의 결과물이라기보다는 정책결정에 참여하는 모든 부문의 협력을 포함하고 있다. 이러한 의미에서 정부와 거버넌스는 개념적으로 구분된다. 정부가 공식적 권위에 의해 지원을 받는 활동을 한다면 거버넌스는 공유된 목표에 의해 지원을 받는 활동이며 정부조직뿐 아니라 비공식적, 비정부단체의 활동을 포함하는 보다 포괄적인 활동이라고 할 수 있다(Rhodes, 1996). 결국 사회적 사이버네틱 접근에서는 정부 역할의 한계를 지적한다. 즉 정부행위만이 유일한 헌법적 정당성과 권위를 갖는다고 할 수 없다는 것이다. 사이버네틱 체계로서의 거버넌스는 사회적·정치적·행정적 행위자들의 상호의존성을 강조하여, 공공과 민간의 자발적 부문간의 경계가 점차 모호해짐을 강조하고 있다.

다섯째, 자기조직적(self-organizing) 네트워크로서의 거버넌스이다. 현대 정부 및 행정은 이전에는 정책대상으로만 생각되었던 시민사회가 스스로 정책을 결정하고 주변의 환경을 만들어가려는 도전에 직면하고 있다. 이것은 정부에 대한 복종(conformity)과 순응(compliance)이 줄어듦으로써 정치적 리더십이 약화되는 현상으로도 해석될 수 있다(Mayntz, 1993). 이러한 상황에서 거버넌스는 수직적 위계조직이 아닌 수평적 연계조직을 통한 주체들간의 상호의존을 의미한다. 거버넌스는 이러한 상호의존성을 바탕으로 한 네트워크 형태로의 협력을 의미하며, 결국 공공정책의 결정과 집행이 공공부문(정부)과 민간부문(시장) 그리고 자발적 부문(시민사회)의 역량을 수평적으로 연계해야 함을 시사한다.

우리나라의 경우를 예로 들자면, 1995년 지방자치제의 본격적인 실시가 지방행정을 정치화시킴으로써 시민사회의 행정에 대한 요구가 다양한 형태로 증가하고 있고, 이러한 행정환경의 변화가 결국 기존의 규정과 규칙에 의해 운영되던 행정에 많은 도전적 과제를 부여하고 있다. 특히 환경문제에 있어 님비(NIMBY)현상 등은 기존의 위계적 결정과는 다른 방식의 해결책을 요구하고 있다.

여섯째, 거버넌스는 다양한 '공공과 민간의 파트너십(public-private partnership)'을 의미한다. 현대와 같이 복잡한 사회에서 공공이나 민간의 어느 단일한 행위자도 일방적인 지식과 자원을 가지지 못하기 때문에 각자의 목표를 수행하기 위해서는 역량을 혼합하는 상호작용의 과정이 필요한 것이다. 그러나 이러한 의미의 파트너십은 거버넌스의 논의를 통하지 않더라도 기존의 정부-시민사회의 관계 속에서도 설명될 수 있다. 여기서 말하는 새로운 거버넌스현상으로서의 공공과 민간의 파트너십은 공공과 민간 간의 권력배분, 공공과 민간이 함께 일을 하면서 생기는 시너지 효과, 그리고 공공정책과정을 시민사회에 개방하고(inclusion), 시민사회에 대한 권한부여(empowerment)를 통한 새로운 정부-시민사회의 관계 형성에 초점을 맞추고 있다.

## 2) 거버넌스와 정부의 역할

거버넌스의 개념과 유형화는 최근 행정체제의 변화를 설명하는 데 중요한 통찰력을 제공해주고 있지만, 다음과 같은 우려와 비판의 여지가 있다(Stoker, 1997).

첫째, 거버넌스가 정부가 아닌 대안적 통치양식을 의미한다면, 거버넌스 양식에 의한 통치는 누가 책임을 질 것인가? 즉 '누가 책임성있는 거버넌스의 주체가 되는가' 하는 문제가 대두된다.

둘째, 현대사회가 복잡하며 실제 정부를 둘러싼 정책결정과정이 복잡하다는 것과 정부의 역할이 어떠해야 한다는 것 사이에는 일정한 거리가 존재한다.

셋째, 자기조직적 네트워크와 같은 상황에서 결국 정책결정에 영향을 미치는 것은 권력관계일 수 있다. 그런데 거버넌스 양식에 기존의 권력관계를 반영하도록 맡기게 된다면, 정부정책의 기능과 역할을 기존 권력의 메커니즘에 맡김으로써 의도하지 않은 역효과를 낼 수 있다.

이러한 염려와 이론적 비판은 결국 새로운 거버넌스 양식에서 정부가 여전히 유효한 존재이며, 여전히 유능한 행위자인가 하는 문제를 제기하는 것이다. 이렇게 전통적 의미의 정부의 역할이 각 방향으로 분산되어 약화됨으로써 공동화(空洞化)되는 것으로 인식되는 상황에서 과연 '정부 없는 통치(governance without government)'로 나아갈 수 있을 것인가 하는 의문을 제기하고 있다(Rhodes, 1996).

이러한 문제제기에 대응하는 관점은 기본적으로 두 가지가 존재한다(Pierre and Peters, 2000). 하나는 전통적인 정부의 역량과 역할 변화가 점진적으로 일어난다고 보는 것이다. '큰 정부'의 절정기가 지나가버렸다는 것이 사실이라 할지라도 거버넌스의 중심으로서 정부가 여전히 경제, 국제관계 그리고 많은 정치와 정책 영역에서 독자적인 역할을 지속하고 있다고 생각할 수밖에 없다는 것이다. 그러나 이러한 관점은 정부기능의 지속적인 쇠퇴를 가정할 경우 그 이후의 문제에 대해서는 대안을 가지고 있지 않다.

또 다른 접근은 정부가 경제적 지구화 현상 속에서 공공의 집합적 이해를 추구하기 위해 스스로를 재구조화하고 있다는 관점이다. 정부가 사회와의 관계 속에서 매우 미묘한 정책도구들에 대해 의존적으로 되어가고 있는 것은 분명하지만, 그렇다고 해서 정부의 역할이 강제적인 조종기술에 의존할 때보다 덜 능률적이라는 것을 의미하는 것은 아니다. 또한 보다 중요한 것은 여전히 민주적이고 책임성있는 거버넌스의 원천으로서 정부에 필적할 만한 대안을 발견할 수가 없다는 점이다. 정부권력은 '~에 대한 권력(power over)'으로부터 '~을 위한 권력(power to)'으로 전환되고 있다. 공공-민간 경계를 넘어서 전개되는 공공-민간 간 협조, 대립적이기보다는 협력적인 정책 전략과 도구, 행정권역을 넘어서는 제도적 관계, 서비스 생산 및 전달에서 정부와 시민사회 간의 연계(linkage) 등을 통해 정부는 스스로를 변화시켜가고 있다는 것이다.

정부의 역량과 역할에 대한 '쇠퇴'와 '전환'의 관점간의 큰 차이는 '국가 쇠퇴'이론이 정부의 미래에 관해 거의 제시하는 것이 없지만 '전환'의 관점은 책임성있는 행위자들에 의한 정치적 선택으로 개혁된 모습의 정부 역할과 기능을 제시한다는 것이다. 이 점은 정부가 여전히 새로운 거버넌스의 과정에서 정치적, 합법적 통치를 주장할 수 있는 유일한 행위 주체라는 것이며, 이러한 점에서 정부의 역할과 정치적 역량을 가장 잘 보여주는 것은, 정부가 자신을 통해 사회 내에서 원하는 변화를 성취할 수 있느냐 하는 것보다는 정부가 목표 달성에 필요한 자원을 동원하고 관련집단과의 연대를 형성할 수 있는가 하는 점이다.

### 3) 지방정부와 민관협력형 지역거버넌스체제

오늘날 거버넌스 논의에서 지방 거버넌스(local governance)는 특별한 관심을 끌고 있다. 이는 경제의 지구화와 지방화가 동시적으로 진행되면서 정치가 지방화되고 있기 때문이다. 유통공간의 세계적 확대는 생산의 지역적 특화를 촉진하는 경향이 있다. 또한 대량생산에 의존해오던 생산체제가 기술혁신 주도의 유연적 생산방식으로 전환하면서 지역적 생산시스템이 재부상하고 있다. 그리고 생활수준의 향상은 지역공동체와 생활환경에 대한 관심을 높여왔다. 이에 따라 생산공간 및 생활공간으로서 지방의 중요성이 재인식되고 있으며 자발적 참여가 확산되고 있다.

이러한 상황에서 지방정부는 지역 내외의 민간부문들과 협력하여 지역의 성장과 발전을 위한 사업들을 추진해가고 있다. 지방정부의 이 같은 추진력은 중앙정부로부터 이양된 새로운 권력과 자원에 의해서라기보다는 새로운 환경에 대응하기 위한 지역적 연대로 인해 가능하게 된다. 지방정부는 보다 많은 권력을 동원해서가 아니라 자신의 권력을 민간부문과 공유함으로써 지역발전을 도모해가고 있다.

그러나 지방 차원에서 민주주의의 이상을 실현하면서 정책적 효율성을 확보하기 위해서 지방정부는 다음의 네 가지 질문에 의미있는 답변을 할 수 있어야 한다(Stoker and Young, 1993).

첫째, 지방의 문제는 지방적 해법을 통해서 해결해야 하는데, 지방정부는 지역성의 조건을 충족시키기 위해 어떠한 강점을 가지고 있는가?

둘째, 지방의 문제를 해결하기 위해서는 다양한 주체들과 이해집단을 묶어낼 수 있어야 할 것인데, 지방정부가 각 주체들간의 효과적인 네트워크를 형성할 수 있을 것인가?

셋째, 적절한 정책을 발전시키기 위해서는 전략적인 리더십과 비전이 필요한데, 지방정부는 상이한 이해집단간의 관심사를 조정하는 데 리더십을 발휘할 수 있을 것인가?

넷째, 지방문제의 해결과정이 책임성있고 합법적인 것이 되어야 하는데, 지방정부가 정책결정의 정당성을 보증하는 공개된 논의의 장을 제공할 수 있을 것인가?

이 문제에 완벽한 답변을 제시할 수 있는 근거는 아직은 부족한 상황이다. 그러나 지방정부가 새로운 지방 거버넌스의 중요한 주체로서 유효함을 보여줄 수 있는 논리적 혹은 실용적인 이유들은 존재한다(van den Berg, 1999).

### (1) 지방적 해법과 지방적 지식(local knowledge)의 필요성

지방문제의 원인은 국가적 혹은 세계적 수준에서의 사회, 경제적 재구조화의 과정에 있을 수 있다. 공간적 범위에서 지방의 문제 혹은 도시의 문제는 지방 내의(in local) 문제일 수 있지만 반드시 지방의(of local) 문제인 것만은 아니다. 이러한 점을 고려할 때 지방문제의 해결을 지방에만 맡길 수는 없을 것이다. 그렇다고 해서 지방이 직면한 문제를 해결하는데, 국가적 혹은 초국가적(supra-national) 개입이 필요하다고 생각하는 것은 형식논리에 치우친 말이 되기 쉽다. 1990년대 이후 지방 혹은 도시 정책은 다양한 문제들에 직접적으로 대처해야 하는 위치에 놓여왔다. 여기서 '다양하다'라는 의미는 문제 자체가 여러 가지라는 의미이기도 하지만, 각 장소마다 광범위한 경제, 사회, 환경의 변화과정에 대응하는 방법이 다양하게 존재한다는 의미도 있다.

결과적으로 개개의 마을과 도시들은 그들 나름의 문제정의와 문제해결능력을 가져야 함을 의미하는 것이다. 이러한 의미에서 지방정부는 지방의 특수한 지방적 지식(local knowledge)을 제공할 수 있는 위치에 있다. 물론 지방정부만이 그러한 지식의 유일한 원천이라고 할 수는 없을 것이다. 그러나 분명 지방정부가 이러한 지식의 원천을 묶어내고 조직화할 수 있는 최소한의 여건은 가지고 있다. 지방정부의 공식적인 관료조직, 지방의 주민조직, 기업조직들을 묶어낼 수 있는 민주적 정당성이 선거를 통해 확보되기 때문이다.

## (2) 네트워킹을 통한 조정(coordination)

지방의 문제를 해결하는 과정에 참여하는 이해집단들이 증가하면서 조정의 필요성 문제가 대두된다. 조정은 단순하게 어느 주체가 싸움을 말리는 권력작용의 형태로 이루어지는 것이 아니라 네트워크를 통해 이루어지며, 조정을 위한 이해집단들의 협력은 위계가 아닌 연대와 호혜성의 원칙에 기초한 관계의 형성을 통해 실현되는 것이다. 하지만 지방정부가 아무런 노력도 하지 않으면서 조정의 역할을 다할 수 있다고 장담할 수는 없다. 네트워킹의 역할을 수행하기 위해서는 지방정부는 학습조직(learning organization)이 되어야 할 것이다(Stoker and Young, 1993). 효과적인 네트워킹은 논쟁과 의견교환 및 상호이해에 기반을 둔 것이어야 한다. 이를 위해 의견교환을 위한 포럼과 전문지식을 가진 사람이나 폭 넓은 경험을 가진 관료의 채용 및 지역공동체와 대학의 파트너십과 같은 노력이 병행되어야 한다. 지방정부는 이러한 역할을 수행할 수 있는 공식적 조직 이외에 지역의 많은 조직이 행정과 통치 과정에 참여하도록 권장할 수 있는 잠재력을 가지고 있다.

## (3) 전략적 리더십과 비전

앞서 제시한 네트워크와 연대를 위해서는 전략적 리더십과 비전이 필요하다. 이러한 리더십과 비전을 과연 지방정부가 제시하고 추진할 수 있을 것인가? 거버넌스 등장배경의 하나로 설명한 현대사회의 복잡성·역동성·다양성은 정부의 역량을 감소시키고 문제해결능력을 약화시켰다(Kooiman, 1993). 하지만 효과적인 행정은 보다 반응적(responsive)이어야 할 것을 요구하고 있다. 이러한 점에서 효과적인 정부 역할은 보다 많은 자원을 동원할 수 있느냐, 그리고 이 자원들을 효과적으로 결집할 수 있는 전략적 리더십과 비전이 있느냐에 달려 있다(Stoker and Young, 1993).

## (4) 정책결정의 정당성과 합법성

지방정부의 통치능력과 문제해결능력은 목표의 효과적인 달성과 직접적인 관련을 가지고 있지만, 또한 민주주의 이념과 절차에도 부합해야 한다. 이러한 점에서 권력의 행사가 합법적이며 그에 대한 책임성을 확보할 수 있느냐는 지방 거버넌스의 성공을 위한 중요한 관건이 된다. 합법성이 없는 정책은 지방주민들의 지지를 얻지 못하고 이들의 참여를 제한하게 될 것이며, 궁극적으로는 자원을 동원하고 협력과 파트너십을 촉진해야 하는 지방 정치인의 능력에 심각한 위해를 끼치게 될 것이다. 새로운 거버넌스의 양식에서 문제가 되는 가장 중요한 것은 책임성 문제이다. 선거로 선출되지 않는 거버넌스 주체들의 등장과 사회가 분절화(fragmentation)됨에 따라 지방정책결정의 합법성과 정당성의 확보는 더욱 어려워질 수 있다. 그렇다면 어떻게 새로운 지방 거버넌스에 합법성과 정당성을 확보할 수 있을 것인가? 아직 만족할 만한 수준은 아니지만 지방정부가 수행하고 있는 일상적 일들이 이러한 의구심에 대한 해답을 제공하고 있다.

예를 들어 지방정부는 경제개발이나 토지이용계획에 대한 상담에 응해주어야 할 의무가 있으며, 지방의원들은 청문회, 공공모임, 언론매체나 선거를 통해 어느 정도의 책임을 져야 한다. 이러한 점에서 지방정부는 합법성을 추구하는 데 있어 다른 어떤 행위자들보다도 유리한 입장에 있다. 즉 권력의 구조가 특정집단의 이해가 아닌 보편적 이해에 일치하도록 한다는 점에서 지방정부는 합법성의 조건을 충족시킬 수 있는 기본적 역량을 가지고 있다.

이상의 논의들은 민주적이며 책임성있는 지방 거버넌스에서 지방정부의 역할이 여전히 중요함을 확인해준다. 그리고 지방정부는 지방 거버넌스 혹은 협력적 지역경영체제 구축에 필요한 발상의 전환을 해야 함을 알 수 있다. 우선 지방의 문제를 해결하기 위해서는 주어진 지역사회 여건과 당면한 문제에 대해 지방적 시각을 가지고 접근하는 노력이 필요하다. 또한 지방적 해법을 모색하기 위해서는 전략적 리더십의 발휘가 중요하며, 그렇기 때문에 새로운 거버넌스 양식에서도 정부의 상대적 중요

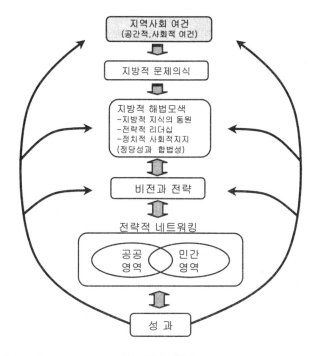

〈그림 15-1〉 협력적 지역거버넌스체제의 과정적 모형

출처 : van den Berg, 1999, p.996를 기초로 재작성.

성이 감소하지 않았음을 알 수 있다. 그리고 지역사회의 정치적·사회적 지지를 얻기 위해서는 정치적 정당성과 수단의 합법성이 갖추어져야 하며, 지방적 지식을 활용하기 위한 노력이 요구된다. 이러한 기반 위에서 지역사회의 발전에 대한 명확한 전략과 비전을 가지고 다양한 주체들을 전략적으로 네트워킹하는 노력이 필요하다. 하지만 이러한 노력이 성과를 나타내기 위해서는 지속적인 추진력이 요구되는데, 이는 일련의 노력과 절차가 체계적으로 모아질 때 상호 상승작용을 기대할 수 있기 때문이다.

이러한 관점에서 볼 때 민관협력형 지역경영체제의 구축을 위한 지방정부의 당면과제는 '어떻게 지방 거버넌스의 다양한 주체들과 민주적이면서 협력적인 경영체제를 구축할 것인가'가 될 것이다.[3]

## 3. 협력적 지역거버넌스체제 구축사례 연구

### 1) 협력적 지역개발 거버넌스: 독일 도르트문트의 재구조화 전략[4]

#### (1) 지역적 개관

도르트문트는 루르 지역 남동부의 도시지역에 위치하고 있으며, 북라인-베스트팔렌 주의 중심지이다. 이 지역은 역사적으로 산업혁명 초기에 경제 및 산업구조가 형성되었으며, 대규모 석탄개발로 한때 독일 철강산업의 중심지가 되었다. 특히 철강, 기계공학, 철강·판금산업, 화학공학 등의 다양한 제조업으로 인해 이곳은 석탄·철강산업 중심의 지역경제를 구축할 수 있었다. 그러나 1970년대 이후 석탄산업의 쇠퇴로 인한 지역경제 침체라는 구조적인 문제를 안게 되었다. 지질학적으로 볼 때 석탄산업이 국내적으로나 국제적으로 더 이상 경쟁력을 발휘하지 못하는 상태였다. 곧 지역경제는 회복 가망이 없는 쇠퇴의 길로 접어들었으며, 인구도 이 시기 이후 계속해서 매년 10%씩 감소하였다.

암울한 상황을 타개할 방법으로 '산업합리화'의 처방이 내려졌다. 이것은 결국 석탄 감산과 대량해고를 의미하는 것이었다. 석탄 생산량은 1956년 12,400만 톤에서 1984년에는 6,100만 톤으로 줄고, 일자리 수는 393,831개에서 136,000개로, 탄광은 140개에서 24개로 줄어들었다. 그나마 독일의 석탄산업이 명맥이라도 유지하게 된 것은 연방정부와 주 정부의 석탄에너지 우위정책과 수십 억 마르크에 달하는 보조금 때문이었다. 그러나 1987년 석탄산업은 다시금 치명적 위기에 봉착하게 되었다. 무연탄의 재고가 고갈됨으로써 석탄 채굴은 루르 북쪽 지역에서 일부 지속되고 있을 뿐이며, 루르 남쪽 도시인 에센, 보쿰, 도르트문트의 광산들이 모두 문을 닫고 말았다. 도르트문트에서 150년 이상 채굴하던 광산도

---

3) 본 논문에서는 이러한 의미에서 지방 거버넌스의 여러 현상 중에서도 민관협력적 지방 거버넌스에 주목하고자 한다. 또한 지방 거버넌스의 개념과 방식이 변화하고 있음을 인정하고 있지만, 지방정부의 역할이 여전히 중요하다는 의미에서 다양한 거버넌스의 모습 중에서 민관협력형 지역경영체제를 중심에 두고 논의를 전개한다.

4) 이 내용은 G. Hennings and K. R. Kunzmann, 1990, pp.199-223 참조.

1987년 봄에 문을 닫을 수밖에 없었다.

이러한 지역경제의 격동적 변화 속에서 1980년대 초반부터 도르트문트 시의 구조적 문제를 해결하기 위한 노력이 진행되었다. 지방 경제발전이 정치의 최우선순위를 부여받았고, 그 결과 1980년대 말 이후 도르트문트는 지방경제를 재구조화하고 현대화하기 위한 활동을 전개함에 있어 루르 지역 내에서 가장 성공적인 도시로 부상하게 되었다. 이러한 성과는 지역경제를 활성화하기 위한 일련의 과정이 보다 목표지향적으로 설계되었다는 점과 정책 결정과정 및 집행과정이 정부, 기업, 시민들의 협력적인 관계를 토대로 추진되었기 때문이었다. 이하에서는 도르트문트의 경제활성화를 위한 노력이 어떤 과정을 통해서 추진되었으며, 어떻게 성과를 나타내게 되었는지를 살펴보고자 한다.

### (2) 지방경제개발정책에 관련된 참여자와 제도

① 지방경제 발전의 참여자와 집행기관

도르트문트 경제활성화를 위해서 크게 3개 주체의 노력이 있었다.

첫 번째 그룹인 지방정부에서는 지방경제부와 도시계획부의 역할이 두드러졌다. 지방경제부의 경우 정책 형성과 집행 및 감독, 재구조화 (restructuring) 수단을 마련하는 데 중요한 역할을 담당하였다. 이 부서는 지방에 투자하려는 사람들에 대한 투자상담을 주선하여 지역 내 기업을 유치하고, 지방경제의 행위자들과 긴밀한 관계를 유지함으로써 지역 내 산업입지의 개발과 이에 대한 홍보로 도르트문트를 매력적인 신산업지로 알리는 데 주력하였다. 도시계획부의 역할도 중요한데 계획, 용도지역 (zoning)의 설정, 지방산업지역에 대한 계획적 통제와 물리적 감독을 수행하였을 뿐 아니라 지역 내 이해관계자간에 발생하는 공간적인 갈등문제를 조정하고 화해시키는 역할을 담당하였다.

두 번째 그룹은 상공회의소와 수공업조합이다. 이들은 전통적으로 지방의 산업과 무역에 관련된 일을 담당해왔다. 두 단체는 자신들의 지역 내 산업재구조화를 위한 인력양성을 위해 전문훈련센터를 설립했다. 특

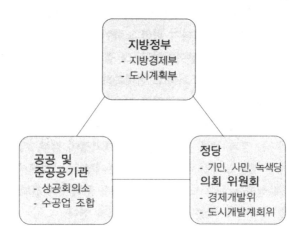

히 도르트문트 상공회의소는 회사 설립에 대한 상담 조언과 첨단기술산업의 유치를 위해 노력하였다. 한편 지역 내 대학에 부설된 '도르트문트 기술센터'에 대한 행정적 지원과 관리에도 참여해왔다. 지방경제개발정책에 관련된 다른 기관들은 주 개발공사와 노동사무소로서, 각각 루르지역 부동산기금을 운영함으로써 토지의 재개발을 활성화하거나 직업창출 및 평생교육 활동에 기여하였다.

세 번째 그룹은 도르트문트 시위원회의 기민당과 사민당 그리고 1984년 총선에서 지방위원회에 합류한 녹색당이었다. 경제의 재구조화와 관련된 의회위원회의 정치적 결정은 경제개발위원회와 도시개발 및 계획위원회라는 공식적 하위 위원회를 통해서 진행되는데, 두 위원회는 각각의 관심영역에서 정치적 지침(political guideline)을 공식화하고, 행정부의 성과와 이에 따른 후속행위를 감독하고 통제하였다.

② 지방경제 발전과 관련된 참여자들간의 상호작용

지방 수준에서의 다양한 참여자들과 지역 및 주 수준에서의 몇 개 기관들이 공식적, 비공식적 상호작용의 긴밀한 네트워크를 형성하였다. 즉, 주 차원의 도시 및 지역개발부, 경제·중소기업·교통부와 지역수준에서의 지방청(District Authority), 루르 지역 도시간 협의체(Intercommunal Association of Ruhr Municipalities)가 경제재구조화를 위한 일정한 기능을 담당하였다. 이 네트워크 내에서의 결정은 하향적 의사결정구조라기보다는 수평적인 의사결정구조를 만들어냄으로써 지방 수준에서 상당한 정도의 공공 참여와 개입을 가능하게 하였다.

③ 새로운 지방경제 발전정책의 도입

1981년 3개 철강회사 중 하나인 회슈(Hoesch)가 문을 닫기로 하면서 도르트문트의 새로운 지방경제발전정책이 형성되었다. 이 회사의 고용이 23,000명에 이르렀기 때문에 회사의 폐쇄가 결정되자 지역사회가 술렁이기 시작했다. 도르트문트 시장은 이른바 '회슈 컨퍼런스(Hoesch Conference)'를 개최하였는데, 이 회의에는 연방, 주 정부의 대표, 영향력있는 지방사업가와 경제인, 주 의회 의원과 지방정부 공무원이 참석하였다. 이 회의는 1982년 도르트문트 시위원회가 지방 경제발전을 정책의 최우선 순위로 정하는 계기를 마련하고 지방경제개발부에 1983년 3,570만 마르크라는 막대한 예산을 배정하였다. 새로운 지방경제정책의 목적은 도르트문트의 기능과 지위를 최고 수준의 미래지향적 지역 제조업 및 서비스의 중심지로 전환하는 것이었다. 이러한 목적을 달성하기 위해 다음의 두 가지 목표가 제시되었다.

첫째, 기술변화를 촉진하고 도시를 현대적 기술과 서비스산업 중심으로 전환시킨다. 둘째, 도시에 숙련된 전문노동력을 끌어들이기 위해 환경적 조건과 주거지역 및 여가시설의 질을 개선한다.

이 정책은 시기적으로 볼 때 3단계의 목표에 의해 진행되었다.

- 도르트문트의 오늘: 기존의 경제구조와 지방제철산업의 기초를 보강하는 데 목표를 두며, 기존 산업이 지역을 떠나지 않도록 노력한다.
- 도르트문트의 내일: 기존 기업이 신기술에 적응하고 혁신과정의 속도를 높이도록 하는 데 목표를 두고 산·학·연 연계를 중점적으로 추진한다.
- 미래의 도르트문트: 새로운 전자 하이테크, 통신 그리고 생명과학분야의

기업을 유치하고 대학과 타지방의 연구소가 미래지향적인 전략적 요소에 중요한 역할을 하도록 한다.

이런 정책목표의 집행을 위해 다양한 정책이 집행되었고, 그 주요 내용은 혁신지향적 지방경제정책, 고용창출, 산업용 토지의 재개발 그리고 지방철강산업의 재구조화계획이었다.

이밖의 정책들은 1980년대 당시의 EC, 연방정부, 그리고 주 프로그램에 의해 제공된 보조금으로 집행되었다. 지역 인프라의 개선과 환경개선, 지방경제개발부의 조언 및 상담서비스 강화, 기존의 재구조화 과정을 지도·감독하는 자문 역할을 수행할 네트워크의 구축이 추진되었다. 여기서 주목할 만한 사실은 기존의 경제개발을 위한 여러 조직을 개편하였으나 새로운 기관을 설립하지는 않았다는 점이다.

④ 혁신지향적 지방경제정책: 지방경제 발전전략
도르트문트의 경제재구조화를 촉진하기 위한 지방정부의 활동과 정책수단들은 일관된 혁신정책에 초점을 두고 있는데, 특히 고기술(high-technology)정책은 다음과 같은 목표로 진행되었다.

• 지방기업과 중소기업의 혁신과정 가속화
• 연구개발을 위한 매력적인 장소로서 도시의 이미지 쇄신
• 새로운 기업의 설립과 하이테크산업에서 일자리 창출 장려
• 독일 내 타지방으로부터 중소규모 하이테크관련 기업을 도르트문트에 유치함

이러한 목표를 달성하기 위해 다음과 같은 혁신지향적 지방경제정책이 추진되었다.
첫째, 공공연구기관을 도르트문트에 끌어들이기 위한 노력으로 대학과 지방정부가 주정부와 연방정부에 대한 로비를 강화해서 도르트문트에 새로운 연구개발시설을 입지시키는 데 성공하였다.
둘째, 지방 및 지역적 기술과 혁신을 창출하기 위해 대학과 기술학교

및 상공회의소와 수공업조합 내에 기술이전센터를 설립함으로써 대학 주변이 거대한 현대적 연구·기술단지로 탈바꿈하였다.

셋째, 기술지향적인 새로운 기업의 창업 및 유치를 촉진하기 위해 지방 은행, 지방경제개발부, 지방의 상공회의소와 수공업조합이 새로운 기업의 설립자에 대한 고객지향적인 자문서비스를 제공하였다.

### (3) 도르트문트 시의 협력적 거버넌스에 대한 평가

#### ① 성공에 기여한 요인

도르트문트 시가 쇠락한 철강산업도시의 이미지를 탈피하여 지역경제를 재구조화한 사례는 지방 거버넌스의 성공적 수행사례로서 시사하는 바가 크다. 도르트문트가 비교적 짧은 기간 안에 이러한 성과를 거두는 데는 다음과 같은 노력이 수반되었기 때문으로 지적된다.

첫째, 지방의 제철, 석탄산업의 쇠퇴에 대해서 점차적으로 산업구조를 현대화하기 위한 활동이 다른 지방산업의 혁신에 목표를 둔 활동과 적절히 결합되었다. 즉 새로운 하이테크기업의 유치, 대학과 지방 수준에서 기술이전체계의 확립, 지방문화분야의 질적인 발전, 환경생태계의 복원 등의 활동이 병행되었던 것이다.

둘째, 지방발전정책과 도시관리정책을 추진하면서 지방경제 발전을 위한 가용수단들을 상당량 확보하는 한편, 지방경제정책의 목표를 성공적으로 변화시켰는데, 이것이 지방경제의 성공적인 재구조화의 핵심이 되었다.

셋째, 지방의 주어진 자원과 잠재력을 활용하였다는 점이다. 과거의 혁신 프로그램이 하향적으로 주어졌던 것과는 달리 지방적 조건을 고려한 지방경제발전정책이 필요함을 인식하고 지방적으로 문제 해결을 시도하였던 것이다.

넷째, 지방경제와 지방도시정책의 통합이 지방경제 발전을 위한 혁신적인 접근에 중요한 역할을 하였다. 즉, 적절한 지방경제개발정책이 도시의 물리적 환경을 개선하는 데 기여하였고, 이것이 다시 새로운 지방경제개발정책을 위한 토대가 되었다. 또한 연방정부, 주정부, 지방정부로부터의 재정적 지원수단이 사업을 수행함에 있어 효과적으로 작용하였다.

다섯째, 참여자들의 협력의지가 중요한 역할을 수행하였다. 도시의 지방경제개발과정에 있어서 필수적인 요소는 참여자들간의 지속적이고 개방적인 의사소통이다. 전통적으로 도르트문트에서는 노·사·정이 서로 적대적으로 대응했으나 지방경제의 활성화 과정에서 노사는 광범위한 협상을 진행하였으며, 지방정부는 중재자의 역할을 담당했다.

여섯째, 새로운 지방 의사소통 네트워크의 형성과 발전이 상당한 역할을 했다. 기존의 제철·석탄산업을 중심으로 형성되었던 네트워크가 지방은행, 경영컨설턴트, 중소기업 소유자와 경영자, 정당의 도시위원회, 과학자와 대학 및 기술학교 연구소의 경영자를 중심으로 형성되어 정보의 교환과 비공식적 의사결정, 행위의 조정 등이 일어나게 하였다. 이에 더해서 젊은 노조운동가, 정치인, 행정가, 비판적 과학자 및 생태지향적 그룹 대표간의 연계도 형성되었다. 지역경제개발에 있어서 이러한 두 가지 네트워크의 기여가 도르트문트 사례의 성공적인 요인이 되었다.

일곱째, 도시의 이미지 개선이 성공적으로 이루어졌다. 도시의 혁신적 활동에 역점을 둔 (장소)마케팅 정책이 도시의 부정적인 이미지를 변화시켰다. 현재 도르트문트는 과거 전통산업단지의 어느 도시들보다 혁신적이고 사경제부문에 호의적으로 인식되고 있다. 이러한 새로운 이미지가 지방경제 발전에 긍정적인 영향을 미치고 있다.

② 지방 거버넌스에 주는 함의

도르트문트의 경제적 재구조화 사례는 지방정부와 지역의 여러 행위자들이 성공적으로 경제적 성과를 달성하는 과정을 보여준다. 경제 재구조화라는 구조변화의 과정에서 지역 혹은 지방이라는 공간적 범위 내의 다양한 주체들의 활동이 네트워크를 통해 연계되고, 이를 지방정부가 조종하는 역할을 수행함으로써 성공적 거버넌스의 가능성을 보여주었다고 할 것이다. 결국 상호이해와 공공의 관심과 개인의 이익에 대한 존중 없이는 필요한 활동의 집중과 조정이 일어나지 않았을 것이며, 이를 적절히 조정하고 중재하는 역할의 많은 부분이 지방정부의 역량에 달려 있었다는 사실은 지방 거버넌스에 시사하는 바가 크다고 할 수 있다.

## 2) 지역 참여 거버넌스: 브라질 포르토 알레그레의 참여적 예산정책 프로그램[5]

### (1) 지역적 개관

포르토 알레그레는 브라질 남부의 리오그란데 도 술(Rio Grande Do Sul) 주에 위치한 인구 130만 명의 대도시로서, 주 내에서 가장 산업화된 도시이다. 이러한 대도시에서 참여적 예산정책이 어떤 과정을 통해서 공공정책에 대한 주민(시민) 참여를 성공적으로 유도하였는가는 많은 정치가와 행정가 그리고 계획가의 관심을 불러일으키고 있다. 여기서 포르토 알레그레의 사례를 논하기 전에 우선 브라질의 정치적 상황을 개관하는 것이 사례의 이해에 도움이 될 것이다.

1964년 브라질에서 군부 쿠데타가 일어나기 전까지 20년간의 민주적인 시기에 근린우호협회(Neighborhood Friends Societies: SABs)라는 지역단위 조직들이 전국적으로 생겨났다. 이 협회는 주로 당해 지역에 보다 많은 사회적 서비스가 확대되기를 바라는 가난한 주민들로 구성되었지만 대규모로 조직된 것은 아니었다. 이 조직의 협회장은 지역의 현 정치인들과 협상을 하는 대신에, 당선된 후보들과의 투자 약속을 지역주민의 표와 서로 교환하고자 했다. 1950년대와 60년대 초반에 걸쳐 근린우호협회가 정치적으로 중요성을 인정받게 됨에 따라 이러한 협회의 조직 움직임은 브라질의 신생도시들에까지 확대되었다. 특히 포르토 알레그레에서는 중좌파 민중주의 정당인 브라질 노동당(Partido Trabalhista Brasileiro: PTB)과 근린우호협회가 상호연계를 맺었다. 그러나 1964년에 군부가 권력을 잡으면서, 이전의 브라질 노동당은 불법화되었고, 주 차원의 근린우호협회연맹이 군부 쿠데타조직인 군사동맹당(ARENA)에 의해 장악되었다.

---

5) Rebecca Abers, "From Clientelism to Cooperation: Local Government, Participatory Policy, and Civic Organizing in Porto Alegre, Brazil," *Politics & Society,* Stoneham, 1998에서 참조.

한편 브라질 도시들에서는 농촌으로부터 대규모의 인구가 유입되기 시작하여 기본적인 도시기반시설이 부족한 주거지가 늘어나게 되었다. 하지만 기존의 지방정치 전통, 즉 후견인-피후견인(patron-client)의 관계[6] 하에서는 이 지역에 대한 대중교통, 도로포장, 급수, 하수, 기초적 보건서비스 등의 공공서비스에 대한 욕구를 결코 충족시킬 수 없었다. 그 결과 쿠데타 정권에 대한 저항이 증가하게 됨과 동시에 정치적 정당성이 약해진 정권은 대중의 요구에 부응하지 않을 수 없었다. 그리고 이러한 기회를 틈타 새로운 종류의 근린조직들이 브라질 도시들에서 탄생하였다. 다른 도시들과 마찬가지로 포르트 알레그레에서도 저소득계층 밀집지역의 직접적인 이익을 확보하기 위해 보다 개방적이고 참여지향적인 조직들이 생겨났다.

결정적인 기회는 1988년 PT(Partido dos Trabalhadores; 노동당)의 다크호스 후보인 올리비오 두트라가 포르토 알레그레의 시장에 당선되면서부터였다. 그의 당선으로 참여적 공공정책 프로그램이 구체적으로 추진되었다. 브라질 노동당은 이러한 참여적 공공정책을 지역 수준에서 시행해 나가면서, 초기 브라질 사회주의 정당이 전국적 조직망을 통해 의견을 집중화시켰던 방식과는 조심스럽게 차별화하였다. 즉 노동당은 전국적인 프로그램보다는 근린, 학교, 작업장에서-만나서 결정하고 지역과 도시 그리고 지역의 당 협의회에서 대표를 선출하는-소핵(nuclei-small)그룹을 조직하였다. 형식적으로는 위계적 체제였지만 상향적 의사결정을 보장하였다. 이렇게 해서 소핵그룹은 지방정부의 의사결정의 많은 부분을 이양받은 민중위원회(popular council)로 발전하였다. 1980년대 말까지 정당강령은 두 가지 주제에 집중되었다. '정부정책의 우선순위를 빈곤층으로 재조정'하는 것과 '대중참여'라는 모토였다.

(2) 참여적 예산위원회의 설립과 의사결정구조

'공공정책에 대한 대중참여'라는 노동당 정권의 노력에도 불구하고, 이

---

6) 근린우호협회와 정당 간의 결탁과 같은 정치문화를 후견주의(Clientelism)라고 한다.

제껏 정치적 동원이 이루어지지 않았던 지역에서 주민 참여가 효과적으로 발생하기까지는 오랜 시간이 걸렸다. 포르토 알레그레 시는 예산정책을 통해 참여를 유도하기 위해 지역의 예산이 어떻게 쓰여질 것인가를 논의하는 '지역예산 포럼'과, 이를 최종적으로 검토하고 예산을 집행할 '도시예산위원회'를 구성하였다. 도시 전체가 행정적 경계에 따라 16개의 예산지역으로 나누어졌으며, 여기에 '지역예산 포럼'이 설치되었다. 이 포럼에서는 예산정책에 관한 회의가 1년에 두 차례씩 열렸는데, 여기에서 정부관리들은 도시예산에 관한 일반적인 정보를 공공에게 알려주었다. 1차 회의는 주민들이 사는 근린지구에서 열리고 이때 주민들은 도로포장에서부터 빗물 배수, 학교 건축에 이르는 7개의 범주에서 투자의 우선순위를 결정하였다. 그리고 2차 회의에서는 16개 지역예산 포럼의 대표자들이 선출되어 각 예산지역별로 조정과정을 거쳤다. 이 지역포럼 위에 존재하는 '도시예산위원회'는 어떤 지역에 예산을 먼저 쓸 것인가를 결정하였다. 그리고 나서 각 지역에 대한 예산의 할당은 지역의 우선순위에 따라 적용되었고, 지역예산 포럼에서 보다 높은 우선순위를 받은 근린지구가 우선적으로 다음해 예산에 반영되도록 하였다. 이 포럼은 1년 단위의 투자를 감시하고 유관사업 분야의 정부 공무원과 정기적인 토의를 가졌다. 이 포럼에서는 보다 상위기관인 도시예산위원회에 대표를 선발해 보내게 된다. 이 위원회에서 실질적으로 예산이 최종적으로 결정된다.

노동당 정부는 예산정책이야말로 다른 참여적 정책보다 훨씬 실행 가능한 것이라고 생각하였는데, 그 이유는 빈곤한 근린지구의 사회기반시설을 체계적으로 공급하는 데 효과적이기 때문이다. 즉 적은 규모의 사회기반시설에 대한 투자였을지라도 많은 사람들의 삶에 즉시 영향을 주었기 때문에 주민 참여를 극적으로 증대시킬 수 있었다. 결국 예산정책은 막대한 주민동원능력을 가지고 있는 것으로 입증되었다. 이러한 참여를 통해서 해당지역에 가시적인 이익을 확보할 수 있었고, 그 결과 근린조직의 참여는 더욱 촉진되었던 것이다.

## (3) 참여적 예산정책의 성과

### ① 협력적 네트워크 구축

참여적 예산정책은 투자유치를 위한 근린지구의 동원을 자극하면서 한편으로는 근린지구들간의 협력을 증진시켜왔다. 그것은 포럼 내에서의 의사결정의 역동적 관계가 주민들을 동원하도록 했을 뿐 아니라 다른 근린지구들간의 협력을 촉진시켰기 때문이다. 지역주민들은 특정지역의 이해가 아닌 여러 지역의 욕구를 충족시키기 위해서는 서로간의 협력이 중요함을 인식하게 되었다. 예를 들어 4개의 다른 근린지구들로부터 형성된 협력적 단체(cooperative group)는 도시예산위원회 위원선거에 연합으로 출마하여 승리하면서 지역예산 포럼에서 중요한 세력이 되었다. 이러한 연합의 리더십하에 기반시설에 대한 투자배분은 보다 공정하게 이루어졌으며, 참여하고 있는 근린지구들 역시 이익을 얻게 되었다.

### ② 참여자들의 시각 변화

예산이 집행된 지 몇 년이 안되어서 주민들은 다른 근린지구들과 협력하는 것이 보다 힘이 된다는 것을 알게 되었다. 예산집행이 진행되면서 여러 가지의 변화들이 있었는데, 그것은 이전에 집합적 행동의 경험이 전혀 없던 참가자들이 회의의 규칙을 배워왔다는 것이다.

지역예산 포럼의 참가자들은 전에 활동가였던 사람들은 거의 없었고, 단지 자기 근린지구의 개선을 바라는 평범한 사람들이었는데, 그런 목표를 달성하기 위해서라도 회의를 진행하는 방법 등 기본적인 민주적 실천방법을 배워야 했다. 처음에 민주적인 회의운영 자체를 모르고 회의장에서 개인적인 비난, 이름을 부르고, 화를 내던 모습들은 차츰 줄어들었을 뿐 아니라 회의를 조정하고 회의를 계속 진행시키기 위해 회의진행 방해를 통제하는 방법, 신중한 투표방법 등을 서서히 배워나갔다.

이러한 변화는 사람들로 하여금 모든 사람들의 의견이 청취될 수 있도록 연설하는 방법에 대한 규칙을 만들어야 한다는 사실을 깨닫게 했다. 참가자들은 투표방식을 정하는 데 있어서 신중해야 할 필요성도 알게 되었다. 예산에 우선순위를 부여하는 과정은 매우 복잡한 투표절차를 거쳤다. 그것은 7개 부문에 대한 우선순위 결정과 각 부문에서의 우선순위를 정하는 절차를 포함하고 있었기 때문이다. 단순한 가부(可否)를 결정하는 투표는 이러한 복잡한 순위결정에 도움이 되지 못했다. 따라서 회의 전에 조정자들은 투표의 목적을 여하히 설명하고 절차를 투명하게 할 것인지를 알아야 했다. 그들이 함께 일하게 되면서부터 참여자들의 참가의 이유나 동기도 점차 바뀌기 시작했다. 잘사는 지역에서 온 사람들이 보다 가난하고 긴급하게 공적 지원을 필요로 하는 지역이 존재함을 인식하고 그들에게 우선권을 주게 되기 시작했다.

이러한 예산결정에 관한 토론을 통해 발생한 학습과정에서 가장 인상적인 것은 수년간의 경험을 통해서 각 부문에서 우선권을 배분하는 방법에 다음과 같은 합의와 이해를 갖게 된 것이다. 즉 '각 부문에 있어 우선권은 그 부문에 가장 우선권이 있는 지역에게 주어진다.' 또한 '한 지역 이상이 같은 부문에 우선권을 갖게 될 때에는 좀더 기술적인 고려가 필요하게 된다.' 즉 '얼마나 많은 사람들에게 편익이 생기는가', '도로가 학교를 지나가는가 혹은 버스노선의 연장을 검토할 것인가' 등의 문제를 고려하게 된 것이다. 이렇게 함으로써 최종적인 배분이 정치적 고려보다는 긴급한 필요가 있는 지역이나 보다 많은 사람들에게 편익을 줄 수 있는 곳에 주어지게 되었다.

이러한 일련의 과정은 다음과 같은 성과를 가져다주었다.

첫째, 지역운동가의 활동이 전혀 없던 지역의 참여가 증가하게 되었다. 공공정책에 대한 참여적 활동은 저항운동이 활발했던 지역에서 높았었지만, 참여적 정책으로 인해 저항운동이 없었던 근린지구에서도 참여가 급속도로 촉진되었다.

둘째, 시민 참여적 활동과 결사체의 조직화활동이 예산정책의 결과로 증가하였다. 지역주민의 67%가 시민조직의 구성원이었고, 83%의 조직 참여자가 이웃의 조직에도 참여하고 있는 것으로 나타났다.

셋째, 정치적 영역에서 소외되기 쉬운 가난한 근린지구의 주민들이 예산정책을 통해 최대의 수혜자가 되었다.

③ 지방 거버넌스에의 함의

포르토 알레그레의 참여적 예산정책 프로그램의 성과는 그것이 비록 좌파 정당이라는 지방정부의 급진적 노력에 의한 것이지만, 지방 거버넌스의 성공적인 구축에 시사하는 바가 크다고 할 수 있다. 지방 거버넌스는 여러 주체들의 효과적인 참여와 이를 통한 효과를 담보할 수 있어야 한다. 이러한 점에서 참여적 예산 프로그램은 상당히 급진적인 정책수단을 선택하였음에도 불구하고 효과적인 참여를 통한 정책결정으로 주민들의 삶의 질 개선에 직접적인 영향을 미치게 되었다. 이러한 제도적 장치는 새로운 지방 거버넌스의 모델을 모색하는 사람들에게 상당한 함의를 제공해줄 수 있을 것이다.

### 3) 대도시의 재활성화와 지방 거버넌스: 뉴욕 실리콘앨리 사례

#### (1) 지역적 개관

실리콘앨리는 세계 최고의 뉴미디어 집적지로서 급성장한 뉴욕 맨해튼의 중남부지역 일대를 일컫는다. 실리콘앨리의 발상지로 불리고 있는 곳은 맨해튼의 미드타운에 위치한 가멘트(Garment)와 첼시(Chelsea) 지구이다. 그러나 시간이 지남에 따라 23번가 서쪽의 플래티론 지구(Flatiron Distrct)와 소호 일대로 확장되었고, 현재는 남쪽으로 더욱 확장됨에 따라 미드타운에서 로우어맨해튼에 이르고 있다(New York New Media Association, 2000).

이곳은 미국에서 한때 가장 번화한 거리인 월스트리트, 브로드웨이 등 화려한 도심 근처에 위치하고 있다. 하지만 과거에 이곳에는 도시형 경공업이 존재하였고, 일부 건물들은 창고 등으로 사용되고 있었다. 그리고 그 잔재는 지금도 남아 있다. 낡은 건물과 좁은 도로는 다소 음침하거나 으슥한 분위기를 느끼게 하고, 이곳의 카페, 사무실, 상점 등에는 과거 공장의 파이프 라인들이 드러나 보이기도 했다.

하지만 실리콘앨리 지역은 1960년대 이후 서서히 재개발되었고, 이제는 공동화되어가던 도심이 가장 성공적으로 재개발된 사례로 꼽히고 있다. 쇠락하던 도시공간이 대규모의 뉴미디어산업 집적지로 거듭난 것이다. 현재 이 지역에는 뉴욕 시 전체 뉴미디어산업 중 약 42.5%가 입지하고 있고, 세계적인 경쟁력을 가진 첨단문화산업들이 집적되어 있다.[7]

이 도심재활성화 과정에서 무엇보다 주목해야 할 부분은 첨단영상산업의 기지로서 실리콘앨리의 형성이 지방정부와 민간의 긴밀한 협력하에서 이루어졌다는 점이다.

뉴욕 시의 실리콘앨리 개발은 쇠락하는 대도시 중심업무지구의 재활성화를 추진하는 한편, 새로운 산업기반을 강화하려는 지방정부의 프로젝트에 민간의 참여가 맞물리면서 불과 수년 만에 세계적인 뉴미디어산업지구를 형성한 사례라고 할 것이다.

### (2) 실리콘앨리의 개발과 민관협력형 지역경영체제의 전개과정

실리콘앨리의 기원은 1960년대 이래의 맨해튼에 있어서의 두 차례에 걸친 도심공동화와 관련되어 있다. 그 첫 번째는 1960년대 뉴욕 시의 광범한 교외화와 도심 제조업의 쇠퇴에서 찾을 수 있다. 도심 제조업이 쇠퇴함에 따라 맨해튼의 중남부 일대는 점차 공동화되기 시작하였는데, 이때 비어 있는 건물들에는 값싸고 큰 아틀리에를 찾고 있던 미술가들이 모여들었다. 특히 소호 지구는 많은 미술가들이 몰려들어 미국에서 화랑이 가장 많이 집적된 지역이 되었다. 이에 따라 점차 대학생, 관광객, 미술가 들을 고객으로 하는 레스토랑, 카페, 바와 같은 편의시설 외에 인쇄소와 같은 지원산업이 입지하게 되었다. 그리고 이러한 환경은 1990년대에 출판사, 광고회사, CD-ROM 프로덕션들을 불러들이는 기반이 되었다 (New York New Media Association, 2000).

맨해튼의 도심공동화가 재차 발생한 것은 1980년대 후반이었다. 1987년의 증권가격의 폭락과 경기침체는 맨해튼의 부동산 개발붐과 재활성화 열기를 침체시켰다. 1990년대 초로 접어들면서 이런 경향은 보다 뚜렷해졌으며, 맨해튼의 경우 특히 부도심이나 외곽으로 빠져나가는 기업

---

7) 실리콘앨리라는 명칭은 1990년대 초부터 쓰이게 되었다고 하나, 이 지역이 급속히 성장하기 시작한 것은 인터넷이 대중화되기 시작한 1993년부터였다.

들이 속출하였다. 많은 기업들이 맨해튼의 사무실을 정리해 주변 뉴저지
나 브루클린 등으로 빠져나갔다. 비교적 안정적인 추세를 유지했던 미드
타운에 비해 로우어맨해튼의 공실률은 심각한 지경이었으며, 주거용 건
물은 거의 건설되지 않았다(김묵한, 2000). 당시 맨해튼 중남부 일대에는
비어 있는 건물들이 늘어나고 있었고 임대료는 급락하였다.

① 로우맨해튼 재활성화계획

'실리콘앨리' 지역의 재활성화 과정은 지방정부뿐만 아니라 민간의 적
극적인 참여에 의해 가능하였다. 뉴미디어기업을 중심으로 한 로우어맨
해튼의 재활성화 전략은 1992년 뉴욕 파트너십(New York Partnership)과
뉴욕 경제개발연합(New York City Economic Development Corporation: EDC)
이 공동으로, 뉴욕 시에서 어떤 산업이 발전할 수 있을까에 관해 조사한
데서 비롯되었다. 조사 결과 소프트웨어산업 육성안이 제시되었고, 이를
통해 지역을 활성화하기 위한 계획이 수립되었다. 그리고 이 계획을 위한
수단으로 정보기술센터(Information Technology Center) 설립이 제안되었다.
하지만 이후 이 안은 다운타운 전체를 소프트웨어산업의 집적지역으로
한다는 정보기술지구(Information Technology District: ITD) 조성계획으로
발전하였다(New York New Media Association, 2000).

실리콘앨리 개발전략은 뉴욕 시 정부와 민간이 공동 참여하여 1994년
12월에 수립한 '로우어맨해튼 재활성화계획(Lower Manhattan Revitali-
zation Plan)'에 의해 본격화되었다. 이 계획은 줄리어니 뉴욕시장의 지원
아래 맨해튼의 재활성화를 위한 비전으로 제시되었고 1995년 초에 다운
타운 일대를 사업개선지구(Business Improvement District: BID)로 지정하
였다. 그리고 그 관리·운영을 위하여 비영리 단체인 '뉴욕 다운타운연대
(Alliance for Downtown New York)'가 설립되었다. 뉴욕 다운타운연대는
'사업개선지구(BID)'를 조성하고 운영하는 주체가 되었다.

맨해튼 지역은 기업을 유치하고 투자유치와 개발을 촉진하는 데 목표
를 두었다. 특히 오래 된 건물을 주거 및 혼합 용도로 변경할 경우 세제
혜택을 주고, 기존 건물을 리모델링하여 기존 사용자의 편리를 도모하는

한편 새로운 사용자를 지원, 다운타운 지역을 부활시키는 것을 목표로 하였다. 뉴미디어기업들을 유치하기 위한 각종 지원제도를 도입하는 방법도 병행되었다. 이 계획에는 대중교통을 다운타운으로 끌어오거나, 랜드마크 보존위원회(Landmark Preservation Commission)가 선정한 건물을 랜드마크로 지정하는 일, 그리고 관광과 문화활동을 발전시키기 위한 사업개선지구(BID) 설치 권고 등이 포함되었다. 또한 상업빌딩의 주거 및 혼합용도 전환을 촉진시키기 위한 각종 부동산 및 에너지 세금 감면과 용도지역규제의 철폐를 제안했으며, 월스트리트 남쪽 브로드 스트리트(Broad Street)를 중심으로 '스마트 빌딩'을 건설하는 데 토지이용상의 인센티브를 주자는 내용도 있다(한국지방행정연구원, 2000). 이것은 뉴욕시에 의해 주도적으로 추진되었지만 후에 뉴욕 주 주지사에 의해 법제화되었다.

② 뉴미디어협회의 역할

실리콘앨리의 발전에는 민간 주도의 혁신 네트워크의 형성과정도 매우 중요한 역할을 하였다. 1994년 설립된 뉴욕 뉴미디어협회(NYNMA: New York New Media Association)는 멀티미디어산업에 종사하는 다양한 이해당사자들이 함께 모여 상호 네트워크를 구축한 것으로서 실리콘앨리의 활성화에 상당한 역할을 한 것으로 평가되고 있다. 뉴욕 뉴미디어협회에는 1997년 1,300여 개 기업의 2천여 명이 등록하였고, 2000년에는 2,100개 이상의 회원업체와 6,200명 이상의 회원이 가입하여 뉴욕 시 멀티미디어기업의 최대 연합조직이 되었다. 현재 협회는 뉴욕 정보기술센터(NYITC)에 입주해 있다.

초기 뉴미디어를 산업으로 발전시키는 데 큰 역할을 담당한 이 협회는 이제 뉴미디어산업을 구성하는 기업가들에 대한 지원에 초점을 맞추고 있다. 현재 이 협회는 매달 이벤트, 세미나, 패널 토론 등을 주최하고 있으며, 뉴미디어기업과 벤처 캐피털과의 만남을 주선하는 등 멀티미디어산업 이해당사자와 기업가들 간의 네트워킹, 정보교환 및 협동환경을 조성하는 데 도움을 주고 있다. 또한 이들과 뉴욕 정보기술센터(NYITC)는 별도로 '@NY', 'AlleyCat News' 그리고 'Silicon Alley Reporter' 등 다양한 뉴스레터와 온라인 보고서를 제작하여 실리콘앨리 내부의 정보를 공유하는 한편 인터넷을 인력공급의 통로로 이용하고 있다.

본 협회는 멀티미디어산업에 종사하는 다양한 이해당사자들을 함께 모으고 네트워크를 구축하는 데 성공했다는 측면에서 실리콘앨리 조성에 커다란 공헌을 한 것으로 평가되고 있다.

③ 플러그앤고 프로그램

뉴욕 시는 로우어맨해튼 재활성화계획의 성공에 힘입어 뉴욕 시 정부와 기업가들은 로우어맨해튼 지역을 24시간 운영되는 사이버 공동체로 만드는 데 합의하고, 로우어맨해튼 지역, 특히 월스트리트 지역의 뉴욕 정보기술센터(NYITC)를 중심으로 기술지구(Technology District)를 건설해 왔다.

플러그앤고 프로그램은 정보기술지구(ITD)에 컨텐츠기업을 집적시키기 위하여, 뉴욕 경제개발연합(EDC), 뉴욕 다운타운연대 및 다운타운에 자산을 가지고 있는 다수의 부동산업자에 의해 고안된 민관 파트너십(public-private partnership) 형태의 부동산 프로그램이다. 이 프로그램은 이 지구의 인프라와 건물의 재개발과 뉴미디어기업 유치전략으로 구성되어 있다(New York New Media Association, 1996).

인프라 및 건물의 재개발은 이 지역의 10여 개의 건물을 뉴욕 정보기술센터(NYITC)와 같이 원격통신 및 인터넷 시설이 완비된 빌딩으로 리모델링하여 뉴미디어기업에 필요한 공간을 마련하는 것을 목표로 하고 있다. 이 프로그램에 나타난 실리콘앨리에 뉴미디어기업을 유치하기 위한 핵심적인 지원시책은 다음의 두 가지이다.

첫째는 세제지원이다. 뉴욕은 창의성있는 개인들이 모여 소호(Small Office Home Office: SOHO) 형태로 일하는 경우가 많기 때문에, 이들의 창업의욕을 북돋우기 위해 뉴욕 시는 소호 및 개인사업자에 대한 세금면제 또는 감면을 실시하고 있다. 뉴욕 시는 공동화되어가고 있는 맨해튼의 부흥을 위해 다운타운 건물에 입주한 뉴미디어 벤처기업들에게 5년간 재산세를 최고 50%까지 감면해왔다.

둘째는 임대료 지원이다. 뉴욕 시는 뉴미디어 벤처기업들에게 임대료를 30% 정도 감면하도록 지원하고 있다. 이러한 뉴욕 시의 지원정책은 창업자들이 기업유치에 효과적이라고 판단하는 정책 우선순위에 대해 조사한 결과를 반영한 것으로, 미국 벤처기업들은 세제 혜택과 입지보조금 지원 및 임대료 지원을 1, 2, 3위로 들고 있다.

### (3) 실리콘앨리 개발의 민관협력적 지역거버넌스체제 평가

오늘날 실리콘앨리는 멀티미디어 컨텐츠산업의 세계적인 집적지로 급속히 부상하고 있다. 이 지역은 이제 서부의 실리콘 밸리에 대응해 '실리콘앨리(Silicon Alley)'로 통용되고 있지만, 실리콘앨리가 멀티미디어 컨텐츠의 메카로 성장한 시기는 지난 10년에 불과하다. 이는 실리콘 밸리의 60여 년 역사와는 대조적이다.

실리콘앨리가 멀티미디어분야의 핵심적인 산업지구로 발전한 데는 무엇보다도 지방정부와 민간의 협력적 거버넌스와 이를 통해 구축된 효과적인 전략이 중요한 역할을 하였다. 이 지역의 형성과정에서 시정부 및 주정부와 민간의 공동노력은 모범적이어서 세계적으로 여러 곳에서 벤치마킹하고 있다. 동경의 시부야비트 밸리 운동도 실리콘앨리의 뉴미디어협회 활동을 활용한 사례이다.

실리콘앨리 개발은 쇠퇴해가는 도심을 어떻게 재활성화할 것인가 하는 문제에 대해 대단히 효과적인 대안을 제시했다. 특히 새로이 성장하고 있는 뉴미디어산업을 일정한 지구 내에 집중시킨다는 전략은 획기적이면서도 적절한 것이었다. 뉴미디어기업들은 전문적인 생산 네트워크를 요구하는 동시에 각종의 도시적 서비스활동의 지원을 필요로 하는바, 뉴미디어기업을 쇠퇴하고 있는 도심지 내로 유인하는 구상은 탁월한 발상이었다. 더욱이 이를 실현하기 위해 제시된 각종 수단도 성공적이었다. 즉 인프라와 건물의 리모델링, 세금감면과 임대료 지원은 뉴미디어기업들이 가장 우선적으로 요망하는 사항을 효과적으로 정책에 반영한 것이었다.

이렇듯 목표지향적 전략이 수립되고, 저렴하면서도 효과적인 정책수단들이 개발되어 추진된 것은 협력적 지역경영체제 구축에 시사하는 바가 크다고 할 수 있다. 실리콘앨리 개발은 지방정부와 민간의 협력과 조화가 정책적 효율성을 배가할 수 있음을 보여주는 전형적인 사례라고 할 것이다.

### 4) 사례 연구의 종합: 지역거버넌스 구축에 주는 함의

이상의 세 가지의 사례 연구를 통해서 우리는 협력적 지역경영체제 구축의 성공사례들을 살펴보았다. 위 사례들은 각각 상이한 지역적 여건을 가지고 있지만, 민관협력적 지역경영체제의 성공적 구축이라는 점에서는 공통점을 가지고 있다.

#### (1) 공통점

위의 사례들이 가지고 있는 핵심적인 공통점은 다음의 두 가지로 정리될 수 있을 것이다. 우선, 강조되어야 할 것은 지방적 시각을 가지고 지방의 문제를 해결하기 위해 노력하였다는 점이다. 지역의 공간적, 경제적 여건은 지방문제를 인식하기 위한 조건이지만, 그간의 하향식 개발에서는 이러한 지방적 조건들이 흔히 간과되어왔다. 그 점에서 세 가지 사례들은 지방의 문제를 지방의 관점에서 해결하기 위한 시도가 선행되어야 함을 시사하고 있는 것이다.

다음으로 지적되어야 할 점은 지방 행위자들의 협력이 지역발전에 대단히 유익한 결과를 가져온다는 사실이다. 도르트문트에서는 지역경제의 재구조화를 경험하고 있는 지역공동체가 자신의 문제를 해결하기 위해 지역회생을 위한 회의를 개최하고 이를 통해 전략과 계획을 수립하였다. 자신들이 가지고 있는 자원인 상공회의소, 수공업조합, 대학 등이 산업 재구조화를 위한 하나의 인큐베이터를 형성하는 데 적극적인 역할을 담당하였고, 지방정부는 다양한 이해관계자들을 중재하여 협력적 체계를 구축함으로써 상당한 성과를 거둘 수 있었다.

포르토 알레그레의 사례에서는 주민 스스로가 일상적 삶이 이루어지고 있는 근린지구의 환경을 개선하기 위한 결정을 하도록 함으로써 지역주민의 정치 및 정책결정 참여를 증진시켰다. 이러한 경험이 쌓이게 되면서 근린지구들 상호간에도 신뢰와 협력을 증진시킬 수 있는 조건을 마련할 수 있었다. 실리콘앨리의 사례에서도 도심 재활성화를 위해 뉴욕시와 뉴욕 뉴미디어협회를 위시한 다양한 주체들의 노력이 한데 모아졌으며, 전략적 사고와 실천을 통해 도심재개발의 성과를 거둔 것으로 평가할 수 있다.

이러한 성과는 협력적 지역경영체제를 구축하기 위해서 지방정부가보다 지방적인 시각과 전략적 사고 그리고 개방적 자세를 통해 민간의참여를 촉진시키면서 지방문제에 접근해야 함을 보여준다.

### (2) 차이점

민관협력적 지방경영체제는 상이한 공간적 범위 내에서 발생했기 때문에 상이한 조건을 바탕으로 진행될 수밖에 없었다. 결국 위 사례들은 여러면에서 각기 상이한 조건과 구조 속에서 나왔다는 점을 인식하는 것이필요하다. 위 사례들이 가지고 있는 차이점을 살펴보면 다음과 같다.

첫째, 경제발전의 정도나 재구조화의 정도에 따라서 선택할 수 있는지방적 문제의식과 해법이 다를 수 있다는 것이다. 도르트문트 사례에서는 루르 지역의 경제가 1970년대 이후 쇠퇴하고 이것이 지역문제로 등장하면서 협력적 지역경영체제가 등장하였다. 즉 경제적 재구조화에 대한요청이 여러 주체들의 도움과 협력을 요구하였으며, 지방정부가 전략과비전을 가지고 이들을 정책 네트워크 내로 참여시킴으로써 성공적인 지역경제 재구조화의 성과를 나타내게 되었다.

한편, 포르토 알레그레의 사례는 강력한 리더십을 가진 정치적 주체가지방의 정치문화를 획기적으로 바꿈으로써 정책 결정과 집행에 시민들의 참여를 적극적으로 촉진시킨 경우이다. 또한 근린지구와 시민간의 신뢰와 협력을 증진시킬 수 있는 규칙과 제도를 만들어냄으로써 이른바 지방정부와 시민사회가 시너지 효과(Evans, 1997)를 발휘하여 '사회적 자본

(social capital)'을 증가시키는 결과를 가져오게 되었다. 하지만 이 사례에서 주목해야 할 것은 과거의 공식적 정부가 지방주민들을 동원하는 체제로부터 파트너십을 가진 협력적 관계로 전환하게 된 것이, 그간의 꾸준한 저항운동의 경험과 저항운동을 주도한 노동당의 지방선거 승리라는 사건을 통해서 극적으로 형성되었다는 점이다. 이러한 점에서 포르토 알레그레는 경제적 재구조화라는 경제적 변수보다는 정치적 변수에 의해 협력적 지역경영체제가 구축된 사례로 평가할 수 있다. 그리고 뉴욕의 실리콘앨리의 경우에는 도심공동화 현상에 대응하기 위한 도심재개발과 도시경제의 재활성화 수단으로서 미디어산업의 유치라는 전략이 선택되었다. 즉 지역경제의 재구조화 전략이라기보다는 도심 쇠퇴를 해결하기 위한 도시개발전략의 일환으로 진행된 사업이었다.

둘째, 지방적 해법 수준에 차이가 있다. 앞에서 소개된 사례지역들은 경제적 개발정도와 경제규모가 다른데, 이러한 점에서 각 사례지역이 선택한 비전과 전략에는 차이가 있었다. 즉 포르토 알레그레의 경우에는 주민들의 참여를 증진시키고, 후견주의적 정치문화를 참여적 정치문화로 개선하기 위한 비전을 가지고 추진하였다. 하지만 도르트문트의 재구조화 전략은 지역의 경제를 회생시키기 위해 지역이 가지고 있던 기존 산업과는 다른 산업의 유치를 통해서 전략을 실천해갔던 것이다. 한편 실리콘앨리의 경우, 미디어산업을 중심으로 도심재개발을 도모하고자 한 사례이다.

그러나 단순히 지역의 환경만을 고려하는 전략이나 반대로 지역적 산업연관이 없지만 보다 새로운 개발전략을 택하는 것이 경제적 성과를 높일 것인가에 대해서 단적으로 말하기 힘들다. 그리피스(Griffiths, 1995)는 이러한 문제와 관련해 여러 가지 전략적 딜레마가 확인될 수 있다고 말한다.

첫째, 지역사회 개발에 필요한 자원의 유치를 위해 지역 밖의 투자자, 관광객 그리고 소비자를 끌어들일 것인가? 또는 지방의 문화적 요구(need)에 부응하며 지방민들의 정체성과 자신감(self-confidence)을 강화시킬 것인가?

둘째, 이러한 노력이 도시의 특정한 지역에 대한 집중적 투자가 이루어져야 하는가? 혹은 실제 사람들이 살고 있는 근린지구에 중심을 두어야 할 것인가?

셋째, 외형적 투자 환경을 만드는 데 중심을 둘 것인가? 아니면 지방의 문화적 역량, 생산할 수 있는 조건들-즉 예술가 공동체 등에 대한 실질적 지원-에 지원할 것인가?

넷째, 이러한 활동들이 이루어지는 물리적 공간에 투자할 것인가? 아니면 그러한 활동을 지원할 것인가? 등의 딜레마가 생겨나게 된다고 말한다.

하지만 이러한 추상적 수준의 딜레마는 현실적 맥락에서 이해되고 해결되어야 한다. 따라서 효과적이고 창조적인 문화계획전략의 관건은 이러한 딜레마가 어떻게 확인되고 극복될 수 있는가에 달려 있다(Griffiths, 1995: 255-266). 협력적 지역경영체제를 구축하는 전략과 방법을 설계함에 있어 중요한 점은 한 지역이 다른 지역과 다르다는 사실 그 자체보다도 지역적 전략의 초점이 무엇이며, 이를 위해서 민관의 어떤 노력이 어떻게 모아질 것인가 하는 것이다.

## 4. 협력적 지역거버넌스체제의 구축방안

협력적 지역경영체제는 지역의 이해당자자들간의 협력관계를 기초로 하여 이루어진다(Healey, 1998). 이러한 협력관계를 이루기 위해서는 기존의 행정 과정과 결과가 보다 개방적으로 바뀌어야 하며, 또 그렇게 되어야 한다는 규범적 내용의 상호이해가 전제되어야만 한다. 이러한 협력은 단지 특수한 사업을 진행하기 위한 일회적인 관계를 말하는 것이 아니다. 지역의 정치적 공동체들이 집합적으로 그들의 갈등을 다루고, 현대사회의 개방되고 분산된 관계 속에서 자신들의 지역과 미래를 실현할 기회를 극대화할 수 있도록 하는 거버넌스 문화를 만들어내는 것이 협력적 지역경영체제의 핵심이다(Amin and Hausner, 1996).

그렇다면 정책 개발과 집행의 협력적 형태 혹은 협력적 관계를 만들어 내는 것에 관한 새로운 관점이라는 것은 무엇인가? 이에 대한 답변은 정책결정이 이루어지는 과정과 집행과정에서 요구되는 다음의 다섯 가지 정도로 정리할 수 있다(Healey, 1998). 즉 ① 정책결정에서의 협력 ② 이해당사자의 참여 ③ 참여자의 원만한 관계구축 ④ 경제, 환경, 사회적 의제를 통합한 지역적 이미지 만들기 ⑤ '지방적' 지식의 활용 등을 들 수 있다.

## 1) 정책협력

민관협력적 지역경영체제를 위한 정책적 협력은 지방정부와 지방의 여러 이해당사자들을 포함하는 실험적 과정이다. 공식적으로 정부부문만의 역량을 가지고는 지방문제의 해결책과 경제개발에 필요한 각종의 활동을 스스로 창출할 수 없다는 것이 점차 명확해지고 있다. 그럼에도 불구하고 복잡한 사업수행에서 수많은 이해당사자들을 조정하는 것은 지방정부의 역할로서 그 중요성이 커지는 만큼 협력적 지역경영체제에서 핵심적인 요소로 작용하고 있다. 하지만 정책 네트워크에 포함될 수 있는 지방행위자들의 범위는 여전히 제한적인 편이다.

이러한 한계를 극복하고 협력적 거버넌스를 구축하기 위해서는 공공적 제도를 재설계하려는 노력이 필요하다. 이를 위해 지역개발 혹은 경제적 재구조화를 위한 협력적 활동에서 지방정부와 정치부문이 이해집단, 시민단체, 지방기업, 환경단체들과 연계하는 작업이 필요하다.

## 2) 광범한 이해당사자의 참여

민주적 지방 거버넌스에서 참여는 하나의 미덕이라고 할 수 있다. 그러나 얼마나 많은 사람들이 얼마나 넓은 영역까지 참여할 것인가는 분명하지 않다. 그리고 참여를 통해서 달성하고자 하는 바도 다르기 때문에 이해관계가 개입된 참여는 바람직하지 않은 것으로 생각되기도 한다. 즉 어떤 이해관계에서 우위를 가지려는 의도로 참여하는 것은 결국 문제만 복잡하게 만들고 의사결정을 지연시킬 수도 있다. 하지만 이러한 맥락에서 이해당사자들의 참여라는 말은 새롭게 해석될 필요가 있다. 이해당사자(stakeholder)라는 말은, 비록 자신의 몫에 대해 어떻게 생각하는지, 그것을 가지고 무엇을 할지를 알지는 못한다 할지라도 정책결정으로 발생할 일에 관해 자신의 '몫(stake)'을 가지고 있다는 점을 강조하는 것이다. 그것은 또한 이해당사자들로 하여금 정책과정에 참여하도록 용기를 북돋우기 위해 사용되기도 한다. '몫을 가지고 있는' 사람들은 그들이 몫을 가지고 있는 장소에 영향을 주는 문제들에 관한 토론에 참여할 것이다.

여기서 '이해(interest)'라는 것이 굳이 고정불변의 것이라고 가정할 이유는 없다. 만일 이해당사자들간의 논의를 위한 포럼이 보다 유연하게 설계된다면 이러한 문제는 자연스럽게 해결될 수 있을 것이기 때문이다. 즉 사람들간의 갈등이 대부분 상대에 대한 오해에서 비롯된 것이며, 토론을 통해 다르게 사고하는 방법을 배울 수도 있다. 이해당사자들간의 그러한 '만남'은 상호학습과 더불어 합의(consensus building)를 창출할 수도 있다.

### 3) 참여자의 원만한 관계 구축

존중과 신뢰, 그리고 원만한 의사소통을 만들어내는 것은 특별한 의사소통방법을 고안하는 것만으로 달성되지는 않는다. 지역경제분야에서 '산업지구'에 대한 연구는 정부, 시민, 그리고 기업간 긍정적 관계가 개혁적인 활동을 위한 사회적 기반을 형성하는 데 중요함을 보여주고 있다.

이러한 하부구조가 있는 곳에서 정보, 지식 그리고 상호이해가 지역의 네트워크를 통해서 순환할 수 있다. 도시지역의 성장 잠재력과 협력적 지역경영체제가 성과를 나타내기 위해서는 지역 내 협력적 네트워크의 형성이 사회적 자본으로서 중요성을 가진다(Putnam, 1993). 이러한 네트워크가 존재하는 곳에서 협력적 계획(collaborative planning)이 빠르게 성장할 수 있다(Healey et al, 1997). 요컨대 이러한 협력적 지역경영체제의 구축을 위해서는 지역 내 '제도적 자본'을 풍부하게 해야 한다.[8] 풍부한 '제도적 자본'의 존재는 새로운 상황을 조성하고 유연한 대응이 가능하도록 한다. 이렇게 구축된 제도적 자본이 있을 경우에 공공정책결정에 참여하는 당사자들은 자신들의 관심을 표출할 수 있다고 신뢰하게 될 것이다.

### 4) 경제, 환경, 사회 의제들을 통합하는 이미지 형성

기존의 지방정부는 일반시민들의 일상적 삶을 공식적 규율과 규칙으로 통제하는 위치에 있었다. 따라서 지방행정은 지역적 관심보다는 법규에 의한 무차별적인 행정집행으로 이해되어온 것이 사실이다.

그러나 지방 정치와 행정이 역동적으로 변화하는 상황에서 지역경제와 삶의 장소를 연관시키고 일치시키며 상호결합시키는 전략은 지역의 통합된 이미지를 형성하고 지역사회의 참여와 협력을 증진시킬 수 있다. 지방적 수준에서 지방정부와 민간부문을 정책 네트워크로 묶는 일련의 과정은 다양한 주체들간의 상호작용을 촉진한다. 이 네트워크는 정책 엘리트뿐 아니라 지방공동체 구성원을 포함할 수 있으며, 이것이 곧 지방의 정체성을 강화할 수 있다.

우리나라의 경우에도 지방자치제 실시 이후 각 지방에서 활성화되고 있는 지역문화축제 행사는 이를 경험적으로 뒷받침한다. 이러한 행사의 성공은 지역에 있어서 하나의 통합된 이미지 형성을 가능하게 한다. 그러나 일회적 행사를 넘어서 지역정책 전반에 이러한 통합전략적 접근이 자리잡기 위해서는 보다 많은 노력이 필요하다.

### 5) '지역적 지식'의 활용

지역에 살고 있는 사람들이나 기업을 하는 사람들은 그들의 지역에 대

---

8) 이 개념은 지적 자본(지식자원), 사회적 자본(관계자원), 그리고 정치적 자본(동원잠재력)을 포괄한다(Innes et al., 1994; Putnam, 1993).

한 일상적 경험에서 만들어진 지식을 가지고 있다. 이러한 지식은 공식화되고 이론화된 지식과 대비해서, '실천적' 지식으로 불리기도 한다. 하지만 장소적 혹은 그 내용적 의미에서 이러한 지식들은 지역적 지식으로 개념화될 수 있다(Fischer, 2000). 특히 환경갈등이 심각하고 이른바 님비(NIMBY)와 같은 문제에 봉착하여 지방적 차원의 문제인식과 해결능력을 갖추기 위해서는 전문지식뿐 아니라 지방주민들의 지역적 지식이 소홀히 취급되어서는 안된다.9)

한편으로 전문가들의 지식조차도 단지 '지역적 지식'의 한 형태로 이해될 수 있으며, 전문가들의 동료집단들 또는 조직들이 그 조직원들이 사고하고 행동하는 방식을 구조화하는 '지역적 문화'를 만들어낸다는 점이 널리 인식되고 있다. 따라서, 어떤 도시나 지방에 있어서도, 다수의 문화적 공동체들과 지역적 지식의 특이한 형태들이 존재할 수 있는 것이다. 이러한 지역적 지식의 활용은 이해관계가 민감한 지역문제 해결에 있어 당사자들간의 상호작용과 의사소통을 가능하게 하는 장을 만들어줄 수 있다.

### 6) 민관협력적 지역경영체제 구축을 위한 과제

민관협력적 지역경영체제 구축을 위한 요소들을 살펴보았다. 결국 이러한 민관협력적 지역경영체제의 형성은 지방 차원의 문제해결을 위한 역량을 민주적으로 결집하고 이를 제도적으로 설계하는 문제라고 할 수 있다.

지방적 차원의 협력적 거버넌스 구축은 상호 이해와 학습의 과정으로 요약된다. 어떤 정해진 길을 향해 나아가기만 하면 되는 것이 아니라, 부단한 상호조정(mutual-coordination)과 학습 그리고 시행착오를 통해 형성

---

9) 지역적 지식의 예로는 "이 지역은 여름이 되면 항상 강이 마른다", "그 지역은 항상 해풍이 불기 때문에 공장을 지으면 주거지에 피해가 생긴다" 등과 같이 삶의 현장과 밀접하게 관련된 지식을 말한다. 이러한 지식은 전문가 입장에서는 과학적 지식을 통해 해결 가능한 것이라고 생각할 수 있지만, 실제 문제해결에서는 이러한 주장을 과학적 지식과 동등한 입장에서 고려하지 않는 한, 대화와 협력은 불가능하다(자세한 내용은 Fischer, 2000 참조).

되는 것이다. 이러한 과정이 기존의 행정과정에 비해서 많은 노력이 드는 것임은 분명하다. 그러나 좋은 성과가 실현되기 위해서는 시간이 걸린다는 인식의 전환이 요구된다.


## 5. 맺음말

복잡하고 역동적이며 다양한 현대사회에서 과거와 같이 정부라는 공식조직의 역할과 기능만으로는 지역문제에 효율적으로 대처하기가 쉽지 않다. 이제 정부만이 통치작용을 하는 유일한 주체가 될 수 없으며, 다양한 주체들의 역량이 현대사회가 직면한 많은 문제를 해결하는 데 필수불가결한 요소가 되었다. 그러나 민관협력체제의 구축은 그렇게 간단하거나 용이한 일만은 아니다. 또 지방정부의 기능을 다양한 주체들에게 맡긴다고 되는 일도 아니다. 신뢰와 협력 그리고 제도적 자본 형성을 통한 협력적 지역경영체제의 구축은 개인간의 관계에서와 마찬가지로 많은 시간과 노력을 통해서만 가능한 것이다.

앞서 살펴본 각국의 사례는 이러한 주장을 확인시켜 준다. 독일 도르트문트 시의 재구조화 전략이나 브라질 포르토 알레그레 시의 참여적 예산정책 프로그램, 그리고 미국의 실리콘앨리 사례에서 각 지방이 처한 상황은 각각 달랐다. 그러나 지방의 문제를 지방적 차원에서 해결하기 위해 주민, 시민조직, 경제조직 그리고 사회조직을 협력적 네트워크의 자원으로 활용함으로써 경제적 성과와 정치적 성과를 모두 달성할 수 있었다. 이러한 사례들은 민관협력적 지역경영방식이 복합적인 현대사회에서 대단히 효과적이며 전략적으로 활용될 가치가 있음을 시사해준다.

우리나라는 현재 지방자치제가 제도적으로 정착되면서 민관협력적 지역경영체제 구축을 위한 기회와 가능성을 가지고 있다. 1990년대 이후 우리가 맞이한 본격적인 지방자치시대의 개막, 그리고 1990년대 말 외환위기에 의한 IMF 구제금융의 경험은 지방의 물적 기반으로서 지방경제의 활성화를 달성해야 하는 목표와 함께 다양한 주민의 요구에 부응해야 하는 과제를 안겨주고 있다. 이러한 위기는 지방정부의 정당성과 역량에 상당한 도전이 되지만, 새로운 지방 거버넌스(local governance)로서 민관 협력형 지역경영방법을 도입하여 활용할 수 있는 기회를 제공해준다.

이를 위하여 우리의 지방자치단체는 보다 진취적이고 전략적인 태도로 자세를 바꾸어야만 한다. 협력을 통해 성취하려는 목표가 무엇이고, 누구와 함께할 것인지, 그리고 어떠한 방식으로 그것을 수행할 것인지를 공익적 관점에서 숙고하고 개방적인 자세를 갖추도록 노력해야 할 것이다.

■ 참고문헌

김묵한. 2000, 「맨해튼의 첨단기지, 실리콘앨리」. 권오혁 엮음, 『신산업지구』, 한울.
김석준. 2000a, 「국가재창조와 뉴거버넌스」, ≪한국행정학보≫ 34(2).
_____. 2000b, 「한국 국가재창조와 정부개혁 프로그램」, ≪사회과학연구논총≫ 4권.
김석준 외. 2000, 『뉴거버넌스 연구』, 대영문화사.
김정렬. 2000a, 「정부의 미래와 거버넌스: 신공공관리와 정책네트워크」, ≪한국행정학보≫ 34(1).
_____. 2000b, 「거버넌스의 구현과 정부간 관계의 미래, 지방중심 경제발전 모형의 탐색」, ≪한국행정학보≫ 32(1).
문순홍·정규호. 2000, 「거버넌스와 젠더, 젠더친화적 거버넌스의 조건에 대한 탐구」, 한국정치학회 하계 학술회의.
신희권. 1999, 「지방정치의 변화와 자발적 조직의 역할」, ≪한국행정연구≫ 8(1).
오재일. 2000, 「지역사회에 있어서 지방정부와 NGO와의 관계에 관한 고찰, 정부와 NGO」, 한국행정학회 세미나.
이은구·김겸훈. 1999, 「지방정부와 NGO의 생산적 협력관계 구축에 관한 이론탐색」, ≪정치·정보연구≫ 2(2).
전종섭. 2000, 「시민사회와 뉴거버넌스」, 김영섭 외, 『위대한 사회를 위하여』, 법문사.
정병순. 2000, 「지역경제체계의 위기에 대응하는 지방통치체제의 작동양식에 관한 연구」, 서울대학교 대학원 박사학위논문.

조명래. 1999, 「신도시정치(학)의 문제설정과 쟁점」, ≪공간과사회≫ 제11호, 한울.

한국지방행정연구원. 2000, 「지방문화산업육성방안」.

Abers, Rebecca. 1998, "From Clientelism to Cooperation: Local Government, Participatory Policy, and Civic Organizing in Porto Alegre, Brazil," *Politics & Society*, Stoneham.

Beetham, D. 1996, "Theorizing Democracy and Local Government," in King, D., and Gerry Stoker(eds.), *Rethinking Local Democracy*, Macmillan Press Ltd.

Bjork, P. and H. Johansson. 2000, *Towards a Governance Theory: A State-Centric*.

Box, R. C. 1998, *Citizen Governance: Leading American Communities into the 21st Century*, Thousand Oaks. CA: Sage Publications.

Coston, Jennifer M. 1998, "A Model and Typology of Government-NGO Relationships," *Nonprofit and Voluntary Sector Quarterly*, 27(3).

Cynthia Hewitt de Alcántara. 1998, "Uses and Abuses of the Concept of Governance," *International Social Science Journal: Governance*, Vol. L, No. 1, Blackwell Publishers Ltd for UNESCO, pp.105-113.

DiGaetano, A. and P. Lawless. 1999, "Urban Governance and Industrial Decline: Agendas in Birmingham and Sheffield, England, and Detroit, Michgan (1980-1977)," *Urban Affairs Review*, 34(4).

Driessen, Peter. 1998, "The Scope of Co-operative Management," in P. Glasbergen (ed.), *Co-operative Environmental Governance, Dordrecht*, Boston: Kluwer Academic Publishers.

Evans, P.(ed.). 1997, *State-society synergy: government and social capital in development*, University of California at Berkeley, International and Area Studies.

Fishcher, Frank. 2000, *Citizens, Experts, and the Environment*, Durham: Duke Univ. Press.

Frederickson, H. G. 1996, "Public Administration as Governance," A paper presented at the Conference on New Politics and New Administration, Korea.

Gaudin, J. P. 1998, "Modern Governance, Yesterday and Today: Some Clarifications to be Gained from French Government Policies," *International Social Science Journal*, 155, UNESCO.

Griffiths, Ron. 1995, "Cultural Strategies and New Modes of Urban Intervention,"

*Cities*, Vol. 12(4), pp.253-265.

Hammond, Thomas H. 1996, "Formal Theory and Institutions of Governance," *Governance*, Vol. 9, pp.107-185.

Healey, Patsy. 1998, "Building Institutional Capacity through Collaborative Approaches to Urban Planning," *Environment and Planning A 1998*, Vol. 30, pp. 1531-1546.

Hennings, G and K. R. Kunzmann. 1990, "Priority to Local Economic Development: Industrial Restructuring and Local Development Responses in the Ruhr Area—the Case of Dortmund," in Stöhr, Walter B.(ed.), *Global Challenge and Local Response: Initiative for Economic Regeneration in Contemporary Europe*, New York: Mansell Publishing Ltd. pp.199-223.

Hirst, Paul. 2000, "Democracy and Governance," in Pierre, Jon(ed.), *Debating Governance*, Oxford: Oxford University Press, pp.13-35.

Jessop, B. 1997, "The Governance of Complexity and the Complexity of Governance: Preliminary Remarks on Some Problems and Limits of Economic Guidance," in. A. Amin and J. Hausner(eds.), *Beyond Market and Hierarchy*, Cheltenham: Edward Elgar.

_____. 1998, "The Rise of Governance and the Risks of Failure: The Case of Economic Development," *International Social Science Journal*, 155, UNESCO.

_____. 1999a, "The Social Embeddedness of the Economy and Its Implications for Economic Governance," in F. Adaman and P. Devine(eds.), *The Socially Embedded Economy*, Montreal: Black Rose Book.

_____. 1999b, "The Changing Governance of Welfare: Recent Trends in Its Primary Functions, Scale, and Modes of Coordination," *Social Policy and Administration*, 33(4).

_____. 2000, "Governance Failure," in G. Stoker(ed.), *The New Politics of British Local Governance*, New York: MaCmillan Press Ltd.

Kooiman, Jan(ed.). 1994, *Modern Governance: New Government-Society Interactions*, London: Sage Publications.

Mayntz, Renate. 1993, "Governing Failures and the Problem of Governability: Some Comments on a Theoretical Paradigm," in Jan Kooiman(ed.), *Modern Governance: New Government-Society Interactions*, London: Sage Publications.

New York New Media Association. 1996, *New York New Media Industry Survey*.

_____. 2000, *New York New Media Industry Survey III*.

Peters B. G. and Pierre J. 1998, "Governance without Government? Rethinking Public Administration," *Journal of Public Administration Research and Theory*, 8(2).

Pierre, Jon, & B. Guy Peters. 2000, *Governance, Politics and the State*, New York: St. Martin's Press.

Pierre, Jon(ed.). 2000, *Debating Governance*, Oxford: Oxford University Press.

Prakash, A. and J. F. Hart(eds.). 1999, *Globalization and Governance*, London and New York: Routledge.

Putnam, R. D. 1993, *Making Democracy Work: Civic Traditions in Modern Italy*, Princeton: Princeton Univ. Press.

Rhodes R. A. W. 1997, *Understanding Governance, Policy Networks, Governance, Reflexivity and Accountability*, Buckingham: Open University Press.

_____. 1996, "The New Governance: Governing without Government," *Political Studies*, Vol. 44(4), pp.652-667.

Stoker, G. 1996, "Introduction: Normative Theories of Local Government and Democracy," in D. King and Gerry Stoker(eds.), *Rethinking Local Democracy*, Macmillan Press Ltd.

_____. 1998, "Governance as Theory: Five Propositions," *International Social Science Journal*, 50.

Stoker, Gerry & Stephen Young. 1993, *Cities in the 1990s: Local Choice for a Balanced Strategy*, London: Longman.

Stone, C. N. 1993, "Urban Regimes and The Capacity to Govern: A Political Economy Perspective," *Journal of Urban Affairs*, 15(1), pp.1-28.

van den Berg. Leo & Erik Braun. 1999, "Urban Competitiveness, Marketing and the Need for Organizing Capacity," *Urban Studies*, Vol. 36(5), pp.987-999.

Young, O. R. 1997, *Global Governance: Drawing Insights form the Environmental Experience*, Cambridge and London: The MIT Press.

# 제16장
# 지역간 연계·협력의 이론적 배경과 발전방향

김용웅 (안양대학교 교수)

## 1. 머리말

최근 경제-사회발전의 주체로서 도시와 지역의 중요성이 커지고 있다. 이의 원인으로 첫째는 경제의 지구화를 들 수 있다. 지구화(globalization) 는 국제적 경제규범의 보편적 적용의 확산, 국제금융자본 및 다국적기업의 자유로운 이동을 통하여 국가권력의 영향력을 축소시킨다. 한편, 분산된 생산기능의 관리와 통제, 국제금융 및 업무기능의 수행을 위한 공간적 거점으로서 도시와 지역의 중요성을 부각시키고 있다. 둘째는 생산기술의 혁신, 정보·통신기술의 발달을 들 수 있다. 정보·지식기반산업과 서비스산업의 비중과 함께 도시는 혁신의 중심지로서 R&D·금융·교역·정보 등 생산자서비스업과 문화·위락 등 각종 서비스산업의 중심지 역할을 하고 있다. 셋째는 지방자치의 전개와 광역화 현상의 전개이다. 지방자치의 진전으로 지역간 개발경쟁과 갈등이 심화되면서 이에 대응하기 위한 전략과 제도적 수단 마련이 주요 정책과제가 되고 있다. 또한 교통·통신의 발달에 따라 도시기능이 도시경계를 넘어 공간적으로 확산되면서 개별 지방정부의 노력만으로 토지이용 및 교통혼잡 등 도시문제 해결이 어렵게 되었다. 단위 지방정부에 의한 도시서비스의 공급, 인프라 건설, 환경과 자원의 이용 및 관리는 자원의 낭비와 비효율적 이용뿐만 아니라 인접지역과의 갈등과 분쟁을 유발하게 된다. 이와 같이 분절화(fragmented)된 지방행정체계의 비효율을 극복하기 위하여 광역적 공간단위를 중심으로 지역간 협력과 연계의 필요성이 높아지고 있다.

도시나 지역은 다원화된 사회적 기능을 통합·조정하는 메커니즘으로서 역할이 증대되고 있다. 이같은 변화에 대응하기 위하여 정치 및 행정 차원에서 분할된 도시와 지역 간 기능적 연계와 협력 체계의 구축이 무엇보다 필요하다. 본 글에서는 지역 발전에 있어 새로운 관리 및 발전 패러다임이 되고 있는 도시·지역 간 연계와 협력에 관한 이론적 배경과 적용사례를 살펴보고, 이를 촉진할 수 있는 종합적 전략적 대응과 제도적 방안을 모색하고자 한다. 도시·지역간 연계와 협력에 관한 이론은 네트워크 이론과 광역도시행정 및 거버넌스 이론을 중심으로 살펴보고자 한다.


## 2. 네트워크 이론의 배경과 특성

### 1) 네트워크 경제의 출현

네트워킹(networking)이 도시 및 지역 경제 성장을 설명하는 새로운 모델로서 관심의 대상이 되고 있다. 네트워킹은 도시와 지역 등 영토적 동반자(territorial partners)간의 네트워킹뿐만 아니라 개인, 기업 및 각종 사회 및 단체간의 협력적 행태로서 혁신과 빠른 기술변화를 지속시키는 준거의 패러다임으로 자리매김하고 있다.

특히 지역발전에 있어 네트워킹[1]은 지역 내 혁신과 학습역량의 증진을

---

1) 네트워크의 중요성은 지역혁신역량의 함양과 혁신여건의 구축에 있어 내부적 교류와 네트워크의 형성이 주요 수단이 되기 때문이다. 지역의 혁신적 여건이란 의사결정 및 전략수립에 있어 자율적인 역할을 하는 주체(actors)의 집단, 특정한 형태의 인프라 등 물적 기반, 지식 및 노하우 등 비물질적 요소, 제도적 요소와 함께 여건변화에 적용할 수 있는 집단적 학습과 능력을 자율적으로 배양할 수 있는 관행과 제도를 총괄적으로 의미한다. 그러나 혁신적 여건 조성에 있어 가장 중요한 것은 기업, 고객, 교육체제, 전문가집단, 지방정부 및 지역사회조직간의 원활한 교류와 교호작용을 이룰 수 있는 복합적 관계망 즉 사회적

위한 수단 차원을 넘어 도시 규모와 기능의 한계를 극복하는 수단으로써 중요성이 커지고 있다. 유럽의 중간규모 도시 발전에 대한 연구에 의하면, 개방적인 도시 체계하에서 도시들이 직면한 기회와 도전은 타지역과 화물 및 인적 교류를 원활히 할 수 있는 간선교통망, 사고와 아이디어의 흐름과 네트워크 형성을 촉진하는 장거리 정보·통신망, 그리고 지식 인프라를 통한 타지역과의 네트워크 구축방식에 의하여 좌우된다. 지역간 교류와 네트워크 형성의 중요성이 커지면서 지역간 시간-거리의 축소를 위한 공공교통 및 통신 인프라분야에 투자가 집중되어 왔다.

경제의 지구화는 규모의 경제와 집적경제의 이익이 낮은 중소규모 도시들의 산업과 경제의 쇠퇴화를 심화시켜왔다. 이같은 변화에 대응하기 위하여 일부 중소도시들은 고유의 매력과 잠재력을 활용하여 투자유치를 하고 혁신능력을 강화하고 있다. 특히 중소도시들은 혁신여건 조성 차원에서 지역 내외의 지식, 정보 및 산업교류와 네트워크 형성에 치중하고 있다. 대표적인 사례가 이탈리아의 파르마(parma)이다. 파르마는 에밀리아로마냐 지역을 형성하는 여러 개의 소도읍 중 하나로 도시간 강력한 네트워크와 연계를 지닌 중소도시이다. 이들 지역은 전문 특화된 기능을 지니고 상호보완과 협력을 통하여 가장 현대적이고, 번창하며 기술적으로 선도적인 지역으로 인정받고 있다(Cameron et al., 1997: 26).

## 2) 네트워크 이론의 개념과 유형

도시·지역 간 네트워크의 1차적 개념은 도시와 지역을 연결하는 인프라 시스템(도로 및 철도 네트워크, 하수도 네트워크 등)을 의미하며, 2차적 개념은 도시·지역 간 경제활동 및 인간적 교류를 의미한다. 따라서 도시 및 지역 간 네트워킹이란 상이한 지역간 경제적 활동과 인간적 교류를 촉진하는 것을 의미하며, 가시적인 형태는 원거리 정보·통신망, 제도적 교류체계로 나타난다. 이것은 도시나 지역 간 네트워킹이 반드시 인접지역간이나 중심지와 주변지역 간의 계층적 관계망보다는 비계층적,

---

네트워크를 형성하는 것이다.

협력적 관계망을 의미한다.[2]

이와 같은 공간 네트워킹은 기업의 영토적 논리, 경쟁의 논리 및 네트워크 논리에 근거를 두고 전개되고 있다. 첫째, 기업의 영토적 논리(territorial logic)란 기업이 중력의 통제력이 미치는 지리적 공간에서 판매와 구입 활동을 하는 것을 의미한다. 여기서 공간은 잘 알려진 로쉬의 벌집 모양의 시장지역(market areas)으로 구성되어 있다. 수송비용으로 결정되는 공간마찰은 경쟁하는 기업의 상품을 차별화하는 동시에 시장진입 장애요인의 역할을 한다. 기업의 핵심적인 기능은 지리적 입지를 중심으로 형성된 시장지역의 통제에 필요한 상품과 전략을 마련하는 데 있다. 둘째, 기업의 경쟁 논리(competitive logic)란 기업의 시장은 해당 지방 영토에만 제한되어 있지 않고, 어느 곳에서나 경쟁을 하는 것이다. 만약 수송비가 중요한 역할을 하지 않는다면 기업은 세계시장의 보다 넓은 영역을 차지하기 위하여 어느 곳에서나 상품을 판매할 수 있다. 경쟁력은 기업마다 상이한 의미로 이해되고 성취되나 경제와 마케팅분야에 있어서는 핵심적인 요소가 된다. 마지막으로 네트워크 논리(network logic)란 기업이 어디에 입지하든 주변지역의 산업환경(industrial atmosphere)으로부터 혜택을 얻거나 원거리 타기업과 연계하거나 협력적 관계를 형성함으로써 내부적 노하우의 약점을 극복하는 것을 의미한다. 여기서는 혁신이 기업의 핵심적 기능으로 인식되고 혁신적 자산의 관리와 통제가 주요 목적이 된다(Camagni et al., 2000: 1957-1958).

이와 같은 기업공간행태 논리를 바탕으로 도시네트워크는 세 가지로 구분된다(Camagni et al., 2000: 1958-1959). 첫째는 계층적 네트워크이다. 이 유형은 계층적 방법으로 재화와 서비스의 시장지역 또는 생산투입요소의 구입시장을 통제하는 중심지간에 형성된다. 수직적 네트워크는 농산품시장의 계층화 등 농촌지역, 공공행정의 영토적 계층화, 중심도시의 대기업의 하청지역 공간 속에서 발견된다. 두 번째 유형은 보완적 네트

---

2) 도시네트워크는 중심지간 보완적 수직적 통합 또는 상승적 협동으로부터 외부성을 제공하는 전문화된 중심지간의 수평적 비계층적 관계(system of horizontal and non-hierarchical relations)로 정의된다.

워크(complementarity networks)이다. 이 유형은 수직적 통합의 경제성을 바탕으로 하며, 전문화되고 보완적인 중심지간에 형성된다. 여기서 도시들은 시장의 상호의존성과 개별 중심지의 넓은 시장지역을 보장하는 도시간 자연적 또는 계획적 분업을 통하여 상호연계된다. 대표적인 사례로 네덜란드의 광역도시화계획(inter-provincial urbanization plan), 이탈리아의 파두아-트레비소-베니스(Padua-Treviso-Venice) 대도시권인 베네토(Veneto) 지역 내 도심별 기능적 분담계획 등이 있다. 마지막 유형은 상승적 네트워크(synergy networks)이다. 이 유형은 네트워크의 외부성에 근거하고 있으며, 유사하거나 협동적인 중심지들로 구성된다. 개별 중심지의 시장지역을 통합함으로써 규모의 경제를 확보한다. 장거리통신망을 통하여 개별적인 시장을 실질적으로 통합한 금융도시들 또는 문화-역사일정을 연계한 관광도시들이 있다.

이의 사례로는 첫째, 본사기능, 금융활동, 고위 서비스기능을 연결시킨 정보 네트워크 결절 역할을 하는 고위중심지(high-order centers)인 세계도시들, 블루 바나나(blue banana)지역에 위치한 유럽 도시들이 있고, 둘째, 유사한 기능으로 특화되고 규모의 효과 차원에서 협력하는 데 관심이 있는 저위중심지(low-order centers)를 들 수 있다. 프랑스의 노파드 칼레(Nord-Pas-de-Calais)와 벨기에의 발로니아(Wallonia)의 도시들간 초국가적 협력사례를 들 수 있다. 관광경제의 차원에서는 베네토(Veneto) 지역 내에 있는 역사적 중심지의 회랑 또는 르와르 강 관광벨트 등이 있다. 셋째 유형은 혁신 네트워크이다(Camagni, 1992). 이들은 수요 및 공급 차원에서 충분한 임계규모(critical mass)를 형성하기 위해 특정한 사업에 대하여 협력하는 중심지에 의하여 구성된다. 이에는 공항 등 인프라 공급, 기술서비스 제공, 교육 및 문화 프로그램, 관광관리 및 진흥분야에서 프랑스의 도시간에 체결한 협력협정(cooperation agreements)을 들 수 있다.

## 3) 네트워크의 구성요소와 효과

중소규모 도시들은 쾌적한 환경, 편리한 교통, 전통과 연대의식 등 지역발전 촉진요소도 지니고 있으나 전문서비스를 위한 최소한의 시장규모, 전문인력, 국제적인 정보·통신·교통 네트워크에의 접근 등 임계규모 또는 중심성 차원에서 제약이 크다. 중소도시들이 현재의 경쟁력과 장점을 잃지 않으면서도 미래성장을 주도하기 위해서는 중심도시와 주변도시 간뿐만 아니라 유사규모 도시간 네트워크 형성이 요구된다.

도시네트워크는 다양한 구성요소를 지닌다. 첫째, 네트워크 요소(network element)이다. 도시간 관계는 더 이상 크라이스탈러(Christaller, 1933)의 중심지이론과 같이 비중첩형 시장논리에 지배되는 공간계층적 관계에 의존하지 않는다.[3] 최근에는 유사한 규모, 상이하거나 유사한 전문성을 지닌 도시간, 비공간적이고 장거리지역간에도 연계관계가 형성된다. 둘째, 네트워크의 외부성 요소(network externality element)이다. 네트워크의 외부성 요소란 네트워크 형성과 참여로 얻는 경제편익을 의미한다. 네트워크의 외부효과는 수송비 최소화 및 비중첩형 시장(no-over-lapping market)에 대한 통제력의 극대화를 의미하지 않고, 지역간 협력과 네트워크의 활용에 따른 규모의 경제, 보완 및 상승효과를 의미한다. 이와 같은 차원에서 네트워크의 효과는 회원 재산(club good)과 같이 지역간 협력이나 네트워크에 참여하는 경제주체에만 주어진다. 이와 같은 네트워크의 외부성은 네트워크에 참여하는 목적이 된다. 셋째, 협력요소(cooperation elements)이다. 도시간 관계는 더 이상 계층성이나 특화도시간 경쟁에 의하여 지배되지 않는다. 후버(Hoover)형의 입지경제(location economies)와 뻬루(Perroux)형의 투입-산출관계는 개별도시와 지역이 다른 지역에 대항

---

3) 네트워크 경제의 출현으로 공간적 질서와 계층적 중심지간 관계에 의존하는 중심지 모형은 서구 선진도시 체계 내에서는 설명력을 상실하게 되었다(Camagini et al., 1994). 첫째, 크리스탈러는 계층적으로 비전문화(hierarchical despecialization)된 중심지를 예상했으나 실제는 도시 전문화가 산업생산뿐만 아니라 서비스산업 차원에서도 나타나고 있으며, 둘째, 중심지이론에서는 계층적으로 도시기능의 종합성을 가정하고 있으나 종합적 도시기능을 갖춘 도시가 거의 없고, 고위 도시기능이 하위도시에 존재하는 등 도시기능의 전문화가 이루어지고 있다. 셋째, 도시계층성에 의한 수직적 연계 대신에 유사한 기능이나 규모를 지닌 도시간 수평적 연계(horizontal linkages)가 확대되고 있다. 이밖에도 유사한 규모와 기능을 지닌 도시 및 지역간에도 보완관계를 통한 상승적 연계(synergic linkages)가 형성되고 있어 계층적 수직연계만을 상정한 중심지이론이 더 이상 적용되고 있지 않음을 시사하고 있다. 지역간 연계는 본사기능, 고차 생산자 서비스기능을 수행하는 고위중심지간뿐만 아니라 산업지구 등 소단위 지역간에도 이루어지고 상승효과도 거두고 있다.

하여 성장하는 것을 촉진하는 것으로 알려져왔다. 그러나 도시네트워크에 바탕을 둔 협력적 관계는 개별 지역의 물리적인 성장을 가져오지 않고도 협력적인 방법으로 규모의 도시경제를 실현할 수 있고 동반자간 네트워크 효과를 공유할 수 있다(Capello, 2000: 27-28).

도시와 지역 네트워크는 참여목적에 따라 형태와 기능을 달리한다. 첫째, 네트워크의 참여목적은 공공행정의 효율성을 높이는 것이다. 이를 효율성 목적(effiency goals)이라 한다. 네트워크를 통한 추가적 정보와 노하우는 위험부담, 불확실성, 정보 부족을 최소화함으로써 공공행정의 효율성을 증진시키는 역할을 한다. 도시네트워크는 공공행정 중에서도 특정 전문분야의 개선에 크게 기여한다. 특히 폐기물처리, 환경보전 등 기술 및 관리 측면의 성공 해결사례는 특정 도시정책의 효율성을 높이는 역할을 한다. 둘째는 참여도시와 지역간 보완관계를 통하여 개별 지역에 추가이익을 창출하는 상승효과를 거두기 위한 것이다. 이를 상승목적(synergy goals)이라 한다. 상승적 네트워크(synergy network)는 시장의 통합을 촉진하여 규모의 경제이익을 창출한다. 대표적인 사례로 현대적 통신수단을 통하여 실질적인 시장통합을 이룬 금융도시간 네트워크와 역사·문화 관광루트를 연계시킨 관광도시간 네트워크 등이 있다. 셋째는 참여주체의 제도적 역량을 증진시키려는 목적이다. 이를 능력증진 목표(competence goals)라 한다. 도시네트워크는 참여자에게 지역에서 구할 수 없는 효율적이고 선진적인 도시정책에 관한 노하우를 제공함으로써 제도적 능력을 증진시키는 역할을 한다. 도시교통의 효율적 관리에 관한 기술과 같이 다른 참여자가 채택한 기술적 혁신과 도시정책관리를 위한 새로운 제도적 해결방안 등은 보다 성공적인 도시정책을 위한 전략적 출발점이 된다.

이러한 네트워크의 참여목적 실현은 도시와 지역발전의 성과를 높여주는 역할을 한다. 최근의 사례연구에 따르면 도시 및 지역발전의 성과와 도시네트워크의 활성화 간에는 긍정적 비례관계가 존재한다. 즉 도시네트워크에 참여하는 지역수가 많고, 네트워크의 이용빈도가 높을수록 지역발전의 성과는 높게 나타난다. 이것은 네트워크에 참여하는 도시수

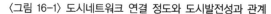

〈그림 16-1〉 도시네트워크 연결 정도와 도시발전성과 관계

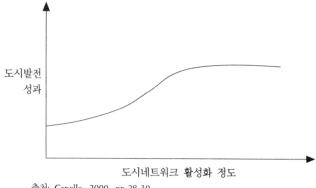

도시발전
성과

도시네트워크 활성화 정도

출처: Capello, 2000, pp.28-30.

가 많아지면 정보공급 및 성공사례의 기반이 확대되고, 네트워크 이용강
도가 높아지면 참여자간의 협력적 행태가 증가하기 때문이다(Capello,
2000: 28-30).


## 3. 광역도시 및 광역행정이론

### 1) 광역화 추세와 도시문제의 공간적 확산

20세기 정주체계의 가장 큰 변화는 대도시의 급격한 성장이다. 19세기
말, 20세기 초부터 뉴욕, 시카고 등 대도시의 교외화가 진행되어 대도시
권이 확대되기 시작하였다. 1970년 100만 명 이상 도시는 이미 162개에
달하였고, 15년 후인 1985년에는 273개로 급격히 증가되었다. 인구 500
만 이상의 초대형 도시도 탄생하여 1950년 7개에 이르렀고, 1980년대 후
반에는 34개로 증가되었다(Sharp, 1995). 우리나라의 경우도 1960년 100
만 이상 도시는 서울과 부산 2개로 전체 인구의 14%에 달하는 370만을
수용하였다. 20년 만인 1980년에는 4개로 증가하고, 수용인구도 전체 인
구의 38%인 1,400만으로 3배 이상의 증가를 보였다. 이와 같은 추세는
그 후에도 계속되어 2000년 100만 이상 도시수는 7개로 증가하였고, 인

구규모는 약 2,224만으로 전체 인구의 48.2%를 차지하고 있다. 특히 1980
년대 이후에는 서울과 부산 등 대도시를 중심으로 교외화 현상이 두드러
져,4) 서울은 1970년부터 인구가 500만을 초과하였고, 현재는 인구 1,000
만의 거대도시로서 주변지역을 포함할 경우 2천만에 이르는 거대도시를
형성하고 있다. 1995년 현재 100만 이상 대도시를 중심으로 형성된 대도
시권의 인구는 전체 인구의 69.7%인 3,100만에 이르고 있다(김용웅,
1997: 114).5)

　　대도시의 성장은 대도시 공간문제의 확산을 함께 가져왔다. 오래 된
도시경계를 넘은 도시확산은 도심의 내부나 주변부 인구의 급속한 증가
와 함께 개인당 도시공간 소비증가의 두 가지 요인에 의하여 이루어졌다.
도시확산과 공간소비 증대는 자동차 보급의 일반화, 개별 주택 보유, 주
거와 일자리의 분리, 가정생활에 필요한 제품과 서비스의 다양성 증대
때문이라고 볼 수 있다. 그 중에서도 자동차가 도시확산과 공간소비 증대
의 가장 큰 요인으로 지적되고 있다(Gottman, 1995). 대도시의 확장은 드
디어 2개 이상의 대도시권이 연담화되어 거대도시권이 형성된다. 최근에
는 국가 전체가 대도시권화되기 시작하고 있다.6) 대도시권의 확산은 세

---

4) 체셔와 헤이(Cheshire and Hay, 1986)는 유럽 대도시권의 변화를 바탕으로 도시권 성장을
8단계로 나누고, 7단계까지는 도시권 전체의 인구가 지속적으로 증가하는 것으로 보았다.
1단계는 중심도시와 주변지역의 인구가 전체적으로 감소하는 도시화 착수기, 2단계는 중심
도시의 인구는 증가하나 주변지역의 인구가 감소하여 도시권 전체의 인구가 감소하는 침체
적 집중기, 3단계는 중심부 인구증가 추이가 강화되고, 주변부 인구감소 추이가 감소되어
대도시권 전체의 인구가 증가하는 절대적 집중기, 4단계는 중심부와 주변부 인구가 모두
증가하나 중심부 인구증가가 주변부를 상회하는 상대적 집중기, 5단계는 중심부, 주변부
인구가 모두 증가하나 주변부의 인구증가가 중심부를 상회하는 상대적 분산기, 6단계는
중심부의 인구가 드디어 감소하나 주변부의 인구증가로 대도시권 인구는 증가하는 절대적
분산기, 7단계는 대도시 중심부 인구감소가 심화되고 주변부 인구증가 추이도 낮아져 대도
시권 인구가 감소하기 시작하는 침체적 분산기 그리고 마지막으로 8단계는 중심부와 주변
부의 인구가 함께 감소하는 절대적 쇠퇴기로 정의하였다.
5) 우리나라의 경우 서울과 부산은 1990년대부터 주변부인구 증가 추이가 감소되는 7단계에
도달하였으나, 나머지 3대 도시권은 아직도 성장 가능성이 높은 절대적 집중기인 3단계에
머무르고 있어 대도시권의 인구는 지속적으로 증가할 것으로 전망된다(김용웅, 1997: 115).
6) 동경-오사카권은 현재 약 30만이 거주하고 있고, 미국에서도 2개 이상 대도시권 또는 2개
주 이상 주에 걸쳐 서로 연결되는 통합대도시권 통계지역(consolidated metropolitan statistic
area)이 등장하였다. 대표적인 지역이 뉴욕과 북부 뉴저지 지역이 있다. 교통문제 차원에서
는 동부 코네티컷을 포함한 3개 주-뉴욕 교통지역(tri-state New York transportation region)
이 있다. 1992년 미국의 OMB(office of management of budget)에서 워싱턴 D.C. 통합대도시
권 통계지역을 메릴랜드와 버지니아 주, 서부 버지니아 주 일부로 확대하여 140마일(234km)

분화된 지방정부 단독으로 해결할 수 없는 공간문제를 유발하였다.

도시문제의 광역화가 야기하는 공간현상화 문제로는 첫째, 교통문제를 들 수 있다. 대도시권화의 가장 대표적인 현상은 일터와 주거지의 격리와 장거리화이다. 대부분의 일터는 중심도시에 두고 있으나, 거주는 도시경계를 넘어 교외 등 원거리에 분포한다. 교통혼잡 및 통근·통학 수요에 대하여는 지방행정구역별 대응이 불가능하다. 교통문제의 해결을 위해서는 중심도시와 주변 근교지역 간 교통수요의 대응을 위해서는 교외지역과 중심도시 간의 협력과 공동노력이 필요하다. 광역적 교통문제에 대한 지역간 협력과 공동노력에는 광역교통망 구축, 대중교통 및 교통관리체계 운영 등이 포함된다. 둘째, 광역화는 개별 지역에 의한 효율적인 도시서비스 공급을 어렵게 하고, 서비스비용 부담과 서비스 이용 간의 불일치의 문제를 유발한다. 올슨(Olson, 1969)에 의하면, 도시 및 지역 서비스 공급의 기본적인 원칙은 지역 내에 필요한 서비스를 자체적으로 공급하는 자족성(self-containment)의 확보이다. 이를 위해서는 도시서비스를 이용하는 사람이 비용을 부담해야 한다(Sharp, 1995: 15 재인용). 이를 외부성(externality) 또는 재정등가원칙(fiscal equivalence)이라 부른다. 그러나 지역서비스 중 상당 부분은 지방정부가 단독으로 공급하는 것이 불가능할 뿐만 아니라 중복적인 비용부담이 초래될 수 있다. 이에는 상수도 공급, 하수도망 및 폐수처리, 폐기물매립 및 소각장, 옥외 위락 녹지공간의 확보 등이 해당된다. 셋째, 광역화에 의하여 특정 지역은 다양한 혜택을 향유하고 많은 소득을 누리는 반면 그렇지 못한 지역이 발생하게 마련이며, 이 과정에서 도시관리 및 서비스공급 비용 부담에 있어서 불평등문제가 발생한다. 예를 들면 교외지역의 주민은 높은 소득에도 불구하고 일자리가 있는 도심의 서비스공급 비용을 제대로 부담하지 않는다. 대도시권의 등장에 따른 문제점의 해결을 위하여 지방행정체계의 변화와 다양한 형태의 지방정부간 협력과 제휴노력이 증대하고 있다.

---

에 걸친 광대한 면적을 보유하게 되었다. 한편 영국은 1960년대부터 런던 대도시권(GLC) 개념에서 남동부지역(South East Region) 개념으로 확대되었고, 프랑스의 경우에도 여러 개의 군(郡, department)을 포함하여 12,000㎢에 달하는 파리 대도시권(Il de France)의 개념을 도입하였다(Gottman, 1995: 5).

## 2) 광역행정관리체제와 지방정부조직의 변화

대도시 성장과 공간확산에 따른 광역적 문제의 해결을 위한 수단으로 지방정부체제의 변화가 초래되었다. 이 변화유형은 크게 지방정부간에 자율적인 관리체계를 구축하는 경우와 지방정부조직의 광역화를 들 수 있다.

우선 대도시권 내 지방정부의 재구조화(restructuring)의 형태는 완전한 독립적인 권한을 지닌 새로운 조직에서부터 기존의 지방정부간 자발적 협력에 근거한 매우 제한적인 광역조직까지 매우 다양하다. 자율모형 (voluntary model)은 지방정부의 참여 여부가 자유롭고, 독립적 권력을 지니지 않는다. 자율적 대도시권 관리조직은 몇 가지 형태를 지닌다. 첫째는 집행력이 없는 협의조직이다. 지방자치단체간 공동문제에 대한 연구·협의와 조정 역할을 담당하며, 영속성과 독립기관의 지위를 지니지 않는다. 미국의 L.A. 베이 지역정부협회(Association of Bay Area Governments: ABAG), 남캘리포니아 정부협회(Southern California Association of Governments: SCAG) 등 협의체 성격의 지방정부협회가 이에 해당한다. 이 모형의 특성은 지방정부간 관계가 비계층적이고 상호협상적 해결(bargaining arrangement)을 중시한다. 둘째는 지역간 합의를 통한 특별자치구 등 집행력을 갖춘 광역조직의 설치이다. 이 조직은 지역간 합의에 의한 비계층적 조직이나 구체적 집행력을 갖추며 조세권을 부여받기도 한다. 대부분 중심도시가 특정서비스 공급을 위하여 인접 지방정부와 연대하여 설치한다. 미국의 내슈빌, 잭슨빌, 라스베가스와 인디애나폴리스, 유럽의 더블린과 하노바 등을 들 수 있다. 또 다른 자율모형으로는 광역자치정부 형식을 지닌 미국의 대도시권 자치정부를 들 수 있다. 대도시권 자치정부(metropolitan council)는 1960년대 미국의 연방법에 의하여 설치된 조직으로 미니애폴리스-센폴 카운슬, 포틀랜드 메트로 카운슬(Metro-council)이 가장 유명하다. 이밖에 로스앤젤레스의 계약서비스 계획(contract service plan)도 자율적 합의에 의한 광역적 문제를 해결한 사례이다 (Sharpe, 1995: 12-14).[7]

한편, 광역적 공간문제 해결을 위한 지방정부조직의 통합은 세 가지 형태로 나눌 수 있다. 첫째는 중심도시와 주변 시·군이 하나의 대도시권이 되는 통합형태(unified type)이다. 통합형 대도시권은 도시서비스의 규모의 경제성과 지방행정의 효율화라는 장점을 지니고 있다. 그러나 대도시권의 관할구역의 규모가 점차 커지고 있고 주변지역의 반발과 반감이 크기 때문에 통합형은 바람직하지 못한 대안으로 평가되고 있다. 통합모형의 대표적인 사례는 한국의 통합시와 노르웨이의 오슬로, 캐나다의 위니펙 등이 있으며, 뉴욕 시도 도시화된 광범위한 지역을 하나의 정부조직을 갖는다는 차원에서 일종의 통합형 대도시권이라 할 수 있다. 둘째는 2계층형(two tier level)의 지방정부이다. 2계층형은 대도시권 내 기초지방정부(municipalities)와 광역지방정부를 갖는 형태이다. 이 형태는 자율적 관리체계를 제외하고는 가장 일반적인 대도시권 정부형태이다. 2계층모형은 대도시권 관리에서 참여의 가치, 접근성, 지방의 정체성을 중시하는 한편, 기능적 극대화와 생산의 효율성을 추구해야 하는 영원한 갈등을 동시에 해결할 수 있는 장점을 지닌다(Robson, 1972). 2계층형 대도시권 정부의 하위계층에서는 지방자치의 일차적 가치실현에 치중하고, 상위계층은 효율성의 달성에 치중할 수 있다. 대표사례는 바르셀로나, 스톡홀름, 몬트리올, 코펜하겐, 이스탄불, 벨그라드 등이 있다. 세 번째는 순수 대도시권 정부모형(pure metro model)이다. 순수 대도시권 정부모형은 지방자치의 원칙이 적용된 2계층의 대도시권 지방정부를 의미한다. 순수모형은 대부분 지방정부가 재편된 이후에도 하위 및 상위 계층의 대도시

---

7) 대도시권 내 지방정부의 변화형태는 중심도시가 주변지역을 흡수하여 보다 큰 지방정부를 구성하는 유럽형과 학교구역(school district)과 같은 특별자치구를 별도로 설치하는 미국형이 있다. 유럽형은 대도시권의 성장에 따라 지방정부수가 감소하는 반면, 미국형 대도시권 내 지방정부수가 증가하는 경향을 보인다. 이에 따라 1972년부터 1987년 사이에 미국의 지방정부수는 2만 2,185에서 2만 9,532개로 33.2% 증가한 반면, 영국의 경우는 1,392개에서 415개로 71%가 감소하였다(Sharpe, 1995: 12). 그리고 유럽형의 경우에도 두 가지 유형이 있다. 하나는 중앙정부와 지방정부 사이에 광역지방정부를 설치하는 경우이고, 다른 하나는 지방정부 재조정을 활발히 한 경우이다. 전자는 소위 유럽의 프랑스, 스페인, 이탈리아, 벨기에, 포르투갈 및 그리스를 들 수 있고, 후자는 북유럽집단이라고 볼 수 있는 스웨덴, 노르웨이 덴마크 및 독일과 영국이다. 스웨덴은 10년간 지방정부수가 2,500개에서 277개로, 독일은 2만 4,512개에서 8,541개로, 벨기에는 코뮌수가 1961년 2,663개에서 598개로 축소되었다(Sharpe, 1995: 12).

권 내 지방정부가 주민참여와 자율의 원칙에 의한 지역단위 정부로서 역할을 할 수 있도록 지속적인 재구조화 과정을 겪어오고 있다. 대표사례는 런던 대도시권(GLC)과 토론토 등을 들 수 있다(Sharpe, 1995: 17-18).[8]

이상에서 살펴본 바와 같이 광역화에 따른 도시 및 지역 문제를 해결하기 위하여 기능적으로 자율적 협의체를 구성하거나 지방정부 조직체계를 광역화하는 데는 많은 비판이 제기된다. 공공선택이론(public choice theory)에 기초한 비판에서는 분산된 소단위 지방정부는 지방민주주의의 특별한 이점이 있는 것으로 본다. 즉 지방정부간 경쟁은 도시서비스의 효율성을 가져오며, 지역특성에 맞는 서비스를 제공할 수 있는 지방성(localness)과 접근성(accessibility)의 이점이 있다. 이 같은 이점은 광역정부 및 관리의 부재로 인한 손실을 상쇄하고도 남는다는 것이다. 그러나 분산된 소단위 지방정부는 도시서비스 공급의 자족성, 외부성의 내부화, 서비스공급에 따른 재정적 등가성, 규모의 경제성, 재정부담능력과 재분배기능을 할 수 없기 때문에 이를 실현할 수 있는 대도시권 및 광역적 접근은 불가피한 것으로 받아들여지고 있다. 그러나 광역적 대응을 위한 공간적 범위의 설정과 대도시권의 바람직한 기능에 대해서는 보다 심층적 논의가 요구된다.[9]

## 3) 지역협력계획과 지역거버넌스의 역할 증대

### (1) 지역협력계획의 필요성

대도시권계획은 초기에는 광역적 공동문제에 대한 진단과 대응책 모

---

8) 토론토 대도시권(Metropolitan Toronto)은 1953년 토론토 시와 주변 12개 시·군을 관할구역으로 하여 설립되었다. 1967년 13개의 하위 지방정부는 6개의 지방정부로 통폐합되었고, 대도시권 정부의 기능도 함께 확충되는 등 지속적인 재구조화 과정을 겪어왔다(McLaren, 2000: 147-148).

9) 대도시권 및 광역지방정부의 역할은 그동안 미국의 정부간 관계에 관한 자문위원회 보고서(US Advisory Committee on Intergovernment Relations, 1974) 등에서 다양한 논의가 이루어졌으나 일반적으로 장기종합계획, 광역시설과 서비스 관리 등이 중요한 것으로 지적되고 있다. 대도시권 기능은 ① 종합계획 ② 간선도로망 ③ 교통관리 ④ 대중교통 ⑤ 전기, 가스 등 공급시설 ⑥ 위락공간 ⑦ 주택 ⑧ 간선하수 및 우수 처리시설 ⑨ 쓰레기 처리 ⑩ 용수공급 ⑪ 경찰 ⑫ 주요 문화시설(기관) ⑬ 소방, ⑭ 환경보호 등이다(Sharpe, 1995: 19 재인용).

색이라는 기능적인 측면이 중시되었으나, 지방정부의 자율성이 커짐에 따라 지역간 협력과 제휴가 더 중시되었다. 이에 따라 계획수립방식도 계층적 행정조직보다는 지방정부의 자율적인 선택과 의지에 의한 협동적 노력에 의하여 이루어지고 있다. 이처럼 자율적으로 지방자치단체들이 수립하는 계획방식을 지역협력계획(regional collaborative planning)이라 부를 수 있다(김용웅 외, 1999).

지역협력계획이란 계획에 의거, 영향을 받는 이해당사자(stakeholder)들이 계획수립을 위한 의사결정과정에 직접 참여하여 협의와 합의 과정을 거쳐 수립하는 계획을 말한다. 협력계획은 계획의 참여자간의 효율적인 의사소통과 교호작용, 갈등의 합리적인 조정, 그리고 지역자원의 효율적인 동원 등 참여자간의 협력과 합의, 참여자간의 의사소통을 통한 상호 교호작용과정(interactive process)이 중시된다(Healey, 1997: 91).[10] 협력계획의 대두는 대의민주주의(representative democracy) 체제의 한계를 극복하는 하나의 수단으로 인식되고 있다. 대의민주주의체제는 동질적인 단순한 사회구조화를 전제로 한 구조화된 계층적 관료집단이나 엘리트에 의존하기 때문에 다원화된 사회 내 합의도출이나 갈등의 조정이라는 차원에서 한계에 직면하게 되었다. 따라서 전문가 중심의 대의민주주의체제 하의 계획방식은 구성원간의 합의와 참여가 중시되는 다원주의(pluralist democracy), 조합주의(corporatism) 및 고객지향주의(clientelism)에 기저를 둔 협력계획형태로의 전환이 불가피하게 되었다(Healey, 1997: 219-230). 이에 따라 계획수립의 접근방법도 합리주의적 계획방식인 기준지향적 방식(criteria-driven approach)에서 점차 이해관계자, 투자가 및 주민간의 합의와 참여를 중시하는 기업가적 합의방식(entrepreneur consensus) 또는

---

10) 계획수립과정에 있어 이해당사자간의 협의와 합의 등 교호작용의 중요성이 커지면서 계획의 민주화(democratization of planning)에 대한 관심이 증대되고 있다. 의사소통적 계획이론 (communicative planning theory: CPA)에서는 수단적 합리성(instrumental rationality) 대신에 의사소통적 합리성(communicative rationality)을 중시한다. 여기서는 주관적 심의 (subjective deliberation)와 토의(argumentation)를 통하여 상호교호적인 차원에서 형성되는 논리성을 중시한다. 지식이란 체계화된 이해의 객관적 산물이 아니고 문화적 특성 속에서 형성된 개인의 가치와 인식의 교환과 논쟁을 통하여 구체적으로 창조되는 것으로 인식된다. CPT에 의한 계획접근방법을 discourse approach 또는 interactive approach라고 부른다. 상세한 논의는 Salet & Faludi(eds.)(2000) 및 McGuirk(2001)을 참조할 것.

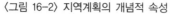

〈그림 16-2〉 지역계획의 개념적 속성

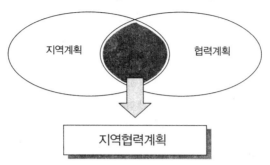

지역계획

협력계획

지역협력계획

포괄적 협의방식(inclusionary argumentation)으로의 전환이 불가피하게 되었다. 기준지향적 접근방식의 기본적인 가정은 시민이나 기업은 합리적인 판단과 선택을 전제로 하며, 다양한 이해의 조정은 의무와 권리관계를 규정하는 경직적 하부구조(hard infrastructure)에 의하여 이루어지는 것으로 보았다. 그러나 기업가적 합의방식은 조합주의(corporatism)에 이론적 기초를 두고 있으며, 공공분야와 기업가의 제휴와 파트너십 형성 촉진, 제도적 능력 배양과 지역사회의 주요 주체간의 수평적 네트워크 형성을 중시한다. 훌륭한 결정이란 지역사회의 모든 구성원들이 자유롭게 참여하여 의견을 개진하고, 민주적인 절차에 의하여, 충분한 토의를 거쳐 이루어지는 의사결정을 의미한다. 여기서 중요한 것은 관계형성을 위한 제도적 능력 배양을 위한 소프트한 하부구조(soft infrastructure)를 구축해나가는 것이다. 지역단위의 정책결정에 있어 자기 의견을 주장할 수 있는 권리가 중요한데, 단순한 투표행사는 이러한 권리를 충분히 행사할 수 없기 때문에 이해당사자의 참여와 토의 그리고 합의과정이 중시된다.[11]

---

11) 지역협력계획에서는 참여하는 지방정부간 교류, 협력, 합의와 함께 대도시권 등 광역권 내 다양한 이해집단, 민간부문 및 주민의 참여과정이 중요한 의미를 지닌다. 특히 지역협력 계획에서는 공동문제에 대한 효율적인 대응수단의 확보라는 기능적인 측면보다는 공동의 문제와 목적을 위하여 인접지역과 상호이해와 협력을 통한 동반자관계(partnership)를 형성 하는 상호교류적 의사결정과정을 중시한다.

## (2) 지역협력계획의 유형과 거버넌스 체계 구축

지역협력계획에는 다양한 형태가 있다. 첫째, 가장 대표적인 유형은 종합발전형 지역협력계획이다. 종합발전형 지역협력계획은 기능적으로 연계된 지역간에 협력하여 공동발전방안을 모색하는 계획이다. 이 경우 지역협력계획은 지역발전을 위한 종합적인 계획내용을 포함하는 전략계획의 형태를 띤다. 영국의 토지이용계획을 기초로 한 지역단위 구조계획(regional structure plan)이 이에 해당한다. 둘째 유형은 자원공동이용·관리형 지역협력계획이다. 자원의 공동이용·관리형 지역협력계획의 형태는 다음과 같다. 가장 일반적인 형태는 하천용수 이용 및 하천 관리를 위한 계획이고, 다른 하나는 광역적으로 분포되어 있는 산림자원의 공동이용 및 관리계획, 그리고 광역적 차원에의 환경보존 및 관리계획과 경관 및 문화자원을 활용한 지역공동의 관광자원개발 및 진흥계획 등이 있다. 셋째 유형은 광역서비스공급형 지역협력계획이다. 광역공급처리시설의 건설, 관리, 운영 및 광역서비스 공급을 위하여 여러 지역이 협력하여 계획을 수립한다. 구체적인 형태로는 지역간도로, 용수, 상하수도, 폐기물처리시설, 쓰레기소각장, 쓰레기매립장, 문화 및 체육위락시설 등 광역시설의 공동설치 운영과 대중교통체계, 교육, 의료, 소방, 사회복지 등 광역적 서비스의 공동공급계획 등이 있다. 넷째 유형은 생활권, 경제권, 산업협력권, 대중교통권, 관광권 등 기능적인 연계보완지역을 공간단위로 하는 지역협력계획을 들 수 있다.

지역협력계획의 대표적인 사례로는 시민과 하위 지방자치단체의 참여로 수립되는 오레곤 주의 포틀랜드 대도시권계획을 들 수 있다.[12] 우리나라의 경우는 자율적인 지역협력계획 수립을 위한 노력이 최근에 증대하고 있다. 이의 대표사례로는 공동의 역사적 문화전통과 주민간의 연대

---

12) 오레곤 주의 토지이용계획은 본질적으로 하위 지방자치단체의 주도적 참여로 수립된다. 주정부의 토지이용 기본방향과 지역간 조정역할을 담당하는 토지보전 및 개발위원회(Land Conservation and Development Commission)는 지방자치단체별로 선정된 시민대표로 구성된다. 포틀랜드 대도시권계획 수립의 경우에도 하위지방자치단체의 대표로 구성된 메트로 정책자문위원회(Metro Policy Advisory Committee)가 설치되어 지역간 합의와 협의 그리고 시민의 참여를 보장하고 있다.

성 그리고 공동의 자원과 기능적 연계성이 높은 대전·충북·충남에 의한 충청권 공동발전계획(2000)과 지리산 인접의 7개 기초자치단체가 공동으로 수립한 지리산권 관광진흥계획(1999) 등을 들 수 있다. 이와 같은 지역협력계획은 대도시권 계획모형과 유사한 기능과 역할을 할 수 있다는 차원에서 지방자치제의 진전에 따라 점차 확대될 것으로 전망된다.[13]

지역협력계획의 수립은 지역간 협력과 제휴를 위한 하나의 수단이다. 지역협력과 제휴를 촉진하기 위해서는 정부계층, 인접지역 및 지역발전에 관련된 다양한 주체간의 교류, 협의 등 교호작용을 촉진하는 효율적인 거버넌스(governance) 체계의 구축이 요구된다. 거버넌스 체계에서는 수많은 주체자와 기관들이 상호 토의하고, 정책을 결정하고 집행하는 것을 조정하는 데 치중한다.

거버넌스는 정책결정에 있어 정부 주도의 통제와 관리에서 벗어나 다양한 이해관계자가 주체적으로 참여하여, 협의와 합의과정을 통하여 정책을 결정하고 집행해 가는 사회적 통치시스템이라 할 수 있다.[14] 한편, 휴게와 마크스(Hooghe·Marks, 2001)는 거버넌스를 의사결정영역이 핵심적 대의기관(representative institutions)의 범주를 넘어 민간부문으로 확산되고 있고, 다른 한편에서는 공식적 권한이 국가로부터 초국가적 기관에서부터 국가하위단위 정부로 분산이 심화되면서 나타난 새로운 형태의 통치체계로 보고 있다. 이들은 의사결정이 공식적 당국으로부터 공공과 민간 네트워크로 이전된 정도, 관할영역의 배타성 여부, 전문화와 유연성의 정도를 기준으로 다층적 거버넌스를 두 가지 유형으로 구분하였다. 제1유형 거버넌스(type I governance)는 소수의 계층에 소속되어 있는 한

---

13) 지역협력계획은 광역행정체계의 확립 여부와 관계 없이 지역간 협력과 제휴의 효과를 거둘 수 있다. 지역협력계획은 사전에 관련된 지방정부가 합의하여 공동의 문제와 잠재력을 바탕으로 전략과 사업을 구상함으로써 지역간 중복투자 방지 및 자원과 환경의 공동관리와 이용이 가능하다. 이로 인한 효과는 자원낭비의 예방, 자원 활용의 극대화, 지역개발 투자의 시너지 효과 증진 및 도시서비스 공급 개선, 지역간 갈등과 분쟁 예방 및 대규모 사업 추진의 위험부담 최소화와 재정확보 용이 등이 있다(김용웅 외, 1999).

14) 지역 거버넌스(regional governance)는 지역 내 대학, 기업, 시민단체 및 각종 공공기관뿐만 아니라 중앙정부, 인접 지방정부와의 협의 노력을 포함한다. 다층적 거버넌스(multi-level governance)는 중앙정부와 지방정부, 지방정부와 지방정부, 정부와 지역사회 등 복수의 정치적 계층이 관련된 거버넌스를 지칭한다(Danson et al., 2000).

〈표 16-1〉 다층적 거버넌스(Multi-Level Governance)의 유형

| 제1유형 (type Ⅰ) | 제2유형 (type Ⅱ) |
|---|---|
| 복합적 과업 관할구역 | 특정과업 관할구역 |
| 계층별 배타적 관할구역 | 전계층별 중첩형 관할구역 |
| 제한적 관할구역수 | 무제한적 관할구역수 |
| 제한적 관할구역계층수 | 무제한적 관할구역 계층수 |
| 경직적(영속적) 관할구역 | 유연적 관할구역 |

출처: Hooghe & Marks, 2001, p.8.

정된 수의 정부간 권력분화에 관련하여 연방주의에 뿌리를 두고 있다. 반면, 제2유형 거버넌스(type Ⅱ governance)는 관할계층이나 수가 제한되어 있지 않고 다양한 영토적 규모를 지니고 있다. 관할대상도 종합적이기보다는 구체적이며 특정 과업 중심적인 특성을 지니고 있다. 제2유형의 거버넌스는 스위스의 경우 일반화되어 있으며, 하위 지방수준에서 관할구역은 목표지향적이고 기능연계적이기 때문에 관할지역이 상호중첩을 이루고 있다.

이상에서 살펴본 바와 같이 향후의 지역발전에 있어서 관건은 지역별로 얼마나 효율적인 거버넌스 체계를 구축하여 사회적 협의와 합의를 이끌어내는가이다. 특히 지방자치제의 진전에 따라 자율적인 지역발전을 촉진하기 위해서는 중앙정부와 인접 지역정부의 동반자관계 및 네트워크를 형성하여 공동의 문제와 목적을 달성하는 노력이 더욱 중시될 것으로 전망된다.


## 4. 지역간 연계 및 협력강화방안

### 1) 지방정부의 제도적 역량(institutional capacity) 배양

지역간 연계와 협력이 활성화되고 소기의 목적을 달성하는 데는 참여주체의 의지와 지역 네트워크를 효율적으로 활용할 수 있는 제도적 역량을 갖추어야 한다. 가장 중요한 점은 첫째, 지역간 연계와 협력체계 구축의 필요성과 중요성을 인식하고, 이를 적극적인 지역발전전략의 수단으

로 삼는 것이다. 지역간 연계와 협력은 인접지역과의 갈등이나 분쟁의 해결, 효율적인 광역시설 및 서비스의 제공뿐만 아니라 정보 및 지식 교류를 통한 혁신성 증진, 규모의 경제성과 지역경쟁력 강화 등 지속적인 지역발전을 위한 핵심적인 수단으로 인정해야 한다. 지구화된 개방적 경제체제 속에서 지역발전을 위해서는 인접지역과 한정된 지역과의 소모적 경쟁보다는 삶의 질 향상을 위한 지역의 잠재력과 발전역량을 키우는 것이 중요하다. 그러나 그동안 지역발전은 타지역과의 경쟁과 상대적 지위 차원에서 이해함으로써 협력보다는 경쟁의 원리가 지배해왔다. 개별 지역의 경쟁적 발전전략은 사회 전체적인 차원에서는 자원이용의 손실, 지역 내 비효율적 투자로 인한 손실과 통합서비스 공급 곤란 및 다양한 정보와 지식의 접근과 교류장애 등 많은 문제점을 낳고 있다. 지역간 연계와 협력을 지역발전의 핵심수단으로 받아들이기 위해서는 국내외 지역협력의 성공사례(best practices)에 대한 지속적인 발굴·소개와 함께 지역간 협력수단에 대한 교육을 강화할 필요가 있다.

둘째, 지역간 연계와 협력 등 네트워크 행태에 대하여 적극적인 정책의지를 지니고 참여해야 한다는 것이다. 지역간 협력 및 네트워크를 구축하고, 이것이 효율적으로 작동하기 위해서는 상당한 재정 및 행정 비용과 부담이 요구된다. 그러나 많은 경우에 이와 같은 준비 없이 지역연계, 협력 및 네트워크 구축에 참여함으로써 큰 효과를 거두지 못하고 있다. 우리나라의 경우 1970년대 중반부터 도시권행정협의회가 구성·운영되고 있고, 50개가 넘는 도시권행정협의회에서 인접지역간 공동문제의 해결을 위하여 광역계획, 건축 및 토지이용, 자원개발, 환경, 교통망 및 기타 광역행정에 필요한 사항을 협의 조정, 협력하도록 하고 있다. 그러나 이들 조직이 지역간 협력을 촉진시키는 데 크게 기여하지 못하고 있다.[15]

카펠로(Capello, 2000: 1930)는 도시네트워크 참여 목적의 달성을 위한 3대 전제조건의 하나로 참여도시의 정책적 의지의 진지성(seriousness)을

---

15) 광역행정협의회가 활성화되지 못한 이유로 권역설정의 불합리성, 협의회회원인 지방자치단체의 법적 위상 격차, 관계규정의 구속력 미흡, 운영 미숙과 관심 부족, 법규와 규약의 미비 등을 들고 있다(박수영, 『도시행정론』, 박영사, 1996, 431쪽).

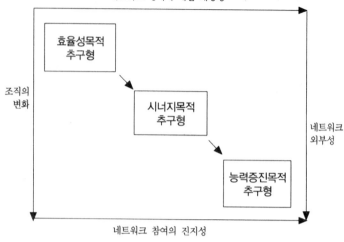

〈그림 16-3〉 네트워크 효과(외부성)와 전제조건 간 관계

네트워크 행태에 대한 개방성

효율성목적
추구형

시너지목적
추구형

능력증진목적
추구형

조직의
변화

네트워크
외부성

네트워크 참여의 진지성

출처: Capello, 2000, p.1931.

들고 있다. 정책적 진지성이란 도시네트워크 참여로 인한 재정 및 행정적 부담을 이해하고 이를 수용할 의지를 의미한다. 진지한 정책의지 여부는 관계자간 실무회의에 책임있는 대표의 참석여부, 지역간 네트워크 운영을 위한 모임의 자율적 개최 여부 등에 잘 나타난다. 네트워크 참여 목적의 또 다른 전제조건은 네트워크 행태에 대한 개방성(openness), 그리고 네트워크 행태가 요구하는 내부 조직 및 제도혁신을 받아들일 수 있는 유연성(flexibility)을 들고 있다. 네트워크 참여목적 달성을 위한 3대 전제조건의 충족정도와 네트워크를 통한 목적의 달성정도는 비례적인 관계가 있다. 네트워크 행태에 대한 개방성, 네트워크 참여에 대한 정책의지의 진지성 그리고 조직의 변화정도가 높을수록 네트워크 효과 즉 외부성이 커지고 네트워크의 효과 유형도 효율성 목적, 상승효과 및 제도적 역량의 강화 등으로 질적 개선이 이루어진다.

셋째, 지방행정 처리절차, 관행, 제도 및 조직의 혁신이 병행되어야 한다. 장기적인 발전전략은 공공행정절차, 내부조직 및 제도 등의 구조적인 전환을 요구한다. 그동안 도시·지역문제나 서비스의 제공은 개별 부서별 업무로 다루어져왔으나 이러한 지방행정절차에 따르는 방식하에서는 협동적 절차를 중시하는 지역간 연계와 협력의 효과를 충분히 발휘하기는 곤란하다. 지역문제나 지방행정 처리에 있어 범부서적 처리방식(inter-sectoral approach)을 도입하여 종합적인 대응체계를 갖추고, 공공의사결정과 집행과정에서 지역 내 다양한 조직과 시민단체와의 협의와 협력 방식을 도입할 필요가 있다. 협력적 절차(cooperative procedures)와 범부서적 접근방법은 지방행정의 기능적 통합, 기존 직책의 폐지, 새로운 전문가직 창설 등을 요구하게 된다(Capello, 2000: 1930). 협동적 행정처리방식은 지방행정의 제도적 역량을 향상시키는 효과는 있으나 그동안 관료적 업무 처리절차와 관행에 익숙해 있는 행정관료들에게는 매우 어려운 변화를 요구하기 때문에 조직 내의 공감대와 합의기반이 필요하다. 범부서적 접근을 위해서는 지방행정조직 내 전문가간 교류와 상호작용 등 내부적 네트워크의 강화가 이루어져야 한다. 지역발전은 지역사회 내 다양한 조직과 기관의 협동적 노력에 의하여 이루어지기 때문에 조직 내 네트워크 강화 등 제도적 역량의 강화는 지방정부기관뿐만 아니라 기업과 공공기관 등 모든 경제주체를 대상으로 확대가 요구된다.

## 2) 지역사회 내 협력 네트워크의 활성화

지역간 연계와 협력의 촉진을 위해서는 지방정부조직 내의 네트워크 뿐만 아니라 지역사회 내 네트워크 강화가 병행되어야 한다. 지역발전은 주민, 기업 및 공공단체 등 다양한 구성원의 참여와 협동노력을 필요로 한다. 특히 지역간 연계와 협력이 지역발전과정에서 효율성과 시너지 효과를 거두기 위해서는 지역 내의 네트워크 활성화가 전제되어야 한다. 지역 내 네트워크는 주민, 시민단체, 기업, 공공기관 및 대학, 전문가집단 등 지역사회의 구성원간에 민주적이고 수평적인 교류와 협의가 가능토록 함으로써 공공의사결정 및 집행에 있어 이해의 조정과 참여를 증진시킬 수 있다. 특히 지방정부와 민간기업의 동반자관계 형성, 공동사업의 추진은 지역 내 자원동원과 민간의 창의력을 지역발전에 활용하는 수단으로 중요성이 증대하고 있다.

또한 지역발전의 핵심적인 과제의 하나는 지역 내 산재되어 있는 다양한 지역발전조직과 기관의 역할을 연계, 조정 및 통합하여 효과적인 기업의 지원과 지역발전을 이루어내야 한다는 점이다. 영국의 지역개발청(Regional Development Agency: RDA)에서는 지역 내 중앙정부, 지방정부, 대학 및 공공기관 간 네트워크를 형성하여 통합서비스를 제공토록 지원하고 있다. 그 대표적인 사례로는 웨일즈 개발청(Wales Development Agency: WDA)을 들 수 있다. 여기서는 지방정부, 의회, 지역개발기구, 금융, 기술 및 각종 지원단체가 하나의 팀(Team Wales)을 구성하여 기업지원을 위한 기획사업에서부터 부지선정, 허가취득, 유망협력업체 및 납품업체 물색, 신기술 채택, 전문인력의 채용 및 훈련 등 통합적 서비스를 제공하여 외국자본 및 기업의 지역유치와 지원에 큰 효과를 거두고 있다(김용웅·차미숙, 2000: 10).그리고 지역 내 네트워크의 또 다른 사례는 36개의 유럽 도시가 참여하는 세계보건기구(WHO)의 건강도시네트워크(healthy city network)를 들 수 있다.16)

지역 내 협력 네트워크는 공공정책의 수립과 집행을 위하여만 필요한 것이 아니다. 지역 내 연계와 협력 네트워크의 보다 중요한 역할은 기업들이 협력적 생산체제를 통하여 위험부담을 최소화하고 핵심분야의 경쟁력을 높이며, 지역 내 혁신여건을 강화하는 데 있다. 이를 위한 지역 내 네트워크는 기업간 네트워크를 포함하여 지역혁신 여건과 학습능력 강화를 위한 산업, 학문, 연구 및 정부기관과의 네트워크가 있다. 지역발전의 전략으로 산업집적(industrial cluster)의 형성에 치중하는 것은 기업 상호간 연계와 협력 네트워크를 강화하는 데 목적이 있다. 기업간 네트

---

16) 건강도시네트워크는 참여도시들간 정보와 지식의 교류, 공동의 정책목표의 설정과 사업의 추진을 통하여 건강관련 정책과 사업에 대한 정치적인 지원과 정책과 집행을 개선하는 데 목적을 두고 있다. 건강도시네트워크에서는 참여도시들에 도시건강정책을 종합적으로 추진할 수 있는 범부문적 건강증진계획(intersectoral health promotion plan)의 수립이다. 범부문적 건강증진계획에는 강력한 환경정책, 도시건강정책을 정치적으로 지원할 범부문적 정치적 위원회(intersectoral political committee)와 시민참여체제 및 계획의 집행을 전담할 수 있는 인력과 조직의 내용을 포함하도록 하고 있다. 이는 공공정책의 수립과 집행에는 범부문적 전문가간의 교류와 상호작용 등 네트워킹이 필수적임을 시사하는 것이다(Capello, 2000: 1931).

워크는 기업간의 자유로운 교호작용에 의하여 이루어지나 이를 촉진하기 위해서는 이들을 중간에서 연계하고 지원하는 중개자(broker)의 활용이 필요하다. 스코틀랜드 개발청(Scottish Enterprise)에서는 전략산업별 집적팀(cluster team)을 구성하여 기업간 연계를 통하여 원부자재의 구입, 시설의 활용, 생산협력, 공동연구 및 각종 기술 및 정보의 교류를 촉진하도록 지원하고 있다. 여기에는 단순히 기업간의 연계만을 의미하지 않고 기업과 대학, 연구기관, 정부기관, 금융기관과의 연계와 협력을 지원하고 있다. 지역 내 네트워크 형성에는 정보와 지식을 창출하고 전파하는 대학도 중요한 역할을 할 수 있다. 영국 셰필드의 경우 대학에서 자체적으로 산학, 연, 관의 연계를 위한 중개기관을 두어 운영하고 있다. 대학 내 지역사무소(regional office)로 불리는 중개기관에서는 대학과 기업 간 연계를 위하여 다양한 정보를 생산하여 기업에 전달하고, 기업의 요구를 대학에 전달하는 식으로 양자간의 협력이 이루어질 수 있도록 지원한다. 또한 대학에서는 지역 내 정부 및 민간부문의 고위관리층을 대상으로 공공부문 클럽(public sector club), 비즈니스 클럽(business club), 관리기획 클럽(managing director's club) 등 다양한 교류기회를 마련하여 지역 내 전문가간의 네트워크 형성을 지원하고 있다(김용웅·차미숙, 2000: 15-17).

## 3) 지역간 연계·협력 강화와 제도적 지원

지역간 연계와 협력관계는 필요성과 제도만으로 이루어지지 않는다. 수많은 학습과정과 경험의 축적이 필요하다. 따라서 지역간 연계와 협력관계는 실현가능성이 높고 가시적 효과가 비교적 빠르게 나타나는 분야를 중심으로 단계적으로 추진하는 노력이 필요하다.

첫째, 지역간 연계와 협력을 강화할 수 있는 종합적 전략의 수립이 필요하다. 초기에는 현재 지역간 갈등과 분쟁의 대상이 되고 있는 사안; 연계도로망 및 교통관리 등 합의의 도출로 지역간 공동혜택이 즉시 나타날 수 있는 부문을 중심으로 지역간 협력을 강화하도록 한다. 이들 현안문제에 대한 인접지역간의 연계와 협력은 지역간 공동이해기반을 지니고 있고, 해결의 필요성이 시급하기 때문에 추진이 용이하다. 2단계로는 지역자원 및 시설의 공동이용 및 관리 등 지역간 협력에 다른 특별한 부담 없이도 수행이 가능한 부문으로 지역간 협력을 확대토록 한다. 이에는 쓰레기매립장, 쓰레기소각장의 공동 및 교차이용, 하천 및 환경공동관리, 특별 사회복지시설의 공동이용 등이 가능하다. 이와 같은 경험과 학습과정을 토대로 지역발전을 위한 공동전략 및 계획의 수립 등 미래지향적인 지역간 협력체계로 전환해나가도록 한다. 공동전략의 마련은 지방자율을 최대한으로 보장하면서 인접지역간 갈등과 분쟁을 방지하고, 기능적 보완과 협력을 통한 공동의 발전을 도보할 수 있는 장점이 있다. 지역공동전략과 계획은 토지이용, 산업개발, 교통, 주택, 관광·여가, 환경, 상하수도, 폐기물처리 등 부문별로 선별적으로 추진하여 점차 확대하여 종합적인 차원으로 발전시켜나가는 노력이 필요하다. 지리적 인접성에 근거한 지역간 연계는 기능적 부문별로 확대할 필요가 있다. 유럽의 건강도시 네트워크, 첨단산업도시 네트워크, 관광도시 네트워크, 그리고 도시재개발, 쓰레기처리기술, 농수산업 진흥 등 분야별 정보 네트워크를 형성하여 정보와 지식의 교류, 공동시책의 개발 등을 추진하도록 한다. 이와 같은 기능적 지역연계와 협력은 초기에는 국내지역에서 점차 국제적 차원으로 확대해가는 지역의 자율적인 노력이 필요하다.

둘째, 지역간 연계와 협력의 목적에 따른 협력체계 및 네트워크 형성에 치중해야 한다. 지역간 연계와 협력의 목적은 단순한 지식과 정보의 교류에서부터 공동투자 및 기술개발 프로그램까지 매우 다양하다. 따라서 지역간 연계와 협력을 촉진하기 위해서는 지역별로 목적을 분명히 하고 이에 맞는 전략을 택할 필요가 있다. 지역별 필요성과 목적에 관계없는 획일적인 지역협력체계나 네트워크의 구축은 참여주체의 관심과 동기부여의 결여로 성공을 거두기 어렵다. 따라서 정부의 역할은 지방정부들이 다양한 목적으로 상호간 연계와 협력의 네트워크를 구성할 수 있도록 토의와 협의의 장을 마련해주고 이에 따른 행정 및 재정적 지원을 제공하는 데 치중할 필요가 있다.

셋째, 지역간 연계와 협력을 위한 제도적인 지원책이 필요하다. 지역간 협력은 개별지역의 필요성에 따라 자율적으로 이루어지는 것이 원칙이나 이를 촉진하는 데는 중앙정부 차원의 지원이 필요하다. 지역간 협력계획 및 공동노력으로 추진되는 사업에 대한 예산의 우선지원, 국고보조비율의 상향지원 등의 조치가 필요하다. 이와 함께 지역간 협의와 협약을 제도적으로 인정하고 집행될 수 있도록 하는 법제의 정비가 필요하다. 지역협력계획의 법제화, 특별통합기구의 설치, 특별자치구의 설정, 자율적인 지방자치단체간 협의조직 등에 대한 제도적 지위부여 등이 이에 해당한다.

마지막으로 지역간 연계와 협력의 기본전제는 지역의 자율과 자치의 확대에 있다. 지역간 연계와 협력이 지역에 분산된 자원, 정보, 지식을 자율적으로 연계, 통합, 조정하고 효율적으로 활용함으로써 지역의 경쟁력과 주민의 삶의 질을 향상시키는 데 목적이 있다. 지역발전과 지역자원의 관리 등에 관한 지방자치단체의 자율성이 제약된 상태에서는 지역간 연계와 협력을 위한 필요성과 효과가 크지 않다. 지역간 연계와 협력을 촉진하기 위해서는 지역발전이 지역사회의 주도적 참여와 선도에 의하여 추진될 수 있도록 지방자치단체에 대한 자율적 권한과 책임의 획기적인 확대가 필요하다. 이를 위해서는 지역주민의 주거 및 생활환경과 관련된 토지이용, 사회간접자본시설, 도시 및 지역계획에 대한 자율권 확대, 지역의 산업발전 및 경제증진을 위한 사업 및 프로그램 운영권한 등이 지방정부로 이양될 필요가 있다. 지방자치의 실시에도 불구하고 지역발전과 생활환경에 영향을 주는 많은 사업 및 시책이 아직까지 중앙정부에 의하여 통제되거나 직접 추진되고 있기 때문에, 지방의 자율성 증진을 위해서는 중앙정부와 지방정부의 역할 재정립과 획기적인 분권화 조치가 따르지 않으면 안된다. 지역간 연계와 협력 등 네트워크 행태를 지원하는 것은 대규모 재정의 추가적 지원 이상의 효과가 있으므로 이에 대한 지원과 이같은 활동이 활발히 일어날 수 있는 제도적 여건을 만들어나가는 것이 필요하다.

## 5. 맺음말

21세기 도시와 지역의 발전은 지역간 치열한 경쟁보다는 자원의 효율적인 이용, 정보 및 지식 공유와 개발의 시너지 효과를 높일 수 있는 지역간 협력과 제휴 형태와 정도에 의하여 결정될 것으로 전망된다. 그러나 이와 같은 지역간 연계와 협력, 제휴활동의 촉진하는 데는 다양한 조건의 충족과 지원이 필요하다. 이를 위해 가장 중요한 것은 지방자치단체의 내부적 자각과 이를 개발하고 발전시켜나갈 수 있는 제도적 역량의 배양이라 할 수 있다.

지역간 협력과 제휴는 지역적 문제의 해결과 목표의 실현을 위한 전략적 수단이 될 수 있다는 인식하에 다른 지역과 협력을 통한 발전을 도모하려는 지역적인 선도가 있을 때만 효과를 얻을 수 있다. 여기에는 첫째, 이를 이해하고 이끌어주는 행정적 리더십과 조직 내부의 합의, 그리고 이를 수행할 수 있는 관리능력의 확보가 전제되어야 한다. 둘째는 지역사회 내 공공기관, 민간기업, 대학, 시민단체, 주민 등 다양한 지역사회 구성원간의 수평적 연계와 협력 활동이 선행 또는 병행되어야 한다. 이를 위해서는 지방행정조직 내 범부서적 수평적 연계와 협력증진체계와 관행을 확립하는 것이 우선되어야 한다. 효율적인 지역문제 해결을 위해서는 그동안 부서중심적인 행정 관행에서 탈피하여 다양한 관련부서간 협의와 협력이 가능한 행정체계의 구축과 이의 필요성에 대한 내부적 합의기반이 필요하다. 이와 같은 지방행정 내부의 범부서적 수평적 협력체계를 바탕으로 지방정부와 공공기관, 대학, 민간기업, 시민 및 사회단체 간의 연계와 협력체계를 구축하여 동반자관계에 의한 지역발전을 도모하는 노력이 필요하다. 이와 같은 내부적인 인식과 역량의 구축이 결여된 상태에서의 지역간 연계와 협력에는 한계가 있다. 셋째로 지역간 연계와 협력체계의 구축과 원활한 운영을 위해서는 오랜 기간의 학습과 경험이 요구된다. 지방자치단체의 인식, 의지 및 제도적 능력에 따른 단계적이고 전략적인 육성방안이 필요하다. 일차적으로 토지이용, 대규모개발사업, 혐오시설 입지, 광역간선시설 등 인접지역에 영향을 줄 수 있는 분야에 대해서 인접지역과 사전협의의 채널을 구축하고 운영해나가는 노력부터 시작할 수 있다. 이 단계가 지나면 하천관리, 광역교통, 쓰레기처리 등 분야별 공동전략 및 계획의 수립 및 연구 수행 등 지역간 전문가, 공무원, 이해당사자간 원활한 교류와 협의를 장려할 필요가 있다. 특히 지역간 협력실현이 가능한 구체적인 사안을 선정하여 상호 신뢰관계를 쌓는 노력이 필요하다. 이 같은 학습과 경험을 토대로 공동문제에 대한 공동전략과 계획은 물론 해결을 위한 협력 또는 제휴체계를 마련하기 위해서는 단계적 노력이 필요하다. 초기에는 공동의 연구회, 워크숍에서 출발하여 분야별 실무협의회, 공식적 협의기구, 그리고 종국에는 공동의 관리기구를 설치해나가는 노력이 필요하다. 영국의 지역개발청(RDA)은 중앙정부, 지방정부, 각종 공공 및 민간기관이 수평적 협력과 동반자관계를 바탕으로 수립한 광역단위의 지역발전전담기구의 대표적인 사례이다. 이 같은 인접지역과의 연계 및 협력과 함께 국내외의 유사지역과 상호 정보교류, 기술개발, 자원의 공동이용 등을 위한 네트워크를 형성해나가는 노력이 필요하다.

우리나라의 지역간 협력과 제휴 활동은 현재 초보적 단계에 불과하다. 따라서 지역간 협력활동을 지원하고 촉진할 수 있는 행정 및 제도적 지원책이 필요하다. 여기에는 지역협력계획제도 도입, 지역협력 및 공동사업에 대한 예산지원 우대, 지역간 다양한 네트워크 구성 프로그램 개발 및 참여 지원, 지역간 협력, 제휴 방안 연구 및 계획 수립을 위한 재정지원 등이 포함될 수 있다. 이 과정에서 중앙정부는 지방자치단체들이 지역간 연계와 협력의 필요성과 효과를 인식하고, 이를 실현할 수 있도록 제도적 장치를 마련해주고 필요한 재정지원을 제공하는 촉진자(facilitator)로서의 역할을 강화할 필요가 있다. 그러나 지역간 연계와 협력의 촉진에 있어 가장 중요한 것은 지방정부와 지방자치단체들이 지역발전에 대한 전적인 책임과 권한을 행사할 수 있는 자율성의 확보이다. 지역의 발전이 중앙정부의 정책이나 재정지출에만 의존하는 경우 지방정부는 지역간 연계와 협력의 필요성을 크게 느끼지 못할 뿐만 아니라 효과도 크지 않기 때문이다. 따라서 지역간 연계와 협력이 지역의 자율적인 발전전략이 될 수 있도록 하기 위해서는 지방자치단체의 자율적 권한과 책임을 증대시킬 수 있는 분권화된 행정체제 구축에 보다 큰 노력이 요구된다.

■ 참고문헌

김용웅. 1997, 「지역의 자립적 성장을 위한 지방광역권의 발전방향」, 이건영·류상철·박양호 편저, 『국토21세기』, 국토개발연구원 총서 ①, 나남출판사, 109-130쪽.

김용웅. 1999, 『지역개발론』, 법문사.

김용웅 외. 1999, 「경쟁력을 갖춘 개성있는 지역창출, 제4차국토계획 지역개발부문」, 국토연구원.

김용웅·차미숙. 2000, 「유럽의 지역개발 성공사례와 동향」, 국토연구원.

박수영. 1996, 『도시행정론』, 박영사.

Camagni, R., L. Diappi and S. Stabilini. 1994, "City Networks: an Analysis of the Lombardy Region in Terms of Communication Flows," in Cuadorado-Roura, J., P. Nijkamp and P. Salva(eds.), *Moving Frontiers: Economic Restructuring, Regional Development and Emerging Networks*, Aldershot Avebury, pp.127-148.

Cameron, S., S. Davoudi & P. Healey. 1997, "Medium-sized Cities in Europe," in Medium-sized Cities in Europe, *European Foundation for the Improvement of Living and Working Conditions.*

Capello, R. 2000, "The City Network Paradigm, Measuring Urban Network Externalities," *Urban Studies*, Vol. 37, No. 11, pp.1925-1945.

Hall, P. 1993, "Forces Shaping Urban Europe," *Urban Studies*, 30(60), pp.883-898.

Cheshire, P. & D. Hay. 1986, "The Development of Euroupean Urban System, 1971-1981," in Ewers, H. J., J. B. Goddard & H. Matzerath(eds.), *The Future of Metropolis*, Walter deGruyter & Co. New York, pp.149-170.

Danson, M., H. Helkier & G. Cameron. 2000, "Regional Governance, Institutional Change and Regional Development," in Danson, M. H. Helkier, G. Cameron (eds.), *Governance, Institutional Change and Regional Development*, Ashgate, Eldershot, England, pp.1-7.

Gottman J. 1995, "Introduction: Why Metropolitan Organization?," in Sharpe, I. J.(ed.), *The Government of World Cities: the Future of Metro Model*, John Wiley & Sons, pp.1-10.

Healey, P. 1997, *Collaborative Planning: Shaping Places in Fragmented Societies*, MacMillan Press.

Hix, S. 1998, "The Study of European Union II: The New Governance Agenda and Its Rival," *Journal of European Public Policy*, Vol. 5, No. 1, pp.38-65.

Hooghe & Marks. 2001. 8, "Types of Multi-Level Governance, What, Where, Why," A paper presented at the Conference on 'Multi-level Governance Interdisciplinary Perspectives' June 2001, University of Sheffield, U.K.

McLaren E. 2000, "Planning in the Greater Toronto Area," 『광역도시계획과 관리에 대한 국제비교연구』, 국토연구원, 145-162쪽.

McGuirk, P. M. 2001, "Situating Communicative Theory: Context, Power, and Knowledge," *Environment Planning A*, Vol. 35, pp.195-217.

Keeble, D. 1986, "The Changing Spatial Structure of Economy Activity and Metropolitan Decline in the United Kingdom," in Ewers, H. R., J. B. Goddard & H. Matzerath(eds.), *The Future of Metropolis*, Walter deGruyter & Co. New York, pp.171-199.

Parkinson, M., A. Harding and J. Dowson. 1994, "Introduction," in Harding et al.(eds.), *European Cities towards 2000*, Manchester University Press.

Robson W. A. 1972, "The Great City of Today," in Robson William A. & D. E. Regan(eds.), *Great Cities of the World*, Allen & Unwin.

Salet W. & A. Faludi(eds.). 2000, *Revival of Strategic Spatial Planning*.

Sassen, S. 1991, *The Global City: New York, London, Tokyo*, Princeton Univ.

Sharpe, I, J. 1995, "The Future of Metropolitan Government," in Sharpe, I. J.(ed.), *The Government of World Cities: the Future of Metro Model*, John Wiley & Sons, pp.11-32.

Wannop, U. A. 1995, *The Regional Imperative, Regional Planning and Governance in Britain, Europe and United States*, Jessica Kingsley Publishers.

# 제17장
# 지방분권과 대안적 지역경제발전 모델

김형기 (경북대학교 교수)

## 1. 머리말

1997년 IMF 사태 이후 최근에 들어와 지방이 총체적 위기양상을 보이고 있다. 부산, 대구, 광주, 대전 등 전국의 주요 광역자치단체의 지역경제가 빈사상태에 빠져 있고, 농촌경제는 파탄상태에 이르렀다. '지방의 붕괴'니 '지방의 황폐화'니 하는 말이 회자되고 있다. 지방의 위기의 기초에는 지역경제의 위기가 가로놓여 있다.

지역경제의 위기는 경기가 회복되면 호전될 수 있는 단기적인 순환적 위기가 아니고 중장기적인 구조적 위기이다. 지역경제를 규정하고 있는 구조적 요인이 해소되지 않고는 극복할 수 없는 위기인 것이다. 이 구조적 경제위기는 중앙집권체제하에서 낡은 경제 패러다임이 생명력을 다하였으나 새로운 경제 패러다임이 아직 정착되고 있지 못한데서 비롯되고 있다.

지역경제의 위기가 4년여 지속되는 가운데 다수의 지방자치단체의 부채는 눈덩이처럼 커지고 있다. 재정위기 속에서 재정확충을 위해 지방자치단체들이 다투어 지역개발에 나섬으로써 환경을 파괴하는 난개발이 활개를 치고 있다. 과거 개발독재시대의 개발방식과 성장지상주의가 지방자치단체 수준에서 재현되고 있다. 자치단체의 부채위기가 생태위기를 초래하고 있는 것이다.

지방대학은 갈수록 그 위상이 떨어지고 있고 존립이 위태로운 지방대학들이 크게 늘어나고 있다. 문화의 세계화 추세 속에서 지역문화의 자주성과 역동성이 상실되고 있다. 신자유주의적 시장논리의 관철로 지역공동체의 해체현상이 심화되어 지역사회는 더욱 각박해지고 있다. 해묵은 고질적인 지역갈등은 해소될 기미를 보이지 않고 있다. 지역에 일터와 삶터를 두는 기업인, 전문인, 시민 등 지역주민들의 자존심과 긍지의 상실은 더욱 심각한 문제이다.

이것이 오늘 거의 모든 지역의 현주소이다. 이러한 지방의 위기는 여러 요인들에서 비롯되고 있지만, 과도한 중앙집권 및 서울집중과 지역혁신 능력의 부족이 주된 요인이라 할 수 있다. 지방의 위기는 순환적 위기도 아니고 과도기적 위기도 아니다. 지방의 위기는 과도한 중앙집권-서울집중 체제라는 구조에서 비롯되는 구조적 위기와 지역혁신능력의 결여에서 비롯되는 주체적 위기이다. 따라서 이 위기는 그러한 구조의 타파와 그것을 타파할 수 있는 주체의 혁신이 이루어질 때까지 지속될 것이다.

이 위기가 지속되는 가운데 구조개혁과 주체의 혁신이 없으면 지방은 몰락할 것이다. 특히 글로벌화와 디지털 경제에서 지방의 몰락은 이전 시기에 비해 급속히 진전될 가능성이 높다. 이 위기로부터 탈출하기 위해서는 국민경제와 지역경제의 발전 패러다임을 바꾸지 않으면 안된다. 왜냐하면 지방의 위기가 다름아닌 발전모델[1]의 위기에서 비롯되고 있기 때문이다. 즉 기존의 발전모델이 붕괴했는데도 아직 새로운 발전모델이 등장하지 않았기 때문에 경제위기가 지속되고 있는 것이다. 한국경제 전체의 위기가 발전모델의 위기인 것처럼 지역경제의 위기도 발전모델의 위기이다(김형기, 1999).

이 장에서는 당면한 지방의 위기를 극복하기 위해서는 지방분권에 기초한 산업자치를 통해 지역혁신을 추진하는 새로운 대안적 지역경제발

---

1) 발전모델은 국민경제의 축적체제와 조절양식이 결합된 개념이다. 발전모델 개념에 대해서는 김형기, 2001a, 16장을 참조할 수 있다.

전 모델을 구축해야 함을 보일 것이다. 나아가 지역경제 발전의 새로운 패러다임 실현을 위한 지방분권정책의 방향과 산업자치 추진의 방향을 제시할 것이다. 이를 위하여 2절에서는 현 단계 한국에서 지방분권이 핵심적 의제로 올라야 하는 주요 이유를 논의한다. 3절에서는 지방분권을 통한 대안적 지역발전모델의 윤곽을 제시하고, 4절에서는 지방분권정책의 기본방향을 제시한다. 마지막으로 5절에서는 산업자치를 통한 지역경제발전의 방향을 이탈리아, 영국, 일본의 사례로부터 정책적 시사점을 도출하고자 한다.

## 2. 왜 지방분권인가

왜 지금 '지방자치'나 '지역균형발전'이 아니라 '지방분권'이 새로이 화두가 되고 있는가? 지방분권(decentralization)은 중앙정부에서 자치단체로의 권한이양(devolution)과 서울(수도권)에서 지방(비수도권)으로의 자원의 분산(deconcentration)이란 두 측면을 포함한다. 따라서 지방분권은 경제력의 지방분산, 행정과 재정의 분권, 교육과 문화의 분권을 의미한다. 지방에 사람과 돈과 정보가 모이고 행정과 재정에서 결정권이 지방으로 이양되는 것이 지방분권이다. 특히 지방행정과 지방재정의 자율성 확보가 지방분권의 핵심적 과정이다.

행정과 재정의 측면에서 보았을 때, 현재 한국에서 지방분권화란 서울 일극집중(一極集中)의 '집권적 집중체제'에서 지역 중심의 '분권적 분산 체제'로 전환되는 과정이다. 결정권이 중앙정부에 있는 집권체제로부터 결정권이 지방으로 이양되는 분권체제로, 집행권이 중앙정부에 있는 집중체제로부터 집행권이 지방정부에 있는 분산체제로 체제개혁이 이루어지는 것이 지방분권이다.

왜 지금 한국에서 이러한 지방분권이 절실히 요청되는가? 그 이유는 첫째, 지방의 총체적 위기 극복을 위하여, 둘째, 지방자치의 내실화를 위하여, 셋째, 지역혁신을 위하여, 넷째, 복지공동체 실현을 위하여, 다섯째,

지역통합과 민족통합 등으로 집약될 수 있다.

## 1) 지방의 총체적 위기 극복을 위하여

지금 우리나라의 각 지방은 경제, 교육, 문화 등 사회 전반이 총체적 위기에 처해 있다. 우선 대부분의 지역경제가 침체의 늪에서 헤매고 있고 유망한 미래산업이 없다. 특히 디지털 경제 혹은 지식기반경제로 특징지어지는 21세기 '신경제(New Economy)'의 두 바퀴에 해당하는 정보통신산업과 금융산업은 서울에 집중되어 있다. 지역별로 벤처기업 육성을 위해 테크노파크를 설립하여 신산업 육성을 위한 시도가 이루어지고 있지만 아직 그 전망은 불투명하다. 지역경제는 미래 비전이 없다는 점에서 심각한 위기상황에 처해 있다.

교육위기는 더욱 심각하다. 지방대학의 위상은 갈수록 떨어지고 있다. 고등학교 졸업자들이 서울소재 대학으로 진학하려고 하지 지방대학에 가려고 하지 않는다. 이는 무엇보다 지방대학 나오면 취직이 잘 안 되기 때문이다. 서울소재 대학과 지방대학 간의 교육자원 격차가 갈수록 심화되고 있다. 특히 재벌기업들의 대학지원이 수도권의 소수 대학에 집중되고 있고, 이들 대학과 지방대학들 간에 대학발전기금의 격차가 엄청나다. 지식기반경제에서 지역발전의 중심축이 되어야 할 지방대학의 위기는 지방의 위기와 직결되고 있다.

아울러 지역문화를 꽃피울 인적·물적 자원이 빈약하기 그지없다. 올해가 지역문화의 해라 하지만 지역문화가 중흥될 기미가 도무지 보이지 않는다. 이는 거의 모든 문화자원이 서울에 집중되어 있기 때문이다. 지역에서는 수준 높은 문화를 향유할 기회가 극히 드물다. 21세기는 문화가 경쟁력이라고 하는데 지역문화의 빈곤은 지역의 앞날을 어둡게 하고 있다. 학문과 언론의 중앙집중현상은 더욱 심각하다. 지방에서 학문후세대 양성 가능성은 극히 희박하고 지역언론기관은 심각한 재정위기에 직면하고 있다.

지방의 위기는 무엇보다 과도한 중앙집권과 서울집중 때문이다. 중앙집권과 서울집중 현상은 정치, 경제, 문화 등 사회 모든 영역에서 나타나고 있다. 이 점에서 한국의 중앙집권과 서울집중은 세계적으로 그 유례를 찾아볼 수 없는 '총체적 초집중(total hyper-centralization)'이라는 특성을 지닌다. 더욱 이러한 현상은 시간이 지남에 따라 약화되기는커녕 오히려 강화되어왔다.

예컨대 수도권의 지역총생산(GRP) 비중은 1970년 37.2%에서 1999년 46.3%로 증가하고, 수도권의 인구비중은 1970년 28.3%에서 2000년 46.3%로 증가하였다(〈표 17-1〉 참조). 특히 1997년 IMF 경제위기를 계기로 정보기술(IT)산업과 금융산업의 서울집중이 더욱 강화되고 있다. 금융산업의 경우, 수도권의 은행예금 및 대출액 비중은 1995년 70.2%에서 1997년 69.1%, 1998년 70.0%, 1999년 70.2%, 2000년 70.4%로 증가하고 있다. 1997년 금융위기를 계기로 한 금융기관 점포수 감소정도는 서울보다 지방이 훨씬 심했다.

서울 혹은 수도권에 인적·물적 자원이 집중하는 까닭은 무엇인가? 그것은 무엇보다 거의 모든 중앙행정기관이 서울에 있고, 그 중앙행정기관이 국정의 핵심적 결정권을 독점하고 있으며, 조세의 대부분이 국세로 징수되고 있고, 교육과 문화의 향유기회와 취업기회가 서울에 집중되어 있기 때문이다. 나아가 정치, 경제, 문화 등 사회의 모든 영역에서 구상 및 기획기능과 중추관리기능이 서울에 독점되고 있기 때문이다. 1968년 한국의 정치경제상황에 기초하여 그레고리 헨더슨(G. Henderson)이 제시한 '중앙집권이 수도권 집중을 초래한다'는 명제는 오늘날 더욱 현실적 합성을 가진다.

물론 지방위기의 원인을 중앙집권과 서울집중이라는 구조에서만 찾는

〈표 17-1〉 수도권의 인구 및 생산 비중 추이

(단위: %)

| 구 분 | 1970 | 1975 | 1980 | 1985 | 1990 | 1995 | 2000 |
|---|---|---|---|---|---|---|---|
| 인구비중 | 28.3 | 31.5 | 35.5 | 39.1 | 42.8 | 45.2 | 47.3 |
| 지역총생산비중 | 37.2 | 39.3 | 43.5 | 42.0 | 46.2 | 45.7 | 46.3* |

주: *는 1999년 수치
출처: 통계청, 인터넷 홈페이지; 내무부 「주민소득연보」(1970-1985).

다면 일면적일 것이다. 지방 자신의 능력 부족, 즉 자치단체와 지역의 기업, 대학, 지역주민의 능력 부족이라는 주체적 요인을 무시할 수 없다. 지역사회의 각 영역에서 지역발전을 가로막는 낡은 패러다임을 버리고 새로운 패러다임을 창출할 수 있는 혁신능력의 부족을 탓하지 않을 수 없다. 그러나 서울이 지방의 거의 모든 자원을 집어삼키는 블랙홀이고, 중앙정부가 핵심적 결정권을 독점하며, 조세의 대부분이 국세로 걷이고 있는 상태에서, 자치단체와 지역 기업과 대학이 안간힘을 써봐도 어쩔 수 없는 한계가 있는 것이다.

위와 같은 진단이 올바르다고 한다면, 지방의 총체적 위기 극복을 위해서는 무엇보다 획기적인 지방분권을 추진해야 한다는 결론에 도달하게 된다.

## 2) 지방자치의 내실화를 위하여

지방자치제가 실시된 지 10년이 지난 지금, 지방자치단체에 사무가 일부 이양되고 있지만 결정권은 여전히 중앙정부가 가지고 있다. 국가행정 사무의 지방이양이 진전되고 있지만 입법권, 인사권, 재정권 등 중요 권한의 이양이 아니라 대부분 단순행정사무의 위임 수준에 머물고 있다(성경륭, 2001). '중앙행정권한의 지방이양촉진 등에 관한 법률'에 기초하여 1998년에 설치된 지방이양추진위원회가 이양한 실적은 미미하다. 게다가 예산이 수반되지 않는 사무위임이 이루어져 오히려 지방자치단체의 부담만 가중시키고 있는 실정이다(김병준, 2001). 이런 까닭에 자치단체는 정책입안권, 조직권, 인사권을 가지고 있지 못하다. 한국 지방자치는 현재 결정권과 집행권을 모두 중앙정부가 가지는 '집권적 집중체제'로부터 결정권을 중앙정부가 가지고 집행권을 지방자치단체에게 넘겨주는 '집권적 분산체제'로 조금 나아가고 있는 단계에 있다. '결정권 없는 지방자치', 이것이 한국 지방자치의 제1의 특징이다. 이처럼 지방에 결정권이 없기 때문에 지역이 창의성을 가지고 독자적인 조직과 인사를 통해 정책을 수립하여 지역발전을 도모할 수 없다.

지방자치의 물질적 토대인 지방재정이 취약하기 짝이 없다. 지방자치 실시 이후 지방재정의 확충은 국세와 지방세 간에 세원을 재배분하는 세제개혁이 아니라 중앙정부가 자치단체에 재정지원을 하는 형태로 전개되었다(이재은, 2000). 1991년 지방자치가 실시된 이후 세목이 지방세로 이양된 국세는 없다. 2000년 현재 국세와 지방세 비율은 81.1 대 18.9로서 지방세 비율이 매우 낮다. 이에 따라 대부분 지방자치단체의 재정자립도가 낮다. 자치단체의 세입에서 지방세가 차지하는 비중도 낮다. 국가재정 중 지방재정이 차지하는 비중은 1990년 41%에서 2000년 31%로 지방자치가 실시된 지난 10년간 크게 하락하였다.

이러한 상태에서 지방교부세, 지방양여금, 국고보조금 등의 형태로 시행되는 지방재정지원제도는 자치단체간의 세원불균등을 조정하는 데 일정하게 기여하고 있지만, 특별교부금이나 국고보조금 등은 자치단체에 대한 중앙정부의 통제수단으로 기능하고 있다. '세원 없는 지방자치', 이것이 한국 지방자치의 제2의 특징이다. 자주재원이 취약하여 세입의 자치가 없고 중앙정부의 예산편성지침으로 인해 세출의 자치가 없다. '세원 없는 지방자치'는 곧 물질적 토대가 없는 허구적 자치일 뿐이다.

지역발전을 기획하고 추진할 수 있는 우수한 인적자원이 지역에 집결하지 못하고, 지방에서 양성된 인재의 서울로의 유출이 심각하다. 이는 무엇보다 연구직, 전문직, 행정직 등의 일자리를 지방에서 찾기 어렵기 때문이다. 지방대학 위상의 지속적 하락도 인재유출의 주된 요인 중의 하나다. 인재의 유입이 거의 없고 인재의 유출만이 심화되고 있다. '인재 없는 지방자치', 이것이 한국 지방자치의 제3의 특징이다. 우수한 인적자원이 모이지 않으면 제대로 된 지방자치를 할 수 없다.

이와 같이 '결정권 없는 지방자치', '세원 없는 지방자치', '인재 없는 지방자치'로 특징지어지는 한국의 지방자치를 내실화하여 진정한 지방자치로 되게 하기 위해서는 지방분권이 필수적이다. 진정한 의미에서 지방분권 없는 지방자치는 있을 수 없기 때문이다. 지난 10년간 지방자치의 경험은 지방분권 없는 지방자치의 허구성을 여실히 드러냈다고 할 수 있다.

## 3) 지역혁신을 위하여

당면한 지방의 위기를 극복하고 중장기적으로 지역발전을 도모하기 위해서는 지방분권과 함께 지역혁신이 추진되어야 한다. 지역혁신은 지역의 대학, 기업, 정부, 연구기관을 포함하는 지역혁신체제(regional innovation system)의 구축과 정치, 경제, 문화 등 지역사회의 총체적인 시스템 혁신을 의미한다. 그것은 창의성있는 인적자원을 개발하는 과정이고, 지역주민들이 주체적으로 낡은 패러다임을 파괴하고 새로운 패러다임을 창조하는 과정이며, 낡은 가치관을 가진 기득권층으로부터 새로운 가치관을 가진 혁신주도층(innovator)으로 지역 리더십이 교체되는 과정이다. 이러한 '창조적 파괴'를 통해 지역의 새로운 발전 메커니즘을 구축하려는 것이 지역혁신의 목표이다.

지역혁신은 지식기반경제에서 지역경제 발전의 새로운 전략적 요소이다. 지역의 특성에 적합한 지역혁신체제를 구축하여 가치창출을 위한 지식을 부단히 창출하고 확산시킬 때 지속적 지역발전을 기대할 수 있다. 지역혁신은 지역발전의 잠재력인 자생력을 키우는 과정에 다름 아니다. 교육과 문화는 자생력 형성에 결정적 중요성을 가진다. 따라서 지역교육과 지역문화의 부흥은 지역혁신에 필수적이다. 지역혁신체제는 경제권과 생활권을 중심으로 구축해야 한다. 즉 대구 경북, 부산 경남, 광주 전남, 전북, 대전 충남, 충북, 강원 등 통합된 광역지방정부 단위로 지역혁신체제가 구축되어야 한다.

그런데 지방분권 없이는 지역혁신이 제대로 추진될 수 없다. 지방분권은 지역혁신의 전제조건이기 때문이다(Hilpert, 1991). 지방이 결정권을 가지지 못하고 지역에 인적 및 물적 자원이 없으면 독자적인 지역혁신체제를 구축할 수 없다. 현재와 같이 서울이 지방의 거의 모든 인적 및 물적 자원을 빨아들이고 있는 중앙집권·서울집중 체제에서는 지역혁신을 기대할 수 없다.

지역혁신을 위해서는 산업정책의 분권화를 통한 산업자치가 필요하다. 산업자치를 통해 지역산업정책을 수립할 수 있고 그것을 뒷받침하는 인적·물적 자원이 지역에 존재할 때 비로소 지역혁신이 가능할 것이다. 지방의 자주성 없이는 지역의 혁신능력이 함양될 수 없고, 지방에 인적·물적 자원이 모이지 않으면 지역혁신을 추진할 수 없기 때문이다. 요컨대 지방분권은 지역발전을 위한 지역혁신을 위해 필수적으로 요청된다. 지방분권은 가치의 분배라는 공평성의 관점에서 필요할 뿐만 아니라 가치의 창출이라는 효율성의 관점에서도 요청된다.

### 4) 복지공동체 실현을 위하여

지방분권은 교육, 의료, 육아, 양로 등 지방정부가 제공하는 현물급부를 중심으로 한 지역단위의 복지공동체 실현을 위해서 필수적이다. 주지하는 바대로 우리나라는 아직 복지국가가 실현되고 있지 못하다. 따라서 중앙정부가 사회안전망을 구축하여 실업급부금과 생활보조금 지급과 같은 화폐급부를 행하는 복지국가를 구현하는 것은 빼놓을 수 없는 과제이다. 현금급부 중심의 사회복지는 중앙집권적 사회보장제도를 통해 전국 일률적인 국민적 최저수준(national minimum)의 생활을 보장하는 것이기 때문에 복지행정의 중앙집권이 불가피하다.

그러나 이와 동시에 선진국이 경험한 복지국가의 문제점을 미리 예방하여 수준 높은 사회복지를 실현하기 위해서는 지방분권을 추진하여 현물급부에 의한 사회안전망을 펼쳐야 한다. 현물급부 제공은 '가까이 있는 정부'인 지방정부만이 가능하기 때문이다(神野直彦, 2000). 이처럼 지방분권은 복지국가(welfare state)에서 복지공동체(welfare community)로 나아가는 새로운 복지모델 구축에 필수적이다. 복지공동체는 지방분권이 이루어져야만 실현될 수 있다. 복지공동체는 복지국가를 해체하여 복지서비스의 시장화 방향으로 나아가는 신자유주의적 대안과는 달리 복지국가의 모순을 해결하고 시민사회의 적극적 역할을 통해 그것을 넘어서려는 민주적 대안이다(Lipietz, 1992).

복지공동체에서는 사회보장정책의 대폭적 분권화를 통해 광역자치단체가 현물급부 중심의 사회보장정책을 실시한다. 이때 지방정부와 지역시민사회의 비정부기구(NGO) 혹은 비영리기구(NPO)가 파트너십을 형성하여 복지서비스를 제공하는 '제3섹터(third sector)' 방안을 생각해볼 수 있다. 시장부문(제1섹터)도 정부부문(제2섹터)도 아닌 민관합작(民官合作)의 제3섹터는 지역사회가 필요로 하는 현물급부 중심의 복지서비스인 어린이 교육, 환자의 간호, 유아의 육아, 노인의 양로 등과 같은 준사적재(準私的財)를 생산하여 공급하게 된다.

현 정부가 새로이 제시한 사회보장제도인 생산적 복지(productive welfare)는 중앙집권적인 현금급부 중심의 복지국가 요소와 지방분권적인 현물급부 중심의 복지공동체 요소의 적절한 배합을 통해 실현될 수 있을 것이다. 복지국가의 과제와 복지공동체의 과제를 동시에 압축하여 수행해야 하는 것은 '비동시성의 동시성'으로 특징지어지는 한국사회의 특수성에서 비롯된다.

## 5) 지역통합과 민족통합을 위하여

지방분권은 국민을 분열시키고 한국 정치의 발전을 가로막고 있는 망국적인 지역패권주의와 지역감정을 해소하여 지역통합을 이루기 위해서도 반드시 필요하다. 정치권력과 경제력, 그리고 교육·문화자원이 모두 중앙에 집중해 있기 때문에 그것을 배타적으로 장악하기 위한 지역패권주의가 나타났고, 그 결과 지역갈등이 심화되어 온 측면이 강하다. 권력이 지방으로 분산되어 지방정치가 활성화되고 자원이 지방으로 분산되면, 중앙권력 쟁취를 위해 각 지역이 사활을 걸고 패권을 다툴 가능성이 상당히 줄어들 것으로 예상할 수 있다.

지방분권이 새로운 지역패권주의와 지역갈등을 낳을 것이라는 우려가 제기될 수 있다. 지방분권이 '한국은 하나다' 혹은 '민족은 하나다'라는 민족공동체 이념에 따라 추진되고, 지방분권정책이 진정으로 지역의 자율성과 지역균형발전을 실현하는 방향으로 실시된다면, 그것은 지역간 격차를 줄이고 전국 어느 지역에서 살든 자기 지역에 대한 자부심을 가지고 떳떳이 인간답게 살 수 있는 조건을 창출할 것이기 때문에, 지역화합과 지역간 협력을 가능하게 할 것이다.

한편 통일 이후 새로운 한국의 발전은 지방분권을 통해 이루어지지 않으면 안된다. 2000년에 남북정상이 합의한 '민족경제의 균형발전'을 위해서 우리 정부가 추진하려는 '국토의 균형발전'을 위해서 지방분권은 필수적으로 요청된다. 지역간 격차를 줄이는 지역균형발전은 자원의 분산과 권한의 이양이 이루어지는 지방분권 없이는 실현될 수 없다. 마찬가지로 민족경제의 균형발전도 남북한을 통틀어 실현되는 이러한 지방분권이 있어야 비로소 기대할 수 있다.

7천만 민족구성원들의 사회적 통합을 위해서는 계층간 분열과 함께 지역간 분열을 반드시 해소해야 하는데, 지역간 분열을 해소하기 위한 가장 중요한 선결조건은 획기적인 지방분권을 추진하는 것이다. 민족통일이 정치통합과 경제통합 그리고 사회통합의 장기적 과정이라고 한다면 지방분권은 통일한국의 발전모델의 필수요소가 되지 않을 수 없다. 중앙집권적인 자본주의 남한과 중앙집권적인 사회주의 북한이 '지방분권적인 새로운 민주한국사회'로 통일되어야 한다.


## 3. 지방분권을 통한 대안적 지역발전

### 1) 분권-자치-혁신에 기초한 내발적 발전

위에 제시한 다섯 가지 지방분권의 이유에는 지방자치와 지역혁신에 기초하고 복지공동체와 지역통합을 지향하는 새로운 대안적 지역발전모델을 실현하려는 문제의식이 그 밑에 깔려 있다. 지방분권은 지금까지와 같은 중앙집권적 개발독재체제와 재벌지배의 경제체제 아래 서울과 재벌에 의존하는 종속적 지역발전과는 다른 새로운 지역발전모델 구축에 기여할 수 있다. 지방분권은 지역발전의 새로운 패러다임을 위한 전제조건이다. 그러나 두말할 필요 없이 지방분권은 결코 만병통치약이 아니다. 지방분권은 대안적 지역발전모델의 필요조건일 뿐 충분조건이 아니다.

지방분권은 자기결정(self-determination)과 자주관리(self-management)라는 철학적 기초 위에서 접근되어야 한다. 자기 문제는 자기가 결정할 권리가 있다는 사고, 조직과 집단의 문제는 그 구성원들이 스스로 결정하고 해결한다는 사고, 자기 혁신을 통해 자기 지역을 발전시킨다는 사고가 바탕에 깔려 있어야 한다. 이러한 철학적 바탕 위에서 지방분권이 대안적 지역발전에 기여하려면, 지방분권은 지역혁신 및 주민자치와 반드시 결합되어야 한다.

　먼저 지방분권은 반드시 지역혁신과 결합되어야 한다. 지방분권이 지역발전을 가로막고 있는 중앙집권·서울집중 체제라는 구조에 대한 개혁을 의미한다면, 지역혁신은 지역발전을 저해하는 지역 자신의 낡은 패러다임을 창조적으로 파괴하는 주체의 개혁을 의미한다. 이러한 구조개혁과 주체의 혁신은 맞물려 있다. 지방분권이란 구조개혁이 있어야 지역혁신이란 주체의 혁신이 가능하고 지역혁신이 있어야 실질적인 지방분권을 실현할 수 있다. 지역혁신을 통한 지역주체들의 능력 향상이 없으면 지방분권을 획득하고 유지할 수 없다. 지역혁신체제는 지역의 자생력 다시 말해서 창출능력을 높이는 지방분권의 경제적 토대이기 때문이다.

　다음으로 지방분권은 주민자치와 결합되어야 한다. 주민자치는 지역수준에서 참여민주주의를 실현하는 길이다. 주민자치와 결합되지 않는 지방분권은 지방정부 관료와 토호들의 권력만 강화하여 지역수준에서 새로운 관료적 권위주의를 낳을 것이다. 주민자치를 위해서는 주민의 자치능력이 향상되어야 함은 두말할 필요가 없다. 주민의 자기개발 노력과 참여의식은 주민자치의 필수적 조건이다. 자치는 '실행을 통한 학습(learning by doing)' 과정이기 때문에 주민의 자치행정에 대한 주민의 적극적 참여가 보다 중요하다.

　지방분권에 기초한 주민자치를 통해 지역혁신을 추진해야 한다. 분권화된 광역 지방정부(시·도) 내에서 기초자치단체(시·군·구) 단위로 주민이 참여하여 창의성과 적극성을 발휘함으로써 지역혁신을 추진해야 한다. 최근의 지역혁신체제론(RIS)이 주장하는 것처럼 지역혁신은 지역을 학습지역으로 만들어 주민들의 혁신능력을 높일 때 성공할 수 있다(이철우, 2000). 따라서 소수 엘리트 중심의 지역혁신이 아니라 지역주민 주체의 지역혁신을 추진해야 한다. 주민의 자치능력과 혁신능력을 높여야 지방분권에 기초하여 지역혁신에 성공할 수 있다.

이렇게 '지방분권-주민자치-지역혁신'의 3결합이 실현될 때, 대안적 지역발전의 핵심을 이루는 내발적 지역발전(endogenous development)을 기대할 수 있을 것이다. 내발적 발전이란 지역주민의 삶의 질 향상을 목표로 중앙정부의 사업이나 외부 대기업 유치에 의존하는 것이 아니라 지역 내부의 기술·산업·문화를 토대로 지역산업연관이 존재하는 지역경제구조를 형성하고 지역주민의 참여를 통해 학습하고 계획하고 경영함으로써 자생적인 지역발전을 꾀하려는 것이다(宮本憲一, 1989; 황한식, 1995).

내발적 발전론은 일본에서 1960년대 중화학 콤비나트 유치 등에 전형적으로 나타난 외래형 개발에 대항하여 제시된 지역경제의 새로운 발전모델이다. 일본의 정치경제학자 미와모토 겐이치(宮本憲一)에 의해 제시된 내발적 발전론의 특징을 좀더 자세히 보면 다음과 같다(重森 曉 1992).

첫째, 지역개발이 대기업이나 정부의 사업으로서가 아니고 토착의 기술·산업·문화를 토대로 해서 지역 내의 시장을 주된 대상으로 해서 지역의 주민이 학습하고 계획하고 경영한다. 둘째, 환경보전의 틀 속에서 개발을 생각하고 자연의 보전이나 아름다운 거리를 만든다고 하는 쾌적함을 주요 목적으로 하고, 복지나 문화가 종합되어 무엇보다도 토착주민의 인권의 확립을 추구하는 목적을 가지고 있다. 셋째, 산업개발을 특정 업종에 한정하지 않고 복잡한 산업부문에 걸치게 해서 부가가치가 모든 단계에서 지역에 귀착하는 지역산업연관을 꾀한다. 넷째, 주민참가의 제도를 만들고 자치체가 주민의 의지에 기초하여 그 계획을 세우도록 자본이나 토지이용을 규제할 수 있는 자치권을 가진다.

이러한 내발적 발전모델은 지역간 불균등을 전국적 재정조정제도를 통해 해결하려고 하는 '민주적 중앙집권모델'을 넘어서고 있으며, 또한 혁신자치체에서 실험된 바와 같이 지역산업정책을 결여한 채 시민적 최저수준의 보장이라는 복지공동체 실현을 지향한 시빌 미니멈(civil minimum)론의 약점을 극복하고 있다. 그러나 일본에서 제시된 내발적 발전론의 최대의 문제점은 오늘날 생산과 금융의 세계화가 크게 진전되어 있는 세계화시대에 지역 내 산업연관을 가진 자기 중심적인 지역경제구조를 어떻게 형성할 것인가에 대한 논의가 결여되어 있는 점이다.

그런데 내발적 발전의 요체는 지역 내부에서 형성되는 발전잠재력을 토대로 지역을 발전시키려는 것에 있다고 할 것이다. 다시 말해서 지역 내부에서 고부가가치를 창출할 수 있는 자생력을 끊임없이 창출하고 확장하는 것이 내발적 발전 모델 실현에 핵심적 요소가 된다.

두말할 필요 없이 내발적 발전론은 결코 지역 내에 완결된 분업구조를 지향하는 것이 아니며, 국내분업이나 국제분업을 배제하는 것이 아니다. 오늘날 생산의 글로벌화 추세 속에서 내발적 발전은 해외의 다른 지역들과 다면적인 국제분업 네트워크를 형성하면서도 일정한 지역산업연관을 가지고 지역혁신체제에 기초한 자기 중심성(autocentricity)을 가지는 지역경제구조를 형성할 때 가능할 것이다.

지역과 지역, 도시와 도시, 기업과 기업이 국경을 넘어 집적 다면적으로 연결되는 글로벌화시대에는 지역경제 발전에 있어서 국내의 지역간 분업이나 협업의 조정보다도 국제시장에서의 경쟁이나 조정이 보다 중요한 문제로 된다. 그런데 바로 이러한 글로벌화시대에 세계시장을 노리면서 지역의 전통이나 기술에 의거한 내발적 발전의 전략을 추구하는 것이 필요한 것이다(重森 曉, 1992).

이탈리아의 에밀리아로마냐(Emilia-Romagna)에서 전형적으로 나타난 내발적 발전모델인 유연 전문화(flexible specialization) 모델 혹은 에밀리아 모델은 지방분권에 기초하여 산업자치가 실현되고 지방정부와 협동조합 조직, 민간기업, 시민 간에 민주적 협력관계가 형성되며, 시민·기업가·행정담당자가 높은 자치역량을 가지고 있었기 때문에 성공할 수 있었다(Piore & Sabel, 1984; 重森 曉, 1992). 이탈리아의 에밀리아 모델의 성공사례에서 알 수 있는 것처럼 내발적 발전은 글로벌화와 포스트 포디즘(Post-Fordism)시대에 지방분권-주민자치-지역혁신에 기초한 새로운 대안적 지역발전모델로서 가능성을 가진다고 할 수 있다.

## 2) 참여-연대-생태를 지향하는 대안적 지역발전

지방분권-주민자치-지역혁신에 기초한 내발적 지역발전은 참여, 연대, 생태라는 세 가지 보편적 가치에 따라 추구되어야 한다.

여기서 참여(participation)는 지방정부의 정치, 경제, 문화 등 각종 정책 결정과 정책평가 과정에 지역주민이 일정한 형태로 참가하여 풀뿌리 민주주의가 실현되는 것을 말한다. 여기서 참여는 주민의 직접 참여와 시민의 이익을 대변하는 비정부기구의 참여를 포함한다. 참여에는 일반시민 참여와 전문가 참여가 결합되어야 한다. 지역 수준에서 실현되는 참여민주주의, 즉 지역민주주의가 구현되어야 한다. 그래서 지방정부에 대한 지역시민사회의 민주적 통제가 이루어져야 한다.

연대(solidarity)는 시장경쟁에서 탈락하거나 불리한 처지에 있는 사람들도 인간답게 살 수 있는 최저한의 조건이 보장됨으로써 더불어 사는 공동체가 형성되는 것을 말한다. 연대는 시장만능주의를 거부하며 시장의 역동성을 살리면서도 공동체 내부에서 사회정의와 공평성 실현을 지향하는 것이다. 현재 한국에서 연대는 복지국가와 복지공동체의 적절한 결합을 통해 추구되어야 한다.

생태(ecology)는 생태계 보전을 통해 지속가능한 발전을 추구하는 것이다. 기업은 환경친화적 생산방식을, 지방정부는 환경친화적 지역계획을 도입하고, 주민들은 생태주의적인 대안적 생활양식을 영위하는 것이 생태를 구현하는 것이다. 그것은 성장지상주의에 반대하고 중앙집권적 경성 에너지 경로가 아니라 지방분권적 '연성 에너지 경로(soft energy path)'를 지지한다.

지방분권과 지역혁신은 이러한 참여-연대-생태라는 보편적 가치에 따라 추진되어야 대안적 지역발전에 기여할 수 있다. 주민참여 없는 지방분권은 지방정부 관료와 토호들의 권력만 강화할 것이다. 따라서 지방분권은 참여민주주의로서의 풀뿌리 민주주의와 결합해야 한다. 중앙집권적 개발독재국가가 해체된 이후 시장이 국가를 대신하는 신자유주의적인 '시장지향적 분권(market-oriented decentralization)'이 아니라, 지역공동체가 지방정부와 함께 국가를 대신하는 민주적인 '공동체 지향적 분권 (community-oriented decentralization)'이어야 한다.

연대 없는 지역혁신은 소수의 엘리트만을 위한 혁신이 될 것이다. 지역혁신의 성과가 공동체 실현의 관점에서 지역주민들에게 배분되는 메커니즘이 구축되어야 한다. 민주주의 없는 지역혁신은 지역주민 대중을 배제한 엘리트지향적 사회를 만들 것이다. 따라서 참여와 연대를 지향하는 지역혁신이 되어야 한다.

생태계를 파괴하는 지방분권과 지역혁신은 지역발전을 지속 불가능하게 할 것이다. 생태를 지향하지 않는 지방분권은 지역개발을 명분으로 지역 수준에서의 환경파괴를 촉진할 가능성이 있다. 생태를 지향하지 않는 지역혁신은 성장의 대가로 환경파괴를 가져올 것이다. 따라서 지속가능한 지역발전을 위해서는 생태를 지향하는 지방분권과 지역혁신이 되어야 한다.

이처럼 참여-연대-생태를 지향하는 지방분권-주민자치-지역혁신은 21세기 대안적 지역발전모델이다. 동시에 그것은 대안적 국가발전모델이기도 하다. 이 대안적 지역발전모델은 내발적이고 주민 중심(people-centred)이며, 공동체 지향적이고 지속가능한 발전모델이다. 참여민주주의와 인적자원 개발을 촉진하고 복지공동체를 구현한다는 점에서 지속

〈그림 17-1〉 대안적 지역발전 모델의 구성원리

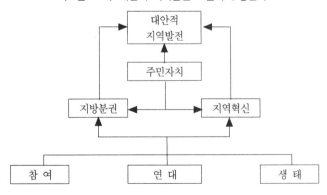

가능한 인간발전(sustainable human development)이란 비전을 실현하는 길이다(UNDP, 1997).

이러한 대안적 지역발전 모델에서 지방정부는 내발적 발전을 위한 지역혁신정책, 산업정책, 인적자원 개발정책, 주민의 삶의 질 향상을 위한 고용정책, 복지정책, 환경정책을 독자적으로 실시할 수 있어야 한다. 그러기 위해서는 무엇보다 먼저 지방분권이 이루어져야 한다. 지방분권은 대안적 지역발전모델 실현을 위한 제1의 전제조건이다.


## 4. 지방분권정책의 기본방향

지방분권에 기초한 대안적 지역발전모델은 한국 사회가 장기적으로 추구해야 할 비전이다. 이런 측면에서 지방분권은 단순히 중앙정부와 지방정부 간의 행정권한과 세원 및 예산의 배분문제가 아니라 새로운 국가발전전략의 문제인 것이다. 현재 한국에서의 지방분권은 서울일극 중심의 '집권적 집중체제'에서 지역 중심의 '분권적 분산체제'로 이행하는 국가경영 패러다임의 변화를 의미한다. 그것은 동시에 지역경제의 내발적 발전이라는 새로운 지역발전 패러다임을 실현하는 것이다.

이와 같은 국가발전과 지역발전의 새로운 비전의 실현을 위한 지방분권정책의 기본방향은 ① '지방에 결정권을' ② '지방에 세원을' ③ '지방에 인재를'이란 3대 원칙에 따라 설정되어야 할 것이다.


### 1) '지방에 결정권을'

지방분권정책의 제1원칙은 '지방에 결정권을'이다. 결정권이 중앙에서 지방으로 이양되는 '분권적 분산체제' 구축을 위한 행정개혁을 해야 한다. 현행과 같은 기관위임사무 중심의 중앙권한 지방이양은 집행권만 지방에 내어주고 결정권은 중앙정부가 가지는 중앙집권체제의 새로운 형태에 불과하다. 따라서 이러한 기관위임사무를 폐지하고 국방, 외교, 거시경제정책, 국토종합관리 등을 제외한 행정은 대폭 그 결정권을 지방에 이양하는 진정한 분권으로 나아가야 한다. 특히 교육, 복지, 문화 등에 관한 결정권을 지방정부에 이양해야 한다. 그래서 지방정부가 그 지역에 대해 입법권, 정책입안권, 조직권, 인사권을 가져야 한다.

단기적으로는 지방중소기업청, 지방노동청, 지방환경청 등 특별행정기관을 자치단체에 이양해야 한다. 현재 자치단체의 업무와 중복될 뿐만 아니라 지역실정에 맞지 않는 중앙정부의 정책을 획일적으로 집행만 하고 있는 이들 특별 행정기관은 비효율적이기 때문이다. 자치단체가 지역 경제의 발전을 위한 독자적 정책을 실시할 수 있으려면 우선 이러한 특별 행정기관이 자치단체에 이양되어야 한다. 지역의 이해가 걸린 전국적 문제의 정책결정과정에 지역의 자치단체장들이 참여해야 할 것이다. 아울러 중앙정부기관에 설치되어 있는 각종 위원회에 지역의 이익을 대변할 수 있는 전문가들이 참여해야 한다.

## 2) '지방에 세원을'

세원 없는 지방자치와 지역경제발전은 생각할 수 없다. 따라서 지방분권정책의 제2원칙은 '지방에 세원을'이 되어야 한다. 세원을 국가로부터 지방정부에 귀속시키는 재정분권이 이루어지는 재정개혁이 추진되어야 한다. 재정분권 없이는 지역혁신을 위한 물적 기초를 확보할 수 없다. 재정분권은 지방자치 실현과 지역혁신 추진의 절대적 전제조건이다.

지방세 비중이 20%에 불과하여 '2할 자치'로 표현되는 지방재정을 개선하기 위해서는 국세를 지방세로 이양하는 전면적인 세제개혁이 이루어져야 한다. 세제개혁은 세입의 자치와 세출의 자치를 실현하는 방향으로 이루어져야 한다. 물론 이때 지방정부간 세원불균등을 시정하는 재정조정제도를 도입해야 한다.

재정분권을 위해서는 무엇보다 먼저 재정의 중앙집권을 위해 제정되었던 현행 '국세와 지방세의 조정에 관한 법률'을 폐지해야 한다. 그리고 난 뒤 세입의 자치 실현을 위해서는 지방소득세와 지방소비세 도입을 검토할 필요가 있다(이재은, 2001). 이때 소득세와 소비세를 중앙정부와 지방정부가 분할하는 공동세제도 도입을 검토할 필요가 있다.

지방정부가 재정운영상의 자율권을 가지는 세출의 자치를 위해서는 우선 국고보조금을 큰 범주 내에서 자치단체가 자율적으로 사용할 수 있도록 포괄적 보조금제도를 시행해야 한다. 아울러 중앙정부가 자치단체에 보내는 예산편성지침을 폐지해야 한다. 지역실정에 맞는 예산편성권의 확보는 재정분권의 핵심적 내용이 된다.

### 3) '지방에 인재를'

지방자치를 실시하고 지역혁신을 추진할 수 있는 전문적 인적자원 없이는 지방자치와 지역발전을 실현할 수 없다. 따라서 지방분권정책의 제3원칙은 '지방에 인재를'이 되어야 한다. 서울에 집중되는 인재가 U턴하여 지역에 모일 수 있는 획기적 개혁조치를 해야 한다. 우수한 인적자원의 존재는 지역혁신의 필수적 전제조건이다.

현재 지방대학 육성은 지역에 인재를 모으기 위한 가장 중요한 방책이다. 왜냐하면 현재 서울로의 인재유출의 가장 중요한 요인이 서울지역 소재 대학에의 진학이기 때문이다. 아울러 지식기반경제에서 대학은 지역혁신체제 구축에서 핵심고리 역할을 하기 때문이다(Goddard, 1991). 따라서 광역단위로 수도권의 이른바 일류대학과 경쟁할 수 있는 지역거점대학을 집중 육성하고 지방대학에 대한 각종 차별을 철폐하는 정책을 실시해야 한다. 아울러 지역에서 연구전문직으로 취업할 기회가 크게 확대되어야 한다.

지역에 인재를 모을 수 있는 단기적으로 가장 확실한 방안은 인재지역할당제 실시와 중앙행정기관의 지방 이전일 것이다. 사법시험, 행정고시 등 각종 국가시험을 지역인구 비례로 선발하는 인재 지역할당제를 예컨대 10년 동안 한시적으로 실시할 경우, 인구의 서울집중을 막고 지역에 인재를 모이게 하는 효과가 나타날 것이다. 그리고 중앙행정기관의 지방 이전, 국가연구기관의 지방 이전은 행정, 관리, 연구, 전문직 인적자원의 지역 결집을 촉진할 것이다.

아울러 인적자원 개발정책을 분권화하여 지역 발전에 필요한 인적자원을 지역이 독자적으로 개발할 수 있어야 한다. 이를 위해서는 지방정부가 지역의 기업, 대학, 고등학교, 직업훈련기관 등 각종 인적자원 개발 관련기관과 함께 지역 인적자원 개발 네트워크를 형성할 필요가 있다.

### 4) 지방분권정책 실현의 조건

이러한 방향으로 지방분권을 종합적이고 체계적으로 추진하기 위해서는 현재의 중앙집권체제를 고착시키고 있는 '중앙행정권한의 지방이양 촉진 등에 관한 법률'과 '지방이양추진위원회'를 폐지하는 대신, 새로이 '지방분권특별법'을 제정하고, '지방분권추진위원회'를 설치하여 일관되고도 강력하게 지방분권을 추진해야 할 것이다. 지방분권추진위원회는 각 지역의 공익을 대변하는 전문적 인사들을 중심으로 구성해야 제 기능을 할 수 있을 것이다.

지방분권은 '지방분권특별법'을 제정하고 정부 차원의 지방분권추진위원회를 설치하는 것만으로는 실현되기 어려울 것이다. 지방분권은 상당 정도 권리 대 권리의 문제이기 때문에 지방분권을 바라는 각계각층의 인사들로 구성된 지방분권운동기구가 꾸려져서 강력한 지방분권운동이 전개될 필요가 있다. 이 경우 지역의 지식인사회, 시민사회, 자치단체, 기업사회가 지방분권이란 하나의 원칙에 따라 공동행동을 하는 광범한 헤게모니 블록의 형성이 필수적이다.

이 헤게모니 블록은 성장제일주의를 추구하는 기존의 '성장연합(growth coalition)'이 아니라 앞에서 제시한 대안적 발전을 추구하는 '대안적 발전연합(alternative development coalition)'을 지향해야 할 것이다. 대안적 발전연합에는 참여, 연대, 생태라는 보편적 가치를 지향하면서 분권과 혁신을 추구하는 모든 개인과 집단(지식인단체, 시민사회단체, 자치단체 등)이 포함되어야 할 것이다.

## 5. 산업자치와 지역경제 발전

이러한 방향으로의 지방분권정책이 실시되면 지방정부는 산업자치를 실시할 수 있다. 산업자치는 지방정부가 결정권, 세원, 인재를 가지고 내발적 지역경제 발전을 추구하는 것이다. 이제 이러한 산업자치를 통해 내발적 지역경제 발전을 실현한 선진국의 사례를 검토하여 시사점을 추출한 뒤 우리나라 산업자치 실시의 방향을 제시하고자 한다.

### 1) 내발적 발전을 위한 산업자치

지방분권을 통해 이루어지는 산업자치는 대안적 지역발전모델을 가진 분권형 사회를 실현하는 데 필수적인 요소이다. 그렇다면 산업자치는 어떻게 실시해야 할 것인가?

첫째, 지역에 위치하고 있는 대기업에 대한 지방정부와 지역시민사회의 민주적 통제가 이루어져야 한다. 이러한 민주적 통제는 단순히 공해방지나 환경보전의 관점에만 국한되지 않고 지역고용의 유지와 지역소득의 창출 그리고 지역경제의 내발적 발전 등의 입장에서 이루어질 필요가 있다.

둘째, 기업에 대한 지원은 보조금, 금융 등의 금전적 지원이나 도로, 상하수도, 교통수단과 같은 하드웨어적 인프라의 정비만이 아니고 지역 중소기업에서의 기술혁신, 제품개발, 시장개척 등에 관한 정보와 같은 소프트웨어적 인프라를 정비하고 이와 관련된 전문적 인적자원을 제공하는 것이 중요하다. 지방정부의 기업지원은 지역혁신체제의 구축을 통해 체계적으로 이루어져야 한다.

셋째, 산업정책과 노동정책 그리고 교육정책과 복지정책을 통합하여 하나의 꾸러미로 실시하는 것이 중요하다. 지역의 주력산업이 필요로 하는 인적자원을 교육정책과 노동정책을 통해 개발하고, 지역 수준에서 적극적 노동시장정책(active labor market policy)을 실시할 필요가 있다. 아울러 지역주민의 삶의 질 향상과 지역경제의 경쟁력 향상을 동시에 실현할 수 있도록 지역 수준에서 육아나 양로와 같은 현물급부에 기초한 사회복지정책을 실시할 필요가 있다. 여기서 지역교육과 지역의료의 발전이 특히 중요하다. 이리하여 높은 수준의 복지를 누리는 고숙련 노동자들의 창의성과 적극성에 기초한 지역산업의 고부가가치화가 실현되는 선순환 구조가 형성되어야 한다.

넷째, 산업정책과 도시계획정책, 환경정책을 결합하여 실시해야 한다. 환경친화적인 방식으로 도시계획이 실시되고 산업시설이 배치되어야 한다. 그리고 개별 기업과 산업의 발전과 도시의 자연환경이나 경관 사이에 조화가 이루어져야 한다. 아울러 산업정책과 문화정책을 결합해야 한다. 문화의 세기라는 21세기에는 독자적인 지역문화의 계승과 발전은 지역발전에 결정적인 중요성을 가진다.

다섯째, 산업정책, 노동정책, 복지정책, 도시계획정책 등의 입안과 평가과정에 지역주민의 참여가 필요하다. 이를 통해 자치체 행정과 협동조합조직과 민간기업, 시민 간에 내발적 발전을 향한 민주주의적 협동관계를 구축해 갈 필요가 있다. 이러한 관계가 구축되어야 내발적 발전운동이 중앙집권적 체제 속에 편입되어버리지 않고 산업자치적 발전을 수행하고 분권사회의 내실을 형성하는 방향으로 나아갈 수 있다. 이러한 산업자치가 실현되려면 지역 내부 시민사회, 기업사회, 공직사회의 조직들의 민주주의 의식의 성숙과 그것을 지탱하는 시민, 기업가, 행정담당자의 높은 역량이 필요하다(重森 曉 1992).

여섯째, 지역 수준에서 노-사-정 3주체가 지역 발전, 기업경쟁력 향상, 노동자의 삶의 질 향상을 위해 서로 협력하는 관계를 수립하는 것은 산업자치의 필수적 요소이다. 지역 수준의 노사정간 사회적 합의가 형성되어야 노동자의 참여와 창의에 기초한 지역경제의 내발적 발전을 도모할 수 있을 것이다. 이를 위해서는 중앙정부와 지방정부 간, 전국 중앙노조와 지역노조 간, 전국 사용자단체와 지역 사용자단체 간에 각각 중앙집권과 지방분권을 적절하게 결합하는 조직체계를 갖추고 지역 수준의 노-사-정 관계를 정립해야 할 것이다. 이 관계 속에서 지역 발전, 지역주민과 노동자의 삶의 질 향상, 기업과 노조의 사회적 책임 등과 같은 이슈들이 토론되고 협의되어야 할 것이다(김형기, 1995). 이를 위해서는 지역 수준의 노사정위원회를 설치하고 활성화 할 필요가 있을 것이다.

일곱째, 지방분권에 기초한 산업자치를 통해 내발적 발전을 추진함에 있어서 중앙정부와 지방정부의 관계는 어떻게 설정할 것인가? 중앙정부와 지방정부가 지역개발투자협약을 체결하여 지역발전을 추진하는 방안이 바람직할 것이다. 현재와 같은 중앙집권체제에서 지역개발사업은 중앙정부의 일방적 계획과 집권적 추진체계 속에서 전개된다. 분권화된 체제에서는 중앙정부의 일방적 계획과 추진이 아니라, 중앙정부와 지방정부가 수평적 협동을 통해 부단한 협의를 거쳐서 양자간의 조화를 찾고 지방정부 고유의 계획권과 책임성을 침범하지 않는 범위에서 지역개발투자협약을 맺고 지역개발을 추진하게 될 것이다(박양호, 2000).

이러한 지역개발투자협약의 모범사례는 1982년 프랑스에서 실시된 계획계약(plan contract)에서 찾을 수 있다. 프랑스의 계획계약은 중앙정부와 자치단체 간의 수평적 협동관계를 통해 지역개발과 국토개발을 조화롭게 하는 수단인 동시에 국가와 자치단체 간의 관계를 안정화하는 수단으로 인식한다. 이러한 인식에 기초해서 지역개발사업을 국가와 자치단체가 협력하여 추진하고 국가 전체적인 조화와 통합을 추구하는 원칙에 따라 지역개발투자협약인 계획계약을 체결한다. 프랑스의 계획계약에서 이루어지고 있는 분권은 협동적 분권(collaborative decentralization)이라 할 수 있다. 협동적 분권은 국가발전과 지역발전의 조화라는 큰 틀 속에서 상호합의된 지역개발사업을 동반자적이고 협동적인 관계를 통해 공동이익 창출을 위해서 공동생산하는 분권체제이다. 이러한 협동적 분권은 현단계 한국에서 실현 가능한 지방분권의 하나의 유력한 모델로서 산업자치를 촉진하는 계기가 될 것이다.[2]

마지막으로 산업자치는 확대된 광역자치단체 단위로 실시되어야 한다. 왜냐하면 내발적 발전을 위한 지역혁신체제는 지역 수준에서 형성되는 경제권과 생활권을 하나의 단위로 하여 구축되어야 제대로 기능을 할 수

---

2) 협동적 분권을 포함하여 우리나라가 지향해야 할 지방분권모델에 관해서는 이정식(2001)을 참고할 수 있다.

〈그림 17-2〉 산업자치의 여러 차원

```
              ┌─────────────────┐
    ┌─────────┤     산업자치      ├─────────┐
    │         └────────┬────────┘         │
┌───┴────┐    ┌────────┴────────┐    ┌────┴────┐
│ 산업정책 │    │     복지정책      │    │ 교육정책 │
│ 노동정책 ├────┤     환경정책      ├────┤ 문화정책 │
└───┬────┘    └────────┬────────┘    └────┬────┘
    │         ┌────────┴────────┐         │
    └─────────┤   도시계획정책     ├─────────┘
              │     노사정위      │
              └─────────────────┘
```

있기 때문이다. 따라서 산업자치를 통해 지역혁신을 추진하여 내발적 지역발전을 하기 위해서는 인구 400~500만 명 정도의 광역 지방정부가 성립될 필요가 있다. 이런 관점에서 보았을 때 분리되어 있는 현행 시·도를 통합할 필요가 있다. 예컨대 대구-경북, 광주-전남, 대전-충남, 부산 경남은 하나의 큰 광역지방정부로 통합될 필요가 있다.

이상에서 논의한 것과 같은 산업자치는 산업정책을 중심으로 노동정책, 복지정책, 환경정책, 교육정책, 문화정책, 도시계획정책, 지역노사정위원회가 하나로 결합되어 총체적으로 실시될 때 내발적 발전에 기여할수 있다. 이러한 산업자치의 여러 차원은 〈그림 17-2〉와 같이 나타낼 수있다. 그리고 내발적 발전을 위한 산업자치를 실시하기 위해서는 지역경제의 내발적 발전을 위한 산업자치기구가 설치될 필요가 있다.

## 2) 외국의 산업자치 사례: 특성과 정책 함의

### (1) 이탈리아의 에밀리아로마나 주 개발공사(ERVET)

이탈리아 중북부 에밀리아로마나 주의 산업자치를 통한 지역경제 발전은 내발적 발전의 대표적 사례에 속한다. 오랜 도시자치의 전통을 가지고 있는 이탈리아에서는 1970년대에 주(州)제도가 확립되고 산업행정을 포함한 많은 행정권한이 주와 자치체로 이양되었다. 예컨대 이탈리아의 중소기업행정을 담당해온 ENAPI(직인업·소기업공사)는 1970년대 말에 해체되고 그 행정내용의 많은 부분이 주로 이관된다. 이러한 분권화가 산업자치를 가능하게 하여 중소기업과 직인업(職人業) 중심의 내발적 지역경제 발전을 실현하는 계기가 되었다(重森 曉, 1992).

에밀리아로마나 주에서 지역특화산업이 집적하고 있는 산업지역의 소기업들은 전국시장 및 세계시장을 향해 생산활동을 전개한다. 고도의 숙련을 가진 노동자들이 고부가가치제품을 전문으로 생산하는 이 기업들 간의 관계는 매우 유연하다. 서로 경쟁하면서도 협동하는 이들 기업간 관계 속에서 끊임없는 기술혁신이 전개된다. 이러한 기술혁신을 통한 경제발전이 1980년대 이탈리아의 '제2의 기적'을 창출하였다.

피오레(Piore)와 사벨(Sabel)은 에밀리아로마나 주를 비롯한 이탈리아 중북부지대의 '하이테크 가내공업(high-technology cottage industry)'을 미래의 산업발전 가능성의 징후로 높이 평가하였다(Piore & Sabel 1984). 유연전문화(flexible specialization) 모델 혹은 '에밀리아 모델(Emilia Model)'이라고 불리는 이 지역경제 발전모델은 포디즘(Fordism) 이후 나타난 새로운 발전모델로서 포스트 포디즘(Post-Fordism) 발전모델 중의 하나이다.

대량생산과 대량소비의 결합에 기초한 포디즘이 단일하고 경직적이며 집권적임에 비해 포스트 포디즘은 다양하고 유연하며 분권적이다. 따라서 포디즘이 중앙집권체제와 친화성을 가진다고 한다면 포스트 포디즘은 지방분권체제와 친화성을 가진다. 이러한 포스트 포디즘에는 일본의 토요티즘(Toyotism), 스웨덴과 독일의 칼마리즘(Kalmarism), 이탈리아의 유연전문화 등과 같은 모델이 존재한다(김형기, 1997). 여기서 유연전문화 모델 혹은 '에밀리아 모델'은 분권사회에서 산업자치를 통한 지역경제의 내발적 발전의 성공 가능성을 모범적으로 보여준다.

에밀리아 모델의 성공요인은 무엇인가? 무엇보다 먼저 지방분권을 통한 산업자치를 들 수 있다(重森 曉, 1992). 즉 지방자치가 지역경제를 발전시키는 계기가 되었다는 것이다. 에밀리아 모델은 이탈리아에서의 지방자치, 즉 도시자치의 역사적 전통에 깊이 뿌리를 내리고 있다. 그러나 보다 직접적으로는 1970년대 이탈리아의 분권화의 진전이 내발적 지역경제 발전을 촉진하는 데 중요한 역할을 하였다. 1968년 민주화투쟁을 배경으로 1970년 6월에 주 선거가 실시되고, 1972년에 주의 활동이 개시된다. 1975년에 분권화법이 성립하고 이에 기초하여 1977년에 몇 가지 행정권한이 국가로부터 주로 이양된다. 이때, 도시계획, 지역계획, 복지, 의료, 위생, 관광 등의 행정권한과 함께, 수공업, 농림어업, 광업, 기술교육, 직업교육 등 산업행정에 관계되는 권한들이 주에 주어졌다. 1925년에 설립된 상공성 관할하의 기관으로서 소기업, 직인업에 관한 행정적 지원의 중심적 역할을 담당해온 중앙정부의 중소기업행정기관인 ENAPI(직인업, 소기업공사)가 주제도의 확립과 산업행정권한의 이양과 함께 폐지되었다. 이후 국가(상공직인업성, 직인업소기업국)의 역할은 축소되어 기술혁신에 대한 원조(첨단기계의 대출), 마케팅 리서치, 기업체로서의 경영개선에의 원조 등에 한정되고 있다.

에밀리아로마나 주의 산업행정은 생산의 질을 향상시키기 위한 여러 가지 지원을 하는 데 초점이 맞추어져 있다. 기술과 패션 모드에 관한 정보나 아이디어의 제공, 마케팅 리서치, 경영개선 확립에 관한 연구와 원조가 이루어진다. 하드웨어적인 면의 조건 정비나 금융적 지원만이 아니고 기술혁신, 시장개척, 경영개선 등과 같은 소프트웨어적인 면에서의 긴밀한 지원체제를 가지고 있다.

이 산업행정에서 중심적 역할을 하는 것이 ERVET(에밀리아로마나 주 개발공사)이다. ERVET는 다양한 산업집적(니트 어패럴, 구두, 가방, 도자기, 타일, 자동포장기계, 의료기기, 농업기계, 식품가공산업 등) 속에서 그 산업들을 지원하는 체제이다. 이 체제가 에밀리아 모델의 핵심을 이룬다. 지역산업지원정책안 기획을 담당하는 ERVET는 에밀리아로마나 주에서 산학관(産學官)을 결합하는 산업의 코디네이터이다(久保孝雄 外, 2001). ERVET는 1974년에 기업, 조합, 자치체, 공사 등과 협력하면서 지역진흥의 시책을 목적으로 설립된 주식회사로서 에밀리아로마나 주가 주식의 과반을 보유하고 있다. ERVET는 기업가 네트워크 확대, 주 내의 경제적 사회적 발전, 에밀리아로마나 주 정부에 대한 기술적 지원이라는 세 개의 프로젝트를 수행한다.

ERVET 시스템에는 ASTER(에밀리아로마나 주 기술개발공사)와 BIC(에밀리아로마나 주 비즈니스 이노베이션 센터)라는 두 가지 주요 기관이 포함되어 있다. ASTER은 주 내의 이노베이션을 활성화시키기 위해 학계와 기업을 연결하는 네트워크를 발전시키는 것이 목표이다. 그것은 대학의 연구기관, 업계조합, 상공회의소, 서비스 센터와 긴밀한 협력 속에 사업을 전개한다. 현재 4,000개사 이상의 기업, 공적 기관, 민간조직이 직간접으로 ASTER의 서비스를 이용하고 있다. BIC는 신규기업의 창출이나 기존기업의 혁신에 대한 서비스를 제공하기 위해 설립되었다. BIC는 기업가문화의 활성화, 신규개업을 위한 프로젝트의 입안, 기술, 판매, 재무의 관점에서 비즈니스 플랜 작성 지원, 기업가의 프로젝트를 기업화하는 데 필요한 자금조달대책의 조사, 창업기업에 대한 국제적 협력지원 실시 등의 활동을 전개한다.

요컨대 ERVET와 ASTER 그리고 BIC는 지역혁신을 주도하는 코디네이터 역할을 하고 있다. 이처럼 '에밀리아 모델'은 지방분권과 산업자치 그리고 이에 기초한 지역혁신을 통해 지역경제의 내발적 발전을 추구하는 데 그 특징이 있음을 알 수 있다. 이러한 에밀리아 모델이 성공할 수 있었던 것은 그것을 뒷받침하는 사회문화적 기반이 형성되어 있었기 때문이다. 그 사회문화적 기반은 다음과 같다(重森 曉, 1992).

첫째, 경쟁과 협동이 결합된 경제 시스템이 존재한다. 여러 유형의 기업간 경쟁과 상호의존 관계가 형성되어 있고, 기업과 노동조합, 공적 부문과 민간부문, 산업적 전통과 공적 개입 사이에 광범위한 협력관계가 형성되어 있다. 둘째, 노동력의 질을 높이는 쾌적한 주거구조 내지 생활구조가 형성되어 있는 사회 시스템이 구축되어 있다. 셋째, 높은 질의 노동을 유지하기 위한 수준 높은 노동조건의 확보를 가능하게 하는 노사관계 시스템이 구축되어 있다. 넷째, 새로운 산업구조를 창출하기 위한 양질의 공적 서비스(토지대책, 자금제공, 복지행정, 여성정책 등)를 제공하는 것에 대해서 사회적(시민적) 합의가 형성되어 있다.

이러한 사회문화적 기반은 결국 에밀리아로마나 지역의 문화적, 역사적 전통 속에 배양되어온 독자의 사회 시스템으로 요약될 수 있다. 그 사회 시스템은 '분권화와 아소치아찌오니스모(associazionismo)의 결합', 그리고 '경쟁과 협동의 결합'으로 특징지을 수 있다. 여기서 '아소치아찌오니스모'란 연합주의로서 노동조합, 협동조합 등의 자발적 사회적 조직을 민주주의와 사회변혁의 원동력이라고 보는 이탈리아의 전통적 사고이다. 이러한 아소치아찌오니스모의 전통에 1970년대의 분권화가 결합되고, 경쟁과 협동이 결합된 지역경제 시스템이 구축됨으로써 내발적 발전이 가능하게 된 것이다.

### (2) 영국의 지역발전기구(RDA)[3]

분권국가인 영국에는 잉글랜드, 웨일즈, 스코틀랜드 세 지역으로 나뉘어 각각 지역발전을 전담하는 기구를 두고 있다. 잉글랜드에는 잉글랜드 조합(English Partnership), 웨일즈에는 웨일즈 발전기구(Wales Development Agency: WDA), 스코틀랜드에는 스코틀랜드 엔터프라이즈(Scottish Enterprise)가 지역발전 전담기구로 설치되어 있다. 이 3개 기구 산하에 지역별로 지역발전기구(Regional Development Agency: RDA)이 설립되어 이 기구를 중심으로 지역 특성에 맞는 지역경제발전정책이 입안되고 실행되고 있다.

잉글랜드 조합(English Partnership)은 잉글랜드 내의 지역경제 발전을 위한 전략과 계획을 수립하고, 구체적인 투자사업을 수행하며, 지역 발전을 위하여 정부·공공기관·대학·기업 간의 상호지원과 협의의 조정업무를 맡고 있는 코디네이터이다. 9개 지역에 RDA를 두어 지역발전정책 사업을 추진하고 있다. 잉글랜드 조합의 주요 기능은 자산증식을 위한 부동산 개발, 민관(民官)의 주체들간의 동반자관계의 창출, 산업쇠퇴지역 개선, 도시재개발 등을 포함한 환경개선사업, 새로운 재원의 개발을 위한 정책을 기획하고 집행하며 조정하는 업무를 수행한다.

웨일즈 발전기구는 법(Wales Development Agency Act)에 의해 설립된 독립적인 지역발전 전담부서로서 정부의 재정지원과 감독을 받는 비정부 공공기관이다. WDA 산하에는 지역 발전 업무를 추진하기 위한 6개의 RDA가 있다. 이들은 20개 지방자치단체(council)의 경제발전을 담당하고 있다. WDA는 영국 내에서 대표적인 지역발전기구이다.

---

3) 이 부분의 내용은 국토연구원의 연구보고서인 김용웅 외(2000)를 참고하였다.

WDA의 목적은 경쟁력있는 입지환경을 조성하여 웨일즈 내의 경제번영을 추구하는 것이다. WDA의 기능은 웨일즈의 성장과 기업발전을 지원하는 서비스를 제공하는 것, 기술·혁신·기업가정신을 통해 경쟁력을 높이는 것, 웨일즈에 대한 자본유치를 촉진하는 것, 기업지원을 위한 인프라 제공을 촉진하는 것, 도시재생을 지원하는 것, 개발을 위한 토지를 확보하고 환경을 개선하는 것 등이다.

WDA 산하 RDA는 지역발전을 위한 산업진흥에 초점을 맞추고 있다. 즉 창업촉진, 기존업체의 성장과 발전 지원을 통한 기업진흥, 양호한 취업기회 확보를 위한 국내외 투자유치, 양질의 작업공간 공급을 위한 부동산 개발, 경쟁력있는 지역건설 및 지역사회에의 기여를 위한 지역개발에 중점을 두고 있다. 특히 기업에 대한 지속적이고 종합적인 지원과 서비스 공급을 중시한다.

스코틀랜드 엔터프라이즈는 스코틀랜드의 장기적 차원의 번영을 위한 조건을 창출하는 것을 목적으로 설립되었다. 산하에 13개의 RDA가 지역별 경제진흥 및 개발업무를 수행하고 있다. 스코틀랜드 엔터프라이즈의 전략적 목표는 ① 혁신지향적이고 미래지향적 조직을 갖춘 스코틀랜드 ② 학습과 기업에 긍정적인 태도를 지닌 스코틀랜드 ③ 경제개발이 내부적 과정으로 이루어지는 스코틀랜드 ④ 세계경제 속에서 경쟁력을 갖춘 지역으로서의 스코틀랜드 등 네 가지이다. 이를 위해 기업의 창업 및 육성, 벤처 캐피털 투자, 수출촉진, 국내외 자본 유치, 직업훈련과 학습, 포용경제(inclusive economy),[4] 산업입지 여건 개선 등의 업무를 추진한다.

앞에서 본 영국의 지역발전 전담기구는 법에 의해 설치되고 다수의 전문인력과 거액의 예산으로 운영되고 있다. 1999년 현재 잉글랜드 조합은 5억 파운드(약 8,500억 원)의 예산과 550명의 직원으로 운영되고 있다. 웨일즈 발전기구는 3.4억 파운드(약 5,000억 원)의 예산과 520명의 직원으로 운영되고 있다. 스코틀랜드 엔터프라이즈는 4.5억 파운드(약 7,500

---

4) 여기서 '포용경제'란 경제 발전에서 불이익을 받는 지역과 계층을 지원하는 정책이 실시되는 경제를 말한다. 여기서는 가족학습센터(Family Learning Center), 실업자 재취업 프로그램(Work Program for Unemployed), 산업쇠퇴지역 및 도시불량지구의 재생 프로그램 등이 추진된다.

억 원)의 예산과 500명의 직원으로 운영되고 있다. 주요 재원은 잉글랜드 조합의 경우 정부보조금과 자체 수입이고, 웨일즈 발전기구와 스코틀랜드 엔터프라이스의 경우에는 유럽기금과 정부보조금이다.

영국의 산업자치 추진기구인 지역발전기구(RDA)는 법률적 권한과 의무를 가진 전문기관으로서 정부의 지원을 받지만, 운영은 민간부문의 자율경영적 운영방식을 따르고 있다. 정부가 지원하되 운영은 지역발전이란 공공성을 가지는 민간부문이 한다는 것이 이 기구의 특징이다. 이 점에서 RDA는 산업자치 실현의 전형이라 할 만하다. 영국의 RDA는 지역경제 발전정책을 수립하고 지방정부, 공공단체, 민간부문 등을 통합하여 서로 연계하고 조정하며, 지역발전을 위한 구체적 사업을 추진하는 역할을 한다. 이 과정에서 민간부문과의 공동투자와 협력 등 동반자관계의 형성을 중시한다.

이와 함께 영국의 경우 물적 개발과 환경개선을 지역 발전의 주요 전략으로 채택되고 있다는 것이 특징이다. 따라서 영국에서는 지역 내 토지개발, 주택 및 도시개발을 지역개발과 연계하는 전략적 접근이 추구되고 있다. 아울러 지역발전에서 대학의 주도적 역할이 커지고 있다는 점을 지적할 수 있다. 대학의 전문인력, 전문지식, 연구개발능력을 활용하여 지역경제를 활성화시키고자 하는 다양한 노력이 기울여지고 있다. 대학과 지역기업, 대학과 지역사회간의 연계를 촉진하기 위해 대학 내에 독립채산 성격의 준독립부서인 지역사무소(Regional Office)를 두어 지역경제 발전을 위한 다양한 프로그램을 운영하고 있다.[5]

## (3) 일본의 가나가와 사이언스 파크(KSP)[6]

일본의 가나가와(神奈川) 현은 가나가와 사이언스 파크(Kanakawa Science Park: KSP)를 설립하여 지역산업정책을 실시하고 있다. 이는 자치단체가 지역산업정책의 주체가 되어 지역혁신을 주도한 대표적 사례이다.

---

5) 셰필드 대학(Sheffield University)에서 모범적으로 운영되고 있는 대학의 지역사무소는 지역혁신 추진에서 대학의 적극적 역할 수행의 모범이 될 만하다고 하겠다.
6) 가나가와 사이언스 파크에 관한 내용은 久保孝雄 외 편저(2001)을 참고하였다.

KSP는 노동집약형·자본집약형 산업구조를 가진 가나가와 현(縣)을 지식집약형·기술집약형의 새로운 산업구조로 전환시키기 위해 제창된 현(縣) 지사의 '두뇌센터' 구상에서 비롯되어 창설된 것이다. 이 구상에 따라 학계 인사와 산업계 대표로 구성된 '가나가와 현 산업정책협의회'가 발족되고, 여기서 1980년에 '두뇌센터 구상에 관한 제언'을 발표하였다. 이 제언에는 현의 산업정책이 지향해야 할 기본방향이 제시되었다. 이 협의회는 1981년 '가나가와 현 종합산업정책위원회'로 개조된다. 이 위원회에서 산업정책이 체계화된다. 동 위원회는 1982년 '가나가와 현의 종합산업정책'을 제언하는데, 여기서 가나가와 현 산업정책이 확립된다.

이러한 일련의 과정은 자치단체가 산업자치를 실시하기 위한 제도적 기반을 갖추는 과정이라 할 수 있다. 가나가와 현은 산업자치를 위해 상공부에 산업정책과를 설치하였다. 당시는 아직 산업정책은 국가의 일이며, 지방자치체는 산업정책의 주체는 아니다라는 생각이 내외에 지배적이었기 때문에 이는 많은 저항에 직면하였다. 아무튼 이를 통해 가나가와 현은 현민의 생활과 고용에 책임을 지는 지방정부로서 산업정책의 주체로 등장하여 전국 산업정책의 선구로서 자신의 산업정책을 실시하였다.

가나가와 현 산업정책의 전략적 목표는 산업구조를 중화학공업 중심의 것으로부터 첨단산업을 중심으로 하는 지식·기술집약형 산업구조로 전환시키는 것이다. 가나가와를 세계를 향한 과학기술의 메카로 만들어가기 위해, 토지이용에 관한 지사의 권한을 활용하여 우수한 대학, 연구소, 기술수준이 높은 연구개발형 기업을 가나가와에 집적되도록 대학, 연구소, 연구개발형 기업에 한해서 시가화(市街化) 조정구역에서의 토지이용상의 규제를 완화하였다.

가나가와 현을 일본과 아시아의 과학기술의 메카로 만들기 위한 두뇌센터 구상은 단순한 하이테크 산업진흥책이 아니고, 지역에서의 과학기술의 진흥을 하나의 지주로 하는 종합적인 지역경영전략이다. 이 구상의 실현을 위해서 산업정책과 과학기술정책의 결합뿐만이 아니고 도시정책이나 환경정책, 나아가서는 교육문화정책과의 정합성도 추구하였다. 이는 지식기반경제시대의 지역경제 발전을 위해서는 지역에서의 독자적인 과학기술의 진흥이 필수적이라는 인식에서 비롯되었다.

1995년에 제정된 일본의 과학기술기본법에서는 과학기술의 진흥을 '지방공공단체의 책무'로 하는 조항이 들어 있다. 과거에는 과학기술이라고 하면 우주, 지구, 해양, 원자력, 생명이라고 하는 거대과학(big science)의 이미지가 강하였으므로, 과학기술 진흥은 국가, 대학, 대기업의 연구소가 하는 것이고, 지방자치체나 중소기업에 필요한 것은 기술뿐이며 과학은 아무런 관계가 없고 그러한 힘도 없다고 생각되어 왔다. 그렇지만 1980년대 후반에 들어와 이러한 사고가 크게 바뀐다. 환경문제나 의료, 복지, 재해방지 등 안전하고 건강한 삶의 실현이라는 지역과제를 해결하기 위해서는, 특히 글로벌 경쟁시대에서의 지역경제 진흥을 위해서는 지역에서의 과학기술의 진흥이 필요하다는 인식이 확대되어 왔다.

이러한 인식에 기초하여 도도부현(都道府縣)을 중심으로 과학기술 진흥에 힘을 기울이는 자치단체가 증가하였다. 현의 과학기술의 최고방침을 심의 결정하는 과학기술회의 내지 그와 유사한 조직이 생겼다. 구산업이 쇠퇴하는 가운데 신산업을 진흥하기 위해서, 구산업을 고도화해서 재생시키기 위해서, 지역이 산업활동에서 살아남기 위해서 과학기술의 씨앗을 창출하는 체제를 정비하는 것이 긴급한 과제로 자각된다. 가나가와 현은 1986년에 가나가와 현 과학기술정책위원회를 발족시켰다. 이어 1988년에 지사 직속의 자문기관으로서 가나가와 현 과학기술회의를, 기획실에 과학기술정책실을 설치하였다. 나아가 1989년에 가나가와 과학기술 아카데미, 가나가와 고도기술지원재단을 설립하는 등 독자적인 과학기술 진흥정책에 나섰다. 가나가와 현의 과학기술정책 추진의 기본방침은 현청(縣廳) 내에 과학기술정책 담당부문을 설치할 것, 지사에 직속하는 자문기관으로서 과학기술회의를 개설할 것, 현립 시험연구기관을 재편·정비할 것, 새로운 타입의 지적 창조 거점으로서 가나가와 과학기술 아카데미를 설치할 것, 사이언스 콤플렉스를 형성할 것 등이었다.

이러한 정책 방침에 따라 창립된 것이 바로 가나가와 사이언스 파크(KSP)이다. 가나가와 현은 이 KSP를 통해 산업자치를 실시하고 지역혁신을 추진하고 있다. KSP에는 과학기술을 진흥하여 지역혁신을 주도하는 전문가들이 결집되어 있다. KSP의 사례는 자치단체가 지방분권에 의한 산업자치를 통해 지역과학기술을 진흥하여 지역경제발전을 추진한 모범적 사례로 평가할 수 있다.

### (4) 정책적 시사점

이탈리아의 에밀리아로마나 주 개발공사(ERVET), 영국의 지역발전기구(RDA), 일본의 가나가와 사이언스 파크(KSP)의 사례가 보여주는 정책적 시사점은 무엇일까? 첫째, 세 지역의 사례 모두 지방분권에 기초하여 지방정부 혹은 자치단체가 산업자치를 통해 지역경제 발전을 추진하고 있다. 이는 '국민경제=국가경제'라는 기존의 인식에서 벗어나 '국민경제=Σ지역경제'라는 새로운 인식에 기초하고 있다. 즉 이들 국가에서는 지역경제의 발전에 기초한 국민경제의 발전이라는 인식의 변화가 일어나고 있다. 이는 지역경제의 내발적 발전에 기초한 국민경제의 발전이라는 새로운 경제발전 패러다임이 출현하고 있음을 나타내준다. 아울러 이러한 패러다임 이행의 제1의 전제조건이 바로 지방분권에 기초한 산업자치라는 점을 분명히 보여주고 있다.

둘째, 지역경제 발전을 위해 산업자치를 추진할 전담기구가 지방정부의 지원하의 민간기구 형태로 설치되고 있다. 이 지역경제 발전 전담기구는 독립성과 전문성을 가지고 지역경제 발전계획과 전략을 수립하고, 그것을 수행하며, 지역기업을 지원하고 민간과 지방정부 간의 동반자관계를 형성하는 역할을 하고 있다. 이 기구는 정부로부터 재정지원은 받지만 독립적으로 운영되는 '제3부문'이다. 이 지역경제 발전 전담기구는 충분한 예산과 인력을 가지고 지역혁신을 추진함으로써 지역경제 발전을 선도하고 있다. 이는 지방분권이 산업자치를 통해 지역혁신으로 연결되고 있음을 나타내준다.

셋째, 산업자치를 통한 지역경제 발전을 위해서는 지역의 기업들간의 경쟁과 협력 관계, 지방정부와 지역기업 그리고 지역시민사회 간의 동반자관계의 형성, 지역혁신을 촉진하는 지역문화 등이 필요하다. 경제주체들간의 협력과 동반자관계는 신뢰(trust)라는 사회적 자본(social capital)이

지역에 존재할 때 형성될 수 있다. 따라서 사람들간의 신뢰가 존재하는 지역 사회문화의 형성은 지역경제 발전에 매우 중요한 요소가 된다. 아울러 낡은 패러다임을 창조적으로 파괴하고 새로운 패러다임을 부단히 추구하는 지역혁신 주도층(innovator)의 창출과 결집이 중요하다. 헌신적인 혁신주도층이 지역주민과 결합되어 지역혁신을 추진할 때 지역경제 발전이 가능하다. 세 국가의 세 지역 사례는 이러한 지역경제 발전의 전략적 요소들을 확인시켜주고 있다.

## 6. 맺음말

지역경제 발전을 위해서는 획기적인 지방분권정책이 추진되어야 한다. 중앙정부에서 자치단체로 권한이 이양되고 서울(수도권)에서 지방(비수도권)으로 자원이 분산되는 양대 과정이 동시에 진행되는 지방분권이 추진되어야 한다. 이를 통해 인적 및 물적 자원을 포함하는 경제력의 지방분산, 행정과 재정의 분권, 교육과 문화의 분권이 추진되어야 한다. 집권적 집중체제로부터 분권적 분산체제로 나아가야 한다.

이러한 관점에서 보았을 때 현재 사소한 사무만 지방에 조금씩 이양하고 있어 결국 중앙집권체제를 고착시키는 역할을 하는 '중앙행정권한의 지방이양촉진 등에 관한 법률'과 '지방이양추진위원회'를 폐지하는 것이 마땅하다. 아울러 현재 재정경제부가 입법 추진중인 '지역균형발전특별법안'은 광역권이 아닌 낙후지역 개발에 초점이 맞추어져 있고, 약 2,500억 원에 불과한 지역균형발전특별회계로 지역균형발전을 실현하겠다는 취지를 제시하고 있는데, 이런 법률을 통해 어찌 지역균형발전을 기약할 수 있을 것인가.

이런 실효성 없는 법안을 만드는 대신 '총체적 초집중'을 해체하고 분권사회를 실현할 수 있는 '총체적 지방분권'을 가능케 하는 '지방분권특별법' 제정에 착수해야 할 것이다. 이 법에 기초하여 앞에서 제시한 지방분권정책의 3대 원칙에 따라 정치, 경제, 문화 등 모든 영역에서 중앙정부와 서울에서 지방으로의 권한이양과 자원의 분산을 가능하게 하는 획기적인 지방분권정책을 실시해야 할 것이다.

이러한 지방분권정책은 지방만 살리는 것이 아니라 서울을 살리는 길이기도 할 것이다. 현재 서울은 과잉과 과밀로 엄청난 낭비와 비효율이 초래되고 있다. 지방분권을 통해 서울의 과잉과 과밀이 해소되면 서울의 경쟁력이 높아질 수 있을 것이다. 따라서 지방분권은 지방과 서울을 동시에 살리는 상생의 길이다. 지방분권은 서울과 지방 간에 뺏고 빼앗기는 제로 섬 게임(zero-sum game)이 아니라 서울과 지방이 다 같이 이기는 원-윈 게임(win-win game)인 것이다.

그런데 지방분권은 어디까지나 지역발전의 필요조건일 뿐 충분조건이 아니라는 점에 유의해야 한다. 지방분권이 산업자치와 지역혁신과 결합했을 때 비로소 자기 중심을 가지는 내발적 발전을 기대할 수 있다. 지방분권 이후의 산업자치 실현과 지역혁신 추진은 바로 지역 자신의 몫이다. 이는 지역의 자생력을 높이는 지역 주체들의 자기 혁신을 통한 자치능력과 혁신능력의 향상을 필요로 한다. 이러한 자기혁신 없이는 산업자치와 지역혁신을 기대할 수 없다. 현재 전국 주요도시에서 창설된 테크노파크가 지역혁신의 주축으로 되기 위해서는 이러한 지역의 자기 혁신이 필수적이라 하겠다. 지역의 기업, 대학, 자치단체, 시민사회가 모두 자기 혁신하지 않으면 테크노파크라는 국가적 및 지역적 프로젝트의 실험은 실패로 끝나고 말 것이다.

마지막으로 "지방분권 없이 지역혁신 없다"는 명제를 다시 한 번 강조할 필요가 있다. 현 단계 한국에서는 산업자치, 지역혁신, 지역발전의 제1의 전제조건이 바로 지방분권이라는 점이 강조될 필요가 있다. 근본적으로 말하자면, 지방분권은 지역과 나라를 살리는 21세기 국가발전의 새로운 패러다임인 것이다. 그것은 국가와 지역의 새로운 대안적 발전모델 구축의 핵심적 과정인 것이다. 지방분권과 산업자치를 통한 지역경제의 내발적 발전 전략은 21세기 지역과 나라의 새로운 희망이 될 것이다.

더 늦기 전에 중앙정부 수준에서 '총체적 지방분권'을 강력하게 추진할 기구인 '지방분권추진위원회'를 설치하고, 자치단체 수준에서 산업자치와 지역혁신을 추진할 독자적인 전문적 기구인 '지역발전센터'를 설치하는 제도정비 작업을 일정에 올려야 한다.

## ■ 참고문헌

김병준. 2001, 「우리나라에서의 분권화 개혁의 현황과 과제」, 대구사회연구소·한국지역사회학회·대구광역시 공동주최 지방분권 정책대안 학술심포지엄, '지방분권과 지역발전' 발표논문.

김용웅 외. 2000, 「유럽의 지역개발 성공사례와 동향」, 국토연구원.

김형기. 1994, 「대구지역경제 선진화를 위한 정책과제」, 대구사회연구소 엮음, 『대구경북 사회의 이해』, 한울아카데미.

_____. 1995, 「자치시대의 합리적 노사관계」, 국민경제사회협의회 토론회 발표논문.

_____. 1997, 「1987년 이후 10년과 새로운 발전모델의 전망」, 『한국노사관계의 정치경제학』, 한울.

_____. 1999, 「한국경제의 위기와 대안적 발전모델」, ≪사회경제평론≫, 한국사회경제학회.

_____. 2000, 「지방분권과 지역혁신: 지역발전의 새로운 비전」, ≪한국민족문화≫ 제16집, 부산대 한국민족문화연구소.

_____. 2001a, 『새정치경제학』, 한울.

_____. 2001b, 「지방분권과 지역발전의 새로운 패러다임」, 대구사회연구소·한국지역사회학회·대구광역시 공동주최 지방분권 정책대안 학술심포지엄, '지방분권과 지역발전' 기조강연 논문.

박 경. 2000, 「지식기반경제하의 지역발전전략」, 『한국자본주의와 지역사회경제-지역불균등발전의 정치경제학』, 한국사회경제학회·한국공간환경학회 공동학술대회 논문집.

박양호. 2000, 「지역개발투자협약제도 도입방안」, 국토연구원.

_____. 2001, 「분권과 혁신을 향한 지역균형발전방안」, 대구사회연구소 분권혁신정책세미나 발표논문.

성경륭. 2001, 「분권화와 지역균형발전정책: 평가와 과제」, 고려대 아세아문제연구소 민주주의포럼 제2차 월례토론회 발표논문.

소영진. 2001, 「지방분권의 주요 과제와 실천방안」, 대구사회연구소 분권혁신정책세미나 발표논문.

이재은. 2000, 「한국에서 지방분권화 개혁의 현상과 과제」, 대구사회연구소·
    경북대학교 공동주최 '제10회 21세기 발전모델 포럼' 발표논문.
_____. 2001, 「분권형 사회를 위한 지방세제 개혁」, 대구사회연구소·한국지
    역사회학회·대구광역시 공동주최 지방분권 정책대안 학술심포지엄,
    '지방분권과 지역발전' 발표논문.
이정식. 2001, 「국토균형발전과 지방분권」, 대구사회연구소·한국지역사회학
    회·대구광역시 공동주최 지방분권 정책대안 학술심포지엄, '지방분권
    과 지역발전' 기조강연 논문.
이철우. 2000, 「신산업환경과 지역혁신시스템」, 대구사회연구소·영남대 영남
    지역발전연구소 공동주최 '제11회 21세기 발전모델 포럼' 발표논문.
초의수. 2000, 「수도권 집중화에 따른 지역격차문제와 해소방안」, 『분권과 혁
    신』(webzine.tiss.re.kr), 2000년 12월, 대구사회연구소.
황한식. 1995, 「주민자치와 지역경제의 내발적 발전의 길」, ≪지역사회연구≫
    3집, 한국지역사회학회.


神野直彦. 2000, 「21世紀 新しい分權化モデル」, 대구사회연구소·경북대학교
    공동주최 '제10회 21세기발전모델 포럼' 발표논문.
진노 나오히코, 이재은 옮김. 2000, 『체제개혁의 정치경제학』, 한울아카데미.
重森 曉. 1992, 『分權社會の政治經濟學: 産業自治と生活者民主主義』, 青木書店.
宮本憲一. 1989, 『環境經濟學』, 岩波書店.
久保孝雄 外 編著. 2001, 『知識經濟とサイエンス·パーク』, 日本評論社.
辻 悟一. 2000, 「90年代イギリスの地域再生政策」, 大阪市立大學 ≪經濟學雜誌≫
    101卷 3号.
Goddard, John. 1997, "University and Regional Development: An Overview,"
    Background paper to OECD Project.
Lipietz, Alain. 1992, *Towards a New Economic Order: Postfordism, Ecology and Democracy,*
    Polity Press.
Piore, Michael and Charles Sabel. 1984, *The Second Industrial Divide*, Basic Books.
Bailey, Stephen J. 1999, *Local Government Economics*, Macmillan.
Hilpert, Ulrich(eds.). 1991, *Regional Innovation and Decentralization*, Routledge.
UNDP, 1997. *Decentralized Governance Programme Strengthening Capacity for People-
    Centred Development.*
UNDP. 1998, *Decentralized Governance Programme to Achieve Sustainable People-Centred
    Development.*

# 제18장

# 21세기의 지역경영전략

이정식 (안양대학교 교수)

## 1. 머리말

지난 40여 년 동안 우리는 놀랄 만한 경제성장과 함께 국토 공간구조의 변화를 경험하였다. '빈곤의 추방'을 정책목표로 1960년대 초부터 시작된 우리나라의 경제개발은 그동안 축적된 물적·인적자원(physical and human capital)과 정부의 강력한 개발의지를 바탕으로 고도의 경제성장을 기록하였다. 예를 들면 우리나라의 국민총생산(GNP)은 1961년부터 1970년까지 연평균 9.4%(1965년 가격), 1971년부터 1980년까지는 7.3%(1985년 가격), 1981년부터 1990년까지는 9.5%(1985년 가격), 그리고 1991년부터 2000년까지는 3.9%(1995년 가격)의 성장을 거쳐, 1인당 국민총생산은 1960년의 83달러에서 2000년에는 9,628달러(경상가격)로 40년 사이에 무려 116배나 늘어났다. 비록 1997년 말 IMF 구제금융 이후 우리의 경제성장이 다소 어려움을 겪고 있으나 외형적인 경제·사회 발전은 세계 여러 나라로부터 많은 찬사를 받아왔다.

이처럼 한정된 가용자원으로 국민총생산의 극대화와 수출주도형 경제개발정책을 추진하기 위해서는 부득이 지역간의 형평성보다는 경제적 효율성이 높은 지역을 성장거점(growth pole)으로 지정하여 우선적으로 개발하는 이른바 불균형성장이론을 도입하지 않을 수 없었다. 따라서 경제성장의 원동력이었던 각종 제조업을 유치하고 육성하는 데 필요한 인력, 교통·통신시설 등 각종 인프라 시설, 도시서비스시설, 규모의 경제성 등이 상대적으로 유리한 경인지역과 부산을 중심으로 한 동남해안지역의 집중적인 개발을 유도하였다. 이 결과 2000년 말 현재 수도권과 동남권에 전국의 국가 및 지방산업단지 조성면적의 10.3%와 37.7%가 각각 분포되어 있다. 과거에 비해 이 비율은 점차 줄어들고는 있으나 아직도 절반 가까운 산업단지가 이 두 지역에 집중되어 있는 셈이다. 더구나 1981년부터 2000년까지 전국에서 새로이 늘어난 제조업의 종업원수는 49만 2,975명에 이르고 있는데, 이 중 42.8%인 21만 1,067명이 수도권에서, 17.4%인 8만 5,688명이 동남권에서 증가함으로써 공업생산 공간의 양극화 현상이 아직도 상존하고 있다.

산업입지의 지역간 편중은 지역간의 불균형과 함께 사회계층간의 소득불균형, 수도권의 과밀문제 등을 초래하여 국토의 효율적인 이용을 저해하고 있다. 특히 지역간 경제활동의 격차는 다양한 종류의 취업기회, 재원조달기회, 교육기회, 문화활동기회 등 여러 가지 기회의 격차를 야기시키는 중요한 요인이 되고 있다. 뿐만 아니라 지역간 불균형이 심해지면 경제활동이 밀집된 지역의 지가상승은 물론 교통, 주택, 공해문제 등의 해결을 위한 경제적 비용이 기하급수적으로 늘어나게 된다. 반면에 산업기반이 취약한 지역에서는 인구의 감소와 더불어 지역발전으로부터의 소외의식이 팽배하여 사회적 갈등을 유발하게 된다.

이러한 측면에서 지금까지 우리나라의 지역개발은 수도권의 인구 및 산업집중을 억제하고, 동시에 지방에 각종 사회간접자본시설과 산업단지 등을 확충하는 방향으로 추진되어왔다. 그러나 현실적으로는 수도권에 인구와 산업활동이 집중되고 있는 구조적 요인인 정치·행정·교육·금융·정보·기술 등 국가의 중추관리기능이 서울에 집중됨으로써 기업의 활동여건과 주민의 생활환경이 서울과 지방 간에 아직도 크게 격차를 보이고 있다.

이제 혼돈의 20세기를 마무리하고, 새로운 천년(millennium)의 문턱에 들어서면서 우리는 나라 안팎의 커다란 도전과 기회를 동시에 만나고 있다. 국제경제환경의 변화는 무엇보다도 지금까지 IMF, GATT체제를 중심으로 한 미국, 유럽, 일본의 삼두체제이었던 국제경제질서가 WTO체제의 출범과 함께 세계화(globalization)와 무한경쟁시대의 체제로 전환되어가고 있다. 이러한 대외적 여건변화는 우리에게도 새로운 환경의 변화를 요구하고 있다. 세계경제의 블록(bloc)화, 새로운 국제협력체제의 구축, 기업활동의 다국적화는 우리에게 경제적 개방압력을 더욱 가중시킬 것이다.

대내적으로는 지방자치제가 뿌리를 내리면서 지방시대에 걸맞는 지역균형발전이 국가발전의 핵심과제로 등장하고 있다. 이를 달성하기 위해서는 지금까지 형성된 지역발전 기반 위에서 새로운 대응전략이 요구되고 있다. 우리가 지향하고자 하는 산업의 지방분산과 지역경제의 활성화, 쾌적하고 문화적인 생활환경의 조성을 토대로 모든 지역이 제각기 특성을 살려 지속가능한 지역발전전략을 수립하는 것은 아무리 강조해도 지나침이 없을 것이다. 세계화시대의 높은 파도를 어떻게 타고 넘어가느냐에 따라 우리의 국운이 달라지고, 적게는 도시와 지역의 번영이 좌우되는 시대를 우리는 맞이하고 있다.

## 2. 21세기 경제·사회 환경의 변화

### 1) 세계경제의 자유화

오늘날 세계경제는 교통·통신 등의 발달에 따른 정보화의 진전과 무역·투자장벽의 완화를 바탕으로 세계 각국과 기업의 경제활동영역은 범세계적으로 확대되고 있다. 특히 탈냉전시대 이후 더욱 심화되고 있는 세계시장에서의 경쟁과 경제의 개방화에 따른 무역과 자본이동의 자유화 등은 산업의 국제화를 더욱 촉진시키고 있으며, 이러한 추세는 더욱 확대될 것이다. 21세기에는 정치적 국경이 경제활동의 공간적 확대의 제약요소가 되지 않으며, 단일시장으로 통합됨으로써 지금과는 전혀 다른 세계경제공간, 즉 단일 지구촌 경제시대를 맞이하게 될 것이다.

결국 세계화는 사람, 정보, 자본, 상품 등 이른바 생산요소의 자유로운 이동을 의미한다. 세계화시대를 이끌어가는 주체는 과거의 국가중심에서 이제는 국가간의 세계적 연합기구, 지역적 연합체, 지방정부, 기업, 국제적 연계망을 가진 비정부조직(NGO) 등 그 행위주체들이 다양하게 분화되고 있다. 따라서 세계화란 정치, 경제, 사회, 문화의 모든 분야에서 상호의존성이 깊어져 실질적인 지구촌 공동체가 형성되고 있음을 의미한다. 이러한 세계화시대를 맞이하여 21세기에는 그러므로 국가간 이동이 불가능한 국토와 교통, 전력, 수자원 등 사회간접자본이 국부와 국가의 경쟁력을 좌우하는 주요 요소로서 그 중요성이 더욱 증대될 것이다.

## 2) 동북아경제권의 부상

세계에서 가장 역동적인 발전양상을 보여주고 있는 한반도, 일본, 중국 등 동북아지역이 세계 주요 경제권의 하나로 등장하고 있다. 1990년대 이후 세계경제는 침체의 늪에서 탈피하여 새로운 상승주기로 접어들고 있다. 이러한 세계경제의 상승은 유럽, 북미와 같은 기존지역보다는 신흥지역에 새로운 성장기회를 제공하게 될 것이다. 이에 따라 세계경제의 축이 태평양지역으로 이동하고, 태평양지역 중에서도 동북아의 경제적 번영이 예상된다.

미국의 국무장관을 지냈던 헨리 키신저(Henry Kissinger)는 각 세기마다 국력과 지적·도덕적 추진력을 가진 강대국이 등장하여 그 나라의 가치관에 따라 국제질서가 바뀌어왔다고 주장하였다. 예를 들면 17세기는 프랑스, 18세기는 영국(Pax Britannica), 19세기는 독일과 오스트리아, 그리고 20세기는 미국(Pax Americana)이 국제질서를 주도해왔다는 의미이다. 그렇다면 21세기는 누구의 세기일까? 영국 런던대학의 역사학자인 에릭 홉스범(Eric Hobsbawm) 교수는 이중의 세계(dual world)가 21세기를 지배할 것이라고 예측하였다. 그 하나는 다국적자본과 기업이 결합한 IBM,

SONY 등 초국적기업(global player)이고, 다른 하나는 미국, 유럽연합(EU), 그리고 일본, 중국, 브라질일 것이라고 그는 전망하였다. 일본과 중국 사이에 입지하고 있는 한반도는 지정학적으로 동북아지역의 가교역할을 담당할 수밖에 없을 것이며, 이러한 여건은 우리에게 재도약의 기회를 제공하게 될 것이다.

동북아지역 내에서는 소지역경제권으로서 환동해경제권과 환황해경제권이 우리의 양 날개 역할을 담당하면서 꾸준히 부상할 것으로 전망된다. 따라서 세계 GNP에서 차지하는 동북아경제권의 비중은 1995년의 18%에서 다가오는 2010년에는 27%로 증가하고, 세계교역에서의 동북아 비중은 같은 기간중 20%에서 30%까지 확대될 것으로 전망된다. 또한 21세기는 중국의 개방화가 결실을 맺게 될 것이다. 중국이 전세계의 GDP에서 차지하는 비율은 지속적으로 증가하여 1994년의 2%에서 2010년경에는 5%, 2025년경에는 10%로 늘어날 전망이다.

### 3) 기술변화 및 정보화시대의 도래

21세기에는 기술혁신의 확산으로 전통적인 제조업이 쇠퇴하고, 전자·생명공학·메카트로닉스(mechatronics) 등과 같은 첨단산업, 그리고 인간의 두뇌를 바탕으로 하여 고부가가치를 창출하는 지식산업이 경제발전을 주도할 것으로 예상된다. 다시 말하면 과거의 지본(地本)사회에서 자본(資本)사회, 그리고 뇌본(腦本)사회로 이행해가면서 지식산업의 중요성이 더욱 커지고 있다. 따라서 과거 하드웨어 중심의 중후장대형 산업구조는 소프트웨어 중심의 기술집약적이고 고부가가치인 경박단소형 산업구조로 변화되면서 정보화사회의 첨단산업, 지식산업 등이 주요 산업 분야로 부상할 전망이다.

또한 정보통신혁명으로 세계가 하나의 생활권으로 통합되고, 시간적 격차가 최소화되는 가운데 국제교류의 확대와 초고속 정보통신망의 구축을 통해 전통적인 사회간접자본시설과 함께 첨단정보통신의 경제·사회적 역할이 급속하게 증대될 것이다. 특히 지식경영혁명을 강조한 피터

드러커(Peter Drucker)는 e-비즈니스가 18세기 산업혁명에 버금가는 정보혁명의 원천이 될 것이라고 했다. 현재 세계적으로 1초에 7명이 e-비즈니스에 접속하고 있으며, 지난 18개월 동안 e-비즈니스를 통해 상품이 매매된 액수는 50억 달러에 이르고 있다. 오는 2003년에는 이 규모가 무려 1조 5,000억 달러까지 증가할 것이라고 스콧 바틀렛(Scott Bartlett)은 예측하였다.

첨단정보기술의 발달과 함께 고속교통체계의 발달로 시간과 공간적 거리가 빠른 속도로 좁혀지고 있다. 고속철도 및 초고속 선박과 첨단항공기의 운행, 그리고 첨단지능을 지닌 교통시스템의 도입 등으로 물리적 거리가 극복되면서 국민생활과 경제활동에 커다란 변화가 일어날 것으로 예상된다. 즉, 공간적 거리개념의 소멸로 경제활동이 세계화·동시화·광역화되어 갈 것이다.

### 4) 지방분권화의 정착

본격적인 지방자치의 실시로 지방화의 물결이 거세게 밀려들면서 중앙집권적, 관료적 사회에서 권한과 책임의 하부이양에 따른 분권적, 자율적 사회로의 전환이 빠른 속도로 진전될 것이다. 따라서 지역주민의 선호에 민감하게 대응하는 주민밀착형, 주민존중의 지방행정이 대두됨으로써 지방은 중앙정부의 하위단위라는 소극적 의미에서 벗어나 국가경쟁력은 지방의 경쟁력으로부터 비롯된다는 발상의 전환이 필요한 시대가 될 것이다. 이처럼 지방화시대가 성숙되어감에 따라 지방의 개성적 특성에 바탕을 둔 경쟁력의 확보가 향후 도시 및 지역개발전략의 핵심요소로 부각될 것이다.

반면에 지방간의 경쟁이 심화되면서 지역간의 분쟁과 갈등 사례가 증가하고, 이에 따른 각종 부작용이 늘어날 가능성도 있다. 그러므로 도시 및 지역의 개발욕구를 합리적으로 조정하기 위한 중앙과 지방, 자치단체 간의 협력체계 구축과 주민참여의 활성화를 통한 개발절차의 민주화가 절실하게 요구될 것이다.

## 5) 삶의 질에 대한 국민의식의 변화

소득증대와 자동화의 진전에 따라 근로시간 및 노동력 수요가 감소되고, 동시에 정보화의 진전으로 다양한 정보의 취득이 가능해지므로 21세기에는 사람들의 가치관에 큰 변화가 일어날 것이다. 다양한 문화·여가 활동을 통한 자기 계발과 자기 실현 추구 성향이 강해지고, 건강과 생애교육 등이 중시될 것으로 전망된다. 그러므로 삶의 질의 향상을 위한 여건조성은 국가경쟁력의 주요 원천으로서 국민들의 근로욕구와 생산성을 높여주고, 국가 이미지와 위상을 제고하는 데 중요한 요소가 될 것이다.

이와 함께 지구적 환경위기에 대한 인식이 점차 확대되고, 자연 및 생태계에 대한 보전의식이 높아질 것이다. 개발보다는 보전에 관한 관심이 더욱 높아지면서 주거입지 선택에서도 쾌적한 환경에 대한 선호가 증대될 것으로 전망된다. 나아가서는 무역과 환경의 연계로 환경보전이 국가경쟁력과 직결되는 시대가 도래하게 될 것이다.

21세기에는 인구성장이 정지하고, 본격적인 고령화사회가 전개되며, 여성의 사회참여가 크게 확대되어 노인과 여성 계층의 선호가 정치·경제적 활동에서 중요하게 부각될 것이다. 따라서 노인층을 위한 상품과 주택, 문화·여가활동 등 이른바 실버산업이 발달하고, 여성의 취향을 반영하는 발전전략의 채택이 중요해질 것이다.

## 6) 남북교류의 확대

6·15 남북공동선언 이후 남북간 협력과 통일의 가능성이 그 어느 때보다 높아지고 있다. 통일한국은 인구와 경제규모에 있어서 세계 10위권 이내의 대국을 의미하며, 남북통일은 한반도가 세계적 중심국가로 위상을 높이는 데 크게 기여할 것이다. 동시에 남북통일은 아시아지역에서 냉전시대의 종식을 상징함과 동시에 이 지역에서 새로운 세력균형질서가 구축됨을 의미하기도 한다.

늦어도 2010년경에는 남북이 단일경제권을 형성할 가능성이 있으므로 한반도 차원에서의 바람직한 국토골격을 형성하기 위한 준비가 필요하다. 우선 중단기적으로는 경제교류 및 협력증진에 대비하여 단절된 교통망의 복구, 지역특성을 살린 남북경제 협력사업의 추진, 접경지역에 대한 효율적인 관리방안의 마련 등이 주요 과제로 대두되고 있다. 장기적으로는 남북통일 이후의 국토개발 방향에 대한 구상과 고용, 산업, 토지 및 주택문제 등에 대한 검토가 필요할 것이다.


## 3. 세계화시대의 지역경영전략

### 1) 지식정보시대

세계화시대의 첫 번째 특성은 사회의 정보화와 지식화에 의한 지식정보시대이다. 이것은 바로 정보기술(information technology)의 혁신에 의해 주도되고 있는 시대이다. 정보기술혁명은 과거의 근대산업주의에 토대를 둔 문명에서 지식과 정보에 기반을 둔 문명으로의 전환을 가져오고 있다. 컴퓨터 혁명이 새로운 문명의 기초가 되고 있는 것이다. 정보통신혁명은 시간과 공간을 압축시키고 있으며, 정보의 양과 흐름은 더욱더 거대해지고 또 빨라지고 있다. 따라서 지식정보시대에는 컴퓨터의 혁명과 통신수단의 합작에 의해 이루어진 정보통신기반이 가장 중요한 사회간접자본시설이다. 각종 정보를 효율적이면서도 싼값으로 구입, 생산, 이용할 수 있는가가 국가경쟁력의 원천이 되고 있다. 신사회간접자본으로서 정보통신기반의 체계적이고 통합적인 구축이 국가 장기발전에서 핵심적인 중요성을 지닌다.

지금까지 산업화의 힘이 석탄, 석유 등 동력에서 비롯되었다면 정보화의 힘은 컴퓨터, 통신, 소프트웨어(software)가 복합된 정보기술에 의해 이루어진다. 정보기술은 지금까지 인간이 보편적으로 사용하던 생활의 기본적 요소를 혁신적으로 변화시키고 있다. 예를 들면 공간의 개념은 사이버(cyber)공간의 출현으로 우리는 두 개의 우주공간에서·살고 있으며,

시간의 개념은 낮과 밤이 파괴되어 24시간이 낮인 셈이다. 속도의 개념은 이제 누구나 빛의 속도를 이용할 수 있으며, 대화의 개념은 1대 1에서 1대 다수, 다수 대 다수의 대화가 가능해지고 있다. 또한 매체의 개념은 정보 전달기술의 통합으로 디지털화하고 있다.

이러한 생활의 기본요소를 기존의 개념에서 변화된 개념으로 사용할 수 있도록 국제적으로 표준화한 정보기술이 바로 인터넷(Internet)이다. 21세기는 디지털 사회와 사이버 경제로 특징지어지는 디지토피아(digitopia)시대이며, 이것을 뒷받침하는 것이 인터넷이다. 인터넷이 주도하는 지식정보사회는 지식과 정보의 창출, 유통, 활용이 개인과 국가의 경쟁력을 좌우하는 시대이다. 그러므로 누구나 어디에서든지 저렴한 비용으로 손쉽게 인터넷에 접속할 수 있는 초고속 통신망의 구축과 컴퓨터의 보급, 그리고 기초적인 영어구사능력 등을 갖추지 않으면 지식정보시대에 우리는 낙오될 수밖에 없다. 따라서 국가 차원에서 정보통신기반의 확충을 위해 국가초고속통신망이 우선적으로 구축되어야 하며, 이어서 산업정보, 생활정보, 지리정보 등 지역정보 시스템과의 연계가 다음 단계로 이루어져야 지역발전의 시너지 효과를 기대할 수 있다.

그러나 인터넷을 사용하는 국가, 지역, 계층간에 이른바 디지털 격차(digital divide)가 더욱 심화되면서 정보 강자와 약자로 나누어지는 새로운 빈부격차가 발생하고 있다. 우리나라의 정보화와 지식화를 뒷받침해주는 정보통신기반의 성장은 괄목할 만하나 우리의 인터넷 이용률은 성별, 지역별, 학력별로 상당한 차이를 나타내고 있다. 이러한 격차는 비단 우리만의 문제는 아니다. 2000년 7월에 UN 경제사회이사회는 국제간 또는 국내의 디지털 격차를 줄일 수 있는 '디지털 기회(digital opportunity)'를 창출하도록 각국에 권고한 바 있다. 따라서 우리도 농어촌 등 낙후지역에 정보통신기반을 우선적으로 구축하고, 도서·벽지 등 유선망을 통한 서비스 제공이 곤란한 지역에는 위성인터넷 플라자의 설치 등 정보접근 환경이 조성되어야 하며, 주부·농어민·저소득층 자녀·장애인·노인 등 정보이용 취약계층에 무료 컴퓨터교육 등 국가 차원에서의 지원이 확대되어야 한다.

정보화시대를 맞이하면서 우리의 지역균형발전에 관한 패러다임도 바뀔 수 있을 것이다. 지금까지는 어느 한 지역의 자원, 인력, 각종 인프라 시설, 정부의 지역정책과 의지 등에 의해서 지역발전이 선도되어 왔으나 우리가 경험했듯이 지역균형발전은 매우 달성하기 어려운 국토정책의 목표였다. 앞으로도 이러한 방식으로는 지역균형발전을 성취하기가 매우 어려울 것이다. 그러나 우리가 상상도 못했던 정보기술의 발전은 앞으로 전국 어디에서나 최신 정보를 습득할 수 있는 기회를 주고 있다. 새로운 정보를 선점하는 개인과 도시와 지역만이 치열한 경쟁에서 이길 수 있다. 따라서 저개발지역에 우선적으로 정보기반시설에 대한 집중적인 투자가 이루어진다면 적은 투자재원으로도 지역균형발전을 달성할 수 있는 대안이 될 수 있을 것이다. 지역정보화사업의 추진이 새로운 지역발전전략으로 채택되어야 할 이유가 여기에 있다.

## 2) 무한경쟁시대

세계화는 경제적 상호의존과 무한경쟁이 교차하는 시대이다. 세계가 하나의 시장경제로 통합되면서 기업들의 초국적화는 더욱 빨리 진행되고 있다. 글로벌(global) 경영체제를 갖춘 기업들은 조직을 고도로 분화시켜 경쟁력이 있는 곳이면 어디든지 찾아들고 있다. 이들 기업들에게 중요한 것은 국적이 아니라 들어가고자 하는 곳의 투자매력이다. 그동안 국가의 보호 아래 국경 안에 안주해온 경제주체들로 하여금 전세계를 무대로 펼쳐지는 자유경쟁에 뛰어들 것을 요구하고 있다. 이 경쟁에서 앞설 수 있는 힘, 즉 경쟁력을 키우는 것이 시대적 사명이 되고 있다.

주도적인 경제주체의 하나인 기업, 특히 다국적자본이 출자된 다국적기업은 어느 특정 국가를 직접 상대하기보다는 투자매력이 높은 국가 내의 특정 도시 또는 지역을 연합의 대상으로 설정한다. 이러한 측면에서 세계화의 주도적인 행위자는 다국적기업이며, 이들에게 활동무대를 제공해주는 곳이 대도시들이다. 따라서 인구 300만 이상인 수백 개의 대도시(global city)들이 세계의 중심지로 부상하고 있다.

무한경쟁시대에 대비하기 위해 도시의 경쟁력을 어떻게 키울 것인가? 이는 도시 및 지역발전의 주요 과제로 대두되고 있다. 일반적으로 도시 경쟁력을 키우기 위해서는 외생적 요소와 내생적 요소가 동시에 필요하다. 외생적 요소로서는 산업기반과 투자기반에 필수적인 각종 인프라 시설들이 갖추어져야 한다. 여기에는 교통·통신망을 비롯하여 에너지, 양질의 용수, 그리고 고급두뇌들을 육성하고 현지에 정착시킬 수 있는 현장과 두뇌의 결합 등이 포함될 수 있다. 뿐만 아니라 무한경쟁시대에 걸맞은 산업구조의 고도화는 아무리 강조해도 지나침이 없다. 전통적인 중후장대형 제조업에서 정보기술과 접목된 지식기반산업(knowledge-based industry)의 유치와 육성이 지역발전의 핵심이 되어가고 있다.

지식기반산업은 "지식의 획득, 창출, 확산, 활용이 해당산업의 활동에 있어 핵심이 될 뿐만 아니라 지식 그 자체와 지식이 체화된 중간재를 생산과정에 집약적으로 투입함으로써 생산된 재화의 부가가치를 크게 향상시키거나 새로운 고부가가치의 서비스를 제공하는 산업"으로 정의되고 있다. 이 경우 지식은 무엇을 할 수 있는 능력과 그러한 능력을 조직화하고 체계화한 기술과 정보를 포괄하는 지적 능력과 아이디어를 모두 포함한다. 따라서 지식기반 농림수산업에는 기존의 작물, 축산, 임업, 양식업에 생명공학 등 신작물, 축산, 임업, 양식기술을 적용함으로써 고부가가치 창출이 가능한 첨단작물, 첨단축산, 첨단영림, 첨단양식업 등이 포함될 수 있다.

지식기반 제조업은 정보와 기술, 지식 등과 같은 무형의 지식자본을 핵심 역량화하여 이를 집약적으로 사용할 때 전통적 생산요소에 의존한 생산의 경우보다 부가가치 창출면에서 현저한 향상을 기대할 수 있는 제조업으로 정밀화학, 메카트로닉스, 전자정보통신기기, 정밀기기, 우주항공, 생물, 신소재, 원자력, 환경 등 종전의 이른바 첨단기술산업을 지칭한다. 한편 지식기반 서비스업은 직접 지식을 창출하거나 창출된 지식을 가공, 활용, 유통시키거나 지식이 체화된 중간재를 생산활동에 집약적으로 활용함으로써 새로운 지식 또는 고부가가치의 지식서비스를 제공하는 산업이다. 구체적으로는 정보통신 서비스, 금융·보험 등 생산자 서비스업(producer services), 소프트웨어, 데이터베이스, 컨설팅, 연구개발 및 엔지니어링, 광고, 산업디자인 등 제조업 지원산업과 교육, 의료, 방송을 비롯하여 인쇄출판, 캐릭터(character), 애니메이션(animation), 멀티미디어 컨텐츠(multimedia contents) 등을 포괄하는 문화산업 등이 해당된다. 이러한 지식기반산업을 지역여건에 맞게 적극적으로 유치하고 육성하는 것은 그 지역 주민들의 몫이다.

토플러(Alvin Toffler)는 혁신(innovation) 중심의 문화(분위기)를 개발하는 국가가 무한경쟁시대에서 승리할 것이라고 주장하였다. 그는 우리나라 지식기반산업의 핵심을 생명공학과 정보기술의 융합에서 찾으라고 권고하였다. 다시 말하면 바이오칩(biochip) 기술의 성공적인 개발을 통해 우리나라가 반도체 시장에서 경쟁력을 향상시킬 수 있다고 그는 예측하고 있다. 여기에 정보기술, 생물공학, 재료공학, 나노(Nano)기술의 통합은 각 분야에 걸쳐 새로운 혁신을 촉진할 수 있을 것이다. 토플러는 장차 생물공학산업에 제2세대 CEO를 배출하기 위해 '바이오 경영 석사'라는 MBA(Master in Bio-Administration) 신규과정을 대학에 개설할 것을 제안하였다.

지역발전의 외생적 요소와 함께 내생적 요소로서 '그룹 리더십(group leadership)'의 발휘가 필수적이다. 급격히 변화하는 대내외 여건을 최대한 활용해서 도시와 지역발전의 잠재력을 체계적으로 조직화하고 실천하기 위해서는 누구 혼자의 힘만으로는 불가능하다. 지방자치단체의 장과 대학의 총·학장, 그리고 시민, 기업가, 연구기관, 언론계, 금융계, NGO 대표 등이 협의체를 구성하여 첨단기술 개발과 함께 지식기반산업을 유치하고, 새로운 기업가를 발굴·육성하며, 기업활동의 애로사항에 공동으로 대처하는 전략은 지역발전의 또 다른 중요한 요소이다.

뿐만 아니라 지역간 협력을 위한 그룹 리더십도 중요하다. 지방분권화가 촉진되고 도시의 광역화가 진행되면서 도시와 지역 간의 협력에 의한 공동의 발전을 도모하는 리더십의 중요성이 더욱 부각되고 있다. 예를 들면 부산광역시와 전라남도 및 경상남도 등 1광역시, 2개 도에 걸쳐 추진되고 있는 남해안 국제관광벨트, 3개 도의 7개 시·군이 포함되어 있는 지리산 통합문화권, 광양만·진주광역권, 5개 도의 덕유산 주변 문화·관광개발 등은 해당 도시와 지역의 그룹 리더십이 발휘되지 않고서는 효율적인 지역발전을 추진하기 어렵다.

### 3) 지구환경시대

세계화는 인간과 자연이 더불어 함께 살아야 하는 지구환경시대이다. 근대문명산업은 물질적 풍요를 위한 기초를 제공했지만 인간생존의 본원적 기반인 자연을 도구화, 황폐화하는 우를 범했다. 지구온난화, 오존층의 파괴, 대기와 수질의 악화, 토양의 오염, 생물종의 감소, 열대우림의 파괴, 이상기후의 만연 등이 지구환경의 위기를 심화시키는 주요한 요인들이다. 전지구적 환경위기의 극복은 더 이상 미룰 수 없는 시대적 과제가 되었다. 이제는 발전과 환경을 배타적인 개념으로 보지 말고, 환경 자체가 발전의 중요한 전제이자 요인이라는 인식이 자리해야 한다.

"환경적으로 건전하고 지속가능한 발전(Environmentally Sound and Sustainable Development: ESSD)"이 세계화시대의 과제가 되고 있다. 미국은 지속가능한 발전을 경제적 번영, 건강한 환경, 그리고 정의롭고 공평한 사회를 가꾸어 나가는 것이라고 보다 광범위하게 해석하고 있다. 그러나 한편으로는 지속가능한 발전을 지속성, 형평성, 효율성 측면에서 접근하는 시각도 있다. 지속성이란 환경이 우리 인류에게 자연자원을 공급할 수 있는 능력과 환경오염물질의 자정능력 범위 내에서 발전을 추구해야 한다는 의미이다. 형평성은 시간적으로는 미래세대의 발전 가능성, 공간적으로는 국가 내 및 국가간의 빈부격차 등을 해소하는 발전이며, 효율성은 각종 자원을 최대한 효율적으로 이용하고, 공급 위주가 아닌 수요관리정책으로의 전환을 촉구하는 것을 의미한다. 지속가능한 발전을 추구하기 위해서는 경제 시스템이나 도시 시스템, 그리고 우리의 생산 및 소비양식 전체가 환경친화적으로 전환되지 않으면 안된다. 이와 함께 깨끗한 기술, 녹색환경산업의 중요성이 더욱 커지고 있다. '그린 라운드(Green Round)'에서 보는 것처럼 환경이 새로운 경제적 경쟁의 무대가 되고 있다.

이러한 환경위기를 슬기롭게 극복하기 위해서는 전지구적으로, 그리고 국지적으로 환경보전에 대한 관심과 의지가 뒷받침되어야 한다. 우리나라의 어느 지역도 환경위기에 있어서는 예외가 아니다. 우리나라는 1년에 약 301억㎥의 물을 사용하고 있으며, 이 중 생활용수는 70억㎥에 이른다. 비록 유역별로 수자원의 공급과 이용은 서로 다른 특성을 나타내고 있으나 우리가 생활용수의 10%만 아껴도 섬진강 상류의 주암댐 규모와 비슷한 양의 물을 절약하는 셈이 된다. 따라서 가격의 탄력성은 아직 의문시되지만 물값 인상을 통해 수요관리와 물 사용 습관부터 고쳐야 할 필요가 있다. 아직도 상수도의 누수율이 14.8%이고 무수율(無收率)이 13.3%임을 감안하면 낡은 상수관의 교체와 함께 계량기 조작 등에 의한 비양심적인 물 사용 행태도 사라져야 한다.

날로 악화되어가고 있는 수질오염 방지를 위해서는 도시 내의 낡은 하수관부터 정비하고, 우수와 오수를 철저히 분리하여 2차, 3차 처리까지 할 수 있는 하수종말처리장의 확충이 중요한 과제이다. 뿐만 아니라 도시와 주변 농촌지역에서 사용하고 있는 합성세제, 비료, 농약 등의 양을 줄여야 하고, 특히 하천의 부영양화의 원천인 축산폐수의 적절한 처리는 수질오염방지에 매우 중요한 요소이다. 이러한 비점 오염원(non-point pollution)은 체계적으로 차집하여 처리하기 매우 어려운 오염물질들이므로 지역주민들의 환경보전의식에 대한 계몽과 홍보대책도 소홀히 할 수 없는 과제이다.

한편 대기오염은 오존층의 파괴를 유발하고, 이는 다시 엘리뇨(El Nino)와 라니냐(La Nina)라고 하는 이상기후를 초래하여 홍수, 태풍, 가뭄 등 자연재해를 우리에게 안겨준다. 산업단지에 입지하고 있는 공장에서 발생하는 매연을 최소화하기 위해서는 저유황유의 사용과 함께 매연차집기의 설치를 의무화해서 양심적으로, 그리고 투명한 자세로 대기오염 방지에 노력해야 할 것이다. 대기오염의 또 다른 원천인 자동차, 특히 경유를 사용하는 버스, 지프차, 각종 트럭 등의 대기오염이 심하다. 우리나라 자동차 대수는 이미 1,200만 대를 넘어섰으며, 이 중 경유차가 약 30%로서 매연가스의 64%를 배출하고 있다. 따라서 자동차의 매연가스를 줄이는 노력과 기술개발이 요구되고 있으며, 아직은 경제성이 낮지만 경유 대신 천연가스를 사용하는 자동차의 보급이 확대되어야 할 것이다.

지구환경시대에 있어서 국제환경협력체제의 구축 역시 아무리 강조해도 지나침이 없을 것이다. 우리가 매년 경험하고 있는 중국과 몽골 등에서 발생하는 황사현상과 황해의 바다오염을 줄이기 위해서는 관련국가간의 협력체제가 더욱 강화되어야 한다. 또한 기후변화협약(교토의정서)에 따라 오존($O_3$), 탄화수소(HC) 등의 배출규제에도 우리는 적극적으로 대처해야 할 것이다.

### 4) 문화우위시대

세계화는 통합성과 다양성의 조화를 통한 문화우위시대이다. 문화의 중요성이 더욱 커지는 시대가 다가오고 있다. 자유시간이 늘어나고, 자아실현에 대한 욕구와 문화적 욕구가 확대되면서 문화는 삶의 중심적 영역으로 부상하고 있다. 따라서 문화도 새로운 경제영역에 포함되는 셈이다. 경제와 문화의 상호연관성은 더욱 깊어지고 있으며, 대중매체·영상·음악·게임·디자인·지식매체 등을 포함하는 문화사업은 새로운 고부가가치산업으로 등장하고 있다. 세계화시대에 부응하는 문화기반을 견실히 구축하는 것도 지역발전의 중요한 과제이다. 우리는 자기 문화의 고유성에 대한 관심과 자부심을 가지면서도 폐쇄적 태도에 빠지지 않고, 열린 마음으로 세계문화를 받아들일 수 있어야 한다.

세계적 정보통신 네트워크의 형성, 정보화사회의 가속화, 본격적인 위성방송의 실시, 고속교통수단의 발달로 세계는 공간적으로 하나의 체계로 변화하고 있다. 이러한 변화 속에서 문화우위시대에 경쟁력을 확보하기 위해서는 그 지방의 전통문화예술과 관광자원이 세계적 수준의 문화와 교감을 통해 보편적인 의미를 얻을 수 있도록 세계화되어야 할 것이며, 수려한 문화·관광자원의 개발과 홍보를 통해 내국인뿐만 아니라 외국의 관광객을 적극 유치하는 전략 또한 중요하다. 지역별로 산재되어 있는 문화·관광자원의 개발은 단순한 관광지로의 개발보다는 테마공원 (theme park), 가족휴양지, 삼림욕장, 관광농원 등 지역적인 특성을 최대한 살려 경쟁력있는 다양한 문화·관광자원으로 개발할 필요가 있다. 주 5일 근무제가 정착되면 이러한 수요는 더욱 증대될 것이다. 관광산업의 세계화를 위해서는 관광에 대한 인식이 문화적인 측면을 강조하는 관점으로 바뀌어야 할 것이다. 문화와 관광의 접목을 통한 새로운 관광문화의 창출은 관광산업의 활성화와 동시에 우리 문화의 세계화, 그리고 국가이미지와 지역이미지 제고에 기여할 수 있는 길이기도 하다.

### 5) 지방화시대

세계화는 분권화와 자율화, 그리고 시민참여에 의한 지방화시대이다. 세계화시대에 모든 조직의 변화는 분권화와 자율화이다. 중앙집권적, 관료적 조직경영보다는 권한과 책임의 이양에 바탕을 둔 분권적, 자율적 조직경영이 요구되고 있다. 세계화시대에는 국가와 국가, 지방과 지방, 기업과 기업, 사람과 사람, 정보와 정보의 결합이 단일한 경로를 통해서가 아니라 중층적이고 다양한 경로를 통해서 이루어진다. 이를 실현하기 위해 주요 국가들이 새로운 행정개혁을 시도하고 있다. 미국은 '기업가적 행정부'를 지향하고 있고, 일본도 기본적으로 분권화와 자율화에 의한 지방의 경쟁력 제고를 통해 국가경쟁력을 제고해야 한다는 것이다.

그러므로 우리에게도 지방화시대에 걸맞은 지방행정의 새로운 패러다임이 요구되고 있다. 지방정부부문에 기업가 정신과 경쟁요소를 도입하여 지역주민들의 만족을 극대화하고, 지역의 잠재력을 최대한 개발하여 그 지역의 경쟁력을 높이는 '기업가형 지방경영' 전략이 필요하다. 지방정부의 기업가형 지방경영은 단순히 '값싼 지방정부' 또는 '작은 지방정부'를 구현하는 것이 아니라 '효율적인 지방정부'를 지향함으로써 궁극적으로는 최소한의 주민부담으로 최대의 주민복지를 달성하는 것이다. 따라서 지방정부는 최소의 정부지출로 최대의 공공서비스를 제공하고, 지방행정을 최고 수준의 서비스사업으로 인식하며, 내부행정의 효율화를 토대로 한 지역 전체의 효율화를 선도해야 할 것이다. 이러한 목적을 달성하기 위해서는 먼저 지역주민을 지방정부의 고객으로 인식하는 고객지향적 정부, 시장원리에 따라 경쟁원칙을 도입하는 경영 마인드를 가진 리더십, 그리고 성과지향을 유도하고 비용절감을 보상하는 인센티브 제도 등이 갖추어져야 할 것이다.

지방화시대의 또 다른 지역경영전략은 장소판촉(place marketing)이다. 자기 지역의 독특한 자랑거리를 창출하여 이를 그 지역의 판촉상품으로 홍보하고, 사람과 자본을 끌어들여 지역의 경쟁력을 높이는 전략이 필요하다. 예를 들면 일본의 다께시다(竹下) 내각은 1988년에 '고향 창생 1억 엔 사업'을 추진한 적이 있다. 지방의 경쟁력을 제고하기 위해 중앙정부가 3,240개의 시·정·촌에 각각 1억 엔의 현금을 제공하였다. 북해도의 한 마을은 관광지로 가는 도로휴게소에 1억 엔 짜리 화장실을 설치하여 그 지역일대의 자랑거리로 삼았다. 관광객이 급증하면서 휴게소 근처에 특산품 판매코너뿐만 아니라 음식·숙박업 등의 서비스업이 새로운 산업으로 성장하였다. 한편 효고(兵庫) 현의 즈나(津名)마을은 1억 엔어치의 금괴 62kg을 구입하여 전시함으로써 일본 전국에서 방문객이 쇄도하는 효과를 거두었다. 이는 바로 장소판촉의 성공사례인 셈이다.


## 4. 맺음말

21세기에 예상되는 우리의 국토공간구조는 세계화와 정보화, 산업과 기술의 첨단화, 생활과 생산공간의 광역화, 교통·통신의 고속화, 행정의 분권화 등의 추세 속에서 모든 지역이 제각기 특성을 가지고 새로운 도약을 위한 기반조성의 기회로 활용해나갈 것이다. 이러한 여건변화를 보다 빨리 포착하여 이를 최대한 활용할 수 있는 준비를 철저히 하는 지역만이 치열한 경쟁에서 앞서갈 수 있다.

이를 위해서는 첫째, 지방의 경쟁력 제고에 필수적인 각종 인프라 시설에 대한 투자가 제때에 이루어질 수 있도록 중앙정부의 대규모 SOC 투자

계획과 지방정부의 연계사업 간에 계약을 체결하여 추진하는 프랑스의 이른바 계획계약제도(plan contract)의 도입이 필요하다. 이 제도는 지방정부의 투자재원에 한계가 있기 때문에 지금 당장 시행하기에는 어려움이 있을 수도 있으나 대규모 장기투자계획이 정권이 바뀌더라도 흔들림없이 계획대로 추진될 수 있는 장점을 지니고 있다. 이와 함께 이제는 우리의 지역개발방식도 종전의 하향식(pre-selection) 위주에서 지역특성에 맞는 계획을 세우고 집행할 수 있는 상향식(self-selection) 접근방법으로 전환되어야 할 것이다. 이를 위해서는 무엇보다도 지방의 사회간접자본 투자능력이 제고되어야 한다. 따라서 지방정부는 제3섹터 방식과 같은 민관협력방식에 의해 그 지역의 SOC투자를 촉진시킬 수 있도록 지방재정의 효율화, 민자유치, 해외금융 활용 등의 방법으로 재원을 조달하여 지역이 필요로 하는 사회간접자본 투자사업을 지방의 자율과 책임하에 추진해야 할 것이다.

둘째, 지역차원에서의 산업진흥은 지역 내 생산요소의 비교우위와 지역주민 및 기업의 창의력과 혁신정신을 토대로 전국시장이나 세계시장을 겨냥한 차별화된 산업진흥전략이 필요하다. 세계 일류기업과도 경쟁할 수 있는 일류상품을 만들고, 세계로 연결된 정보망을 통해 해외시장을 공략하여 규모의 경제를 통한 원가절감과 품질향상의 여력을 확보해야 할 것이다. 그러므로 지역 차원에서 기업활동에 필요한 기술, 금융, 인력, 마케팅 등을 효과적으로 지원해줄 수 있는 각종 협의회 등을 구성하여 기업들의 애로사항을 해소할 수 있는 지방정부와 그룹 리더십의 역할도 매우 중요하다.

셋째, 지방경쟁력의 또 다른 원천은 장기적으로 보면 개인의 창의력과 기업의 혁신정신을 바탕으로 한 인적 자본(human capital)의 형성에 있다. 과학기술의 발달속도가 빠르고, 생산제품의 생애주기가 짧아지면서 학교교육 못지않게 기술교육과 직업훈련의 중요성이 강조되고 있다. 특히 지방에서 고급인력을 양성할 수 있는 충분한 여건조성이 필요하며, 지역에서 양성된 고급인력을 그 지역에 정착시켜 지역발전에 동참할 수 있는 기반조성이 필요하다. 이를 위해서는 지방의 우수 중·고교 육성을 통한 자녀교육기회의 질적 수준 향상, 국내외 학술정보에 대한 접근성 제고를 위한 정보망의 구축, 그리고 고급문화에 대한 수요를 충족시킬 수 있는 문화적 환경의 조성이 뒤따라야 할 것이다.

세계화의 활동무대를 제공하는 도시의 주인은 바로 시민이다. 시민들의 결집된 열의와 협조 없이는 도시발전과 지역발전을 성공적으로 이끌어갈 수 없다. 그러므로 우리는 지역이기주의와 개인이기주의에서 벗어나야 하고, 각종 산업기반시설에 대한 투자가 촉진될 수 있도록 토지취득과 보상에 대한 지역주민의 협조와 이해도 우리는 한 발 앞서가야 할 것이다. 세계화시대를 이끌어가고, 세계화시대에 능동적으로 적응해갈 수 있는 지역주민의 가치관과 행태 등 의식구조의 변화 역시 지역발전의 중요한 요인이 아닐 수 없다. 다른 지역보다 뒤떨어졌다는 패배의식에서 벗어나 우리도 남보다 더 앞서갈 수 있다는 자신감과 협동심을 우리 모두 필요로 하고 있다.

21세기의 화두(key word)는 결국 무한경쟁이다. 세계일류만이 살아남을 수 있는 생존전략은 각종 인프라와 산업시설 등 유형의 자산뿐만 아니라 지식·정보·환경·문화 등 무형의 자산가치를 새롭게 인식하고, 낡은 제도와 관행을 과감히 털어내는 노력 위에서 실현 가능하다. 미래는 예측하는 것이 아니라 창조하는 것이라고 얘기한 SONY의 이데이 노부유키(出井伸之) 회장의 충고를 되새겨보고 싶다.

■ 참고문헌

국토개발연구원. 1998, 「21세기의 국토비전과 전략」.
김형국. 2000, 「도시문화산업의 이론고찰 및 사례연구」, 국토연구원.
대통령자문 지속가능발전위원회. 2000. 5, 「지속가능한 미국: 21세기 미국의 환경·경제·사회」.
산업연구원. 1998, 「신산업 발전비전 및 육성방안」.
세계화추진위원회. 1995, 「세계화의 비전과 전략」.

이 선. 1999. 4, 「21세기로 향한 신산업 발전전략」, 군산발전 시민대강연회.
이정식. 1996, 「지역발전과 지방정부의 전략」, 21세기 세계화시대의 지역발
　　전전략 워크숍, 건국대.
한국경제연구원. 1995, 「지방경쟁력 강화를 위한 기업가형 지방경영」.
한국산업단지공단. 2001, 「산업입지요람」.

Bartlett, Scott L. 2001. 5, "GIS In Our Changing World," 국토연구원 GIS 기술
　　의 현재와 미래에 관한 국제세미나.
Lee, Jeong-Sik. 1995, "National Development Planning: Priority Setting and
　　Implementation Strategy," in Gun Yong Lee & Hyun Sik Kim(eds.), *Cities
　　and Nation: Planning Issues and Policies of Korea*, Seoul: KRIHS, pp.29-52.
Toffler Associates. 2001. 7, "Beyond the Crisis: Korea in the 21st Century".

# 이 책의 지은이들(집필자순)

## 박 승
서울대학교 상대를 졸업하고, 미국 뉴욕주립대에서 경제학 박사학위를 받았다. 한국은행 조사부에서 조사역을 거쳐 중앙대학교 교수, 정경대학장, 대학원장 등을 역임하였다. 그리고 금융통화위원, 국제경제학회장과 한국경제학회장, 대통령경제수석비서관, 건설부장관 등을 역임하였다. 현재는 공적자금 관리위원회 위원장을 맡고 있다. 저서로는『경제발전론』,『한국경제성장론』,『한국경제정책론』,『한국경제의 두얼굴』 등이 있다.

## 안충영
경북대학교 법정대학 경제학과를 졸업하고, 미국 하와이대 석사과정을 거쳐 미국 오하이오 주립대에서 경제학 박사학위를 받았다. 한국계량경제학회, 한국국제경제학회 및 한국경제발전학회 회장, 대통령경제대책조정회의 위원을 역임하였다. 현재 중앙대학교 경제학과 교수로 재직중이며, 국민경제자문회의 위원을 맡고 있다. 저서로는『현대한국·동아시아경제론』,『산업구조전환과 고도화전략』,『신태평양공동체구상과 NAFTA』 등이 있다.

## 이기석
서울대학교 사범대학 지리교육학과를 졸업하고, 미국 미네소타대에서 지리학 석사 및 박사학위를 받았다. 한국지역학회 회장을 역임하였고, 현재는 서울대학교 지리교육과 교수로 재직중이며, 대한지리학회 회장, 유엔 지명전문가회의 민간대표를 맡고 있다. 저서로는『한국의 도시와 촌락연구』(공저),『울산의 성장과정과 지역적 특성』(공저),『지도로 본 서울』(공저) 등이 있다.

## 홍성웅
서울대학교 경제학과를 졸업하고, 미국 노스이스턴대와 펜실베이니아대에서 경제학 석사 및 지역경제학 박사학위를 받았다. 미국 펜실베이니아대와 일본 국립연구소에서 봉직하였으며, 국토연구원 지역연구부장·건설경제실장·부원장을 거쳐 한국건설산업연구원장을 역임하였고, 현재는 한국리모델링협회 회장을 맡고 있다. *Review of Urban and Regional Development* 등 국제학술지 편집인을 맡고 있으며, 저서로는 *Building a Power House*,『한국사회의 제문제』(공저),『21세기 건설산업』(편저) 등이 있다.

## 박양호
서울대학교 문리대 지리학과를 졸업하고, 동 환경대학원을 거쳐, 미국 캘리포니아대(버클리)

에서 도시 및 지역계획학 박사학위를 받았다. 국토연구원 기획조정실장, 건설교통부장관 자문관을 거쳐, 현재는 국토연구원 국토계획·환경연구실장으로 재직중이다. 저서로는『지방의 도약』(공저),『국토 21세기』(공편) 등이 있다.

## 김 인
서울대학교 문리대 지리학과를 졸업하고, 미국 노스캐롤라이나대에서 지리학과 석·박사학위를 받았다. 한국도시지리학회 회장을 역임하였고, 현재 서울대 교수로 재직중이며, 서울시 지명위원회 위원, 세계지리학연합 도시분과회의 운영위원직을 맡고 있다. 저서로는『현대인문지리학: 인간과 공간조직』,『도시지리학원론』,『수도권지역연구』등이 있다.

## 오연천
서울대학교 정치학과를 졸업하고, 미국 뉴욕대에서 석사 및 박사학위를 받았다. 독일 베를린대학교 초빙교수, 한국조세학회장, 기획예산위원회 위원을 역임하였다. 현재는 서울대학교 행정대학원장으로 재직중이며, 한국의회발전연구회 이사장, 한국공기업학회 회장, 기획예산처 정부투자기관 경영평가단 단장 등을 맡고 있다. 저서로는『한국조세론』,『한국지방재정론』,『지역발전과 지방재정』(공저) 등이 있다.

## 임정덕
서울대학교 경제학과를 졸업하고, 미국 사우스캐롤라이나 주립대에서 박사학위를 받았다. 한국은행, 미국 윈게이트대를 거쳐 하와이 동서문화센터 연구원, 부산대 기획연구실장, 부산발전연구원장 등을 역임하였다. 현재는 부산대 경제학과 교수로 재직중이다. 저서로는『지역경제연구』,『부산도시론』(공편),『한국의 신발산업』(공저),『지방화시대의 지역산업정책』(공저) 등이 있다.

## 박삼옥
서울대학교 문리대 지리학과를 졸업하고, 동 사회과학대학 대학원을 거쳐, 미국 조지아대에서 경제지리학 박사학위를 받았다. 현재 서울대학교 지리학과 교수로 재직하고 있으며, 세계지리학연합 경제공간변화위원회 위원장, 태평양지역학회(PRSCO) 회장을 맡고 있다. 저서로는『현대경제지리학』,『경제구조조정과 산업공간의 변화』(공편), *The Asian Pacific Rim and Globalization*(공편) 등이 있다.

## 최용호
고려대학교 정경대학 정치외교학과를 졸업하고, 경북대학교 대학원에서 정치학 석사와 경제학 석·박사학위를 받았다. 대구은행 조사부의 「대구지역 경제분석」 발간책임자를 거쳐, 현재는 경북대학교 경제통상학부 교수로 재직중이다. 저서로는『홀로서기 한국경제 입문』,『현대경제정책의 사조』,『세계 주요국 산합협동제도의 진화』등이 있다.

## 진영환
서울대학교 조경학과와 동 대학교 환경대학원을 거쳐 미국 코넬대에서 도시 및 지역계획학 박사학위를 받았다. 국토연구원 지역경제연구실장, 기획조정실장, 국토정보센터장, 주택도시연구센터장 등을 거쳐 현재는 지역·도시연구실장으로 재직중이다. 그리고 한국지역학회 부회장, 대통령자문 정책기획위원회 위원, 대만 국제토지연구·훈련센터 초청교수를 역임하였다. 저서로는『21세기 정보화시대의 디지털 국토 구상』,『국제협력시대의 한·일 국토정책』등이 있다.

## 장명수
서울대학교 공과대학 건축학과를 졸업하고 일본 동경대에서 공학박사 학위를 취득하였다. 전북대학교 건축공학과 교수 및 전북대학교 총장을 역임하였으며, 현재는 우석대학교 총장으로 재직중이다. 국토연구원 21세기 국토포럼 공동대표, 대통령자문 국민경제자문회의 위원, 대통령자문 국가과학기술위원회 위원 등으로 활동중이다. 주요저서로는 『도시계획』, 『성과 발달과 도시계획연구』 등이 있다.

## 이정전

서울대학교 경제학과를 졸업하고, 미국 아이오아 주립대에서 경제학 박사학위를 받았다. 현재는 서울대학교 환경대학원 원장으로 재직중이며, 건설교통부 국토이용심의위원, 환경부 중앙환경보전위원, 서울시 도시계획위원, 한국자원경제학회 회장, 환경정의시민연대 공동대표 등을 맡고 있다. 저서로는 『녹색경제학』, 『지속가능한 사회와 환경』, 『토지경제학』 등이 있다.

## 김형국

서울대학교 사회학과 및 행정대학원을 졸업하고, 미국 캘리포니아대(버클리)에서 도시계획학 박사학위를 받았다. 서울대 환경대학원 교수로 재직하고 있으며, 서울대 환경대학원 원장, 조선일보 비상임 논설위원, 천주교 도시빈민사목위원회 위원 등을 역임했다. 현재 한국 미래학회 회장, 한국도시연구소 이사장으로 있다. 저서로는 『국토개발의 이론연구』, 『한국공간구조론』, 『도시시대의 한국문화』, 『그 사람 장욱진』, 『고장의 문화판축』(근간) 등이 있다.

## 박우서

연세대학교 사회과학대학 행정학과를 졸업하고, 미국 뉴욕대에서 도시 및 지역계획학 석·박사학위를 받았다. 국토연구원 연구조정역을 거쳐 연세대학교 교수로 재직하면서 도시문제연구소장, 연세대 초대 발전협력처장, 학생처장을 역임하였고, 현재는 한국지방행정연구원장으로 재직중이다. 중앙도시계획위원, 행정개혁위원회 전문위원, 전국대학교 학생처장협의회장 등을 역임하였다. 저서로는 『지방자치와 광역행정』, 『정부개혁의 과제와 전략』, 『지방화시대의 도시행정』(공편) 등이 있다.

## 김용웅

국제대학교 법률학과를 거쳐 미국 카톨릭대학교, 호주 시드니대학 및 영국 쉐필드대학에서 도시 및 지역계획학 석·박사학위를 받았다. 주택연구소 책임연구원, 국토연구원 국토계획연구실장과 지역경제연구실장, 국토연구원 부원장을 거쳐 현재 안양대학교 도시행정학과 교수로 재직중이다. 대만토지개혁훈련소 외래교수와 건설교통부 항공정책 심의위원, 민간투자사업 심의위원 등을 역임하였다. 저서로는 『지역개발론』, 『지역발전론』, 『유럽의 지역정책』, *Globalization and Regional Development*(공편) 등이 있다.

## 김형기

서울대학교 경제학과를 졸업하고, 동 대학원에서 경제학 박사학위를 받았다. 현재 경북대학교 경제통상학부 교수로 재직중이며, 대구사회연구소 소장을 맡고 있다. 저서로는 『새정치경제학』, 『한국노사관계의 정치경제학』 등이 있다.

## 이정식

서울대학교 공과대학 자원공학과를 졸업하고, 동 행정대학원 도시 및 지역계획학과를 거쳐, 미국 하와이대학교에서 환경공학 석사 및 지리학 박사학위를 받았다. 국토연구원 국토계획연구실장, 기획조정실장, 부원장 및 원장을 역임하였다. 한국지역학회 회장, 대통령자문 지속가능발전위원회 위원, 민간투자사업심의위원회 위원, 태평양지역학회(PRSCO) 상임이사 등을 거쳐, 현재는 안양대학교 도시정보공학과 교수로 재직중이며 대통령자문 국가균형발전위원회 위원 등을 맡고 있다. 저서로는 『동북아시대의 한민족』(공저), *Shaping the Nation toward Spatial Democracy*(공편), *Korea: The Land and People*(공편) 등이 있다.